HEDGE FUND
MARKET WIZARDS

헤지펀드 시장의 마법사들

HEDGE FUND MARKET WIZARDS

Copyright ⓒ 2012 by Jack D. Schwager and Ed Seykota
All right reserved. This translation published under license.

Korea Translation Copyright ⓒ 2013 by Iremedia Co., Ltd.
Korean edition is published by arrangement with John Wiley & Sons International Right, Inc.
through Imprima Korea Agency.

이 책의 한국어판 저작권은 Imprima Korea Agency를 통해 John Wiley & Sons International Rights, Inc.와의 독점계약으로 이레미디어에 있습니다. 저작권법에 의해 한국 내에서 보호를 받는 저작물이므로 무단전재와 무단 복제를 금합니다.

주식, 선물옵션, 상품, 외환시장의 전설적 트레이더 15인의 통찰력과 전략!

HEDGE FUND
MARKET WIZARDS

헤지펀드
시장의 마법사들

잭 슈웨거 지음 | 에드 세이코티 서문 | 박준형 옮김 | 김영재 감수

이레미디어

아내 조 앤에게, 나의 사랑을 담아
당신을 만난 건 내 인생 최고의 행운입니다.

(사실 이건 아내가 해준 말이다.
그런데 아내는 지금까지 단 한 번도 틀린 적이 없었다.)

라라 로건 기자: 아드레날린이 솟구치는 기분을 한 번도 느껴보신 적이 없나요?

알렉스 호놀드: 네, 없습니다. 그런 기분이 든다면, 무언가 크게 잘못되었다는 뜻이죠. 모든 상황이 느리게 진행되어야 하고, 또 완벽하게 통제되어야 합니다.

-2011년 10월 10일 세계 최고의 프리 솔로 등반가 알렉스 호놀드의 〈60분〉 인터뷰에서 호놀드는 세계 최초로 요세미티 국립공원의 상징인 2,000피트 높이의 하프 돔을 프리 솔로로 등반했다.

다이슨 진공청소기를 만들기 전 모형을 5,127개나 제작했습니다. 다시 말해 5,126번이나 실패했다는 뜻입니다. 하지만 실패를 이겨내고 결국 최고의 진공청소기를 만들어냈습니다. -제임스 다이슨

에드 세이코타 서문

옛날 어느 나라에 가뭄이 들어 밀농사를 망치게 되었다. 밀가격은 천장부지로 치솟았고, 하루가 다르게 올라가는 밀가격 때문에 밀가루를 사지 못한 많은 사람이 굶주림에 시달렸다. 한편에서는 이를 이용해 더 높은 가격에 밀을 팔려는 속셈으로 사재기를 하는 투기꾼들이 극성을 부렸다.

투기꾼들이 밀가격의 상승을 더욱 부추기고 있다는 사실을 알게 된 국왕은 마을마다 병사들을 보내 "투기 행위는 중대한 범죄이며, 발각 시 엄중한 벌을 받게 될 것이다"라고 경고했다. 하지만 국왕의 '투기 근절'에 대한 조치는 문제를 더욱 악화시켰다. 그 결과 나라 곳곳에서는 밀을 찾아보기 어렵게 되었고, "옆마을에는 밀이 넘쳐난다더라"는 소문만 파다하게 퍼져나갔다.

투기꾼들에게는 과중한 벌금이 부과되었지만, 밀가격은 좀처럼 떨어질 줄 몰랐고 구하기조차 쉽지 않았다. 국왕의 근심은 더욱 깊어져 갔다. 그때 왕궁의 어릿광대가 왕에게 다가와 관대하면서도 현명한 해결책을 제시했다.

다음 날 국왕은 다시 마을마다 병사들을 보내 다음과 같은 말을 전했다. "더 이상 투기를 법으로 막지 않겠다. 다만 자발적으로 밀가격을 표시해놓도록 하라."

사람들은 국왕의 말을 받아들여 밀가격을 표시해두었다. 하지만 어떤 마을은 터무니없이 높은 가격을 표시해놓기도 했고, 어떤 마을은 저렴한 가격을 표시해놓기도 했다. 이를 본 투기꾼들은 또다시 더 많은 이윤을 남기기 위해 각 마을의 시장을 돌아다니기 시작했다. 그러나 얼마 동안의 혼란이 지나자 점차 밀가격은 안정을 찾았다. 그리고 밀의 유통도 원활하여 더 이상 굶주리는 사람들도 없었다. 사람들의 투기 성향과 시장의 합리성을 훤히 꿰뚫고 있던 어릿광대는 현명한 선택의 공을 국왕의 관대함으로 돌렸다.

무척이나 마음에 드는 이야기다.

어릿광대가 시장의 원리를 어떻게 배웠는지, 또 어떤 방법으로 국왕을 설득했는지는 모르겠다. 다만 내 머릿속에서는 이 어릿광대가 왕실 도서관에 앉아 에드윈 르페

브르(Edwin Lefevre)의 『어느 주식투자자의 회상(Reminiscent of a Stock Operator)』, 구스타브 르봉(Gustav LeBon)의 『군중심리(The Crowd)』, 찰스 맥케이(Charles Mackay)의 『대중의 미망과 광기(Extraordinary Popular Delusions and the Madness of Crowds)』, 잭 슈웨거(Jack Schwager)의 『시장의 마법사들(Market Wizards)』 시리즈를 열심히 읽고 있는 엉뚱한 상상이 떠오르곤 한다.

매매는 이 세상의 모든 경제 문제에 대한 해결책이다. 자유시장(Free Markets), 거래의 신성함(Sanctity of Trading), 건강한 경제(Healthy Economy) 등의 단어는 결국 모두 같은 뜻이다. 이런 관점에서 보면 트레이더들은 이 세상의 챔피언이고, 슈웨거의 책에 소개된 트레이더들은 이 세상의 영웅이다.

슈웨거의 책은 언제나 뛰어난 트레이더들에 대한 생생한 묘사를 통해 매매를 정의한다. 그는 최고로 손꼽히는 트레이더들을 찾아내고, 이들의 인간적이면서도 친밀한 면모를 보여준다. 책 속 주인공들은 각자의 방식으로 지금까지 무엇을, 어떻게 매매해왔는지에 관한 이야기를 들려준다. 덕분에 책을 읽는 독자들은 최고의 트레이더들이 겪어 온 어려움과 도전과제, 기쁨, 슬픔을 간접적으로 경험할 수 있다. 유명 트레이더들에 대해 좀 더 자세히 알게 되고, "겸손하라", "시장의 흐름을 좇아야 한다", "리스크 관리는 그 무엇보다 중요하다", "자신만의 방법을 찾아야 한다"라는 등 이들이 입을 모아 강조하는 트레이딩의 교훈을 자연스럽게 숙지하게 된다. 슈웨거의 책은 트레이더들뿐 아니라 이들에게 돈을 맡기는 투자 고객 모두를 위한 필독서다.

내가 처음 슈웨거를 만난 건 오래 전의 일이었다. 당시 우리는 트레이딩의 세계에 갓 발을 들여놓은 풋내기들로 경험은 부족했지만 열정은 가득했다. 이후 나는 오랫동안 슈웨거의 성장을 지켜보았다. 그는 성숙해졌고 재능을 키웠으며 시장의 변화를 꼼꼼하게 기록했다.

투자의 세계에서 슈웨거의 공헌은 상당하다. 가장 먼저 출판된 『시장의 마법사들(Market Wizards)』은 새로운 세대의 트레이더들에게 영감을 불어넣어 주었다. 슈웨거는 여기에 그치지 않고 책에서 소개된 트레이더 중 상당수를 모델로 하여 『The New

『Market Wizards』와 『Stock Market Wizards』를 차례로 내놓았고, 이제 시장의 마법사들 시리즈는 다음 세대로 전해지는 귀중한 유산이 되었다. 그리고 이번에 소개되는 『헤지펀드 시장의 마법사들(Hedge Fund Market Wizards)』 역시 슈웨거의 전통을 한층 발전시키고 또 완성시킨다. 많은 트레이더가 슈웨거의 책 한 장 한 장에 담겨 있는 내용을 지침으로 활용하고, 이를 바탕으로 자신만의 투자방법을 개발하고 있다. 이제 그의 책은 투자 세계의 아이디어와 언어의 한 축을 담당하게 되었다.

   슈웨거가 『어느 주식투자자의 회상』을 읽은 건 30년 전, 그러니까 처음 책이 출판되고 60년이 지난 후였다. 하지만 그는 책 속에 담긴 의미와 타당성을 즉시 알아채고, 자신의 책을 쓸 때 기준으로 삼았다. 나는 슈웨거의 책이 트레이더나 왕궁의 어릿광대뿐 아니라 모든 이들의 서재에 『어느 주식투자자의 회상』, 『군중심리』, 『대중의 미망과 광기』와 함께 소장될 만한 가치가 있다고 생각한다.

   내 서재에는 이 책들과 함께 슈웨거의 책이 나란히 꽂혀 있다.

에드 세이코타(Ed Seykota)
텍사스 배스트롭에서
2012년 2월 25일

나는 뛰어난 트레이더들을 만나 그들의 성공 비결과 일반 투자자들과의 차이점을 알아내기 위해 노력해왔다. 이 책은 바로 그 노력의 결과물 중 하나다. 책에는 세계적인 규모의 헤지펀드 창립자에서부터 1,200억 달러의 자산과 1,400명의 직원을 관리하는 거대 헤지펀드의 투자 매니저, 5,000만 달러를 운용하는 개인 투자자까지 다양한 트레이더들이 소개되어 있다. 이들 중에는 몇 달 혹은 몇 년에 걸쳐 투자하는 장기 투자자들도 있지만, 투자 기간이 단 하루뿐인 단기 투자자들도 포함되어 있다. 펀더멘털에 투자하는 기본적 투자자가 있는가 하면 기술적 투자자도 있고, 두 가지 방법을 병행하는 경우도 있다. 그중에는 고수익·고위험 트레이더들도 있고, 반대로 변동성이 작은 안전한 투자로 적절한 수준의 수익을 벌어들이는 트레이더들도 있다.

　하지만 이들 모두가 공유하는 특성이 있는데, 그중 하나가 리스크는 최소화시키면서 훌륭한 수익을 얻어내는 능력이다. 높은 수익을 올리기 위해서 투자 기술보다 더욱 중요한 건 리스크 관리다. 나 역시도 수익률뿐만 아니라 리스크를 함께 고려해야 실적을 제대로 측정할 수 있다고 믿는다. 하지만 실제로 많은 투자자가 리스크 관리는 간과한 채 수익에만 집착하는 실수를 저지른다(이 책에서 다루고 있는 내용은 아니다). 리스크 대비 수익을 평가하기 위한 효과적인 방법 중 하나가 고통 대비 이익비율(Gain to Pain Ratio)이라는 것인데, 이에 대해서는 첨부(595~597페이지)를 통해 상세하게 설명하겠다.

　나는 이번 책을 집필하면서 여러 명의 유명 트레이더들을 만나 인터뷰를 진행했는데, 그들 중에서 다음 3가지 요소를 충족하는 경우만 이 책에 수록했다.

1. 일부 예외적인 경우를 제외하고 책에 소개된 트레이더들은 모두 10년 이상 뛰어난 리스크 대비 수익을 기록해왔다.
2. 충분한 조언을 제공할 수 있을 만큼 개방적이었다.
3. 인터뷰 내용이 충실해서 독자들에게 상당한 도움을 줄 수 있다.

이 요소 중 한 가지라도 충족되지 않는 트레이더는 책에서 제외되었다.

헤지펀드는 오랫동안(10년에서 15년) 시장의 평균 및 뮤추얼펀드보다 높은 수익을 올리면서도[A] 훨씬 작은 변동성과 손실을 기록해왔다. 투기적인 성격이 강한 것으로 알려져 있는 헤지펀드가 사실은 뮤추얼펀드나 일반적인 투자보다 훨씬 더 보수적이라는 사실이 꽤나 아이러니하다. 비결은 뛰어난 리스크 관리로 뮤추얼펀드나 인덱스펀드에 비교해 리스크 대비 높은 수익을 올렸기 때문이다. 일부 경우를 제외하고는 최고의 트레이더들은 대부분 헤지펀드를 운용하고 있다. 사실 능력에 따라 인센티브를 지급하는 헤지펀드 세계의 구조를 감안하면 별로 놀라운 일도 아니다.

내가 시장의 마법사 시리즈 중 첫 번째 책인 『시장의 마법사들』을 집필하기 위해 인터뷰를 진행했던 1988년부터 1991년까지만 해도 헤지펀드는 투자 세계의 마이너 리그였다.[B]

〈반 헤지펀드 어드바이저(Van Hedge Fund Advisor)〉(헤지펀드 전문 리포트)의 통계에 따르면 같은 기간 헤지펀드의 총 규모는 약 500억 달러에서 1,000억 달러 사이였다. 하지만 이후 급격한 성장세를 보였고, 현재는 규모가 20배 늘어난 2조 달러에 달하는 것으로 추정된다. 또한 헤지펀드의 거래량은 일반적인 트레이딩 규모를 크게 초과한다. 헤지펀드 매니저들의 트레이딩이 전통적인 펀드 매니저들에 비해 훨씬 활발하기 때문이다. 헤지펀드의 커져버린 위상은 시장의 움직임에도 상당한 영향을 미치고 있다.

헤지펀드가 전체 거래량의 상당 부분을 차지하면서 투자는 전보다 더욱 어려워졌다. 특정 투자방식의 경우에는 헤지펀드의 영향력이 더욱 분명하게 나타난다. 예를 들어 1970년대와 1980년대에 시스템을 기반으로 하는 추세추종 트레이더들은 선물 시장에서 놀라운 실적을 기록했다. 하지만 소수에 불과했던 시스템 추세추종 트레이

A. 헤지펀드 관련 통계는 모두 재간접 헤지펀드(헤지펀드에 투자되는 펀드)의 자료를 통해 집계된다. 이때 개별 트레이더들이 운용하는 헤지펀드의 통계는 제외된다.

B. 『시장의 마법사들』, 이레미디어, 2008년

더의 수가 크게 늘어나자 이들의 리스크 대비 수익은 대폭 하락했다. 강에 덩치가 큰 물고기가 너무 많아지면 다른 덩치 큰 물고기들이 살아남기가 그만큼 힘들어지는 것과 같은 이치다.

혹자는 헤지펀드 때문에 투자가 더 어려워졌다는 것에 동의하지 않는다. 하지만 이들이 트레이딩에 큰 변화를 가져왔다는 사실만큼은 인정한다. 시장은 변화하고, 뛰어난 트레이더들은 시장의 변화에 끊임없이 적응한다.

헤지펀드 매니저 콤 오셔(Colm O'Shea)는 인터뷰에서 "오랫동안 성공하는 트레이더는 적응력이 뛰어납니다. 이들 중 일정한 구칙을 활용하는 트레이더가 있다고 해도 10년 정도 지난 후에 만나보면 그 규칙을 버렸다고 말할 겁니다. 왜일까요? 세상이 변하기 때문입니다"라고 설명했다. 그런데 세상의 변화를 만들어낸 원인 중 하나가 바로 이전과는 달라진 헤지펀드의 영향력이다.

이 책에서 소개된 트레이더들은 단 한 명을 제외하고 모두 현재 활동 중이거나 혹은 은퇴한 헤지펀드 매니저들이다. 예외는 퍼스트 뉴욕 시큐리티즈(First New York Securities)에서 프롭 트레이더(Proprietary Trader)로 크게 성공한 지미 발로디마스(Jimmy Balodimas)뿐이다. 하지만 발로디마스 역시 헤지펀드가 만든 변화에 적응하기 위해 노력했다고 한다. 그는 헤지펀드가 주가의 움직임을 본질적으로 변화시켰으며, 그에 따라 어떻게 시장에 대한 접근방법을 바꾸었는지에 관해 설명했다.

이처럼 『시장의 마법사들』 이후 시장은 크게 달라졌다. 하지만 다른 관점에서 보면 시장은 전혀 변하지 않았다. 그래서 약간의 통찰력만 있다면 상당한 도움을 받을 수 있다. 에드 세이코타는 『시장의 마법사들』에서 전문 투자자들의 역할이 늘어나면서 시장이 변하기 시작했느냐는 나의 질문에 (당시는 시장의 변화가 막 시작되던 참이었다) 이렇게 대답했다. "아니요. 시장은 5년 전 그리고 10년 전과 똑같습니다. 계속 변하고 있다는 점이 그렇지요."

많은 트레이더가 인터뷰 도중에 내가 쓴 책에 대해 언급했다. 그중 일부는 제의했지만 여전히 상당수가 내 책을 좋게 평가하고 있어서 개인적으로 부담스럽게 느껴진다. 자화자찬으로 들릴 수도 있을 것 같다. 하지만 "내가 쓴 책이 아니었더라도 언급하기를 꺼렸을까?"라고 스스로에게 자문한 뒤 '그렇지 않았을 것'이라고 생각되는 경우는 포함시켰다.

  손쉽게 시장을 이길 수 있는 비밀병기를 찾고 있는 독자들에게는 이 책이 아닌 다른 방법을 찾아보라고 권하고 싶다. 하지만 트레이딩 기술을 개선하려는 독자라면 이 책에서 많은 도움을 받을 수 있을 것이다. 나는 훌륭한 트레이더들이 공유하는 교훈과 통찰력이 영원불변하다고 생각한다. 물론 시장은 변한다. 하지만 인간의 본성은 절대 변하지 않는다. 내가 『어느 주식투자자의 회상』을 처음 읽은 건 벌써 30년 전의 일이다. 책이 출판되고 60년이 지난 후였지만 시간의 간극을 초월하는 내용에 깊은 감명을 받았다. 내가 쓴 책과 에드윈 르페브르의 책을 비교하려는 의도는 아니다. 다만 책을 쓰면서 마음에 담고 있던 목표를 밝히고 싶다. 그것은 바로 60년이 지나도 투자자들에게 의미 있고 도움이 될 수 있는 책을 쓰는 것이다.

-잭 슈웨거

감사의 말

먼저 책에 관해 건전한 비판을 아끼지 않았던 내 아들 재커리(Zachary)에게 고마움을 전하고 싶다. 재커리는 객관적인 사실을 이해하는 능력이 뛰어날 뿐만 아니라 훌륭한 문장력을 가지고 있다. 하지만 무엇보다 중요한 건 잔인할 정도로 솔직하게 자신의 의견을 피력하는 능력이다. 아들 덕분에 책의 한 부분을 통째로 들어낸 적도 있었다. 2주 동안 씨름하며 쓴 내용이어서 아깝기 그지없었지만 아들의 말이 맞다는 걸 알고 있었기 때문에 동의할 수밖에 없었다. 재커리는 삭제할 내용뿐 아니라 추가해야 할 부분에 대해서도 조언을 아끼지 않았고, 그의 의견 대부분이 책에 반영되었다. 아들의 도움이 없었다면 독자들은 지금보다 완성도가 떨어지는 책을 읽게 되었을 것이다.

책 속 인터뷰 중에서 4편은 다른 사람들의 조언과 도움 덕분에 완성되었다. 존 애퍼슨(John Apperson), 제이라지 촉시(Jayraj Chokshi), 에스더 힐러(Esther Healer), 재커리 슈웨거(Zachary Schwager)가 각자 역할을 하나씩 맡아서 도와주었다. 이들에게 감사의 말을 전한다. 인터뷰에 관한 아이디어를 제공해준 마이클 루이스(Michael Lewis)의 『빅 숏(The Big Short)』도 빼놓을 수 없다. 제프 페이그(Jeff Feig)에게도 감사한다.

마지막으로 인터뷰를 통해 자신들의 통찰력을 적극적으로 공유해준 트레이더들에게 감사를 전한다. 그들이 아니었다면 『헤지펀드 시장의 마법사들』은 탄생하지 못했을 것이다.

목차

에드 세이코타 서문   6

들어가며   9

감사의 말   13

PART 1

전 세계 통화, 금리, 주식, 상품시장의 추세를 정확하게 예측하는
매크로 트레이더

Chapter 01 콤 오셔, 소나기가 쏟아질 시기를 예측한다   18
Chapter 02 레이 달리오, 실수를 사랑하는 트레이더   70
Chapter 03 래리 베네딕트, 삼진 아웃을 넘어서   104
Chapter 04 스콧 램지, 낮은 리스크를 추구하는 선물 트레이더   134
Chapter 05 제프레이 우드리프, 세 번째 방법   164

PART 2

다양한 전략을 활용하는
다전략 트레이더

Chapter 06 에드워드 소프, 시장의 혁신가   198
Chapter 07 제이미 메이, 비대칭적인 투자 기회를 찾아라   269
Chapter 08 마이클 플랫, 과학적이고 강력한 리스크 관리   310

PART 3 시장을 통찰하는 주식 트레이더

Chapter 09 스티브 클락, 효과가 있는 투자방식은 늘리고, 효과가 없는 투자방식은 줄여라   340

Chapter 10 마틴 테일러. 벌거벗은 임금님   384

Chapter 11 톰 클로거스, CEO에서 트레이더로   426

Chapter 12 조 비디크, 손실을 수확한다   455

Chapter 13 케빈 달리, 워런 버핏이 대체 누구지?   479

Chapter 14 지미 발로디마스, 달리는 화물열차의 앞을 막아서기   499

Chapter 15 조엘 그린블라트, 마법의 공식   531

결론 헤지펀드 시장의 마법사들이 들려주는 40가지 투자 비결   572

마치며   588

부록 A 고통 대비 이익비율   595

부록 B 옵션의 기본   596

작가 소개   598

Part 1

전 세계 통화, 금리, 주식, 상품시장의
추세를 정확하게 예측하는
매크로 트레이더

소나기가 쏟아질 시기를 예측한다
콤 오셔(Colm O'Shea)

"뼈아픈 실패를 통해 투자의 교훈을 얻은 적이 있습니까?"

그는 한참을 생각하더니 수익 기회를 날려버린 적이 있다고 대답했다. 그에게 실수가 전혀 없다는 뜻은 아니다. 아니, 그는 오히려 실수가 잦은 편이라고 말했다. 오셔는 자신의 승률이 50%가 채 안 된다고 허심탄회하게 털어놓았다. 하지만 재빠른 대처로 손실을 철저하게 제한하기 때문에 거창하게 실패담이라고 말할 것은 없다고 했다. 그의 투자 원칙은 손실이 늘어나는 것을 절대로 용납하지 않는다는 것이다.

오셔는 전 세계 통화, 금리, 주식, 상품시장에서 추세의 방향을 정확하게 예측해 수익을 얻어내는 매크로 트레이더(Macro Trader)[1]다. 언뜻 들어서는 글로벌 시장의 방향을 예측하는 투자 전략으로 손실을 제한할 수 있다는 사실이 믿기지 않는다. 하지만 오셔의 방법이라면 가능하다. 그는 자신의 투자 아이디어를 일종의 가설이라고 생각한다. 시장이 자신의 예측과 반대로 움직일 때는 자신의 가설이

---

1. 매크로 트레이딩은 전 세계 통화, 금리, 주식, 상품 시장의 방향과 추세를 정확하게 예측해 수익을 얻어내는 헤지펀드 전략의 하나다. -역자 주

틀렸다고 인정하고 주저없이 투자 포지션을 청산한다. 이를 판단하기 위해서 매매를 시작하기 전에 미리 가격 포인트를 정해놓는다. 또 포지션 규모를 철저하게 조절하기 때문에 가격이 미리 정해놓은 기준까지 하락하더라도 손실은 전체 자산 중 작은 비율로 제한된다. 이런 이유로 오셔에게는 실패담이라고 늘어놓을 만한 이야깃거리가 없는 것이다.

오셔가 가장 큰 흥미를 갖고 있는 분야는 정치이고, 그다음은 경제와 시장이다. 그가 10대였을 때 영국에서는 대처리즘(Thatcherism, 영국 경제의 재생을 꾀한 마거릿 대처 수상의 사회, 경제 정책의 총칭이다)이 대두되면서 경제 분야에서 정부의 역할을 축소해야 한다는 논의가 시작되고 있었다. 시대적 상황 덕분에 오셔는 자연스럽게 정치에 흥미를 갖게 되었고, 곧 그의 관심사는 경제로 옮겨갔다. 실제로 그는 경제에 상당히 해박해서 대학에 입학하기 전에 컨설팅회사의 이코노미스트(Economist)로 채용되었다. 당시 그 컨설팅회사에서는 이코노미스트 한 명이 갑작스럽게 일을 그만두는 바람에 급하게 대체 인력이 필요했다.

면접에서 오셔는 언뜻 보기에 모순처럼 보이는 케인스의 승수 효과(Keynesian Multiplier, 케인스 경제학의 주요 이론으로 어떤 경제 요인이 다른 경제 요인의 변화를 가져와 파급 효과를 낳고, 이것이 처음보다 몇 배로 증가하거나 감소하는 효과를 나타내는 것을 말한다)에 대한 질문을 받았다.

"정부가 투자자에게 채권을 팔아서 돈을 얻고, 그 돈을 재정 지출을 통해 국민들에게 제공하는 과정에서 경기부양 효과가 발생하는 이유는 무엇일까요?" 이 질문을 들은 오셔는 "정말 좋은 질문이네요. 하지만 생각해본 적은 없습니다"라고 솔직하게 대답했다. 허풍을 떨기보다 자신의 부족한 점을 솔직하게 인정하는 모습이 담당자의 가슴을 움직였고, 오셔는 채용되었다.

독학으로 계량경제에 관한 실질적인 지식을 쌓아왔던 오셔는 벨기에 담당 이코노미스트로 일하게 되었다. 어린 나이였지만 회사에서 정해놓은 계량경제 모델(Firm's Econometric Model)을 활용해 시장을 예측하는 데는 전혀 문제가 없었다. 하지만 기업 내에서 그의 존재는 철저히 비밀에 부쳐졌다. 오셔는 고객과 말을 해서도 안 되었다. 19살짜리가 시장을 예측하는 보고서를 쓴다는 사실이 알려지면 곤란해지기 때문이었다. 하지만 혹시 모를 실수를 막기 위해 충분한 감독만 받는다면 전체 업무를 진행해도 좋다는 허락을 받았다.

당시 경제학자들 사이에서는 벨기에 경제에 대해 부정적인 예측이 지배적이었다. 하지만 오셔는 달랐다. 그는 각종 데이터를 분석하고 모델을 적용한 결과 향후 벨기에 경제의 전망이 밝다는 결론을 내렸다. 그래서 벨기에의 경제성장률 예측치를 다른 경제학자들보다 2% 이상 높게 발표할 생각이었다. 하지만 오셔는 '절대 안 된다'는 말과 함께 훈계를 들어야 했다. "그렇게 일해서는 안 돼. 범위 내에서 가장 높은 예측치를 발표하는 건 허락할 수 있어. 만약 자네 말대로 벨기에가 기록적인 성장세를 보인다면, 가장 높은 예측치를 발표한 우리는 맞은 거겠지. 하지만 범위 밖을 벗어난 예측치를 발표하는 건 득이 되지 않아. 틀렸을 경우 비웃음을 사게 될 거야." 이후 오셔의 예측은 맞았지만 아무도 개의치 않았다.

대학 진학 전 1년 동안 이코노미스트로 일했던 경험은 오셔에게 중요한 교훈을 남겼다. 절대 컨설턴트가 되지 않겠다는 것이었다. "컨설턴트는 일을 해내는 능력보다 자신의 일을 그럴듯하게 포장하는 게 더 중요한 직업입니다. 이들이 발표하는 경제 전망치는 대부분 비슷비슷합니다. 벤치마크(Benchmark, 기준)나 다수의 중론에서 크게 벗어나지 않는 편이 유리하니까요. 컨설팅 게임의 법칙을 알게 되면 냉소적이 될 수밖에 없습니다."

1992년, 오셔는 케임브리지 대학을 졸업한 후 시티그룹(Citigroup)에서 트레이더로 일하게 되었다. 트레이더로 일하면서 오셔는 매년 수익을 기록했을 뿐만 아니라, 계속해서 수익률을 높여나갔다. 자연스럽게 시티그룹 내에서 오셔의 책임은 막중해졌다. 2003년 오셔는 시티그룹을 떠나 조지 소로스(George Soros)가 운용하는 퀀텀 펀드(Quantum Fund)의 포트폴리오 매니저가 되었다. 그는 당시 수십억 달러의 헤지펀드와 맞먹는 익스포저(Exposure, 위험노출) 수준으로 거래를 했다.

2년 후 오셔는 발야스니 에셋 매니지먼트(Balyasny Asset Management)로 자리를 옮겼다. 이곳에서는 멀티매니저 펀드(Multimanager Fund, 다수의 운용사가 함께 운용하는 펀드)의 매크로 전략 매니저로 일했으며, 그때의 경험은 2년 후 코맥(COMAC) 헤지펀드를 설립하는 데 밑거름이 되었다.

오셔는 지금까지 손실을 기록한 해가 단 한 번도 없었다. 그의 경력 중 상당기간을 차지하는 시티그룹과 퀀텀 펀드 시절의 자료는 공개할 수 없기 때문에 정확한 투자 실적은 알려지지 않는다. 하지만 2004년 12월부터 일했던 발야스니 에셋 매니지먼트 시절과 2006년 12월에 설립된 코맥 펀드에서 기록한 실적만 놓고 보면, 오셔는 2011년 말을 기준으로 11.3%의 연평균 복리 순수익률을 기록하고 있다. 연간 변동률은 8.1%이고, 최악의 월별 손실은 -3.7%였다. '평균 수익이 겨우 11.3%인 트레이더가 뭐가 대단하지?'라고 생각하는 독자들을 위해 잠깐 투자 실적을 평가하는 방법에 관해 짚고 넘어가려 한다.

투자 수익은 트레이딩 기술(종목 선별, 투자방법, 청산 등)뿐 아니라 리스크 정도에 따라 달라진다. 2배의 리스크를 감수하면 수익 가능성도 2배가 된다. 그래서 투자 실적을 제대로 평가하기 위해서는 단순한 투자 수익률이 아니라 리스크 대비 수익을 고려해야 한다. 특히 글로벌 매크로 전략은 자산 중 일부만으로 포트폴리오의 포지션을 구성하고 유지하기 때문에 리스크 관리가 중요하다.[2] 이 때문에 매크로 헤지펀드 매니저들은 마음만 먹으면 운용하고 있는 자산만으로 (굳이 돈을 빌리지 않아도) 시장에서의 익스포저를 증가시킬 수 있다. 익스포저는 수익뿐 아니라 리스크와도 직결된다.

오셔의 리스크 매트릭스는 변동률(8.2%)과 월간 최대 손실률(3.7%)로 측정하든, 최대 누적 하락 수익률(10.2%)로 측정하든 글로벌 매크로 펀드 매니저들 평균의 절반밖에 되지 않는다. 만약 그가 S&P500과 동일한 변동성 수준에서 대다수의 글로벌 매크로 펀드 매니저와 동일한 익스포저 수준을 운용했다면 연평균

---

[2] 글로벌 매크로 시장(선물, 외환, 옵션, 스왑 등)의 파생상품은 계약금(증거금 혹은 프리미엄)만으로 직간접적 위험비중을 나타낸다.

복리 순수익률은 약 23%에 달했을 것이다. 자산 대비 익스포저 수준이 매우 높은 프롭 계좌(Proprietary Account, 기업의 전용계좌로 기업이 자본을 투자할 때 활용하는 계좌)로 포트폴리오를 운용했더라도 역시 훨씬 높은 수익률을 기록했을 것이다. 그래서 익스포저 수준과 상관없이 리스크 대비 수익으로 오셔의 실적을 측정하면 이야기는 완전히 달라진다. 그가 기록한 고통 대비 이익비율(Gain to Pain ratio, 리스크 대비 수익률을 측정할 수 있는 방법으로 여기에 대해서는 참고 A(595페이지)에서 설명하겠다)은 1.76으로 매우 높다.

오셔와의 인터뷰는 런던에서 진행되었다. 그날은 윌리엄 왕자의 결혼식이 거행된 날이었다. 근처 도로가 모두 통제된 탓에 우리는 오셔의 사무실 대신 그가 자주 들른다는 사교클럽에서 인터뷰를 진행해야 했다. 그 사교클럽은 복장의 규제가 없는 편한 곳이라고 했다. 클럽라운지는 상당히 쾌적했고, 왕실 결혼식 때문인지 방문객이 거의 없었다. 오셔는 경제와 시장, 트레이딩에 관한 자신의 견해를 열정적으로 설명했다. 얼마나 열정적이었는지 옆자리에 있던 남성이 다가와 조용히 해달라고 부탁할 정도였다. 오셔는 곧바로 사과를 한 후 도서관에서 속삭일 때처럼 작은 목소리로 이야기를 이어나갔다.

나는 메모가 서툴러 인터뷰를 할 때 반드시 녹음을 하기 때문에 걱정부터 앞섰다. 옆자리에서 들려오는 대화나 분위기를 위해 틀어놓은 음악 소리가 커질 때마다 마음을 졸여야 했다. 게다가 누군가가 데려온 개가 간간히 짖어대고 있어서 더욱 불안했다. 결국 오셔에게 그전만큼은 아니더라도 목소리를 조금만 높여달라고 부탁했다. 그때 개를 데리고 온 방문객이 우리 옆을 지나갔는데, 우리는 그를 보고 깜짝 놀랐다. 그 사람은 바로 오셔에게 너무 시끄럽다면서 조용히 해달라던 바로 그 사람이었다.

언제 처음 시장에 흥미를 갖게 되었나요?

아주 우연한 계기였습니다. 17살 때 유럽으로 배낭여행을 갔었어요. 로마를 여행하던 중에 가져간 책을 모두 읽어버렸습니다. 시장에 갔더니 책을 파는 행상이 있더라고요. 그곳으로 가보니 영어로 된 책이라고는 『어느 주식투자자의 회상』밖에 없었습니다. 아주 낡아서 너덜너덜했죠. 하지만 저는 지금도 이 책을 소중히 간직하고 있고, 유일하게 아끼는 물건입니다. 정말 놀라운 책이에요. 이 책이 지금의 저를 만들었다고 할 수 있습니다.

무엇에 매료되셨나요?

매크로 시장의 매력은…….

아니, 그게 아니라 『어느 주식투자자의 회상』에 매료되신 이유가 궁금합니다. 매크로 전략과는 전혀 관련이 없지 않나요?

그 말에는 동의할 수 없군요. 그 책에는 모든 것이 담겨 있어요. 이야기는 주인공이 티커 테이프(과거 주식시장에서 주가의 변화를 적어놓았던 테이프) 읽는 법을 배우는 것부터 시작됩니다. 하지만 거기에서 그치지 않죠. 이후 주인공은 여러 사람들에게 조언을 듣습니다. 그중에서도 미스터 패트리지(Mr. Patridge)의 조언이 무엇보다 중요합니다. 그는 주인공에게 "지금은 불마켓(Bull Market, 상승장)이야. 알고 있지?"[3]라고 말해줍니다.

뼛속까지 매크로적인 사람이죠. 패트리지는 주인공에게 큰 그림을 보라고 말합니다. 시장이 상승하거나 하락하는 이유는 단순히 시장의 잡음 때문이 아닙니다. 시장이 불마켓 혹은 베어마켓(Bear Market, 하락장)이 되기 위해서

---

3. 오서가 언급한 내용은 다음과 같다. 연로한 미스터 패트리지가 "지금은 불마켓이야. 알고 있지?"라고 말하는 순간 나는 앞으로 갈 길이 얼마나 먼지를 깨달았다. 미스터 패트리지의 말은 수익을 올리는 과정에서 개별 종목의 등락보다 전체 시장의 움직임이 더 중요하다는 의미였다. 티커 테이프가 아니라 전체 시장과 그 추세를 파악해야 한다는 의미인 것이다.

는 그 이상이 필요합니다. 주인공은 경험을 쌓아나가면서 점차 펀더멘털을 중요시하게 됩니다. 그리고 수요와 공급에 대한 이야기를 하기 시작합니다. 수요와 공급이야말로 글로벌 매크로 시장을 움직이는 힘입니다.

사람들은 가격의 변동에 완전히 현혹되어 그 속에 더 큰 그림이 내재되어 있다는 사실을 잊곤 합니다. 가격의 변동은 펀더멘털의 맥락에서만 의미를 갖습니다. 바다를 항해하는 배에 비유해서 설명해보겠습니다. 바다를 항해할 때는 바람도 중요하고, 조류도 중요합니다. 조류에 대해서는 전혀 모른 채 바람만을 고려해 항해 계획을 세운다면 배는 좌초하게 됩니다. 기본적 분석과 기술적 분석도 마찬가지라고 생각합니다. 전체 그림을 제대로 이해하기 위해서는 2가지 모두를 주목해야 합니다.

『어느 주식투자자의 회상』은 이러한 과정이 설명되어 있는 훌륭한 책입니다. 주인공은 주가의 상승과 하락을 보면서 시장에 흥미를 느끼게 됩니다. 저는 정치와 경제에 대한 관심으로 시작됐죠. 하지만 그 책의 주인공과 제가 얻은 결과물은 크게 다르지 않습니다. 무엇보다 시장에서 경험을 쌓아야 합니다. 책에서 읽은 내용을 직접 체험해야만 정확한 의미를 깨닫게 되니까요. 경험을 쌓은 후에는 '아, 이런 뜻이었군!' 하는 생각이 들 겁니다. 중요한 것은 경험을 통해 배워야 한다는 것입니다. 머리로만 이해해서는 부족합니다.

『어느 주식투자자의 회상』을 읽은 다음에는 어떤 일이 있었나요?

경제학을 공부하기 위해 케임브리지 대학에 입학했습니다. 제가 경제학을 공부하겠다고 마음먹은 건 12살 때였습니다. 시장에 관심을 갖기 훨씬 전이었죠. 트레이더가 되고 싶어서가 아니라 단순히 경제가 좋아서 경제학을 공부하고 싶었습니다. 사람들이 경제학을 공부하는 이유는 매우 다양합니다.

대학에서 배운 중요한 경제학 지식은 무엇입니까?

당시에 경제학을 전공한 건 행운이었죠. 지금이었다면 실망했을 겁니다. 요즘 대학에서 가르치는 경제학은 끔찍합니다.

무슨 뜻인지 자세히 설명해주시겠습니까?
제가 대학을 다니던 시절에는 경제학을 철학처럼 공부했습니다. 하지만 지금의 경제학은 수학공식과 모델링이 전부가 되어버렸습니다. 수학적 모델로 문제를 해결하기 위해서는 가정을 세워야 합니다. 그러다 보니 모든 문제에 대해 천편일률적으로 가정을 세웁니다. 사실이어서가 아니라 수학적인 답을 얻어내기 위해서 가정을 세우는 겁니다. 같은 이유로, 시장이 효율적이라고 추정을 해야 일이 쉬워집니다. 그렇지 않으면 수학적 모델을 적용할 수 없으니까요. 하지만 문제는 시장이 효율적이지 않다는 겁니다. 이 사실은 너무 쉽게 무시되고 있습니다.

게다가 수학적 모델들은 예측 불가능한 투기꾼들의 영향력을 배제하는 경향이 있습니다.
맞는 말입니다. 투기꾼들의 영향력을 고려하면 수학으로 문제를 해결할 수 없습니다. 요즘 경제학에서 최우선은 엄격한 수학적 잣대입니다. 그렇지 않으면 박사학위를 받을 수 없고, 학계에서 경력을 쌓거나 교수가 될 수도 없습니다. 그 결과 제가 경제학자라고 부를 만한 사람들은 역사나 정치과학, 사회과학으로 옮겨가고 있습니다. 경제학을 수학으로만 풀어내려는 건 재난입니다. 경제학을 축소시키는 행위요.

가장 좋아하는 경제학자는 누구인가요?
케인스(Keynes)입니다. 그러나 미국에서는 케인스학파의 이론이 '알아듣기 어려운 이상한 주장'이라고 받아들여지고 있어서 정말 안타깝습니다.

그건 미국에서 케인스의 이론이 '경제의 팽창이나 수축에 관계없이 반드

시 적자재정을 유지해야 한다는 의미'로 해석되기 때문입니다.

케인스는 그렇게 말한 적이 없습니다.

맞습니다. 물론 케인스였다면 2008년과 2009년 적자 지출을 찬성했을 것입니다. 하지만 이전의 경제확장시기에는 적자 지출에 대해 매우 다른 견해를 가지고 있었을 것입니다.

그렇습니다. 케인스는 재정적 보수주의자였습니다.

요즘 딜레마에 빠진 미국 경제에 대해서는 어떻게 생각하고 계십니까? 재정적자를 방치했다가는 끔찍한 결과로 이어질 겁니다. 하지만 가뜩이나 실업률도 높은데 재정 지출을 줄인다면 심각한 경기 수축이 일어나겠죠. 그렇게 되면 세금이 줄어 재정적자는 더욱 가중될 겁니다.

정부가 돈을 풀어 경제를 부양해야 한다는 주장은 매우 일관적이면서도 논리적입니다. 재정 지출을 줄여야 한다는 주장도 상당히 이성적이죠. 문제는 양쪽 모두 비이성적으로 설명하고 있다는 겁니다. 사람들이 저지르고 있는 가장 큰 실수는 명백한 해결책이 없는 상황에서 해결책이 있다고 생각하는 것입니다.

저 역시 2008년 미국 대통령 선거 직후 같은 생각을 했습니다. 경제는 이중고를 겪고 있습니다. 부채는 폭발 직전이고, 경제활동은 부동산버블 붕괴로 무너져버렸습니다. 그래서 백약이 무효하다는 생각이 듭니다. 풍자가 있는 논조로 유명한 미국의 경제지 〈오니온(The Onion)〉은 오바마 대통령 당선 후 '미국 최악의 직업을 선택한 흑인'이라는 제목으로 기사를 냈는데 아주 절묘했다고 생각합니다.

현실적인 해결책을 찾기 위해서는 미국인들의 생각만큼 미국이 부유하지 않다는 사실을 인정해야 합니다. 정치적 해결책들은 대부분 현실 인식을 거부합니다. 이제는 "고통스러운 여러 가지 방법 중에서 어떤 것을 선택해야 할까?"라는 태도로 접근해야 합니다.

대학 시절 꿈꾸던 직업이 있었나요?
네, 트레이더가 되고 싶었습니다. 하지만 당시에는 트레이더라는 직업에 대해 정확하게 알지는 못했습니다.

대학 졸업 후 첫 직장은 어디였나요?
시티그룹 내 외환 부서에서 주니어 트레이더(Junior Trader)로 일했습니다. 그런데 출근한 첫 주에 영국 파운드화가 ERM(Exchange Rate Mechanism, EC회원국 중 그리스를 제외한 11개국의 통화가치를 일정한 범위 안에서 고정시켜 놓은 일종의 고정환율체계)을 탈퇴했습니다.

> **TIP**
> 유럽통화제도(Exchange Rage Mechanism, ERM)는 유로화 출범 전까지 수십 년 동안 유럽 각국의 통화를 특정 가격 범위 내에서 연계하는 역할을 담당했다. 1992년에 영국은 파운드화가 허용된 변동폭 밑으로 하락하게 되자 ERM을 탈퇴했다.

조지 소로스에게 '영국중앙은행을 박살낸 남자(Broke the Bank of England)'라는 별명이 붙은 그때인가요?
네, 아시겠지만 저는 독립적인 펀드를 설립하기 전에 소로스의 투자회사에서 일했습니다. 그때 소로스에게서 들은 이야기 중 노먼 라몬트(Norman Lamont) 재무장관의 인터뷰에 얽힌 일화가 가장 마음에 들었습니다. 당시 라몬트 장관은 "영국중앙은행이 100억 파운드의 준비금을 가지고 있기 때문에 투기자들의 공세에 당하지 않을 것"이라고 단언했습니다. 소로스는 다음 날 아침 라몬트 장관의 인터뷰가 실린 신문을 보면서 '100억 파운드라, 놀라운 우연인데! 정확하게 내가 생각하고 있던 만큼의 포지션 규모야'라고 생각했다고 합니다.

그날 아침에 저는 플로어를 담당하는 상사에게 영국이 ERM에서 탈퇴하지 못하는 이유를 설명하고 있었습니다. ERM 탈퇴는 보수적인 영국 정부에게는 정치적 자살행위이고, 그래서 절대 일어날 수 없는 일이라고 말했습니다.

상사가 뭐라고 대답하던가요?

미소를 지으면서 고개를 끄덕이더니, "보면 알겠지"라고 말하더군요. 이후 단 3시간 만에 파운드는 폭락했고, 곧 ERM을 탈퇴했습니다. 저는 완전히 바보가 된 기분이었어요.

당시만 해도 시장의 힘이 정책보다 우세하다는 사실을 전혀 몰랐습니다. 정책 입안자들도 이해하지 못하기는 마찬가지였고요. 정치인들은 시장을 통제할 수 없다는 사실을 잘 모르는 것 같습니다. 시장을 통제하는 건 투기꾼들이 아니라 펀더멘털입니다. 그 당시 영국의 펀더멘털은 ERM에 남아 있을 수 없는 수준이었습니다. 경제는 불황이었고, 통화는 심하게 과대평가되어 있었습니다. 반면 독일은 통일 이후 치솟는 인플레이션을 제한하기 위해 고금리 정책을 펴야 했습니다. 불황을 겪고 있던 영국은 저금리 정책이 필요했지만 각국의 통화가 서로 연결되어 있었기 때문에 덩달아 금리를 올렸습니다. 소로스가 한 일은 당시 상황이 지속될 수 없다는 사실을 정확하게 파악한 것이었습니다. 파운드의 가치를 계속 유지하려는 영국중앙은행의 노력은 중력과 싸우고 있는 것과 마찬가지였습니다.

운이 좋았군요. 처음부터 큰 실수를 저질렀지만 실제 투자를 하지는 않으셨기 때문에 돈을 잃지 않았으니까요. 당시 경험이 어떤 인상을 남겼나요?

정말 깊은 인상을 받았습니다. 시장이 정책보다 우선한다는 걸 배웠어요. 정책 입안자들의 의도가 아니라 실제적인 펀더멘털에 주목해야 한다는 것을 말이죠. 사람들은 오랜 시간 동안 현실을 부정할 때도 있습니다. 하지만 결국에는 시장에 압도당합니다. 소로스가 위대한 점은 변화가 시작되는 순간을 감지해내는 능력입니다. 즉 지금 투자 포지션이 옳다면 큰 리스크를 감당하며 대담하게 투자에 나서야 할 때임을 아는 능력입니다.

우리는 2011년 유럽의 금융 위기에 대해 오랫동안 이야기를 나누었다. 오서는 유로화의 장기적인 미래에 대해 꽤나 비관적인 견해를 피력했다.

오서 씨는 매크로 트레이더로서 시장의 문제점을 파악하고 계시죠? 그 결과를 투자에 어떻게 활용하시나요?
활용하지 않습니다. 그래서 약간 힘이 듭니다.

시장에서의 타이밍을 예측할 수 없기 때문인가요?
아무도 개의치 않기 때문입니다. 문제가 있더라도 투자자들이 신경을 쓰지 않으면 추세가 만들어지지 않습니다. 1999년 나스닥지수를 매도했다면 어떻게 되었을까요? 기본적으로 고평가되었다는 생각만으로 매도해서는 안 됩니다.

그렇다면 어떻게 해야 하나요?
사람들이 걱정하기 시작할 때까지 기다려야 합니다. 나스닥을 예로 들어 설명해보겠습니다. 투자자들은 나스닥지수가 5,000포인트에서 4,000포인트로 하락하면 매도하려고 합니다. 지수가 하락할 때는 매도하려고 하지만, 반대로 상승세에서는 매도를 꺼립니다. 거품이 형성될 때는 시장이 어디까지 상승할지 예측할 수가 없습니다. 그래서 올바른 판단을 내렸더라도 시기가 무르익을 때까지 기다릴 줄 알아야 합니다. 제가 특별하게 뛰어난 생각을 해내는 게 아닙니다. 〈파이낸셜 타임스(Financial Times)〉만 읽어도 알 수 있을 정도의 생각을 갖고 있을 뿐입니다. 경제에 해박하지 않아도 좋습니다. 중요한 사실을 파악할 수만 있으면 됩니다. 이번 금융위기 역시 시기를 기다릴 줄 알아야 한다는 사실을 단적으로 보여주는 예입니다. 저는 금융위기 직전인 2006년과 2007년에 시장의 거품이 지속 불가능하다고 판단했습니다. 어리석은 생각이었죠. 당시에는 시장 전체가 비이성적이었어요.

어떤 근거로 시장이 이성을 잃었다고 판단하셨습니까?

리스크 프리미엄(무위험 이상의 수익률, 무위험자산이 아닌 위험자산을 보유함으로써 얻은 수익)이 너무 낮았습니다. 신용(Credit)은 터무니없는 스프레드에서 거래되고 있었습니다. 내실을 신경 쓰는 사람은 아무도 없었어요. 슈웨거 씨는 매 분기 완만한 이익을 기록하는 기업에 대해서 어떻게 생각하시나요?

숫자를 조작하고 있는 겁니다.

맞습니다. 반드시 의심을 해봐야 합니다. 기업이 좋고 나쁘고를 떠나서 일단 회계장부를 조작하고 있다고 봐야 합니다. 사람들은 안정적으로 이익을 창출하는 기업을 선호합니다. 가능하기만 하다면 안정적인 이익을 올리는 것만큼 좋은 건 없을 겁니다. 하지만 저는 생각이 다릅니다. 기업이 정직하게 정보를 공개하고 있지 않다는 의미로 받아들입니다. 2006년과 2007년, 모든 시스템에서 진실이 감추어져 있다고 생각했습니다. 특히 신용시장(Credit Market)이 문제였습니다. 하지만 캐리(Carry, 신용증권에 지급하는 이자, 리스크를 감수하는 대가로 얻을 수 있는 수익)가 줄어들었다고 무조건 매도 포지션(Short)을 구축해서는 안 됩니다. 당시에는 신용 스프레드 역시 계속 하락하고 있었습니다(신용증권과 그와 동등한 재무부 채권의 이자율 차이를 뜻하는 신용 스프레드의 하락은 신용증권의 가격이 지속적으로 상승하고 있다는 의미다).

이런 상황에서는 자신의 투자 포지션에 주목하는 한편, 시장의 추세가 반대로 바뀌지 않는지 주의 깊게 살펴야 합니다. 2006년과 2007년에 매도 포지션을 구축했다는 것은 1999년 나스닥지수에 대해 매도 포지션을 갖고 있는 것과 마찬가지입니다. 그러나 돈을 벌기 위해서는 반대로 움직여야 했습니다.

2006~2007년 동안 어떤 투자 포지션을 가지고 계셨나요?

시장의 거품 속에서는 낙관적인 시각을 가진 투자자가 높은 수익을 올립니다. 거품을 믿는 투자자들이 언제나 승리합니다. 그건 나쁘지 않아요. 다만 상당한 수익을 올린 다음에는 시장의 방향이 전환되기를 기다려야 합니다. 그렇게만 한다면 많은 돈을 벌 수 있습니다. 저는 혼합된 투자방식을 신뢰하며, 손실은 용납하지 않습니다. 2006~2007년 당시 거품에 동참하고는 있었지만 마음만 먹으면 언제든지 시장을 빠져나갈 수 있도록 유동성을 확보하고 있었습니다. 거품에 휩쓸리는 투자자들이 저지르는 가장 큰 실수는 출구가 없는 투자 포지션을 구축하는 것입니다. 거품이 낀 시장은 유동적인 것처럼 보이지만, 거품이 사그라지면 유동성이 가장 큰 문제가 됩니다. 우리는 주로 옵션을 이용한 거래를 했습니다. 그중 하나는 캐리 통화의 콜옵션을 매수한 것인데, 포지티브 캐리(Positive Carry, 자금을 차입하여 투자활동을 할 때 차입에 따르는 조달비용이 투자 수익률보다 낮은 상황을 말한다) 덕분에 옵션으로 수익을 올릴 수 있었습니다.

> **TIP**
>
> 캐리 통화(carry currency)는 금리가 높은 통화를 뜻한다. 예를 들어 호주달러의 단기 금리가 5%이고 미국 달러의 금리가 1%라면, 호주달러가 캐리 통화가 된다. 투자자들이 미국 달러를 호주달러로 전환하면 높은 금리 덕분에 4%의 추가적인 수익을 얻을 수 있다. 단 향후 호주달러의 가치가 미국 달러보다 하락할 위험 즉 리스크가 발생한다. 호주달러를 선도시장(Forward Market, 일종의 선물거래 시장이다. 단 선물거래는 정해진 거래소에서 기관들에 의해 거래되지만 선도거래는 당사자들에 의해 결정된다)에 판매하는 방법으로 리스크를 헤지할 수 있지만, 이때 호주달러의 선물환율(선물환 거래에 적용되는 환율)이 금리의 차이만큼 할인된다(그렇지 않으면 현물 호주달러에 투자해 얻은 수익을 호주 재무부 채권에 재투자하고, 선도시장에서 호주달러에 대해 매도 포지션을 구축하는 방법으로 리스크가 전혀 없는 트레이딩이 가능하다). 이후 현물통화 간의 환율이 변하지 않으면, 선물환율은 이자의 차이(캐리 이자)만큼 상승하게 된다. 호주달러의 선도계약에 대해 콜옵션을 매수하면, 등가격(At-the-Money) 콜옵션(옵션의 행사가격과 자산의 가치가 같은 경우)의 행사가격(Strike Price)은 현물보다 이자의 차이만큼 낮게 형성된다(첨부 B(596페이지) 참고). 현물가격이 변동하지 않으면 만기 콜옵션가격은 내가격 옵션이 되고, 옵션의 프리미엄은 상쇄된다. 뿐만 아니라 리스크를 추구하는 시장의 경우에는 캐리 통화가 현물시장에서 상승하는 경향이 있다.

통화의 유동성이 매우 컸기 때문에 시장의 방향이 급격하게 바뀔 때 나타나는 갭 하락의 위험을 피하기 위해서 캐리 통화가 아닌 콜옵션을 매수하신 겁니까?

네, 그렇습니다. 옵션 매수로 막대한 손실을 기록할 가능성은 전혀 없습니다. 거품이 지속되면 상당한 수익을 올리게 되고, 가격이 크게 하락한다고 해도 프리미엄을 잃을 뿐입니다. 고약한 리스크는 될 수 있으면 피하는 편이 좋습니다. 하지만 그 당시 제가 옵션 매수를 선호했던 이유에는 구조적인 측면도 있습니다. 리스크 프리미엄이 낮을 때는 옵션가격도 저렴해집니다. 저는 저렴한 옵션 매수를 선호합니다. 당시 거품은 형성되어 있었지만 변동성은 낮았습니다. 그래서 옵션 투자가 효과가 있었어요. 하지만 언제나 그런 건 아닙니다.

당시의 금융 거품 상황에서 또 어떤 매매를 하셨나요?

그때 당시 중앙은행의 정책을 기억하십니까? 중앙은행은 금리를 인상하고 있었습니다. 그래서 저는 금융정책과 관련된 트레이딩에 집중했습니다. 2005년부터 2006년까지 연방준비제도(Fed)는 지속적인 금리인상을 단행했습니다. 선물시장에서는 금리인상 정책이 곧 끝날 것이라는 생각이 지배적이었고, 그에 맞게 가격이 책정되었습니다. 만약 지속적인 금리인상을 예측했다면 계속해서 돈을 벌었을 겁니다. 사실 연방준비제도가 금리인상 정책을 갑자기 금리인하 정책으로 선회할 수는 없습니다. 게다가 전반적으로 감지되고 있던 금융 거품의 신호를 감안하면 금리는 여전히 낮은 수준이었습니다. 경제 전반에 거품이 끼고 있었기 때문에 그보다 더 높은 금리가 당연했습니다. 덕분에 저는 6개월 동안 리스크에 비해 상당히 높은 수익을 기대할 수 있었습니다. 시간을 거듭할수록 금리는 계속 인상되었고, 반대로 시장에서는 "이제는 금리인상을 그만둘 거야"라는 이야기가 무성했어요. 그래서 동일한 트레이딩을 계속할 수 있었습니다.

왜 시장은 통화 정책이 완화될 거라고 생각했던 거죠?

저는 시장을 인간의 사고방식에서 개념화시키지 않으려고 노력하고 있습니다. 시장은 생각하지 않습니다. 폭도들이 생각하지 않는 것과 마찬가지입니다. 폭도들이 의 건물을 공격하는 걸까요? 그들은 아무 생각도 하지 않습니다. 시장은 투자자들이 결정한 가격이 제공되는 장소일 뿐입니다.

그럼 제가 어떻게 질문해야 할까요?

"왜 시장에서 가격이 효율적으로 책정되지 못했을까요?"라고 질문하셔야 할 것 같습니다. 매크로 시장에서 효율적인 가격을 만들어내는 시장원리(Market Force)는 극히 소수입니다. 헤지펀드는 매크로 시장의 일부분에 불과합니다. IT투자시장에서는 헤지펀드가 상당한 비중을 차지합니다. 하지만 외환시장(FX)이나 국채시장은 다릅니다. 실제 거래되는 금액에 비해 헤지펀드가 차지하는 비중은 매우 낮습니다. 이와 달리 핌크(PIMCO, 세계 최대 규모의 채권 투자펀드)나 중국인들의 비중은 엄청납니다. 시장에서는 수조 달러의 자금이 거래되고 있기 때문에 가격이 결정되는 과정에서 헤지펀드가 차지하는 비중은 미비합니다. 저 같은 헤지펀드 매니저는 돈의 바다에서 헤엄치는 아주 작은 피라미에 불과한 거죠. 제가 매크로 시장을 좋아하는 것도 이 때문입니다. 중요한 건 펀더멘털입니다. 저는 비슷한 사람들을 상대로 싸우고 싶지 않습니다. 아주 어려운 제로섬 게임이 될 테니까요.

매매를 하실 때마다 분명한 이유가 있나요?

반드시 그렇지는 않습니다. 예를 들어 1998년 금융위기 때는 LTCM(롱텀캐피털매니지먼트, 1994년 살로먼 브라더스의 부사장이자 채권거래팀장이었던 존 메리웨더가 설립한 미국의 헤지펀드)에 대해 전혀 몰랐습니다.

당시 저는 독립적으로 프랍 트레이딩(Prop Trading, 고객이 맡긴 자산이 아닌 자기자본으로 금융상품에 투자하는 것)을 하고 있었습니다. 위기가 막 시작되었을 때는 LTCM에 관한 언론보도가 전혀 없었어요. 그래서 시장에서 무슨 일이 일어나고 있는지 몰랐을뿐더러 알 방법도 없었습니다. 다만 재무부 채권의 선물가격이 매일 상한가를 기록하고 있다는 사실에 주목했습니다. '무언가 벌어지고 있구나!'라고 생각했어요. 이유를 알아야 할 필요는 없었습니다. 무언가 벌어지고 있다는 사실을 파악하고, 그에 따라 매매하면 그뿐이니까요. 트레이딩을 시작하기 전에 펀더멘털을 모두 따져볼 필요는 없습니다. 가격 변화의 원인을 알아낼 때까지 기다렸다가는 늦습니다. 조지 소로스도 "일단 투자하라. 원인은 그다음에 알아보라"고 했습니다. 트레이딩을 할 때마다 합리적인 원인을 알아내는 데 집착해서는 안 됩니다. 뼛속까지 경험주의자인 제게는 눈앞에서 벌어지는 현실이 가장 중요합니다.

저는 가설 검증을 신뢰합니다. 가설은 "어떤 심각한 일이 벌어지고 있다"라는 겁니다. 무엇인지는 모르겠지만 너무 강력해서 한동안 계속되는 사건이라면 반드시 편승해야 합니다. 다만 유동성을 확보하고 있어야 합니다. 상황이 갑자기 반전될 때 재빨리 포지션에서 벗어날 수 있어야 하기 때문입니다. 잘못된 결정이었다면 손실을 제한할 수 있고, 올바른 결정이라면 상당한 수익을 올릴 수 있습니다.

> **TIP**
>
> 롱텀캐피털매니지먼트(Long Term Capital Management 혹은 LTCM)는 역사상 최악의 헤지펀드 스캔들로 손꼽힌다(LTCM이 버나드 매도프보다 더 악명을 떨친 건 아니었다. 하지만 매도프 스캔들은 정확하게 말하면 투자 실패가 아니라 금융 사기극이라는 점에서 차이가 있다. 실제 매매는 하지 않으면서 거짓으로 수익률을 꾸며냈기 때문이다). LTCM은 설립 후 4년간 지속적으로 수익을 기록했고, 펀드 예탁금을 4배로 불리는 데 성공했다. 하지만 이후 단 5개월(1998년 5월부터 9월까지) 만에 순자산가치가 92%나 폭락하고 말았다. LTCM의 막대한 레버리지(레버리지는 헤지펀드가 운용자금을 초과해 돈을 끌어오는 것을 뜻한다. 가장 흔한 방법으로는 돈을 빌리는 것이 있지만 그 외에도 채권 및 파생상품을 활용해 레버리지를 늘릴 수 있다) 탓에 여러 은행 및 투자기업이 어마어마한 리스크에 노출되었다. 미국 연방준비위원회는 LTCM의 투자 실패로 인한 피해가 금융계 전반에 도미노처럼 퍼져나갈 수 있다는 공포에 휩싸여 구제금융을 지원하기에 이른다(하지만 LTCM을 인수하지는 않았다). 금융시장은 LTCM이 레버리지로 구축했던 투자 포지션을 청산하는 과정에서 직격탄을 맞았다. LTCM 스캔들이 특히 충격적이었던 이유는 그 규모가 워낙 커서 금융시장에 큰 위협이 되기도 했지만, 두 명의 노벨상 수상자가 펀드 운용을 담당했기 때문이기도 했다.

2005년부터 2007년까지 주택시장과 금융시장의 거품에 관한 이야기를 다시 듣고 싶습니다. 당시 시장의 거품에 동참하고 계셨다고 말씀하셨습니다. 그렇다면 이후 시장의 갑작스러운 붕괴에는 어떻게 대처하셨나요?

먼저 제가 질문을 드리고 싶습니다. 금융시장의 위기가 언제 시작되었다고 생각하십니까?

대답하기 어려운 질문이네요. 위기의 시작으로 볼 수 있는 사건이 몇 가지 있었습니다. 2006년 주택가격이 하락세에 접어든 것도 그중 하나인데, 시장이 반응을 하지 않았습니다. 심지어 주택담보 부실의 대명사라고 할 수 있는 컨트리와이드(Countrywide, 당시 미국 최대의 모기지업체)는 이후 신고가를 경신했습니다. 베어스턴스(Bear Sterns)의 파산부터라고 할 수 있지만 시장은 그 이후에도 반등했습니다.

그럼 다시 묻겠습니다. 위기는 언제 시작되었던 걸까요?

상당히 집요하신데요.

답을 주지 않으셔서 제가 말씀드리겠습니다. (웃음) 펀더멘털을 보면 주택가격은 2006년부터 하락하기 시작했습니다. 하지만 그때 위기가 시작된 것은 아니고, 다만 위기의 단초를 제공했습니다. 서브프라임 신용등급은 2007년 1월부터 하락하기 시작했어요. 하지만 서브프라임 모기지는 니치마켓(틈새시장)이었기 때문에 주식시장은 그 신호를 무시했습니다. 2007년 7월에는 신용시장에서 대대적인 매도세가 형성되었지만, 여전히 일부에 제한된 문제로만 생각했습니다. 주식 투자자들은 2008년 3월 베어스턴스 은행의 파산을 금융위기의 시작으로 봅니다. 하지만 저는 2007년 8월이라고 생각합니다. 당시 단기 금융시장(Money Market, 만기가 1년 미만인 금융상품이 거래되는 시장)이 완전히 마비되었습니다. 은행들이 서로를 믿지 않았던 겁니다. 아무도 눈치 채지 못했지만 그때가 바로 전 세계가 붕괴되기 시작한 시기입니다.

단기 금융시장이 붕괴되었다는 사실을 어떻게 아셨습니까?

무엇보다 리보금리(LIBOR, 은행 간 거래에서 적용되는 이자율)가 대폭 상승했습니다. 리보금리의 상승은 돈의 흐름이 전처럼 원활하지 않다는 사실을 나타내는 지표라고 할 수 있습니다. 단기 금융시장에 일종의 안내데스크가 있어서 무슨 일이냐고 물어봤다면 유동성이 말라버린 신호라고 말해주었을 겁니다. 전에는 한 번도 없었던 일입니다. 다른 시장에서 비슷한 일이 발생했다면 그날 신문의 1면 머리기사에 실렸을 겁니다. 하지만 자본주의의 중심이면서 가장 중요한 시장이라고 할 수 있는 단기 금융시장에 문제가 생겼는데도 아무렇지 않게 무시되었습니다.

경제신문에 전혀 보도가 되지 않았나요?

보도는 되었습니다. 하지만 아무도 중요하게 생각하지 않았습니다. 3년이나 지난 지금, 제 말씀을 들은 슈웨거 씨께서도 "그랬었나? 2007년 8월에 단기 금융시장이 붕괴했던가?"라고 말씀하시니까요.

인정할 수밖에 없군요. 저 역시 금융위기가 진행되면서 단기 금융시장이 붕괴했다고 생각했습니다. 리먼 브라더스(Lehman Brothers) 파산이나, 이후 기업어음(Commercial Paper)시장이 동결된 다음 단기 금융시장의 펀드(MMF) 일부가 붕괴되면서 돈줄이 막혔다고 생각했습니다. 이 모든 사건들은 지금 말씀하신 것보다 1년 후인 2008년 9월에 일어났습니다.

제 말이 바로 그겁니다. 당시 어느 누구도 중요하게 생각하지 않는 듯했습니다. 그러나 2개월 후 S&P는 신고가를 경신했습니다.

2007년 8월 낙관적인 투자 포지션을 비관적인 투자 포지션으로 변경하셨던 거군요?

네, 그렇습니다. 2007년 8월 단기 금융시장의 유동성이 말라버렸을 때 투자 포지션을 변경했습니다. 주택가격 하락이 막 몰려오기 시작한 먹구름이었다면, 단기 금융시장의 마비는 비가 쏟아지기 시작한 셈이었어요. 하지만 대부분의 사람들은 모르고 있었습니다. 펀더멘털은 내일의 날씨를 예보하는 도구가 아닙니다. 오늘 비가 내리고 있는지를 알게 해주는 잣대입니다.

미래를 정확하게 예측해야 트레이딩에서 성공하는 건 아닙니다. 1992년 조지 소로스가 파운드화에 대해 매도 포지션을 취했을 때도 마찬가지였습니다. 누구나 영국의 불황에 대해서는 알고 있었어요. 영국이 ERM 자격을 유지하기 위해서는 높은 수준의 금리가 요구되었습니다. 하지만 금융위기를 맞은 영국은 감당할 여력이 없었습니다. 나중에는 누구나 "영국의 ERM 탈퇴는 놀라울 만큼 당연한 일이었어"라고 평가했습니다. 사실 당연한 이유 때문에 트레이딩에 성공하는 겁니다. 2007년 말도 마찬가지였습니다. 제가 보기에는 분명 금융 시스템이 붕괴하고 있었어요. 하지만 대부분의 시장 참여자들은 눈치 채지 못했습니다.

그래서 주식을 공매도하셨나요?

결국 주식시장도 현실을 반영하게 되었습니다. 하지만 주식에 대한 공매도는 매우 어렵습니다. 시장이 상당히 오랫동안 상승세를 유지하기 때문입니다. 수년간 불마켓이 지속된다면 투자를 계속하고 있는 사람들은 누구일까요? 비관적인 트레이더들은 아예 시장에서 발을 빼버립니다. 일부 똑똑하면서도 유연한 시장 참여자들은 상대적으로 적은 자본을 투자합니다. 그래서 역시 큰 상관이 없습니다. 낙관적인 시각을 갖고 있는 트레이더들은 시장이 하락할 때마다 매수하기 때문에 더 많은 돈을 투자하게 됩니다. 그래서 불마켓이 하락세에 접어들기 시작하면, 시장에 이성적으로 대응하지 못합니다.

현명한 매니저들은 강세장만큼 좋아 보이지 않기 때문에 운영 규모를 축소할 텐데요. 그때부터 매니저들은 순매수 익스포저(Net Long Exposure)

를 축소한다는 말씀이신가요?

네, 그렇습니다. 낙관적인 트레이더들이 상당한 자본을 투자하고 있기 때문에 불마켓에서 베어마켓으로 전환되는 데는 상당한 시간이 소요됩니다. 하지만 일단 방향이 전환되면 시장은 매우 빠른 속도로 하락합니다. 그러면 낙관적인 시각을 갖고 있던 트레이더들은 "이건 말도 안 돼. 아무런 예고도 없었다고!"라고 분통을 터뜨립니다. 글쎄요, 전혀 예측 불가능했던 걸까요?

사람들이 "아무런 예고도 없었다며 분통을 터뜨렸다"고 말씀하실 때 저 절로 웃음이 났습니다. 이들에게 주택가격 그래프를 본 적이 있는지 묻고 싶습니다. 인플레이션을 적용한 주택가격 그래프는 19세기부터 2000년대 중반까지 횡보세를 기록했습니다. 예외라고는 세계 공황 이후의 부동산 폭락 때뿐입니다. 그런데 최근 몇 년간 인플레이션을 적용한 주택가격이 2배로 상승했습니다. 마치 평원에 산 하나가 우뚝 서 있는 것 같습니다. 이렇게 비정상적으로 주택가격이 상승했는데도 불구하고 사람들은 여전히 주택시장의 하락이 충격적이라고 말합니다.

모든 게 영원히 상승만 하는 세상은 없습니다. 가격은 등락을 거듭합니다. 가격이 크게 변화하는 이유는 세상이 그만큼 변해서가 아니라 시장 참여자들이 자신들의 편견을 재평가하기 때문입니다. 세상은 실제로 그리 크게 변하지 않았습니다. 단지 사람들이 마침내 문제를 인식하기 시작한 것입니다.

현재 미국이 짊어지고 있는 막대한 부채를 생각해보세요. 대다수의 사람들은 미국 재무부 채권의 이자가 낮기 때문에 미국 부채의 급증에도 인플레이션이 유발되지 않는다고 설명합니다. 하지만 사실이 아닙니다. 재무부 채권 이자는 손쓸 수 없는 지경이 되고 난 다음에야 이상신호를 보내기 시작합니다.

시장의 효율성을 믿는다면 시장은 금융위기를 적절히 반영할 것입니다. 5년 내에 위기가 닥칠 가능성이 있을까요? 물론입니다. 왜냐고요? 사람들이 위기를 인식하기 시작했기 때문입니다. 지금의 가격에는 위기가 반영되어 있지 않습니다. 하지만 언젠가는 반영될지도 모릅니다. 끔찍한 재앙이 발생하면 "이 사건 때문이다, 저 사건 때문이다" 하면서 그 원인을 놓고 말들이 많아집니다. 하지만 금융위기가 발생하는 진짜 원인은 시장에 내재되어 있던 펀더멘털 때문입니다.

위기가 불거질 때마다 사건이 발생하기는 합니다. 하지만 이 사건이 촉매 역할을 했다고 지목하는 건 도움이 되지 않습니다. 페르디난트(Ferdinad) 대공 부부의 암살 때문에 1차 세계대전이 시작되었을까요? 계기는 되었겠지만 직접적인 원인은 아닙니다. 저는 역사 속에서 어떤 사건이 촉매로 작용했다는 논리를 별로 달가워하지 않습니다. 하지만 대부분의 사람들은 다릅니다. 특히 시장 참여자들이 그렇습니다. 하나의 원인을 지목하면서 "누가 짐작이나 했겠어?"라고 말하고 싶어 합니다.

펀더멘털의 불균형이 심할 때는 어디에서부터 변화가 시작될지 짐작도 할 수 없습니다. 나스닥은 5,000포인트에서 천장을 형성했습니다. 하지만 천장이 3,000포인트가 될 수도, 7,000포인트가 될 수도 있었습니다. 그냥 어쩌다 보니 5,000포인트가 된 것뿐입니다. 시장의 거품이 언제 최고점에 도달할지를 예측하는 건 마치 1년 후의 날씨를 예보하는 것과 마찬가지입니다. 같은 조건이라도 몇 번씩 반복된 다음에는 전혀 다른 결과로 이어집니다.

맞는 말입니다. 시장의 방향이 언제 바뀔지 예측하는 것은 불가능합니다. 예측은 정말 어려운 일이에요. 다만 무언가 바뀌었다는 사실은 알 수 있습니다. 하지만 대다수의 사람들은 변화를 눈치 채지 못합니다. 나스닥이 5,000포인트에서 4,000포인트로 하락했을 때 많은 투자자가 미수에 나섰습니다. 싸다고 생각했기 때문이죠. '5,000포인트였는데 지금은 4,000포인트잖아. 바겐세일이라니까!'라고 생각했습니다. 불확실성이 클 때 사람들은 형편없는 결정을 내리기 쉽습니다. 리스크와 불확실의 차이를 확실히 알고 계십니까?

확률에 대해서 말씀하시는 건가요? 리스크는 확률을 알고 있는 것이고, 불확실은 아예 확률을 모르는 것이라고 할 수 있죠.

네, 그렇습니다. 러시안 룰렛 게임을 하고 있으면 리스크에 직면해 있는 겁니다. 발생 가능한 경제적 사건에 직면하고 있다면 불확실한 상황입니다. 확률을 모르면서 수치를 계산한다는 건 말이 되지 않습니다. 향후 5년 내에 독일이 유럽연합에서 탈퇴할 가능성은 얼마나 될까요? 그 답을 얻을 수 있는 계산법은 없습니다. 억지로 "6.2%"라고 대답하는 건 아무런 의미가 없습니다. 그렇게 믿고 베팅한다면 당연히 결과는 좋지 않을 겁니다.

2007년 8월에 관한 이야기를 좀 더 듣고 싶습니다. 시장이 변했다는 것을 알고 어떻게 대응하셨나요? 주식시장에서 공매도를 하지 않았던 이유에 대해서는 설명해주셨습니다. 그러면 어떤 투자를 하셨나요? 강세 포지션은 곧바로 정리하셨나요?

네, 모든 포지션을 정리하기로 했습니다. 전혀 어려운 결정이 아니었어요. 그 다음에는 리스크 대비 수익 가능성이 높은 거래 기회를 찾았습니다. 변동성 상품이 저렴했기 때문에 우리는 외환 변동성을 매수했습니다.

변동성을 매수하셨다는 건 통화의 향후 방향은 고려하지 않으셨다는 뜻인가요?

네, 그렇습니다. 다만 어디론가 움직이긴 할 거라고 추정했습니다.

통화에 대해 스트래들과 스트랭글 전략(Straddle & Strangle, 변동성만 상승하는 국면에서 콜과 풋옵션을 모두 매수하는 전략)을 활용하신 건가요?

네, 그 외에 상당한 규모의 포지션은 통화정책과 관련되어 있습니다. 1987년 주식시장이 붕괴된 후 앨런 그린스펀(Alan Greenspan, 연방준비위원회 의장)의 정책을 기억하십니까?

유동성을 공급했습니다.

맞습니다. 유동성을 늘리고 금리를 인하했습니다. 이는 예상했던 정책 대응이었습니다. 우리는 금리인하와 채권 수익률곡선(Yield Curve)의 가파른 상승을 예측하고 트레이딩을 했습니다.

그러니까 단기 금리상품에 대해 매수 포지션(Long)을 구축하셨던 건가요?

네, 그렇습니다. 동시에 장기 금리상품에 대한 매도 포지션을 구축했습니다. 리스크 대비 더 높은 수익을 얻기 위해서였죠. 당시 수익률곡선은 수평한 상태가 지속되고 있었습니다. 시장은 심각한 문제가 될 수 있는 리스크를 가격에 반영하고 있지 않았습니다.

그렇다면 단기 금융상품에 대해 매수 포지션을 구축했다기보다는 장단기 금리 스프레드(Yield Curve Spread)를 활용해 단기적으로 금리가 하락한다는 데 베팅을 하셨던 거군요. 더 안전한 매매 방법이니까요.

네, 맞습니다. 저는 혹시 잘못된 선택을 하더라도 손실이 커지지 않는 트레이딩 방법을 찾고 있었습니다.

만약 예측과 달리 단기 금리가 상승해도 장기 금리도 상승하기 때문에 손실이 커지지 않았겠군요. 생각대로 금리가 하락한다면 단기 금리가 하락하는 것일 테니까요.

네, 정확합니다.

올바른 투자뿐 아니라 최선의 투자방법을 추구하시는군요.

네, 저는 모든 면에서 투자를 실행하는 방법이 중요하다고 생각합니다. 투자 아이디어보다 더 중요하다고 생각해요. 아무리 아이디어가 좋아도 투자방법이 옳지 않으면 좋은 결과를 얻기 어렵습니다. 중요한 건 타이밍이 완벽하지 않더라도 만회할 수 있는 투자방식을 찾는 겁니다.

당시 또 어떤 트레이딩을 하셨습니까?

다양합니다. 우리는 회사채에 대해 비관적이라고 판단해서 신용부도스왑보장상품(Credit Default Swap)을 매수하였습니다. 신용 스프레드가 매우 좁았기 때문에 우리의 판단이 틀렸을 경우에는 약간의 비용(캐리 또는 프리미엄)만 잃게 될 것입니다. 하지만 우리의 판단이 옳았을 경우 스프레드는 크게 벌어지겠죠. 즉 비대칭 매매였습니다(감수자 주 : 스프레드가 좁다는 의미는 매수가격과 매도가격의 차가 좁다는 의미로, 거래비용이 저렴하다는 것이다).

> **TIP**
> 회사채는 투자자들에게 더 높은 리스크를 요구하기 때문에 미국 재무부 채권과 비교해 상대적으로 높은 이자를 지불한다. 회사채와 미국 재무부 채권 이자의 차이를 신용 스프레드라고 한다. 회사채의 등급이 낮을수록 스프레드는 커진다. 금융위기 중에는 재무부 채권 대신 회사채를 보유하는 데 따르는 리스크가 더 크기 때문에 신용 스프레드가 전반적으로 증가한다. 신용 스프레드가 커질 때 수익을 올리는 방법은 다양하다. 그중 가장 직접적인 방법은 회사채를 매도하는 것이다. 그 외에 옵션을 활용하는 방법이 있는데, 그중 하나가 회사채에 대한 CDS(Credit Default Swap) 프로텍션을 매입하는 것이다. CDS는 기업이 채무를 이행할 수 없을 때, 즉 디폴트를 선언할 때를 대비한 일종의 보험증서다. 하지만 CDS 프로텍션 매입자가 꼭 채권 매입자는 아니다. 즉 투기를 목적으로 CDS 프로텍션을 매수할 수도 있다(신용이 하락하면 수익을 기대할 수 있다). CDS의 가격은 연간 스프레드(Annual Spread), 즉 CDS 프로텍션 매입자가 1년간 매도자에게 지불하는 비용(분기별로 지불한다)이 된다(이때는 CDS 스프레드가 캐리가 된다). 채권의 신용가치가 하락하면(신용 스프레드가 커지면), CDS 스프레드도 벌어진다. 신용 스프레드가 커질 때 수익을 얻을 수 있는 세 번째 방법은 다양한 회사채 바스켓(Basket, 여러 종목을 하나로 묶은 것)을 기반으로 만들어진 인덱스에 대한 CDS를 매수하는 것이다. 오셔는 바로 이 세 번째 방법을 활용했다. CDS 프로텍션이 옵션과 비슷한 수익 창출 효과가 있다는 점을 주목해야 한다. 즉 리스크는 제한되는 반면(옵션 프리미엄과 비슷한 개념인 연간 스프레드로 제한), 수익은 훨씬 커질 수 있다(이론적으로는 보호받는 금액의 상한선만큼 커진다).

주식 풋옵션 대신 CDS 프로텍션을 매수하신 이유는 무엇입니까?

실제로 2가지 방법은 매우 유사합니다. 2가지 모두 주식시장의 상승세가 유지되더라도 풋옵션의 경우에는 프리미엄으로, CDS는 캐리로 손실을 제한할 수 있기 때문입니다. 주식시장이 하락하면 신용 스프레드가 커집니다. 이때 풋옵션이나 CDS 프로텍션에 대한 매수 포지션은 상당한 수익을 올릴 수 있게 합니다. CDS의 장점은 저렴하다는 것이고, 풋옵션의 단점은 시장에서의 변동성 때문에 가격이 비싸다는 것입니다. 일반적인 상황에서 풋옵션을 매도하려는 사람은 몇이나 될까요? 아무도 없습니다. 그렇다면 일반적인 상황에서 풋옵션을 매수하려는 사람은 누구일까요? 모든 투자자입니다. 전 세계 시장의 투자자 중 대다수가 주식을 매수하고 그에 대한 보험을 필요로 하기 때문에 풋옵션 매수자는 자연스럽게 늘어나게 됩니다. 그래서 풋옵션의 가격이 비싸지는 것입니다.

2007년 8월 매도 포지션으로 전환한 후, 2008년 말 시장이 붕괴할 때까지 같은 포지션을 유지하셨습니까?

장기적 예측을 동일하게 유지하는 것이 곧 동일한 포지션을 보유했다는 의미는 아닙니다. 저는 3개월 단위로 매매합니다. 포지션에 대한 보상 대비 리스크도 변화하기 때문이죠.

특정한 포지션을 변경하신다는 말씀이시군요. 그럼 시장에 대한 비관적인 시각은 유지하고 계셨나요? 예를 들어 2008년 2분기 시장이 크게 반등했을 때는 어땠나요?

2008년 2분기에 시장이 반등했던 이유는 2008년 3월에 베어스턴스가 구제금융을 받았기 때문입니다. 이러한 소식에 사람들은 모든 문제가 해결되었다고 생각했습니다.

오셔 씨께서는 어떤 생각을 하셨습니까?

잘못된 판단이라고 생각했습니다. 대다수의 사람들이 저지르고 있던 실수는 그리고 지금도 흔히 저지르는 실수는 유동성과 지불상환 능력을 혼동하는 것입니다. 당시 사람들은 베어스턴스와 금융 시스템의 지불 능력에 대해서는 의심하지 않았습니다. 그들은 단순하게 신용이 하락하면서 유동성에 문제가 생긴 것이라고 생각했습니다. 하지만 실상은 달랐습니다. 금융권의 지불상환 능력에 문제가 있었기 때문에 유동성에 문제가 생긴 것입니다. 대출금을 상환할 능력이 없다면 아무리 유동성을 공급해도 문제를 해결할 수는 없습니다. 만약 당신이 현재 10만 달러의 가치가 있는 주택을 보유하고 있는데 주택담보 대출금은 20만 달러가 남아 있다면, 저는 당신에게 10만 달러를 빌려줄 수 있습니다. 하지만 이것으로 근본적인 문제는 해결되지 않을 겁니다. 빚만 늘어날 뿐입니다. 주택가격이 하락할수록 지불상환 능력은 더욱 나빠집니다. 하지만 시장은 전혀 문제가 없는 것처럼 움직입니다.

문제가 많다고 판단한 시장이 마치 아무 일도 없는 것처럼 움직일 때는 어떻게 트레이딩을 하십니까?

2008년 2분기에 우리의 판단을 실행할 위험대비 수익이 더 나은 거래 기회들을 발견하였습니다. 우리는 2008년 초에 신용을 매우 부정적으로 평가하고 있었습니다. 하지만 2분기에 기업과 은행의 신용 스프레드는 이미 크게 벌어진 상태였습니다. 선도시장에서 인터뱅크 대출금리와 미국 정부 단기 채권 간 스프레드도 급격하게 벌어졌지만, 몇 개월 후 놀랍게도 스프레드는 줄어들었습니다.

반대로 선도시장에서 기업과 금융의 신용 스프레드는 상당히 벌어진 채 유지되고 있었습니다. 그래서 우리는 신용시장에 대한 매도 포지션을 TED 스프레드 투자로 전환했습니다. 그 편이 리스크 대비 더 높은 수익을 기대할 수 있었기 때문이었습니다. 2008년 2분기 동안 회사채 신용 및 TED 스프레드는 모두 감소했습니다. 하지만 선도시장에서 TED 스프레드는 이미 줄어든 상태였기 때문에 손익이 거의 발생하지 않았습니다. 당시 회사채 신용 스프레드에 대해 매도 포지션을 계속해서 유지했다면 상당한 손실을 입었을 겁니다. 우리는 장기적으로 부정적인 시각을 반영하면서 손실 가능성이 작은 투자방식을 선택해왔습니다. 모든 사람이 다시 낙관적인 전망을 내놓았던 2008년 2분기에도 계속해서 약세 포지션(TED 스프레드)을 유지했습니다.

> **TIP**
>
> TED 스프레드(TED Spread)는 3개월 만기 리보금리(은행 간 대출금리)와 3개월 만기 재무부 채권 이자의 차이를 뜻한다. 리보금리는 언제나 재무부 채권 이자보다 높다. 은행 간의 거래에서는 약간의 리스크가 있다고 판단되는 반면, 재무부 채권은 전혀 리스크가 없다고 생각되기 때문이다. 대부분 TED 스프레드는 상대적으로 크지 않은 경향이 있다(약 25베이시스포인트 정도다). 하지만 은행 간 거래의 리스크가 높아지고 유동성에 문제가 있다고 판단되면, 안전자산이 선호되면서 TED 스프레드가 크게 상승한다. 오서가 언급했던 2007년 8월에는 시중의 유동성이 얼어붙으면서 TED 스프레드는 200베이시스포인트까지 상승했고, 2008년 말 리먼 브라더스 파산 직후에는 485베이시스포인트를 기록했다. TED 스프레드가 상승할 때는 주식시장이 급락한다. 따라서 TED 스프레드에 대한 매수 포지션은 약세 포지션이다.

2008년 하반기에 시장이 붕괴하기 시작했을 때는 어땠나요?

시장의 채무이행 능력에 문제가 있다는 전제를 가지고 접근하면 당시에 벌어진 모든 일이 너무나 당연하다는 것을 알 수 있습니다. 먼저 금융 시스템이 잠식되어 있었습니다. 정부의 공적 자금이 투입되지 않는다면(은행에 더 많은 자본을 투입하지 않는다면) 은행에 돈을 빌려줄 이유가 전혀 없었습니다. 하지만 당시 미국 정계는 "더 이상의 구제금융은 없다"는 입장이었어요. 당시 재무부 장관이었던 헨리 폴슨(Henry Paulson)은 몇 번의 공식 발표를 통해 리먼 브라더스에 공적 자금을 투입하는 일은 절대 없을 거라고 못을 박았습니다. 리먼 브라더스의 가치는 부정적이었고, 정부의 도움 없이는 파산을 피해갈 수 없었습니다. 정부가 자본잠식 상태인 리먼 브라더스를 구제하지 않는다면 파산은 당연했습니다. 복잡하게 분석할 필요도 없는 일이었어요. 리먼 브라더스의 파산이 충격적이지 않았다는 사실이 오히려 이상했죠. 모두들 리먼 브라더스의 파산을 예측하고 있었지만, 그 의미를 제대로 이해하지는 못했어요.

그때는 어떻게 대응하셨나요?

가능한 안전하게 자산을 보호해야 한다고 생각했습니다. 우리는 리먼과의 거래 상대방 익스포저(감수자 주 : 거래 상대방 익스포저란 거래 상대방의 부도로 인해 손해가 날 수 있는 파생상품 포지션의 시장가치를 말한다)를 차단했습니다. 그리고 포트폴리오도 단순화했습니다. 2008년 우리는 레버리지를 크게 줄이는 한편, 유동성이 높은 트레이딩에 집중했습니다. 그래서 OTC 매매(Over The Counter Market, 장외거래)는 피하려고 했습니다. 하지만 거래 상대방의 리스크를 어느 정도는 감수해야 했기 때문에 아주 우량한 경우로만 제한했습니다.

알겠습니다. 하지만 그것들은 비즈니스 리스크를 줄이는 방법들입니다. 그러면 당시 시장 상황을 거래에 어떻게 활용하셨다는 거죠?

2008년 초반과 비슷한 방법으로 투자를 계속했습니다. 변동성과 TED 스프레드에 대해 매수 포지션을, 신용에 대해서는 매도 포지션을 취했습니다. 안전자산이 선호될 것으로 예측했기 때문에 달러에 대해서도 매수 포지션을 가지고 있었습니다. 이 모든 트레이딩에는 한 가지 공통점이 있습니다. 바로 "이 세상에 곧 무시무시한 일이 벌어질 것"이라는 예측에서 나왔다는 점입니다.

리먼 브라더스가 파산하기 직전 2008년 3분기에 하셨던 투자는 그게 전부인가요?

네, 그렇습니다.

몇 개월 만에 시장은 붕괴했습니다. 오셔 씨께서는 자금을 회수(보유하고 있었던 포지션을 청산하고 이익을 확정)하는 가장 좋은 시기가 언제라고 결정하셨습니까?

2009년 4월입니다.

시장이 하락하는 내내 매도 포지션을 보유하고 계셨습니까?

네, 손실이 발생하기 시작할 때까지요(감수자 주 : 시장이 약세에서 반응하기 시작하는 시점에 보유 포지션을 청산했다는 의미).

2009년 4월에 포지션을 청산하신 이유는 무엇입니까?

2가지 변화 때문입니다. 첫 번째는 경기가 더 이상 나빠지지 않았고, 두 번째는 시장이 상승하기 시작했기 때문입니다. 모든 문제가 해결된 건 아니었지만 시장을 움직이는 힘이 바뀌었습니다. 경제상황은 여전히 나빴지만 개선되기 시작하면서 투자심리가 회복되었습니다. 투자자들의 낙관적인 성향을 과소평가해서는 안 됩니다. 사람들은 곧잘 '모든 게 잘될 거야'라고 생각합니다. 역사적으로 봤을 때도 시장에서 중요한 것은 성장할지 안 할지보다는 상황이 좋아지고 있는지 또는 나빠지고 있는지입니다. 전보다 상황이 덜 부정적이었고, 그게 시장에는 좋은 소식이었습니다. 아시아 경제가 회복되고 있었고, 호주달러의 가치가 상승하기 시작했습니다. S&P는 2009년 3월이 돼어야 반등했습니다. 가장 늦게 회복된 시장 중 하나였죠. 3월부터 4월까지 전반적으로 세계 시장이 회복세를 나타냈습니다.

그래서 트레이딩을 어떻게 전환하셨나요?

강세 전략이었죠. 금리는 새로운 대공황기를 반영하고 있었습니다. 시장이 대공황기를 가격에 반영하면 당신은 "글쎄, 아마 아닐 거야"라고 생각할 것입니다. 10년물 국채 수익률이 약 2% 하락했어요. 일단 경제 전망이 조금만 개선되기 시작하면 국채 수익률은 그 수준에서 크게 오를 수 있다고 봤습니다. 그래서 우리는 아웃라이트와 수익률곡선을 모두 고려해 장기 국채를 매도했습니다.

또 더 이상 안전자산이 선호되지 않을 거라고 판단하고 달러에 대해서는 매도 포지션을 구축했습니다. 그 외에도 다양한 트레이딩을 했습니다. 일반적

47

으로 우리의 포트폴리오는 10~15개 정도의 포지션으로 구성됩니다. 개인적으로 과거 트레이딩에 대해서는 별로 밝히고 싶지 않습니다. 특정 시기에 우리가 진행했던 복잡한 트레이딩을 모두 설명하면 듣는 사람들은 혼란스러워합니다. 그래서 간단하게 2개나 3개 정도로 줄여 말하면 "오, 그렇군요. 별것도 아니군요"라고 말합니다. 실제와는 상당한 차이가 있지만 단순화시켜서 설명할 수밖에 없습니다. 그러면 사람들은 간략한 설명이 전부인 것처럼 생각합니다. 매크로 전략은 이야기로 설명하면 오해의 소지가 많습니다. 이야기로는 중요한 부분의 10%밖에 설명할 수 있습니다.

그럼 나머지 90%는 무엇인가요?

트레이딩을 실행하는 방법과 유연성입니다. 잘못된 결정을 내렸더라도 손실을 제한할 수 있고, 또 잘못된 결정이었는지 여부를 판단할 수 있는 방법으로 트레이딩해야 합니다. 지금까지 많은 사람을 만나봤지만 소로스만큼 후회 없는 트레이딩을 하는 사람은 보지 못했습니다. 대중들에게는 소로스가 '뭐든지 알고 있는 사람'으로 비춰집니다. 그러나 사실 머니 매니저라고 언제나 모든 것을 다 알고 있는 건 아닙니다. 그는 자신의 아이디어에 대해 감정적인 애착이 전혀 없습니다. 잘못된 매매를 했을 때는 그 즉시 문제를 바로잡은 후 그다음 투자를 시작합니다.

언젠가 소로스가 어마어마한 외환 포지션을 구축한 적이 있습니다. 하루에 약 2억 5,000만 달러를 벌었어요. 당시 소로스의 투자에 대해 많은 언론이 보도를 했습니다. 그리고 그것이 소로스의 중요한 전략인 것처럼 보도되었습니다. 하지만 그는 시장의 방향이 바뀌자마자 포지션을 정리해버렸습니다. 이전 포지션은 그냥 사라져버렸습니다. 가격의 움직임이 마음에 안 든다고 판단한 순간 바로 포지션을 정리한 겁니다. 소로스는 시장의 움직임에 대한 자신의 구조적인 견해 때문에 트레이딩을 그르치지 않도록 노력하고 있습니다. 정말 훌륭한 트레이더라는 생각이 들었어요. 훌륭한 머니 매니저는 자신의 아이디어에 집착하지 않습니다. 제 이야기를 듣고 더 많은 돈을 벌기 위해서는 경제와 펀더멘털에 대한 해박한 지식을 갖고 있어야 한다는 생각을 갖는 것은 위험합니다. 제 생각은 전혀 다릅니다.

그렇다면 어떤 생각을 가지고 계십니까?
저는 『시장의 마법사』에서 많은 것을 참고하고 있습니다. 책에 나온 것처럼 각자의 성격에 맞는 투자방식을 찾아야 한다고 생각합니다. 저는 미래를 예견하는 뛰어난 경제학자가 아닙니다. 다만 전 세계 시장을 그대로 관찰하고, 유연하게 생각할 뿐입니다. 2009년 4월에 시장을 매우 비관적으로 판단했습니다. 모든 상황이 끔찍하다고 생각했어요. 하지만 시장은 제 판단이 틀렸다고 말해주었습니다. 그래서 '좋아, 내가 완전히 틀렸군. 그렇다면 시장에 대한 다른 가설은 뭐지? 아하, 그렇군. 이제 알겠어. 그럼 그렇게 하지 뭐'라고 생각했습니다. 그다음 제대로 된 설명이 만들어진 겁니다. 다시 말해 처음 가설은 틀렸고, 그다음에야 제대로 된 설명을 찾아낸 것입니다. 제가 굉장히 똑똑해서 변화의 순간을 정확하게 짚어낸 게 아닙니다. 제가 처음 내린 판단이 틀렸다는 제 실수를 깨닫고 그다음 할 일을 한 것뿐입니다. 저는 먼저 가설을 세우고, 시장에서 시험을 거친 다음 포트폴리오를 구성합니다.

그러니까 언제나 경험이 먼저군요. 시장에 대한 거시적인 시각이 관찰 결과와 부합하는지 확인한 다음 트레이딩을 실행하시는 거군요.
맞습니다. 요점은 시장에서 경험적인 실험이 선행되어야 한다는 겁니다. 거창한 이야기가 아닙니다. 제 트레이딩이 추세추종 전략과 다른 점은 가격 변화의 논리적 및 펀더멘털적 연결고리를 찾아낸다는 것입니다. 요즘 중국 경제가 전환되었고, 금속가격과 호주달러의 가치가 상승하고 있습니다. 이건 무슨 뜻일까요? 세계 어딘가에서 수요가 창출되고 있는 겁니다. S&P는 여전히 하락하고 있지만 데이터에 맞지 않는 부분이 발견된 겁니다. 세계 경제가 아직은 엉망이지만 어디에선가 변화가 일어나고 있다는 뜻입니다. 그래서 더 이상 "전 세계는 엉망이야"라는 논제를 고집할 수 없습니다. 무언가 진행되고 있습니다.

그럼 달라진 상황에서 어떤 가설을 세워야 할까요? 아시아 경제가 안정을 되찾고 있고, 아시아의 주도하에 경제 회복이 시작되려 한다는 시나리오를 생각해낼 수 있습니다. 이 가설이 맞는다면 앞으로 그에 상응하는 일이 벌어질 겁니다. 저는 전통적인 추세추종 트레이더들처럼 시장에 추세가 형성되기를 기다렸다가 뛰어드는 게 아니라 시장의 추세를 예측합니다. 결과는 비슷하지만 타이밍에서 큰 차이가 있습니다.

주식 인덱스나 주식도 매매하시나요?

주식 인덱스와 바스켓을 매매합니다. 하지만 그다지 많이 하지는 않습니다.

주식을 선호하지 않는 특별한 이유가 있나요?

금리나 외환 트레이딩이 제게 더 적합하기 때문입니다. 전 세계가 주식 트레이더로 넘쳐나는데 저까지 주식시장에서 트레이딩을 해야 할 필요는 없을 것 같습니다. 제가 주식시장을 선호하지 않는 또 다른 이유는 이해할 수 없는 경우가 너무 많기 때문입니다. 주식 투자자들의 행동이 이해가 안 될 때가 너무 많습니다. 다른 시장에서는 합리적이었던 트레이딩의 이유들이 유독 주식시장에서는 전혀 효과가 없습니다. 지금까지 저는 단 한 번 주식에 투자했습니다.

단순히 궁금해서 여쭤보는데, 어떤 주식에 투자하셨나요? 그리고 왜 그 종목을 선택하셨죠?

1999년에 버크셔 해서웨이(Berkshire Hathaway)를 매수했습니다.

이유는 무엇이었나요?

버핏이 닷컴거품에 동참하길 거부한 후 버크셔 해서웨이의 주가가 반 토막이 났습니다. 정말 어처구니가 없다고 생각했어요. 당시 나스닥은 천정부지로 솟구쳤습니다. 투자계의 전설인 버핏은 닷컴거품을 전혀 이해할 수 없다고 말하면서 IT 업종에 투자할 생각이 없다고 밝혔습니다. 이후 버크셔 해서웨이의 주가는 고전을 면치 못했습니다. 버핏이 새로운 패러다임을 읽지 못하고 있고, 공룡처럼 멸종해버릴 거라는 비난이 쏟아졌습니다. 하지만 제가 보기에는 정말 바보 같은 평가였습니다.

당시 버핏은 닷컴거품에 동참했던 투자 매니저들에 못 미치는 수익을 기록했고, 이 사건은 투자자들이 흔히 저지르는 실수의 전형적인 사례로 남았습니다. 그러나 가장 높은 수익을 올리는 투자 매니저들은 기술이 뛰어나서가 아니라 과도한 리스크를 감당한 덕분이라는 사실이 간과되었죠. 버크셔 해서웨이의 주식은 얼마나 오래 가지고 계셨습니까?

헤지펀드를 만들기 전까지 가지고 있었습니다. 저는 버핏보다는 제 자신을 믿었습니다.

영국이 ERM을 탈퇴했을 때, 그러니까 시티그룹에서 근무하셨을 때의 이야기를 좀 더 듣고 싶습니다. 트레이딩은 언제 시작하셨나요?

그다음 해에 트레이딩을 시작했습니다. 처음에는 약간의 자본금을 운용했습니다. 저는 영국 경제의 펀더멘털을 훌륭하게 분석해냈고, 영국 정부가 금리를 인상하지 않을 거라고 예측했습니다. 저 판단은 정확했죠. 3개월 후에도 그들은 금리를 인상하지 않았습니다. 제가 트레이드 아이디어를 냈을 때 영국 단기 금리는 100베이시스포인트를 기록했지만, 저는 돈을 잃었죠.

판단이 정확했는데 왜 돈을 잃으신 거죠?

간단합니다. 실행방법이 가설에 맞지 않았기 때문입니다. 가설은 1~3개월 동안의 기간에 맞게 설정되었습니다. 제 트레이딩은 어땠냐고요? 돈을 잃을까봐 두려워 사고팔기를 계속 반복했습니다. 가설은 완벽했지만 트레이딩 방법은 감정적이고 바보 같았어요. 그때 시장에서 어느 정도의 불확실성과 리스크를 감수해야 한다는 사실을 깨달았습니다. 3개월의 기간이라면 추세가 중요하다는 것을 배웠죠.

시장에서 리스크를 감수하지 않으면 아예 돈을 벌 수 없다는 교훈을 얻으신 것 같습니다.

자신의 아이디어에 따른 논리적인 결과물을 받아들여야 합니다. 이를 위해서는 손절매 기준을 관대하게 세워야 합니다.

그러니까 3개월 동안의 추세를 제대로 파악했지만 계속 손절매를 하는 바람에 돈을 잃으신 거군요.

네, 트레이딩 서적을 읽은 것이 문제였어요. 트레이딩 서적을 읽으면서 제시하는 원칙이 일반적이고 특별하지 않다는 것을 깨달았죠. 대부분의 트레이딩 서적은 과도한 낙관론의 오류에 빠지는 실수를 저지르거나 감정적으로 손실을 거부하는 사람들을 위해 쓰인 것입니다. 즉 도박꾼의 기질을 가진 투자자들을 보호하기 위한 책들입니다. 트레이딩을 도박처럼 하는 투자자들은 수익률이 형편없습니다. 트레이딩 서적들은 이들에게 "트레이딩 하지 마세요. 당신은 트레이딩에 맞지 않습니다. 절대로 투자하지 마세요"라는 메시지를 전달하고 있는 겁니다. 저는 도박꾼의 기질을 갖고 있지 않지만, 이들과는 다른 감정적인 실수를 저지른 것이죠. 제게는 트레이딩 서적에서 배운 규칙이 전혀 맞지 않았어요.

이런 점에서 『시장의 마법사』 시리즈가 중요합니다. 책 속에 소개된 모든 트레이더들은 각자 자신에게 맞는 투자방식을 가지고 있습니다. 주위의 모든 사람으로부터 배우면서 자신에게 맞는 방법을 찾아야 합니다. 다른 사람들과는 전혀 다른 방법이어도 상관없습니다.

그렇다면 이제는 손절매를 하지 않으시나요?

아닙니다. 손절매를 하고 있습니다. 다만 그 기준이 매우 관대합니다. 처음에는 제가 세운 가설이 아니라 심리적으로 감수할 수 있는 고통의 정도를 기준으로 손절매 가격을 정했습니다. 시장은 투자자의 고통을 고려하지 않습니다. 이것은 제가 실수를 통해 얻은 교훈입니다. 지금은 제가 틀렸다고 생각될 때 거래를 중단합니다. "흠, 이렇게 되면 안 되는데. 내가 세운 가설과 가격이 맞지 않아. 그렇다면 내가 틀렸다는 뜻이군. 일단 청산부터 하고, 다시 생각해봐야겠어"라고 말입니다. 처음의 트레이딩에서도 제가 세운 가설과 가격은 일치했지만, 방법이 잘못되어서 손실이 난 것이었죠.

그 외에 실수를 통해 교훈을 얻은 또 다른 예는 없나요?

지금까지 막대한 손실을 기록한 적은 없습니다. 엄격한 리스크 관리로 손실을 제한하기 때문입니다. 돈을 잃지 않는 건 쉽습니다. 제게 그건 어려운 일이 아니에요. 지금까지 제가 저지른 실수들은 대부분 투자 기회와 관련되어 있습니다. 믿음 때문에 수익 기회를 제한했기 때문이죠. 예를 하나 들어보겠습니다. 2010년 말 저는 유럽 국가들의 정부 부채가 위험수준이라고 판단했습니다. 그래서 당시 시장의 분위기와 풍부한 유동성이 만들어낸 불마켓(Bull Market, 상승장)에 동참하지 않았습니다. 결국 그해 매크로 시장에서 최고의 투자 기회를 놓치고 말았습니다.

9월부터는 주식시장이 크게 상승했고 상품시장도 덩달아 상승했습니다. 정말 굉장한 수익 기회였는데, 그 기회를 놓친 겁니다. 유럽의 부채는 심각한 수준이었지만, 저는 "어느 누구도 걱정하지 않는 한 위기는 없다"라는 핵심을 놓친 거죠. 나스닥 거품 때도 마찬가지였습니다. 당시에도 '펫츠닷컴(Pets.

com, 미국의 애견용품 판매업체로 1999년 2억 달러의 투자금으로 설립되었지만 수익을 내지 못해 파산했다. 수익을 낼 만한 사업구조를 마련하지 못한 상황에서 진행된 무리한 광고비용과 늘어나는 적자, 특히 수익과 직결되는 웹사이트와는 전혀 연결고리가 없는 '양말인형'의 유명세는 결국 펫츠닷컴이 2000년, 브랜드 아이콘을 비롯한 모든 자산을 매각하고 도산하는 원인이 되었다) 같은 종목은 사지 않겠어'라고 생각했습니다.

엄격하게 따져보면 나스닥 거품은 돈을 벌 수 있는 기회는 아니었습니다.
아닙니다. 돈을 벌 수 있는 기회였습니다.

거품에 동참하면서 어떻게 손실을 막을 수 있죠?
떨어지기 시작할 때 매도하면 됩니다.

나스닥은 상대적으로 완만하게 상승했지만 거품은 큰 변동성을 유발했습니다.
그건 나스닥에 투자하지 않은 사람들이 하는 이야기입니다. 저는 거품이 상당히 오랫동안 지속된다는 사실을 배웠습니다. 돈을 벌고 빠져나오기에 충분한 시간이죠.

지난 역사적 사실은 배제하고 현재 비슷한 거품이 형성된다면 어떻게 활용하시겠습니까?
시장에 거품이 형성될 때는 빠른 행동이 중요합니다. 최악의 행동은 고집을 부리다가 너무 늦게 대처하는 것입니다. 저는 늦게 변화하지 않도록 노력해 왔습니다. 그러나 제가 배우고 변화를 시도하기 이전에는 아무런 의미가 없습니다. 저는 의미가 없는 일은 회피하려는 경향이 있는데, 이것은 극복해야 할 문제입니다.

투자자들의 심리가 불마켓을 형성할 때, 사람들은 행복감에 동참하는 것

이 합리적이라는 뜻이군요.

네, 그렇습니다. 제가 어려워하는 건 펀더멘털이 형편없는데도 불구하고 투자자들이 심리적으로 행복감에 젖을 때입니다. 저는 펀더멘털이 실제와 상충될 때 미리 걱정하는 편입니다. 그러나 앞으로 10년에서 20년 정도 다른 투자자들의 비이성적인 행복감을 좀 더 잘 활용하고 싶습니다.

그러니까 오셔 씨의 단점 중 하나는 상황에 대한 이성적 평가 때문에 투자자들의 심리가 만들어내는 투자 기회를 활용하지 못한다는 거군요.

네, 펀더멘털도다 심리가 더 중요할 때 시장에 참여하지 못합니다.

투자자들의 심리 때문에 시장이 상승하고 있다는 건 어떻게 판단하시나요?

글쎄, 그게 문제예요. 그렇죠? (웃음) 다양한 척도가 있겠지만, 가장 간단한 건 역시 가격의 움직임입니다. 불마켓에서처럼 거래된다면, 그건 불마켓입니다. 또 다른 것은 비합리적인 상황을 열정적으로 방어하는 투자자들의 태도입니다. 예를 들어 어떤 사람들은 버락 오바마(Barack Obama)가 미국 시민이 아니라고 믿습니다. 중요한 것은 자신의 신념이 확고하다는 이유로 그에 대한 증거가 없어도 열정적으로 자신의 감정을 방어하는 것입니다. 펀더멘털 논리와는 다르죠.

정치적인 예로군요. 그것 말고 트레이딩에 관한 예를 들어주시겠습니까?

금을 예로 들 수 있습니다. 사람들은 금을 특별하고 마법 같은 굉장한 것이라고 생각합니다. 하지만 사실은 좀 다르죠. 그래도 사람들은 이러한 믿음으로 금을 매수합니다. 사람들이 금을 매입하면, 가격은 올라갑니다. 불마켓이 되는 것이죠. 어느 모임에 가나 꼭 이런 질문을 받습니다. "금에 대해 어떻게 생각하세요?"

이 말은 어떤 의미입니까?

금에 대해 매수 포지션을 구축해야 할 때라는 의미입니다.

나스닥 거품 때 "기업의 손실은 중요하지 않아. 사람들이 클릭을 많이 하는 기업이면 되는 거야!"라고 말했던 일을 예로 들 수 있겠군요.

네, 맞습니다. 펀더멘털 면에서는 완전히 비이성적이어도 상관없습니다. 다른 사람들에게 펀더멘털을 가지고 설명하면 그들은 전보다 더 우스운 이론을 들먹이면서 시장이 상승하는 이유에 대해 열변을 토로할 겁니다. 그들의 믿음을 흔들어놓을 수 없습니다. 이것이 바로 거품이 형성되는 이유입니다. 사람들의 마음을 바꾸려면 어마어마하게 많은 증거가 필요합니다.

상황이 바뀌고 있다는 건 어떻게 알 수 있나요?

닷컴붐은 시장이 하락하기 시작하면서 끝났습니다. 금도 마찬가지일 겁니다.

우리가 이야기를 나누고 있는 현재, 금은 전고점에 근접해 1,500달러를 기록하고 있습니다. 지금 하시는 말씀은 금이 어느 가격에서 천장을 형성할지 모른다는 뜻인가요? 즉 지금 천장을 형성한 것일 수도 있고, 2,000달러나 2,500달러에서 천장을 형성할 수도 있다는 뜻인가요?

가격이 아무리 많이 올라도 상관없다는 뜻입니다. 금값이 100달러여도 상관없고, 1만 달러여도 상관없습니다. 값은 얼마든지 달라질 수 있습니다. 사람들이 생각하는 가치가 바로 금의 가격입니다.

하지만 금이어서 그런 것 아닌가요?

왜 그렇게 생각하십니까?

그 질문에 대해서는 분명한 답을 드릴 수 있을 것 같습니다. 1년 동안 물

리적으로 사용되는 양이 심리적으로 사용되는 양에 비해 100분의 1도 안 되는 유일한 상품이니까요. 밀이나 구리 등 다른 상품과는 다릅니다. 밀이나 구리 등은 공급과 연간 소비량이 균형을 이룹니다. 이런 상품들은 개발할수록 부족해지는 것이 사실입니다. 하지만 금은 절대 부족하지 않습니다. 금의 가치는 전적으로 심리적인 문제 혹은 심리적인 문제의 원인이 되는 펀더멘털에 달려 있습니다.

몇 년 전 제가 상품연구책임자(commodity research director)로 있을 때 시장을 분석하면서 금에 대한 생산과 소비는 늘 무시했습니다. 금값 대신 인플레이션이나 달러의 가치를 보고 가격 변동을 예측했죠. 이것이 심리를 움직이는 요소니까요. 다른 애널리스트들이 금의 생산량과 사용량을 분석하는 걸 보면 코웃음을 쳤습니다. 금은 연간 공급량에 비해 소비량이 매우 적습니다. 아마 1%도 안 될 겁니다. 금에 대한 소비량이나 공급량은 금가격과 아무런 상관관계가 없습니다.

네, 맞습니다.

시장에 거품이 형성되면 가격이 얼마나 오를지 알 수 없다고 말씀하셨습니다. 하지만 그렇다고 거품이 꺼지기 시작하는 때를 정확하게 짚어낼 수는 없습니다. 가격이 하락하기 시작하면 알게 된다고 하셨지만, 단순한 조정인지 아니면 실제 추세의 전환인지를 어떻게 판단할 수 있을까요?

훌륭하면서도 대답하기 까다로운 질문이네요. 여러 가지 방법이 있습니다. 가장 간단한 방법은 CTA(Commodity Trading Advisor, 상품거래자문가는 선물시장의 매니저를 의미하는 용어다. 이들은 대부분 추세추종 시스템을 활용한다)처럼 생각하는 것입니다. CTA는 추세가 꺾이는지 여부를 판단하기 위해 체계적인 방법을 활용합니다. 또 다른 방법은 시장가격의 거품이 꺼지기 직전에 전형적인 형태를 보이는지 여부입니다. 예를 들어 바로 직전에 급격한 가격 상승이 있었다면 거품이 꺼지기 시작하는 것으로 볼 수 있습니다. 가장 가까운 예로

2011년 5월에 은가격이 몇 배나 상승한 것을 들 수 있습니다.

당시 은을 매매하고 계셨나요?
네, 옵션을 이용해 매매하고 있었습니다. 은시장의 문제점은 한 번 하락이 시작되면 정신없이 붕괴한다는 것입니다. 크게 갭 하락할 위험이 있습니다. 시장에 거품이 넘쳐날 때는 매도 포지션보다는 매수 포지션을 취하는 것이 낫습니다. 갭 하락의 위험은 피하면서 막대한 가격 상승을 활용해 수익을 얻을 수 있는 투자방법이 필요한데, 옵션이 바로 그런 방법입니다.

은가격이 거품의 특성을 나타내고 있었는데, 매도 포지션을 구축할 생각은 하지 않으셨나요?
천장은 불안정하고, 베어마켓(Bear Market, 하락장)에서 반등은 급격하게 시작됩니다. 그래서 베어마켓이더라도 안전한 매도 포지션 시점을 찾기는 어렵습니다. 나스닥을 예로 들어보겠습니다. 예를 들어 나스닥시장에서는 매수 포지션으로 오랫동안 꽤 쉽게 돈을 벌 수 있었습니다. 나스닥은 1998년 말 1,500포인트를 기록했다가 별다른 조정 없이 2000년 5,000포인트를 기록했습니다. 만약 매도 포지션을 취했다면 정말 힘든 트레이드가 되었을 것입니다. 하지만 탄력성의 영향으로 2000년 6월에 3,100포인트 이하로 무너졌으나 이후 2개월 동안 4,300포인트로 상승하여 시장이 재편성되었습니다. 시장이 완전히 죽어버렸다가 40%나 반등한 겁니다. 이처럼 거품 이후 시장의 반등은 '죽은 고양이 시체가 튀어 오르는 것'처럼 끔찍합니다.

죽은 고양이 시체가 튀어 올랐다고 하기에는 규모가 훨씬 커서 죽은 호랑이 시체가 튀어 올랐다는 표현이 더 어울릴 것 같습니다.
시장에 거품이 형성되어도 매도 포지션으로 큰돈을 번 사람은 찾기가 쉽지 않을 겁니다.

그렇다면 불마켓이 완전히 죽어버린 후에도 나스닥에 대해 매도 포지션을 취하지 않으셨습니까?

네, 천장이 형성된 후의 여파를 활용하는 쪽이 나스닥에서 매도 포지션을 구축하는 것보다 훨씬 더 수월했기 때문입니다. 당시에는 자산 전체에 거품이 끼어 있었습니다. 미국 경제가 너무 과도하게 부풀려진 자산에 기반을 두고 있었어요. 나스닥의 거품이 꺼지고 모든 매듭이 풀리고 난 후 경제성장 둔화는 당연했습니다. 경제가 하락세일 때는 채권이 크게 상승합니다. 주식에 투자하는 것보다는 이 점을 이용하는 편이 훨씬 더 안전한 방법입니다.

그렇다면 나스닥에 대한 매도 포지션보다 채권에 대한 매수 포지션을 고려하셨겠군요.

맞습니다.

실제 펀더멘털이 아니라 근거 없는 낙관론 때문에 때문에 시장이 상승한 사례가 있나요?

시장이 상승한 것이 펀더멘털과 반대되는 움직임이라 말하긴 좀 그렇지만, 특정 결과(시장의 뉴스, 사건, 시장을 움직일 만한 재료들)에 대해 지나치게 반응하는 일이 많습니다. 유럽의 채권을 예로 들어보겠습니다. 만약 독일 납세자들이 유럽 전체를 구제하겠다고 나섰다면 현재 유럽의 채권은 적절한 가격이라고 볼 수 있습니다. 하지만 그보다 약간 덜 낙관적인 시나리오를 가정하면 지금의 가격은 말도 안 되는 수준입니다. 몇 주 전 스페인 국채는 독일 채권보다 단지 150베이시스포인트 위에서 거래되었습니다(감수자 주 : 스페인은 그리스와 더불어 대표적인 재정위기 국가이다. 그리스가 1,000베이시스포인트에서 거래되는데, 스페인이 독일에 비해 150베이시스포인트 위에서 거래된다는 것은 말이 안 된다).

결국 시장의 가격 결정이 해결책이 되겠군요.

네, 그러나 해결책이 적용되지 않을 수도 있습니다. 150베이시스포인트는 제로(0)는 아닙니다. 하지만 그리스 채권 프리미엄이 1,000포인트인 걸 감안하면 거의 제로나 마찬가지죠. 스페인 채권에 프리미엄이 작게 붙는 건 특정 결과에 대해 과신하고 있기 때문입니다. 제가 부정적인 결과만을 예측하고 있는 건 아닙니다. 다만 지금 수준의 프리미엄보다는 불확실성이 더 크다고 생각합니다.

지금은 매우 불확실하면서도 서로 다른 2가지 결과가 예측되는 상황입니다. 하지만 시장의 가격은 실제 가능성과 상당히 괴리되어 있습니다. 이런 상황에서 여전히 시장에 참여하고 계시나요?

바로 그 점이 제가 트레이딩을 하고 있는 이유입니다. 제가 판단하고 있는 펀더멘털과 실제 시장에서 결정된 가격 사이에 큰 괴리가 존재하는 투자 대상을 찾고 있습니다.

스페인 채권에 대해 매도 포지션을 구축하면 손실 가능성은 1년 동안의 캐리(증권 중개인이 차입한 자금으로 유가증권의 재고를 유지하는 것을 말한다)로 제한되지만, 수익 가능성은 상당합니다. 지금 하고 계시는 투자 중 대부분이 비대칭적인 특성을 가지고 있는 것 같은데요. 다시 말해 최대 손실 가능성은 제한적인데 반해, 수익 가능성은 무한대인 매매를 하시는 것 같습니다.

네, 그렇습니다. 정적편포(Positive Skew, 여기에서는 수익 쪽으로 크게 쏠려 있는 곡선을 뜻한다)를 만드는 게 중요합니다. 언제나 판단이 옳은 건 아니니까요. 아무리 훌륭한 매크로 트레이더라도 성공률은 50%가 채 안 됩니다.

트레이딩 기술을 가르쳐주실 수 있을까요?

가르칠 수 없습니다. 각자 알아서 배워야 합니다.

어떤 의미인가요?

저는 3개월 단위로 트레이딩을 합니다. 하지만 누구에게나 맞는 방법은 아닙니다. 잘 알지 못하는 사람에게 특정 트레이딩 스타일을 요구해서는 안 됩니다. 스스로 노력해서 자신만의 트레이딩 방법을 찾아야 합니다. 제가 누군가에게 트레이딩 기술을 가르쳐준다고 해도 아무런 소용이 없습니다. 저와는 다른 사람이니까요. 저와 함께 시간을 보내고 제 투자방식을 관찰하면서 좋은 점을 배울 수는 있습니다. 하지만 의구심이 생기는 부분이 한두 개가 아닐 겁니다. 제 절친 중 한 명은 몇 년간이나 저를 지켜보았고, 이제는 상당한 규모의 헤지펀드를 성공적으로 운용하고 있습니다. 하지만 저와 투자방식은 다릅니다. 그 친구가 배운 건 저처럼 하는 법이 아니었으니까요. 친구는 저와는 다른 트레이더가 되었습니다. 자신만의 모습을 갖게 된 것입니다.

성공적인 트레이더가 되기 위해 필요한 자질이 있을까요?

끈기와 무엇이든 이겨내는 심리적 강인함이 중요합니다. 트레이더는 지속적으로 치명적인 타격을 받기 때문입니다. 솔직히 정말 트레이딩을 좋아하는 사람이 아니라면 다른 일을 하라고 권하고 싶습니다. 돈 때문에 트레이더가 되어서는 안 됩니다. 그건 옳지 않습니다. 절대 만족할 수 없어요. 성공한 트레이더들의 동기가 돈을 많이 버는 것이었다면, 다들 5년쯤 지나 은퇴를 하고 물질적인 풍요를 누리면서 살고 있을 겁니다. 하지만 대다수가 그렇지 않습니다. 경제적으로 더 돈을 벌어야 할 이유가 없는데도 불구하고 여전히 트레이딩을 계속합니다. 일종의 집착이죠. 그냥 좋아서 하는 겁니다. 유명 골프선수인 잭 니클라우스(Jack Nicklaus)는 돈이 많습니다. 그런데 60대가 되어서도 여전히 경쟁적으로 골프를 하는 이유가 뭘까요? 바로 골프가 좋아서일 겁니다. 계속 골프를 하고 싶은 충동을 느끼기 때문입니다.

지금까지 고수하고 계신 트레이딩 규칙이 있나요?

리스크와 관련된 가이드라인을 활용하고 있지만 일반적으로 생각하는 투자 규칙은 신뢰하지 않습니다. 오랫동안 성공하고 있는 트레이더는 적응력이 뛰어납니다. 이들 중 규칙을 활용하는 트레이더가 있다고 해도 10년 정도 지난 후 만나보면 그 규칙을 버렸다고 말할 겁니다. 왜일까요? 그건 세상이 변하기 때문입니다. 규칙은 특정 기간 동안 시장에 적용할 수 있을 뿐입니다. 실패하는 트레이더들도 훌륭한 규칙을 가지고 있습니다. 하지만 어느 순간이 되면 들어맞지 않게 됩니다. 그래도 이들은 규칙을 엄수하지만, 얼마 지나지 않아 화를 냅니다. 과거에 성공적으로 활용했던 규칙을 적용하고 있는데 들어맞지 않기 때문입니다. 이들은 세상이 변해버렸다는 사실을 깨닫지 못합니다.

새로운 시장에 적용하지 못하는 것 이외에 트레이더들이 저지르는 실수는 또 무엇이 있을까요?

막대한 돈을 운용하면서 상대적으로 리스크 관리를 소홀히 하는 겁니다. 2008년 리스크를 반으로 줄였다는 투자 매니저들을 만났습니다. "반으로 줄이다니, 엄청나군요"라고 말하자, 그들은 "네, 레버리지가 4배였는데, 지금은 2배입니다"라고 대답하더군요. 그래서 저는 "그럼 변동성은 5배나 증가했다는 것을 알고 계시나요?"라고 반문했습니다. 변동성을 적용한 레버리지 측면을 평가하면 오히려 리스크에 대한 익스포저는 증가합니다.

리스크 관리를 위해 VAR을 사용하는 것으로 알고 있습니다. VAR 사용이 때로는 포트폴리오 리스크를 제대로 평가하지 못할 수도 있다는 점이 우려되지는 않으십니까?

VAR이 비난받는 가장 큰 이유는 사람들이 VAR을 제대로 이해하지 못하고 있기 때문입니다. VAR은 보이는 그대로입니다.

> **TIP**
> Value At Risk(VAR 혹은 발생 가능한 최대 손실 금액)는 특정 기간 동안 초과할 수 없는 손실한계를 높은 신뢰수준(일반적으로 95~99%)으로 나타낸 것이다. VAR은 달러 혹은 퍼센트로 나타낸다. 예를 들어 일일 VAR이 3.2%이고 신뢰수준이 99%라면, 하루의 손실이 3.2%를 초과할 가능성은 100일 중 1일밖에 되지 않는다는 뜻이다. 일일 VAR을 월별 VAR로 바꾸려면 $\sqrt{22}$를 곱하면 된다(한 달 동안의 실질적인 거래일수). 따라서 일일 VAR이 3.2%라면 100개월간 월별 손실률은 약 15.0%(3.2% × 4.69($\sqrt{22}$))가 된다. VAR의 편리한 점은 다양한 투자 상품으로 구성된 포트폴리오의 최대 손실 가능성을 측정하고, 일부분을 변경해 포트폴리오를 수정할 수 있다는 것이다. VAR을 계산하는 방법은 다양하지만 한 가지 공통점이 있다. 특정 기간 동안(문제가 발생했던 기간 포함) 포트폴리오를 구성했던 각 포지션들 사이의 상관관계 및 변동성에 기반을 두고 있다는 사실이다. 즉 VAR을 통해 미래의 변동성과 상관관계에 대한 최악의 경우를 예측할 수 있다.

무슨 의미인가요?

VAR은 당신의 현재 포트폴리오가 과거에 어느 정도의 변동성을 갖고 있는지를 말해줍니다. 그게 전부예요. 그러므로 미래는 다를 것이라는 인식을 갖고 있어야 합니다. 앞으로 높은 변동성을 보일 것으로 생각한다면 저는 현재의 VAR을 상대적으로 낮게 책정하여 적용할 겁니다. 왜냐하면 과거보다 미래의 변동성이 더 커질 테니까요.

사람들이 VAR을 사용함에 있어서의 단점은 포트폴리오의 변동성과 상관관계가 과거 데이터에 내재된 것을 넘어서 실제로 매우 급진적으로 크게 변동될 수 있다는 점입니다.

하지만 VAR은 분명한 수치일 뿐입니다.

그렇게 분명하다면, 왜 그렇게 많은 사람이 리스크 관리에 VAR을 잘못 사용하는 걸까요?

VAR은 포트폴리오의 가치를 부풀리지 않습니다. 사람들이 그렇게 할 뿐이죠.

실패한 포지션을 청산하시면서 어려움을 겪은 적은 없으신가요?

저는 트레이딩을 시작하기 전에 제가 틀렸을 경우를 대비하여 기준을 정해 놓습니다. 시장이 기준에 가까워지면 포지션을 청산합니다. 그래서 실패한 포지션에서 빠져나오는 일이 그다지 어렵지 않습니다. 머니 매니저들이 흔히 저지르는 실수는 자신이 감내할 수 있는 고통을 기준으로 손절매 시점을 잡는 것입니다. 그들은 포지션을 정리할 시점이 와도 자신들의 생각이 여전히 옳다고 생각하기 때문에 시장에서 나가려고 하지 않습니다. 훈련이 잘 되어 있기 때문에 손절매 기준이 충족되면 포지션을 청산합니다. 하지만 자신이 틀렸다고 생각하지 않기 때문에 곧 투자를 재개합니다. 2000년과 2001년 나스닥의 데이 트레이더(Day Trader, 주가 움직임만을 보고 차익을 노리는 주식 투자자)들이 막대한 손실을 입은 것도 같은 이유 때문입니다. 이들은 훈련이 되어 있었고, 장이 마감하기 전에 포지션을 청산했습니다. 하지만 같은 실수를 반복해서 저질렀어요. 이전과는 다른 베어마켓이었고, 이들의 판단은 완전히 잘못된 것이었습니다. 하지만 그들은 알지 못했던 겁니다.

그러니까 손절매를 엄격하게 적용하면 실패한다는 말씀이시군요. 마치 작은 칼로 1,000번을 찔려 죽는 것과 같군요.

그래서 저는 확고한 원칙들을 소개하는 트레이딩 서적이 위험하다고 생각합니다. 투자자들에게 "나는 상황을 통제하고 있을 뿐 아니라 매우 능숙하다"라는 환상을 심어줄 수 있기 때문입니다. 물론 손절매는 한 번에 막대한 손실을 입지 않도록 보호해줍니다. 하지만 똑같은 투자 아이디어로 지속적인 손실을 입는 건 막을 수 없습니다.

물론 엄격하게 손절매 기준을 잡는 편이 유리할 때도 있습니다. 단기간을 노린 기술적 트레이더가 특정 수준 이하로 시장이 하락했을 때 트레이딩을 그만둘 생각이라면, 엄격한 손절매 기준을 적용해도 좋습니다. 하지만 장기간에 걸쳐 투자하는 펀더멘털 투자자들이 자주 손절매를 해야 할 이유는 없습니다. 투자 아이디어에 적합하지 않은 진입과 청산 전략을 활용한다면 일관적인 투자 계획을 세울 수 없으며, 결국 실패하게 됩니다.

그렇다면 손절매 시점을 정하기에 앞서 자신의 판단이 틀렸다고 인정할 시점을 정해야겠군요.

먼저 어디에서 자신이 틀렸다고 인정할지를 정해야 합니다. 그러면 손절매 기준도 정해집니다. 그다음에는 자신의 투자 아이디어에 대해 얼마만큼의 손실을 감수할지를 결정하고, 이를 개별적인 투자 대상으로 나눠 포트폴리오를 작성해야 합니다. 그러면 각 트레이딩 포지션의 크기가 정해집니다. 일반적으로 투자자들은 이 절차를 거꾸로 진행하는 실수를 저지릅니다. 대부분이 먼저 투자 포지션의 크기부터 정합니다. 그다음 자신이 감내할 수 있는 고통 수준을 기준으로 손절매 기준을 결정합니다.

"

일반적으로 성공한 글로벌 매크로 매니저들은 숙련된 분석과 통찰력으로 세계 시장의 주요 추세(외환, 금리, 주식, 상품)를 예측해내는 능력을 가지고 있다고 생각한다. 하지만 오셔는 자신의 능력이 미래를 예측하는 것이 아니라, 지금까지 일어난 일을 판단하는 것이라고 강조한다. 그는 거품이 천장을 만들 때를 예측한다거나 혹은 시장의 변곡점을 짚어내는 일이 매우 어려울 뿐 아니라, 실패할 가능성이 큰 전략이라고 설명한다. 그래서 오셔는 자신의 가설을 확신시켜주는 사건이 일어날 때까지 기다린다. 예를 들어 2005~2007년 동안 비합리적인 수준으로 대량 매도가 이루어짐에 따라 시장은 팽창했다. 이에 과도한 리스크를 감수해야 한다고 판단한 그는 시장을 떠나려고 생각했다. 하지만 그는 시장의 전환점을 예측하는 것보다 시장의 우세한 사실에 입각하여 트레이딩을 하는 것이 자신의 역할이라는 생각으로 강세 포지션을 유지했다.

2007년 8월, 단기 금융시장의 유동성이 말라버리는 사건이 일어났다. 그리고 오셔는 이때를 시장 하락의 시작으로 인식했다. 그는 2007년 8월 시장에서 유동성이 고갈되는 것과 같이 시장을 반전시킬 사건이 일어나기 전까지 약세 포지션을 구축하지 않았다. 시장을 예측할 필요는 없었지만 많은 사람이 무시하고 있는 사건이 보내는 신호를 인식해야 할 필요성을 느꼈다. 실제로 2개월 후 S&P500은 신고점을 형성했다.

	오셔는 투자 아이디어보다 실행방법이 더 중요하다고 믿는다. 그래서 리스크 대비 최고의 수익을 기대할 수 있으면서, 한편으로는 손실을 제한할 수 있는 투자방법을 모색한다. 2007년 8월, 금융시장에서 유동성이 고갈된 후 오셔는 금리 인하를 예측했다. 그는 단순히 단기 금리에 대해 매수 포지션을 구축하는 것에서 그치지 않고 수익률곡선 스프레드 전략을 통해 거래하였다. 그래서 단기 금리에 대한 매수 포지션을 유지하면서 장기 금리에 대해서는 매도 포지션을 구축했다. 그는 당시 수익률곡선이 상대적으로 수평했기 때문에 금리가 하락한다면 단기 수익률곡선의 끝에 집중될 것이라고 생각했다. 반대로 금리가 상승한다면 완만한 수익률곡선은 장기 금리와 같거나 적어도 단기 금리만큼 올라갈 것이라고 생각했다. 수익률곡선의 장단기 금리 스프레드는 리스크 대비 최고의 잠재수익을 보여주었다. 즉 단기 금리에 대해 직접적으로 매수 포지션을 구축하는 것보다 리스크 대비 높은 수익률을 기대할 수 있는 투자방법이었다.

	나스닥시장의 거품이 붕괴됐을 때, 오셔가 추구하는 트레이딩 아이디어의 또 다른 예를 볼 수 있다. 2003년 3월 나스닥이 천장을 형성하자 오셔는 거품이 꺼지기 시작했다고 확신했다. 하지만 나스닥에 대해 매도 포지션을 취하지 않았다. 비록 거품이 최고조에 달했지만 매도 포지션은 위험하다고 판단했다. 결국 그의 판단은 옳았다. 2000년 여름 나스닥은 크게 하락했지만 곧 40%나 반등했다. 만약 매도 포지션을 보유하고 있었다면 버티기 힘들었을 것이다. 오셔는 시장이 천장을 형성하는 것을 보면서 과대평가되었던 자산가치가 급락해 경제 둔화 및 금리 하락이 시작될 것으로 예측했다. 그에게는 채권을 매수하는 편이 더 쉽고 안전한 트레이딩이었다. 이후 나스닥은 변덕스럽기 그지없었지만 채권시장은 지속적인 상승세를 기록했다.

유연성은 성공적인 투자를 위한 필수 요소다. 가격이 자신의 가설과 다르게 움직이는 상황에서 투자 포지션을 고집할 만큼 투자 아이디어에 집착해서는 안 된다. 오셔는 소로스를 유연한 트레이더의 대표적인 사례로 꼽으면서, 그가 트레이딩에 집착하지 않을뿐더러 포지션을 청산하는 데 조금도 아쉬워하지 않는다고 설명했다. 2009년 4월, 오셔는 시장에 대해 매우 비관적인 견해를 가지고 있었다. 하지만 시장은 그의 판단이 옳지 않다고 알려주었다. 시장의 가격이 자신의 비관적인 견해와 다르게 움직이는 것을 확인한 오셔는 완전히 다른 가설을 세웠다. 그것은 아시아가 세계 경제 회복을 이끌기 시작했다는 가설이었다. 이후 주식 및 상품시장은 몇 년 동안 랠리를 거듭했다. 만약 오셔가 원래의 투자 포지션을 유지했더라면 끔찍한 손실을 기록했을 것이다. 자신의 잘못을 인식하고 포지션을 수정하는 유연성 덕분에 그는 수익을 거둘 수 있었다.

오셔는 시장에서 거품이 형성되었다고 판단될 경우 최선의 트레이딩은 매수 포지션을 구축해 넘쳐나는 투자자의 행복감으로부터 수익을 얻어내는 것이라고 믿는다. 시장의 정확한 천장을 짚어내기는 불가능할 뿐 아니라, 조금만 타이밍을 잘못 잡아도 큰 손실을 입을 수 있다. 시장에 거품이 낄 때는 상대적으로 완만한 상승세를 보이지만 거품이 꺼진 후의 하락세는 매우 불안정하기 때문에 버블마켓에서는 매수 포지션을 취하는 것이 이롭다.

시장의 거품을 성공적으로 활용하기 위한 요소로는 다음 2가지다.

첫째, 가능한 빨리 트레이딩을 시작한다.
둘째, 최악의 손실 가능성을 제한할 수 있는 방법을 선택한다.

거품이 급격하게 꺼지면 시장은 가파르게 하락 전환한다. 이때 오셔는 직접적인 매수 포지션을 피하고 대신 콜옵션 매수를 통해 간접적인 매수 포지션을 구축한다. 콜옵션 매수에서는 리스크를 옵션 프리미엄으로 제한할 수 있기 때문이다. 변동성이 작은 버블마켓은 콜옵션 매입(Long Call)에 최적의 조건이다.

매크로 전략은 주로 기본적 분석에 의존하지만, 반드시 그런 것만은 아니다. 펀더멘털상의 이유를 찾지 못하더라도 가격 자체에 중요한 변화가 반영되는 경우가 있다. 오셔는 시장에 큰 파장을 불러왔던 LTCM의 파산 과정에서 비슷한 일을 겪었다고 한다. 당시 그는 시장이 왜 변화하는지 이유를 알지 못했다. 하지만 심각한 변화에 무언가 근본적인 이유가 있다고 판단하고, 그에 따라 포지션을 변경했다. 여기에 대해 오셔는 조지 소로스의 명언을 인용해 설명한다.

"일단 투자하라. 원인은 그다음에 알아보라."

지금까지 내가 인터뷰했던 트레이더들은 대부분 엄격한 투자 관리를 강조했다. 오셔 역시 통찰력이 넘치는 구체적인 의견을 제시한다. 그는 투자 분석과 관리방법이 일관되지 않을 때는 오히려 역효과를 가져온다고 강조했다. 많은 트레이더가 손절매 기준을 정하고 지킨다. 하지만 자신의 분석이 틀렸다는 사실을 받아들이는 기준이 아니라, 고통을 감내할 수 있는 수준을 기준으로 손절매를 정하는 치명적인 실수를 저지른다. 그래서 손절매를 하면서도 자신의 투자 아이디어가 틀렸다고는 생각하지 않는다. 그 결과 같은 트레이딩을 반복하고 싶은 충동에 빠지고, 결국 같은 투자 아이디어로 계속해서 손실을 기록하게 된다.

엄격한 투자 관리는 한 번에 큰 손실이 나지 않도록 해준다. 하지만 손절매 기준이 투자 분석과 일관되지 않을 때에는 작은 손실이 쌓이고 쌓여서 눈덩이처럼 불어날 수도 있다. 오셔는 먼저 자신이 틀렸다고 인정하는 기준을 정한 다음 그에 따라 손절매를 결정하라고 조언한다. 한 번의 손절매가 불편할 정도로 많은 손실을 의미한다면, 투자 포지션을 줄여야 한다. 뿐만 아니라 시장이 손절매 기준에 근접하게 되면 원래의 투자 전제는 잘못되었음을 인정해야 한다.

지금까지 설명한 오셔의 모든 투자방식이 갖는 한 가지 공통점은 비대칭적인 구조다. 다시 말해 오서는 최대 손실 가능성은 제한하면서 높은 수익을 기대할 수 있는 트레이딩 방법을 찾는다. 옵션 매수, CDS 프로텍션 매수, TED 스프레드 매수는 모두 손실을 제한할 수 있는 대표적인 트레이딩 방식이다.[4]

---

4. 옵션 매수의 경우는 최대 손실이 옵션 프리미엄 비용으로 제한된다. CDS 투자는 최대 손실이 CDS 프로텍션을 매수하는 데 드는 비용이며, TED 스프레드 경우는 0이다(재무부 채권 이자가 리보금리보다 높을 가능성은 거의 없기 때문이다).

실수를 사랑하는 트레이더
레이 달리오(Ray Dalio)

레이 달리오는 세계 최대의 헤지펀드인 브리지워터 어소시에이츠(Bridgewater Associates)의 설립자다. 과거에는 CEO였지만 현재는 CIO 및 멘토(Mentor)를 겸하고 있다(그는 2011년 7월 공식적으로 멘토 직위를 받아들였다). 2011년 12월 기준으로 브리지워터는 1,200억 달러의 예탁금을 관리하고 있으며 직원은 1,400명이나 된다. 하지만 브리지워터가 특별한 이유는 헤지펀드로서는 이례적으로 규모가 거대한 것뿐만이 아니다. 그중 몇 가지만 살펴보면 다음과 같다.

- 브리지워터는 투자자들에게 역사상 그 어떤 헤지펀드보다 더 많은 수익을 올려주었다. 지난 20년간 약 500억 달러의 수익을 올린 것으로 추정된다.
- 브리지워터의 대표 펀드와 전통적인 시장의 상관관계는 0에 가깝다.
- 브리지워터의 대표 펀드는 다른 헤지펀드와 상관관계가 매우 낮다.
- 브리지워터의 대표 펀드는 펀더멘털에 의존하지만, 시스템 접근방식에 따라 투자된다(일반적으로 펀더멘털에 기반을 둔 헤지펀드들은 자유재량에 따라 투자되며, 기술적 분석에 의존하는 헤지펀드들은 시스템 접근방식을 활용하고 있다).

- 브리지워터는 모든 직원에게 직위에 상관없이 건전한 비판을 하도록 적극적으로 유도하는 특별한 기업문화를 자랑한다.
- 브리지워터의 투자 고객은 대부분 기관이다(95%는 기관 투자자이며, 나머지 5%는 펀드다).
- 브리지워터는 20년이 넘는 역사를 가진 몇 안 되는 헤지펀드 중 하나다.
- 브리지워터는 고객들이 원하는 대로 구성할 수 있는 별도의 알파 및 베타 펀드를 처음 선보인 헤지펀드다.

브리지워터의 실적은 대표적인 전략에 따라 투자된 통합관리계좌(Managed Account, 고객의 계좌를 전담 관리해주는 서비스)와 펀드를 모두 포함한다. 이들은 각각 다른 변동률 목표에 따라 다양한 통화로 매매된다. 변동률을 18%로 유지하는 전략은 지난 20년 동안 연평균 복리 순수익률 14.8%(연평균 복리 수익률은 22.3%)를 기록했으며, 이때 연평균 표준편차는 14.6%(복리 수익률에 대한 표준편차는 16.0%)였다. 브리지워터의 성과가 특히 인상적인 이유는 거대한 자산 규모에도 불구하고 높은 수익을 기록하고 있기 때문이다. 자산 규모가 50억 달러인 헤지펀드는 자산이 5,000만 달러 혹은 5억 달러인 헤지펀드보다 리스크 대비 높은 수익을 올리기가 어렵다. 그런데 자산 규모가 500억 달러에 달하는 브리지워터가 여전히 높은 수익을 기록하고 있다는 사실은 정말 놀라운 일이다(브리지워터의 퓨어 알파 펀드가 최고의 수익률을 기록했을 때의 자산 규모는 약 500억 달러였다. 2011년 퓨어 알파 펀드는 조지 소로스의 퀀텀 펀드를 제치고 헤지펀드 수익률 1위를 기록했다.)

레이 달리오는 언제나 큰 그림을 생각한다. 2차 세계대전 이후 67년간 미국 경제를 철저하게 분석하고, 이를 바탕으로 경제 모델을 개발하는 것에 대해 레이 달리오는 어떻게 생각할까? 달리오에게는 이마저도 근시안적이다. 그는 자신의 시장접근방법이 '시간에 구애받지 않으며 보편적'이라고 설명한다. 경제 모델은 다양한 시대와 국가를 포괄해야 한다는 것이 그의 신념이다. 브리지워터의 모델은 달리오가 40년간 시장을 관찰하면서 축적한 노하우와 수백 년 전부터 현재까지 선진국 및 신흥시장에 대한 분석을 통해서 얻어낸 트레이딩 규칙을 포함하고 있다.

달리오는 브리지워터의 대표 펀드에 퓨어 알파(Pure Alpha) 펀드라는 이름을 붙였다. 그는 베타에서 수익의 대부분을 도출하면서도 비싼 수수료를 요구하는 헤지펀드들을 비판해왔다. 왜냐하면 그러한 헤지펀드들이 베타로부터 낸 수익 규모는 소극적인 매수 포지션만으로 실현 가능하기 때문이다. 베타 측정은 시장기준, 즉 벤치마크(Benchmark, 예를 들어 S&P500)의 변화를 기준으로 투자 종목의 가격 변화를 측정한 것이다(높은 베타값은 시장의 등락보다 훨씬 더 크게 상승 및 하락한다-역자 주). 기본적으로 베타를 기반으로 한 수익은 다양한 리스크(보통 시장의 방향성 리스크)를 감수하면서 얻은 수익이다.[5] 이와 반대로 알파는 투자 기술을 통해 벌어들이는 수익으로, 특정 시장이나 리스크와는 연관성이 낮다. 브리지워터의 퓨어 알파 펀드는 그 이름에서 짐작할 수 있듯이 정확한 수익 목표를 가지고 있다. 이름에 걸맞게 주식, 채권과의 상관관계가 0에 가까우며, 다른 헤지펀드와의 상관관계도 매우 낮다(0.1 정도).

퓨어 알파와 달리 브리지워터의 올 웨더(All Weather) 펀드는 베타수익 중심의 전략을 활용하는 펀드다. 균형 잡힌 포트폴리오의 혼합을 통해 베타수익을 실현하는 것이 목표이며, 지금까지 다양한 시장 환경에서 훌륭한 실적을 올려왔다. 2009년 브리지워터는 올 웨더 펀드에 비해 보수적인 올 웨더Ⅱ를 선보였다. 올 웨더Ⅱ 펀드는 브리지워터가 독립적으로 개발한 '불황지수(Depression Gauge)'가 발동될 때 좀 더 '안전한' 투자 환경에서 펀드를 운용할 수 있도록 제한한다.

달리오가 가지고 있는 분석적 사고의 기본은 "같은 펀더멘털이라도 다른 환경과 시장에서는 그 영향력이 달라진다"는 것이다. 달리오는 문제를 개념화하고 그에 따른 해결책을 찾기 위한 가장 중요한 도구로 카테고리를 활용한다. 카테고리를 기반으로 하는 사고의 대표적인 예로 '사분원적 개념화(Quadrant

---

5. 베타 리스크에는 시장의 방향으로 인한 리스크뿐 아니라 신용 리스크, 유동성 리스크, 단기 변동성 리스크 등이 있다. 시장에서 이들 리스크를 감수하면 베타수익을 얻을 수 있다. 그런데 소극적인 매수 포지션만을 혼합해도 베타수익을 벌어들이는 것이 가능하다. 장기간에 걸쳐 리스크를 감수하면 보상을 받기 때문에 베타수익은 결국 +(플러스)가 된다.

Conceptualization'라는 것이 있는데, 2가지 요소와 2가지 상태를 혼합시켜 4개의 조건을 도출하는 방법이다. 브리지워터의 베타 펀드, 즉 올 웨더 펀드의 사고 유형이 바로 여기에 속한다. 올 웨더 펀드는 2가지 요소(성장률과 인플레이션)와 2가지 상태(증가와 감소)를 혼합해 다음 4가지 조건을 만들어낸다.

1. 성장률 증가
2. 성장률 감소
3. 인플레이션 증가
4. 인플레이션 감소

위의 4가지 분류는 특정 기간 동안 일부 자산은 크게 성장하는데 반해, 다른 자산은 하락하는 주요 원인이 성장률 및 인플레이션이라는 달리오의 시각이 반영되어 있다. 올 웨더 펀드의 전략은 이 4개 환경에서 모두 성공적인 결과를 이끌어낼 수 있도록 포트폴리오의 균형을 맞추는 것이다. 대다수의 전통적인 포트폴리오는 첫 번째 분류(성장률이 증가하는 환경)에만 과도하게 집중되어 있기 때문에 균형을 잃어버린다. 그래서 다른 환경에서는 좋지 않은 실적을 기록하기 쉽다.

달리오는 국가의 경제 전망을 예측할 때도 '사분원적 개념화'를 활용한다. 그는 모든 국가를 2개 부류(채권국가와 채무국가)로 나누고, 2가지 중요한 특성에 주목한다. 즉 독립적인 통화정책을 실시하는 국가와 그렇지 않은 국가다. 그 결과 전 세계 국가들은 다음 4가지로 분류될 수 있다.

1. 독립적인 통화정책을 실시하는 채무국가(예 : 미국과 영국)
2. 독립적인 통화정책을 실시하지 않는 채무국가(예 : 그리스와 포르투갈)
3. 독립적인 통화정책을 실시하는 채권국가(예 : 브라질)
4. 독립적인 통화정책을 실시하지 않는 채권국가(예 : 중국은 달러에 대해 고정환율을 실시하고 있기 때문에 금리 인상의 여지가 없다.)

달리오는 실수를 사랑한다. 실수를 통해 얻은 교훈이 성장을 위한 촉매가 된다고 믿기 때문이다. 실수가 성공을 위한 과정이라는 신념은 달리오의 인생 철학과 브리지워터 기업문화의 핵심이다. 실수에 대한 달리오의 태도는 거의 숭배에 가깝다.

> "나는 실수가 놀랍도록 아름다운 존재라는 사실을 알게 되었다. 실수 속에는 풀어내기 어려운 수수께끼와 반짝이는 보석이 들어 있기 때문이다. 내가 해야 할 일은 그 속에 들어 있는 해답을 찾아내는 것이다. 그중에는 앞으로 또 다른 실수를 저지르지 않도록 도움을 주는 원칙도 포함된다. 각각의 실수는 내(혹은 다른 누군가)가 무엇을 잘못했는지를 반영하고 있다. 그게 무엇인지 알아내기만 한다면 투자의 효율을 높일 수 있다. 대부분 실수가 나쁘다고 믿고 있지만 나는 실수가 좋은 것이라고 생각한다. 가장 큰 가르침은 자신이 저지른 실수를 반성하면서 얻을 수 있다고 믿기 때문이다."

달리오는 자신의 인생 철학과 투자 개념을 「원칙(Principles)」이라는 제목의 111페이지짜리 문서로 정리했다. 현재 이 문서는 브리지워터의 기업문화를 대표하게 되었을 뿐 아니라, 모든 직원들의 필독 자료로 쓰이고 있다. 「원칙」은 크게 두 부분으로 나뉘는데, 첫 번째는 '나의 가장 기본적인 원칙'이고, 두 번째는 277개의 관리 규칙을 소개하고 있다. 그리고 상당 부분의 내용은 실수에 주목하고 있다. 그중 몇 가지를 소개해보면 다음과 같다.

- 실수를 통해 배움을 얻었다면 실수는 좋은 것으로 인정해야 한다.
- 실패는 용납될 수 있지만, 자신의 실수를 깨닫고 이를 분석해서 배움을 얻지 못하는 행동은 용납될 수 없다.
- 실수를 공개하고 객관적으로 분석해야 한다. 관리자들은 이를 위한 문화를 조성하는 한편, 실수를 억제하고 숨기는 행동을 처벌해야 한다. 과거의 실수

를 분석해서 미래를 위한 개선책을 찾아내야 한다. 이렇게 얻어낸 지식을 투자에 접목시켜야만 성장할 수 있다.
- 주위 동료나 부하직원뿐 아니라 나 자신도 언젠가는 실수를 저지를 것이고, 또 약점을 가지고 있다는 사실을 인정해야 한다. 중요한 건 실수를 대하는 태도이다. 실수에 대해 올바르게 대처하여 배움의 기회로 바꿀 수 있다면, 실수가 그리 나쁜 것만은 아니다.
- 올바른 길을 가기 위해 잠깐 틀리는 일을 마다하지 않는다면, 많은 것을 배우게 될 것이다.

달리오의 「원칙」에 나타나 있는 2가지 핵심 개념 중 하나가 '실수를 통한 깨달음'이라면, 나머지 하나는 '극단적인 투명함'이다. 브리지워터의 직원들에게는 반드시 투명하게 행동해야 한다는 기업문화가 정착되어 있다. 부정직한 태도가 용납되지 않는 것은 물론, 거침없는 비난이나 맹목적인 충성심 때문에 진실을 가리는 행동'도 허용되지 않는다. 상사들은 자리에 없는 부하직원에 대해 언급하지 못하게 되어 있다. 모든 회의 과정은 녹화되며 직원들에게 완전히 공개된다. 공개와 정직의 중요성에 대한 달리오의 의견은 분명하다. 예를 들어 「원칙」에 소개된 관리 규칙 11번은 이렇게 시작된다. "누군가에 대해 이야기할 때는 반드시 직접 말해야 한다. 비열한 족제비 같은 행동으로……."

「원칙」에 포함된 규칙들은 대부분 성공 투자를 위한 필수 요소들과 일맥상통한다. 예를 들어 「원칙」에서 책임의 중요성에 대해 따끔하게 지적하고 있는 다음의 말은 성공적인 투자를 위한 조건이기도 하다.

"좋지 않은 결과의 원인이 자신이 아니라 타인 혹은 다른 무언가라고 비난하는 것은 현실을 부정하고 스스로의 성장을 막는 행동이다."

소가턱 강(Saugatuck River)과 인근 숲을 굽어보고 있는 브리지워터의 사무실은 목가적인 분위기를 풍겼다. 달리오는 사물을 일차적이 아니라 상호연관된 관점으로 바라보는 경향이 있어서 질문에 대한 답이 중언부언 길어질 때도 있었다. 달리오는 이에 대해 "저는 사물을 다양한 관점에서 바라봅니다. 그래서 제 시각을 설명하는 데 애를 먹곤 하죠"라고 인정했다. 그럼에도 인터뷰 시간은 쏜살같이 흘러갔고, 할애된 시간이 다 되었을 때 그는 "여기까지입니다"라는 간결한 말로 인터뷰를 끝냈다.

>

달리오 씨께서는 세계 최대의 헤지펀드를 설립하셨을 뿐 아니라 그 외에도 많은 일을 해오셨습니다. 어린 시절의 꿈은 무엇이었나요?

저는 어렸을 때부터 시장에 관심이 많았어요. 12살 때 처음 투자를 시작했을 정도니까요. 당시 저에게 시장은 게임 같았어요. 저는 게임을 좋아했는데, 좋아하는 게임을 하면서 돈도 벌 수 있다니 정말 신나는 일이었죠. 하지만 그래서 트레이더가 된 건 아닙니다. 어느 정도의 돈을 벌겠다거나 어느 정도의 자금을 운용해야겠다는 생각을 해본 적은 지금까지 단 한 번도 없었습니다.

지금까지 저는 여러 명의 성공한 트레이더들을 인터뷰했는데, 대부분 어린 나이에 투자를 시작했다는 사실에 놀라웠습니다. 10대나 그보다 더 어린 나이에 투자를 시작한 분들도 계셨습니다.

놀라운 일도 아니죠. 사람들의 사고방식은 어렸을 때의 행동에 많은 영향을 받거든요. 배운 내용을 완전히 체득하는 건 어릴수록 유리하죠. 나이가 어렸을 때 운동이나 언어를 습득하기 쉬운 것도 같은 이유입니다. 시장에서 성공하는 데 필요한 사고방식은 학교에서 공부를 잘하는 데 필요한 사고방식과는 달라요. 어린 시절부터 시장에서 쌓아온 경험이 제 사고방식에 많은 영향을 미쳤습니다.

어떤 영향을 미쳤다고 생각하십니까?

학교 교육은 주로 '이 점을 기억하세요', '자, 이제 다시 생각해보세요', '답을 아시겠어요?'와 같은 지침을 따릅니다. 학교에서는 실수가 나쁘다고만 가르칠 뿐, 실수를 저지른 후 얻는 교훈의 중요성은 가르쳐주지 않죠. 자신이 알지 못하는 것에 대해서는 어떻게 대처해야 하는지 알려주지 않아요. 시장에 한번이라도 발을 들여놓은 적이 있는 사람이라면 누구나 알겠지만, 시장에서는 좀처럼 확신할 수가 없습니다. 자신이 옳다고 확신하면서 트레이딩을 하는 경우는 없어요. 그렇게 접근했다가는 언제나 잘못된 점을 발견하게 됩니다. 시장에서는 허황된 자신감을 가질 수가 없어요. 자신이 모르고 있는 사실들을 중요하게 생각해야 합니다. 하지만 저가 다른 직업을 가졌더라면 아마 지금처럼 의견을 정립할 때마다 높은 잣대를 적용하지는 않았을 거예요.

저는 언제나 제 자신이 틀렸을지도 모른다고 생각합니다. 그래서 정말 열심히 노력한 다음에야 다른 사람들에게 제 아이디어를 이야기하죠. 그럼 사람들은 제 아이디어를 난도질하고 제가 틀렸을 가능성에 대해 이야기해요. 이 과정을 통해서 올바른 방향을 잡는 거예요. 적극적이면서도 동시에 다른 사람의 의견에 귀를 기울이는 자세가 필요해요. 하지만 시장은 투자자에게 독립적으로 생각하라고 가르쳐요. 그러나 독립적인 사고를 하다 보면 틀린 결정을 내릴 가능성도 있죠.

어떤 계기로 어린 나이에 투자를 시작하셨나요?

1960년대에는 정말 거의 모든 사람이 주식시장에 대해 이야기를 했어요. 닷컴거품 때보다 심하면 심했지 덜하지 않았죠. 이발을 하러 간 이발소에서 이발사와 주식에 대한 이야기를 했던 기억이 있습니다. 그때 저는 골프장에서 캐디 아르바이트를 하고 있었어요. 가방 1개를 나를 때 6달러를 받았는데 저는 동시에 가방 2개를 날랐죠. 그렇게 번 돈으로 계좌를 만들었고, 아버지가 중개인을 소개시켜 주셨어요. 아버지께서는 투자를 하지 않으셨지만 그때는 누구나 주식 중개인을 한 명 정도는 알고 있던 시절이었죠.

첫 번째 투자를 기억하시나요?
네, 뉴욕에서 플로리다의 노선을 운항하던 노스이스트 항공(Northeast Airlines)의 주식을 샀습니다.

어떻게 그 종목을 선택하게 되셨나요?
제가 아는 종목 중 유일하게 5달러 미만이었거든요. 더 많은 주식을 살 수 있겠다 싶었죠. 그게 제 나름의 분석이었어요. 말도 안 되는 생각이었지만 운은 좋았어요. 노스이스트 항공이 파산 직전까지 갔다가 인수되는 바람에 돈을 3배로 불렸거든요. 그 외에는 어릴 때 샀던 종목 중 딱히 기억이 나는 게 없군요. 18살 때는 처음으로 베어마켓을 경험했고, 그때 공매도를 배웠죠. 대학에 들어가서는 상품 투자에 대해 배웠고요.

상품 투자에 매력을 느끼신 이유가 있나요?
적은 증거금으로 트레이딩을 할 수 있었거든요. 그래서 돈을 벌 수 있겠다 싶었죠.

지금도 기억에 남는 특별한 경험이 있나요?
1971년에 대학을 졸업하고 비즈니스 스쿨에 진학하기 전에 뉴욕증권거래소(New York Stock Exchange)에서 서기로 일을 했습니다. 그해 8월 15일, 닉슨 대통령이 금태환(금과 달러의 교환, 금본위제도)을 정지시켰고, 그로 인해 통화 체계가 붕괴되었습니다. 그런데 주식시장은 급등하더라고요. 그것을 보면서 제 예상과는 다른 무엇인가가 있다고 생각했죠.

당시 경험으로 어떤 교훈을 얻으셨습니까?

통화가치가 하락하거나 돈을 찍어내면 주식시장에는 호재라는 것을 배웠어요. 정치인의 말을 믿지 말라는 교훈도 얻었죠. 이후로도 같은 교훈을 몇 번이나 반복해서 배웠습니다.

트레이딩을 처음 시작하셨을 때 본인의 예상과 시장의 행동이 전혀 달라서 놀랐던 다른 경험이 또 있나요?

1982년에는 지금보다 경제 여건이 더 나빴어요. 실업률이 11%에 육박했죠. 저는 라틴 아메리카가 디폴트(채무 불이행)를 선언할 것이라고 확신하고 있었어요. 머니센터뱅크(Money Center Bank, 미국 내에서 자산 규모가 가장 큰 은행들을 뜻함)가 라틴 아메리카의 채권에 상당한 돈을 투자하고 있었기 때문에 디폴트는 주식시장에 끔찍한 영향을 미칠 거라고 판단했죠. 그리고 드디어 8월에 멕시코가 디폴트를 선언했습니다. 그런데 오히려 시장은 크게 반등했어요. 더 정확하게 말하면 그때가 시장의 바닥이었고, 이후 18년간 지속된 불마켓의 시작이었죠. 제가 예상했던 것과는 전혀 달랐어요.

연방준비제도가 대폭적인 완화정책을 실시함으로써 시장이 탄등한 거였죠. 그때 연방준비지도의 정책이 효과가 없을 것이라는 확실한 증거가 없는 한 절대로 그들과 싸우려고 하지 말아야 한다는 것을 배웠습니다. 연방준비제도뿐 아니라 중앙은행들의 힘은 막강합니다. 1971년 금본위제도가 폐지되었을 때나 1982년 멕시코의 디폴트 사태를 통해 봤을 때 이러한 위기는 중앙은행의 금융완화정책을 야기할 수 있고, 그 결과 위기를 약화시킬 수 있다는 것을 배웠습니다.

그 외에 또 다른 교훈적인 사건은 없었나요?

매일매일 생생한 교훈을 얻고 있습니다. 제게 특정 순간을 말하라고 요구하시는군요. 하지만 저는 어떤 특정한 순간이 아니라 감각을 자극하는 경험을 연속적으로 겪고 있다고 생각합니다. 뇌에 기억된 경험이라기보다 본능적인 감각에 가깝죠. 멕시코가 디폴트를 선언한 이후의 일을 글로 읽는 것과 실제 시장에서 경험을 하는 것과는 상당히 달라요. 직접 겪은 일 중에서 놀라웠던 사건이나 고통스러운 사건들이 기억에 남게 되죠. 그 이유는 그런 사건들을 통해 배운 것이 있기 때문입니다.

1970년대 초 저는 개인계좌로 '돈육'에 대한 매수 포지션을 설정했던 것을 기억하고 있습니다. 당시 돈육가격은 연일 하한가를 기록했어요.[6)] 손실이 얼마나 커질지 알 수도 없었고, 완전히 파산할까봐 걱정도 많았어요. 그때는 상품의 가격을 커다란 전광판에 표시했는데, 가격이 바뀔 때마다 전광판의 불이 깜빡거렸어요. 매일 아침 개장과 함께 가격이 200포인트씩 하락해 하한가를 기록한 채 꼼짝도 하지 않는 것을 보고 있었어요. 이것은 앞으로 계속 돈을 잃는다는 뜻이었고, 잠재적으로 얼마나 많은 돈을 잃게 될지도 모르는 상황이었죠. 아직도 그때를 생생하게 기억합니다.

당시 경험으로 무엇을 배우셨나요?

리스크 관리의 중요성을 배웠습니다. 다시는 경험하고 싶지 않은 고통이었어요. 덕분에 잘못된 선택에 대한 공포가 더욱 커졌고, 감당할 수 없는 수준의 손실을 입지 않도록 조심하게 되었습니다. 트레이딩을 할 때에는 공격과 방어가 동시에 필요합니다. 공격적이지 않으면 돈을 벌 수 없고, 방어를 하지 않으면 돈을 지킬 수가 없어요. 트레이딩으로 돈을 벌어본 사람이라면 누구나 한 번쯤은 끔찍한 경험을 해봤을 겁니다.

트레이딩은 전기를 사용해 일을 하는 것과 비슷해요. 언제 전기에 감전될지 모르죠. 그때뿐만 아니라 이후로도 전기에 감전된 것 같은 충격과 고통을 몇 번이나 겪었어요. 덕분에 "생각하자. 그리고 여기에서 벗어나자"라는 태도를

---

6. 선물시장에서는 하루 동안의 가격폭에 제한을 두고 있다. 즉 하한가와 상한가가 정해져 있다. 매수자와 매도자 사이에 거대한 불균형이 발생해 가격이 당일 제한폭까지 상승 혹은 하락한다면 거래는 중지된다. 예를 들어 갑작스러운 정책의 변화로 불마켓 혹은 베어마켓이 예상될 때가 있다. 가격이 1파운드당 60센트인데 정부의 발표로 적정가격이 50센트로 추측되는 상황이 발생했다고 가정해보자. 가격이 당일 최대 하락폭인 2센트로 하락하면 거래는 중지된다. 정책 발표 후 첫날 매도자만 넘쳐나고 매수자는 단 한 명도 없다면, 가격은 곧바로 58센트로 하락하고 거래는 더 이상 이루어지지 않는다. 시장이 계속 하한가를 기록할 경우에는 어느 선에서 가격이 안정되고 거래가 재개될지 알 수 없다.

갖게 되었습니다. 투자의 셈법을 배운 거죠.

(달리오는 화이트보드판 앞으로 걸어가 그래프 하나를 그렸다. 그래프의 수평선은 투자 자산 개수를, 축은 표준편차를 나타냈다.)

제가 직원들을 가르칠 때 쓰는 차트인데, '투자의 성배'라고 부르죠.

(그는 왼쪽에서 오른쪽으로 완만하게 하락하는 곡선을 그렸다. 투자 자산의 개수가 많아질수록 표준편차가 낮아진다는 뜻이었다.)

이 차트는 당신이 자산을 추가할 때 포트폴리오의 변동성이 어떻게 변하는지를 보여주고 있습니다. 당신이 다른 자산들과 상관관계가 0.6인 자산을 추가한다면, 그 추가된 자산 때문에 리스크는 약 15%까지 하락할 것입니다. 하지만 당신이 자산을 1,000개를 추가한다 해도 리스크의 크기(15%)는 그대로일 것입니다. 만약 당신이 주식만을 매수한 포트폴리오를 운영할 경우 당신은 1,000개의 주식들로 포트폴리오를 다각화할 수 있지만, 그렇다고 해도 리스크는 약 15%까지만 줄일 수 있습니다. 왜냐하면 평균 주식이 다른 주식과의 상관관계 0.6을 가지기 때문입니다. 하지만 만약 상관관계 평균 0인 자산들을 결합시킨다면 15개의 자산만 다각화해도 변동성을 80%까지 줄일 수 있습니다. 이런 이유로 저는 다각화를 통해 상관관계가 없는 자산들을 보유함으로써 리스크 대비 수익비율을 5배까지 향상시킬 수 있습니다.

하지만 최근에는 과거에 비해 시장들이 서로 긴밀하게 연결되어 있습니다. 예를 들어 S&P지수가 2% 하락한다면 모든 시장에 그 영향이 미치게 됩니다.
제 생각에는 별로 그런 것 같지 않아요.

시장이 서로 연관되어 있지 않다고 생각하십니까?

시장을 어떻게 정의하느냐에 따라 달라진다고 생각합니다. 예를 들어 S&P지수가 하락했다고 그리스/아일랜드 채권 스프레드의 움직임을 예측할 수 있는 건 아니거든요. 트레이딩을 구성하는 방법은 다양하고, 덕분에 전혀 상관관계가 없는 베팅을 할 수 있어요. 일단 먼저 목표를 정하세요. 제 목표는 서로 연관되어 있지 않은 15개 이상의 자산을 거래하는 것입니다. 조금 전에 시장의 연관성이 커져서 문제라고 하셨지만, 절대 해결 불가능한 문제는 아니라고 생각합니다. 제 경우 상관관계가 거의 없는 100개의 다른 수익 흐름을 찾아냅니다. 그중에는 교차상관관계가 있는 경우도 있어서 실제로는 100개보다 적고 15개보다 많은 자산을 찾아낼 수 있습니다. 상관관계는 대부분의 사람들이 생각하는 것과 다릅니다.

무슨 뜻인지 자세히 설명해주시겠습니까?

사람들은 이른바 '상관관계'라는 게 언제나 변하지 않는다고 생각하지만 잘못된 생각이에요. 각각의 시장은 가격을 결정할 때 논리적으로 행동합니다. 이 가격결정 요인에 따라 상관관계도 변화하게 됩니다. 예를 들어 경제 성장에 대한 기대들이 일치하지 않을 때(변동적일 때) 주가들과 채권가격들은 음의 상관관계를 보일 것입니다. 왜냐하면 만약 성장세가 더딘 모습을 보인다면 주가와 금리 모두 하락할 것이기 때문입니다.
하지만 인플레이션 기대치가 차이를 보이는 (인플레이션 기대치가 변동적일 때) 환경에서는 주가들과 채권가격들은 양의 상관관계를 보일 것입니다. 채권가격과 주식가격 모두에게 해로운 영향을 미치는 높은 인플레이션에서 금리는 상승하기 때문입니다. 2가지 상관관계는 정반대지만 모두 논리적이죠. 만약 주식과 채권의 관계가 변하지 않는다고 정해버리면 상관관계를 형성하는 원인과 결과를 부정해버리는 것입니다.
상관관계는 두 가격이 함께 움직이는 방법에 대한 평균을 나타내는 말입니다. 저는 트레이딩에 베팅을 할 때 상관관계를 고려하지 않아요. 대신 가격을 변화시키는 동인(Driver)이 다른지를 고려하죠. 저는 가격 변동의 논리적인 요인이 다른 15개 이상의 자산을 선택합니다. 제가 "포트폴리오 내에서 수익 흐름이 서로 연관되어 있지 않다"는 말을 했는데, 이 말은 다른 사람들이 말하는 상관관계를 뜻하는 건 아니에요. 제 경우는 측정방법이 아니라 인과관계를 말하는 것입니다.

최근 브리지워터의 기업문화에 관한 기사들이 보도되고 있습니다. 달리오 씨께서는 브리지워터의 기업문화를 어떻게 설명하시겠습니까?

브리지워터의 문화는 극도로 투명한 환경 속에서 독립적인 사고와 혁신을 권장하고, 진실을 추구하는 겁니다. 우리는 목표를 달성하기 위해서 의견 충돌이 필요하다는 것을 알고 있어요. 또 자존심을 내세우지 않으면서 실수와 약점을 분석하는 것도 필요하다고 생각합니다. 브리지워터의 기업문화는 서로에게 높은 잣대를 적용하지만 정직하게 대하며, 동시에 상대방을 배려합니다. 진실과 투명성을 중요시하기 때문에 어느 한 방향으로 치우치지 않기 위해 모든 토론을 기록합니다.

저는 인류를 괴롭히는 가장 중대한 문제 중 하나는 잘못될 가능성이 큰 순간에도 "나는 이렇게 생각해, 나는 저렇게 생각해"라는 말을 늘어놓는 것이라고 생각합니다. 하나의 이슈에 대해 의견충돌이 있다는 것은 대부분의 사람들이 틀렸다는 것을 의미합니다. 하지만 대부분은 자신이 옳다고 확신해요. 어떻게 이런 일이 가능할까요? 만약 사람들이 자신감을 약간 버리고 대신 사려 깊은 논의를 통해 진실을 알아내는 데 더 힘을 쏟는다면 모든 의사결정 과정은 크게 개선될 것입니다. 우리 브리지워터는 이런 방법으로 상당한 효과를 얻었습니다.

달리오 씨가 신임하는 직원들과 의견이 일치하지 않을 때는 어떻게 그 차

이를 좁히시나요?

서로 질문을 하면서 해결합니다. 덕분에 서로에 대해 더 이해할 수 있습니다. "자네가 그렇게 말하는 이유는 뭐지? 그 이유에 대한 증거는 뭐지? 우리는 무엇을 고려해야 할까? 어떻게 차이점을 좁힐 수 있을까? 더 많은 대화를 이끌어내고 원활하게 진행시키기 위해서는 누구를 참여시켜야 할까?" 하는 식이죠. 이런 과정을 거치면서 무언가를 발견해냅니다. 투자결정 과정에서 결코 간과해서는 안 될 의견의 차이가 발생하면 브리지워터의 수석 투자담당자(달리오와 공동 CIO인 밥 프린스(Bob Prince), 그레그 젠슨(Greg Jensen))가 모여서 합의를 도출합니다. 우리 세 사람은 거의 대부분 의견의 일치를 봅니다. 만약 합의가 이루어지지 않으면 어떤 변화도 시도하지 않습니다.

그렇다면 시장에서 포지션을 구축할 때마다 브리지워터의 주요 인물들의 동의를 구한다는 말씀이신가요?

그건 아니에요. 우리의 의사결정 과정은 시장에서 결정을 내리는 기준을 정할 뿐이죠. 저는 이 기준을 원칙이라고 부르는데, 상당히 체계적이어서 다양한 상황에서 우리가 무엇을 해야 할지를 결정해줍니다. 다시 말하면 우리는 개별적인 투자 포지션에 대해 결정을 하는 게 아니라 우리가 결정을 내리는 기준에 대한 합의를 하는 것입니다.

각 트레이딩 전략에 대해서는 언제, 어떤 상황에서 돈을 벌고 잃었는지를 분석합니다. 우리는 각각의 트레이딩 전략의 실적을 충분히 검토한 다음, 다변화된 전략으로 구성된 포트폴리오에 결합시킵니다. 만약 우리의 예상대로 전략이 실시간으로 실행되지 않을 때는 재평가를 시작합니다. 그리고 만약 바람직한 전략이라는 데 동의한다면 우리는 시스템을 수정하기도 합니다. 우리는 이 일을 36년 동안 해왔습니다. 수년에 걸쳐 새로운 지식을 개발해왔고, 지속적으로 기존의 지식에 추가해왔습니다.

지난 20년간 브리지워터는 12% 이상의 손실폭(Drawdown, 상한가에서 하한가로 폭락)을 기록한 예가 단 두 번뿐입니다. 그중 최대 손실폭은 20%였습니다. 방향성 전략(Directional Strategy)을 활용하면서도 손실을 엄격하게 통제할 수 있었던 비결은 무엇입니까?

2가지로 답할 수 있습니다. 첫 번째는 앞에서도 말씀드렸듯이 여러 독립적인 가격 동인들 사이에서 리스크의 균형을 맞추는 것입니다. 하나의 동인에 포트폴리오가 집중되지 않도록 하고 있죠. 두 번째는 다양한 기간과 시나리오에서 검증된 전략을 활용하는 것입니다. 예상보다 높은 손실을 경험한 사람들은 대부분 자신의 전략이 다양한 상황에서 어떻게 작용하는지 잘 모르고 있는 것 같아요. 5년 정도 트레이딩을 하고 나서 '지금까지 좋은 실적을 기록한 걸 보면 내 접근방식이 효과가 있어'라고 생각하는 매니저들이 있습니다. 하지만 상황이 바뀌면 자신의 전략이 어떤 작용을 할 것인가에 대해서는 전혀 알지 못합니다. 최근의 경험에 기반을 둔 전략은 언젠가 효과가 사라져버려요. 이와 달리 우리는 시간과 공간을 초월하는 기준이 되도록 우리의 전략을 테스트합니다. 시간을 초월한다는 건 언제나 효과가 있다는 의미이고, 공간을 초월한다는 건 다양한 국가에서 활용할 수 있는 전략이라는 의미입니다. 전략의 효율성은 시간과 국가에 따라 달라져서는 안 된다고 생각합니다. 시간과 공간을 초월한 폭넓은 분석 덕분에 브리지워터가 다른 대다수의 매니저들보다 특별한 시각을 가지게 된 것입니다. 예를 들어 미국의 제로(0) 금리, 디레버리징 환경을 이해하기 위해서 우리는 1930년대 대공황, 일본의 포스트 버블시대 같이 오래 전에 있었던 일들을 이해할 필요가 있습니다. 디레버리징은 경제침체에서 꽤우 다릅니다. 2차 세계대전 기간 동안 미국에서는 진행중인 디레버리징 이외에 어떤 디레버리징도 하지 않았습니다.

개별적인 포지션에 대해서도 리스크를 제한하십니까?

포지션 크기에 대해서는 제한하고 있지만, 가격 면에서는 제한하지 않습니다. 우리는 손절매를 하지 않습니다. 브리지워터는 현재 약 150개 시장에서 트레이딩을 하고 있는데, 제가 말하는 시장에는 개별 시장뿐 아니라 스프레드 포지션도 포함됩니다. 하지만 그중에서 중요한 포지션은 약 20개 정도입니다. 이들이 전체 리스크의 80%를 차지하고 있지만, 서로 상관관계에 있지는 않습니다.

가격이 큰 폭으로 하락하면 뭔가 다른 조치를 취하시나요? 예를 들어 익스포저를 줄이십니까?

손실을 기록하고 있다고 해서 익스포저를 줄이는 건 옳지 않다는 생각이에요. 그 점을 분명히 말씀드리고 싶군요. 중요한 건 지금 발생하고 있는 손실이 향후 가격 변화에 있어서 통계상 중요한 지표인지 여부입니다. 그렇지 않다면 손실을 기록한다고 포지션을 바꾸지는 않아요.

그 말씀은 투자한 종목이 신고가를 경신했건, 15%가 하락했건 간에 같은 방법으로 포지션의 규모를 조절하신다는 뜻인가요?

네, 똑같은 방법으로 포지션을 구축하고 규모도 조절합니다.

포지션의 성과가 좋지 않을 때는 전략을 재검토하시나요?

언제나 재검토하죠. 포지션이 실패했을 때 우리는 최고의 발견을 할 수 있습니다. 1994년 우리는 다수의 채권시장에서 매수 포지션을 취하고 있었는데, 여러 채권시장이 폭락했습니다. 우리가 가지고 있는 규칙과 시스템은 당시 각 채권시장에 대해 순매수 포지션을 가리키고 있었습니다. 이후 우리는 만약 절대적인 베이시스가 아닌 스프레드 베이시스에 동일한 시스템을 적용하여 매매했다면 리스크 대비 더 많은 수익을 얻게 되었을 것이라는 사실을 깨닫게 되었습니다. 상관관계를 줄이면 리스크 대비 나은 수익을 얻을 수 있다는 보편적인 진리를 이용하는 것입니다. 우리는 이처럼 연구를 통해 얻은 통찰력으로 투자 과정을 지속적으로 변경하고 있습니다.

잘못된 투자 포지션 덕분에 투자 과정을 개선하셨군요. 그런데 개별적인 투자 포지션에서 손실이 발생하면 어떻게 하시나요? 손실이 발생한다는 이유만으로는 청산도 하지 않으시고, 포지션을 축소하지도 않으신다고 하셨습니다. 하지만 일부 요소를 간과했거나 잘못 고려했다는 사실을 깨닫고 마음을 바꾸신 적은 없나요?

아니요, 그런 식으로는 투자하지 않습니다. 마음을 바꾸는 건 새로운 정보가 의사결정의 원칙을 충족시킬 때뿐이에요. 우리는 철저하게 원칙에 따라 투자 포지션과 방향, 규모를 결정합니다.

그렇다면 자유재량에 의존하기보다는 시스템에 의존해 트레이딩을 하시겠군요?

99%가 시스템 투자입니다. 물론 경험이 쌓일수록 규칙을 변경하거나 추가하면서 시스템을 개선하고 있습니다. 하지만 자유재량은 개별적인 투자 포지션의 99%에서 배제되어 있습니다.

만약 시스템에 적용시키지 못하는 이례적인 사건이 발생한다면 어떻게 하시나요?

만약 9·11 테러 때 세계무역센터가 공격을 받은 것과 비슷한 사건이 발생한다면, 그때는 아마 자유재량이 우선하게 될 겁니다. 대부분 자유재량은 리스크에 대한 익스포저를 줄이기 위해 활용하고 있습니다. 자유재량의 영향을 받는 건 전체 트레이딩의 1% 미만이라고 말씀드릴 수 있습니다.

브리지워터의 투자는 펀더멘털과 기술적 요소 중 어디에 의존합니까?

기술적인 요소는 고려하지 않습니다.

기술적인 요소, 특히 가격을 기반으로 시스템을 활용하는 대다수의 CTA(선물전문투자자문사)와 달리 펀더멘털 요소에만 기반을 두고 시스템을 활용하시는 것입니까?

네, 그렇습니다.

브리지워터 시스템은 어떻게 만들어졌나요?

1980년부터 트레이딩과 관련해 새로운 사실을 발견할 때마다 메모를 해놓았어요. 포지션을 청산할 때는 실제 일어난 일과 저의 추론 및 예측을 비교했습니다. 의사결정 원칙이 효과가 있는지 확인하기 위해서는 경험에만 의존할 수 없기 때문에 대표적인 샘플이 필요했습니다. 하지만 이것들을 찾아내는 데 너무나 많은 시간이 걸렸습니다. 그러던 중 백테스트(Backtest, 자신이 만든 규칙에 과거의 데이터를 적용해 효과 여부를 확인하는 방법)로 제가 메모한 내용의 결과를 확인해보니 개선할 수 있다는 것을 알게 되었습니다. 그다음 단계는 기준에 맞는 원칙을 결정하는 것이었습니다. 이때 논리적인 원칙을 수립하는 한편, 과거의 데이터에 너무 집착하지 않도록 노력했습니다. 이것이 바로 초기 브리지워터의 시스템이 개발된 방법입니다. 같은 과정이 반복되고 많은 사람의 도움 덕택에 시스템은 발전할 수 있었습니다.

브리지워터의 시스템을 구성하는 다양한 원칙 중 일부가 변경되기도 하나요? 아니면 절대로 변경하지 않으시나요?

때에 따라 시스템은 변경됩니다. 예를 들어 원유가격의 변화가 각 국가에 미치는 영향을 고려했던 적이 있었습니다. 1970년대 1차 석유파동과 2차 석유파동 사이에 북해에서 원유가 발견되었습니다. 이를 계기로 원유 순수입국이던 영국은 수출국이 되었죠. 이 사건 때문에 우리는 원유가격과 관련된 의사결정 원칙을 변경했습니다. 수출과 수입의 품목이 변경되면 우리의 원칙도 바뀝니다.

펀드의 규모가 너무 커서 운용에 어려움을 느끼지는 않으십니까? 실제로 2010년에 브리지워터는 자산 규모가 최대로 늘어났는데도 최고의 수익을 기록했습니다. 대부분의 헤지펀드는 브리지워터보다 훨씬 적은 금액을 운용하면서도 규모에 대한 어려움을 겪고 있습니다.

브리지워터와 다른 헤지펀드들 사이에는 2가지 중요한 차이점이 있습니다. 첫 번째로 헤지 펀드들은 대부분 소수의 시장에서 활발하게 트레이딩을 합니다. 하지만 브리지워터의 펀드는 전 세계의 거의 모든 유동성 시장에 투자를 하고 있습니다. 그래서 전체 자산에 비해 각 시장에 할애하고 있는 부분은 작은 편이죠. 두 번째로 포지션 변경 속도가 느립니다. 잘 아시다시피 주어진 시간 내에 거래량을 변경함에 따라 비용은 달라집니다. 그래서 우리들에게는 소수의 시장에서 트레이딩하면서 포지션을 빠르게 변경하는 매니저들과 비교했을 때 훨씬 더 큰 능력이 요구됩니다.

각 시장에서 1년 동안의 투자회전율은 어느 정도입니까?

투자회전율을 어떻게 정의하는지에 따라 달라집니다. 하지만 정도를 고려하지 않고 순매수 포지션에서 순매도 포지션으로의 변경이라고 가정한다면 평균적으로 12개월에서 18개월 정도입니다.

정말 느리군요.

네, 평균적으로 그 정도입니다.

2008년처럼 단 며칠 만에 시장의 엄청난 가격 변동을 목격했을 때도 마찬가지였나요?

간혹 어느 해는 투자회전율이 다른 해에 비해 훨씬 빠를 때도 있어요. 하지만 2008년은 평균에 비해 그다지 빠르지 않았습니다. 시장의 변동성이 커지면 매개 횟수가 늘어나는지에 대해 궁금하신 것 같은데, 그렇지 않습니다. 브리지워터는 기본적 분석에 바탕을 두고 있습니다. 즉 시장의 가격이 높아진다거나 저렴해진 상황은 간접적인 영향밖에 주지 않습니다.

펀드 자산의 규모에 큰 영향을 받지 않는 이유 중 하나는 시장에서 '사자' 주문이 넘쳐날 때 매도를 하고, '팔자' 주문이 많을 때는 매수를 하기 때문인 것 같습니다.

그런 경우가 다수이긴 하지만 펀더멘털 요소들이 이례적으로 빠르게 변화할 때는 그렇지 않습니다. 펀더멘털에 변화가 없을 때는 확실히 가격의 변화와 반대로 트레이딩합니다. 예를 들어 펀더멘털에는 변화가 없는데 가격이 하락했다면 매수하죠. 하지만 펀더멘털은 끊임없이 변화하기 때문에 우리는 트레이딩 방향을 펀더멘털과 가격 변화를 기준으로 하고 있습니다.

2008년 가을과 같은 기간에는 시장에서 며칠 사이에 펀더멘털적 변화보다는 투자심리의 변화로 인해 야기된 거대한 변동을 목격할 수 있었습니다. 저는 레이 씨께서는 대부분의 트레이더와 반대방향으로 진입할 것이라고 가정하겠습니다. 대부분의 트레이더들이 시장이 급격하게 붕괴되고 있을 때 그들의 익스포저를 줄이기 위해 매도하는 반면에, 레이 씨는 풍부한 유동성과 함께 반대로 매수자가 된다는 말씀이신가요?

예, 맞습니다. 펀더멘털에서 약세 변화가 있지 않다면요.

운용하는 자산의 규모가 문제가 된 적이 있습니까?

아니오, 없습니다. 자산의 규모가 문제될 만한 상황은 만들지 않습니다. 자산의 규모가 크면 매매비용도 높아질뿐더러, 포지션에서 빠져나오는 데도 시간이 많이 걸린다는 사실을 잘 알고 있습니다. 그래서 합리적인 속도로 청산이 가능하고, 또 시장에서 얻을 수 있는 예상 알파에 비해 비용이 낮게 유지되도록 포지션 크기를 제한하고 있습니다.

펀드가 너무 커지지 않도록 제한하고 계신 겁니까?

네, 저희는 몇 년 동안 펀드를 폐쇄한 상태입니다.

그렇다면 2010년 자산 규모가 크게 늘어난 건 모두 수익 덕분이겠군요.

수익은 투자자들에게 돌려주었습니다.

2008년, 대부분의 헤지펀드들이 고전을 면치 못했지만 브리지워터는 여느 때와 다름없이 높은 수익률을 기록했습니다. 비결은 무엇이었습니까?

디레버리징 상황에서의 트레이딩 기준을 미리 세워놓은 덕분입니다. 우리는 그 이전부터 레버리징과 디레버리징에 관한 연구를 진행해왔습니다. 브리지워터는 1920년대 독일과 1980년대 라틴아메리카에서 인플레이션 디레버리징뿐만 아니라 1930년대 대공황 및 1990년대 일본에서 나타났던 디플레이션 디레버리징을 모두 분석하였습니다. 제 경우는 라틴아메리카와 일본시장에서 일어났던 사례를 직접 경험했습니다. 우리는 과거에 발생했던 거대한 사건은 언젠가 또다시 발생할 가능성이 있다고 생각합니다. 그렇기 때문에 이 사건들을 완전히 이해해야만 경제와 시장의 작동원리를 이해할 수 있다고 생각합니다.

브리지워터는 2008년에 디레버리징이 시작되기 8년 전부터 '불황지수(Depression gauge)'라는 것을 개발해 활용해왔습니다. 다음과 같은 조건, 즉 금리가 일정 수준 이하로 하락하거나 개인 부채의 증가세 둔화, 주식시장의 하락, 신용 스프레드 상승 등을 기반으로 경기불황을 판단하는 지표입니다. 불황지수에 불이 들어오면 신뢰할 수 있는 지표의 수가 줄어드는 한편, 일부 지표는 더 큰 영향력을 발휘하게 됩니다. 예를 들어 금리가 거의 0에 가까운 수준이라면, 금리는 더 이상 신뢰할 수 있는 지표가 아닙니다. 우리는 인플레이션이나 디플레이션 디레버리징에 대해 브리지워터의 시스템을 어떻게 작동해야 하는지에 대해 이미 시뮬레이션을 마친 상태입니다. 불황지수가 발동되면 우리의 시스템 원칙과 리스크 관리가 디레버리징의 환경에 맞게 조정됩니다. 2008년, 투자자들은 캐리 트레이드 포지션에 과도한 레버리지를 활용하고 있다는 사실을 알고 있었습니다. 즉 저수익률 자산에 대해 매도 포지션을 구축하고, 고수익률 자산은 사들이고 있었습니다. 이런 투자 포지션은 거품이 꺼지기 시작하면 유지가 불가능합니다.

또한 은행들도 신속하고 경솔하게 레버리지를 늘리고 있다는 것을 알게 되었습니다. 우리는 10K(연례 보고서)를 분석하여 은행들이 어떤 포지션을 가지고 있는지 파악했고, 이들이 포지션을 유지한다면 결국 큰 손실을 입게 될 거라고 예측했습니다. 지표가격(Indicative Pricing, 주식거래 현황판에 고지되는 주식가격)을 적용해서 은행의 재무상태표를 시장과 비교한 결과 경제 전반은 물론 다른 시장에도 부정적인 영향을 줄 것이라는 사실을 알게 되었습니다. 즉 디레버리징이 어떻게 일어나는지를 이해하고 있었기 때문에 적절한 요소를 모니터링할 수 있었고, 디레버리징의 인과관계를 파악하고 있었기 때문에 2008년에 적절한 포지션을 구축하는 데 어렵지 않았습니다.

물론 우리는 디레버리징에 의한 거래에 철저히 준비를 해둔 상태였고, 우리의 퓨어 알파 전략의 내재적(본질적) 구조는 베타를 배제했기 때문에 2008년에 대부분의 헤지펀드들이 갖고 있던 취약점에서 벗어날 수 있었습니다. 대부분의 헤지펀드는 알파와 베타가 혼합된 형태입니다. 사실 헤지펀드는 알파가격으로 베타를 판매하면서 알파로 포장하는 경우가 많습니다. 일반적인 헤지펀드의 경우 약 70%는 주식시장과 상관관계에 있어요. 왜 대부분의 헤지펀드들은 경기가 좋을 때 효과가 있었던 전략에 집착하는 걸까요? 최근에 효과가 있었던 전략을 자꾸 선택하고 싶은 것은 인간의 본성입니다. 즉 오래된 편견이죠.

현재 미국이 직면하고 있는 경제 상황을 어떻게 보고 계십니까?

지금은 전 세계적으로 디레버리징이 계속되고 있습니다. 디레버리징은 성장에 부정적입니다. 채무국 중에서 돈을 찍어낼 수 있는 국가들과 그렇지 못한 국가들은 서로 다른 양상을 보입니다. 돈을 찍어낼 수 없는 국가들은 전형적인 디플레이션의 불황을 겪게 될 것이지만, 미국처럼 돈을 찍어낼 수 있는 국가들은 유동성으로 디플레이션과 불황의 압력을 완화할 수 있습니다. 하지만 양적 완화의 효율성은 제한될 겁니다. 연방준비제도가 매입한 채권의 소유자들은 차권을 팔아 얻은 돈으로 집이나 차를 사는 대신 유사한 투자를 할 것이기 때문입니다.

게다가 재정정책을 통한 경기부양책은 정치적 상황 때문에 매우 제한적입니다. 그렇기 때문에 우리는 효과적인 통화정책이나 재정정책을 기대하기 어려울 것입니다. 즉 우리가 수익 증가에 의존하게 된다는 것을 의미하는데, 수익 증가는 연간 약 2% 증가로 더디게 진행될 것입니다. 왜냐하면 수익 증가는 일반적으로 매입자금 조달을 위한 부채 증가에 좌우되기 때문입니다. 그리고 저는 개인신용 증가율이 눈에 띌 만큼 증가하지 않을 것으로 기대합니다. 2% 증가율로는 실업률을 낮추기에는 역부족입니다. 경제가 악화될 위험에 처해 있지만, 우리는 상황을 반전시킬 만한 효과적인 도구를 가지고 있지 않습니다. 현재는 '금리를 더 내릴 수 없는 경기침체' 상황이라고 말할 수 있습니다.

달리오 씨가 정책 입안자라면 현재 상황을 개선하기 위해 어떤 정책을 활용하시겠습니까?

가장 최선의 정책은 문제들을 장기간에 걸쳐 분산시킴으로써 명목금리가 명목성장률보다 낮게 유지되도록 하는 것입니다.

그게 가능한가요?

줄어든 민간 부문 지출을 정부 지출로 만회할 수 있도록 통화 및 재정정책을 조합해서 경기수축을 막으면 가능하다고 봅니다. 사회적·정책적 질서를 유지하기 위해서 통제 불가능한 경기수축은 피해야 합니다. 동시에 부채가 소득보다 빠르게 상승하지 않도록 심사숙고해서 부채구조를 조정해야 합니다. 조금씩 부채를 줄여나갈 필요가 있습니다.

하지만 재정 지출을 늘리면 정부의 부채도 늘어납니다. 미국은 채권을 매입하는 해외 자본에 의지하고 있습니다. 경기부양책 때문에 부채가 늘어난다면 미국의 채권을 매입하는 해외 투자자들이 겁을 먹지는 않을까요?

당연히 겁을 먹겠죠. 그래서 반드시 비용 대비 높은 수익을 기대할 수 있는 투자에 재정 지출을 집중해야 합니다. 돈을 낭비할 여유가 없으니까요.

정부의 지출을 인프라(생산이나 생활의 기반을 형성하는 중요한 구조물) 투자 등에 집중해야 한다는 말씀인가요?

그렇습니다. 효율적인 프로젝트에 실업자들을 투입시켜야 합니다. 이것은 사회적으로도 바람직한 일입니다. 실직 상태가 오랫동안 지속되면 사회에도 매우 부정적인 영향을 미치게 됩니다.

실업자들에게 실업급여를 지불하고 다른 안전망을 만든다고 해도 돌아오는 것은 아무것도 없습니다. 이것은 잘못된 구제방법입니다. 그나마 다리를 짓고 도로를 수리한다면 승수 효과를 기대할 수 있습니다.

맞습니다. 저는 '그냥 돈을 줘버리는 건' 별로 좋아하지 않습니다. 통화가치를 하락시키고, 해외 투자자들을 쫓아버리는 결과를 낳기 때문입니다. 정부 지출은 효율적인 투자가 되어야 합니다.

돈을 찍어내면 인플레이션의 위험이 생기지 않을까요?

향후 몇 년간은 그렇게 되지 않을 것입니다. 하지만 장기적으로 볼 때 상당한 적자를 기록하고 있으면서 해외 자본에 의존하고 있는 국가에서 돈을 찍어내기 시작하면 통화가치 하락에 대한 우려로 해외 투자자들이 빠져나갈 위험이 있습니다.

그 첫 번째 신호는 해외 투자자들이 매입하는 채권의 만기가 짧아지는 것인데, 그렇게 되면 신용에 대한 압박이 더 강해질 것입니다. 1931년부터 1933년까지 미국에서 디플레이션 불황이 지속되면서 금리가 상승했을 때 해외 투자자들이 이와 비슷한 반응을 보였습니다. 이런 상황이 되면 중앙은행은 이 차이를 메우기 위해 위해 더 많은 채권을 사들입니다. 그러면 부채가 현금화되는 효과가 발생하고, 통화가치는 하락하게 됩니다.

자본은 통화 약세를 피하기 위해 실물자산과 다른 통화로 이동하게 될 것입니다. 이 과정은 보통 몇 년이 걸립니다. 처음에는 디플레이션이 낮은 인플레이션 수준으로 이동하게 됩니다. 예를 들면 1933년에 루스벨트 대통령이 많은 돈을 찍어낸 후 금본위 제도의 포기를 결정하였을 때 달러가치가 하락하고 디플레이션은 무력화되었지만, 높은 수준의 인플레이션을 초래하지 않았습니다. 이러한 상황에서 금과 채권의 가치는 모두 상승합니다. 금의 가치가 상승하면 인플레이션의 기본 요소로 채권가격이 하락하는 일반적인 상황과는 다르죠. 최근 금융완화와 함께 금과 채권의 가치가 모두 상승한 것도 이와 비슷한 상황입니다.

국가의 장기적인 사이클에 대한 달리오 씨의 분석에 대해 이해할 수 있었습니다. 제가 이해한 바로는 미국이 현재 5개로 이루어진 국면 중 4번째 국면, 즉 '부유하다고 생각하고 있지만 사실은 부유하지 않은' 단계를 거쳐서 이제는 5번째 단계로 접어들고 있는 것 같습니다. 5번째 단계는 국가의 몰락입니다. 제가 제대로 이해하고 있는 것이 맞습니까?

저는 그렇게 생각하고 있습니다.

이 사이클은 얼마나 지속될 것이라고 생각하십니까?

전체 사이클은 100~150년 정도입니다. 마지막인 5번째 국면(국가의 몰락)은 약 20년이 소요될 것입니다.

미국이 2008년부터 하락세에 접어들었다고 가정했을 때, 달리오 씨의 사이클 모델에 따르면 2130년까지 전반적인 하락세를 걷게 될 것인데요. 이는 상당히 부정적인 시각으로 보입니다. 장기적인 사이클에서 하락세를 고통스럽지 않게 맞이할 가능성은 없을까요?

2차 세계대전 후 대영제국의 쇠퇴는 그다지 고통스럽지 않았습니다. 오랜 기간에 걸쳐서 조금씩 진행되었기 때문입니다. 일본의 디레버리징도 비슷합니다. 여러 가지 상황이 오랜 시간에 걸쳐 정체될 수도 있는데, 이때 하락 과정은 그다지 끔찍하게 받아들여지지 않습니다. 하지만 제대로 관리를 하지 못한다면 이야기는 달라질 것입니다.

브리지워터에서는 건설적인 비판이 적극 추천된다고 하셨습니다. 직원이 상사를 비판하는 것도 마찬가지고요. 혹시 달리오 씨께서도 비판을 받으시나요?

늘 비판을 받습니다.

예를 하나 들어주시겠습니까?

언젠가 유럽의 연금 펀드에 가입한 고객들이 브리지워터 사무실을 찾아와 회의를 한 적이 있습니다. 회의가 끝난 후 판매를 담당하고 있는 친구가 제게 의견을 불분명하게 피력해 시간이 너무 오래 걸렸을 뿐만 아니라, 회의에도 안 좋은 영향을 미쳤다고 비판했습니다.

그래서 회의에 참석했던 다른 사람들에게 의견을 물어보았는데, 학교를 졸업한 지 1년도 채 안 된 풋내기 애널리스트가 제게 F점을 주더군요. 직원들이 제가 더욱 발전할 수 있도록 도움을 주고 있고, 그런 비판을 하는 것을 당연하게 생각하고 있다는 사실에 기분이 정말 좋았습니다.

사람들이 투자를 하면서 저지르는 가장 큰 실수는 무엇입니까?
최근 일어난 일이 한동안 계속된다고 믿는 것입니다. 얼마 전 투자에 성공했다면 같은 투자로 또 성공할 거라는 믿음을 갖는 것입니다. 일반적으로 높은 수익을 안겨준 자산은 이미 비싼 상태라는 의미입니다. 그래서 좋은 투자가 아니라 나쁜 투자가 될 가능성이 큽니다. 가격이 상승했다는 이유만으로 매수가 이루어질 때 가격은 오버슈팅(Overshoot, 과도하게 상승된 상태)된 것으로, 높은 가격 상승 이후 흔히 나타나는 현상입니다. 탐욕스럽고 겁을 모르는 투자자들이 돈을 벌고 있다면 그 반대로 움직이는 게 맞습니다.

>

달리오는 다변화의 신봉자다. 그는 서로 연관되어 있지 않은 자산으로 포트폴리오를 구성해 리스크 대비 잠재적인 수익을 높이고 있으며, 이를 '투자의 성배'라고 부른다. 포트폴리오를 구성하는 자산이 서로 연관되어 있지 않을 때 리스크 대비 수익이 5배나 개선된다는 것이 달리오의 설명이다.

흔히 상관관계는 서로 다른 2개의 자산 사이에 존재하는 의존도 혹은 독립 정도를 측정하기 위한 주요 도구로 인식되고 있다. 하지만 달리오는 상관관계가 오해의 가능성이 클 뿐 아니라 포트폴리오 다변화의 도구로는 매우 부적절하다고 믿는다. 가장 큰 문제는 상관관계가 매우 가변적이고, 상황에 따라 크게 달라진다는 점이다. 예를 들어 금과 채권은 일반적으로 상반된 상관관계를 가진다. 인플레이션이 발생하고 있거나 혹은 향후 인플레이션 발생이 예측될 때는 금가격이 상승하고, 채권의 가치는 하락한다(높은 인플레이션은 금리 상승을 의미하기 때문이다). 하지만 디레버리징 초기에는 금과 채권의 가치가 모두 상승한다. 공격적인 통화완화정책이 금리를 하락시키는 동시에 (그 결과 채권가격이 상승한다) 통화가치 하락에 대한 장기적인 우려를 증가시켜 금의 가격은 상승하기 때문이다. 이런 환경에서는 금과 채권은 일반적인 상황과 달리 긍정적인 상관관계를 가진다.

그래서 달리오는 투자 포지션들의 의존도를 측정하는 방법으로 상관관계가 아니라 가격을 변화시키는 동인에 주목한다. 가격의 변화 동인이 원인이고, 상관관계는 그 결과라는 생각이다. 포트폴리오를 다변화하기 위해서는 동인이 다른 자산을 선택해야 한다. 달리오는 앞으로 각 시장에 영향을 미치게 될 동인을 찾아낸 다음, 향후 어떻게 변화할지를 분명하게 예측한다. 이는 미래 지향적인 접근방법이다. 예를 들어 금과 채권이 같은 방향으로 변화할지 혹은 그 반대로 움직일지 예측하는 것이다. 반대로 과거 지향적인 상관관계를 기준으로 포트폴리오를 구성하면 잘못된 결정을 내릴 가능성이 크다. 그래서 그는 단순 상관관계가 아니라 동인이 다른 투자 포지션을 선택해 포트폴리오를 다변화한다.

이 과정에서 브리지워터는 스프레드를 적극 활용한다. 예를 들어 전 세계의 채권시장이 단 하나의 동인에 노출될 가능성도 있는 반면에, 채권의 다양한 스프레드 포지션은 서로 다른 동인에 노출될 가능성도 있기 때문이다. 스프레드 포지션을 활용하면 리스크에 따라 크게 달라지는 투자 환경(Risk on, Risk off, 투자자들이 리스크를 기피하는지 반대로 리스크를 추구하는지에 따라 시장이 일률적으로 움직이는 환경)에서 포트폴리오의 투자 포지션들이 동시에 같은 방향으로 몰리는 문제를 완화시킬 수 있다.

환경이 다르면 시장의 움직임도 달라진다. 디레버리징에서의 시장 변화는 불황에서와는 사뭇 다르다. 환경이 달라지면 시장과 경제적인 변수 사이의 관계가 급격하게 변화한다. 따라서 이 둘의 관계가 불변하다고 추정하는 펀더멘털 모델은 실패할 수밖에 없다. 예를 들어 불황에서 경기를 반등시키는 효과가 있는 정책이 디레버리징에서는 별 효과가 없을 수도 있다. 달리오는 펀더멘털에 기반을 둔 시장접근방법이 효과를 얻기 위해서는 시간 및 공간을 포함해야 한다고 주장한다. '시간 및 공간에 제한되지 않는' 접근방법은 효과적인 펀더멘털 모델을 개발하는 유일한 방법이라는 것이 그의 믿음이다.

투자자들은 시장의 반응이 예측과 다를 때 당황한다. 달리오는 1971년 미국이 금본위 제도를 포기했을 때와 1982년 멕시코가 디폴트를 선언했을 때를 생생하게 기억하고 있다. 그는 비관적으로 생각되던 이 사건들이 시장의 반등을 야기하는 것을 보고 놀랐다고 한다. 이러한 모순된 현상이 발생하는 이유 중 하나는 앞으로 전개될 시장 상황을 예측하기 때문이다. 또 다른 이유는 부정적인 사건이 긍정적인 사건을 예고하기 때문이다. 예를 들어 경제와 투자심리에 부정적인 영향을 미칠 만한 사건이 발생하면 중앙은행은 시장을 반등시킬 정책을 실시한다.

달리오에게서 배울 수 있는 가장 큰 교훈은 과거의 실수를 통해 미래의 발전과 궁극적인 성공을 이룰 수 있다는 것이다. 실수는 배움의 기회를 제공한다. 실수 후 얻은 정보를 바탕으로 투자방식을 변경할 수 있다. 실수를 통해 얻은 교훈을 되새기며 앞으로 지침으로 삼기 위해서는 트레이딩을 하면서 저질렀던 심각한 실수들을 꼼꼼하게 메모해두는 습관을 들여야 한다. 그리고 실수한 경험을 바탕으로 자신의 트레이딩 과정을 개선시켜나가야 한다. 이것은 트레이딩에만 해당되는 것은 아니다. 실수는 모든 사람에게 더 큰 성장의 기회를 제공한다.

책 속 부록

큰 그림을 보는 달리오의 시각

큰 그림을 보는 달리오의 시각은 시간과 공간의 개념에만 적용되는 것이 아니다. 시장과 경제를 분석할 때도 장기적인 사이클과 추세가 바탕이 된다. 그는 시장을 이해할 때 경제의 상황과 방향을 나타내는 다음 3가지 요소를 활용한다.

1. 생산성 성장 : 지난 100년간 미국의 실질적인 1인당 GDP는 생산성이 증가한 덕에 평균 2%의 성장률을 기록했다. 하지만 장기적인 추세와 비즈니스 사이클에 따라 상당한 변동이 있었다.
2. 장기적인 신용 확대(Credit Expansion, 부채 증가)/디레버리징 사이클 : 처음에는 신용의 증가로 소비가 소득을 넘어선다. 이에 대해 달리오는 다음과 같이 설명한다.

> 이 과정은 점차적으로 강화된다. 소비가 늘면 소득과 순자산(Net worth)이 증가하고, 그 결과 채무자들은 더 많은 돈을 빌릴 수 있게 된다. 덕분에 사람들은 더욱 많이 사고, 더 많은 돈을 지출한다. 이런 상승 사이클은 중앙은행의 긴축 및 완화정책에 따라 정도의 차이를 보이면서 (덕분에 비즈니스 사이클이 만들어진다) 수십 년간 지속된다.

하지만 어느 순간 신용은 더 이상 확대될 수 없는 수준에 이르게 된다. 달리오는 신용 사이클의 변화를 다음과 같이 설명한다.

> 하지만 영원히 지속되지는 않는다. 결국 부채이자 지급액이 대출금과 같아지거나 더 커지면 지출은 감소한다. 갚아야 할 돈(부채)만큼 현금과 신용이 증가하지 않으면 지금까지의 과정은 반대로 진행되고, 우리는 디레버리징 상황에 놓이게 된다. 대출은 미리 돈을 끌어다 쓰는 것이다. 만약 어떤 사람의 연간 수입이 10만 달러인데, 몇 년 동안 연간 11만 달러를 지출했다면 이 사람은 9만 달러로 지출을 줄여야 한다.

현금에 비해 상대적으로 부채가 증가한다면 디버리징 상황에서는 반대의 일이 벌어진다. 즉 돈을 아무리 빌려와도 빚을 갚을 수 없기 때문에 자산을 매각하고 소비를 줄여 현금을 확보한다. 그 결과 자산가치는 하락하고, 이것은 담보가치 하락으로 이어진다. 결국 소득도 줄어든다. 담보가치와 소득이 하락하면 채무자의 신용도 하락하게 되며, 결국 신용도 축소된다. 이것은 결국 자기강화 방식으로 지속된다.

달리오는 디레버리징과 불황은 전혀 다르다고 강조한다.

불황에서는 금리를 낮추기 위해 더 많은 돈을 찍어내어 불균형을 바로 잡으려고 한다. 그러나 디레버리징의 경우에는 통화정책으로 신용을 만들어낼 수가 없다. 불황에서는 (통화정책이 유효할 때) 돈의 양과 채무원리금상환(Debt Service) 간에 불균형이 초래될 수 있다. 이를 바로 잡기 위해서 금리를 내리면 (1) 채무원리금상환의 부담을 줄일 수 있고 (2) 매월 지급해야 하는 채무원리금상환 금액의 비율은 소득과 연관성이 크기 때문에 경제활동을 촉진시킬 수 있으며, (3) 긍정적인 부의 효과(Wealth Effect, 자산가격 상승이 소비를 늘리는 효과)를 만들어낼 수 있다.

하지만 디레버리징에서는 다르다. 디플레이션 불황이나 디레버리징에서는 통화정책으로 신용을 창출할 수 없다. 금리가 이미 0이어서 더 낮출 수 없기 때문이다. 그래서 돈의 양을 늘리기 위해 통화정책보다 덜 효과적인 방법이 사용된다. 채무자가 이미 많은 빚을 지고 있어서 신용 확대가 어렵기 때문에 합리적으로 돈을 빌리는 것이 불가능하다. 인플레이션 디레버리징 상황에서 통화정책은 신용창출의 효과가 없다. 통화의 양을 늘리면 (인플레이션 가능성 때문에) 투자자들이 향후 상환되는 돈의 가치 하락을 우려해 다른 통화나 인플레이션을 헤지하는 자산으로 옮겨갈 것이기 때문이다.

3. 비즈니스 사이클 : 비즈니스 사이클은 경제활동의 등락을 뜻한다. 달리오는 "비즈니스 사이클에서 신용의 가용성과 비용은 중앙은행에 의해, '긴 파동 사이클' 동안에 신용의 가용성과 비용은 중앙은행의 통제를 벗어난 요소들에 의해 주도된다"고 설명한다. 일반적인 비즈니스 사이클이라면 중앙은행의 금리인하로 침체된 경기를

되살릴 수 있다. 하지만 장기적인 사이클의 디레버리징에서는 이미 금리가 0이거나 혹은 0에 가깝기 때문에 금리를 인하해도 거의 효과가 없다.

이쯤 되면 달리오가 왜 2차 세계대전 이후 미국 경제의 펀더멘털 분석만으로는 부족하다고 했는지에 대한 이유가 분명해진다. 2차 세계대전이 끝난 후 70년이 흐른 2008년까지 미국에서는 디레버리징이 발생한 적이 없다. 앞에서도 설명했지만 디레버리징에서의 경제 및 시장의 활동은 경기불황과는 다르다. 그래서 그는 더욱 폭넓은 시간과 공간을 바라보는 시각으로 지금의 미국과 비슷한 상황을 찾아냈다(예: 대공황, 포스트 거품 시대의 일본, 라틴 아메리카의 디폴트).

그는 각 국가에 영향을 미치는 사이클에 관해서는 매우 방대한 시각을 가지고 있으며, 그에 걸맞게 "정말 큰 그림으로 바라봐야 한다"고 설명한다. 달리오는 모든 국가가 다음 5단계의 사이클을 거친다고 생각한다.

1단계 – 스스로를 가난하다고 생각하고, 실제 가난한 국가
2단계 – 스스로 가난하다고 생각하지만, 사실은 급격하게 부유해지고 있는 국가
3단계 – 실제로 부유할 뿐 아니라, 스스로를 부유하다고 생각하는 국가
4단계 – 사실은 가난해지고 있지만, 스스로를 부유하다고 생각하는 국가
5단계 – 디레버리징과 하락세를 걷는 국가, 국민들은 느리게 현실을 인식한다.

달리오는 4단계의 국가에 대해 다음과 같이 설명한다.

> 4단계에서는 레버리징이 극에 달한다. 즉 소득에 비해 부채가 한계치까지 증가하는 상황이다. 재무 건전성이 급격하게 나빠지고 있는데도 불구하고 소비가 지속적으로 증가하기 때문에 겉으로는 부유한 듯 보인다. 인프라, 자본재, R&D(연구개발)에 대한 효율적인 투자가 줄어들면서 결국 생산성 향상의 둔화로 이어진다. 도시 및 인프라는 직전 두 단계에 비해 노화되고 비효율적으로 변한다. 경쟁력 하락에 따라 국제 수지도 나빠진다.

하지만 적자를 메우는 방법으로 국제 경쟁력에 의존하기보다는 이전의 명성에 의존하는 빈도가 늘어난다. 이때 자국의 이익보호를 위해 국방비를 증가하는 것이 일반적이며, 때때로 많은 돈이 전쟁비용으로 소모된다. 꼭 그런 것은 아니지만 시간이 흐를수록 재정과 무역 수지가 모두 적자 상태인 쌍둥이 적자가 나타나는 경우가 많다.

4단계의 마지막 몇 년 동안에는 자주 거품이 형성된다. 과거에서 벗어나지 못한 투자자, 사업가, 금융 중개인, 개인, 정책 입안자들이 자꾸만 크게 베팅을 하기 때문이다. 이들은 가격이 크게 오른 투자 대상들이 비싸기는커녕 훌륭한 투자 기회라고 생각하고 돈을 빌리면서까지 매수한다. 덕분에 거품은 더욱 커진다. 소득과 투자로 벌어들이는 수익으로 감당할 수 없을 만큼 부채가 증가하면 거품은 사라진다. 거품 붕괴로 인한 금융 손실은 국가 경제의 하락으로 이어진다. 거품 탓이건 전쟁 탓이건, 혹은 2가지 이유 모두에서건 4단계에서는 부채가 눈덩이처럼 불어난다. 또한 돈의 가치가 크게 하락했기 때문에 부채를 갚을 수도 없다. 그래서 결국 5단계가 시작된다.

5단계는 다음과 같다.

거품 붕괴와 디레버리징 후 민간 부채는 증가하는 반면에 소비, 자산의 가치, 순자산은 모두 감소하는 악순환의 고리가 만들어진다. 이를 메우는 과정에서 정부의 부채 및 적자가 증가하고, 중앙은행은 전보다 더 많은 돈을 찍어낸다. 그 결과 실질금리는 인하되고 명목상의 GDP가 금리보다 상승해 부채로 인한 압박이 완화된다. 낮은 실질금리와 통화가치의 하락, 가난한 경제 상황이 복합적으로 작용하면서 이들 국가는 개발 초기 단계에 접어든 저렴한 국가들과 경쟁을 하기 시작한다. 통화가치는 하락하고, 이들 국가는 통화가치의 하락을 환긴다. 암울한 경제 및 금융 추세가 지속되는 것과 동시에 국제 사회에서 이들 국가의 힘도 약해진다.

4단계와 5단계에 관한 달리오의 설명은 미국의 상황(5단계는 현재의 상황, 4단계는 바로 직전의 상황)과 놀라울 정도로 흡사하다. 그렇지 않은가?

삼진 아웃을 넘어서
래리 베네딕트(Larry Benedict)

성공으로 향하는 길은 종종 실패에서 시작된다. 래리 베네딕트는 초보 트레이더 시절에 2가지의 끔찍한 일을 경험했다. 하나는 돈을 잃은 것이었고, 다른 하나는 해고를 당한 것이었다. 이 두 경우는 대부분 긴밀하게 연관되어 있다. 당시 베네딕트가 뛰어난 트레이딩 기술을 가지고 있다는 증거는 어디에서도 찾을 수 없었다. 하지만 그는 성공적인 트레이더가 되기 위한 노력을 멈추지 않았고, 실패 후에는 언제나 또다시 트레이딩을 시작했다. 그나마 삼진 아웃을 당해 시장에서 쫓겨나지 않은 것은 천만다행이었다.

이후 베네딕트는 실패를 거듭했던 만큼이나 성공가도를 달렸다. 1989년, 그에게는 전환기가 찾아왔다. 바로 스피어 리즈 앤드 켈로그(Spear, Leeds & Kellogg : SLK)에서 XMI인덱스(미국의 우량기업 20개로 구성된 인덱스) 옵션 전문가로 채용된 것이다. 당시 베네딕트는 많은 경험을 쌓았고, 시장에서의 감각도 익혀나갔다. 3년 후 XMI(Major Market Index, 주요 시장 주가지수)의 거래량이 줄어들면서 그는 인덱스 파생상품을 거래하는 오프 더 플로어 트레이더(Off-the-floor Trader, 장외 트레이더)로 자리를 옮긴 이후 승승장구했다. 그리고 1993년에는 스피어 리즈 앤드 켈로그가 만든 프롭 트레이딩(Proprietary Trading) 부서의 파트너로 승진했다. 2000년에 스피어 리즈 앤드 켈로그가 골드만삭스(Goldman Sachs)에 인수되자 독립하여 반얀 에쿼티 매니지먼트(Banyan Equity Management)를 설립했다.

트레이더인 그의 친구 중 한 명은 베네딕트의 트레이딩 기술을 이렇게 극찬했다. "베네딕트에게는 '그것(It)'이 있다. 하지만 '그것'을 설명하기는 쉽지 않다. 이치로 스즈키(Ichiro Suzuki, 일본의 유명 야구선수)는 어떻게 매번 3할5푼 이상의 타율을 기록하는 걸까? 나로서는 모를 일이다. 베네딕트는 영화 〈레인맨(Rain Man)〉의 주인공 같다. 사구실 밖에서는 열쇠 하나도 제대로 찾지 못하지만, 트레이딩을 할 때만큼은 능수능란한 지휘자가 된다."

베네딕트는 매우 적극적인 단기 트레이더로 하루 평균 100번에서 200번까지 매매를 한다. 몇 년 전까지만 해도 매매 횟수가 훨씬 더 잦아서 하루 평균 500번 정도였다. 그에게 가장 핵심시장은 S&P500이지만 그 외에도 DAX(프랑크푸르트 증권거래소에 상장된 주식 중 30개 기업을 대상으로 구성된 종합주가지수), 항생, 니케이 등 해외 주식시장과 국내외 금리시장, 주요 통화, 원유, 금 등 다양한 시장에 투자하고 있다. 그중 가장 중심은 S&P500이지만, S&P500과 다른 시장과의 직·간접적인 연관성에 많은 주의를 기울인다. 그는 기본적으로 평균회귀(Mean Reversion, 시장의 흐름과 반대로 트레이딩) 전략을 활용하고 있기 때문에 단기 상승세에서는 매도를, 단기 하락세에서는 매수를 한다. 시장 진입 시기는 전반적인 시장의 변동성, 시장의 향후 방향에 관한 예측(예측을 하지 않는 경우도 많다), 시장 간 상관관계의 변화에 따라 결정된다. 베네딕트는 만약 단기 가격 관계가 도를 넘었다고 생각되면 특정 시장에서는 매수 포지션을 그리고 긍정적인 상관관계를 보이는 시장에는 매도 포지션(혹은 역상관관계의 시장에는 매수 포지션)을 취한다. 베네딕트는 머릿속으로 직접적인 혹은 역상관관계의 포지션을 포함하여 끊임없이 변화하는 포트폴리오에서 리스크의 균형을 맞춘다. 과거 반얀 에쿼티 매니지먼트의 인턴은 베네딕트에게 "컴퓨터가 하는 일을 머리로 한다"고 말하기도 했다.

리스크 관리는 베네딕트의 투자방식에서 상당 부분을 차지한다. 단순히 '조심스럽다'라고 표현하는 것은 그를 과소평가하는 것이다. 그는 한 달의 손실이

2.5%가 되면 당장 모든 포트폴리오를 청산하고, 다음 날부터 포지션 규모를 줄여 다시 투자를 시작한다. 일반적으로 가격이 2.0~2.5%만 하락해도 매매 단위를 반으로 줄이거나 평균보다는 작게 유지하고, 수익으로 전환되기 전까지는 매매 규모를 늘리지 않는다. 이처럼 손실이 날 때마다 재빠르게 익스포저를 줄이는 덕분에 절대로 월별 손실이 커지는 법이 없다. 지난 13년간(헤지펀드를 운용해온 7년과 펀드 설립 전 6년간 관리해온 계좌 및 프롭 계좌 실적 포함) 베네딕트가 기록한 최악의 손실은 겨우 -3.5%였다.

반얀 에쿼티 매니지먼트에서 트레이더로 일하다가 현재는 최고책임자(Chief Operating Officer, COO)가 된 데이비드 호로위츠(David Horowitz)는 베네딕트를 다음과 같이 설명한다. "그는 리스크 관리를 중요하게 생각한다. 돈을 많이 벌어들이는 건 그다음 문제다. 물론 수익을 내는 것도 중요하지만 베네딕트에게는 손실을 기록하지 않는 것이 더욱 중요하다. 리스크를 제대로 관리하면 돈을 벌 수 있다는 사실을 그는 잘 알고 있다. 또한 투자가 잘못되었다고 판단되면 시장에서 빠져나와야 할 때를 알고 있다. 기본적 분석에 의존하는 투자 매니저들은 '앞으로 6개월 내에 가격이 오를 주식이니까 매수해야 한다'라고 생각한다. 기술적 분석을 활용하는 투자 매니저들은 '여기쯤에서 사고, 여기쯤에서는 팔아야 해'라고 생각한다. 하지만 베네딕트는 이 둘 중 어디에도 속하지 않는다. 그는 컴퓨터 스크린 앞에서 많은 시간을 보낸다. 다양한 시장을 비교하면서 매수와 매도시점을 찾아내는 것이다. 베네딕트는 시장이 시키는 대로 투자한다. 바로 이 점이 다른 투자 매니저들과 다른 점이다."

베네딕트는 스피어 리즈 앤드 켈로그에서 일하기 시작한 1990년부터 20년 동안 매년 수익을 기록했다. 2011년에 그 기록이 깨졌지만, 손실은 단 0.6%에 불과했다. 베네딕트의 펀드는 연평 복리 순수익률이 11.5%(연평균 복리 수익률 19.3%)를 기록하였다. 하지만 그보다 더 인상 깊은 것은 연간 변동성이 5.8%로 매우 낮고, 심지어 최대 손실폭이 5% 미만이라는 점이다. 베네딕트의 리스크 대비 수익은 매우 뛰어나서 샤프지수(Sharpe Ratio, 표준편차를 이용해 펀드의 성과를 평가하는 지표값이 높을수록 펀드의 수익률이 우수하다)가 1.5%나 된다. 하지만 샤프지수는 그의 실적을 제대로 나타내지 못한다. 수익과 손실 변동폭을 구분하지 않는 샤프지수가 그의 실적 중 수익 측면의 변동성을 제한하기 때문이다. 한편 베네딕트의 고통 대비 이익비율은 3.4%에 달한다(고통 대비 이익비율에 대해서는 첨부 A(595페이지) 참조).

베네딕트는 가족이나 친구들에게 자신의 펀드에 투자할 것을 권하지 않는다. 이에 대해 그의 어린 시절 친구는 다음과 같이 말했다. "래리는 절대 친구나 가족의 돈은 맡지 않을 겁니다. 설득해보았지만 요지부동이더군요. 한 번은 제가 회사에서 다전략 추구형 펀드(Multistrategy Fund)를 담당한 적이 있습니다. 그래서 래리의 펀드에 돈을 맡기려고 했지만 제가 담당자라는 이유만으로 거부했습니다. 그는 지인의 돈을 절대로 맡고 싶어 하지 않습니다. 2008년 이후 래리의 부모님은 다른 투자자들과 마찬가지로 전통적인 투자방식으로 많은 돈을 잃으셨습니다. 하지만 래리는 14%의 수익을 달성했죠. 그래서 제가 물었습니다. '래리, 이쯤 되면 부모님이나 친구들이 자네에게 투자하지 못하도록 막은 게 후회되지 않아?' 하지만 그는 '아니, 전혀 달라진 건 없어. 투자에 방해만 될 뿐이야. 부모님의 돈을 맡느니 차라리 부모님께 수표를 써드리는 편이 나아'라고 말하더군요."

베네딕트의 사무실은 플로리다 브카레이턴(Boca Raton)에 위치하고 있었다. 건물은 꽤나 널찍했지만 모든 직원들이 한 방에서 근무하고 있었다. 우리는 좁은 방에 둘려 있는 직원들에게 방해가 되지 않도록 회의실에서 인터뷰를 진행했다. 회의실은 검소했지만 상당히 넓었다. 인터뷰를 하는 동안 그의 보조 트레이더가 몇 번인가 회의실로 들어와 베네딕트에게 가격의 변화를 보고하고 어떻게 해야 할지를 물었다. 협소한 사무실에 비해 족히 5배는 넓어 보이는 회의실이 의아스러웠다.

몇 달이 지난 후 인터뷰를 주선해준 센티니얼 파트너스(Centennial Partners)의 매니징 디렉터이자 반얀 에쿼티 매니지먼트의 투자자인 존 애퍼슨(John

Apperson)으로부터 그 이유를 들을 수 있었다. "몇 년 전 반얀 에쿼티 매니지먼트의 규모가 크게 늘어 사무실을 확장하기로 했습니다. 그때 보셨던 작은 방에서 모두 함께 일을 하고 있었기 때문에 더 넓은 트레이딩 룸이 필요하다고 생각했죠. 사무실을 옮긴 첫날, 트레이딩이 뜻대로 되지 않자 베네딕트는 소리쳤습니다. '다 필요 없어. 옛날 사무실로 돌아가자고.' 아마도 모두에게 불편해 보이는 그곳이 그에게는 편안했던 것 같습니다. 직원들과 원활하게 소통할 수 있어서인지도 모르겠습니다."

원래 뉴요커였던 베네딕트는 현재 플로리다에서 부인 리사 그리고 세 아들과 함께 살고 있다. 그는 플로리다의 생활에 완전히 매료되었고, 편안한 생활방식에 익숙해졌다. 베네딕트와의 인터뷰가 있던 날 반얀 에쿼티 매니지먼트에는 기관 투자자들의 방문이 예정되어 있었는데, 그는 티셔츠와 반바지 차림이었다(그의 정장용 반바지인지도 모르겠다). 회의실은 놀랄 만큼 쌀쌀했는데(나 역시 에어컨 온도를 낮게 맞춰놓은 사람인데도 춥게 느껴졌다), 베네딕트는 폭염에나 입을 만한 얇은 옷을 입고도 상당히 편안해 보였다.

그는 쾌활한 태도로 인터뷰에 응해주었다. 뿐만 아니라 자신이 가지고 있는 성격상의 단점도 놀라울 만큼 솔직하게 밝혀주었다. 심지어 자신의 불 같은 성격을 목격한 사람들을 직접 회의실로 부르거나 전화를 연결해주었다. 베네딕트가 스스로 털어놓지 않았다면 절대 몰랐을 사실이었다. 덕분에 직원들에게서 베네딕트의 단골 화풀이 대상인 전화기나 휴대전화, 특히 키보드를 충분히 구비해놓고 있다는 말을 들을 수 있었다.

"

베네딕스 씨의 트레이딩 방식에 대해 설명해주시겠습니까?

지금까지 인터뷰한 트레이더들과는 사뭇 다를 겁니다. 사무실을 보시면 아시겠지만 저는 차트를 보지 않습니다. 가격만 봅니다.

펀더멘털은 활용하지 않으십니까?

펀더멘털에 대해서 알고는 있습니다. 하지만 저는 단기 매매에 집중하기 때문에 펀더멘털을 많이 활용하지는 않습니다.

확실히 다르군요. 기본적 분석에 의존하는 트레이더 중에서 차트를 활용하지 않는 사람을 인터뷰해본 적은 있습니다. 하지만 자유재량에 따라 투자하는 기술적 트레이더 중에서 차트를 활용하지 않는 사람은 본 적이 없습니다. 지금까지는 유일무이합니다.

제 머릿속에 일종의 차트가 들어 있다고 보시면 됩니다. 시장의 가격을 고려하여 여러 시장과 비교합니다. 우리의 매매 주기는 매우 짧습니다. 몇 초 단위로 매매하기도 하고, 길어봤자 하루나 이틀 정도입니다.

어떤 시장을 대상으로 트레이딩을 하십니까?

가장 주된 시장은 S&P선물시장입니다. S&P선물시장만 매매하기도 하고, 유로화 엔화, 재무부 채권, 금, 원유 등 다른 유동성이 높은 선물시장과 비교해 트레이딩을 하기도 합니다.

처음 트레이딩을 시작하게 된 계기는 무엇입니까?

시러큐스 대학 졸업반 때 저는 어떤 직업을 선택해야 할지 막막했습니다. 그때 여자 친구의 아버지가 시카고거래소(Chicago Board of Trade)에서 대두를 매매하셨습니다. 여름방학이 되자 그분은 저를 플로어로 데려가셨는데, 그때 처음 선물시장을 경험했습니다.

선물에 대한 지식이 있으셨습니까?

전혀 없었습니다. 트레이더는 물론 투자업계에서 일하는 사람은 단 한 명도 몰랐습니다.

플로어에서 어떤 느낌을 받으셨나요?

제가 그때까지 보아왔던 그 어떤 일보다 멋있었죠. '내가 할 일은 바로 이거야!' 하는 생각이 들었습니다. 공격적이고 경쟁적인 면이 마음에 들었죠. 저는 어렸을 때부터 다양한 운동을 통해 경쟁하는 것을 즐기게 되었습니다.

졸업 후 플로어에 일자리를 구하셨나요?

제 숙모님의 친구 중 한 분이 시카고옵션거래소(Chicago Board Optiongs Exchange, CBOE) 플로어에서 마켓메이커(Market Maker, 매도/매수호가를 유지하며 호가 차익을 추구하는 일을 맡는 사람)로 일하고 계셨습니다. 그분이 제게 플로어 조수 일을 알선해주셨습니다. 당시 제게 5,000달러도 매우 큰돈이었는데, 상사는 1,500만 달러가 든 계좌를 관리하고 있었습니다. 첫날, 골드만삭스에 100만 달러를 들고 가던 일이 생각납니다. 전임자가 하루 동안 인수인계를 해주면서 이렇게 말했죠. "이봐요. 당신은 아마 매일 해고를 당할 겁니다. 그래도 그다음 날 아무 일도 없었다는 듯이 출근하면 돼요." 당시 저는 21살이었고, 아는 사람이라고는 단 한 명도 없는 도시에서 매일 해고를 당할 거라는 말을 들으니 걱정부터 앞서더군요.

정말 첫날부터 곤혹을 치렀습니다. 아무것도 몰랐으니까요. 피트(Pit, 거래소에서 주문을 내는 장소)에 있던 상사가 제게 손짓을 했습니다. 물론 상사의 손짓이 무엇을 의미하는지도 몰랐어요. 상사가 주는 종이를 받아들고 그 의미를 알아내야 했죠. 일을 다 마치고 사무실로 갔더니 상사가 그러더군요. "오늘 계좌에서 20계약이나 손실을 입었다고. 당장 여기에서 나가! 그리고 내일 출근할 필요는 없어. 자네는 해고야!"

무슨 일이 일어났나요?

다음 날 아침 사무실로 출근했어요. 완전히 기가 죽어서 조용히 책상에 앉아 있었죠. 상사는 별말이 없었고, 아무 일도 없었다는 듯이 행동했습니다. 그런데 상사는 이틀 후에 "자네는 뭘 하고 있는지도 모르는군. 그래서 해고야"라고 말하더군요.

그때 당장 일을 그만두고 싶다는 생각은 안 하셨나요? 상당히 스트레스를 받았을 것 같은데요.

고생 좀 했죠(버네딕스는 호탕하게 웃었다).

이후 일은 좀 나아졌나요?

아니오, 전혀 나아지지 않았습니다. 제 상사가 원했던 건 노련한 조수였습니다. 6개월 후, 우리 두 사람은 제가 일을 그만두는 게 좋겠다는 결론을 내렸습니다. 그리고 이후 저는 쉬운 심부름을 하는 일을 맡게 되었습니다. 1년쯤 지나 모험가로 유명한 스티브 포셋(Steve Fossett)이 운영하는 회사에서 트레이딩을 시작했어요. 제가 1만 달러를 조달하고, 회사가 1만 5,000달러를 지원해주는 형식이었지요. 자신이 투자한 돈에 대한 수익은 모두 갖되, 회사에서 지원해준 돈에 대한 수익에서는 60%를 받는 조건이었습니다. 이때 매달 수수료를 내고 플로어에서 거래할 수 있는 자격을 얻었습니다.

트레이딩으로 돈을 벌 수 있을 거라고 생각하셨습니까?

아니오. 솔직히 무엇을 어떻게 해야 할지 몰랐습니다. 그냥 베팅만 할 뿐이었습니다. 그저 막연하게 할 수 있을 거라고만 생각했습니다. 그때 어머니에게 전화를 걸었건 일이 생각납니다. 지금 생각해도 웃음이 나는데요. 저는 어머니에게 "제 친구 앤디가 큰돈을 벌었어요. 그런데 저는 한 푼도 못 벌 것 같아요"라고 말했죠. 그러자 어머니는 "그럼 친구가 하는 대로 따라 하면 되잖니?"라고 말씀하시더군요.

트레이딩에 어떤 변화가 있었나요?

처음에는 시카고옵션거래소에서 크라이슬러(Chrysler)나 레브론(Revlon) 같은 주식의 옵션을 거래했습니다. 그다음에는 뉴욕증권거래소로 자리를 옮겨 뉴욕종합지수(New York Stock Exchange Composite Index, NYA)를 매매했는데, 1987년에 그곳에서 블랙먼데이를 겪었습니다. 1988년에는 아메리칸증권거래소(American Stock Exchange), 즉 아멕스로 가서 XMI를 매매했습니다. XMI는 20개의 블루칩 종목에 기반을 두고 있는 인덱스입니다.

블랙먼데이에도 매매를 하고 계셨나요?

네, 매도를 하고 있었죠…….

수익이 상당했겠는데요?

아닙니다. 쇼트 스트래들(Short straddle)[7] 전략을 취하고 있었는데, 콜옵션 20개와 풋옵션 20개를 매도하고 있었죠.

저런, 그렇다면 이야기가 완전히 달라지네요.

블랙먼데이는 정말 아이러니했죠. 시장이 붕괴하면서 풋옵션 가격이 미친 듯이 상승했지만 변동성이 폭발하면서 콜옵션 가격도 상승했으니까요. 저는 양쪽에서 돈을 잃었습니다. 당시 계좌에 있던 돈이 2만 5,000달러 정도였는데, 몇 시간 만에 마이너스가 되어버렸습니다. 완전히 얼어버렸죠. 잠시 후 포셋에게 전화를 걸어 어떻게 해야 할지를 물었습니다. 그는 "계속 포지션을 유지하게. 언젠가는 원하는 대로 될 거야"라고 말하더군요. 하지만 시장은 계속 하락했고, 저는 공포에 질려 풋옵션을 청산했습니다. 콜옵션은 그대로 놔두었는데, 다우지수가 500포인트나 하락한 상황에서 콜옵션이 상승한다는 게 이해가 되지 않았거든요. 며칠 후 저는 콜옵션도 정리했습니다.

---

7. 쇼트 스트래들은 콜옵션과 풋옵션을 동시에 매도하는 전략이다. 시장이 완만한 가격범위 내에서 움직일 때 돈을 벌 수 있는 방법이다(프리미엄 전체 혹은 일부를 벌 수 있다). 즉 향후 시장의 변동성이 작다는 데 베팅하는 것이다. 하지만 어느 방향으로든 시장이 크게 변동할 때에는 막대한 손실이 발생된다. 스트래들 매도로 벌어들일 수 있는 최대 수익은 프리미엄 전부다. 최대 손실이 무제한으로 커지지는 않지만, 가격 변동에 따라 급격하게 상승한다.

풋을 청산했을 당시 계좌는 어떤 상황이었나요?

손실이 1만 달러 정도였습니다. 그다지 큰돈은 아니죠. 하지만 돈을 잃으면 그게 2만 달러건, 100만 달러건 큰 차이가 없습니다. 완전히 끝났다는 생각이 들었죠. 풋옵션을 청산한 후 플로어를 떠났습니다. 멍한 상태로 월스트리트를 걷던 기억이 납니다. 그때 지역 TV방송국에서 취재를 나온 리포터가 제게 물었습니다 "지금의 상황에 대해 한마디 해주시겠습니까?" 그 질문에 제가 할 수 있는 말은 "정말 놀랍습니다"라는 것뿐이었습니다. 인터뷰는 실제로 방송이 되었죠.

네, 저 역시 그날을 기억하고 있습니다. 2008년의 붕괴는 비교할 것도 아니었죠. 1987년에는 하루 동안에 모든 일이 일어났으니까요.

제가 지금까지 일하면서 가장 중요한 경험을 한 날이 바로 1987년의 시장붕괴입니다. 시장에서는 어떤 일이든 일어날 수 있다는 사실을 배웠습니다.

포지션을 청산할 때는 어떤 기분이 드셨나요?

기분이 좋았죠(베네딕트는 웃으며 대답했다).

포지션을 계속 보유하셨다면 손실이 더 커졌을 것 같습니다. 그렇지 않았을까요?

훨씬 더 커졌을 겁니다. 장이 끝날 때까지 풋옵션 가격은 상승했으니까요. 포지션을 그대로 보유했다면 손실은 수십만 달러로 불어났겠죠. 시장은 완전히 붕괴되었고, 변동성은 걷잡을 수 없이 커졌습니다. 풋옵션을 20에서 청산했는데, 자그마치 200까지 상승했습니다.

계좌가 마이너스가 되었으니 더 이상 매매를 할 수 없었겠군요. 그래서 어떻게 하셨나요?

당시 회사 규정상 2만 5,000달러를 잃으면 다시 2만 5,000달러를 보충해주도록 되어 있었습니다. 회사의 프롭 트레이더(Prop Trader, 자기자본 매매자)로 일하게 되는 거였죠.

상당히 신기한 구조군요. 어떤 논리로 초기 투자금을 모두 잃은 트레이더에게 돈을 지원해주는 건가요?
학습곡선을 고려했다고 봅니다. 처음에는 돈을 잃을 가능성도 있지만, 그런 경험 덕분에 실력이 쌓일 수 있다고 생각한 것이죠. 게다가 회사는 지속적으로 수수료를 벌어들였기 때문에 큰 타격을 받지 않았거든요. 트레이더가 일을 하면 할수록 회사는 이익인 것이죠.

그래서 추가로 받은 2만 5,000달러는 어떻게 투자하셨습니까?
허둥대다가 또 손실을 보고 말았습니다. 그러던 중 마켓메이커였던 친구가 저를 포함해 세 명이 돈을 모아 5만 달러짜리 프롭 계좌를 만들어 함께 트레이딩을 하자고 제안했습니다. 3만 달러를 잃지만 않으면 계좌를 사용할 수 있다는 조건이었죠. 이미 손실을 기록하고 있던 저는 그러겠다고 했습니다.

친구가 실적이 그다지 좋지 않던 베네딕트 씨에게 그런 제안을 했던 이유는 무엇입니까?
피트에서 매매를 하는 저를 보고 앞으로는 돈을 벌 수 있을 거라고 생각했다고 합니다. 왜인지는 정확하게 모르겠지만 어쨌거나 그 친구가 제안을 했습니다. 제게 기회를 주고 싶었는지도 모르죠. 이후 한 달간 매매를 했습니다. 그런데 또 1만 6,000달러를 잃었어요. 그날 밤 친구에게 전화를 걸어 사실대로 이야기했습니다. 제 평생 가장 어려운 전화통화였습니다. 친구였지만 제게 기회를 준 사람이었으니까요. 그 친구는 제게 잠시 쉬면서 머리를 식히라고 충고했습니다. 그리고 제가 돌아왔을 때, 친구는 계좌를 정리하기로 했다고 말해주더군요.

궁금해서 질문을 드리지 않을 수가 없군요. 첫 번째 직장에서 해고되었지만, 다행히 트레이더 일을 다시 시작하셨습니다. 그런데 투자금을 모두 잃었습니다. 회사에서 추가 자본금을 지원해줬지만 또 상당 부분을 잃게 되었습니다. 이후 친구가 계좌를 함께 사용하자고 제안했습니다. 하지만 얼마 지나지 않아 또 손실을 기록하셨습니다. 친구는 베네딕트 씨가 더 돈을 잃을지 몰라 계좌를 정리했고요. (그는 내가 말을 이어가는 동안 계속해서 웃음을 터뜨렸다.) '아마 트레이딩이 내게는 맞지 않는 것 같아'라고 생각하지는 않으셨습니까?

아니오, 절대 포기하겠다는 생각은 없었습니다.

그건 알겠습니다. 잔인한 말씀을 드리려는 게 아니라 다만 어떤 근거로 자신감을 잃지 않으셨는지 궁금합니다.

어떻게 매매해야 하고, 어떻게 해야 돈을 벌 수 있는지를 배우고 싶었을 뿐입니다. 눈앞에서 다른 트레이더들은 계속 돈을 벌고 있었습니다. "남들도 다 하는데 나라고 못하겠나?" 싶었죠. 하지만 그때까지 전략도 없었고, 훈련도 부족했어요. 다만 돈을 잃는 경험만 쌓고 있었습니다. 실수를 거듭하면서 중요한 경험을 쌓고 있었죠. 처음의 실패를 통해 얻은 교훈은 제가 성공적인 트레이더로 거듭나는 데 밑거름이 되었습니다.

그다음에는 어떻게 하셨습니까?

피트는 마치 다 학교 동아리처럼 유대가 끈끈합니다. 피트에서 함께 일했던 스피어 리즈 앤드 켈로그의 트레이더 중 한 명이 제게 스페셜리스트 자리를 제안했습니다. 덕분에 XMI 콜옵션 담당 스페셜리스트가 되었습니다. 제가 트레이더로 성공하는 데는 스피어 리즈 앤드 켈로그의 도움이 컸습니다. 덕분에 안정되게 트레이딩을 할 수 있게 되었죠. 스페셜리스트로 일하면서 상사였던 래리 로베치오(Larry Lovecchio)에게서 리스크를 관리하고 자본금을 보호하는 방법을 배웠습니다.

XMI 콜옵션만 매매하신 건가요? 프롭 계좌로는 매매하지 않으셨나요?

2가지 다 매매했습니다. 스페셜리스트는 유동성을 제공합니다. 호가를 볼 수 있어서 기본적으로 남보다 유리하죠.

주문을 할 때는 어떻게 리스크를 줄이셨나요?

콜옵션을 매도할 때는 반대급부로 선물을 매수했습니다. 포트폴리오를 델타 중립(Delta Neutral, 풋옵션과 콜옵션 또는 선물 등을 혼합해 전체 변동성을 0으로 맞추는 것)에 가깝게 유지했습니다.

그러니까 매매호가 스프레드(Bid/Ask spread)를 통해 리스크를 관리하셨군요.

그렇죠. 하지만 스페셜리스트는 시장을 예측해야 합니다. 시장이 상승하는 날은 하루 종일 콜옵션 매수자들로 넘쳐납니다. 스페셜리스트는 그 전에 미리 선물을 사놓아야 합니다. 다시 말해 헤지 수요를 예측하고 델타를 조절해야 합니다. 이 과정에서 시장에 대한 감각이 생겼습니다. 그전까지 저는 시장에서 감을 잡지 못하고 허둥거리기만 했습니다.

시장에서의 감각은 어떻게 익히셨나요?

각 시장가격의 관계에 주목했어요. 예를 들어 S&P의 가격이 채권의 가격과 반대로 움직인다고 가정해보겠습니다. 하루 동안 채권시장이 하락했는데 S&P가 상승하지 않는다면, S&P를 매도해야 한다는 뜻입니다. 요즘에는 원유와 S&P가 함께 등락하는 걸 보면 참 재미있어요. 그건 저에게는 새로운 일입니다. 얼마 전까지 원유가격은 쳐다보지도 않았거든요.

(직원 한 명이 회의실로 들어오더니 비네딕트와 투자 포지션에 대해 토론을 시작했다. 그는 직원에게 몇 가지를 일러준 뒤 대화를 계속해나갔다.)

죄송합니다. 오늘 트레이딩은 별로네요.

오늘의 실수는 무엇입니까?
저는 평균회귀 전략을 활용해 매매하는 경우가 많습니다. 대표적으로 시장이 3일간 상승하면, 그다음 3일간은 하락한다고 생각하죠. 그래서 시장이 3일 연속으로 상승하면 매도 포지션을 취합니다. 3일 연속으로 하락하면 매수 포지션을 취하고요. 지난 며칠간 유럽에서 매도세가 강했습니다. 그래서 매수 포지션을 택했는데, 결국에는 제가 생각했던 대로 포지션이 움직이겠지만, 이미 허용할 수 없을 만큼 손실을 기록했습니다. 그래서 포지션 대부분을 청산했습니다.

투자 포지션을 구축하기 전에 미리 청산시기를 정해놓으십니까?
네, 저는 주로 손익계산서를 근거로 정합니다. 당월합계 손실이 2% 이상이 되면 모든 포지션을 청산합니다. 오늘은 2%에 근접한 건 아니지만, 일간 손익을 고려했을 때는 감수할 수 있는 손실을 넘었기 때문에 포지션을 청산했습니다.

그게 얼마인가요?
1,000만 달러입니다.

퍼센트로 환산하면 어느 정도입니까?
1%가 채 안 되죠. 대부분의 헤지펀드들이 허용하고 있는 손실 수준보다는 훨씬 작다는 건 알고 있습니다. 하지만 저는 손실에 대해 상당히 엄격한 편입니다.

정확하게 어떤 부분에서 실수가 있었나요?

제가 늘 하던 투자방식인데 오늘은 별로 신통치가 않네요.

그건 실수라고 할 수 없습니다. 매매에서 손실을 기록하는 것과 실수는 상당히 다릅니다.

오늘 제가 저지른 실수는 이렇습니다. 저는 매년 목표수익률을 정해놓습니다. 올해의 목표 총수익률은 14%입니다. 순수익률로 따지면 10% 이상이 되겠죠. 이번 달(2012년 11월) 초에 목표치에 거의 근접했지만 목표 달성을 위해 계속 노력하고 있는데 영 나아지지가 않네요.

투자 기회에 비해 너무 과도하게 트레이딩하신 게 실수인가요?

그렇죠.

다른 헤지펀드에 비해 리스크 관리가 엄격하시군요. 이처럼 가혹할 정도로 리스크를 관리하시는 이유가 뭔가요?

처음 시장에 뛰어들었을 때 매번 손실을 기록했던 이유가 리스크를 관리하지 않았기 때문이라고 생각합니다. 저는 단지 다시는 돈을 그렇게 잃지 않고 싶지 않습니다.

XMI 매매에서 다른 시장으로 전환하신 계기는 무엇입니까?

XMI의 거래량이 말라버렸기 때문입니다. 그래서 스피어 리즈 앤드 켈로그에 다른 시장에서 매매를 하겠다고 말했는데, 그 요청이 받아들여졌죠. 지금 제가 하고 있는 트레이딩은 그때부터 시작되었습니다.

베네딕트 씨께서는 초단기 매매를 하고 계시지만, 장기적인 시각으로 시장을 바라보기도 하시나요?

투자자들이 대부분 그렇듯 저 나름대로의 시각이 있습니다. 글로벌 시장에 대한 거시적인 시각을 가지고 있는데, 이를 하루 혹은 며칠 단위로 나누어 적용하고 있습니다.

베네딕트 씨의 견해가 트레이딩에 영향을 미칠 때도 있나요?
아니에요. 트레이딩을 할 때는 제 생각에 좌우되지 않도록 합니다. 만약 투자자들이 제게 지금의 시장 상황을 묻는다면, 저는 전반적으로 부정적인 대답을 할 겁니다. 하지만 다음 달에 시장이 4% 상승할지도 몰라요. 그러면 투자자들은 제게 전화를 걸어서 "부정적인 시각이 빗나갔는데도 수익을 낼 수 있었던 이유는 뭐냐?"고 묻겠죠. 그러면 저는 시장이 시키는 대로 매매할 뿐, 시장에 대한 제 시각에 따라 매매하지는 않는다고 설명할 겁니다.

거시적인 시각에 영향을 받는 일은 단 한 번도 없었습니까?
아주 가끔 있습니다. 2008년 10월에는 이례적으로 시장에 대한 저의 판단에 따라 트레이딩을 했는데, 결국 틀린 것으로 밝혀졌습니다. 당시 미국의 금융위기가 심각했고, 저는 이미 금융위기를 겪은 후인 일본이 미국 경제보다 훨씬 더 나은 성과를 기록할 거라고 판단했습니다. 제가 저지른 실수는 거의 모든 헤지펀드들이 일본과 홍콩, 중국에서 매수 포지션을 가지고 있다는 사실을 간과한 것이었죠. 헤지펀드들이 포지션을 청산하자 이들 시장은 미국보다 더 크게 하락했습니다. 당시 상당한 손실을 기록했습니다.

처음에 투자를 시작하셨을 때에 비해 시장이 많이 변했나요?
초단타 매매 때문에 시장의 움직임이 크게 바뀌었습니다. 저처럼 테이프 판독기를 이용해서 시장 움직임의 실마리를 찾는 일이 더욱 어려워졌습니다. 저는 언제나 그랬듯이 시장에 적응하기 위해 노력하고 있습니다. 반면에 전산거래 덕분에 초단타 매매가 가능해지면서 도움을 받고 있습니다.

어떤 면에서 도움을 받고 계십니까?

말로 주문을 내야 할 필요가 없어졌다는 것이죠. 지금까지 저와 인터뷰를 진행하면서 보셨겠지만 요즘에는 전화벨이 울리는 경우가 없습니다. 이제는 익명으로 매수도 하고 매도도 할 수 있게 되었습니다. 전에 피트를 통해 주문을 낼 때는 중개인들에게 주문을 도둑맞곤 했습니다. 그래도 돈을 벌 수는 있었지만요.

그 시절의 일화가 있을 것 같습니다.

(베네딕트는 꽤 오랫동안 너털웃음을 웃더니 전산거래가 시작되기 전에 함께 일했던 중개인에게 스피커폰으로 전화를 걸었다. 두 사람은 피트를 통해 주문을 해야 했던 시절 '주문을 도둑맞던' 추억에 대해 이야기를 나누었다. 가장 터무니없었던 사례는 베네딕트가 당일 저가에 '사자' 주문을 냈을 때 벌어진 일이었다. 같은 날 그는 피트의 위원회가 저가 매수를 금지했기 때문에 해당 종목을 매수할 수 없다는 설명을 들었다. 인터뷰를 위해서, 베네딕트는 주문을 도둑맞았을 때 자신의 행동이 어땠는지를 물었다.)

베네딕트 : 10년 전 자네에게 전화로 주문을 넣을 때 내 태도는 어땠나?
중개인 : 자네는 정말 좋은 친구였지. 언제나 내게 친절했다니까(중개인은 비꼬는 듯한 말투로 대답했다).
베네딕트 : 아니, 그냥 있는 그대로 말해보라고.
중개인 : 우리는 '베니의 히스테리'라는 오디오 테이프를 만들까 생각도 했었어(베니는 베네딕트의 별명이다).
베네딕트 : 나는 지금 인터뷰 중이야. 과거 플로어에서 주문을 낼 때와 요즘 하고 있는 전산거래의 차이에 대해 이야기하고 있었다네.
중개인 : 비교가 불가능하지.
베네딕트 : 불리했지만 그래도 돈을 벌었다고 설명하고 있었어.
중개인 : 불리한 걸로는 말도 못할 정도였어.

(베네딕트는 친구에게 고맙다고 말하고 전화를 끊었다.)

어쩔 수 없는 불리한 점이 있어요. 피트어 주문을 내면 중개인은 "86달러에 400주!"라고 외치죠. 그러면 86.5달러에 주문을 넣으면 된다는 사실을 알아차리는 데 머리를 쓸 필요가 없겠죠. 왜냐하면 86달러에 400주 주문이 있다는 걸 쉽게 알 수 있으니까요. 지금은 컴퓨터 덕분에 제가 어떻게 주문을 넣는지 아무도 모르죠.

마지막으로 이성을 잃을 정도로 화를 낸 건 언제, 누구에게였나요?

나흘 전이었습니다. 제 자신에게 화를 냈죠. 전화기를 벽에 던져버렸어요. 저는 실패를 받아들이는 게 서툽니다. 제 자신에게 가혹하죠. 9일 내내 수익을 올리다가 10일째 되는 날 손실이 발생해도 화를 참지 못합니다.

나흘 전에는 어떤 일이 있었나요?

손실을 기록했고, 내키는 대로 화를 냈습니다.

얼마나 자주 화를 내시나요?

요즘에는 트레이딩이 공정해지고 있기 때문에 전보다는 훨씬 화를 덜 냅니다. 전에는 누가 저를 속이거나, 거짓말을 할 때 화를 냈습니다. 전산거래가 도입되기 전에는 매일 그런 일이 벌어졌고, 하루에 몇 번씩 속을 때도 있었죠. 스피어 리즈 앤드 켈로그에서 일을 할 때는 플로어에서도 제 목소리를 들을 수 있었습니다. 그만큼 크게 소리를 질렀거든요.

누구에게 소리를 지르셨나요?

중개인에게죠.

(마침 그때 점심을 들고 들어온 그의 보조 트레이더에게 베네딕트가 물었다.)

베네딕트 : 내가 성격이 불같아?

(보조 트레이더는 바닥에서 뒹굴고 있는 부서진 전화기들을 가리키며 말했다.)

보조 트레이더 : 저쪽에 가득 쌓여 있는 부서진 전화기가 그 증거입니다.

전화기를 대량으로 구매하십니까?

스피어 리즈 앤드 켈로그는 제가 부순 전화기에 대한 비용을 청구하기도 했습니다. 제 손익계산서에서 차감했죠(그는 웃으며 말했다). 요즘에는 많이 나아졌는데, 그때는 정말 고약했어요.

(그는 스피커폰으로 또 다른 친구에게 전화를 걸었다.)

베네딕트 : 내가 다혈질인 편인가?

(상대편은 약 20초 정도 크게 웃은 다음에야 대답했다.)

친구 : 자네는 좋은 친구야. 하지만 단점이 있는 건 사실이지.

베네딕트 : 얼마나 심각한데?

친구 : 자세히는 말하지 않는 게 좋겠네. 다만 나는 자네에게 분노의 대상이 되고 싶지는 않다고만 말해두지. 지금까지 망가뜨린 전화기가 수도 없이 많다는 걸 알고 있어.

한때 마티 슈와츠(Marty Schwartz)[8] 밑에서 일했다고 들었습니다. 그때의 이야기를 들려주시겠습니까?

스피어 리즈 앤드 켈로그에서 일할 때였습니다. 저는 S&P500을 매매하고 있었고, 꽤 잘한다고 소문이 나 있었죠. 슈와츠가 뉴욕에서 플로리다로 이직하면서 함께 일을 해보자고 제안했습니다. 저는 『시장의 마법사들』을 통해 슈와츠에 대해 잘 알고 있었고, 함께 일하면 영광일 거라고 생각했죠. 상사였던 피터 켈로그(Peter Kellogg)에게 슈와츠로부터 플로리다에서 함께 일을 하자는 스카우트 제의를 받았다고 말했습니다. 슈와츠에 대해 잘 알고 있던 켈로

---

8. 마티 슈와츠의 인터뷰는 『시장의 마법사들』에 포함되었다.

그는 "시도는 해볼 만해. 하지만 슈와츠와 오래 일한 사람은 지금까지 없었다네. 자네를 위해 사직서를 받는 건 보류하도록 하겠네"라고 말했어요.

> **TIP**
> 마티 슈와츠는 직원과 오랫동안 일하지 못하기로 유명했다. 그가 먼저 해고하거나 직원이 스스로 그만두는 일이 허다했다. 베네딕트는 수개월을 버텼는데, 그의 직원 중에서는 나름 오래 일한 편에 속한다. 공교롭게도 나는 베네딕트와의 인터뷰를 위해 플로리다로 오는 길에 슈와츠를 방문하게 되었다. 『시장의 마법사』 인터뷰 후 그를 따로 만난 적은 없었다. 내가 베네딕트를 언급하자 슈와츠는 말 그대로 부르르 몸을 떨었다. 그에 대한 슈와츠의 평가를 굳이 여기에 적고 싶지는 않다. 다만 전반적으로 부정적이라는 것만 밝히겠다. 슈와츠에 대한 베네딕트의 기억 역시 유쾌하지는 않았다. 하지만 그는 슈와츠가 자신의 이직 비용을 제공한 데 대해 고마워했고, 뛰어난 트레이더라는 점은 부정하지 않았다.

슈와츠에게서 무엇을 배우셨습니까?

물타기를 하지 말라는 거였죠. 원하는 것보다 작게 포지션을 구축해야 한다거나 수익은 반드시 실현해야 한다는 것 정도입니다.

슈와츠를 떠난 다음에는 어떻게 하셨습니까?

스피어 리즈 앤드 켈로그로 돌아갔습니다. 제가 슈와츠와 오래 일하지 못할 거라고 말했던 피터 켈로그는 저를 반갑게 맞아주었습니다. 또 다른 파트너 한 명과 스피어 리즈 앤드 켈로그의 플로리다 남부 지사를 열 수 있도록 기회를 주었습니다. 우리는 여러 투자 매니저들과 다양한 시장에서 트레이딩을 시작했습니다. 저는 글로벌 매크로 시장을 담당하였고, 다른 매니저들을 관리하는 일을 맡았죠.

왜 스피어 리즈 앤드 켈로그를 떠나셨나요?

2000년 골드만삭스가 스피어 리즈 앤드 켈로그를 인수하면서 플로리다 사무실을 유지하지 않기로 결정했습니다. 골드만삭스는 제가 뉴욕으로 돌아오길 바랐지만 저는 이곳 플로리다가 좋았습니다. 정장을 입어야 하는 뉴욕의 세계로 돌아가고 싶지가 않았어요. 마침 쉔펠드 시큐리티즈(Schonfeld Securities)의 스티븐 쉔펠드(Steven Schonfeld)가 계좌관리를 맡아보지 않겠냐고 제안했습니다. 그게 반얀 에쿼티 매니지먼트의 시작이었죠.

9·11 당시의 경험을 들려주시겠습니까?
9·11은 제게 큰 교훈을 남긴 사건 중 하나죠. 당일 아침, 제 주문을 받아주던 골드만삭스 중개인에게 전화를 걸었는데, "웬 비행기가 세계무역센터를 들이받았어!"라고 소리치더군요. 정확하게 무슨 일이 벌어지고 있는지는 몰랐지만, 일단 좋지 않다는 생각이 들었고, 그 즉시 선물을 매도했습니다.

당시 시장에서 매도세가 강하지 않았나요?
그 즉시는 그렇지 않았습니다. 기억하시는지 모르겠지만 9·11 테러가 보도되기 전까지 시장은 매우 강했습니다. 비행기 한 대가 세계무역센터에 부딪쳤다는 소식이 전해졌는데, 오히려 시장은 반등했죠. 저는 정확하게 무슨 일이 일어났는지 몰랐지만, 시장이 상승 랠리를 펼치는 건 말도 안 된다고 생각했습니다. 그래서 계속 매도했습니다.

처음 사건이 보도되었을 때는 시장이 상승했다는 말씀이신가요?
그렇죠. 차트를 보면 알 수 있어요. 이후 두 번째 비행기가 세계무역센터를 공격했습니다. 주식시장은 개장하기 전이었지만 선물거래는 이루어지고 있었는데, 그제야 시장이 급락하기 시작하더군요. 저는 전화기 반대편에 있는 중개인에게 "무슨 일인지는 잘 모르겠지만 나는 사무실을 나가야겠네. 아이들을 학교에서 데려와야겠어. 무조건 포지션을 청산해줘"라고 당부했습니다.

왜 사무실을 나오신 건가요?

아이들을 데려와야겠다는 생각이 들었습니다. 비행기가 뉴욕과 워싱턴을 공격하고 있었으니까요.

하지만 여기는 플로리다입니다. 테러리스트들이 노릴 만한 대상이 없습니다. 팜비치(Palm Beach)를 공격할 이유도 없고 말이죠.

맞아요. 하지만 급박한 상황에서 가족과 함께 있고 싶은 생각뿐이었습니다.

사무실을 떠나기 전 모든 포지션을 청산하신 이유는 무엇입니까?

다른 사람들의 불행을 이용하고 싶지 않았습니다. 그런 상황에서 매도 포지션이 불편했죠. 사실 그날만 해도 상당한 수익을 벌어들였거든요. 그다음 주 시장이 다시 개장했을 때는 9월 11일에 벌어들인 수익을 대부분 포기했습니다. 저는 애국자가 되기로 마음을 먹었죠. 모두 매도를 하는데, 저는 주식과 선물을 사들였습니다. 그렇게 해서 9월 11일에 벌어들인 수익을 모두 잃었을 뿐 아니라, 오히려 약간의 손실을 보게 되었습니다.

9 · 11로 교훈을 얻었다고 말씀하셨습니다. 어떤 교훈을 얻으셨습니까?

트레이딩에 감정을 섞어서는 안 된다는 교훈을 얻었습니다. 트레이딩은 비즈니스입니다. 시장이 재개장했을 때 매수 포지션을 구축한 건 감정에 치우친 선택이었습니다.

당시 매수 포지션을 구축하셨던 것은 9월 11일에 매도 포지션으로 수익을 벌어들인 데 대한 죄책감 때문이었나요?

아마도 그랬을 것입니다. 죄책감이라고 생각해본 적은 없지만 변명을 하고 싶지는 않습니다.

맹목적으로 한쪽 방향으로 쏠린 트레이딩을 하셨는데, 이는 트레이더로서

는 치명적인 실수입니다. 아시겠지만 트레이더는 중립적인 시각을 가져야 하니까요. 베네딕트 씨의 이야기를 듣고 있자니 『시장의 마법사』에서 에드 세이코타를 첫 번째로 쓸 때 "누구나 시장에서 원하는 것을 얻는다"라고 말했던 게 기억납니다. 베네딕트 씨의 경험에 적용해보면 9월 11일 당일 매도 포지션으로 돈을 벌었다는 죄책감을 덜고 싶으셨던 겁니다. 그래서 시장이 재개장했을 때 매수 포지션을 취해서 벌어들인 돈만큼 잃기를 바라셨던 거죠. 결국 원하는 것을 얻으신 겁니다.

플로어 내에서나 밖에서 많은 트레이더를 만나보셨을 텐데, 이들이 저지르는 가장 공통적인 실수는 무엇입니까?

물타기죠. 트레이딩은 매우 까다롭습니다. 자신을 절제한다면 그다지 어렵지 않습니다. 하지만 그러지 못하기 때문에 돈을 잃는 거죠.

베네딕트를 인터뷰했던 건 2010년 말이었다. 나는 2011년 7월 그에게 전화를 걸어 그동안의 일을 물었다.

올해는 우리도 실적이 별로 좋지 않습니다. 손실이 거의 3%나 되죠. 그래서 트레이딩 규모를 줄였습니다.

베네딕트 씨의 리스크 관리방식과 일관된 결정이군요. 손실이 발생했을 때 트레이딩 규모를 줄이는 편이 현명한 선택이라는 생각이 듭니다. 그렇지 않으면 손실이 커질 테니까요.

물론이죠. 그런데 고객의 돈을 운용할 때는 까다로운 점이 있어요. 저는 인내심을 가지고 기다릴 수 있지만, 고객은 그렇지 못하다는 거죠. 제 단점 중 하나는 모두를 기쁘게 만들려고 하는 것입니다.

그 점에서는 제가 드릴 말씀이 있습니다. 고객의 요구가 아니라 베네딕트 씨가 원하는 대로 돈을 운용해야 한다는 것입니다. 고객들의 요구에 맞추다 보면 문제가 생깁니다. 제가 지금까지 인터뷰를 해온 많은 투자 매니저도 같은 실수를 저지른 적이 있다고 했습니다.

베네딕트와의 인터뷰 내용을 검토하던 중 중요한 질문에 대한 충분한 답을 듣지 못했다는 생각이 들었다. 결국 2011년 10월 그에게 다시 전화를 걸어서 몇 가지를 추가로 질문했다.

일전 인터뷰에서 미처 묻지 못한 중요한 질문이 있습니다. 처음에는 실패를 거듭하셨는데 어떻게 해서 지속적으로 수익을 기록하게 되신 건가요? 그 비결은 무엇입니까?
시장들을 비교해 서로 어떤 움직임을 보이는지에 주목할 줄 알게 되었습니다. 상관관계를 활용하는 트레이더가 되었고, 지금도 같은 방식으로 트레이딩하고 있습니다.

시장에 대한 비교를 트레이딩에 활용하는 방법과 관련해 예를 들어주실 수 있나요?
제 단점 중 하나가 아이들이나 친구들을 가르치지 못한다는 것입니다. 몸으로만 체득했기 때문입니다. 저는 끊임없이 트레이딩을 합니다. 특정한 하나의 방식으로 설명하는 건 고사하고 몇 가지로 추려내는 것도 불가능합니다. 각 시장의 연관성을 보고 트레이딩을 하지만 투자방식은 매번 달라요. 시장들의 상관관계가 언제는 제대로 작용하고 어떤 때는 그렇지 않는지에 매우 민감합니다. 어떤 때에는 먹혔던 방법이 그다음에는 먹히지 않기도 하니까요. 계속 변화에 적응할 뿐이죠.

일단 투자 포지션을 구축하면 곧바로 헤지 방법을 찾습니다. 예를 들어 S&P

에 대해 매수 포지션을 구축했다면 10가지 헤지 방법을 고려하고, 그중 최선을 찾아내죠. 헤지를 위해 다른 인덱스를 매도할 수도 있고, 극내가격 콜옵션(권리 행사를 통해 이익을 얻을 수 있는 콜옵션으로, 매매 대상인 자산과 가격 차가 극심한 경우) 혹은 외가격 콜옵션(권리를 행사하면 손실이 발생하는 콜옵션)을 매도할 때도 있습니다. 채권(서로 상반된 관계의 채권)을 매수하거나, 유럽 내에서 역상관관계에 있는 투자 포지션을 구축할 때도 있습니다. 가끔은 리스크를 헤지하지 않고 포지션을 청산해버릴 때도 있습니다.

가장 최선의 헤지 방법은 어떻게 선택하십니까?

시장의 움직임을 관찰해서 선택합니다. 예를 들어 현재 S&P는 1,227포인트에 거래되고 있고 채권은 약간 하락했습니다. 이는 S&P가 잠깐 정체기를 겪다가 곧 랠리를 시작한다는 신호입니다. 그래서 S&P를 매수했는데 랠리를 시작하지 않는다면, 리스크를 헤지하기 위해 채권을 매입합니다.

S&P를 매도하는 편이 더 낫지 않을까요?

여기서 상관관계가 작용하기 시작하는 거죠. 마지막에 S&P가 1,227에 거래되었을 때 채권은 25에서 입찰되었는데, 지금은 20에 입찰되고 있습니다. 일반적으로 채권이 하락할 때 S&P지수는 상승하게 되어 있습니다. 그래서 S&P지수는 이 수준(1,227)에서 머물러 있어야 합니다. 만약 그렇지 않다면 채권가격은 상승할 것입니다. 저라면 S&P를 현 수준에서 매수하고, 채권도 매수하여 돈을 벌 것입니다.

향후 S&P의 방향이 어떻게 될까요?

저는 상당히 비관적으로 생각하고 있습니다.

왜 그렇게 생각하십니까?

유럽의 상황이 쉽게 해결될 것 같지 않거든요(유럽 국가들의 과도한 부채 언급). 시장이 훌륭한 해결책을 내놓을 거라고 기대하는 것 같은데, 그런 일은 일어나지 않을 것입니다. 하지만 일전에 말씀드렸듯이 저는 시장에 대한 예측과 상관없이 트레이딩합니다. 시장의 방향을 예측해서 베팅하지 않아요. 원래 제가 의견이 좀 분명한 편입니다. 하지만 시장에 처음 발을 들인 5년간 상당한 손실을 입었던 것도 제가 가지고 있는 의견에 따라 투자했기 때문이었습니다. 지금은 트레이딩을 할 때 시장에 대한 시각을 절대 개의치 않습니다. 향후 언젠가는 시장이 붕괴할 것입니다. 하지만 투자를 계속하려면 시장의 붕괴만을 기다릴 수는 없죠.

현재 어떤 포지션을 가지고 계십니까?

소극적인 순매수 포지션을 유지하고 있습니다.

미래의 시장에 대해 부정적인 시각을 갖고 계시면서 순매수 포지션을 취하신 이유는 무엇입니까?

오늘이 옵션 만기일이기 때문에 매수 포지션을 취한 것입니다. 25년간 옵션 만기일 아침에 시장의 가격이 상승한 경우는 85%입니다.

좀 전에 말씀하신 S&P와 채권의 예를 좀 더 자세히 설명해주시겠습니까?

그렇죠. 현재 채권 입찰은 20에 유지되고 있는 반면, S&P의 호가는 0.75달러 상승했습니다. S&P에 투자한 돈의 1/3을 채권에 투자했다고 가정해보죠. S&P의 상승폭을 채권에 투자한 금액으로 따지면 3/32만큼입니다. 이 지점에서 S&P로 수익을 실현합니다. 채권은 이후 매입한 가격에서 3틱(Tick)만큼 하락했을 때 투자 포지션을 청산하고, 채권이 3틱만큼 상승하면 수익을 실현한다고 생각해보세요. 그렇다면 최악의 경우, 즉 채권이 3틱만큼 하락해 손절매를 하더라도 이미 S&P 거래로 수익을 실현했기 때문에 본전입니다. 만약 채권이 3틱만큼 상승한다면 S&P와 채권 투자 모두에서 수익을 올릴 수 있습니다. 아주 간단하죠. 요즘 제가 하는 트레이딩이 대부분 이런 식입니다. 어떤 때는 규모가 커지고, 어떤 때는 규모가 줄어들 뿐이죠. 투자 규모는 당월 실적과 그해 손익계산서 상황에 따라 달라집니다.

트레이딩을 할 때 시장에 대한 장기적인 견해를 배제하신다고 말씀하셨는데, 그렇다면 S&P에 대해 매수 포지션 혹은 매도 포지션을 구축할지는 어떻게 결정하십니까?

특정 시점에서 시장에서 중요하게 생각되는 것이 무엇인지를 찾는 거죠. 요즘 제가 주시하는 건 미국과 유럽의 금융주 및 유럽 시장 전체입니다. 지금 시장을 움직이고 있는 중요한 요소들이기 때문이죠. 1년 후에는 전혀 다른 것들을 주목하겠죠. 1년 전에는 중국이 중심이었지만, 지금은 아닙니다. 중국과 관련된 실마리들은 더 이상 중요하지 않거든요.

많은 트레이더가 고전을 면치 못하고 있는 와중에도 여전히 승승장구하는 비결이 무엇이라고 생각하십니까?

자살을 하거나 노숙자가 되는 트레이더들을 수도 없이 많이 봤습니다. 이들은 공통적으로 도박꾼의 기질을 가지고 있습니다. 손실을 기록하면 한꺼번에 손실을 메울 수 있는 방법을 찾으려 하죠. 하지만 그건 불가능합니다. 제가 처음 투자를 시작한 후 몇 번이나 실패를 겪으면서 얻은 교훈입니다. 투자에 성공하려면 열심히 노력해야 합니다. 저도 끊임없이 노력하고 있습니다. 매일 수백 번의 트레이딩을 통해 조금씩 수익을 올리고 있습니다. 제 일별 수익률을 보시면 하루 동안 많은 돈을 벌어들이는 경우는 별로 없다는 걸 확인할 수 있을 겁니다.

"

베네딕트가 시장에 접근하는 방식의 기본은 하나의 시장만 고려하는 것이 아니라 여러 시장의 가격 변화를 동시에 관찰하는 것이다. 시장은 상관관계가 있지만, 시간의 흐름에 따라 변할 수 있다. S&P와 미국 재무부 채권이 같은 방향으로 움직일 때가 있는가 하면, 정반대의 방향으로 움직일 때도 있다. S&P500이 원유가격을 따를 때 주식시장은 원유가격을 무시할 수 있다. 베네딕트는 단순히 날마다가 아니라 매분마다 이루어지는 시장 간 거래를 주시한다. 하나의 시장은 또 다른 하나의 시장 혹은 여러 시장에서 일어나는 가격의 변화에 상당한 영향을 받는다(직접 혹은 반대로).

베네딕트에게 각 시장들 사이의 상관관계를 파악하는 것은 시작에 불과하다. 상관관계에 있는 시장의 가격이 변화할 때 특별한 트레이드 규칙은 없다. 가끔 트레이드에서 예측보다 늦게 반응하기도 하고, 때로는 시장의 약세 또는 강세 신호의 반응에 실패하기도 한다. 베네딕트가 가장 많이 활용하는 트레이딩 방법은 서로 상관관계에 있는 시장에 대해 보완적인 포지션을 구축하는 것이다. 예를 들어 양의 상관관계를 가지는 2개의 시장이 있다면 과도하게 상승한 시장에 대해 매도 포지션을, 상관관계에 있는 시장에 대해서는 헤지를 위해 대수 포지션을 구축한다. 포지션의 진입 및 청산이 반드시 동시에 이루어질 필요는 없다. 포지션을 구축하는 시점은 각 시장의 가격과 예측 범위를 비교해 결정한다. 즉 베네딕트가 시장의 상관관계를 중요 요소로 활용하는 건 트레이딩을 시작할 때뿐이다. 실제 매매를 선택하고 실행하는 과정은 다양한 요소와 경험에 따라 달라진다. 이 과정은 공식화되어 있지 않고, 전적으로 자유재량에 따라 결정된다.

베네딕트의 투자방식에서 트레이더들이 얻을 수 있는 교훈은 다양한 시장에서 발생하는 가격의 변화가 유용한 정보를 제공한다는 사실이다. 베네딕트의 놀라운 실적이 그 증거다. 하지만 가격 정보를 활용하는 방법은 각 트레이더의 성격에 맞게 개발되어야 한다. 트레이더들은 시장의 상관관계를 파악하고 이를 유용하게 활용할 수 있는지 여부를 알아내야 한다.

베네딕트는 엄격한 리스크 관리의 롤 모델이다. 그의 리스크 관리 방법에는 2가지 중요한 요소가 있다.

첫째, 전체 포트폴리오의 리스크를 아주 작게(2.0~2.5%) 유지하는 것이다.
둘째, 정해놓은 수준까지 가격이 하락하면 투자 포지션 규모를 축소한다. 이후 손실이 수익으로 전환될 때까지 매매 단위를 작게 유지한다.

포트폴리오의 위험수준을 2.5%로 제한하는 것은 대부분의 트레이더들에게는 과도한 제약으로 느껴질 것이다. 하지만 리스크를 미리 정해진 손실 수준으로 크게 줄인다는 개념은 폭넓게 적용 가능하다. 또한 트레이딩이 제대로 되지 않을 때 익스포저를 감소시키는 것(베네딕트의 리스크 관리 접근방식의 핵심)은 자유재량 트레이더에게는 현명한 행동이다. 하지만 시스템 트레이더의 경우 손실이 난 후 익스포저를 줄였다가 포지션 규모를 설정하는 타이밍을 잘못 잡는 실수를 범할 수 있다. 베네딕트의 가혹한 리스크 관리는 대부분의 트레이더들에게 오니쉬 다이어트(Ornish Diet, 채소만 먹고 살을 빼는 다이어트)로 살을 빼는 것만큼이나 어려울 수 있다. 하지만 심각한 손실을 막을 수 있는 효과적인 방법이라는 것은 부정할 수 없다.

반안 캐피털 매니지먼트에서 인턴으로 일하면서 소규모 투자 포트폴리오를 관리했던 마크 로사노(Mark Rossano)는 리스크 관리에 대한 베네딕트의 집착을 이렇게 기억한다. "베네딕트가 강조하는 가장 중요한 원칙은 우리가 트레이더가 아니라 리스크 관리자라는 것입니다." 그는 베네딕트의 충고 역시 기억하고 있다. "손실이 언젠가 복구될 거라고 생각하며 기다리지 마라. 손실은 최소화해야 한다. 손실을 받아들이고 그것으로부터 멀어져라. 트레이더가 저지르는 최악의 실수는 당황해서 아무것도 하지 못하는 것이다. 어떤 상황에서건 대응 방법을 찾아내야 한다. 손실을 내지 않으면서 돈을 버는 방법은 무엇일까? 손실에서 벗어나는 방법은 무엇일까? 수익을 벌어들이는 매매가 손실로 바뀌지 않도록 막는 방법은 무엇일까?"

트레이더는 기회가 있을 때 투자해야 한다. 돈을 벌 욕심으로 무리한 트레이딩을 해서는 안 된다. 2010년 말에 베네딕트는 수익 목표를 달성하기 위해 평상시라면 투자에서 제외시켰을 만한 트레이딩을 시도했고, 그 결과 오히려 목표에 훨씬 못 미치는 실적을 기록했다.

낮은 리스크를 추구하는 선물 트레이더
스콧 램지(Scott Ramsey)

스콧 램지의 사무실은 헤지펀드와는 어울리지 않는 장소에 있었다. 몇 년 전 브루클린에 있는 비뇨기과 위층에 있던 헤지펀드 사무실을 방문했을 때보다 더 의아한 기분이 들었다. 스콧 램지가 운용하는 헤지펀드 본사는 미국 버진아일랜드의 세인트 크로이 섬(St. Croix, 산타크로스 섬이라고도 한다)에 위치하고 있었다. 만약 택시를 타고 램지의 사무실을 찾아가고 있었다면 운전사가 길을 잃었거나 주소가 잘못된 것이라고 생각했을 것이다. 하지만 호텔에서부터 램지의 비서가 길을 안내해주고 있었기 때문에 잘못된 장소로 가고 있을 가능성은 없었.

나는 차에서 내려 주위의 작은 쇼핑센터를 둘러보았다. 어느 곳을 보아도 헤지펀드 사무실이 있을 만한 곳은 없었다. 램지의 비서를 따라 갤로우스 베이 하드웨어(Gallows Bay Hardware) 건물의 2층으로 올라가자 카리브 해에 있는 투자회사의 이름으로는 전혀 어울리지 않는 데날리 에셋 매니지먼트(Denali Asset Management, 데날리는 미국 알라스카에 위치하고 있는 산맥이다) 사무실이 나타났다.

하지만 스콧 램지의 특별한 점은 비단 이례적인 사무실의 위치뿐만이 아니다. 거의 만점에 가까운 GPA 성적(대학평점)을 자랑하던 램지가 졸업까지 단지 9학점을 남겨놓고 선물 트레이더의 길을 걷기 위해 자퇴했다는 것이다. 필자가 보기에는 말도 안 되는 결정이지만, 그는 "다행히 결과가 좋았죠"라고 말하며 자신이 원하는 일을 하게 되었다는 것에 만족했다.

램지는 유동성이 매우 높은 선물과 외환시장에서 거래를 한다. 대부분의 상품거래자문가(Commodity Trading Advisory, CTA)[9]는 시스템에 기초한 접근방식을 활용하는 데 반해 램지는 자유재량 트레이더다. 게다가 그는 다른 CTA들과는 달리 의사결정 과정에서 펀더멘털을 고려한다. 즉 펀더멘털을 고려한 거시적인 시각으로 각 시장의 방향을 예측하는 것이다. 시장의 방향을 예측한 후에는 하락이 예상되는 분야 중 가장 약한 시장을 찾아 매도 포지션을 취하고, 상승세가 예측되는 시장에서나 가장 강한 시장에 대해 매수 포지션을 취한다.

한편 시장의 진입 및 포지션 조정을 위해서는 기술적인 분석을 활용한다. 그의 펀더멘털 분석이 올바를 때는 수익이 최고에 달하지만, 혹 분석이 잘못되었을 경우에도 가혹할 정도의 리스크 관리 덕분에 손실은 상대적으로 작게 유지된다.

지난 11년간 램지는 거대한 펀드를 운용하는 유명 선물거래 매니저들보다 더 높은 수익을 기록해왔다. 그는 손실을 기록한 해가 없었으며, 연평균 복리 순수익률은 17.2%(연평균 복리 수익률 25.7%) 달성했을 뿐만 아니라 수익률의 변동성과 손실폭(고점을 기록하고 내려온 하락폭)도 작았다. 선물거래 매니저들은 익스포저 수준에 따라 수익이 달라지기 때문에, 수익만으로 실적을 평가하는 것은 부적절하다. 이들이 증거금 때문에 자산의 일부만을 활용하는 탓에 돈을 전혀 빌리지 않고서도 익스포저를 2배로 늘려 수익도 2배로 늘릴 수 있기 때문이다.

선물 투자자들이 높은 수익을 거두는 데는 투자 기술보다 과도한 리스크를 부담한 결과인 경우도 많다. 따라서 이들의 실적을 제대로 평가할 수 있는 효과적

---

9. 상품거래자문가는 상품선물거래위원회(Commodity Futures Trading Commission, CFTC)에 등록되어 있으면서 미국선물협회(National Futures Association, NFA)의 회원인 매니저들을 지칭하는 공식 용어다. 하지만 CTA라는 용어에는 2가지의 문제점이 있다. 첫째, CTA는 상품거래자문가라는 이름과 달리 자문을 제공하는 것이 아니라 직접 투자를 책임지는 펀드 및 계좌 관리자다. 둘째, CTA가 상품만을 매매하는 건 아니다. CTA 중 대다수는 인덱스, 채권, 외환 등을 포함해 다양한 선물을 매매한다. 역설적인 것은 CTA 중 상당수가 상품이 아닌 선물 투자에만 집중하고 있다는 것이다.

인 방법은 리스크 대비 수익[10]을 분석하는 것이다. 램지는 평균적인 통계보다 훨씬 더 낮은 리스크를 기록하면서도 높은 수익을 올려왔다. 연평균 표준편차는 11.7%로 순수익의 2/3보다 낮은 수준이며, 최대 손실폭은 11% 미만이다. 램지의 고통 대비 이익비율은 2.2로 매우 높았다(고통 대비 이익비율에 대해서는 586 페이지 첨부 A 참조).

이제 53세가 된 램지는 실제 나이보다 10년은 어려 보였다. 트레이딩이 스트레스가 많은 직업인데도 불구하고 별로 영향을 받지 않는 듯했다. 인터뷰 중에도 세인트 크로이에 둥지를 튼 매니저답게 편안한 모습이었다. 대화를 끝낸 후 그는 나와 나의 아내 조앤을 데리고 멋진 레스토랑에서 식사를 대접했다(식당의 이름은 바커스(Bacchus)였다. 독자들에게 크리스천스테드(Christiansted)에 가게 되면 한 번 방문해보라고 추천하고 싶은 식당이다). 덕분에 지금까지 먹어본 것 중에서 최고의 생선회(생선회는 소금 덩어리 위에 놓여 있었다)와 멋진 벨기에 맥주를 맛볼 수 있었다.

"

언제 처음 시장에 대해 알게 되셨습니까?

미주리 대학에서 기계공학을 전공하고 있을 때였습니다. 아버지께서는 제가 경영학 과목을 수강하길 바라셨어요. 3학년이 되었을 때 선택 과목으로 경제학을 수강하면서 제 삶은 완전히 변하였습니다. 공학은 언제나 정답을 구할 수 있습니다. 반면에 중립적인 면이 가득한 경제학을 접하게 되면서 완전히 매료되었습니다. 경제학과 교수님께서 제게 〈월스트리트저널(Wall Street Journal)〉을 읽어보라고 추천해주셨어요.

당시 〈월스트리트저널〉에는 매일 금속과 에너지에 대한 광고가 실렸습니다. 그때가 1970년대 말이었고 인플레이션은 두 자릿대를 기록하고 있었어요.

---

10. 필자는 단순히 수익률이 아니라 리스크 대비 수익이 훨씬 더 효과적인 평가 방법이라고 생각한다. 모든 투자에서 그렇지만 특히 선물거래의 경우, 확실히 더 나은 방법으로 인식되고 있다.

저는 저축을 하고 있었는데 인플레이션보다 훨씬 낮은 금리를 받고 있었습니다. 〈월스트리트저널〉을 보는 순간 금속을 매수해야겠다는 생각을 하게 되었습니다. 〈월스트리트저널〉에 실린 광고 중 금과 은, 구리에 대한 광고에 마음이 끌려 매일하게 되었습니다.

선물을 매수하신 건가요?

아니요. 장외에서 거래되는 금속에 투자했습니다. 퍼스트 커머디티 코프 오브 보스턴(First Commodity Corp of Boston, FCCB)에 계좌를 개설했는데, 수수료가 엄청났습니다. 자랑스러워할 만한 투자는 아니었습니다. 마케팅에 완전히 속았어요. 저는 상품선물거래위원회(CFTC)가 불공정 공시로 인해 이들의 거래를 종료시켰다고 생각합니다.

왜 선물을 매수하지 않으셨나요?

저는 완전히 초보였고, 선물에 대해서는 알지도 못했습니다. 그렇게 하는 것이 금속을 매수하는 것이라고 생각했어요.

조직화된 시장을 거치지 않고 어떻게 가격을 알 수 있었습니까?

가격은 선물시장에서 정해졌습니다.

그러니까 선물에 연계된 가격으로 매수 및 매도를 하면서 비싼 수수료를 부과했다고요? 선뜻 이해가 되지 않습니다.

FCCB는 시장마다 기본적으로 1,200달러의 수수료를 부과했습니다. 수수료를 내면 6개월간 마음껏 매수 및 매도를 할 수 있었지만, 다른 시장에서 매매하려면 수수료 1,200달러를 또 내야 했습니다. 그래서 FCCB는 은을 매매하는 사람에게 구리도 매매해보라고 부추기곤 했습니다.

선물가격에 연계되어 있었다면, 직접 선물을 매매해볼 생각은 안 하셨습니까?

결국에는 그렇게 했습니다. 대학 4학년 때 살고 있던 아파트에 상품가격이 표시되는 스크린을 설치했습니다. 이때는 이미 6개월 동안 매매할 수 있는 수수료를 지불한 후였어요. 어쨌거나 매우 활발하게 거래를 했고, 계좌가 어느 순간 1만 달러를 넘어섰습니다. 제게는 큰돈이었어요. 당시에는 차를 두 대나 살 수 있던 돈이었으니까요. 이렇게 쉽게 돈을 벌 수 있다는 사실이 믿기지 않았습니다. 사놓기만 하면 올랐거든요. 당시는 1979년이었고, 상품가격이 미친 듯이 올랐습니다.

어떤 근거로 투자 결정을 내리셨나요?

사실은 제가 무엇을 하고 있는지도 몰랐습니다. 일단 매수했다가, 오르면 매도했습니다. 시장이 상승한 덕에 돈을 벌었던 것뿐이었어요. 당시 은도 매입했는데, 가격이 사상 최고 수준인 50달러였습니다. 그러자 볼커(Volker) 전 연방준비제도 의장은 인플레이션을 잡겠다면서 금리를 인상했고, 은에 대한 마진도 크게 올랐습니다. 그 후 은가격은 붕괴하기 시작했어요. 시장은 연일 하한가를 기록했습니다.[11] 할 수 있는 건 아무것도 없었어요. 완전히 바보가 된 기분이었고, 손을 쓸 수도 없었습니다. 은가격이 26달러까지 하락한 후에야 매매가 재개되었습니다. 정말 끔찍한 경험이었어요.

매매가 재개된 후 포지션을 청산하셨습니까?

매매가 재개된 첫날에 바로 포지션을 빠져나왔습니다. 그때까지 벌어들인 수익뿐 아니라 원금 중 일부를 잃었죠.

---

11. 상품선물시장에서는 하루 동안의 가격 변동을 제한하고 있기 때문에 상한가와 하한가가 정해져 있다. 시장가격이 하한가보다 밑이라면, 시장은 새로운 하한가를 설정한 후 하루 동안 매매가 중단된다. 시장에 매도자는 많지만, 시장가격 이상의 돈을 주고 매입하려는 사람은 없는 상황이다. 이때는 가격이 시장 가격으로 떨어질 때까지 손을 쓸 수 없게 된다. 램지가 겪었던 일은 지금까지 선물시장에서 가장 오랫동안 연속으로 하한가를 기록했던 사건이다.

은에 대한 투자로 돈을 잃고 나서는 트레이딩을 그만 두셨습니까?

상황을 파악하는 데 약간의 시간이 걸렸습니다. 투기를 다룬 책을 많이 읽었어요. 선물에 투자할 정도의 돈은 남아 있었기 때문이 중개인을 구해 계좌를 개설했습니다. 그런데 계좌를 개설하자마자 중개인이 바뀌었습니다. 처음 제가 만난 중개인은 마케팅만 하는 사람이었던 것입니다. 어쨌거나 저는 졸지에 설탕, 옥수수 스프레드, 그 외에도 몇 가지에 대해 매수 포지션을 구축하게 되었습니다. 제 중개인은 잡다하게 일을 벌이다가 돈을 잃는 그런 사람이었습니다. 결국 제 계좌도 별로 오래가지 못했습니다.

그다음에는 미주리 주 콜롬비아에 있는 하인홀드상품거래소(Heinhold Commodity Branch)에 계좌를 개설했습니다. 수중에는 몇천 달러밖에 남아 있지 않았죠. 이때는 제가 직접 매매했습니다. 친구들에게 돈을 조금 빌려서 아파트에 가격단말기(Quote Terminal)를 설치했습니다. 그리고 학교에도 가지 않은 채 매일매일 특정 시장의 틱(Tick, 선물계약의 매입, 매도 주문 시에 내는 제시가격의 최소한의 가격 변동폭을 가리키며 각 선물거래소마다 상품별로 그 크기를 표준화해 놓고 있다)과 가격, 차트 그리고 일별차트를 연구하는 데 시간을 보냈습니다. 결과는 좋지 않았습니다. 책에 나와 있는 초보자들이 저지르는 실수를 모조리 저질렀어요. 간단한 방법으로 추세를 따르기보다 고점과 저점에만 집중했고, 그러다 보니 손실은 그대로 방치한 채 작은 수익만을 내기 일쑤였습니다. 돈은 잃었지만 저는 점점 더 트레이딩에 빠져들었습니다.

전체 트레이더 중 90%가 돈을 잃는다고 했지만, 저는 돈을 잃지 않는 10%가 되기로 결심했어요. 저는 언제나 상위 10%에 들었을 뿐 아니라 시험을 볼수록 점수가 좋아지는 학생이었거든요. '시험에서 누군가 좋은 성적을 받아야 한다면 그건 바로 나야'라고 생각했습니다. 실제로도 그랬고요. 그런데 트레이딩에서는 하위 90%에 속해 돈을 잃고 있었습니다. 그 상황을 받아들일 수 없었어요. 제가 대학을 그만둔 건 전공인 공학보다 선물 투자에 더 집중했기 때문입니다.

자퇴는 언제 하셨나요?

4학년 때였습니다. 9학점을 남겨놓고 있을 때였어요.

저는 이해가 잘 되지 않습니다. 대학을 마치는 게 더 낫지 않았을까요?

잘한 일이라고는 생각하지 않습니다. 다행히 결과가 좋았을 뿐이에요.

조금만 더 공부했다면 졸업도 할 수 있었는데, 후회하지 않으시나요?

이미 지나간 일이기 때문에 후회하지는 않습니다. 하지만 가끔 곤란할 때가 있습니다. 잠재적인 투자 고객들이 저에 대해 알아본 후 어느 대학을 졸업했냐고 물어볼 때가 있거든요. 그때마다 대학을 4학년까지는 다녔고, GPA는 3.9였지만 졸업은 하지 않았다고 설명을 해야 했습니다.

학교를 그만둔 후 어떤 계획을 세우셨습니까?

저의 계획은 시카고로 가서 거래소에서 일을 시작하는 것이었습니다. 바닥에서부터 일하며 투자방법을 배우고 싶었어요. 시카고상업거래소(Chicago Mercantile Exchange)에서 전화 서기로 일을 시작했습니다. 그러나 몇 달 후 거래소에서 직접 투자에 관련된 일을 하지 않으면 미래가 없다는 사실을 깨닫게 되었습니다. 이후 상품 중개인으로 일하게 되었어요.

특별히 판매하려던 상품은 있었나요?

아니요. 저는 전화영업을 싫어했습니다. 매매가 하고 싶었어요. 중개인은 최종 목적을 이루기 위한 과정에 불과했습니다. 시장에서 일할 수 있는 방법이었을 뿐이에요. 첫달에 번 돈이 43달러였습니다. 그때 받은 43달러짜리 수표를 액자에 넣어놓았으면 좋았을 걸 하고 아쉬워할 때가 있습니다. 하지만 돈이 필요해서 모조리 써버리고 말았어요.

고객들에게 투자를 추천해주셨나요?

네, 기술적 분석을 기반으로 추천했습니다. 당시는 펀더멘털에 대해 전혀 골랐습니다.

어떤 기술적 분석을 활용하셨나요?

차트평균과 이동평균 같은 기본적인 것들이었어요. 제가 처음 읽은 선물책이 존 머피(John Murphy)[12]가 쓴 기술적 분석에 관한 책이었습니다.

고객들의 수익은 어땠습니까?

많이는 벌지 못했지만, 돈을 잃지는 않았습니다. 제가 관리한 고객들은 시장에서 살아남았습니다.

그 정도면 성공한 중개인이었군요. 당시에는 수수료가 비쌌으니까요. 램지 씨께서 판단을 잘못했을 때는 어떻게 하셨습니까?

손절매를 활용했습니다.

언제나 손절매를 활용하셨나요?

네, 언제나 그랬습니다.

손절매는 어떻게 알게 되셨습니까?

제가 처음 읽은 책 중 하나에서 손실은 줄이고, 수익은 유지하라고 강조했습니다.

그 이전의 매매 경험이 손절매에 관한 기본적인 개념을 강화시켜주었나요?

---

12. 존 머피의 『금융시장의 기술적 분석(Technical Analysis of The Financial Market)』, New York Institute of Finance, 1986년

대학 4학년 때 선물을 거래하면서 재무부 채권을 매수한 적이 있었습니다. 볼커 의장이 계속 금리를 인상했기 때문에 시장은 지속적인 하락 압력을 받고 있었습니다. 저는 그 당시 손절매를 활용하지 않았습니다. 제가 투자한 포지션이 매일 하락했지만, 불과 3틱 정도였어요. 별것 아니라고 생각했습니다. 3틱이면 계약당 75달러였으니까요. 다음 날 또 2틱에서 3틱이 하락했습니다. 약간 뜨끔했지만 포지션을 청산할 정도는 아니었습니다. 몇 주 후, 10틱 정도였던 손실이 50틱으로 커졌습니다. 심각한 타격이었어요. 작은 손실도 결국에는 눈덩이처럼 불어날 수 있다는 사실을 그때 깨달았습니다.

처음 제 돈으로 투자를 시작했을 때의 결과는 별로 신통치 않았습니다. 이후 상품 중개인으로서 고객들의 자금을 운용할 때의 실적은 그다지 나쁘지 않았어요. 1982년에는 시카고국제통화시장(International Money Market, IMM)에서 좌석(Seat)을 빌려서 플로어에서 직접 매매하기 시작했습니다.

판매는 그만두셨던 건가요?

아닙니다. 제게 중개인으로 일을 할 수 있도록 도와준 친구와 함께 고객을 관리했습니다. 저는 트레이딩이 좋았고, 그 친구는 사무실에서 일하는 걸 좋아했습니다.

플로어에서 일을 하는 게 어떻게 도움이 되었나요?

누가 무엇을 하고 있는지에 관한 정보가 매매에 도움이 될 거라고 생각했습니다.

사무실에는 시장 상황을 나타내는 스크린이 있지만 플로어에는 없습니다. 스크린이 없다는 사실이 불리할 거라고 생각하지는 않으셨습니까?

좋은 질문입니다. 실제 그랬습니다. 마치 눈을 가리고 있는 것 같았어요. 저는 모든 시장에서 일어나고 있는 가격을 변화를 한눈에 볼 수 있는 쿼트론

(Quotron) 컴퓨터로 트레이딩을 배웠습니다. 그런데 플로어에서는 하나의 시장밖에는 볼 수 없었어요. 시장에 영향을 미치는 외부환경에 대해서는 알 수 없었습니다. 저는 모든 시장의 매매 상황을 보고 이들 가격의 관계를 관찰하는 데 이미 익숙해진 뒤였습니다. 사실 서로 다른 시장의 가격들이 어떤 관계가 있는지를 파악하는 것이 현재 제 트레이딩 전략의 중심입니다. 하루 종일 서서 소리를 지르면서 일하는 건 제가 바라는 게 아니었어요.

누가 어떤 계약을 하는지가 정보를 얻지 못하는 단점을 보완해주지는 않았나요?

누군가 와서 100계약을 팔고 가버려도 그 의미를 알 수가 없습니다.

하지만 실제 플로어로 내려가기 전에는 도움이 될 거라고 생각하셨죠?

플로어에서 얻는 정보가 성배와 같을 거라고 생각했습니다. 생각이 짧았어요. 거의 쓸모없는 정보였습니다.

그렇다면 플로어에서 트레이딩을 하는 게 도움이 된다기보다 오히려 불리하게 작용했겠군요.

상당히 불리했죠.

실수를 깨달을 때까지 얼마나 걸리셨나요?

플로어에서 6개월간 일했습니다. 대학 시절에 그랬듯이 노력은 해보고 싶었거든요.

위층 사무실이 더 편하던가요?

더 많은 시장을 볼 수 있는 사무실이 더 편했습니다.

더 많은 시장이라면, 차트를 말씀하시는 건가요? 아니면 가격을 말씀하시는 건가요?

당시에는 스크린에 차트는 없이 가격만 표시되었습니다. 매주 프린트된 차트를 받았는데, 제가 매일 업데이트를 했습니다. 그 작업이 상당히 도움이 되었어요. 매일 모든 시장에 집중할 수 있도록 해주었으니까요. 10년 동안 매일 차트를 업데이트했습니다. 그래픽이 지원되는 CQG 스크린이 나오고 나서도 꽤 오랫동안 저는 일일이 손으로 차트를 업데이트하곤 했습니다. 각 차트를 들여다보면서 패턴이 제게 무엇을 말해주는지를 생각하는 것이 하루 일과였습니다. 패턴이 어떻게 다르게 보이는지 알아보기 위해 차트를 거꾸로 본 적도 있습니다. 시간이 지나면서 패턴을 보는 눈썰미를 갖게 되었습니다.

중개인으로 일하실 때도 자신의 계좌로 트레이딩을 하셨나요?

언제나 제 계좌로 트레이딩을 했습니다.

결과는 어땠습니까?

나쁘지 않았습니다. 매년 수익을 냈으니까요. 하지만 큰돈을 벌지는 못했습니다. 기술적인 요소만을 중요하게 생각하고 펀더멘털을 무시했던 게 실수였습니다. 또 다른 실수는 돈을 벌 때마다 성급하게 포지션을 청산한 것입니다. 시간을 두고 천천히 투자 포지션의 규모를 늘이기보다는 하나 혹은 두 개의 계약을 매매하는 데 그쳤습니다. 노력이 부족했어요. 수익이 늘어나도록 놔두면서 포지션 규모를 늘릴 줄 알게 되면, 트레이더로서 한 발 더 성장한다고 생각합니다.

처음에는 많은 손실을 기록하셨습니다. 그다음 중개인으로 일하셨고, 결국 매년 수익을 기록하는 트레이더가 되셨습니다. 중개인으로 일했던 경험이 매매에 어떤 도움을 주었나요?

덕분에 유리한 점이 많았습니다. 고객들을 보면서 해서는 안 되는 것에 대해 배웠어요. 적은 수익을 성급하게 실현하지 말아야 한다거나, 손실을 그냥 방치해서는 안 된다는 것 등 대학 시절의 트레이딩에서 얻은 교훈을 다시 한번 확인할 수 있었습니다. 시장의 심리도 배웠고요. 일부 트레이더들은 놀라울 정도로 고점과 저점을 집어내는 반면, 기술적 혹은 기본적 분석이 아닌 심리적인 요인과 시장의 변화에 휘둘리는 트레이더들은 실수를 거듭한다는 사실도 알게 되었습니다.

"소문에 사서 뉴스에 팔아라"는 투자 격언이 얼마나 중요한지도 알게 되었습니다. 다른 투자자들과 반대로 트레이딩할 수 있게 해주니까요. 뿐만 아니라 너무나도 분명해 보이는 기술적인 패턴들이 들어맞지 않을 수 있다는 사실도 알게 되었습니다. 요즘에도 여전히 이런 사례를 연구하고 있습니다. 차트를 보면 명백한데, 펀더멘털은 반대인 경우가 있거든요. 저는 차트가 들어맞지 않을수록 흥미를 느낍니다. 힘들지만 투자에서 감정을 배제하려고 노력하는 동시에, 교과서적인 매매를 하고서도 돈을 잃은 트레이더들의 다음 행동을 예측하기 위해 노력합니다. '이들이 드디어 포기를 할까? 그러면 시장이 정반대로 움직이기 시작할까?' 하는 식으로요.

중개인을 그만두고 자금을 운용하시게 된 건 언제부터입니까?

1993년 전문 트레이더였던 고객이 10만 달러를 운용해달라고 부탁했습니다. 제 돈을 운용해본 적은 있지만 다른 사람의 돈을 운용해본 적은 없었기 때문에 이렇게 대답했습니다. "우리는 친구입니다. 제가 돈을 잃으면 우정에 금이 갈까 걱정됩니다." 그러자 그는 "스콧, 나는 다른 사람에게 돈을 맡기는 게 일이라네. 내가 보기에 자네는 시장에 대해 훌륭한 아이디어를 많이 갖고 있네. 그러니 내 계좌를 맡아서 관리해주었으면 하네." 그래서 저는 1년간 계좌를 맡아서 운영해보고 결과가 좋으면 CTA(Commodity Trading Advisor, 상품거래자문사)로 등록해서 다른 사람들의 계좌들도 운용하기로 결심했습니다.

CTA가 되셨나요?

네, 1년 후에 CTA가 되었습니다.

결과는 어땠나요?

나쁘진 않았지만 훌륭하지도 않았습니다. 가장 힘들었던 점은 CTA들에게 일을 맡기는 증권사에서 정해놓은 비싼 수수료였습니다. 저는 12달러를 지불했는데, 그때의 기준으로는 나쁘지 않았지만 지금 생각해보면 기가 막힐 지경이었습니다. 제 고객 중에는 50달러 혹은 그 이상의 수수료를 지불하던 사람도 있었어요. 그래서 CTA 계좌와 제 계좌를 따로 관리할 수밖에 없었습니다. 제 계좌를 운용하듯 CTA 계좌를 운용했다면 수수료가 엄청났을 테니까요. 제 개인 계좌에서는 수익이 났지만 CTA 계좌에서는 수익이 나지 못할 때도 있었습니다. 이를 계기로 저는 펀드를 만들어 돈을 운용해야겠다고 결심하게 되었습니다.

그렇다면 펀드를 운용하시기 전 CTA로서 거래 실적은 높은 수수료에 발목이 잡힌 격이 되었겠군요. 만약 펀드와 마찬가지로 낮은 수수료가 부과되었더라면 CTA로서의 성과가 펀드 성과 수준과 비슷했을까요?

아니오, 그렇지는 않을 겁니다. 펀드와 CTA 계좌의 차이는 단순히 수수료뿐만이 아니었습니다. 저는 CTA 계좌에 부과되는 비싼 수수료 때문에 매매 횟수를 제 계좌의 1/4 정도로 줄였습니다. 결국 펀드를 시작하게 된 계기는 단순히 비용을 줄이기 위해서라기보다는 제 계좌를 관리하듯이 고객들의 계좌를 관리하기 위해서였습니다. 제가 펀드를 설립한 건 2000년이었습니다.

램지 씨의 투자방식은 계속해서 개선이 되었나요?

네, 처음 저는 기술적 트레이딩으로 돈을 벌면서 손실을 제한했습니다. 하지만 많은 돈을 벌지는 못했습니다. 그래서 뭐가 문제일까 생각했어요. 그때 전구에 불이 들어오듯 펀더멘털을 고려해야 한다고 깨닫게 되었습니다. 덕분에 제가 경제학에 대해 가지고 있었던 흥미가 되살아났습니다.

언제부터 변화가 시작되었습니까?
1990년대였습니다. CTA가 된 다음이었죠. 제가 했던 매매 중 가장 규모가 컸던 사례 하나가 기억납니다. 당시 시장에서는 정부 부채가 민간 부채를 훨씬 넘어설 것이라는 중론이 팽배했습니다. 그래서 채권시장이 하락할 것으로 생각되었어요. 채권시장의 하락을 점치는 우울한 기사들이 넘쳐났습니다. 그런데 시장은 하락하지 않았어요. 그래서 생각했습니다.
'잠깐, 모두가 같은 생각을 가지고 있고, 꽤 논리적인 생각이란 말이야. 그런데 시장이 다른 방향으로 움직인다면 결국 모두가 틀렸다는 뜻이지. 이후 사람들은 모두 쇼트 커버링을 시작할 거야. 이게 내가 할 트레이딩이군.'
그때부터였습니다. 차트의 가격만 볼 것이 아니라 가격이 형성된 이유와 사람들의 투자 포지션, 시장의 심리도 봐야 한다고 생각하게 되었습니다. 사람들의 생각을 이해할 필요가 있었습니다. 그래서 저는 다른 트레이더들의 시각에서 시장을 바라보기 시작했어요. '돈을 벌 수 있는 기회라고 생각하고 채권에 대해 매도 포지션을 구축했는데 시장이 반대로 움직인다면 어떤 기분이 들까?' 이런 사고방식 덕분에 다른 사람들과 반대의 투자 포지션을 구축하게 되었고, 결국 막대한 수익을 올릴 수 있었습니다.

역설적이네요. 지금 설명하신 사례에서는 펀더멘털을 완전히 반대로 활용하셨군요. 시장을 예측하기 위해 펀더멘털을 활용하신 게 아닙니다. 다른 사람들이 펀더멘털을 어떻게 이해하고 있는지를 관찰하고, 시장이 사람들의 생각과 정반대로 움직이고 있다는 사실을 인식하셨던 것처럼 들리는데요. 그것이 램지 씨께서 펀더멘털을 활용하시는 일반적인 방법인가요?
지금의 사례에서는 제가 옳았기 때문에 돈을 번 게 아니라 돈을 벌려고 했기 때문에 돈을 번 것입니다. 투자에는 유연성이 필요합니다. 저는 고객들을 만날 때마다 분명하게 강조합니다. 오늘의 시장에 대한 나의 생각이 내일 혹은 그다음 날 나의 투자 포지션에 반영되는 것은 아니라고요. 제가 6개월 전에 했던 프레젠테이션을 기억해보면, 당시 예측 중에 실현된 것은 아무것도 없습니다. 하지만 저는 이후로 거의 매달 수익을 기록했습니다.

트레이딩에 펀더멘털을 어떻게 활용하시는지 구체적인 예를 들어주시겠습니까?

2000년 막 펀드를 설립했을 때 채권을 매수했던 일을 예로 들 수 있습니다. 당시 주식시장에서는 투기가 꽤 오랫동안 지속되었습니다. 저는 경제적인 조건이 앞으로 더 나아질 가능성이 없다고 생각했습니다.[13] 숨을 쉬고 있는 사람이라면 누구나 일자리를 가지고 있었고, 주식시장은 최고가를 경신하고 있었습니다. 인플레이션은 발생하지 않았습니다. '만약 이런 조건에서 인플레이션이 발생하지 않았는데, 수익폭이 둔화되기 시작하면 어떤 일이 일어날까?' 그래서 저는 펀드의 첫 3~4년 동안은 장기 채권 거래에 집중했었습니다. 아마 거래의 2/3가 채권이었을 것입니다.

2000년 초 주식시장(Equity Market)이 천장을 형성했습니다. 그래서 채권시장에서 매수 포지션을 유지하신 건 아닌가요?

물론 주식시장의 붕괴가 채권 투자에 집중하게 만든 촉매제였습니다. 하지만 그렇지 않았더라도 채권을 매매를 했을 겁니다. 저는 투자의 방향을 결정하는 데 펀더멘털을 활용하고, 기술적 분석으로 저의 결정이 맞는지를 확인합니다. 촉매가 발생한 다음에는 수익률이 이전 수준을 회복하지 못할 것이라고 확신할 수 있었습니다. 그래서 기꺼이 리스크를 감수하면서 시장이 흘

---

13. 경제조건이 좋을 때는 금리가 인상되기 때문에 채권시장에 좋지 않은 영향을 미치게 된다.

러가는 대로 놔두었습니다. 몇 년간 매수 포지션을 유지하면서 조금씩 포지션을 조정했고요. 투자는 늘 등락을 거듭합니다. 그 과정에서 저는 약한 부분은 보완하고, 강한 부분은 완화합니다.

최근 펀더멘털의 영향을 받은 매매 사례에 대해 말씀해주시겠습니까?
지난 주였습니다. 유럽중앙은행이 아일랜드에 구제금융을 지원했습니다. 그리고 다음 날 DAX(독일 주식시장의 인덱스)가 신고점을 경신했고, TSE(캐나다 주식시장의 인덱스)도 신고점을 경신했습니다. S&P와 나스닥도 마찬가지였습니다.

이를 어떤 의미로 해석하고 계십니까?
한동안 리스크가 계속된다는 뜻으로 받아들이고 있습니다. 그렇지 않다면 위기 후 단 며칠 만에 시장들이 줄줄이 신고가를 경신하지는 않았을 겁니다. 반등은 했겠지만 신고가까지는 아니었을 거예요.
배구공을 물 속으로 집어넣는다고 생각해보세요. 그게 바로 위기입니다. 잡고 있던 배구공을 놓으면, 배구공은 물 밖으로 튀어 오릅니다. 위기가 불거지는 것입니다. 지금 우리의 시장이 바로 이런 모양입니다. 요즘 실업률이 심상치가 않습니다. 하지만 주식시장은 상승했고요. 부정적인 뉴스들 앞에서 시장이 지속적으로 상승한다면, 이는 시장이 앞으로도 더 상승하고 싶어 한다는 의미입니다. 혼란은 기회를 만듭니다. 위기의 시장에서는 정말 배울 것이 많습니다.

시장이 어떻게 반응하는지 보고 배워야 한다는 말씀인가요?
네, 그렇습니다. 간단한 방법이 있습니다. 위기가 발생할 때마다 시장이 어떻게 반응하는지를 퍼센트로 계산해서 가장 강한 시장부터 가장 약한 시장까지 순위를 매기는 겁니다.

램지 씨께서도 이러한 방법을 활용하고 계신가요?

물론입니다. 위기의 순간에 가장 강한 시장을 알아낸다면, 하락 압력이 줄어들었을 때 가장 먼저 앞서나갈 시장을 알아낼 수 있습니다. 어떤 공이 물 밖으로 솟구칠지를 알게 되는 거예요. 예를 들어 이번 달 초에는 원유가 저점을 형성했습니다. 그런데 아일랜드로 인한 위기가 발생했을 때는 다시 저점을 기록하지 않았습니다. 오히려 시장에 하락 압력이 줄어들면서 원유가격이 5달러 상승했습니다. 정반대로 가장 약한 시장은 가장 약하게 반등하고, 상황이 나빠지면 가장 먼저 하락합니다.

지금 설명하신 방법으로 매수 포지션과 매도 포지션을 결정하시나요?

저는 언제나 가장 강한 시장은 매수하고, 가장 약한 시장을 매도하려고 노력합니다. 언제나요.

특정 분야의 모든 시장이 상승한다고 판단되면, 그중 가장 강할 것으로 예상되는 시장에서만 매수 포지션을 유지하십니까?

네, 그렇습니다. 가장 강한 시장에서는 매수 포지션을 취하는 게 최선이라고 생각합니다. 연관된 시장의 영향을 받아 상승하게 된 시장은 매도 포지션을 취하는 게 좋습니다. 저는 이런 시장에는 역지정가 매도 예약 주문을 내놓습니다. 그렇게 해서 시장이 만약 하락하기 시작하면 그 주문을 발동시켜 매도 포지션을 취할 것입니다. 이러한 시장에서 가격은 계속 하락해 결국 제자리를 찾게 됩니다. 하지만 가장 강한 시장은 거의 조정을 받지 않습니다.

시장들 간의 이러한 상관관계가 얼마나 오랫동안 지속되었나요?

2008년 금융위기 이후 시장의 상관관계는 매우 긴밀해졌습니다. 주식을 한 마리의 개라고 한다면 나머지 시장은 모두 꼬리나 마찬가지입니다.

전반적으로 그런가요? 아니면 최근에만 그런 건가요?

언제나 주식시장이 우선했지만, 특히 최근 몇 년간 더 그런 것 같습니다. 그래서 주식시장의 방향과 그에 따른 다른 시장의 영향을 알아야 합니다. 일주일간 주식시장과 상품시장이 모두 상승했다고 가정해보겠습니다. 당연할 뿐 아니라 예측 가능한 일입니다. 하지만 그다음 주 주식시장은 상승했는데, 상품시장은 정체되었다고 가정해보세요. 모든 조건이 똑같다면 결국 상품시장에 대해 매수 포지션을 구축할 때라는 의미입니다.

램지 씨께서는 공학도이기 때문에 시스템 접근방식을 개발하는 게 당연해 보입니다. 하지만 자유재량 트레이더가 되셨습니다. 그 이유가 무엇이라고 생각하십니까?

제 성격과 잘 맞아서입니다. 저는 관찰을 좋아합니다. 거래일마다 컴퓨터 앞에 앉아서 모든 시장의 변화를 쳐다보는 그런 사람입니다. 그게 큰 도움이 되고요. 시장을 보고 있으면 잠재의식의 타퀴가 회전하기 시작합니다. 스스로 알고 있건, 그렇지 않건 간에 사람의 생각은 패턴을 따라 움직입니다. 트레이딩은 머릿속에 각인되기 때문에 자동차를 운전하는 것과 마찬가지로 제 2의 본성이 됩니다. 차트를 보고 어떤 행동이 필요한지를 생각할 필요도 없이 본능적으로 알아챌 때도 있습니다.

한 번 트레이딩을 할 때마다 어느 정도의 리스크를 감수하십니까?

일반적으로 운용하는 자산의 10베이시스포인트(Bp, 국제금융시장에서 금리 또는 수익률을 나타내는 데 사용되는 기본 단위로 1%의 100분의 1을 의미한다) 정도입니다. 하지만 그보다 더 빨리 포지션을 청산할 때도 있습니다. 어떤 트레이더들은 특정한 수준의 손실을 허용할 정도로 리스크를 감당하고, 수개월에 걸쳐 리스크를 관리합니다. 하지만 저는 그렇지 않습니다. 매매 당일 거래가 끝날 때까지 생각대로 되지 않으면 포지션을 청산해버려요. 그 이상의 리스크는 감당하고 싶지 않습니다. 그다음 날 더 좋지 않은 가격에 다시 거래할 수도 있기 때문에 제 생각대로 시장이 움직이는지를 확인하기 위해서라면 기꺼이 지불할 용의가 있는 비용입니다.

말 그대로 트레이딩 첫날 손실이 발생하면 바로 포지션을 정리하시나요?
네, 90%가 그렇습니다. 제 성격입니다. 리스크에 관한 한 저는 완전히 겁쟁이에요.

트레이드 첫날 포지션을 청산하실 정도라면, 이후에 손실이 날 때도 마찬가지겠군요. 너무 엄격한 청산 전략을 활용하시다 보면 투자가 제한되지 않나요?
10번 손실을 보더라도 11번째에 수익을 올리면 됩니다. 생각대로만 되면 작은 손실은 메우고도 남습니다. 제게 있어서 가장 중요한 건 손실을 제한하는 거예요. 엄격한 리스크 통제는 손실을 줄이는 데 있어서 뿐만 아니라 수익 잠재력 면에서도 중요합니다. 투자 기회를 활용할 수 있도록 포지션을 유지해야 합니다. 분명한 사고를 가지고 있지 않으면 포지션을 유지할 수 없습니다. 트레이딩이 제대로 되지 않을 때는 정신적인 에너지가 그로 인한 피해를 통제하는 쪽으로 향하게 됩니다. 그래서 시장의 기회에 대해 정확한 판단을 내리기 어렵게 됩니다.

월별 손실이 최악이었던 때는 언제입니까?
2003년 10월, 10%의 손실을 기록했습니다.

각 트레이딩에서 고작 10베이시스포인트의 리스크를 감당하시는데 어떻게 10%나 손실이 났나요?
만약 처음 매매를 시작하자마자 10%의 손실을 기록했다면 칼에 천 번을 찔려 죽는 것과 마찬가지일 겁니다. 하지만 지속적으로 수익이 나고 있는 상황에서는 처음의 리스크보다 훨씬 더 큰 손실을 감수하기도 합니다. 10% 손실을 기록한 바로 전 달에는 10%의 수익을 기록했거든요. 저는 오랫동안 상당한 규모의 채권에 대해 매수 포지션을 유지하고 있었습니다. 실업률은 상당히 긍정적이었어요. 이후 추세가 크게 바뀌었습니다. 몇 년간 같은 투자로 200%의 수익을 올렸는데, 제가 10% 손실을 기록한 때부터 시장의 방향이 바뀌기 시작했습니다. 그때로 다시 돌아간다면 똑같이 행동하겠냐고 묻는다면 "물론"이라고 대답할 겁니다. 막대한 수익을 올린 뒤 10%의 손실을 기록한 것이니까요. 리스크를 감당한 결과에 대해 충분한 보상을 받은 후였습니다. 그래서 상당한 리스크였지만 감수할 수 있었죠. 수익을 내는 과정에서는 손실을 입을 수도 있습니다. 하지만 처음부터 엄청난 손실을 감내하지는 않습니다. 이 점이 중요합니다.

많은 수익을 얻고 있다가 손실을 기록한 사례를 제외하면, 가장 최악의 월별 손실률은 얼마인가요?

2~3% 정도입니다.

차트와 패턴 이외에 기술적인 지표를 활용하십니까?

상대강도지수(RSI, 현재 선물옵션지수의 하락세와 상승세의 강도를 백분율로 나타내어 변동폭이 어느 정도인지를 분석하는 것)를 활용합니다. 하지만 과매수(Overbought)와 과매도(Oversold)를 비교하는 지표로 활용하는 것이 아니라 RSI와 가격이 벌어질 때를 파악합니다. 200일 이동평균과 피보나치 되돌림(Fibonacci retracement, 주가가 추세를 형성한 이후 그 추세의 23.6%, 38.2%, 50.0% 61.8% 비율만큼 되돌린다는 것을 의미한다)도 참고하고요. 만약 시장이 200일 이동평균에서 매도하고 있고 제가 매도 포지션을 가지고 있다면, 일단 발을 빼고 시장의 반응을 지켜봅니다. 저는 특히 여러 신호를 복합적으로 관찰하는 방법을 선호합니다. 가격이 200일 이동평균에 근접하는 동시에 피보나치 되돌림이 50%선에 접근한다든가 하는 등입니다. 이처럼 복합적인 신호에 많은 관심을 기울이고 있습니다.

성공적인 트레이더가 되기 위해서는 어떤 면이 중요하다고 생각하십니까?
규율입니다.

규율을 지키지 않은 적이 한 번도 없으신가요?
처음 트레이딩을 시작했을 때는 있었습니다. 저는 손절매 규율에 관한 한 매우 엄격하기 때문에 오랫동안 막대한 손실을 기록한 적이 없습니다. 절대 거스르지 않은 원칙이 있다면 바로 '얼마나 돈을 잃을 수 있는지를 알아야 한다'는 겁니다.

지금까지의 경험 중 앞으로 절대 같은 실수를 저지르지 않겠다고 다짐하신 일이 있나요?
장외시장의 채권을 거래한 적이 있습니다. 투자 스타일에 변화를 꾀하기 위한 행동이었다고 생각하셔도 좋습니다. 어쨌거나 2008년 금융위기에서 그다지 현명한 투자는 아니었습니다. 그것만 아니었다면 2008년 수익률은 19%가 아니라 26%였을 겁니다. 앞으로는 투자자의 변덕에 따라 변동성이 나타나는 시장에는 투자하지 않을 겁니다.

선물시장이 다양한데 장외시장으로 눈을 돌려야 할 특별한 이유가 있었나요?
좋은 질문이네요. 지적해주셔서 감사합니다. 그 당시 저는 합리적인 투자라고 생각했습니다.

선물을 대상으로 같은 트레이딩을 하실 수 있지 않나요?
제가 했던 매매는 지역정부에서 발행한 채권(Muni Bond)에 대한 컨버전스

트레이드(Convergence Trade, 특정 자산의 선물에 대해 매수 포지션을 구축하는 한편, 비슷한 자산의 선물에 대해서는 더 높은 가격으로 매도 포지션을 구축하는 투자방식이다. 이후 2개 자산의 가격이 비슷해지면 차익을 얻을 수 있다)였습니다. 선물시장에서는 불가능한 방법이에요. 저는 상장지수시장이나 은행간시장(Interbank Market, 장외시장의 하나)에서의 거래에는 큰 혜택을 제공한다는 사실을 발견했습니다. 그러한 혜택들을 포기한다는 것은 옳은 결정은 아닐 겁니다. 유동성이 부족한 시장은 제게 맞지 않습니다. 제가 원할 때 10베이시스포인트에서 손절매를 할 수 있어야 하기 때문입니다.

잘못된 포지션이지만 청산이 어려웠던 적도 있나요?

제가 가지고 있는 안전장치는 언제나 손절매 시점을 정해놓는다는 것입니다. 하지만 포지션 청산의 필요성을 직관적으로 깨닫고 난 후에도 가격이 손절매 수준까지 하락하지 않기만을 바라면서 아무것도 하지 못할 때가 가끔 있습니다. 잘못된 희망을 품거나 제가 옳다는 것을 증명하려는 욕구 때문에 원하는 수준 이상의 손실을 입을 때가 있지만, 결국 포지션을 청산합니다. 희망은 트레이더에게는 최악입니다.

트레이딩에 직관이 중요하다고 생각하십니까?

매우 중요합니다. 직관은 오랜 시간에 걸쳐 개발해야 하는 잠재적인 투자 기술이라고 생각합니다.

연달아서 손실을 기록했다면 어떻게 하십니까?

시장에서 늘 배트를 휘두르고 있어야 한다는 게 제 생각입니다. 문제는 번트를 노려야 할 시기죠. 저는 손실이 발생하면 번트를 노립니다. 포지션의 규모를 줄이는 겁니다. 적절한 대응으로 수익을 벌어들이고 있는 포지션은 규모를 늘립니다. 하지만 절대 트레이딩을 멈추지는 않습니다. 제 30년 경력에서 완전히 시장에서 발을 뺀 적은 손으로 꼽을 수 있을 정도입니다.

어떻게 그렇게 하실 수 있으셨습니까? 휴가는 가시나요?
시장이 폐장했을 때만 여행을 갑니다. 하지만 휴가 중에도 계속 시장을 관찰합니다. 아침에 트레이딩을 하고 오후가 되어서야 스키를 타러 가요. 별로 좋지 않은 습관일 수도 있는데, 휴가 중에도 매일 밤 몇 번이나 일어나 시장을 확인합니다.

시간을 맞추어 놓고 일어나시는 건가요? 아니면 자연스럽게 눈이 떠지시나요?
자연스럽게 눈이 떠집니다. 일전에 봤던 무언가에 곧바로 대응해야 한다는 사실을 깨닫는 순간 자리에서 박차고 일어날 때도 있고, 시장이 어떻게 돌아가고 있는지 알고 싶다는 잠재의식 때문에 일어날 때도 있습니다. 스마트폰으로 가격을 살펴보다가 '뭔가 이상한데'라는 느낌을 받고 잠이 들었다가 다음 날 일어나 바로 적절하게 대응하여 최고의 트레이딩을 해낸 적도 몇 번 있습니다. 예를 들어 '미국의 주식시장은 강세를 띠고 있지만 엔화는 약세다. 니케이지수가 간밤에 올라야 했는데, 상승하지 못했단 말이야. 무언가 잘못되었어. 매도 포지션이어야 해'라고 생각하는 식입니다.

사람들이 시장에서 저지르는 가장 큰 실수가 무엇이라고 생각하십니까?
외부의 정보를 지침으로 삼아 투자하는 겁니다. CNBC를 시청하면서 유용한 정보를 얻을 수 있다고 생각하는 건 오산입니다. 소위 말하는 전문가들의 의견이 아니라 자신의 의견을 만들어야 합니다.

투자에 대해 조언을 구하는 지인들이 있습니까?
네, 가끔이요.

그들에게 어떤 조언을 하십니까?

투자는 자신의 선택이 옳다는 사실을 증명하는 게 아니라 돈을 버는 것이라고 강조합니다. 손실은 과정 중 일부입니다. 어느 정도는 손실이 날 수밖에 없습니다. 다만 손실이 수익보다 적어야 합니다.

언젠가는 제 곁에서 일하는 트레이더에게 비슷한 조언을 한 적이 있습니다. 그는 아침 일찍 포지션을 몇 개나 정리했다면서 "오늘 하루를 망쳤어"라고 말하더군요. 저는 이렇게 말했습니다. "오늘 하루를 망쳤다니 그게 무슨 말인가? 자네에게는 아직 많은 기회가 있어. 시장은 자네가 돈을 잃었는지 여부에 관심이 없다네 그건 별로 중요하지 않아. 다음 트레이딩을 생각하게. 돈을 잃었다는 이유만으로 하루를 망쳤다고 생각한다면 그때는 정말 실패한 거야. 모든 트레이딩 결정은 무작위라네. 매매 과정이 올바르기만 하다면 어떤 매매에서 돈을 벌었는지 혹은 잃었는지 여부는 중요하지 않다네."

트레이더가 되고 싶은 사람들에게 또 어떤 조언을 해주십니까?

정말 온 힘을 다해 노력해야 한다는 것입니다. 트레이딩은 취미생활이 아닙니다 일이에요. 자신의 매매에 관한 일기를 쓰세요. 시장에서 저지른 실수에 대해 적어놓으면 도움이 될 겁니다.

약 9개월 후 필자는 램지에게 다시 연락해 추가적인 의문사항에 대해 질문했다.

램지 씨의 종목 선별 과정을 알 수 있는 예를 하나 들어주시겠습니까?

시작은 언제나 펀더멘털입니다. 대부분의 투자자들이 QE2를 '더 많은 돈을

---

14. 양적완화: 중앙은행이 통화를 시중에 직접 공급해 신용경색을 해소하고, 경기를 부양시키는 통화정책으로 초저금리 상태에서 경기부양을 위해 중앙은행이 시중에 돈을 푸는 정책을 말한다. 2차 양적완화, 미국 중앙은행인 연방준비위원회가 경기부양을 위해 저금리 정책을 유지하면서 6,000억 달러어치의 국채를 매입한다 QE2는 2010년 11월부터 2011월 6월까지 계속된 연방준비위원회의 2차 양적완화(장기적인 금리를 낮추기 위해 장기 채권과 다른 증권을 매입)를 뜻한다.

찍어내는 것'으로 예측했습니다. 그래서 달러에 대한 투자가 다른 통화나 금, 주식 등의 대체 자산으로 변환될 거라고 생각했어요.[14] 하지만 저는 그렇게 생각하지 않았습니다. 그보다는 연방준비제도가 무이자 자산(현금)을 민간 분야의 이자수익자산(단기 혹은 장기 채권)으로 대체하는 것뿐이라고 생각했습니다. 하지만 제 생각은 중요하지 않았어요. 시장이 어떻게 생각하는지가 관건이었습니다. 제 예측은 QE2가 끝나면 달러에 대한 투자가 다른 대체 자산으로 이동하는 추세가 중단되고, 결국 달러가 회복세로 돌아설 가능성이 크다는 것이었습니다.

QE2 후 달러의 반등을 예측한 다음에는 달러 대비 가치가 하락할 가능성이 있는 통화를 찾아야 했습니다. 그래서 20개 이상의 통화를 꼼꼼하게 관찰했습니다. 가장 약한 통화에 대해 매도 포지션을 구축하고 싶었기 때문입니다. '돈을 찍어내고 있는' 조건에서 달러에 비해 가치가 상승하지 않는 통화는 실제로 하락하고 있는 거라고 판단했어요. 그래서 찾아낸 통화가 터키의 리라(Lira)화였습니다. 달러의 가치가 크게 하락했는데도 불구하고 리라화는 2년 연속 추락해 최저점을 기록하고 있었습니다.[15] 연방준비제도가 미친 듯이 '돈을 찍어내는' 상황에서도 달러 대비 리라화의 가치가 상승하지 않았다면 어떻게 해도 상승하지 않을 거라고 판단했습니다.

이처럼 거시적인 시각을 기반으로 시장의 향후 방향을 판단했지만 리라화가 2년 연속 최저점을 돌파하기 전까지는 매매를 시작하지 않았습니다. 투자 포지션을 구축하기 위해서는 먼저 시장의 증명이 필요합니다. 만약 2년 연속 최저점을 찍지 않았다면 매매하지 않았을 겁니다.

하지만 거짓 돌파신호(False Breakout)일 수도 있지 않나요?

이 경우 가장 중요한 구별 방법은 저점을 믿을 만한 펀더멘털상의 이유가 있

---

15. 차트를 확인해보면 달러 대비 리라의 가치가 신저점을 경신했음을 확인할 수 있다. 이는 리라 대비 달러의 가치가 신고점을 경신했다는 뜻으로 1달러를 매입하기 위해서는 더 많은 리라를 지불해야 한다는 뜻이다.
16. 여기에서 상대적인 저점이란 차트상 상대적으로 리라화가 강세를 띤 지점이다. 즉 이전 혹은 이후에 비해 1달러를 구매하는 데 있어서 리라화가 적게 소요되었다는 의미다.

는지 여부입니다. 당시 리라화는 QE2와 거의 동시에 저점 이하로 하락했습니다. 뿐만 아니라 저는 바로 직전에 기록한 리라/달러 환율의 저점 밑을 손절매 시점으로 정해놓았습니다.[16] 만약 저 생각이 맞는다면 환율이 절대로 저점을 기록해서는 안 된다고 생각했습니다. 이렇게 손절매 시점을 정해놓은 이유는 제 판단이 틀렸을 경우 손실을 제한하기 위해서였습니다.

예를 하나 더 들어주시겠습니까?

2011년 금은 1온스에 500달러 이상의 랠리를 보였습니다. 한편 백금은 1온스에 겨우 100달러를 넘고 있었습니다. 이런 상황에서 저는 금에 대해서 매수 포지션을, 백금에 대해서는 매도 포지션을 선호합니다. 하지만 초보자들은 다릅니다. 저와는 반대로 생각하는 겁니다. 백금이 금에 대한 대체재라고 생각하고, '상승 전 단계'라고 판단합니다. 이유야 어쨌든, 많은 트레이더가 금값이 너무 비싸다고 생각하면서 백금을 사들입니다. 하지만 가격이 싼 대체재 매입은 좋지 않은 생각입니다. 잠재적 상황을 고려한다면 그 반대로 투자해야 합니다.

8월 중순(2011년) 금은 1,900달러 선을 뚫고 사상 최고치를 기록했습니다. 하지만 백금은 고작 트레이딩 범위의 고점을 확인했을 뿐입니다. 두 시장 모두에서 과매수가 일어났고, 분위기는 극단적이었습니다. 하지만 가격은 크게 달랐어요. 이 모든 상황은 곧 금속시장이 가파른 조정을 겪게 될 것이라는 사실을 나타내고 있었습니다. 결국 3일 만에 금값은 200달러에 달하는 조정을 겪었고, 백금도 크게 하락했습니다. 이것은 일종의 시험이었어요.

이후 어떤 시장이 반등했는지 보세요. 금은 그 즉시 회복해 단 몇 주 만에 220달러나 반등했습니다. 그리고 역사상 최고가인 1,924달러를 기록했습니다. 하지만 백금은 하락한 가격의 절반 수준밖에 회복하지 못했습니다. 백금은 망가진 열차의 잔해처럼 위태로웠습니다. 저는 백금이 금속 중 가장 약한 고리이며, 곧 하락세를 주도하게 될 거라고 생각했습니다. 그래서 2011년 백금이 고가를 기록한 후 하락세로 돌아서면 바로 추세를 쫓아 매도하는 전략을 세웠습니다. 가장 약한 고리를 매도하는 전략의 묘미는 신고가 경신에 더딘 시장을 노리는 것입니다. 이런 투자방법은 리스크가 작을 뿐 아니라 가끔은 최고의 보상을 제공하기도 합니다.

매우 유익한 사례군요. 다른 예도 있나요?
저의 도전 과제는 다양한 시장의 미묘한 차이를 집어내고, 추세의 변화 혹은 가속화를 예측하는 것입니다. 저는 시장 사이에 존재하는 연관성을 관찰해 패턴의 변화를 감지할 수 있다는 사실을 알게 되었습니다. 패턴의 변화란 서로 연관되어 있는 시장들이 지금 막 일어나고 있는 움직임을 제대로 반영하지 못하는 것으로, 일종의 경고 신호로 볼 수 있습니다.

2008년 금융위기 이후 시장의 연관성은 크게 증가했습니다. 그래서 요즘에는 언론에서도 거래일에 '리스크가 있다' 혹은 '없다'로만 간단하게 언급하고 있습니다. 제 생각에 변화의 중심은 언제나 주식입니다. 주식시장이 만들어내는 자극에 대한 전형적인 반응 패턴은 다음과 같습니다.

주식시장 상승 = 상품 상승 = 달러화 가치 하락

'리스크가 없는 날'에는 그 반대의 양상이 벌어집니다. 더욱이 상품가격이 상승하면, 기준통화(Commodity Currency)도 상승합니다. 상당히 오랫동안 이런 패턴을 관찰할 수 있었습니다.

하지만 9월 중순(2011년), 시장의 움직임이 급격하게 바뀌었습니다. 주식이 당월 고점에 근접했지만, 상품 인덱스는 저점에 근접하고 있었습니다. 달러는 한 달 내내 강세를 띠었고요. 전과 다른 가격 변화를 나타냈을 뿐 아니라 그 정도가 엄청났습니다! 특히 경제와 상품가격의 선도지표인 구리는 가격하락을 이끌면서 당해 연도의 저점 바로 위에서 거래되었습니다. 주식의 강세에도 불구하고 상품가격은 크게 하락했던 겁니다.

저의 전략은 주요 기술적 지표가 무너질 때마다 상품과 기준통화를 매도하는 것이었습니다. 이때 단기 저점 그리고 당월 혹은 당해 연도의 저점을 진입 시기로 활용했습니다. 또 단기 고점을 기준으로 리스크를 관리했습니다. 이 전략의 묘미는 가격이 진입 시점까지 하락했을 때 가장 약한 시장부터 매도하는 것입니다. 이들 시장은 환경이 개선되지 않는 한 반등이 불가능합니다. 강한 시장은 하락이 시작되기 전에는 절대 매도해서는 안 됩니다.

"

램지에게서 얻을 수 있는 중요한 교훈은 기술적 트레이더들도 (램지는 처음 트레이더가 되었을 때만 해도 전적으로 기술적 분석에 의존했다) 펀더멘털을 활용하면 큰 도움을 받을 수 있다는 것이다. 이것은 복잡한 기본적 분석을 통해 가격의 변호를 예측해야 한다는 의미는 아니다. 다만 시장의 방향을 결정하는 중요한 펀더멘털 요소를 이해하도록 노력해야 한다는 것이다. 예를 들어 2000년 초반에 램지는 경제 상황이 매우 나쁘다고 판단하고 채권의 가격 하락이 제한될 것으로 예측했다. 만약 경제 여건이 더욱 악화되거나 투기가 시작되면 채권시장이 불마켓을 형성할 것으로 예측했고, 그의 판단은 옳았다. 또 다른 예로는 2차 양적완화가 끝날 때 즈음 달러 약세가 강세로 돌아설 것으로 예측한 것을 들 수 있다.

램지는 펀더멘털에 대한 견고한 의견을 수립한 다음 기술적 분석을 이용해 자신이 예측한 시나리오가 맞는지를 확인한다. 펀더멘털을 기반으로 방향을 예측하고 기술적 분석으로 진입과 청산 시기를 정하는 방식으로, 단순히 기술적 분석만을 활용하는 것보다 훨씬 효율적인 트레이딩 접근방식이다. 즉 펀더멘털에 기반을 둔 큰 그림을 가지고 시장이 어떤 방향으로 흘러갈지를 이해하고, 그다음에는 기술적 분석을 활용해 트레이딩하는 것이다.

펀더멘털은 모순적인 상황을 인식하는 지표로도 활용할 수 있다. 램지는 시장의 전반적인 인식이 실제 시장의 움직임과 모순되는 상황을 관찰한다. 그는 채권시장에서 있었던 일을 대표적인 예로 꼽는다. 당시 정부의 부채가 민간 부채보다 늘어날 것이라는 우려가 있었지만, 금리는 상승하지 않았다. 이 경우에는 하락세를 가져올 것이라고 생각한 펀더멘털 요소가 가격에 영향을 주지 못하면서 오히려 가격이 상승하는 효과를 준 것이다.

램지는 언제나 특정 분야에서 가장 강한 시장에 대해 매수 포지션을, 가장 약한 시장에 대해 매도 포지션을 구축한다. 하지만 대부분의 초보 트레이더들은 이와 반대로 투자하는 실수를 저지르곤 한다. 약한 시장에서 아직 가격 상승이 시작되지 않았을 뿐이며, 따라서 잠재력은 크고 리스크는 작다고 오해하여 매매를 하는 것이다. 램지는 추세 변화가 판단되면 지금까지의 가격 변화에서 가장 뒤처져 있던 시장에서 매도 포지션을 구축한다. 예를 들어 2차 양적완화가 끝날 무렵 달러화의 회복을 예측했고, 달러 약세가 지속되는 동안 크게 상승하지 못했던 통화를 매도하려 했다. 그 결과 찾아낸 것이 터키의 리라화였다.

램지는 서로 연관된 시장의 가격 변화에도 많은 주의를 기울인다. 연관된 시장에서 가격이 변화했는데 예측했던 반응을 보이지 않는 시장은 이후 내재적인 강세 혹은 약세를 드러내기 때문이다. 2011년 9월의 주식시장과 상품시장을 예로 들 수 있다. 이들 시장은 오랫동안 함께 움직여왔지만, 2011년 9월에는 주식시장이 랠리를 거듭하는 동안 상품시장은 고전을 면치 못하고 있었다. 램지는 이를 곧 나타날 약세의 신호라고 판단했다. 실제 9월 하순, 상품시장과 기준통화(예 : 호주달러, 뉴질랜드달러, 캐나다달러)는 급락했다.

램지식 트레이딩 접근방식의 정점은 철저한 리스크 관리다. 그는 트레이딩을 할 때 진입가격에서 0.1%의 리스크만 감수한다고 한다. 다만 지속적으로 수익이 발생하는 중에는 더 큰 리스크를 감수하기도 한다. 이 접근방법은 새로 구축한 투자 포지션의 리스크를 엄격하게 통제하는 데 목적이 있다. 램지가 상당한 월별 손실을 허용하는 경우는 같은 매매로 이미 상당한 수익을 벌어들였을 때뿐이다.

물론 진입 직후 단 0.1%의 하락도 허락하지 않는 건 대다수의 트레이더들에게는 너무 가혹하게 느껴질 것이다(어쩌면 바람직하지 않을 수도 있다). 하지만 새로운 매매에 대해서는 상대적으로 가혹한 리스크 기준을, 상당한 수익을 기록한 매매에 대해서는 관대한 리스크 기준을 적용하는 것은 누구나 적용할 수 있는 효율적인 리스크 관리방법이다.

성공하는 트레이더가 되기 위해서는 헌신적인 노력이 필수적이다. 램지는 심지어 휴가를 가서도 포지션을 관리하고, 모니터하고, 트레이딩을 한다. 트레이딩을 위해 생활도 포기하라는 의미는 아니다. 다만 성공적인 트레이딩을 위해서는 그만큼 헌신적이어야 한다는 뜻이다. 램지에게 헌신적인 트레이딩은 짐이나 귀찮은 일이 아니라 열정의 표현이다.

세 번째 방법
제프레이 우드리프(Jaffray Woodriff)

제프레이 우드리프는 다음 3가지 사실을 분명하게 알고 있었다. 첫 번째는 트레이더가 되고 싶다는 것이고, 두 번째는 투자에 컴퓨터를 활용하고 싶다는 것 그리고 세 번째는 차별화된 트레이딩을 하고 싶다는 것이다. CTA라고 불리는 선물 트레이더 중 상당수는 추세추종 전략을 사용한다. 일반적인 추세추종 전략은 시장의 추세를 파악하여 청산하거나 추세 전환의 신호가 발생하기 전까지 투자 포지션을 유지하는 방법이다. 이와 반대로 추세를 역으로 이용(평균회귀)하는 선물 트레이더들도 있다. 평균회귀라는 말에서 짐작할 수 있듯이 시스템 알고리즘에서 추세가 적정선을 넘어섰다는 신호가 발생하면 시장의 추세와 반대되는 포지션을 구축하는 방법이다. 마지막으로 추세의 연속이나 전환을 활용하는 것이 아니라 추세의 패턴을 관찰하고, 가까운 미래에 가격 상승 혹은 하락 중 어느 쪽의 가능성이 더 큰지를 알아내 투자하는 방법이 있다. 우드리프는 바로 이 세 번째 방식을 활용하는 몇 안 되는 CTA 중 한 명이다. 이 과정에서 그는 자신만의 독특한 기법을 활용하는 성공적인 시스템 트레이더 중 한 명이다.

우드리프는 버지니아주 샤롯스빌(Charlottesville)의 농장에서 자랐다. 직업에 관한 우드리프의 가치관은 어린 시절의 경험에 기인한다. 중학생 시절의 그는 금요일이 되면 기뻐하고, 월요일이 오는 걸 싫어하는 사람들을 보면서 마음이 아팠다고 한다. "저는 그렇게 살고 싶지 않았어요. 그래서 월요일도 금요일만큼 신 나게 즐길 수 있는 방법을 찾기로 했어요."

그가 어린 시절의 경험에서 얻은 또 다른 교훈은 인센티브에 관한 것이다. 어느 여름, 우드리프와 여동생은 삼촌의 농장에서 포도를 수확하는 아르바이트를 했다. 처음에 그는 고용된 농부들과 함께 일했는데, 당시 그는 농부들이 수확한 양에 따라 임금을 받는데도 불구하고 느리게 일하거나 시간을 낭비하는 모습을 보고 깜짝 놀랐다고 한다. 우드리프와 여동생은 더 많은 인센티브를 받기 위해 열심히 일했고, 다른 농부들보다 시간당 급여를 2~3배나 많이 받았다.

그러나 수확이 늦어지자 화가 난 삼촌은 농부들을 해고하고 이주 노동자들을 고용했다. 이들은 매우 부지런했고, 효율적으로 일해서 우드리프 남매보다 2배 이상의 임금을 받았다. 이들은 인센티브의 개념을 충분히 이해하고 있었다. 이때 우드리프는 인센티브 지불체계가 매우 공정하고 효율적이라는 사실을 배웠고, 지금까지도 펀드로는 이례적으로 인센티브, 즉 성과 수수료만을 받고 있다(일반적으로 펀드는 1~2%의 운용 수수료와 20~30%의 성과 수수료를 받는데, 우드리프는 운용 수수료를 전혀 받지 않고 대신 30%의 성과 수수료를 받는다).[17]

그가 졸업한 버지니아 대학은 집에서 겨우 20마일 거리에 있었다. 우드리프는 대학을 졸업하기 전에 이미 트레이더가 되기로 마음먹었다. 어머니의 실망을 뒤로 하고 1991년 대학 졸업 후 그는 선물 트레이딩 시스템 개발에 몰두했다. 하지만 우드리프가 대학 동창들과 함께 설립한 CTA펀드는 몇 개월밖에 유지되지 못했다. 파트너의 가족이 창업 자금의 대부분을 제공했기 때문에 펀드 자금 중 65%가 파트너 소유였다. 우드리프의 소유는 매우 적었고, 파트너는 그를 부하직원처럼 여겼다. 우드리프는 얼마 지나지 않아 일을 그만두었다.

---

17. 운용 수수료(Management Fee)는 운용하고 있는 자산에 대해 부과되는 수수료이다. 인센티브, 즉 성과 수수료는 헤지펀드 최고점(High-water Mark, 과거 성과 수수료가 지급되었던 시점의 순자산(NAV) 수준)을 초과하는 수익에 대해 일정 비율로 부과된다. 대부분의 CTA들과 헤지펀드는 2가지를 모두 받는다. 하지만 우드리프는 운용 수수료는 전혀 받지 않고 대신 일반적인 수준보다 높은 성과 수수료를 받고 있다.

몇 개월 후 그는 다른 파트너들과 블루 리지 트레이딩(Blue Ridge Trading)이라는 CTA 펀드를 설립했다. 이곳에서 우드리프는 트레이딩을, 그의 파트너인 로버트 조던(Robert Jordan)은 경영과 마케팅을 담당했다. 처음 블루 리지 트레이딩은 그다지 성공적이지 못했다. 1991년 10월에 트레이딩을 시작한 후 2년 3개월 동안 겨우 손실을 면했을 뿐이었다. 하지만 3년째인 1994년, 우드리프의 시스템은 6개월 만에 80% 이상의 수익을 기록했다. 그 전까지 우드리프와 조던은 파트너 관계에 관한 계약서를 작성하지 않고 있었다. 그때까지는 얼마 안 되는 수익을 나누어가졌을 뿐이었기 때문이다. 하지만 이후 상당한 수익을 올리기 시작하면서 우드리프는 공식적으로 계약서를 써야 할 때가 되었다고 생각했다. 여기까지는 문제가 없었다. 그런데 우드리프가 제안한 계약서의 내용을 본 조던은 크게 분노해 파트너십을 철회했고, 우드리프에게 소송을 제기했다. 그 일이 있은 후 우드리프는 블루 리지 트레이딩을 그만두었고, 회사는 문을 닫았다.

우드리프는 이후 자신만의 CTA펀드인 우드리프 트레이딩(Woodriff Trading)을 설립했다. 그는 가족들이 모아준 5만 달러 남짓의 돈으로 1994년 8월에 트레이딩을 시작했다. 하지만 5개월 동안 -16%의 손실을, 그다음 해는 -12%의 손실을 기록했다. 시작은 좋지 않았지만 1996년에 펀드 수익률은 180%로 치솟았다. 놀라운 실적은 1997년에도 이어졌고, 4개월 동안 수익률이 64%에 달했다. 하지만 이후 5개월 만에 1년간 벌어들인 수익의 반을 잃었다. 가장 최고의 전성기를 달릴 때도 그가 운용한 자산의 규모는 300만 달러에 불과했는데, 1997년 고점을 기록한 후 지속적으로 손실이 나는 바람에 자산이 150만 달러로 줄어들었다.

처음부터 많은 자산을 운용할 수 없었던 그는 1997년 고점을 기록한 후 20%의 손실을 기록하고 좌절했다. 하지만 무엇보다 절망스러운 것은 펀드 경영과 트레이딩을 모두 담당하느라 진짜 원하는 일을 할 시간이 전혀 없다는 것이었다. 그가 정말 하고 싶은 일은 예측 모델링(Predictive Modeling)을 연구하는 것이었다. 그는 뉴욕에서 프롭 트레이딩 일자리를 구하는 편이 낫겠다고 결정했다. 그리고 우드리프 펀드를 폐쇄한 후 투자자들에게 투자금을 돌려주고 우드리프는 뉴욕으로 향했다.

우드리프에게는 상당히 유명한 헤지펀드 매니저를 삼촌으로 둔 친구가 있었다. 그 친구는 우드리프를 위해 삼촌이 일하는 투자회사 사장과의 면접을 추진해주었다. 우드리프는 당시 면접을 생생하게 기억하고 있었다. 그의 표현을 빌리면 '매우 멋진 공간'에서 면접을 보았으며 약 5분에 걸쳐 자신의 이야기와 그때까지의 트레이딩을 설명했다고 한다. 사장은 10분 동안 이미 우드리프가 사용했던 것과 유사한 트레이딩 방식을 복합적으로 활용해보았는데 어떤 것도 효과가 없었다면서 "우리 기업에 맞지 않는 인재여서 고용할 수 없다"고 설명했다. 우드리프는 당시 면접관이 했던 충고를 말하면서 너털웃음을 지었다. '시간을 낭비하고 있군요. 당신에게 트레이딩은 완전히 막다른 골목입니다. 금융권이 아니라 다른 쪽 일을 알아보는 게 좋을 것 같습니다. 오늘 면접을 통해 현실을 깨닫게 해준 것 같아 다행이라고 생각합니다."

그다음에는 지인의 소개로 뉴욕 소시에티 제네랄(Société Generale)에서 면접을 보았다. 당시 면접관이었던 트레이더는 프롭 트레이딩을 담당할 사람을 찾고 있었고 다른 트레이더들과 전혀 다른 트레이딩 방식을 활용하는 우드리프가 적임자라고 생각했다. 우드리프는 1998년부터 2000년 3월까지 소시에테 제네랄에서 프롭 계좌를 운용하면서 상당한 수익을 기록했다. 이곳에서 그는 회사를 경영하지 않고 투자에만 시간을 집중하는 것이 얼마나 유익한지를 깨달았다고 한다. 롱-쇼트 주식계좌(Long-short Equity Account, 매수와 매도를 동시에 실행하는 투자방식인 롱-쇼트 전략을 활용하는 계좌)에 자신이 개발한 시스템을 처음 적용하여 활용하기 시작한 것도 바로 이때였다. 현재 우드리프가 운용하는 펀드에는 한층 개선된 시스템이 적용되고 있다.

그가 소시에테 제네랄을 퇴사한 이유는 그의 상사였던 조나단이 멀티 전략 헤지펀드(다양한 전략을 활용하는 헤지펀드)를 설립하면서 함께 일을 해보자는 제안을 했기 때문이었다. 조나단은 우드리프 외에도 세 명의 포트폴리오 매니저가 합류할 예정이라고 말했다. 그런데 그중 한 명은 조지 소로스와 폴 튜더 존스(Paul

Tudor Jones) 밑에서 일했던 유명 트레이더로, 우드리프가 익히 알고 있는 사람이었다. 그는 최고의 트레이더들과 함께 일하게 되었다는 사실에 크게 기뻐했다. 새로운 회사가 꾸려지기 전 우드리프는 대학 시절 룸메이트이자 블루 리지 트레이딩의 직원이었던 마이클 가이스마(Michael Gerismar)에게 뉴욕으로 와서 자신을 도와달라고 부탁했다. 가이스마는 트레이딩과 관련된 운영업무를 준비했고, 우드리프는 소시에테 제네랄을 퇴사한 후 자신이 만든 시스템으로 프롭 계좌를 매매하면서 헤지펀드가 만들어지기를 기다렸다.

하지만 헤지펀드 설립을 논의하기 위한 첫 번째 회의에 참석한 사람은 놀랍게도 조나단과 우드리프뿐이었다. 우드리프의 이야기를 들은 가이스마는 "다른 트레이더들을 꼭 만나봐야 할 것 같아"라고 조언했다. 다음 날 역시 다른 트레이더들이 참석하지 않은 것을 보고 우드리프는 물었다. "조나단, 다른 사람들은 어디에 있나요?" 그러자 "사람들을 모아보려고 열심히 노력은 하고 있는데, 아무래도 자네와 나뿐일 것 같아"라고 대답했다. 이미 상황을 어느 정도 눈치 채고 있던 우드리프는 "미안하지만, 조나단. 당신 혼자뿐인 것 같아요"라고 말했다.

당시 우드리프의 프롭 계좌의 출발은 매우 성공적이었다. 헤지펀드 설립 계획이 수포로 돌아간 후 그는 프롭 계좌를 운용하면서 벌어들인 수익만으로 생활하기로 결정했다. 하지만 계좌에 들어 있던 돈은 30만 달러밖에 되지 않았을 뿐 아니라 가이스마에게 임금을 지불해야 한다는 사실 때문에 그의 말이 좀처럼 믿기지 않았다. "새로 CTA 펀드를 만들고 고객의 돈을 운용하겠다는 계획은 세우지 않으셨나요? 단순히 투자 수익만으로 생활비를 충당하겠다고 생각하셨습니까?"라는 내 질문에 그는 "물론이에요!"라고 대답했다. 우드리프의 대답과 행동에는 자신의 시스템에 대한 높은 신뢰가 반영되어 있었다. 좀 엉뚱하긴 했지만 터무니없는 자신감은 아니었다. 주식시장의 변동성이 커지면서 우드리프의 투자방식에 유리한 환경이 만들어졌고, 처음 25개월 동안 그의 계좌는 20배로 불어났다.[18]

2001년 4월, 우드리프와 가이스마는 샬롯스빌로 돌아갔다. 계좌가 크게 불어

---

[18]. 하지만 그가 생활비와 가이스마의 임금을 인출했기 때문에 계좌에 남은 돈은 그것보다는 적었다.

나면서 우드리프는 선물 투자를 위한 별도의 프롭 계좌를 만들어 자신이 개발한 시스템 투자를 다변화할 때라고 생각했다. 주식시장은 장중에만 거래되기 때문에 더 큰 규모를 갖추기 위해서는 선물 투자를 할 필요가 있었다. 그의 계획은 2년 동안 선물시장에서 돈을 운용하면서 안정된 실적을 올리는 것이었다. 그다음 고객을 위한 프로그램을 만들지 여부를 고려할 생각이었다. 우드리프는 '고려해 볼 생각'이었다고 강조했는데, 당시만 해도 자신의 돈만 운용할지 아니면 부수적인 업무와 고충을 감내하면서 투자자들의 투자금을 받을지는 확실치 않았다.

2002년 말에는 또 다른 공동창립자인 그레이슨 윌리엄스(Greyson Williams)가 합류했다. 그리고 2003년 5월, 드디어 퀀터터티브 인베스트먼트 매니지먼트(Quantitative Investment Management, QIM)가 설립되었다. 우드리프가 고객의 투자금을 받겠다는 결정을 내리는 데까지는 채 2년의 시간이 걸리지 않았다. 2003년 말, 한 중개인이 QIM을 고객에게 추천했을 때 우드리프, 가이스마 그리고 윌리엄스는 고객의 돈을 운용할 준비가 되었다고 판단했다.

QIM펀드는 선물과 주식 프로그램으로 구성되며, 두 가지 모두 리스크 대비 뛰어난 수익률을 기록해왔다. 현재 운용하고 있는 자산의 규모는 50억 달러에 육박하는데, 그중 선물이 85%를 차지하고 있다. 2003년 10월 처음 고객을 위한 계좌를 개설한 후부터 2011년까지 선물 트레이딩 프로그램은 연평균 복리 수익률 12.5%를 기록했으며, 연간 표준편차는 10.5%였다. 한편 고통 대비 이익비율(GPR)은 1.43이었다(고통 대비 이익비율에 대해서는 참고 A(595페이지)를 참조하길 바란다). 선물 프로그램을 매매하는 프롭 계좌는 그보다 훨씬 전부터 운용되어 왔으며(2001년 12월 개설), 고객 계좌보다 레버리지가 훨씬 크다. 프롭 계좌의 연평균 복리 수익률은 118%이며, 연간 표준편차는 81%, 고통 대비 이익비율은 1.94이다(프롭 계좌의 고통 대비 이익비율이 높은 이유는 계좌가 훨씬 전에 만들어진 이유도 있지만, 성과 수수료가 없기 때문이다).

QIM의 주식 프로그램 실적 역시 프롭 계좌와 고객 계좌로 나뉜다. 프롭 계좌는 2000년 4월부터 2005년 9월까지 운용되었다. 연평균 복리 수익률은 115%이며, 연간 표준편차는 69%다. 고통 대비 이익비율은 매우 높은 수준인 2.69를 기록했다. 주식 프로그램의 고객 계좌는 2008년 5월 처음 개설되었으며 연평균 복리 수익률은 34%다. 연간 표준편차는 20%이고, 2.38의 높은 고통 대비 이익비율을 기록하고 있다.

우드리프는 공동 창립자인 가이스마와 윌리엄스가 없었다면 QIM이 성공하지 못했을 거라고 말한다. 또 설립 이후 직원이 단 한 명도 퇴사하지 않았다는 사실을 굉장히 자랑스러워하고 있다(현재 직원은 총 31명이다).

QIM헤지펀드가 위치한 샬롯스빌은 버지니아 주에 있는 아름다운 대학도시였다. 우드리프의 사무실 여기저기에는 책이 나뒹굴고 있었고, 우리 두 사람 사이에 놓인 탁자 아래쪽에도 책이 층층이 쌓여 있었다. 그 책 중 상당수는 새 책이었다. 우드리프는 대단한 탐독가였다. 구미가 당기는 책이 있으면 일단 사서 눈에 잘 띄는 곳에 놔두었다가 모조리 읽었다. 그는 42세였지만 그보다 훨씬 어려 보였다. QIM의 설립자인 줄 몰랐다면 40대 초반이 아니라 20대 초반으로 보았을 것이다. 우드리프는 인터뷰를 몹시 기대하고 있었는데 하필 하루 전에 지독한 감기에 걸렸다면서 낙담했다. 감기 때문에 생각도 흐릿하고 기억도 잘 나지 않는다고 몇 번이나 사과하면서 "이런, 아프지 않았다면 좋았을 텐데요. 지금은 정말 생각이 제대로 나질 않습니다"라고 말했다.[19]

66

어떤 계기로 컴퓨터를 활용하는 트레이딩 시스템에 흥미를 갖게 되셨습니까?

9살인가 10살 때쯤 확률에 흥미를 갖게 되었어요. 주사위 두 개를 굴렸을 때 숫자의 합이 7이 될 확률이 가장 높고, 6과 8은 나올 확률이 비슷비슷하다는 사실을 확인하기 위해서 계속 주사위를 굴렸죠. 무작위로 나오는 숫자를 조

---

19. 우드리프는 이번 책을 집필하면서 가장 먼저 인터뷰한 사람이었다. 하지만 인터뷰 내용은 가장 마지막에 완성되었다. 인터뷰를 하고 약 1년쯤 후, 나는 그에게 메일로 완성된 원고를 보내 감수를 부탁했다. 그런데 우드리프가 보낸 답장의 끝부분에 아이러니한 메모가 적혀 있었다. "믿으실지 모르겠지만 보내주신 내용을 살펴보던 중에 또 독한 감기에 걸려버렸습니다. 이번에도 머릿속이 혼미해요!"

합했을 때 합이 7이 될 확률이 가장 높은지 제 눈으로 직접 확인하기 위해 몇 번이고 주사위를 굴려 결과를 확인하면서 완전히 매료되었습니다.

12살 때 코모도어(Commodore) 사에서 만든 컴퓨터에 관한 기사를 읽었습니다. 그때 당시 가격이 300달러였는데, 지금 돈으로 환산하면 수천 달러나 되는 가격이었죠. 부모님께 컴퓨터를 사달라고 졸랐지만 가격이 너무 비쌌죠. 대신 부모님은 환불이 가능한 30일 동안만 컴퓨터를 사용하는 조건으로 컴퓨터를 사주셨습니다. 코모도어 컴퓨터는 파일을 저장할 수 있는 정도의 성능이었지만, 그때 당시에는 정말 대단하다고 생각했어요. 제가 하고 싶었던 건 주사위에 관한 프로그래밍이었습니다. 주사위를 더 빠르게, 더 많이 굴려보고 싶었습니다. 컴퓨터를 이용해 실제로 주사위를 굴리지 않고도 확률을 계산할 수 있는 프로그래밍은 정말 흥미롭고 재미있었어요. 환불하기 전까지 컴퓨터를 조금이라도 더 사용해보려고 아픈 척하면서 학교를 빼먹기도 했죠. 다들 한 번씩 해본 방법일 거예요. 체온계를 전구에 오랫동안 대고 있다가 열이 나는 척했죠.

프로그래밍은 어떻게 배우셨나요?

코모도어 컴퓨터에 사용 설명서가 있었는데, 그것을 보고 간단한 조작법을 배웠습니다. 이미 컴퓨터에 프로그래밍된 기능이었기 때문에 무작위로 수를 뽑아내는 방법만 배우면 간단하게 만들 수 있었습니다. 약속된 30일이 되었을 때 저는 부모님께 계속 컴퓨터를 쓰게 해달라고 졸랐어요. 하지만 부모님은 약속대로 환불을 하셨죠. 그래도 30일 동안이지만 컴퓨터를 사용할 수 있어서 기뻤습니다. 제 뇌가 컴퓨터를 경험하게 된 아주 좋은 기회였어요. 이후 대학에 갈 때까지 프로그래밍은 거의 하지 못했죠.

어릴 때의 경험 중 트레이딩 시스템 개발에 영향을 주었던 또 다른 예는 없습니까?

물론 또 있습니다. 저는 할아버지 덕분에 야구 통계에 흥미를 갖게 되었어요. 할아버지께서는 펜실베이니아에 살고 계셨는데, 제가 가장 좋아하는 필라델피아 필리스(Philadelphia Phillies) 팀 경기에 데려가 주셨죠. 저는 매 경기마다 신문에 실린 스코어 자료를 보고 필리스 팀의 통계를 계산하여 빠짐없이 기록했습니다. 어렸을 때 저는 흥미를 느끼는 대상이 생기면 무조건 통계를 계산하려고 들었어요. 12살 때부터는 매년 빌 제임스(Bill James, 빌리 빈의 머니볼 신화의 바탕이 된 통계를 만든 사람)가 쓴 『야구의 개요(Baseball Abstract)』를 처음부터 끝까지 정독했습니다. 제임스는 새롭고 흥미로운 통계방법을 제시하고 있었어요. 지금 자세히 기억나지는 않지만 그의 통계 자료는 많은 정보를 제공했고, 예측치도 향상시켰습니다. 예를 들어 21세의 타자와 26세의 타자가 모두 3할1푼1리의 타율을 기록한다면, 21세인 타자의 기록이 훨씬 더 의미가 있다는 것이었죠. 돌아보면 제임스가 했던 계량 분석이 제가 시장을 예측하는 트레이딩 시스템을 만드는 과정에 상당한 영향을 준 것 같아요. 그의 분석방법은 그동안 무시되었지만 10년 전 야구 관계자들로부터 인정을 받기 시작하면서 활용되고 있습니다.

빌 제임스의 야구 통계와 트레이딩 시스템에 관한 우드리프 씨의 접근방식의 공통점은 무엇입니까?

제임스는 창의적인 방법으로 통계를 개선시켰어요. 예를 들어 1번 타자는 타율이 좋지 않은 타자 다음 순서이기 때문에 4번 타자보다 성적이 나쁠 가능성이 크다는 것을 알아냈죠. 그리고 이런 차이점을 분석하여 3번 혹은 4번 타자를 선택할 때 타석에 따른 차이를 고려해야 한다고 생각했죠. 저는 이렇게 데이터에 대한 일반화된 논리가 너무 좋았어요.

언제 처음 시장에 참여하셨습니까?

제가 태어나자 부모님께서는 저를 위해 투자신탁에 돈을 맡기셨어요. 18살 때 저는 신문을 보면서 신탁이 투자하고 있는 종목의 가격을 확인하기 시작했습니다. 하지만 며칠 동안 확인을 했지만 변화가 없어서 곧 지루해졌죠. 그때 옵션을 보았는데, 퍼센트로 따지니 변동폭이 훨씬 컸습니다. 그중 S&P100에 대한 옵션인 OEX가 가장 유동적이었어요. 아버지께 말씀드려 2,500달러로 계좌를 만들었습니다. 주식 중개인은 틀에 박힌 말투로 "절대 손실이 날 리가 없어요"라며 종목을 추천해주더라고요. 중개인이 추천한 종목에 투자했지만 저는 돈을 잃었고, 이후 절대로 중개인의 추천은 받지 않기로 결심했습니다. '이런 경험은 한 번으로 충분해'라고 생각했죠.

중개인이 추천한 종목은 무엇이었습니까?
주식이었는지 아니면 옵션이었는지도 기억나지 않습니다. 제가 기억하는 것은 중개인이 자신 있게 추천했는데 돈을 잃었다는 사실뿐이죠. 그다음 저는 어떻게 해야 시장의 방향을 예측할 수 있는지 알아내기 위해 노력했습니다.

어떤 거래를 하셨나요?
기본적으로는 OEX 옵션을 거래했습니다. 제가 기억하기로는 주식에 투자한 것은 단 한 번뿐이었습니다. 1987년 10월 19일 블랙먼데이 때 저는 여행 중이었는데, 다음 날 집에 와보니 주가가 더 하락해 있었습니다. 전부터 주목하고 있던 IT 종목이 하나 있었는데, 지인이 추천한 종목이었죠. 그 종목의 가격은 20달러에서 40달러로 올랐고, 싸게 사보려고 했지만 계속 주가가 오르는 바람에 매수하지 못하고 있었어요. 그런데 10월 20일 아침에 주가가 10달러대로 떨어져 있더군요. 찰스 슈왑(Charles Schwab, 투자 상담 및 계좌를 만들어주는 투자회사)의 800국 전화번호도 적어도 50번은 넘게 전화를 걸었을 거예요. 계속 통화중이었거든요. 드디어 통화가 되었고, 저는 상담원에게 계좌번호를 알려준 다음 "CHPS 100주 매수 주문합니다"라고 말했습니다. 상담원은 "네, 알겠습니다. 계좌번호 확인되었고요. CHPS 100주 매도 주문 넣겠습니다"라고 대답하더군요. 저는 황급히 외쳤어요. "아니오, 아니에요. 매수한다고요!"

"그럴 리가요. 다들 팔고 있는데요!" 저는 다시 한 번 말했어요. "저는 매수하고 싶습니다. 매입할 거예요!" 상담원은 놀라는 목소리로 반문했어요. "정말요? 다들 매도하는데요?" "저는 매수하겠습니다." 저는 14달러 50센트에 겨우 매수할 수 있었어요. 이후 주가는 급격하게 반등했죠. 그때를 기억해보면 저는 처음부터 남들과는 반대로 행동하려고 했던 것 같아요.

옵션은 어떤 방식으로 거래하셨나요?

마찬가지로 다른 사람들과 반대로 거래했습니다. 풋-콜비율(Put/Call Ratio, 콜옵션의 거래량 대비 풋옵션 거래량의 비율)을 주요 지표로 활용했죠. 그 논리가 정말 좋았거든요. 또 암스 인덱스(ARMS Index, 1989년 미국의 암스 리처드(Arms Richard)가 개발한 증권시장지표로서 시장 내부구조의 잠재적 수요와 공급세력을 측정하여 일정시점에서 매도세 혹은 매수세 중 어느 쪽이 시장을 지배하고 있는가를 판단하는 지표)도 참고했습니다.

남들과 다른 투자방식을 활용하는 건 개인적인 성격 때문인가요?

저는 군중심리에 휩쓸리거나 일반적인 통념을 그냥 받아들이는 건 참을 수 없어요. 모든 것에 대해 저 스스로 평가를 내리고 싶습니다.

당시 트레이딩의 결과는 어땠나요?

그게 재미있어요. 슈웨거 씨와 인터뷰를 하기 전에 당시의 매매 기록을 확인해봤습니다. 그런데 제가 당시의 트레이딩을 왜곡해서 기억하고 있었다는 사실을 알고 놀랐어요. 저는 처음 옵션 10계약에서 모두 성공했다고 생각하고 있었습니다. 그런데 매매 기록을 보니 실제로 풋옵션 10계약에서 돈을 벌었더군요. 저는 콜도 매수했었는데, 대부분의 콜 거래에서는 돈을 잃었습니다. 편의상 수익이 났던 풋옵션 투자만을 기억하고 있었던 것입니다. 물론 당시 시장이 하락세였기 때문에 풋옵션 거래로 상당한 돈을 벌 수 있었던 건 당연한 일입니다. 지금까지 처음 10번의 거래에서 수익을 냈다고 알려주었던 사람들을 모두 만나 사실대로 이야기해주고 싶은데요. 어쨌거나 전반적으로 투자 결과는 상당히 성공적이었어요. 풋옵션 투자로 상당한 돈을 벌었으니까요. 처음 계좌에 2,500달러가 있었는데, 4배도 넘게 불어나 1만 달러가 넘었어요. 하지만 11번째 풋옵션 거래에서 처음 풋옵션 10계약에서 벌어들인 수익보다 더 많은 돈을 잃었습니다.

11번째 매매에서는 무슨 일이 있었나요?
시장이 크게 반등했고, 풋옵션의 가치는 엉망이 되었죠.

단 한 번의 풋옵션 매매로 벌어놓았던 돈을 모두 잃었던 이유는 무엇입니까?
돈을 벌면서 매매 규모를 늘린 탓입니다.

그래서 한 번에 모든 수익을 날려버린 건가요?
그렇죠.

그래서 투자를 그만 두셨습니까?
아니에요. 계속 투자를 했습니다. 하지만 결과는 좋지 않았죠. 그해 여름에는 데이 트레이딩(Day Trading, 초단타 매매)을 시도해보았습니다. 실시간으로 시장의 가격을 보여주는 시스템도 갖추었죠. 여름 내내 트레이딩 화면을 보면서 보낼 계획이었지만 단 3일 만에 깨달았어요. '이건 아니구나. 내게는 맞지 않는 방법이구나' 하고요.

대학 시절에는 어떤 직업을 갖고 싶다고 생각하셨습니까?

트레이더가 되고 싶었습니다. 대학 3학년 때는 AT&T(미국의 전화회사)에서 주최한 투자대회에 참가했어요. 대학생을 대상으로 한 실시간 투자대회였죠. 참가비가 50달러였는데, 제 이름뿐만 아니라 제 룸메이트인 윌의 이름으로도 참가 신청서를 냈어요. 원래는 윌에게 함께 참가하자고 했지만 그는 흥미가 없었어요. 그래서 윌의 이름을 빌려 두 개의 참가 신청서를 낸 거죠. 저는 두 개의 계좌를 다르게 트레이딩해서 승률을 높였어요. 가장 높은 수익을 낸 사람 10명이 뽑혔고, 윌의 이름으로 만든 계좌가 6위를 했죠. 6위에게 주어지는 상금은 3,000달러였어요. 상위 10명에게는 현금과 함께 바하마여행권 두 장을 줬어요. 저는 윌에게 "네가 상을 받아야 해. 네 이름이잖아"라고 했죠.

입상자들을 위한 공식적인 축하행사는 없었습니까?

물론 있었습니다.

그때 상을 받으러 간 사람은 누구였나요?

월이요. 그는 이 정도 되는 커다란 수표를 받았죠(우드리프는 손으로 허공에 커다란 직사각형 모양을 그렸다). 다음 날, 우리는 수표를 바꾸기 위해 은행으로 갔습니다. 그런데 은행 창구에 수표가 들어가지 않는 거예요.

무슨 말씀이신지 이해가 가지 않네요. 진짜 그만 한 크기의 수표를 받으신 건가요?

네, 진짜 커다란 수표를 받았죠. 모양만 수표였던 거예요. 하지만 우리는 그게 가짜 수표라는 걸 몰랐어요. 숙취 때문에 멍청하게도 경품용 수표라는 생각을 하지 못했던 거죠. 진짜 수표는 며칠 후 우편으로 받았습니다.

하지만 저는 두 개의 계좌로 투자대회에 참가했다는 사실에 죄책감이 들었습니다. 5일 후 당시 대회를 진행한 사람 중 한 명에게 그 사실을 털어놓았습니다. 그러자 그는 이렇게 대답하더군요. "우리는 모든 참가자에게 10개의 계좌를 만들도록 허용했습니다. 다양한 계좌로 다양한 전략을 활용할 수 있도록 말이죠. 친구의 이름을 적을 필요는 없었어요."

트레이더가 되기 위한 계획이 있었나요?
가장 먼저 든 생각은 수수료를 받는 중개인이 운용 수수료를 받는 자산관리사가 되고 싶지는 않다는 것이었어요. 대신 성과 수수료 구조가 마음에 들었죠. 자신이 올린 실적에 따라 급여를 받는다는 발상이 마음에 들었거든요.

수수료 구조 이외에 실제 트레이딩과 관련된 생각은 하지 않으셨나요?
시장을 이기는 방법을 알아내지 못할 가능성이 크다고 생각했죠. 하지만 『시장의 마법사들』을 비롯해 여러 책을 읽은 덕분에 계속해서 시장을 이겨온 사람들이 있다는 사실을 알게 되었어요. 효율적 시장가설(Efficient Market Hypothesis, 시장이 효율적이기 때문에 모든 정보가 금융자산가격에 충분히 반영된다는 가설)에 대해 알게 된 다음에는 이 이론이 틀렸다는 사실을 증명하기로 마음을 먹었습니다.

당시 경제학 수업을 듣고 있었는데, 학계에서 내린 결론 중 일부는 정말 당혹스러웠습니다. 그중 하나가 효율적 시장가설이었습니다. 저는 잘못된 이론이라고 생각했기 때문에 배우고 싶지 않았습니다. 담당 교수님께서는 단답형의 시험문제를 출제하셨는데, 저는 서술형 시험을 보게 해달라고 부탁드렸습니다. 하지만 시험 일주일 전, 학기말 시험도 단답형으로 출제하겠다고 하시더라고요. 저는 크게 실망해서 색연필 한 상자를 들고 모든 사람이 다 보이는 맨 앞줄에 앉았어요. 그리고 답안지에 메모를 했죠. 제가 옳다고 생각하는 대답을 적을 것이고, 왜 교수님께서 원하는 답에 동의하지 않는지에 대해 서술하겠다고 적었어요. 제가 F를 맞는다면 그건 제가 제시한 대안을 전혀 읽어보지 않으신 것으로 알겠다는 말도 덧붙였습니다. 하지만 제 답은 마지막 줄까지 완전히 무시되었어요. 저는 51점으로 F를 맞았죠. 하지만 전혀 개의치 않았어요. 오히려 다행이라는 생각했죠. 경제학에서 말하는 "옳다"는 대답이 얼마나 얼토당토하지 않은지 알게 되었으니까요.

혹시 멘토가 있으십니까?

멘토가 있느냐는 질문을 자주 듣습니다. 저는 혼자 트레이딩을 배웠어요. 아무리 곰곰이 생각해봐도 그렇게밖에 말할 수 없습니다. 하지만 누구를 닮고 싶었냐고 물으신다면 제 대답은 폴 튜더 존스입니다. 그의 트레이딩 스타일 때문은 아니에요. 원래 저는 자유재량 트레이딩에는 관심이 없었거든요. 다만 『시장의 마법사들』을 읽을 때 즈음 그가 다든(Darden)에 있는 버지니아 비즈니스 스쿨(University of Virginia's Graduate Business School)에서 강연을 하고 있었고, 저는 그의 강연을 들으러 갔습니다. 하지만 그때만 해도 존스는 지금처럼 유명하지 않았죠.

강연 중 특히 영향을 받은 내용은 무엇입니까?

자신감과 카리스마요. 그가 마음에 들었고, 버지니아 대학원 졸업생이라는 것도 반가웠어요.

어떻게 트레이딩 시스템은 개발하게 되셨나요?

버지니아 대학을 졸업한 후에도 저는 컴퓨터가 없었습니다. 그래서 공과대학에 있는 컴퓨터를 사용했습니다. 컴퓨터실은 매우 컸고 천장도 높았어요. 무엇에 사용하던 공간인지는 모르겠지만 컴퓨터가 100대도 넘게 있었죠. 처음에는 추세추종 모델을 연구했는데, 꽤 흥미로웠습니다. 하지만 이미 성공적인 추세추종 트레이더들은 많았고, 그들과 경쟁을 하고 싶지도 않았어요. 저는 뭔가 다른 것을 원했죠.

지금까지의 대화로 미루어보면 우드리프 씨에게 추세추종 전략이 맞지 않

은 또 다른 분명한 이유가 있습니다. 성격에 맞지 않기 때문입니다. 추세추종 전략은 기본적으로 군중심리를 따르는 것으로, 우드리프 씨의 성격과 정반대입니다. 성공적인 추세추종 트레이더가 되셨더라도 결국에는 고생하셨을 겁니다.

네, 맞는 말씀이에요. 저는 원래 다른 사람들과는 다르게 행동하고 싶어 하니까요. 게다가 추세추종을 따르는 사람은 어느 순간 노력을 게을리하게 될 것 같다고 생각해요. 아마 저는 추세추종 트레이더가 되지는 못할 거예요. 확실해요. 그보다는 평균회귀가 더 재미있거든요. 하지만 그것도 그다지 마음에는 들지 않았어요.

평균회귀는 왜 마음에 들지 않으셨나요?

그보다 훨씬 더 효과가 있는 걸 찾았기 때문입니다. 바로 그곳 컴퓨터실에서요(우드리프는 자신의 인생에서 절대적으로 중요한 순간이었다는 의미를 전달하기 위해 마지막 말을 단호한 어조로 강조했다).

컴퓨터실에서 무엇을 찾으셨습니까?

추세에 중립적인 세 번째 모델을 만들 수 있다는 걸 알게 되었어요. 추세를 쫓는 것도, 추세에 역행하는 것도 아닌 트레이딩 모델을 말이에요. 저는 모델을 만든 후 예타 테스트(Preliminary Test, 트레이딩 모델이 효과가 있는지 여부를 확인하기 위해 미리 통계를 대입해 확인하는 방법)를 진행했고, 그 결과 이 세 번째 방법이 상당한 효과가 있다는 결론을 내릴 수 있었어요.

지금은 제 트레이딩의 중심이 된 이 세 번째 모델을 처음 발견했을 때 너무 기뻐서 당장 테스트를 해보고 싶었습니다. 테스트 속도를 높이기 위해 컴퓨터 2대를 한꺼번에 사용했는데, 컴퓨터실에 사람이 많아지면서 1대밖에 사용할 수 없었죠. 그때 '밤에는 컴퓨터실이 빌 텐데 말이야'라는 생각이 들었어요. 저는 동시에 가능한 많은 컴퓨터를 사용하기 위해서 일단 데이터를 모조리 준비하기로 결정했어요. 정말 신이 났죠. 사람들이 집으로 돌아가기 시작했고, 저는 2대의 컴퓨터를 동시에 사용하기 시작했어요. 곧 4대, 그리고 20대의 컴퓨터를 동시에 활용해 백테스트를 실시했습니다.

컴퓨터 1대당 하나의 시장에 대한 시스템을 적용하신 건가요?
네, 맞아요. 밤새 테스트를 했는데 결과가 너무 좋아 마음이 설레었어요. 그래서 그다음 날도 테스트를 계속했죠. 테스트는 성공적이었고, 이틀 밤을 꼬박 새웠어요. 거의 40시간 동안 일했죠. 잠들지 않으려고 한 시간에 한 잔씩 콜라를 마시면서 카페인을 섭취했어요. 그때 저는 부모님과 함께 살고 있었는데, 이틀 밤을 새고 다음 날 아침에 집으로 돌아가는 데 운전 중 몇 번인가 잠이 들 뻔했어요. 정말 위험했어요. 집에 돌아가서는 아버지께 그때까지의 일을 3분 동안 설명하고 잠자리에 들었어요. 꼬박 24시간을 자고 일어났는데, 정말 개운하더군요. 어떤 책에서 "잠과 생각은 보충할 수 없다"라는 글을 읽은 적이 있는데, 그건 사실이 아니에요!

그다음에는 어떻게 되었습니까?
컴퓨터실로 돌아가서 테스트를 계속했습니다. 하지만 더 이상 밤을 새지는 않았어요.

그 외에 발견하신 또 다른 것이 있나요?
가장 최선의 모델 하나를 적용하는 것보다 여러 개의 모델을 한꺼번에 활용하는 편이 더 낫다는 사실을 알게 되었어요. 그다음 주쯤에는 '와, 나 정말 해낸 것 같아'라는 생각이 들었어요. 그리고 어머니께 이렇게 말씀드렸죠. "제가 대학 졸업 후에도 구직을 위해 면접을 보러 다니지 않아 속상해하신 거 알아요. 하지만 저는 트레이딩이 하고 싶어요. 엄마는 말도 안 된다고 생각하시지만요. 하지만 제가 잘하고 있고, 앞으로도 그럴 거라는 것만 알아주세요.

단순히 돈을 벌려고 테스트를 하는 건 아니에요. 제가 예측 모델을 제대로 적용한다면 똑같은 접근방식을 과학에도 적용할 수 있어요. 그래서 지금 제가 하고 있는 일이 멋진 거예요. 트레이더가 되는 게 끝이 아니에요. 이번 테스트가 성공적일수록 과학 분야에서 제 방법을 일반화할 수 있는 가능성이 높아지는 거예요."

실제 과학에 적용해본 적이 있나요?

퀀터터티브 파운데이션(Quantitative Foundation)이라는 재단을 설립했는데, 재단의 장기적인 목표는 통계적인 예측 기법과 소프트웨어 개선입니다. 원래 제가 통계적 예측(Statistical Prediction)이나 통계 학습(Statistical Learning), 데이터 마이닝(Data Mining)[20] 같은 단어를 좋아해요. 하지만 이런 단어가 남용되는 바람에 부정적인 의미를 갖게 되었어요. 아직까지는 별로 진척된 것이 없고, 계획도 없어요. 아직은 우리가 가지고 있는 모델 덕분에 시장에서 돈을 벌고 있으니까요. 하지만 향후에는 과학자들을 위한 소프트웨어로 개발하고 싶습니다. 제가 원하는 건 소프트웨어 개발이지, 우리의 경쟁자들에게 선물을 주고 싶은 건 아닙니다.

과학적인 용도로 제공한 소프트웨어가 금융시장에서 예측하는 도구로 사용되지 않도록 막을 방법이 있나요? 그렇지 않으면 우드리프가 씨가 지금까지 가지고 있던 투자 비결이 공개될 텐데요.

일반화된 소프트웨어를 개발하기 위해서는 오랜 시간이 걸릴 거예요. 여기에만 매달린다고 해도 5년 이상은 걸릴 겁니다. 그때가 되면 QIM이 문을 닫을 수도 있겠죠. 하지만 QIM의 실적이 나빠져 문을 닫게 된다고 해도 제가

---

20. 데이터 마이닝은 컴퓨터를 이용해 거대한 양의 데이터를 분석해 이들 사이에 존재하는 패턴을 알아내는 방법이다. 데이터마이닝 기술은 실험이나 가설로는 알아낼 수 없는 패턴을 찾아내는 효과가 있다. 하지만 우연이나 오류 혹은 의미 없는 패턴들까지 분석에 포함시키는 단점이 있다. 패턴을 밝히기 위해 너무 많은 가격 데이터 조합을 적용하면 예측에 필요한 가치는 사라지고, 우연히 과거의 데이터에 부합하는 패턴을 찾아낼 가능성이 커진다. 이런 단점 때문에 트레이딩 시스템과 관련해 부정적인 의미로 사용되곤 한다.

만든 예측 모델링 기술이 아무 쓸모가 없어지는 건 아닙니다. 이미 지난 몇 년간 수익을 냈다는 사실만으로도 그 효과가 입증된 거니까요. 결국에는 다른 사람들도 우리가 개발한 비결을 알아낼 거예요. 그때가 바로 예측 소프트웨어를 일반적인 용도로 제공하기에 적절한 시기겠죠.

하지만 이를 위해서 해결할 문제가 한두 가지가 아닙니다. 지금은 다양한 분야의 과학자들에게 일반화된 예측 모델링 소프트웨어를 제공하겠다는 목표의 근처에도 가지 못한 상황이거든요. 아직은 군자금을 모으고 있다고 할까요? 처음 5,000만 달러로 재단을 설립했는데, 지금은 1억 달러 정도 모았습니다.

현재 재단에서는 어떤 일을 하고 있나요?

재단이기 때문에 매년 일정한 금액을 기부하고 있습니다.

어디에 돈을 기부하시나요?

학교와 지역 단체에 기부하고 있습니다.

그러니까 재단의 주요 프로젝트는 QIM 이후 우드리프 씨의 인생에 초점이 맞추어져 있군요.

전체적으로 그렇다고 봐야죠. 하지만 예측 모델링 프로젝트를 QIM과 병행할 수 있는 흥미로운 시나리오도 준비되어 있습니다.

블루 리지 트레이딩 설립 후 처음 2년 3개월 동안 손실을 기록하셨습니다. 그러다가 단 6개월 만에 80%의 수익을 올리셨죠. 이처럼 트레이딩 결과가 갑자기 달라진 이유는 투자방법에 큰 변화가 있었기 때문이라고 생각됩니다. 당시 트레이딩 기법에 어떤 변화가 있었나요?

처음에는 각 시장에 꼭 맞게 만들어진 모델들을 활용했어요. 하지만 이들 모델이 과거의 데이터에 끼워 맞춰져 있기 때문에 실제 트레이딩에서는 효과가 없을 가능성이 크다는 것을 알게 되었죠. 1993년에는 더 많은 데이터를 적용해 모델을 개선하면 더 나은 결과를 얻을 수 있다는 사실을 깨달았습니다. 드 같은 모델들을 다양한 시장에 적용했을 때 훨씬 더 개선된 접근방법을 얻어낼 수 있다는 것도 알게 되었어요. 따라서 당시 가장 큰 변화는 각 시장에 개별적인 모델을 활용하던 것에서 모든 시장에 동일한 모델을 적용했다는 것입니다.

두 번째 변화는 투자 다변화입니다. 처음에는 2개 시장에서 트레이딩을 했고, 이후 한동안은 3개 시장에 투자했어요. 하지만 운용하는 자산이 늘어나고 같은 모델을 여러 시장에 적용하는 게 최선이라는 사실을 깨닫게 되면서부터 포트폴리오를 여러 시장으로 다변화시켰어요. 그 결과 실적이 개선되었어요. 1994년에는 20개 시장에 투자했고, 각 시장별로 세분화된 모델은 아예 사용하지 않게 되었습니다. 이게 가장 큰 차이점입니다.

단 2~3개 시장에만 투자하셨을 때는 어떻게 시장을 선택하셨습니까?
거기에도 문제가 있었어요. 백테스트를 통해 가장 좋아 보이는 시장을 골랐거든요.

처음에는 실수를 저지르셨지만 시간이 흐르면서 조금씩 배워나가신 거군요.
네, 맞습니다. 처음 몇 년간은 데이터 마이닝 중에 뼈아픈 실수를 저질렀죠.

블루 리지에서 동일한 모델을 다양한 시장에 적용하기 시작했다고 말씀하셨는데, QIM에서 활용하고 있는 시스템의 초기 단계인가요?
비슷하죠. 하지만 지금은 훨씬 더 개선되었어요. 그때는 컴퓨터의 성능이 상당히 좋지 않을 때여서 모델의 가짓수가 적었죠.

하지만 개념은 비슷한 거죠?

물론이에요. 개념은 똑같습니다. 다만 다듬어지지 않은 초기 단계였을 뿐입니다.

우드리프 씨께서는 추세추종도, 회귀 분석도 아닌 매우 성공적인 투자 시스템을 만들어내셨습니다. 어디에서 아이디어를 얻으셨나요?

우드리프는 사무실에 쌓여 있는 책들을 훑어보다가 한 권을 집어들었다. 그리고 책에 대해 이야기하기 시작했다. 아이러니하게도 그가 아직 읽지 않은 책이었다.

책보다 아까 질문에 대한 답을 좀…….

아, 네. 저는 답을 하지 않으려고요.

네, 알고 있습니다. (우드리프가 크게 웃었다.) 하지만 인터뷰를 위해 꼭 답을 들어야겠습니다. 첫 번째 돌파구는 우드리프 씨가 여러 시장에서 안정적으로 작동할 수 있는 공통의 시스템을 찾은 것이었습니다. 또 다른 중요한 개념은 하나의 시장이 아니라 여러 개의 시장에 시스템을 적용하는 것이었습니다. 하지만 두 가지 중 어느 것도 특별하지는 않습니다. CTA 중 다양한 시장에 대해 시스템을 적용하는 사람도 많고, 상당수는 같은 시스템들을 여러 시장에 적용하고 있으니까요. 2가지 모두 중요하지만 그 자체만으로는 모든 문제가 해결되지는 않습니다. 따라서 우드리프 씨가 다른 대다수의 CTA와 차별화되는 이유는 아닙니다. 아마 진짜 비결은 우드리프 씨께서 만들어낸 시스템의 개념에 있을 것 같습니다.

저는 수많은 데이터 조합을 시도해볼 수 있는 구조를 만들고 싶었어요. 처음에는 몇천 개의 조합을 적용했죠. 이후 컴퓨터의 성능이 크게 개선된 덕에 다양한 조합을 몇조 개나 만들어낼 수 있었어요. 단 시스템이 과거의 데이터에 과도하게 끼워 맞춰지지 않도록 조심했습니다.

그리고 결국에는 방법을 찾아내는 데 성공했어요. 예측 모델링 과정에 관한 책 중에서 "데이터를 남발하지 마라"고 경고하는 책들이 있어요. 데이터 조합을 제한해야 한다는 뜻이죠. 제가 보기에는 바보 같은 소리예요. 저는 다양한 조합을 적용하면서도 과거의 데이터를 과도하게 끼워 맞추지 않는 방법을 알아냈거든요. 매일 시장에서는 새로운 데이터 조합이 만들어져요. 열심히 노력해서 새로운 데이터가 무엇을 의미하는지 알아낸다면, 실질적인 결과를 얻을 수 있습니다. 물론 시간은 꽤 걸리죠.

시스템을 적용해 트레이딩을 하고 있는데 일정 기간 동안 예측과 전혀 다른 결과를 얻는다면 과거의 데이터에 너무 끼워 맞춰진 건 아닌지 혹은 오류는 없는지 확인해봐야죠. 샤프지수가 1이 넘을 줄 알았는데 0.3밖에 되지 않는다면 하나 이상의 중요한 실수를 저질렀거나, 트레이딩 비용을 잘못 판단한 거예요. 저는 이전 1년 동안의 데이터 조합은 훈련용으로, 전년도의 데이터 조합은 유효성을 확인하기 위한 방법으로, 실시간 데이터 조합은 테스트용으로 활용했어요. 제 자신의 투자 실적도 데이터 조합에 활용했습니다.

우드리프 씨에게 추세추종 기법이 맞지 않는 건 알고 있습니다. 하지만 평균회귀 역시 기피하신 이유는 무엇입니까?

추세추종 전략을 활용하지 않았던 것과 똑같은 이유입니다. 다른 사람들과는 다르게 매매하고 싶었거든요. 물론 추세추종보다는 평균회귀가 성격에 더 맞죠. 하지만 저는 저만의 방식을 원했어요. 제 성격에 맞는 접근방식을 원했고, 그것이 바로 『시장의 마법사들』 시리즈 중 가장 먼저 출판된 두 권을 읽으면서 얻은 중요한 교훈입니다. 평균회귀가 저의 성격에 다소 맞는 편이기는 하지만, 아예 꼭 들어맞는 건 아니거든요. 그래서 추세추종도 아니고 평균회귀도 아닌 새로운 방법을 원했죠.

세 번째 접근방법에서 트레이딩 비결이라고 할 수 있는 부분은 제외하고 가장 기본적인 개념만 설명해주실 수 있을까요?

매일의 가격 정보로부터 '부차적 변수(Secondary Variable)'의 조합을 만드는 것입니다.

부차적인 변수가 무엇인지 예를 들어주실 수 있나요?

여러 가지 예가 있겠지만 그중 하나는 변동성입니다. 즉 변동성은 가격으로부터 얻어낸 일련의 정보들이지만 가격의 방향과는 관계가 없습니다. 부차적 변수에 대한 아이디어는 빌 제임스에게서 얻었습니다.

빌 제임스의 야구 통계와 우드리프 씨께서 부차적인 변수라고 부르는 것 사이에 어떤 연관관계가 있나요?

제임스는 기본 데이터로 더 많은 정보가 담긴 다른 종류의 통계 유형을 만들어냈습니다. 저는 가격 데이터를 다르게 정량화시켰고요. 그게 바로 부차적인 변수입니다. 이들을 조합하면 시장에서 유용한 신호로 활용할 수 있다고 생각합니다.

부차적인 변수는 당일 폐장 전까지의 데이터, 즉 당일의 고가, 저가, 종가를 가지고 만드는 건가요?

네, 제가 활용하는 것은 그것뿐입니다.

다른 통계는 사용하지 않으십니까? 예를 들어 GNP나 다른 경제적인 변수는요?

가능하면 사용했을 거예요. 실제 시도는 해보았는데, 제대로 활용할 수가 없었습니다.

우드리프 씨께서 만들어낸 부차적인 변수는 어떻게 트레이딩 시스템에 활용되었나요?

다양한 부차적인 변수를 추세중립적인 모델과 조합시켰습니다.

추세중립적인 모델이란 무엇입니까?

추세가 지속될 것으로도 혹은 역행할 것으로도 예측하지 않는 모델이에요. 다만 향후 24시간 동안 가능한 시장의 방향을 예측하려고 노력하는 모델이죠.

우드리프 씨의 시스템에는 얼마나 많은 추세중립적인 모델이 있습니까?

1,000개가 좀 넘습니다.

상당히 많군요. 그렇다면 추세중립적인 모델이 어떻게 더 나은 아이디어를 제공하는지에 대해 예를 하나만 들어주실 수 있나요? 1,000개가 넘는 모델 중 하나는 전체 시스템의 일부분에 불과하기 때문에 크게 문제될 것 같지 않습니다.

하지만 중립적인 모델들은 공통적인 특성을 지니고 있어요. 투자 비결이 알려질 위험 때문에 예를 들어 설명하기는 어려울 것 같습니다.

우드리프 씨의 시스템은 시장에서 패턴을 관찰하고 이들의 효과를 테스트하는 건가요? 아니면 이론적 가설을 세우고 그 효과를 테스트하는 건가요?

이 책을 한 번 보세요(우드리프는 또 다른 책을 찾기 시작했다. 그가 집어든 책은 필자가 쓴 『주식시장의 마법사들(Stock Market Wizards)』이었다. 우드리프는 책을 뒤적거려 원하는 부분을 찾아냈다). 이 부분이 중요합니다. 그래서 시간이 좀 걸리더라도 이 책을 찾은 거예요.

(그는 데이비드 쇼(David Shaw)의 인터뷰를 찾아내 읽기 시작했다. 처음에는 이곳저곳을

조금씩 발췌해 읽었다. 그다음에는 패턴이 단순히 우연인 경우와 중요한 의미를 나타내는 경우를 구분하는 방법을 묻는 나의 질문에 대한 쇼의 답을 읽기 시작했다.)

> 변수가 많을수록 통계적인 인공물을 찾아낼 가능성이 높아지고, 패턴이 실제적인 예측가치를 갖는 것도 어려워집니다. 기법 때문에 '데이터를 과도하게 적용할 가능성'이 생기지 않도록 조심해야 합니다. 맹목적으로 데이터를 검색해서 패턴을 찾아서는 안 됩니다. 이런 방법의 위험은 자연과학 및 의학 분야를 비롯해 여러 분야에서 이미 잘 알려졌습니다. 그보다는 구조적인 이론이나 시장의 질적인 이해를 바탕으로 가설을 세워야 합니다. 그다음에 데이터를 적용해 가설이 맞는지 테스트합니다.

(우드리프는 단호하게 말했다.)

저는 달라요. 지금 읽은 책의 내용에 따르면 저는 해서는 안 되는 방법을 활용하고 있는 것입니다. 당연히 저는 실패해야 맞는 거죠. 그래서 재미있어요. 거의 모든 사람이 '시장의 맥락에서 보았을 때 합당하면서도 유효한 가설'을 가지고 시스템 트레이딩(그리고 전반적인 예측 모델링)에 접근해야 한다고 말하고 있습니다. 하지만 저는 데이터를 무작위로 적용합니다.
합리적인 가설을 원하는 것도 나쁘지는 않아요. 하지만 저는 이 방법에 상당한 제약이 있다고 생각합니다. 적용하지 못하는 나머지 모든 경우에 대해서도 알고 싶고요. 제가 좋아하는 건 자동화된 과정입니다. 교차검증(Cross Validation, 예측 모델의 효과를 점검하는 방법)을 해보면 과거의 데이터가 과도하게 적용되는 단점을 극복할 수 있습니다. 저는 패턴이 유효하다고 생각되면 몇백 개보다는 몇조 개의 데이터를 모두 테스트하고 싶습니다.
그런데 이 과정에서 컴퓨터가 아닌 수작업이 필요한 부분이 한 군데 있어요. 가격의 예측 모델링에 활용되는 부차적인 변수는 합리적이어야 합니다. 예를 들어 변동성이나 가격 변화의 가속화 같은 데이터는 중요한 정보를 제공해야 되거든요. 그래서 가격으로부터 부차적인 변수를 도출하는 과정은 수작업이 필요해요. 그다음에는 제가 가지고 있는 틀을 사용해서 이 부차적인 변수들이 다양한 조합에서 효과가 있는지를 확인합니다.

이 과정을 컴퓨터로 해버리고 싶다는 생각도 합니다. 하지만 후판단편파(Hindsight Mining, 이후에 형성된 편견을 가지고 판단)나 데이터를 과도하게 적용하지 않는 것이 얼마나 중요한지를 알고 있죠. 추가적으로 우리 모델 중 흥미롭고 훌륭한 것들을 골라 역으로 설계(Reverse Engineer, 모델을 거꾸로 설계해서 아이디어와 노하우를 축적하는 과정)해보고 있어요. 이들 패턴이 시장의 심리에 대해 어떤 실마리를 제공하느냐고요? 솔직히 저도 아직은 모르겠어요.

우드리프 씨께서는 수백 개의 부차적인 변수들 중에서 일부 조합을 선택해 모델을 구축하고 계십니다. 활용하시는 조건에 따라 수십억 개까지는 아니더라도 수백만 개가 넘는 조합이 만들어질 겁니다. 언뜻 듣기에는 그 수많은 가능성 중에서 1,000개의 모델을 선택한다는 것은 데이터 마이닝처럼 보입니다.

데이터 마이닝은 상당히 긍정적인 과정입니다. 다만 대부분의 사람들이 제대로 활용하지 못하고 있는 것뿐이죠. 데이터 마이닝을 올바르게 활용하는 방법에는 여러 가지가 있어요. 모든 데이터 조합에 효과가 있는 것도 아니고, 어떤 데이터 조합은 예측에 전혀 도움이 되지 않기도 해요. 저는 직감적으로 추세추종도 아니고 역행도 아닌 제3의 모델이 시장 예측에 도움이 될 거라고 생각했고, 제 직감은 맞았습니다. 추세추종보다 더 복잡한 데이터 패턴이 있을 거라는 생각했던 거예요.

데이터 마이닝의 함정을 피할 수 있는 방법에는 어떤 것이 있을까요?

겉보기에만 그럴듯한 것들부터 골라내야 합니다.

우드리프 씨는 어떤 방법으로 그런 것들을 골라내고 계십니까?

향후 24시간 동안의 가격 변화를 뜻하는 목표변수(Target Variable)를 가지고 모델을 훈련시키지 않고, 같은 특성을 가진 통계를 무작위로 만들어낸다고 생각해보세요. 이런 데이터로 훈련해서 성과가 좋다는 모델들은 100% 짜맞춰진 것입니다. 의도적으로 도출된 잘못된 데이터에 의존하고 있기 때문이죠. 가상의 데이터로 만든 최선의 모델이 기록한 성과는 기본 모델일 뿐입니다. 이후 실제 데이터를 가지고 훈련을 시켜야만 훨씬 더 나은 모델이 될 수 있어요. 실제 데이터를 적용한 모델과 기본 모델의 차이는 향후 실적을 예측할 수 있는지 여부입니다.

사람들이 데이터 마이닝 과정에서 저지르는 가장 최악의 실수는 무엇입니까?

많은 사람이 '샘플에 포함된 데이터'를 훈련 과정에 활용하고 '샘플에 포함되지 않은 데이터'를 테스트에 활용하면 문제가 없다고 생각해요.[21] 그래서 '샘플에 포함된 데이터'를 이용해 모델을 추려내고, '샘플에 포함되지 않은 데이터'를 가지고 모델을 테스트해서 그중 최선을 선택하죠. '샘플에 포함되지 않은 데이터'로 계속 좋은 결과를 내놓는 모델을 선택하려고 해요. 이 과정에서 '샘플에 포함되지 않은 데이터'는 훈련에 적용됩니다. 샘플에는 포함되지 않은 것들 중에서 일부만 선택하는 결과가 되니까요. 이것이 바로 사람들이 가장 흔히 저지르는 실수이고, 또 데이터 마이닝이 일반적으로 형편없는 수익률을 기록하는 이유예요.

우드리프 씨께서는 어떤 방법을 활용하십니까?

'샘플에 포함되지 않은 데이터'를 적용했을 때 모든 모델이 전반적으로 좋은

---

21. 트레이딩 시스템 개발 과정 중에는 과거의 데이터를 시스템 개발에 활용할 데이터(예 : 샘플에 포함된 데이터)와 시스템 테스트에 활용할 데이터(예 : 샘플에 포함되지 않은 데이터)로 나눈다. 이것은 후파단편파를 막기 위해서다. 이후 '샘플에 포함된 데이터'로 얻은 결과는 무조건 무시된다. 왜냐하면 후판단편파의 원인이 되기 때문이다. '샘플에 포함되지 않은 데이터'를 별도로 구분해 테스트에 활용하는 방법은 결과를 오해하지 않기 위한 필요조건이지만, 우드리프의 지적대로 그것만으로는 충분하지 않다.

실적을 기록하는 패턴을 찾는 거예요. '샘플에 포함되지 않은 데이터'를 적용했는데 '샘플에 포함된 데이터'를 적용했을 때에 비해 크게 뒤처지지 않는 평균을 기록한다면 상당히 성공적이죠. 일반적으로 50% 이상이면 정말 훌륭한 거예요. SAS(비즈니스 분석 소프트웨어 개발업체)나 IBM의 예측 모델링 소프트웨어가 훌륭했더라면 QMI의 비즈니스 모델은 아마 효과가 없었을 거예요.

만약 SAS나 IBM의 소프트웨어가 효과가 있었다면, 많은 사람이 금융 모델을 개발하는 데 활용하지 않았을까요?
지금도 활용하는 사람들은 많아요. 다만 소프트웨어로 적절한 모델링을 해내는 데 있어서 애를 먹고 있을 뿐만 아니라, 데이터 마이닝 과정에서 실수를 저지르곤 하죠.

금융시장에서 우드리프 씨가 혼자서 만든 데이터 마이닝이 거대 기업들에서 수많은 박사가 만든 소프트웨어보다 더 효과적인 이유가 무엇일까요?
상업적인 소프트웨어들은 데이터 왜곡을 막기 위한 엄격한 잣대보다는 사용자들이 많은 데이터를 활용할 수 있도록 돕는 데 중점을 두고 있어요. 사람들은 전보다 훨씬 더 많은 데이터 처리가 가능한 소프트웨어를 개발하고 활용할 수 있다는 사실에 기뻐서 과정의 중요성을 잊어버리죠. 이들 소프트웨어는 사용자들이 올바른 데이터 마이닝을 할 수 있도록 돕기는커녕 오히려 잘못된 방향으로 이끌어버려요. 이용자들이 선호하는 이론에 부합하는 잘못된 증거를 생산해버리게 되는 거죠.

1980년대의 데이터와 2000년대의 데이터에 같은 비중을 두십니까?
가끔은 최근 데이터에 더 큰 비중을 둡니다. 하지만 오래된 데이터 역시 놀라울 정도로 가치가 있어요. 패턴이 큰 차이를 보이지 않아 놀랄 때가 많죠. 오랜 시간이 지나면 시장의 예측 패턴이 변한다고 생각했거든요.

그렇다면 특정 모델이 좋지 않은 실적을 기록해도 시스템에서 배제하지 않으십니까?

모델이 오랜 기간 좋지 않은 실적을 기록해야 시스템에서 배제합니다. 단기적으로는 어떤 조치를 취하지 않아요. 올해 성과가 좋지 않았다고 해서 내년에도 그런 건 아니거든요. 모델의 예측가치는 약 31년 정도에 걸쳐 측정됩니다. 모델이 1년간 기록한 실적은 31년간 축적된 전체 데이터 중 3% 정도를 차지하기 때문에 별 의미가 없죠.

선물 프로그램으로만 운용되는 자산 규모가 50억 달러에 달하십니다. 수용 역량에 문제가 있지 않을까요? 운용하는 자산의 규모가 커지면 어떤 변화가 있을까요?

초창기부터 만들어온 변화(우리의 수용 역량을 확장하는)들 중 하나는 개장시점에만 거래하는 것이 아니라 전체 거래기간에 걸쳐 거래하는 것이라고 할 수 있습니다. 또 다른 변화는 자산을 좀 더 유동적인 시장에 배분한 것입니다. 주식 인덱스와 금리에 투자하는 비율이 늘었고, 비금융권의 선물 계약 비중은 줄였습니다. 덕분에 포트폴리오 다변화 정도는 약간 약해졌죠. 하지만 우리가 유동적인 시장에서 유리한 트레이딩을 하고 있기 때문에 결과는 성공적이었습니다. 유동성이 높은 시장에 좀 더 비중을 늘린 결과, 수용 역량뿐 아니라 실적도 개선시킬 수 있었죠.

각 시장에서 상대적인 유동성을 기준으로 투자 포지션을 조정하십니까?

유동성이 큰 시장에 집중하기 시작한 건 2006년부터였습니다. 그 6개월 전에는 유동성만 고려해 리스크를 다시 할당했어요. 수용 역량이 지나치게 초과하는 S&P만 여기에서 제외되었습니다.

우리의 수용 역량에 관한 또 중요한 점은 계속해서 달라진다는 거예요. 시장의 거래량이나 변동성에 따라 크게 달라지죠. 현재 우리의 수용 역량은

60~90억 달러의 규모로 추정되고 있어요. 시장 전반에 걸쳐 변동성이 50% 감소한다면 우리의 수용 역량도 그 정도 감소하는 것으로 판단하고 경계합니다.

리스크는 어떻게 관리하십니까?

가장 기본적인 리스크 관리방법은 각 시장의 리스크를 평가하는 것입니다. 시장에서 각 포지션이 하루 동안 기록하는 거래범위의 이동평균에 가중치를 설정하여 시장의 리스크를 평가하죠. 이런 리스크 관리체계 덕분에 시장이 크게 흔들릴 때도 우리의 변동성을 목표 수준에 가깝게 유지할 수 있었습니다. 리스크 관리 측면에서 우리가 정말 자랑스러워 하는 것 중 하나는 2008년이나 2009년 시장이 붕괴했을 때도 우리의 투자 변동성을 연평균 목표인 12%로 유지했다는 것입니다.

2008년에는 다른 시기에 비해 각 시장에서의 매매 규모가 대략 수백만 달러씩 감소했을 것으로 생각됩니다.

네, 맞습니다. 시장의 변동성이 커지면 그에 따라 매매를 줄이죠.

시장의 변동성 변화에 따라 거래 규모를 조절하는 것 외에 또 어떤 리스크 관리방법을 활용하십니까?

시장의 변동성에 따른 포지션 조절방법은 상당히 성공적이었어요. 지난 2년간 별로 효과가 없던 리스크 관리방법은 레버리지를 줄이는 정책이었죠. 월별 수익이 최고점에 비해 6% 하락하면 우리는 익스포저(Exposure, 일반적으로 레버리지를 늘리면 리스크에 대한 노출, 즉 위험비중이 늘어난다)를 평상시의 75%로 줄였어요.[22] 8% 하락하면 익스포저를 50%로, 10% 하락하면 25%로 줄였습

---

[22] 2011년, QIM은 실적이 좋지 않은 기간 동안 레버리지를 줄이기 위해 그때까지 활용했던 계산방법을 변경했다. 하지만 새로운 방법 역시 개념 및 실질적인 면에서는 비슷하기 때문에 결국 레버리지를 축소한 것이었다.

니다. 반대로 하락폭이 줄어들면 익스포저를 늘렸습니다. 2003년부터 2009년까지는 레버리지를 줄이는 규칙 덕분에 리스크 대비 수익이 약간은 하락했지만, 밤에 잠은 편하게 잘 수 있었어요. 손실이 발생해도 투자 규모가 작았기 때문이죠. 하지만 2010년과 2011년에는 바로 이 방법 때문에 오히려 피해를 입었어요. 익스포저를 줄인 다음 우리의 트레이딩 모델이 눈부신 실적을 기록했거든요. 추세추종 트레이딩에서 사용하는 표현을 빌리면 가짜신호(Whipsaw)에 당했다고 할 수 있죠.

딜레마군요. 평균회귀 법칙(한동안 시장의 수익이 나쁘더라도 이후에는 나아져 결국 평균적인 수준을 회복한다는 법칙)을 적용하면 이후 실적이 좋아질 확률이 높아집니다. 수익이 줄어들 때마다 익스포저를 줄인다면 실적이 개선되는 시기에도 익스포저가 작겠죠. 한편 가격 하락에 따라 익스포저를 줄이면 손실이 커지는 것을 막을 수 있습니다. 역설적이지만 저는 2가지 모두 옳다고 생각합니다. 시장의 하락 후 익스포저를 줄이면 끔찍한 손실 가능성을 막을 수 있지만, 실적에는 악영향을 미친다고 생각합니다.

사람들이 시장에 대해 가지고 있는 잘못된 오해에는 무엇이 있을까요?
가장 심각한 오해는 '자유시장(Free Market)'의 조건입니다. 예를 들어 장외시장(OTC)은 자유시장이라는 이름으로 별다른 제약 없이 크게 성장했고, 월스트리트 은행들의 거대한 수익 센터 역할을 했습니다. 장외시장을 규제하지도 않고 불투명하게 유지하는 것은 8살짜리 아이들 50명을 한 달 동안 보호자 없이 방치하는 것과 비슷해요. 법률상의 정의에 대해서는 나름대로 해박하지만 현실적으로는 순진한 고객들을 이용해 먹기 위한 도구로 이용돼왔거든요. 장외시장은 비대칭적인 정보를 극대화하기 위해 만들어졌어요. 옳지 못한 시장 운영을 단적으로 보여주는 예죠. 시장은 공정하고 투명해야 합니다. 선물이나 주식시장이 지금까지 대부분 그랬거든요.

시장에서 일반인들이 저지르는 가장 심각한 실수는 무엇입니까?

오버트레이드(Overtrade, 과잉 거래)와 남에게 정보를 얻는 것입니다.

한동안 손실이 지속되면 스트레스를 받으시나요? 그럴 때는 어떻게 스트레스를 푸십니까?

네, 실적이 나쁘면 힘이 들죠. 그럴 때 저는 주로 트레이딩 시스템을 개선하는 데 집중합니다.

우드리프 씨의 트레이딩 규칙을 간략하게 요약해주시겠습니까?

첫째, 다른 사람들이 보지 않는 곳을 봐야 한다.
둘째, 포지션 규모를 조정하여 변동성에 의한 전반적인 리스크를 조절해야 한다.
셋째, 거래비용에 주의해야 한다.

마지막으로 하고 싶으신 말씀이 있으십니까?

제 아버지께서는 통찰력이 매우 뛰어난 분입니다. 제가 10대였을 때부터 스스로에 대해 객관적으로 평가하도록 가르치셨습니다. 그 덕분에 제가 성공할 수 있었다고 생각합니다.

99

장기적인 성공으로 입증된 우드리프의 시각은 트레이딩 시스템에 관해 다음 네 가지의 중요한 통찰력을 제시한다.

첫째, 추세를 따르는 것도, 추세에 역행하는 것도 아닌 그의 세 번째 시스템이 앞의 2가지보다 더 나은 성과를 도출할 수 있다(우드리프의 리스크 대비 수익과 여타 시스템 트레이더들의 리스크 대비 수익률을 비교해 판단할 수 있다).

둘째, 데이터마이닝 기술로 방대한 양의 데이터를 활용하면서도 정보를 왜곡하지 않고 유용한 패턴을 찾아내는 것이 가능하다(하지만 대부분의 사람들은 잘못된 접근방법으로 과거의 데이터를 적용했을 때는 잘 맞아 떨어지지만, 실제 트레이딩에서는 효과가 없는 패턴을 찾곤 한다).

셋째, 오래된 정보(예를 들어 30년 전 데이터)도 최근 정보만큼 의미가 있다.

넷째, 다양한 시장에서 효과가 있는 시스템이 단일한 시장에서만 효과가 있는 시스템보다 더 좋은 실적을 기록할 가능성이 높다. 그렇기 때문에 특정 시장이 아니라 여러 시장에서 효과가 있는 시스템을 만들도록 한다.

우드리프의 리스크 관리방법은 변동성의 변화에 따라 포지션의 규모를 조절하는 것이다. 이는 시스템 트레이더가 아니더라도 유용하게 사용할 수 있는 방법이다. 시장에서 변동성이 증가하면 우드리프는 동일한 자산 규모를 줄이며 거래한다. 그는 시장에서 변동성이 커지면 매매 횟수를 줄인다. 포트폴리오의 익스포저를 줄이기 위해서는 각 시장의 포지션이 기록하는 거래범위의 평균을 활용한다. 우드리프는 이런 방식으로 지난 20년간 시장이 급격하게 변화할 때도 포트폴리오 변동성을 목표 수준에 가깝게 유지해왔다.

지금까지 인터뷰한 모든 성공적인 트레이더들이 그랬듯이 우드리프 역시 자신의 성격에 꼭 맞는 기법을 개발해냈다. 그는 다른 사람과 전혀 다른 접근방법을 개발하고 싶다는 강력한 목표를 가지고 있었고, 그 목표를 실현했다. 뿐만 아니라 자신에게 맞지 않는 방법은 즉시 알아내는 능력도 가지고 있었다. 처음 투자를 시작했을 때 데이 트레이딩을 하기 위해 실시간 가격 정보 시스템을 설치했지만, 단 3일 만에 "이건 아니구나. 내게는 맞지 않는 방법이구나"라며 그만두었다.

Part 2

다양한 전략을 활용하는
다전략 트레이더

시장의 혁신가
에드워드 소프(Edward Thorp)

정말 시장을 이길 수 있을까? 효율적 시장가설에 따르면 "아주 운이 좋지 않으면 불가능한 일"이다. 시장에 이미 모든 정보가 공개되어 있으며, 새로운 정보는 그 즉시 시장에 반영되기 때문이다. 그렇다면 이 책에 소개된 인물들을 포함해 지속적으로 놀라운 실적을 기록해온 뛰어난 트레이더들은 어떻게 설명해야 할까? 효율적 시장가설 이론가들은 여기에 대해 '셰익스피어의 원숭이'라는 확률이론을 들어 반박한다. 많은 원숭이가 컴퓨터의 자판을 칠 줄 안다면(원래 처음 이야기에서는 타자기를 칠 줄 아는 원숭이였는데, 얼마 전부터 컴퓨터 키보드로 바뀌었다) 그들 중 하나는 『햄릿(Hamlet)』을 타이핑할 수 있다는 설명이다. 즉 세상에 수많은 트레이더가 있다면, 그중에서 한 명은 우연히 놀라울 정도의 실적을 기록할 수도 있다는 의미이다.

원숭이가 『햄릿』을 타이핑하는 것이 가능한 이야기라고 해도 의문점이 하나 생긴다. 컴퓨터로 『햄릿』을 타이핑할 수 있는 원숭이를 찾기 위해 얼마나 많은 원숭이가 필요하냐는 것이다. 그 답은 간단하다. '정말 많은 원숭이'이다. 한 마리의 원숭이를 찾기 위해 온 우주를 채우고도 남을 만큼의 원숭이가 필요할 것이다. 그렇다면 또 다른 의문이 생긴다. 우연히 뛰어난 실적을 기록하는 트레이더가 나오려면 과연 얼마나 많은 트레이더가 필요할까? (만약 효율적 시장 가설이 정확하다면 모든 투자 실적은 우연이다.) 소프의 투자 실적을 살펴보면 답을 얻을 수 있다.

소프가 만든 최초의 펀드인 프린스턴 뉴포트 파트너스(Princeton Newport Partners)는 19년간 유지되었으며(1969년 11월부터 1988년 12월까지), 연평균 복리 수익률 19.1%(수수료를 제외하면 15.1%)를 기록했다. 하지만 소프가 남들과 다른 이유는 단순히 높은 수익률을 기록했다는 것뿐만 아니라 지속적으로 놀라운 수익을 올렸다는 점이다. 프린스턴 뉴포트 파트너스는 227개월 동안 수익을 벌어들였고, 손실을 기록한 건 단 3개월뿐이다(게다가 손실은 모두 1% 미만이었다). 이는 98.7%에 달하는 놀라운 승률이다.

시장이 효율적이라는 논리에 따라 소프처럼 놀라운 승률을 올릴 수 있는 확률을 구하기 위해서 먼저 성공과 실패의 평균적인 확률이 반반이라고 추정했다(이는 상당히 보수적인 추정 방법이다. 왜냐하면 소프가 실패할 가능성은 승률이 반반으로 나올 확률보다 훨씬 낮기 때문이다). 평균적으로 성공과 실패 확률이 똑같다고 가정하면, 트레이더 한 명이 230번의 투자 중 227번 이상 수익을 거둘 확률은 동전을 230번 던져 동전의 앞면이 227번 이상 나올 확률과 같다. 이는 1063분의 1의 확률이다. 세상에 10억 명의 트레이더가 있다고 가정해도(편의상 과장하도록 하겠다), 그들 중 한 명의 트레이더가 230번 중 227번 성공할 확률은 1062분의 1보다 작다. 지구상에서 우연히 특정한 원자를 골라낼 확률은 그보다 1조 배나 높다[1].

그렇다면 소프의 승률에 대해서는 다음 2가지 이론이 가능하다.

첫째, 이런, 소프는 억세게 운이 좋은 사람이다!
둘째, 효율적 시장가설은 틀렸다.

소프의 놀라운 투자 실적은 시장을 이기는 것이 가능하다는 것을 보여준다. 또

---

1. 지구에 있는 원자의 개수는 약 1,050개로 추정된다(자료제공: www.wolframalpha.com).

시장을 절대 이길 수 없다고 주장하는 경제학자들이 증거는 무시한 채 자신들의 이론에만 집착하고 있다는 사실을 증명한다.[2] 시장을 이길 수는 있다. 다만 매우 어려울 뿐이다(실제 시장 참여자 중 상당수는 실패한다). 그래서 시장이 효율적이라는 환상이 만들어지는 것이다.

소프의 경력을 살펴보면 '최초'라는 수식어를 놀라울 정도로 많이 찾아볼 수 있다.

- 그가 ('디지털의 아버지'로 불리는 클로드 섀넌(Claude Shannon)과 함께) 최초로 개발한 옷처럼 입을 수 있는 컴퓨터는 룰렛 게임을 이기는 데 도움을 주는 시스템이다.
- 그는 최초로 블랙잭 게임에서 우위(유리한 확률)를 확보할 수 있는 전략을 개발했다. 소프가 쓴 베스트셀러 『Beat the Dealer』(Random House, New York, 1967)에 그 내용이 소개되어 있으며, 덕분에 카지노들은 블랙잭 게임 룰을 변경해야 했다.
- 그는 경제학자인 신 카소우프(Sheen Kassouf)와 함께 신주인수권 및 여타 파생상품(예를 들어 옵션, 전환사채, 전환우선주 등)과 관련된 최초의 시스템 투자방법을 개발했다. 이는 주식시장에서의 투자 포지션을 상쇄해 리스크를 헤지하는 방법으로 활용 가능하며, 소프가 쓴 『Beat the Dealer』에 상세히 소개되었다.
- 그는 블랙-숄즈 모형(Black-Scholes Model, 피셔 블랙(Fischer Black)과 마이런 숄즈(Myron Scholes)가 개발한 옵션가격에 관한 이론으로, 이후 숄즈 박사는 노벨 경제학상을 수상했다. 블랙 박사는 이미 사망했기 때문에 상을 수상하지 못했다)과 유사한 옵션가격 모델을 최초로 개발했다. 소프는 블랙-숄즈 모형이 공개되기 전 수년 동안 자신이 만든 공식을 활용해 신주인수권 및 옵션 투자로 상당한 수

---

[2] 소프를 비롯해 뛰어난 트레이더들의 실적은 효율적 시장가설을 반박하는 실증적인 증거 중 하나다. 좀 더 자세한 설명을 원한다면 곧 출판될 필자의 책 『합리적인 시장과 불합리한 시장(Market Sense and Nonsense: How the Markets Really Work - and How They Don't)』을 참고하기 바란다.

익을 올렸다.
- 그는 처음으로 시장중립펀드(Market Neutral Fund, 주식, 채권, 선물 등을 대상으로 주식시장 흐름과 상관없이 실세금리 이상의 수익을 추구하는 펀드)를 설립했다.
- 그는 처음으로 퀀트 헤지펀드(Quant Hedge Fund, 자유재량이나 주관적 판단을 배제하고 객관적 및 계량적 분석으로 투자하는 펀드)를 만들어 성공을 거두었다.
- 그는 처음으로 전환사채 차익거래(Convertible Arbitrage, 전환사채와 일반 증권의 가격 차이를 활용해 수익을 얻는 방법)를 실행했다.
- 그는 처음으로 통계적 차익거래(Statistical Arbitrage, 통계적으로 가격이 잘못된 자산을 매매해 수익을 얻는 방법)를 실행했다.
- 그는 버나드 메이도프(Bernard Madoff)의 금융사기를 가장 먼저 알아낸 사람이다. 소프는 해리 마르코폴로스(Harry Markopolos)[3]보다 수년 전에 메이도프 사기에 관한 다양한 증거를 찾아냈다.

수학 박사이자 물리학 박사인 소프는 도박을 통해 주식시장에 발을 들여놓게 되었다. 하지만 소프는 일반사람들처럼 도박 그 자체를 즐긴 것이 아니었다. 일반적으로 카지노 게임은 참가자들을 위기로 몰아넣고, 게임을 하면 할수록 더 큰돈을 잃게 만든다. 이런 도박의 특성이 소프의 흥미를 자극했다. 대공황 시절에 유년기를 보낸 탓에 리스크를 극단적으로 회피하려는 경향이 있던 소프는 도박에서 도박의 요소를 배제하는 것을 목표로 삼았다. 그는 도박을 할 때 카지노보다 우위를 서겠다는 불가능해 보이는 일을 해내기로 마음먹었다. 그리고 룰렛, 블랙잭, 바카라, 휠 오브 포춘(회전식 수레바퀴 모양의 도박 장치) 등 다양한 카지노 게임에서 이기는 전략을 개발해냈다. 재미있는 것은 난공불락의 카지노 게임을 이기는 전략을 개발하는 것보다 실행하는 것이 더 어려웠다는 점이다. 그 이유는 현실적인 문제 때문이었다. 계속 이기기만 하는 고객은 곧 사람들의 눈에 띄었고,

---

3. 금융사기 전문가인 마르코폴로스는 지속적으로 미국 증권거래위원회에 메이도프 의혹에 관한 증거를 제출했다. 하지만 증권거래위원회는 어떠한 조치도 취하지 않았다.

카지노는 게임에서 이길 확률보다 승률이 높은 참가자를 절대 용납하지 않았다.

그래서 소프는 자신의 연구 결과를 적용시킬 새로운 대상을 찾았고, 그것이 바로 주식시장이었다. 주식시장은 카지노에 비해 규모가 훨씬 더 방대할 뿐만 아니라 계속 이긴다고 쫓아낼 사람도 없었다. 연구의 대상을 주식시장으로 바꾼 후 그는 신주인수권(장기 옵션) 가격의 문제점을 발견하였다. 이후 신주인수권과 옵션가격에 대한 연구를 진행하는 과정에서 캘리포니아 대학교 어바인 캠퍼스(경제학과)에서 교수로 재직하고 있던 카소우프가 같은 주제를 연구하고 있다는 사실을 알게 되었고, 이후 두 사람은 한동안 함께 연구를 진행하였다.

1967년에 두 사람은 공동집필한 『Beat the dealer』를 통해 연구 결과를 공개했다. 소프는 이후에도 연구를 계속해 자신만의 공식을 완성했고, 그가 만든 공식은 나중에 크게 유명세를 떨치게 될 블랙-숄즈 모형의 바탕이 되었다. 소프의 공식은 『Beat the dealer』에서 소개된 것보다 훨씬 효과적이었으나, 다른 사람들에게는 공개되지 않았다. 이후 몇 년간 소프는 자신과 동료의 돈을 시장에 투자해 상당한 수익을 올렸고, 1969년에는 동부해안에서 중개인으로 일하던 제임스 리건(James Regan)과 함께 최초의 퀀트 펀드(동시에 첫 번째 시장중립 펀드)인 프린스턴 뉴포트 파트너스를 설립했다.

프린스턴 뉴포트 파트너스(BNP)는 이름에서 짐작할 수 있듯이 두 가지 업무로 분리되었다. 소프는 뉴포트비치 사무실에서 연구와 프로그래밍, 트레이딩을 맡았고 리건은 프린스턴 사무실에서 투자 주문을 처리하는 한편 주문집행, 행정업무, 마케팅을 맡았다. 업무가 분리된 덕분에 소프는 경영에는 신경 쓰지 않고 원하는 연구에 집중할 수 있었다. 이러한 업무 분리는 19년간 상당히 성공적이었으나, 결국 이로 인해 BNP는 파멸을 맞게 된다.

1987년 12월, 50명의 연방경찰관이 BNP의 프린스턴 사무실에 들이닥쳐 증권법 위반의 증거를 수집한다며 각종 파일과 테이프를 압수했다. 루돌프 줄리아니(Rudolph Giuliani) 검사가 사기혐의로 BNP에 대한 수사를 시작했던 것이다. 이것은 투자회사를 상대로는 처음으로 리코(RICO, 미국의 조직범죄처벌법)법이 발동된 사례였다. 1988년 8월, 리건과 4명의 또 다른 프린스턴 사무실 직원은 64개의 혐의로 기소되었다. 이들의 혐의는 크게 2가지로 나눌 수 있었는데, 하나는 주식파킹(Stock Parking, 회사의 소유권을 숨기기 위해 지분을 제3자에게 맡겨놓는 것)이었고, 또 하나는 드렉셀 번햄 램버트(Drexel Burnhan Lambert, 마이클 밀켄(Michael Milken)의 투자회사)의 주식공모[4]와 관련된 주가조작 혐의였다.

처음 BNP의 직원들은 유죄를 선고받았지만 이후 모두 무죄가 선고되어 수감된 사람은 없었다. 당시 사건을 보도한 기자들은 줄리아니 검사가 혐의에 비해 상당히 엄격하게 기소를 집행한 이유(예를 들어 리코법 적용)가 마이클 밀켄(마이클 밀켄은 정크본드의 왕이라고 불리는 뛰어난 트레이더였지만, 1989년 내부거래 혐의로 기소되었다)과 드렉셀에 불리한 증언을 확보하기 위한 의도일 것으로 추측했다.

소프는 프린스턴 사무실의 불법행위에 대해서는 전혀 몰랐고, 검찰의 압수수색이 있은 다음에야 문제가 있다는 사실을 알게 되었다. 프린스턴 사무실에서 불법행위를 저지른 직원들이 철저하게 기밀을 유지했기 때문에 소프는 신문 기사를 보고 사건에 대한 정보를 얻을 수 있었다. 그는 당시 사건과 관련해 기소되지 않았고 어떤 심문도 받지 않았다. 하지만 BNP는 돌이킬 수 없는 피해를 입었다. 몇 달 후 소프는 BNP의 문을 닫기로 결정했다. 트레이딩과 경영의 분리는 편리한 선택이었지만, 결국 소프의 헤지펀드를 파괴시키는 결과로 이어졌다. 업계 최고의 리스크 대비 수익을 자랑하던 그의 실적(동의하지 않는 사람도 있다)도 BNP의 붕괴를 막지 못했다.

이후 그는 뉴포트에 있던 BNP 사무실을 그대로 유지하면서 자신의 계좌로 트레이딩을 계속했다. 1990년부터 1992년까지는 가격이 전반적으로 잘못 책정되어 있던 일본의 신주인수권에 집중했다. 하지만 이후 소프는 해당 전략을 포기했는데, 딜러들이 매매호가 스프레드(Bid/Ask Spread)를 너무 확대해놓는 바람에 트레이딩에서 기대할 수 있는 잠재수익이 반으로 줄어버렸기 때문이었다.

---

4. 소프는 주식파킹 혐의를 다음과 같이 기억한다. "저는 드렉셀의 트레이더(브루스 뉴버그(Bruce Newberg), 뉴버그 역시 BNP 사건과 관련돼 기소되었다)에게 회사에서 조달한 2,500만 달러의 자본이 있다는 소리를 들었습니다. 그런데 모두 투자해버렸다고 하더군요. 그는 더 많은 투자 기회를 활용하기 위해 일부 포지션을 BNP에 매도하고 이후 다시 재매수하겠다고 했습니다. 연평균 20%의 수익을 지급하겠다고 했죠. 이 트레이더는 덕분에 다른 투자 기회를 활용할 수 있었습니다. 하지만 당국의 입장에서 보면 결국 주식파킹이었죠. 소유권을 숨긴 것이니까요."

1980년대 중반부터는 통계적 차익거래 전략을 활용해 큰 성공을 거두었다. 1992년, 소프는 거대 기관 고객을 위한 투자 전략을 운용해달라는 제의를 받았다. 2년 후 그는 두 번째 헤지펀드인 리지라인 파트너스(Ridgeline Partners)를 설립해 고객들에게 통계적 차익거래 전략을 공개했다. 리지라인 파트너스는 하루 평균 뉴욕증권거래소 전체 거래량의 0.5%인 600만 주를 매매했을 정도로 매우 활발한 펀드였다. 소프는 같은 전략을 10년이 넘게 활용했고, 21%에 달하는 연평균 복리 수익률을 기록했다. 연간 변동성은 고작 7%였다(역시 놀라운 실적이다).

2002년 소프는 리지라인 파트너스를 정리했지만(그 이유에 대해서는 인터뷰 본문에 설명되어 있다), 이후 다른 헤지펀드를 통해 투자를 계속했다. 2007년 말부터 2010년 초반까지는 독립적으로 개발한 추세추종 기법을 활용했다.

소프와의 인터뷰는 그의 뉴포트비치 사무실에서 이틀에 걸쳐 진행되었다. 햇볕이 잘 드는 그의 사무실은 180도 전망을 자랑했다. 서쪽으로는 태평양이 보였고, 북쪽으로는 주변 도시가 한눈에 들어왔다. 소프는 78세의 나이가 믿기지 않을 만큼 활기가 넘쳤고, 정신력도 강했다. 사실 그는 열렬한 운동 마니아로 꾸준히 달리기와 걷기운동을 하고 있을 뿐 아니라 일주일에 두 번씩 트레이너와 체력 단련도 계속하고 있다. 그의 기억력은 상당히 정확해서 사건이 일어난 연도와 날짜까지 정확하게 기억하고 있었다. 소프는 지금까지 자신이 이루어온 업적에 대해 자부심을 갖고 있었고, 올바른 인생을 살아왔다는 사실에 만족하는 듯했다. 그리고 거만한 모습은 전혀 볼 수 없었다.

"

어렸을 때 지금과 같은 인생을 살게 될 거라고 생각하셨나요?

아닙니다. 제 아버지께서는 사업을 매우 싫어하셨어요. 대공황의 여파에서 우리 가족도 피해갈 수 없었습니다. 당시 아버지는 경비일을 하셨어요. 그 일

말고는 다른 직업을 구할 수 없었죠. 1차 세계대전 때 아버지는 전쟁에 참전해 해외로 파병되셨고, 총상도 몇 번 입으셨습니다. 퍼플하트(Purple Heart)를 비롯해 실버스타(Silver Star), 브론즈스타(Bronze Star) 등 많은 훈장을 받으셨지만 전쟁에 대한 적대감을 품을 채 집으로 돌아오셨습니다. 아버지가 느끼셨던 대공황의 고통과 어려움, 전쟁에 대한 반감은 저에게도 고스란히 전해졌습니다. 아버지께서는 꼭 필요한 전쟁이었다고 말씀하시긴 했지만요.

아버지께서는 교육을 받은 분이셨나요?

네, 대학을 1년 반 동안 다니시다가 돈이 없어 그만 두셨습니다. 하지만 정말 똑똑한 분이셨습니다. 수학에 재능이 있으셨어요. 어머니도 마찬가지고요. 아버지께서는 글도 잘 쓰셨습니다. 시카고에서 열린 글쓰기 대회에서 상을 받기도 하셨고, 1934년에는 타자기도 구입하셨습니다. 제가 1965년에 확률에 관한 책을 쓸 때 아버지의 타자기를 사용했죠.

저는 8살인가 9살 때부터 과학에 흥미를 느꼈습니다. 고등학교는 좋은 곳에 진학하지 못했어요. LA에 있는 학교 32개 중 31위였죠. 그래서 저는 독학으로 공부했습니다. 차고 뒤에 있는 어머니가 쓰시던 빨래방에 실험실을 만들었죠. 새벽 두 시에 일어나 신문배달을 해서 모은 돈으로 화학약품을 샀습니다. 물리와 화학, 천문학, 전자학에 관심이 많아서 많은 시간을 들여 공부를 했어요. 원래는 대학에 진학해 과학을 공부할 생각이었습니다. 당시 화학에 가장 흥미를 느끼고 있었습니다. 아버지의 영향으로 비즈니스는 혐오했습니다. 세상이 어찌되든 말든 돈만 벌면 된다고 생각하는 도둑들이 득실대는 세계라고 생각했습니다.

대공황 때의 경험이 이후 시장과 리스크에 대한 시각에 영향을 미쳤다고 생각하십니까?

우리는 무엇이든 아꼈습니다. 돈이 별로 없어서 겨우 먹고살 정도였으니까요. 낭비라고는 몰랐습니다. 모든 것을 아껴서 썼어요. 과학실험을 할 때도 마찬가지였습니다. 오래된 실험기구도 온갖 방법을 동원해 몇 번이고 다시 사용했습니다. 그런 탓인지 저는 위기가 발생하면 조심스럽게 미래를 위한 계획을 세우고 손실을 줄입니다. 경제적으로 감당하지 못할 끔찍한 상황을 맞지 않도록 말입니다. 우리는 적은 돈으로 생활하는 것에 익숙했었죠. 지금은 그때보다는 넉넉하지만, 매우 조심스럽고 너무 많은 일을 하고 있어요.

제게는 열심히 일하면 좋은 결과가 따라온다고 믿고 있습니다. 저는 대학에서 과학학부 교수가 되기를 희망했습니다. 그러나 저에게 미래를 암시하는 몇 가지 사건이 일어났습니다. 8살 때였어요. 공공산업진흥국(WPA, Works Progress Administration, 대공황 당시 일자리를 창출하기 위해 공공사업을 추진했던 국가기관) 근로자들이 집 앞에서 일을 하고 있었습니다. 그때가 1930년대였는데, 정말 더운 여름날이었어요. 사람들은 땀을 뻘뻘 흘렸고, 당연히 매우 목이 말라 했습니다. 저는 가게에 가서 5센트를 주고 쿨에이드(Kool-Aid) 음료수 한 팩을 사왔습니다. 한 팩을 잔에 따르니까 여섯 잔이 나왔어요. 한 잔에 1페니씩 받고 그들에게 팔았습니다. 그때는 1페니면 상당한 큰돈이었죠. 겨울이 되면 그들은 눈을 치우기 위해 일을 했어요. 그때도 1페니를 받고 쿨에이드를 팔았는데 수요가 많아져서 가격을 10센트로 올렸고, 이후 15센트까지 올렸습니다. 처음 이 장사를 시작했을 때 저는 몇 달러를 벌었습니다. 하지만 그다음 해가 되자 다른 아이들이 쿨에이드를 팔기 시작했죠. 시장이 변하기 시작한 것입니다.

진입장벽이 없는 시장의 전형적인 예군요.

제 미래를 암시하는 사건은 또 있었습니다. 제게는 말썽꾸러기인 사촌이 한명 있었는데, 주유소에 있는 슬롯머신을 흔들면 원래 나와야 하는 거스름돈보다 더 많은 동전이 나온다고 가르쳐주었습니다. 저는 슬롯머신을 흔들기만 하면 동전을 더 얻을 수 있다는 사실에 놀랐습니다. 시도해보지는 않았지만 일종의 도박과 같은 상황에 주목했어요.

고등학교 때는 훌륭한 선생님을 만났습니다. 제가 글을 쓰는 데 상당한 영향을 주셨죠. 아이들을 정말 아끼는 분이셨어요. 뭐 아주 이상한 일은 아니지만 또 흔한 일도 아니죠. 선생님께서 라스베이거스로 여행을 다녀오신 후 저녁 식사에 저를 초대하셨습니다. 식사를 하면서 선생님께서는 카지노에서 돈을 따는 건 정말 불가능하더라고 말씀하셨습니다. 그 말씀을 듣고 저는 룰렛에 대해 생각하게 되었습니다. 룰렛의 공이 행성처럼 생각되었고, 룰렛의 위치와 속도를 계산하면 이길 수 있을 것 같다는 생각이 들었습니다.

그때가 몇 살 때였나요?

15살 때였습니다.

그때 이미 뉴턴의 물리학을 알고 계셨던 거군요.

제가 16살 때 서든 캘리포니아(Southern California)에서 물리학 대회가 열렸습니다. 물리학에 가장 뛰어난 학생들이 모여서 경쟁을 했지요. 다른 참가자들은 대부분 17살이거나 18살이었는데, 제가 압도적인 실력 차이로 우승을 했습니다.

물리는 독학을 하신 건가요?

저만의 방식으로 공부했습니다. 저는 언제나 창의적으로 생각했습니다. 대학교 물리 교과서를 구해서 혼자 공부했죠. 물리학 대회가 열렸을 때는 그중 3분의 2 정도밖에 공부하지 못했지만, 그 정도로도 우승은 충분했어요. 16살에 고등학교를 졸업했고 대학에 진학했습니다. 장학금도 받았고 신문을 돌리면서 모아놓은 돈도 있었습니다. UCLA에서 물리학 학사를 받은 후 석사도 수료했습니다. 이후 박사 과정을 거의 마쳐갈 때였어요. 학점도 모두 이수했고, 시험도 모두 마친 상황이었습니다. 마지막으로 논문을 마무리하는 과정만 남아 있었죠. 그때 저는 양자역학에 관한 논문을 쓰고 있었는데, 수학적인 문제에 부딪치게 되었습니다.

수학을 공부해야 한다는 사실을 깨달았죠. 당시 UCLA의 물리학 박사 과정에서 수학은 필수과목이 아니었습니다. 저는 2학년까지 수학 강의를 듣고, 이후 고급수학은 몇 과목만 이수했을 뿐이었습니다. 전공자와는 차이가 많이 났죠. 그런데 양자역학 논문을 마치기 위해서는 대학원 수학 과정이 필요했습니다. 수학공부를 하면서 공부의 양을 가늠해보니 물리학 박사학위보다 수학 박사학위를 더 빨리 받을 수 있을 것 같다고 생각했습니다. 그래서 수학 박사학위를 먼저 취득했습니다.

말하자면 물리학과 수학 박사학위를 모두 이수하신 거군요.

맞습니다.

하지만 물리학 논문은 마무리하지 않으셨죠?

네, 맞습니다. 조금만 더 노력하면 끝낼 수 있었는데, 시간을 들여야 할 이유가 없었어요.

물리학보다 수학이 더 좋으셨나요?

참 신기한 일이었습니다. 물리학을 공부하면서는 왠지 논리적이지 않다는 생각이 들었어요. 물리학은 다양한 모델을 논의할 때 너무 조심스럽게 가정을 설명했습니다. 수학적 논리가 훨씬 더 마음에 들었습니다. 수학을 배우고 나서 물리학을 다시 공부했더니 물리학적 가설이 확실히 이해되었습니다.

수학 교수로 재직하셨는데, 어떤 계기로 블랙잭 게임의 베팅 시스템에 관심을 갖게 되셨나요?

1958년 12월 UCLA에서 1년간 강의를 한 후 MIT로 이직을 하기 전이었습니다. 제 아내와 함께 라스베이거스로 여행을 다녀오기로 했어요. 카지노 게임을 할 생각은 아니었죠. 확률적으로 불리하다는 사실을 알고 있었으니까요. 동료 수학과 교수에게 라스베이거스로 여행을 다녀올 거라는 이야기를 했더니 "《미국통계협회저널(Journal of the American Statistical Association)》에 새로운 글이 실렸는데 거의 동등한 승률로 블랙잭 게임을 할 수 있다고 하더군"이라고 말해주었어요. 그 말이 사실이라면 돈을 잃을 염려 없이 게임을 즐길 수도 있겠다고 생각했어요. 하지만 큰 기대는 하지 않았습니다. 비록 평균에 비해 많은 비용은 아니겠지만, 내 경험에 의한 평균이 될 수 없었기 때문입니다. 일단 게임 참가자가 약간 불리한 상황에서 확률이 무작위로 나올 텐데, 그건 유리할 수도 있고 불리할 수도 있는 상황입니다. 저널에서는 카지노의 유리한 확률을 0.62%까지 줄일 수 있다고 주장했습니다. 라스베이거스의 다른 게임과는 비교도 안 되는 유리한 확률이었지요.

저는 블랙잭 전략표를 만들어 카지노에 갔습니다. 그리고 1달러짜리 칩 10개로 게임을 시작했어요. 딜러는 매우 능수능란했고, 옆에 있는 다른 사람들은 계속해서 돈을 잃고 있었습니다. 제 전략표를 보고 다들 웃었지요. 하지만 결과는 꽤 괜찮았어요. 그래서 게임을 계속했습니다.

저널에 실린 글에서 추천한 전략은 무엇이었습니까?

요즘 블랙잭의 기본 전략으로 알려지고 있는 것입니다.[5] 20분쯤 지나자 제 손에는 에이스 한 개와 7, 그러니까 소프트 18(처음 받은 두 번째 카드에 에이스가 포함되어 있으면 소프트라고 한다. 다시 말해 A(11)+7로 18이 된다)이 들려 있었습니다. 딜러가 보여준 패는 9였어요. 전략표에 따라 카드를 하나 더 받았습니다. 옆에 있던 사람들은 제가 바보짓을 하고 있다고 생각하고 비웃었습니다. 다음 카드는 4였고, 제가 가진 카드의 합은 12가 되었어요(A 카드는 1이 될 수

---

5. 기본 전략은 자신과 딜러의 카드에 따라 카드를 받지 않고 게임을 계속하거나(Stand), 새 카드를 받아야(Hint) 할지, 스플릿(Split)을 할지, 더블(Double)을 해야 할지를 결정하는 것이다. 예를 들어 자신이 가지고 있는 카드의 숫자를 합했을 때 16이 나오고, 딜러의 카드가 2에서 6 사이라면 카드를 추가로 받지 않고 게임을 계속한다. 그게 아니라면 카드를 한 장 더 받는다. 기본 전략은 카드를 세지 않는 것이다.

도 11이 될 수도 있다. 따라서 A 카드와 7, 4를 합해 총 12가 된다). 보고 있던 사람들은 '그럴 줄 알았다'고 생각했겠죠. 이후 저는 에이스 카드와 숫자 2 카드를 몇 장 더 받았습니다. 그렇게 해서 손에 모두 여섯 장의 카드를 갖고 있었고 숫자의 합은 16이었습니다. 전략표에 따르면 또 다른 카드를 받도록 되어 있었습니다. 그다음 카드는 5였어요. 일곱 장의 카드로 숫자 21이 만들어졌습니다. 그걸 보더니 사람들은 흥분하기 시작했습니다. 그들에게는 제가 들고 있던 전략표가 마법의 전략으로 보였을 겁니다. 하지만 저는 그날 10달러 중 8달러를 잃었습니다. UCLA로 돌아와 저널에 실린 글을 다시 읽었습니다. 그리고 게임에 사용되고 있는 카드를 파악한다면, 게임에서 이길 가능성이 크다는 사실을 깨달았습니다.

저널에 실린 글은 게임에 사용되는 카드에 대해서는 전혀 고려하지 않고 매번 동일한 결과를 가정했던 거군요.

그렇죠. 매번 하나의 카드 덱(Deck, 한 세트)으로 게임을 한다고 가정했습니다. 전반적으로 틀린 가정은 아니죠. 하지만 좀 더 많은 정보가 있다면, 예를 들어 게임에서 사용되는 카드에 대해 알고 있다면 확률을 높일 수 있습니다.

저는 확률의 변화가 상당히 클 거라고 확신했습니다. 문제는 확률의 변화를 알아내는 방법이었어요. 그래서 저널에 글을 발표한 연구원들에게 편지를 보내 그들의 계산 방법에 대한 자료를 모두 받았습니다. 저는 5~6주에 걸쳐 과정을 숙지했습니다. 일부 카드를 제외한 조건에서 그들이 했던 계산을 반복해서 시행해보았습니다. 예를 들어 숫자 2 카드를 제외하고, 그다음에는 숫자 3 카드를 제외하는 식이었어요. 처음에는 계산기를 사용했는데 정말 느렸습니다. 시간이 얼마나 걸릴지 측정해보니 원하는 결과를 얻으려면 몇천 년이나 걸리더군요. 그 당시 저는 MIT에서 교수로 채용되었는데 MIT에는 IBM704 컴퓨터가 구비되어 있었습니다. 당시 시중에서 살 수 있는 것 중에는 가장 좋은 컴퓨터였습니다.

그때가 언제였나요?

1959년이었습니다.

정말 빨랐군요. 11년 후 제가 대학 3학년 때 IBM360으로 계량경제 모델을 계산했던 게 기억납니다. 천공카드에 프로그램을 입력해야 했습니다. 점이라도 하나 잘못 찍으면 프로그램이 엉망이 되었고, 다시 새로 시작해야 했습니다.

저도 같은 경험을 했습니다. 당시 IBM704는 신형이었고, 매우 드물었습니다. 뉴잉글랜드에 있는 30개 대학에만 보급되어 있었어요. 저는 교수였기 때문에 컴퓨터를 사용할 수 있었습니다. 처음에는 프로그래밍에 대해 전혀 몰랐지만, 프로그래머들이 사용하는 서브루틴(Subroutine, 프로그램 중의 하나 이상의 장소에서 필요할 때마다 반복해서 사용할 수 있는 부분적 프로그램) 같은 것들을 개발했습니다.

프로그램을 모듈화(프로그램을 기능별로 나누는 과정)했고, 각 블록별로 테스트를 실행했습니다. 제가 생각했던 대로 프로그램이 진행되고, 결과가 확실하게 도출되는지 확인하기 위해서였습니다. 그다음에는 블록들을 하나로 묶어 한 블록씩 테스트를 진행했습니다. 예를 들어 하나의 블록으로 더블다운(Double down, 블랙잭에서 판돈을 2배로 올려 다시 게임을 진행하는 것) 가능성을 계산하는 식이었죠. 당신의 경험과 비슷하게, 2~3일이 지나자 내가 저지른 실수를 나타내는 종잇조각들이 고무줄에 묶인 카드뭉치와 함께 되돌아왔습니다. 처음에는 이 때문에 골머리를 앓았습니다. 하지만 신경을 좀 더 써서 실수를 줄이고 난 후부터는 테스트도 순조롭게 진행되었습니다.

1960년이 되자 결과가 도출되기 시작했고, 정말 흥미로웠습니다. 에이스 카드 4개를 제외하였을 때 확률이 2.5% 줄었습니다. 다시 말해 에이스 카드 4개가 카드 덱에 남아 있을 때는 확률이 2.5% 높아진다는 거죠. "어떻게 에이스 카드 4개를 가질 수 있지?"라는 의문이 들 겁니다. 물론 불가능합니다. 하지만 한 세트의 카드를 반으로 줄였는데 에이스 카드가 한 장도 나오지 않았다면, 에이스 카드가 8장인 카드 한 세트로 게임을 하고 있는 확률과 똑같습니다.

확률을 계산하실 때, 카드를 하나씩 제외시킨 것 외에는 모든 조건은 똑같이 설정하셨습니까?

네, UCLA 시절 처음 저널을 읽으면서 머릿속에서 떠올렸던 이미지 때문입니다. 블랙잭의 확률 문제를 10차원 공간으로 상상해볼 수 있습니다. 하나의 축을 따라 각 카드가 계속해서 바뀝니다. 각 카드의 확률은 1/13입니다(블랙잭에서는 A 카드는 1로, J, K, Q 카드는 모두 10으로 간주하기 때문에 총 13개 숫자가 된다). 단 10의 가치를 가진 카드(숫자 10, J, K, Q 카드)는 예외입니다. 이들은 모두 합쳐서 4/13의 확률을 가지게 됩니다. 어떤 카드 세트에서건(어떤 숫자의 카드들이 들어 있든지) 10차원의 한 점으로 고려할 수 있습니다. 각 점을 합친 것은 한 세트의 카드에 남아 있는 각 카드의 숫자로 확인됩니다.

그 결과 개발된 전략에 대해 설명해주시겠습니까?

미국국립과학원(National Academy of Science)에 처음 논문을 게재할 때는 숫자 5 카드를 활용한 전략을 설명했습니다. 간단하고, 누구나 쉽게 이해할 수 있기 때문이었어요. 하지만 저는 숫자 5 카드 전략을 활용할 계획도 없었고, 실제 활용한 적도 없습니다. 이 전략에서는 숫자 5가 적힌 카드가 모두 공개가 되면 3.3%만큼 유리하게 게임을 즐길 수 있습니다. 간편하게 적용하려면 기본적인 전략을 활용해 90%는 일반 베팅을 하고, 숫자 5가 모두 공개되었을 때인 나머지 10%에서는 정말 크게 베팅을 하는 훌륭한 전략입니다. 남들이 주목하지 않는 요소를 고려하기 때문이지요. 대부분 에이스와 숫자 10 카드가 중요하다고 생각하니까요. 다만 문제점은 숫자 5 카드가 모두 공개되는 경우가 전체의 10%밖에 되지 않는다는 겁니다. 제가 그다음 개발한 전략은 숫자 10 카드를 활용하는 것이었습니다. 한 세트의 카드에는 10의 가치를 가진 카드가 많기 때문에(숫자 10, J, K, Q카드), 확률상 변화가 훨씬 큰 방법입니다.

그러니까 숫자 5 카드를 활용하면 베팅 확률이 더 높아지지만, 숫자 10 카드를 활용하면 더 많은 베팅 기회를 얻게 된다는 것인가요?
맞습니다. 숫자 5 카드는 사실 가장 영향력이 큰 카드입니다. 그다음이 에이스 카드, 숫자 10 카드 그리고 숫자 6 카드 순입니다.

도박에 관한 논문을 저널에 발표하는 과정에서 문제는 없었나요?
어떻게 논문을 출간했는지를 말씀드리겠습니다. 저는 무조건 빨리 인쇄를 해야겠다고 마음먹고 있었습니다. 제 논문을 보고 자신들도 같은 정보를 발견했다고 우기는 부도덕한 사람들이 가끔 있었기 때문입니다. 제가 써놓은 수학 관련 논문 내용을 도둑맞은 일이 몇 번인가 있었죠. 그래서 될 수 있는 한 유명한 저널에 실려 빨리 인쇄되어 나올 수 있도록 시도했습니다. 가장 좋은 방법이 미국국립과학원 저널에 출판하는 것이었어요. 하지만 저를 위해서 저널에 논문을 제출해줄 국립과학원 회원이 필요했습니다. 그렇지 않으면 출간이 불가능했으니까요.

제가 살고 있던 캠브리지 지역을 샅샅이 뒤져 두 명을 찾아냈습니다. 한 명은 하버드 대학의 대수학 교수였는데, 제가 하는 말을 잘 알아듣지도 못할뿐더러, 혹 알아들었더라도 별 관심이 없을 사람이었습니다. 또 한 사람이 바로 MIT의 클로드 섀넌 교수였습니다. 섀넌 교수는 수학과 공학 교수를 겸임하고 있었고, MIT에서 가장 유명한 교수 중 한 명이었습니다. 제가 섀넌 교수의 비서에게 미팅 약속을 잡아달라고 하자 비서는 "교수님은 아마 한 5분쯤 시간을 내주실 거예요. 구미가 당기지 않으면 말씀도 안 하실 거고요. 잠깐 이야기한다고 생각하시는 게 좋을 거예요."라고 말하더군요.

섀넌 교수[6]를 만나러 가셨을 때, 그분의 명성에 대해 전혀 모르셨나요?

몰랐습니다. 미국국립과학원 회원이고, MIT의 유명 교수라는 사실 외에는 아무것도 몰랐습니다. 어느 흐린 겨울날 오후였어요. 점심시간이 막 끝났을 즈음에 섀넌 교수의 사무실로 찾아갔습니다. 키가 약 170센티미터밖에 되지 않는 자그마한 남자였어요. 머리는 희끗희끗했고 군살 없는 몸에 반짝반짝 빛나는 눈을 가지고 있었습니다. 매우 이지적으로 보였어요. 설명을 들은 섀넌 교수는 제 논문의 초록을 읽더니 "글쎄, 논문 제목을 〈블랙잭에서 승리하기 위한 전략(A Winning Strategy for Blackjack)〉이라고 하지 말고 〈숫자 21을 위한 전략(A Favorable Strategy for Twenty One)〉이라고 하는 편이 더 학술적이면서도 권위 있어 보일 것 같아요"라고 말했습니다. 그는 약 10분에서 15분에 걸쳐 몇 가지를 확인하더니 "꽤 근사한 아이디어군요"라고 평가했습니다. 다만 논문의 길이를 줄일 필요가 있다고 했습니다. 제 연구 결과 중 상당수가 저널에 게재되지 못한 이유가 길이 때문이라면서 말이죠. 그리고는 "또 다른 연구는 없나요?" 하고 물었습니다.

이쯤해서 1955년의 룰렛 연구를 설명해야겠군요. 제가 물리학 석사학위를 막 취득했을 때 쓴 논문이었습니다. 저는 UCLA 근처에 있던 학생들을 위한 저렴한 기숙사인 UCHA(University Cooperative Housing Association)에서 살고 있었는데, 그곳의 식당에 앉아 있을 때였습니다. 그 식당은 학생들이 잠시 쉬거나 다양한 주제에 관해 토론을 벌이는 장소였어요. 친구 중 한 명이 룰렛에 대해 이야기하면서 절대 이길 수 없다고 말했습니다. 저는 "그건 아닌 것 같은데"라고 대답했죠. 그리고는 이유를 설명했습니다. 이야기를 듣던 친구들 중 몇 명은 제 이야기에 흥미를 느꼈고, 함께 연구해보기로 했습니다. 그래서 우리는 작은 그룹을 만들었지요. 얼마 지나지 않아 그룹은 깨졌지만 저

---

6. 클로드 섀넌에 관한 위키피디아 설명은 다음과 같다. 클로드 엘우드 섀넌(Claude Elwood Shannon, 1916년 4월 30일~2001년 2월 24일)은 미국 수학자이자 전자 공학자 및 암호학자로 '정보이론의 아버지'로 알려져 있다. 1948년 획기적인 논문을 발표해 정보이론을 처음 개발한 것으로 유명하다. 그보다 훨씬 전인 1937년 디지털 컴퓨터와 디지털 회로 디자인을 만들어 유명세를 얻었다. 21살 때는 MIT에서 석사 과정을 이수하면서 불대수(Boolean algebra)를 전자적으로 적용하면 모든 논리적 및 수학적 관계를 구축하고 해결할 수 있다는 내용의 논문을 발표했다. 해당 논문은 현존하는 최고의 석사학위 논문으로 손꼽힌다. 2차 세계대전 때는 암호학자로도 활약했으며, 암호 해독에 관한 기본적인 작업을 수행했다.

는 연구를 계속했습니다.

그때 제 도움을 받았던 친구 한 명이 실제 크기보다 절반 정도 작은 룰렛을 선물로 주었습니다. 제가 늘 갖고 싶어 했던 것이었죠. 저는 100분의 1초씩 움직이는 스톱워치를 구입했습니다. 당시 제게는 상당히 큰 지출이었습니다. 삼각대 위에 카메라를 설치하고 스톱워치로 시간을 재면서 현장 실험을 시작했습니다. 저는 공이 얼마나 반복적으로 움직이는지를 관찰했습니다. 공의 움직임이 반복적이지 않고 무작위적이라면, 연구가 불가능하기 때문이죠. 저는 여러 시점에서 공의 위치를 차트로 나타냈습니다. 결과는 꽤 좋았습니다. 공의 움직임이 반복적으로 나타났거든요.

또 아날로그식 실험도 실시했습니다. 공이 기울어진 트랙을 따라 내려온 다음 마루를 가로질러 굴러가도록 하는 실험이었습니다. 룰렛의 회전 동작을 직선의 등가로 바꾸는 것이 실험 아이디어였습니다. 제가 공을 떨어뜨린 지점에서의 위치에너지가 공이 바닥을 굴러가는 데 필요한 운동에너지로 바뀌는지를 확인했습니다. 잠재적인 에너지의 양이 운동에너지와 동일한지를 확인하고 싶었습니다. 만약 그렇다면 매번 공은 거의 같은 지점까지 굴러가야 합니다. 실험 결과 실제로 그랬습니다. 확실한 증거는 아니었지만 룰렛의 작용에 대한 예측이 가능하다는 의미였어요.

어느 날 저녁 제 아내가 친정식구들을 저녁식사에 초대했습니다. 저는 그때도 한창 실험에 빠져 있었고, 시간 가는 줄 몰랐죠. 제가 식사시간에 나타나지 않자 처갓집 식구들이 저를 찾으러 다녔고, 공을 굴리고 있는 저를 발견했어요. 아마 '딸이 결혼을 잘못했구나!' 하고 생각했을 겁니다.

아니면 소프 교수님이 제정신이 아닌 줄 알았겠군요. 그런데 룰렛에 관한 실험이 섀넌 교수와는 어떤 관계가 있나요?

섀넌 교수가 제게 다른 연구가 있냐고 물었고, 저는 룰렛 실험에 대해 설명했습니다. 그는 기계광이었죠. 자신의 관심 분야였기 때문에 제 룰렛 실험을 매우 흥미로워했습니다. 몇 분 정도로 예정되었던 면담은 몇 시간이나 계속되었습니다. 그리고 함께 프로젝트를 진행하기로 결정했습니다.

우리는 라스베이거스에서 특별한 룰렛을 주문했습니다. 비용은 1,500달러였을 겁니다. 섀넌 교수의 집에 커다란 소포가 도착했을 때 우리는 흥분했죠. 섀넌 교수의 집에는 지하실이 있었는데, 그곳에 있는 당구대 위에 룰렛을 설치했습니다. MIT에서 섬광등도 빌려왔죠. 공이 룰렛을 돌 때 섬광등을 터뜨려 터져 나오는 빛으로 잠깐 동안 공이 정지된 것처럼 보이도록 하기 위해서였습니다. 클럽의 조명과 비슷한 효과지요. 또 커다란 시계도 구입했습니다. 시계의 초침이 1초에 한 바퀴를 돌고, 시계의 문자판에서는 1초가 수백 개의 눈금으로 나뉘어 있는 특별한 시계였습니다. 섬광을 터뜨리는 순간에 시계를 멈추면 공의 위치의 정확한 시간을 알아낼 수 있었어요. 덕분에 우리는 다양한 측정을 할 수 있었습니다. 몇 개월 동안의 연구 끝에 룰렛의 8분원(룰렛을 1/8로 나누었을 때 그중 하나) 중 공이 어디로 떨어질지에 대해 44% 정도 예측할 수 있었습니다. 그때 처음으로 옷처럼 입을 수 있는 컴퓨터를 개발했지요. 이 컴퓨터는 현재 MIT 대학 박물관에 전시되어 있습니다.

컴퓨터는 얼마나 컸나요?

담뱃갑만 했습니다. 어느 일요일 오후 MIT 구내식당에서 계획했던 그대로 만든 것입니다. 컴퓨터를 착용한 사람이 신발에 달린 스위치를 타이밍에 맞추어 누릅니다. 그러면 라디오 수신기를 착용한 사람에게 전달되고, 신호에 따라 베팅을 합니다.

공이 어디로 가게 될지를 예측하기 위해 뉴턴의 물리학을 적용한다는 개념은 이해가 갑니다. 하지만 컴퓨터가 활용도 높은 답을 계산하기 위해서는 움직이는 공의 물리적인 시간을 정확하게 측정해야 하는데, 그 방법이 잘 이해가 되지 않습니다.

좋은 질문입니다. 룰렛의 바깥쪽 가장자리에는 호텔의 마크가 붙어 있었습니다. 우리는 이 마크를 기준점으로 활용했습니다. 룰렛 휠의 숫자 0이 마크를 지날 때마다 스위치를 눌러 그 시간을 측정했습니다.

하지만 어떻게 정확한 측정이 가능했나요?
그래서 섬광등을 사용한 것입니다. 우리는 실험을 할 때 지하실을 어둡게 유지했습니다. 섬광등에 불이 들어올 때, 공의 실제 위치를 알 수 있었지요. 그 결과를 우리가 예측한 위치와 비교했습니다. 이 실험을 하기 위해서는 약간의 훈련이 필요했습니다. 그 결과 충분한 예측이 가능하게 되었습니다. 연습 덕분에 공의 지름 내로 표준 오류를 줄일 수 있게 되었죠.

공이 몇 번 돌 때까지 기다려야겠군요. 그래야만 속도가 느려져서 측정이 가능할 테니까요.
맞아요. 공의 속도가 느려야 베팅에 유리합니다. 공이 멈추는 순간에 가까워질수록 정확한 예측을 할 수 있습니다.

하지만 움직이는 대상은 2가지입니다. 룰렛 휠과 공이 모두 움직이죠. 룰렛 휠에 대해서는 설명해주셨고, 공은 어떻게 측정하셨습니까?
룰렛 휠의 숫자 0번이 호텔 마크를 지날 때 스위치를 누른다고 말씀드렸습니다. 그다음 회전에서 숫자 0번이 호텔 마크를 지날 때 스위치를 또 한 번 누릅니다. 그러면 컴퓨터는 룰렛 휠의 회전의 속도를 측정할 수 있게 되지요. 공은 그다음에 회전시켰습니다.

이제 알겠습니다. 룰렛 휠과 공을 동시에 측정할 필요가 없군요. 먼저 룰렛 휠의 속도를 측정한 다음에 공의 속도를 측정하면 되니까요. 각각 두 번씩 측정하면 되는 거네요.

맞습니다. 그러니까 스위치를 총 네 번 누르게 되는 겁니다. 두 번은 룰렛 휠의 회전 속도를 측정하기 위해서이고, 그다음 두 번은 공의 속도를 측정하기 위해서입니다. 이를 위해 제가 옥타브 톤을 사용해 컴퓨터 신호를 만들자고 제안했습니다. 룰렛의 8분원에 각 음을 정해놓는 겁니다. 섀넌 교수도 훌륭한 아이디어를 하나 제시했습니다. 매번 음이 들릴 때마다 컴퓨터가 최적의 측정치를 계산하도록 프로그래밍을 해놓자는 거였어요. 마지막으로 스위치를 누르면 더 이상 음은 울리지 않게 합니다. 마지막 음이 울리지 않을 때 베팅을 하는 것입니다. 이 방법의 장점은 컴퓨터가 전산을 수행할 시간이 따로 필요하지 않다는 것이었습니다. 지속적으로 최적의 측정치를 계산하기 때문에 마지막으로 스위치를 눌렀을 때는 이미 계산이 끝나 있는 상태인 거지요.

그렇다면 시간이 지날 때마다 측정치가 계속 바뀌겠군요.
그렇습니다. 음이 울릴 때마다 새로운 측정치가 계산됩니다. 정확한 순간에 스위치를 누른다는 가정하에 최적의 측정치를 제공하기 위해 고안된 프로그램입니다. 마지막 음에 우리는 8분원에 있는 5개의 숫자(룰렛을 8부분으로 나누면 각 8분원에는 숫자가 5개씩 포함된다)에 모두 베팅을 하는 겁니다.

카지노에서 베팅 시스템을 사용한 방법을 정확하게 설명해주시겠습니까?
1961년 8월에 섀넌 교수와 우리 부부, 이렇게 세 사람은 라스베이거스로 갔습니다. 서로 신호를 주고받기 위해 통신장비를 착용하고 말이죠.

누가 컴퓨터를 착용하고, 누가 라디오 수신기를 착용하셨나요?
저보다는 섀넌 교수가 공의 위치를 예측하는 데 능숙했습니다. 그래서 섀넌 교수가 컴퓨터를 착용해 타이머의 역할을 했습니다. 섀넌 교수는 룰렛 옆에 서서 멍청한 도박꾼처럼 숫자를 적었습니다.

교란 작전이군요.

맞습니다. 카지노는 나오는 숫자를 적는 사람들은 그냥 놔두거든요. 저는 라디오 수신기를 착용하고 테이블 끝에 앉았습니다. 룰렛이 보이지 않는 자리였습니다.

음을 듣기 위해서였습니까?

네, 저는 음을 듣기 위해 작은 컴퓨터를 착용하고 있었죠.

(갑자기 책상 어딘가에서 알람이 시끄럽게 울리기 시작했다. 분명히 말하지만 내가 알람을 맞추어 놓은 것은 아니다.)

이런 점심시간이네요(소프 교수는 점심 약속 때문에 알람을 맞추어놓았다고 했다). 스피커는 귓구멍에 쏙 들어갈 정도로 작았지요. 우리는 머리카락만큼이나 얇은 구리선을 사용했는데 강도가 너무 약해서 쉽게 끊어졌습니다. 그래서 강철선으로 바꾸었습니다. 강철선은 구리선보다 강했지만 그래도 충분히 강하지는 않았습니다. 그래서 역시 곧잘 끊어졌습니다. 어쩔 수 없이 선이 끊어지면 룰렛 게임을 중단하기로 했고, 몇 번이나 강철선을 납땜했습니다.

선이 끊어지기 전까지 몇 번이나 베팅을 하실 수 있었나요?

평균 12~15번 정도였습니다. 그 후에는 늘 사고(선이 끊어지는)가 발생해서 게임을 중단해야 했습니다.

섀넌 교수는 무언가 잘못되었다는 사실을 어떻게 알았나요?

저는 그냥 제가 룰렛 테이블에서 일어나서 밖으로 나오면 되었습니다. 한 번은 룰렛 가까이에 앉아 있는데 옆에 앉아 있던 여성이 고개를 돌려 저를 보더니 눈을 동그랗게 뜨더군요. 얼굴은 완전히 공포에 질려 있었어요. 저는 무언가 잘못되었다는 것을 깨닫고, 그 즉시 자리에서 일어나 화장실로 갔습니다. 귀에서 벌레같이 생긴 커다란 검은 물체가 기어 나오고 있는 것처럼 보였습니다. 전선에 연결된 스피커였습니다. 전선은 보이지 않도록 살색 매니큐어로 칠해두었거든요.

결과는 어땠나요?
10센트짜리 동전 하나로 베팅을 시작했는데, 동전이 수북하게 쌓일 정도로 돈을 벌었습니다.

확률적으로 44%나 유리한데도 불구하고 보수적으로 베팅을 하신 이유는 무엇입니까?
우리의 목적은 전략이 효과가 있는지를 증명하는 것이었으니까요. 장비에도 문제가 있었고요.

실제로는 확률이 얼마나 유리했습니까?
저희가 추정한 것과 일치했습니다.

이후 베팅 금액을 늘려서 다시 룰렛 게임을 하셨습니까?
아닙니다. 여러 가지 이유로 다시 게임을 할 수는 없었습니다. 먼저 제가 블랙잭에 관한 연구를 본격적으로 시작하면서 시간을 내기가 어려워졌습니다. 둘째는 뉴멕시코주립대학(New Mexico State University) 교수로 이직을 하면서 섀넌 교수와의 협력이 어려워졌습니다. 셋째는 제 자신을 속이는 일을 계속 해야 할지 의문이 들었습니다. 마지막으로 저만 빼고 모두가 두려워했기 때문입니다.

두려워했다면……,

카지노는 폭력적인 장소입니다.

네, 대강 짐작이 갑니다. 그렇지 않아도 그 문제에 대해 질문을 드리려고 했습니다. 그런데 소프 교수님만 빼고 모두가 두려워했다고 말씀하셨는데, 교수님은 어째서 두렵지 않으셨나요?
왠지 저는 전혀 두렵지가 않았습니다.

그건 어째서인가요?
별다른 이유는 없었습니다. 위험하다는 건 알고 있었고, 어리석은 위험은 피했습니다. 라스베이거스에서 블랙잭을 할 때도 언제나 사람들이 많이 모여 있는 밝은 곳으로만 다녔습니다.

하지만 카지노 측에 발각되면 그 방법도 소용없습니다.
맞습니다. 카지노에서 알게 된다면 뒷방으로 끌려가 개를 맞았겠지요. 하지만 언론에 공개된 제 블랙잭 연구가 저를 보호해줄 거라고 생각했습니다. 저에게 무슨 일이 생기면 카지노 측의 이미지가 타격을 받게 될 것이고, 그들 역시 그 사실을 알고 있을 거라고 생각했죠. 몇 년 후에 카지노들이 저를 놓고 고심했다는 걸 알게 되었습니다. 1964년 〈라이프(Life)〉 매거진에서 '카지노를 이기는 교수(The Professor Who Breaks the Bank)'라는 제목의 기사가 실린 후 블랙잭 베팅 체계에 대해 관심이 집중되었습니다. 네바다리조트호텔연맹(Nevada Resort Hotel Association)이 라스베이거스에서 큰 회의를 열었다고 들었어요. 기사가 카지노 소유자들 사이에서 큰 반향을 불러일으켰고, 이들이 대책을 논의하기 위해 모였다고 합니다. 30년 후 빅 비커리(Vic Vickery)라는 사람이 당시 회의에 대한 기사를 썼습니다. 회의 중에 다양한 의견이 나왔고 저를 잡아다가 다리라도 부러뜨리자는 제안도 있었다고 했습니다. 다행히 카지노 측은 올바른 선택을 했습니다. 규칙을 바꾸기로 한 거지요.

그때는 이미 아이디어가 발표된 후였기 때문에 '교수님을 손봐주더라도' 별로 달라지는 건 없었을 겁니다.

네, 의미 없는 일이었겠죠. 그들도 알고 있었습니다.

몇 년 전 저는 『행복한 파이(Eudaemonic Pie)』라는 책을 읽었습니다. 물리학과 학생들이 뉴턴의 법칙을 활용해 컴퓨터로 룰렛의 확률을 예측하는 것이 책의 내용이었습니다. 이 책과 교수님 사이에 어떤 관계가 있나요?

저와의 관계는 이렇습니다. 『Beat the dealer』 2쇄에는 룰렛 게임에서 이기는 방법이 설명되어 있습니다. 1969년, 랄프 아브라함(Ralph Abraham)이라는 수학자가 전화를 걸어 룰렛 시스템에 대해 물어보더군요. 그때 저는 더 이상 룰렛 시스템을 활용할 생각이 없었기 때문에 정보를 공개했습니다. 몇 년 후, 물리학 대학원 학생들 몇 명이 비슷한 연구를 진행했습니다. 최첨단 전자공학기술을 활용했고, 마찬가지로 44%의 유리한 확률을 얻어냈습니다.

다시 블랙잭 연구에 관한 이야기를 해보고 싶습니다. 과학 잡지에 관련 논문이 게재되었나요?

1961년 〈국립과학원회보(Proceedings of National Academy of Science)〉에 실렸습니다.

반응은 어땠나요?

별다른 반응은 없었습니다. 하지만 미국수학협회(American Mathematical Society) 연례회의에서 강의를 할 때는 사뭇 달랐습니다. 저는 미국수학협회에 〈행운의 공식 : 블랙잭을 위한 성공 전략(Fortune's Formula: A Winning Strategy for Blackjack)〉이라는 제목의 논문 초록을 제출했습니다. 그때는 몰랐지만, 논문 초록을 검수하는 위원회에서 제가 제출한 제안서를 보고 퇴짜를 놓으려고 했다더군요. 미국수학협회에는 수학적으로 불가능한 일을 증명하겠다며 제안서를 보내는 사람들이 많습니다. 컴퍼스와 직선자만으로 각도를 3등분할 수 있다고 주장하는 사람도 있고, 얼토당토하지 않은 시스템으로 카지노 게임을 이겨보겠다고 나서는 사람도 있다고 했습니다.

위원회에서 교수님의 논문을 읽어보지 않았나요?

당시는 아직 논문이 나오지 않았을 때였습니다. 위원회에서는 논문 초록만 가지고 있었습니다. 다행히 위원회 회원 중 UCLA에서 함께 근무했던 수 이론가 존 셀프리지(John Selfridge) 교수가 "내가 아는 사람입니다. 이 친구가 사실이라고 생각한다면, 거의 분명한 사실이에요."라고 말했다고 하더군요. 몇 년 후 셀프리지와 우연히 같은 비행기를 타게 되어 당시 상황을 전해 들었습니다. 강의 전 저는 참석자가 40~50명 정도 되는 차분한 강의를 예상했습니다. 그런데 강의실에 도착해보니 300명도 넘는 사람들로 꽉 차 있었습니다.

수학자들도 생각보다 블랙잭에 흥미를 많은가 봅니다.

사실 참석자 중 상당수는 수학자로 보이지 않았습니다. 선글라스를 끼고, 새끼손가락에는 금반지를 끼고 있는 사람들도 있었죠. 일단 강연을 했습니다. 강연이 끝날 쯤에는 논문을 나누어주기로 되어 있었습니다. 논문은 50부 정도 준비했는데, 강연이 끝나자마자 사람들이 논문을 받기 위해 몰려들었습니다. 저는 연단에 논문을 놔두고 슬그머니 밖으로 나와버렸습니다. 기자들도 제 강연에 많은 관심을 보였습니다. 그중 톰 울프(Tom Wolfe, 미국의 유명 소설가이자 언론가, 언제나 하얀색 양복을 입는 것으로 유명하다)가 있었습니다.

그 유명한 톰 울프말인가요?

맞습니다. 하얀색 양복을 입는 그 톰 울프 말입니다. 울프는 저를 인터뷰했고, 상당한 흥미를 보였습니다. 그가 AP에 기사를 썼는데, 이후 난리가 났었지요. MIT 대학의 수학과로 2만여 통의 편지가 쏟아졌습니다. 비서 여섯 명이 답장을 쓰느라 옴짝달싹 못했어요. 처음 계산기로 블랙잭 베팅 시스템의 계산을 마치는 데 시간이 얼마나 걸릴지 몰랐던 것처럼, 쏟아지는 편지에 일일이 답장을 쓰려면 대체 얼마나 많은 시간이 걸릴지 짐작도 할 수 없었습니다. 비서들이 몇천 통의 편지에 대한 답장을 쓰다가 "수학과 전체가 마비되었어요. 더 이상은 답장을 못 쓰겠어요"라고 백기를 들었을 때 저는 오히려 안도했습니다.

제게 돈을 빌려주고 싶다는 사람들도 있었습니다. 뉴욕의 엠마뉴엘 킴멜(Emanuel Kimmel)이라는 사람은 특히 끈질기게 전화를 걸었습니다. 도박의 세계에 대해 좀 안다고 하더군요. 10만 달러를 빌려주겠다고 했고, 저는 그를 만나기로 했습니다. 2월의 어느 날 저녁, 보스턴에서 흔히 볼 수 있는 우중충한 날씨였습니다. 검푸른색 캐딜락이 멈추어 섰고, 모피를 걸친 아름답고 매력적인 금발 여인 두 명이 차에서 내렸습니다. 그다음 킴멜이 차에서 내렸는데, 65살쯤 되어 보였습니다. 짧은 머리는 희끗희끗했고 커다란 캐시미어 코트를 걸치고 있었습니다. 우리 집으로 들어온 킴멜은 금발 여인들을 가리키며 자신의 조카라고 소개했습니다. 하지만 제 아내 비비안은 일행을 의심스러운 눈초리로 쳐다보았습니다.

아내 분께서 그의 말을 믿지 못하셨던 거군요.

제 아내는 판단력이 분명한 사람이지요. 하지만 저는 그의 말을 그대로 믿고 싶었습니다. 킴멜은 블랙잭에 대해 여러 가지를 물었고, 시스템을 설명해달라고 부탁했습니다. 몇 시간 후 그는 함께 일을 해보자고 말했습니다.

『Beat the dealer』는 소프 교수님의 블랙잭 시스템을 대중에게 알렸고, 출판 후에는 베스트셀러가 되었습니다. 이후 카지노들이 피해를 입었나요?

꼭 그렇지는 않았습니다. 사람들 중 약 1,000명 정도는 시스템을 훌륭하게 활용해 카지노에서 돈을 벌 수 있었습니다. 기본 전략으로 돈을 많이 잃지 않으면서 카지노에서 더 오랜 시간 동안 도박을 즐길 수 있게 된 사람들은 그보다 더 많았고요. 하지만 대다수는 시스템을 가지고 블랙잭 게임을 이길 수 있다는 이야기는 들었지만 서툰 플레이어들이었습니다. 어쨌거나 제 논문 덕분에 블랙잭을 해보려는 사람이 늘어났고, 카지노에서 가장 인기 있는 게임이 되었습니다. 1년 평균 약 1,000명 정도는 10만 혹은 20만 달러를 땄고, 1만 명 정도는 돈을 크게 잃지 않게 되었습니다. 하지만 100만 명도 넘는 사람들이 게임에서 이길 수 있다고 생각하고 블랙잭 게임에 덤벼들었다가 더 많은 돈을 잃었습니다. 전보다 게임을 오래 했기 때문이었습니다. 사실 카지노 측에도 도움이 되었지요. 하지만 그들은 생각이 달랐습니다. 카드를 관찰하는 플레이어들과 전쟁을 선포했고, 이들의 출입을 금지했습니다. 일부 사람들은 끌려가 매를 맞기도 했답니다.

카지노에서 매를 맞은 사람을 알고 계십니까?

그럼요. 켄 우스턴(Ken Uston)이라는 유명한 블랙잭 팀플레이어(Team player)를 알고 있습니다. 카지노 뒷방으로 끌려가 매를 맞아 턱이 골절되었다고 하더군요. 우스턴은 자신의 경험을 책으로 쓰기도 했어요. 다른 사람들도 책을 썼어요. 카지노의 만행은 상당히 잘 알려져 있습니다. 〈카지노Casino〉란 영화를 아시나요?

물론입니다. 라스베이거스를 배경으로 한 영화 말씀이신가요?

맞습니다. 그 영화의 배경은 1970년대입니다. 제가 한참 카지노에 출입하던 1960년대는 그보다 더 심했습니다.

그래도 전혀 두렵지가 않으셨나요?

사실 그때는 잘 몰랐습니다.

요즘 카지노에서는 카드 몇 세트를 섞어가면서 사용합니다. 여전히 교수님의 시스템을 활용할 수 있을까요?

1990년대에도 가능했습니다. 〈21〉이라는 영화를 보면 알 수 있습니다. 영화의 모티브가 된 MIT 학생들은 실제 제가 만든 시스템을 활용했습니다.

교수님이 만드신 10카운트(10s-count) 시스템 말씀이신가요?

학생들은 전체 포인트 카운트(Complete-point-count) 시스템을 이용했습니다. 이 방법은 높은 숫자의 카드는 –1로, 낮은 숫자의 카드는 +1로 카운트한 후 보지 못한 카드의 총 개수로 나누는 겁니다.

교수님께서 만드신 카드 카운팅 방법 중 가장 좋은 접근방법인가요?

그렇습니다. 숫자를 단순화하는 카드 카운팅 방법 중 최선이라고 할 수 있습니다.[7] 10카운팅 시스템도 나쁘지 않았지만 카지노가 몇 덱의 카드를 섞어서 사용하고부터는 전체 포인트 카운팅 시스템의 장점이 부각되고 있습니다. 예를 들어 카지노에서 사용하는 카드를 반씩 섞어서 게임을 할 때 효과가 있습니다. 다만 카운팅을 위해 할 일이 상당히 많은 데 반해 벌 수 있는 돈은 줄어들지요. 그리고 카드를 3분의 2 정도씩 다시 섞을 때는 더 효과가 있습니다.

처음 블랙잭 시스템을 카지노에서 시도해보신 건 언제입니까?

1961년 MIT 대학의 봄방학 때였습니다. 저는 킴멜과 그의 친구였던 에디 핸드(Eddie Hand)와 함께 카지노로 가서 게임을 했습니다. 책에서는 킴멜을 미스터 X, 핸드는 미스터 Y라고 밝혔었지요.

---

7. 숫자를 단순화한다는 것은 0이 아닌 정수를 사용해(예. -1, 0, 1) 카드에 포인트를 부여한다는 뜻이다. 더 많은 숫자를 사용해 카운트할 수도 있으며, 그에 따라 전략이나 베팅 규모를 개선할 수 있다.

그들이 갱단과 관련이 있다는 사실을 알고 계셨습니까?

몰랐어요. 핸드라는 친구가 거칠어 보이기는 했지만 그냥 그런 사람인가 보다 생각했습니다. 두 사람 모두 정말 부자였습니다. 리노(Reno)와 타호(Tahoe, 카지노가 있는 도시)로 도박여행을 떠나기 전, 저는 뉴욕 맨해튼에 있는 킴멜의 아파트에서 여행 준비를 하고 있었습니다. 그때 킴멜은 맨해튼에 64개의 주차구역을 가지고 있는데, 눈이 내릴 때마다 150만 달러씩 손해를 본다고 투덜거렸습니다. 핸드는 트럭사업을 했고, 이후 라이더 인더스트리(Ryder Industries)에 업체를 매각했습니다. 저는 그가 가지고 있는 워런트(Warrent)의 가치만 4,700만 달러에 달한다는 것을 알고 있었습니다. 당시 저는 워런트시장을 연구 중이었거든요.

첫 번째 여행은 어땠나요?

그 친구들은 편돈으로 10만 달러를 생각했습니다. 저는 제가 만든 이론에 자신이 있었지만 진짜 돈으로 베팅을 해본 적은 없었습니다. 카지노에서는 어떤 돌발 상황이 벌어질지 알 수 없습니다. 또 저는 돈을 버는 것보다 제가 만든 시스템이 실제 효과가 있는지 여부가 더 궁금했죠. 그래서 1만 달러부터 시작하자고 했습니다. 패가 나쁠 때는 1달러씩 베팅을 하고 패가 좋을 때는 최고 10달러까지 베팅을 했습니다. 돈을 많이 벌기를 바랐던 두 사람은 황당해했지요. 하지만 제게는 돈에 관한 평생 지켜온 철칙이 있었습니다.

그 철칙이 무엇입니까?

불편할 정도로 많은 돈을 베팅하지 말고, 준비될 때까지 기다리는 것입니다. 저는 최저 1달러에서 최고 10달러까지 베팅하면서 8시간 동안 게임을 했습니다. 그랬더니 좀 편해졌지더군요. 그다음 두 시간 동안은 2달러에서 20달러까지 베팅했습니다. 상황이 좀 더 편해지자 베팅을 최저 10달러, 최고 50달러로 올렸습니다. 약 한 시간쯤 그렇게 게임을 하니 마음이 홀가분해졌습니다. 그래서 25달러와 300달러까지로 베팅 금액을 올리고 한 시간인가 두 시간쯤 게임을 했습니다. 드디어 베팅 금액을 최저 50달러, 최고 500달러까지 올렸습니다. 하지만 500달러 이상으로는 베팅할 수 없었습니다. 가장 높은 베팅 2가지를 병행하면서 총 스무 시간 정도 게임을 했습니다. 저는 1만 달러를 2배로 불릴 수 있을 거라고 예측했고, 실제 벌어들인 돈은 11만 달러로 예측이 거의 맞아떨어졌습니다.

룰렛과 블랙잭에 대한 관심이 어떻게 시장으로 옮겨가게 되었나요?

"카지노는 절대 이길 수 없다"라는 고정관념이 사람들의 오해에 불과하다는 걸 알게 되자 '룰렛도 이기고 블랙잭도 이겼다면, 다른 건 어떨까?' 하는 생각이 들었습니다. 그다음 제가 관심을 갖게 된 게임은 바카라였습니다. 메인 게임은 이길 수 없다는 사실을 알고 있었습니다. 하지만 사이드 베팅(테이블당 제한된 정원으로 인해 구경꾼이 플레이어에게 돈을 맡겨 게임에 참가하는 것)은 달랐습니다. 그때는 MIT에서 뉴멕시코주립대학 교수로 자리를 옮긴 후였습니다. 저는 뉴멕시코주립대학의 수학과 학과장과 대학 관리자와 함께 부부동반으로 카지노의 바카라 시스템을 확인하기 위한 여행을 떠났습니다.

남들의 눈에 띄지 않으려 했지만 바카라 테이블에 앉던 첫날 독자 한 분이 저를 알아보고 이렇게 말했습니다. "이런, 그 책 쓰신 작가 분 아니세요?" 카지노 직원들이 그 말을 듣고 위층의 상관에게 전화로 보고를 했습니다. 그는 테이블로 와서 크게 웃더니 1층 담당자에게 말했습니다. "그냥 해보게 놔둬. 이 바보가 블랙잭에서 이겼다고 바카라도 이길 줄 아는 모양이야. 두 게임이 전혀 다르다는 걸 가르쳐주자고."

저는 한 시간에 100달러 정도를 벌 수 있게끔 베팅을 조정했습니다. 그보다 더 많은 돈을 따게 되면 카지노 측에서 가만히 있지 않을 거라는 사실을 알고 있었기 때문입니다. 제가 원하는 건 바카라도 이길 수 있다는 것을 증명하는 것뿐이었습니다. 6시간 동안 게임을 했고, 시간당 100달러를 벌었습니다. 카지노 측은 크게 개의치 않았고, 운이 좋을 뿐이라고 생각했습니다. 다음 날 역시 카지노가 문을 닫을 때까지 시간당 100달러씩 돈을 땄습니다. 그러자 카지노 측은 조금씩 불친절해졌습니다. 직원이 제 옆에 붙어서 일거수일투족을 감시했습니다. 갑자기 제가 카드에 무슨 표시를 해놓았다는 생각이 들었는지 1층의 담당자와 다른 직원들이 카드를 검사했습니다. 하지만 아무것도 찾을 수 없었습니다. 아무것도 없었으니까요.

3일째 되는 날 카지노 직원들은 다시 친절해졌습니다. 커피를 마시겠냐고 묻기에 저는 주는 대로 받아서 마셨습니다. 그런데 갑자기 카드를 세는 게 어려워졌어요. 머릿속이 뒤죽박죽이 되었고, 저는 동료들에게 게임을 부탁하고 자리를 떴습니다. 간호사였던 동료의 아내가 저를 보더니 제 눈동자가 마약중독자처럼 풀려 있다고 말해주었습니다. 동료들은 제게 열심히 커피를 먹이고, 몇 시간이나 걷도록 했습니다. 그래서 겨우 정신을 차렸지요. 그다음 날 카지노에 갔더니 또 커피를 주더군요.

왜 같은 카지노에 가셨나요?

그때는 바카라 게임을 할 수 있는 장소가 단 두 곳뿐이었습니다. 저는 커피를 거절하고 대신 물을 한 잔 가져다 달라고 했습니다.

왜 물을 가져다 달라고 하셨죠? 그냥 목이 마르지 않다고 말하지 그러셨어요?

무슨 약이건 물에 타면 알 수 있을 것 같았습니다. 혓바닥에 물을 한 방울 떨어뜨렸는데 베이킹소다 한 박스를 몽땅 부은 것 같은 맛이 났습니다. 단 한 방울을 맛보았을 뿐인데도 정신이 혼미해졌고, 또 다시 게임을 포기했습니다. 그때 카지노 직원들이 제 동료들에게 다시 찾아오지 말라고 경고했습니다. 일정이 하루 더 남아 있어서, 우리는 다른 카지노에 갔습니다. 여행 마지막 날이었기 때문에 저는 "오늘은 개의치 말고 게임을 해봅시다. 시간당 1,000달러씩 벌어보도록 하죠"라고 말했습니다. 실제 두 시간 반 동안 2,500

달러를 벌었습니다. 그러자 카지노의 사장이 몸집이 집채만 한 경비원과 함께 다가와 말했습니다.

"여기에서 나가주셔야겠습니다."

"왜죠?"

"이유는 없습니다. 그냥 여기에서 나가주세요."

그래서 우리는 카지노를 떠났습니다. 그다음 날 집을 향해 차를 운전하면서 돌아오는데, 갑자기 산길에서 액셀러레이터가 말을 듣지 않았습니다. 차를 멈출 수 없었어요. 구불구불한 산길을 130킬로미터로 달렸습니다.

영화 같은 이야기 같네요.

맞아요. (그는 웃었다.) 마음을 가라앉히고 자동차 열쇠를 뽑았습니다. 브레이크를 밟은 채 비상 브레이크를 작동시켜서 겨우 차를 멈출 수 있었습니다. 비상등을 켜놓고 있었는데 자동차에 해박한 착한 사마리아인(Good Samaritan, 성경에 나오는 이야기에서 유래된 표현으로 남을 도와주는 착한 사람이라는 의미) 한 명이 우리를 도와주었습니다. 그는 자동차를 살펴보더니 "가속장치가 이렇게 되어 있는 건 처음 보네요"라고 말했습니다. 액셀러레이터가 작동되지 않도록 부품 하나가 빠져 있었습니다. 그가 임시방편으로 차를 고쳐준 덕분에 우리는 집까지 무사히 돌아올 수 있었습니다.

옆에 있던 사람들이 크게 놀랐겠군요.

모두 죽을 수도 있었으니까요.

소프 교수님을 이미 쫓아냈는데 왜 차까지 손봐놓았을까요?

카지노에서 손을 보았는지 어쩐지는 모르겠습니다. 있는 그대로 말했을 뿐입니다.

이야기가 잠깐 다른 데로 흘렀던 것 같습니다. 조금 전에 어떻게 카지노 게임에 대한 흥미가 주식시장으로 옮겨가게 되었는지를 질문드렸습니다.

카지노 게임들을 성공적으로 공략한 후, 전반적인 게임에 대해 생각하게 되었습니다(휠 오브 포춘 게임을 이기기 위한 시스템도 개발했습니다). 그러던 중 '세상에서 가장 큰 게임장은 월스트리트잖아? 주식시장을 연구해보면 어떨까?' 하는 생각이 들었습니다.

그때는 주식시장에 대해 아무것도 몰랐습니다. 그래서 1964년 여름 동안 주식시장에 대해 공부하기로 마음먹었습니다. 〈바론즈(Barron's)〉부터 『주식시장에 관한 모든 것(Random Character of Stock Prices)』까지 닥치는 대로 읽었습니다. 여름 내내 책을 읽은 다음에는 무엇을 해야 하고, 어떤 것을 분석해야 할지에 관해 많은 생각을 했습니다.

그중 특히 도움을 많이 받은 책이 있습니까?

대부분이 안 좋은 쪽으로 도움이 되었습니다. 예를 들어 로버트 에드워즈(Robert D. Edwards)와 존 맥기(John McGee)가 쓴 『기술적 분석(Technical Analysis)』이라는 책은 부정적인 측면에서 상당히 도움이 되었습니다.

부정적으로 도움이 되었다는 건 어떤 의미인가요?

제가 기술적 분석을 믿지 않게 되었다는 뜻입니다. 책을 읽으면서 절대로 기술적 분석은 하지 말아야겠다고 확신하게 되었습니다. 덕분에 시간을 절약할 수 있었지요.

하지만 차트 분석의 효과를 합리적으로 설명할 수 있습니다. 차트는 펀더멘털과 모든 시장 참여자들의 심리를 반영한다고 알려져 있습니다.

부정적인 의견을 설명하기는 어렵습니다. 왜 효과가 없다고 생각하는지 증명하기가 쉽지 않기 때문입니다. 다만 제가 말씀드릴 수 있는 것은 기술적 분석을 쫓아야 하는 충분한 이유를 모르겠다는 것입니다. 훌륭하다고 생각되지 않은 것들에 대해서 시간을 할애하고 싶지는 않았습니다.

그렇다면 여름 동안 다양한 책을 읽고 연구하신 후 어떤 방법이 시도해볼 만한 가치가 있다고 생각하셨습니까?

그해 여름에는 별다른 것을 찾지 못했습니다. 이후 학기가 시작되어 주식시장에 관한 공부는 잠시 접어두었다가 그다음 여름이 돼서야 계속할 수 있었습니다. 덥고 화창한 6월의 어느 날이었지요. 집의 뒤뜰에 있는 나무 그늘에 앉아서 한 시간쯤 책을 읽다가, 시드니 프라이드(Sydney Fried)가 발행한 정기간행물 〈RMH 신주인수권과 저렴한 주식에 관한 연구(RMH Warrants and Low Price Stock Survey)〉를 보게 되었습니다. 아마 지금도 그의 아들이 이어서 출판하고 있을 겁니다. 어쨌거나 이 책을 읽던 중 신주인수권의 가격을 수학적으로 계산할 수 있다는 사실을 깨달았습니다.

주식의 가격을 예측하기 위해서는 막대한 양의 변수를 분석해야 하지만 신주인수권에만 집중하면 그럴 필요가 없었습니다. 그래서 신주인수권의 가격을 결정한다고 생각되는 변수를 나열한 짧은 리스트를 만들었습니다. 여기에는 주식의 가치, 옵션 행사가격, 변동성, 만기일, 금리 수준 등이 포함되었습니다.

그해 가을, 캘리포니아 대학교 어바인 캠퍼스(UCI)에서 교수직을 맡게 되었습니다. 학기 첫날에 정보 및 컴퓨터과학과(Information and Computer Science)의 학과장을 만났고, 신주인수권의 가격결정 모델을 개발하는 중이라고 말했습니다. 학과장은 같은 연구를 하고 있는 동료 교수가 있다고 가르쳐주었어요. 그 사람이 바로 신 카소우프였지요. 카소우프 교수는 이미 옵션가격의 결정에 관한 이론적인 모델을 주제로 논문을 쓴 뒤였습니다. 아주 훌륭한 모델은 아니었지만 그다지 나쁜 모델도 아니었습니다. 물론 아무런 모델도 없는 것보다는 훨씬 나았습니다. 카소우프 교수는 또 신주인수권 투자와 그에 대한 헤지로 안정적인 수입을 벌어들이고 있었습니다. 우리는 함께 연구를 시작했고, 그 결과 『Beat the Market』을 공동집필하게 되었습니다.

『Beat the Market』에 옵션가격 모델의 공식이 소개되어 있나요?
카소우프 교수가 경험을 바탕으로 만든 공식이 소개되어 있습니다.

이후 교수님이 개발하신 공식과 흡사한가요?
전혀 다릅니다.

책을 통해 신주인수권의 가격이 정해지는 방법과 잘못된 가격 책정을 이용해 투자 기회를 찾는 방법에 대해 소개하신 이유는 무엇입니까? 그때만 해도 아무도 몰랐을 텐데요.
사실은 책에도 그 답을 적어놓았습니다. 우리는 다른 사람들이 비슷한 공식을 발견하는 것이 시간문제라고 생각했습니다. 또 최초로 옵션가격 모델에 대한 우리의 책을 읽은 잠재적 투자자들이 우리에게 자금을 운용하게 할 것이라고 추론했습니다.

올바른 선택이었다고 생각하십니까? 책을 출간하지 않고 두 분만 알고 계셨더라면 더 좋지 않았을까요?
아닙니다. 역사적으로 모든 발견은 하나의 장소에서 일어나지 않았습니다. 여러 장소에서 동시다발적으로 일어나지요.

뉴턴과 라이프니츠(Leibniz)처럼 말이죠(이들 두 사람은 비슷한 시기에 미적분을 개발했다).
맞아요. 다윈(Darwin)과 왈라스(Wallace)처럼요(두 사람은 진화론을 비슷한 시기에 구상해냈다).

자금은 언제부터 운용하셨습니까?

UCI 교수로 재직할 때 우연히 시작하게 되었습니다. 카소우프 교수와 저는 각자 계좌를 운용했습니다. 캠퍼스에 소문이 퍼져나갔고, 사람들이 제게 돈을 맡아달라고 부탁했습니다. 이들은 연평균 20%가 넘는 수익을 올렸습니다. 지인들에게도 저에 대해 이야기를 했어요. 곧 저는 10개가 넘는 계좌를 운용하게 되었습니다. 캠퍼스에 행복한 사람들이 많아졌어요.

당시 어떤 전략을 활용하셨습니까?

『Beat the Market』에 소개된 개념은 2년이 채 되지 않은 신주인수권들이 과도하게 높은 프리미엄에 거래된다는 것이었습니다. 주로 우리는 신주인수권에 대해 매도 포지션을 구축하고 주식을 매수해 헤지하는 방법으로 투자를 했습니다.

델타헤지(Delta Hedge, 포지션의 델타값을 0으로 만드는 것으로 기초 자산의 움직임에 의해 수익이 영향을 받지 않도록 하기 위한 방법)를 활용하신 건가요?

처음에는 정적헤지(Static Hedge, 역동적 헤지의 반대 개념으로 한 번 헤지 포지션을 구축한 후 조정을 하지 않는 것이다)로 시작했지만 이후 역동적인 델타헤지가 더 낫다고 결정하게 되었습니다.[8]

두 분이 함께 돈을 운용하셨습니까?

그렇지 않습니다. 우리는 투자 전략에 대해 다른 아이디어를 가지고 있었습니다. 카소우프는 주식시장의 방향을 예측할 수 있다고 믿었고, 가끔 특정 종목에 대해 펀더멘털 시각을 활용하기도 했습니다. 저는 시장을 예측할 수 없

---

8. 정적헤지의 경우, 신주인수권에 대한 투자 포지션은 주식시장에서 같은 델타값을 가지는 포지션으로 상쇄할 수 있다. 그 결과 델타중립 포지션이 만들어진다(델타중립은 가격에 큰 변화가 없을 때 혼합적인 투자 포지션의 가치가 전반적으로 변하지 않는 상태다). 역동적 델타헤지는 신주인수권 포지션을 헤지하기 위해 구축한 주식시장의 포지션을 지속적으로 조정해서 델타중립을 유지한다는 뜻이다.

다고 믿었고, 언제나 델타중립(Delta Neutral)[9]이 되도록 헤지해야 한다고 생각했습니다. 그래서 우리는 서로 다른 길을 걸었습니다. 카소우프는 형제들끼리 투자회사를 설립했고, 저는 한동안 개인적으로 계좌를 운용했습니다.

소프 교수님만의 옵션가격 모델이 개발된 건 언제입니까?
1967년, 폴 쿠트너(Paul Cootner)가 쓴 『주식시장에 관한 모든 것』을 읽다가 신주인수권의 가격 모델에 관한 아이디어를 얻었습니다. 리스크가 없을 때 투자 수익을 늘릴 수 있다는 추측을 단순화시켜 공식을 만들 수 있을 것 같았습니다. 신주인수권 매매와 델타중립 헤지를 병행하면 리스크가 작아지기 때문에 책에서 소개된 추측을 올바른 공식으로 만들어내는 것도 가능할 것 같았죠. 그 결과 블랙-숄즈 모형과 동등한 공식이 만들어졌어요. 저는 이 공식을 1967년에 사용하기 시작했습니다.

가격이 비싸게 매겨진 신수인수권을 찾고, 투자 포지션에 대한 델타헤지를 위해 공식(향후 블랙-숄즈 모형)을 적용하셨나요?
그때는 신주인수권 포트폴리오를 다변화하거나 헤지를 할 돈이 없었습니다. 헤지를 하기 위해서는 어느 쪽이건 증거금을 내야 하니까요. 그래서 공식을 활용해 가장 가격이 비싸게 책정된 신주인수권을 찾아냈습니다. 공식으로 찾아낸 2~3배까지 비싸게 가격이 책정된 신주인수권에 대해 매도 포지션을 구축했습니다.

헤지는 하지 않고 신주인수권에 대해 매도 포지션만 구축하셨다는 것은 리스크를 최소화하려는 원래의 의도와 완전히 반대라는 생각이 듭니다. 만약 시장이 크게 반등했다면 어떻게 되었을까요?

---
9. 델타중립은 주식을 매수 혹은 매도해 전반적으로 포지션의 균형을 유지하는 것이다. 따라서 어느 방향이든 가격의 변화가 크지 않을 때는 거의 영향을 받지 않는다.

실제 시장이 크게 상승했습니다. 1967년부터 1968년까지 대단한 불마켓이었지요. 중소형주가 1967년에는 84%, 1968년에는 36% 상승했습니다. 순매도 포지션을 가지고 있었다면 결과는 끔찍했을 겁니다. 하지만 공식이 워낙 훌륭해서 가격이 과도하게 책정된 신주인수권을 찾아냈고, 덕분에 매도 포지션을 유지했는데도 본전은 건질 수 있었습니다. 최악의 상황에서 공식의 효과가 입증된 거지요. 제가 알기로 블랙-숄즈 모형이 시장에 적용된 건 1967년부터 1968년까지 제가 신주인수권에 대한 매도 포지션을 구축한 게 처음이었을 겁니다.

블랙-숄즈 모형에 관한 책은 언제 출판되었습니까?
1969년에 만들어졌고, 1972년인가 1973년에 출판된 것으로 알고 있습니다.

소프 교수님께서 직접 책을 출판할 생각은 안 하셨나요?
옵션가격 모델을 활용하면 투자에서 상당히 유리한 확률을 얻을 수 있을 것 같았습니다. 저는 활용하는 것만으로 기뻤습니다. 1969년에는 제 첫 번째 헤지펀드인 프린스턴 뉴포트 파트너스가 설립되었습니다. 공식을 공개하면 고객들을 위한 투자 비결을 포기하는 거라고 생각했습니다. 조용히 공식을 활용하는 게 최선인 것 같았습니다. 카드 카운트 기술을 개발하고 책으로는 쓰지 않은 것과 같았습니다. 이후 블랙과 숄즈가 공식을 공개했을 때는 이미 늦었지요. 하지만 후회하지는 않았습니다.

프린스턴 뉴포트 파트너스의 주요 전략은 전환사채 차익거래(Convertible Bond Arbitrage)로 알고 있습니다. 그때는 불가능했지만 지금은 공개할 수 있는 혁신적인 전략이 있었나요?
단순한 전환사채가격 모델에서는 전환사채는 회사채에 신주인수권이 포함된 것으로 생각합니다. 회사채는 전환사채 가격의 최저점, 즉 전환사채의 가격이 어디까지 하락할 수 있는지를 알려줍니다. 예를 들어 이자율이 5%인 B등급의 전환사채 가격이 이자율이 5%인 B등급인 회사채의 가격보다 낮을 수는 없다는 겁니다. 우리는 주가가 크게 하락하면 회사채의 등급도 하락하고, 따라서 최저점은 더 이상 최저점이 아니라는 사실을 알게 되었습니다. 이 점을 적용한 결과 더욱 정확한 전환사채 가격 모델을 만들어냈습니다. 우리 모델은 또 주식과 관련된 모든 상품을 분석했습니다. 여기에는 전환사채, 옵션, 신주인수권, 전환우선주(Convertible Preferred) 등이 포함되었습니다. 그래서 다양한 상품 중에서 최적의 헤지 방법을 찾아낼 수 있는 겁니다.

프린스턴 뉴포트 파트너스가 문을 닫은 후 저는 블랙(블랙-숄즈 모형을 만든 피셔 블랙)에게 전화를 걸었습니다. 제가 남들보다 훌륭한 전환사채 모델을 가지고 있다고 생각했고, 이 모델을 골드만삭스에 팔 수 있는지 알아보기 위해서였습니다. 그는 비행기를 타고 날아와 우리 모델을 3일간 분석했습니다. 블랙 역시 정말 훌륭한 모델이라며 동의했습니다. 다만 우리의 모델이 디지털 에큅먼트(Digital Equipment)의 컴퓨터 코드에 맞추어져 있다는 것이 문제가 되었습니다. 골드만삭스에 맞게 프로그램을 바꿀 필요가 있었습니다. 결국 블랙은 제 모델을 매입하지 않기로 결정했습니다. 2년인가 3년 후 그는 자신만의 전환사채 모델을 개발했습니다. 제 아이디어가 활용되었는지는 모르겠지만 별로 개의치 않았습니다.

> **TIP**
>
> 전환사채란 정해진 가격에 정해진 만큼의 주식으로 전환할 수 있는 회사채를 뜻한다. 더 정확하게 말하면 전환사채는 회사채와 콜옵션이 합쳐진 것이다. 내재된 콜옵션이 금전적인 가치를 가지고 있기 때문에 전환사채는 다른 회사채에 비해 낮은 금리를 제공한다. 전환사채 펀드는 전환사채를 매수하고 그 속에 내재된 콜옵션에 대한 매수 포지션을 중립으로 만들기 위해 그만큼의 주식에 대해 매도 포지션을 구축한다(델타 헤징). 전환사채에 포함된 옵션은 가격이 낮게 책정되는 경향이 있다. 전환사채 펀드는 가격이 낮게 책정된 전환사채를 매수하고 주식에 대해 매도 포지션을 구축해 상당한 수익을 벌어들일 수 있다. 이들의 기본 전략은 크게 변화하지 않지만, 경쟁이 심화되면 가격 책정이 잘못될 수 있다. 따라서 전환사채 가격 모델의 정확도가 무엇보다 중요하다.

최적의 베팅 규모를 결정하는 것에는 어느 정도 중점을 두셨습니까? 이 과정에서 켈리 기준(Kelly Criterion)을 활용한 방법과 그 이유는 무엇입니까?

MIT 시절에 섀넌 교수를 통해 켈리 기준에 대해 알게 되었습니다. 섀넌은 벨 연구소(Bell Laboratories, 1925년 설립된 세계 최고 수준의 민간 연구개발기관)에서 켈리와 일한 적이 있다고 하더군요. 아마 섀넌 교수가 벨연구소의 수석 연구원이고, 켈리가 그다음으로 중요한 역할을 담당했을 겁니다. 섀넌은 켈리가 1956년 발표한 논문을 참고자료로 활용하기도 했습니다. 제가 섀넌 교수에게 블랙잭 베팅 시스템에 대해 설명했을 때 그는 베팅 규모를 결정하기 위해 켈리의 논문을 읽어보라고 말하더군요. 저는 확률이 불리할 때보다 유리할 때 베팅 규모를 늘리고 싶었거든요. 그래서 논문을 읽었는데 상당히 합리적이라고 생각했습니다.

자본 중 일부를 베팅하도록 정하는 켈리 기준이 장기적으로 최선의 방법인 것 같았습니다. 여기에서 장기적이란 베팅의 횟수를 의미합니다. 라스베이거스에서 일주일간 블랙잭 게임을 했다고 하면 '장기적'이라고 말할 수 없습니다. 저는 일주일 동안 게임을 하면서 1,000번이나 베팅을 했습니다. 이를 장기적이라고 말하는 것입니다.

카지노에서는 '장기적'이라는 의미가 상대적으로 짧습니다. 하지만 주식시장은 다릅니다. 1년간 트레이딩을 해도 '장기적'이라고 말할 수 없는 경우도 있습니다. 하지만 주식시장에서도 카지노와 같은 '장기적'이라는 의미가 적용되는 사례가 있습니다. 그중 하나가 통계적 차익거래(Statistical Arbitrage)입니다. 통계적 차익거래를 하면 1년에 수만 건에서 수십만 건까지 매매가 가능합니다.

켈리 기준은 장기적으로 가장 높은 수익률을 기대할 수 있는 베팅 크기입니다. 베팅에서 성공할 확률, 투자에 성공하거나 실패할 때 평균적으로 벌어들이는 수익 및 손실을 계산할 수만 있다면 켈리 기준으로 최적의 베팅 비율을 알아낼 수 있습니다. 그리고 덕분에 수익률을 극대화할 수 있습니다.

특히 기간이 길어질수록 유리합니다. 베팅 횟수가 늘어날수록 편차가 줄어들기 때문입니다. 대수법칙(어떠한 사건의 발생비율은 1~2회의 관찰로는 측정이 곤란하지만 관찰 횟수를 늘려가면 발생 확률이 일정해지는 법칙)과 비슷합니다. 예를 들어 동전을 던질 때 기댓값(Expected Value, 동전의 앞면 혹은 뒷면이 나올 확률)은 5입니다(5보다 클 수는 없다). 동전을 10번 던지면 기댓값 5에 대한 편차는 크지 않지만 퍼센트로 바꾸어보면 상당합니다. 동전을 100만 번 던진다면 절대적인 편차는 훨씬 커지겠지만 퍼센트로 보았을 때는 매우 작습니다. 켈리 기

> **TIP**
>
> 켈리 기준은 총수익을 극대화하기 위해서 크기를 감수해야 하는 자본의 비율이다. 확률이 유리하더라도 너무 많은 돈을 베팅해서는 안 된다. 변동성의 악영향으로 전체 수익이 하락할 수 있기 때문이다. 켈리 기준은 베팅의 규모를 결정하기 위한 기준이다. 어느 정도의 자본을 베팅해야 장기간에 걸친 총수익을 극대화할 수 있는지를 나타낸다.
>
> $$F = PW - (PL/W)$$
>
> - F = 전체 자본 중에서 켈리 기준에 따라 정한 베팅 비율
> - W = 포기한 달러마다 얻은 달러(수익 규모를 손실 규모로 나눈 값)
> - PW = 성공 가능성
> - PL = 실패 가능성
>
> 수익의 크기와 손실의 크기가 같을 때의 공식
>
> $$F = PW - PL$$
>
> 예를 들어 어떤 트레이더가 투자에 실패했을 때는 1,000달러의 손실을, 성공했을 때는 1,000달러의 수익을 올린다고 가정해보자. 이 트레이더의 승률이 60%라면 켈리 기준에 따라 구한 최적의 트레이딩 규모는 20%다(0.60-0.40=0.20).
> 만약 투자 성공 시 2,000달러의 수익을, 실패했을 따는 1,000달러의 손실을 기록하며 승률이 50 대 50인 트레이더가 있다고 가정해보자. 켈리 기준에 따라 최적의 트레이딩 크기를 구하면 전체 자본의 25%가 된다(0.50-(0.50/2)=0.25).
> 켈리 기준보다 과도한 베팅은 그 반대의 경우보다 더 위험하다. 예를 들어 켈리 기준의 반만큼 베팅을 한다면 총수익은 25% 줄어든다. 하지만 켈리 기준의 2배를 베팅한다면 수익은 100% 사라질 가능성이 크다. 즉 켈리 기준보다 2배 이상 베팅하면 확률적 우위와는 상관없이 손실 가능성이 발생하는 것이다. 켈리 기준은 최소 베팅 기준을 설정하지 않는다. 이런 가정 덕분에 손실 가능성을 막을 수 있다. 실제 투자와 트레이딩 상황이 그렇듯이, 최소 기준이 있다면 그 이하로 하락했을 때는 손실이 발생할 가능성이 있다.

준도 마찬가지입니다. 퍼센트로 따져보았을 때 켈리 기준은 장기적으로 수익을 높여줄 가능성이 큽니다. 켈리 기준이 아닌 다른 방법을 활용한다면 장기적인 수익 가능성은 작아지게 됩니다. 카지노에서 저는 장기적인 수익률을 높이는 방법으로 켈리 기준을 활용했습니다. 하지만 더 안전한 방법은 손실과 실패 확률을 줄이는 것입니다.

성공 확률을 확실히 알아낼 수만 있다면(하지만 이는 시장에서 불가능합니다) **켈리 기준으로 수익을 극대화시킬 수 있고, 그보다 더 크게 혹은 작게 베팅하면 오히려 수익이 줄어든다는 건 알겠습니다. 하지만 켈리 기준은 수익 측면만 고려하고, 변동성은 수익에 대한 영향으로 인식하기 때문에 문제가 있다고 생각합니다. 사람들은 변동성이 크면 불편해합니다. 그뿐만이 아니라 현실에서 투자 포지션을 청산하는 시점은 켈리 기준이 추정하는 것처럼 손실 및 수익이 0인 시점이 아니라 자신이 용인할 수 있는 최대 손실인 경우가 많습니다. 제 생각에는 손실이 발생해 포지션을 청산할 가능성을 최소화하는 조건에서만 켈리 기준을 활용할 수 있을 것 같습니다.**

100만 달러를 가지고 있고 감당할 수 있는 최대 손실이 20만 달러라고 생각해보세요. 켈리 기준으로 보았을 때 자본은 100만 달러가 아니라 20만 달러입니다.

그렇다면 교수님께서는 최대로 감당할 수 있는 손실인 20만 달러에 대해서만 켈리 기준을 적용하는 것이군요. 블랙잭을 하실 때는 기준 그대로를 적용하셨나요?

그렇습니다. 딜러가 속임수를 쓰지 않는다는 가정하예요. 당시 목표는 가장 짧은 시간 동안 가능한 많은 돈을 버는 것이었습니다.

펀드를 운용하실 때는 어떠셨나요?

그때는 켈리 기준을 적용할 필요가 없었습니다. 헤지를 통해 리스크를 없애기 위해서는 레버리지에 대해서도 켈리 기준을 적용해야 합니다. 프린스턴 뉴포트 파트너스의 모든 포지션은 헤지되었지만 켈리 기준을 만족시킬 만큼 레버리지를 얻을 수 없었지요.

그 이유는 무엇입니까?
중개업체들이 돈을 많이 빌리지 못하게 했습니다.

만약 현실적으로 가능했다면 켈리 기준만큼 매매하셨을까요?
그렇지는 않았을 겁니다. 켈리 기준의 반 정도를 베팅하면 변동성은 반으로 줄이고, 수익은 3/4으로 유지할 수 있습니다. 제게는 그 정도가 훨씬 편하답니다. 저는 그 편이 심리적으로 훨씬 낫다고 생각합니다.

저는 또 다른 중요한 이유 때문에 트레이딩에서 켈리 기준보다 작게 베팅을 하는 편이 합리적인 결정이라고 생각합니다. 트레이딩과 블랙잭 같은 게임에는 중요한 차이점이 있습니다. 이론적이지만 블랙잭은 정확한 확률을 계산할 수 있습니다. 하지만 트레이딩에서 승률은 예측치에 불과합니다. 어떤 때는 정말 대략적인 측정치를 제공할 뿐입니다. 켈리 기준보다 작게 베팅을 하면 초과 수익의 가능성을 포기해야 합니다. 하지만 그보다 더 많이 베팅을 했다가 손실이 발생했을 때는 피해가 훨씬 커집니다. 변동성을 조절한다고 해도, 트레이딩의 불확실성과 켈리 기준이 약속하는 수익의 비대칭성 때문에 켈리 기준보다 더 작게 베팅을 하는 편이 합리적이라고 생각됩니다. 뿐만 아니라 거의 모든 투자자에게 있어서 초과 수익의 한계효용(Marginal Utility)은 손실에 대한 한계효용보다 작습니다.
맞습니다. 카지노에서 블랙잭 게임을 하고 있고, 확률도 정확하게 알고 있다고 가정해봅시다. 그렇다면 제가 켈리 기준을 모두 활용해 베팅을 할까요?

아닐 겁니다. 왜냐고요? 딜러가 속임수를 쓸 수도 있기 때문에 확률이 계산과는 약간 달라지기 때문입니다. 뿐만 아니라 계산에 고려하지 못한 일이 생길 수도 있습니다. 자, 그럼 이제 월스트리트에 대해 이야기해보겠습니다. 일단 시장에서는 정확한 확률 계산이 불가능합니다. 또 확률 계산에 영향을 미치는 정보 중 모르는 부분이 있습니다. 따라서 어느 정도 기준을 낮춰야 합니다. 과도한 베팅은 끔찍한 결과, 즉 수익은 줄이고 변동성은 더욱 키우게 됩니다. 그래서 켈리 기준의 절반 정도에서 신중하게 시작하는 편이 좋습니다. 확률에 대해 확신이 있다면 그보다 늘리면 되고, 그 반대면 줄이면 됩니다.

이후에는 켈리 기준을 반으로 줄여서 활용하셨습니까?

그럴 기회가 없었습니다. 켈리 기준을 완만하게 적용해야 하는 경우가 대부분이었기 때문입니다. 정말 예외적인 상황에서만 켈리 기준을 엄격하게 적용했습니다. AT&T가 지역 서비스를 7개의 베이비 벨(Baby Bells)로 분리했을 때가 그중 하나입니다. 구(舊) AT&T 주식이 신(新) AT&T 주식과 7개 베이비 벨 주식으로 전환되었지요. 이전의 AT&T 주식을 매수하고 새로운 AT&T 주식에 매도 포지션을 구축했습니다. 가격 스프레드는 0.75%였습니다.

당시 매매 규모는 어느 정도였습니까?

500만 주로 약 3억 3,000만 달러였습니다. 그때까지의 뉴욕증권거래소 역사상 가장 큰 규모의 매매였습니다.

당시 자본금은 얼마나 되셨나요?

7,000만 달러였습니다.

투자의 규모는 어떻게 결정하셨습니까?

그게 우리가 모을 수 있는 돈 전부였습니다.

흔히 말하는 리스크가 없는 거래였기 때문에 투자의 규모를 크게 늘리셨군요.
그렇게 보였습니다. 하지만 리스크가 없는 투자란 결코 없습니다.

좀 더 자세히 설명해주시겠습니까?
우리가 무언가를 간과했을 가능성은 별로 없었습니다. 다만 알려지지 않은 요소들이 있을 가능성은 언제나 존재합니다.

통계적 차익거래는 어떻게 시작하게 되셨나요?
1979년 지표 프로젝트(Indicators Project)라는 연구를 시작하게 되었습니다. 우리는 먼저 시장을 예측하는 데 필요한 어닝 서프라이즈(Earnings Surprises), 배당금 성향, 주가장부가치(Book To Price) 등의 지표들을 찾았습니다. 이렇게 알아낸 30~40개의 지표들로 리스트를 만들었습니다. 프로젝트에 참여한 연구원 중 한 명은 최근에 가장 주가가 크게 상승한 종목들과 가장 크게 하락한 종목을 관찰했습니다. 그 결과 주가가 가장 크게 성장한 종목은 그다음 기간 동안 시장평균을 하회할 가능성이 높고, 주가가 가장 많이 하락한 종목은 시장평균을 웃돌 가능성이 높다는 사실을 발견했습니다. 그래서 가장 크게 하락한 종목들로 위험분산형 포트폴리오를 구성하여 매수하고, 가장 크게 오른 종목들로 위험분산형 포트폴리오를 구성하여 매도하는 전략이 만들어졌습니다. 우리는 '가장 높거나 낮은 MUD 전략'이라고 불렀습니다.

UCI 수학과 교수인 제 친구 윌리엄 도노후(William F. Donoghue)는 제게 "소프 교수, 싸게 사고 비싸게 팔라고"라고 농담을 하곤 했습니다. 그 친구야 그냥 하는 소리였겠지만 우리 전략에 꼭 맞는 표현이었습니다.

시장에서 중립을 유지하는 전략인 이 방법은 비용을 제외한 연평균 수익률이 20%나 되었습니다. 하지만 리스크도 꽤 높았죠. 양쪽 모두 원하는 것만큼 추세가 빨리 변하지 않았거든요. 이 전략의 관건은 2가지였습니다. 하나는 리스크를 줄이는 것이고, 또 다른 하나는 거래비용을 줄이는 것이었습니다.

우리는 거래비용을 줄이는 게 급선무라고 생각했습니다. 포트폴리오 규모가 워낙 커서 리스크는 크게 문제되지 않을 것으로 생각했거든요. 어쨌거나 활용 가능한 전략으로 판단했습니다.

가장 가격이 크게 상승한 종목과 가장 크게 하락한 종목을 효율적인 지표로 활용하셨군요. 또 다른 지표들 역시 효과가 있었는지 궁금합니다.

효과는 있었습니다. 같은 기간 동안 배당금 지급 여부에 따라 주가의 패턴이 눈에 띄게 달라진다는 것도 알아냈습니다. 배당금을 지급하지 않는 주식은 평균보다 높은 수익을, 배당금을 적게 지급하는 주식은 낮은 수익을 기록했습니다. 하지만 높은 배당금을 받으면 총수익도 늘어났지요. 배당금이 아예 없거나 가장 높은 종목을 매수하고, 배당금이 적은 주식은 매도하는 편이 유리하다는 사실을 나타내는 U자형 곡선 그래프를 통해 알 수 있었습니다. 어닝 서프라이즈도 상당한 기간에 걸쳐(몇 주 혹은 몇 달) 영향을 미치는 것으로 나타났습니다. 시장이 이런 종류의 정보를 완전히 이해하는 데 꽤 느리다는 사실을 보여주는 예였습니다.

하지만 이런 지표들을 처음부터 모두 찾아낸 건 아니었어요. 우리는 각종 연구 자료를 샅샅이 분석했고, 비슷한 연구를 하고 있는 사람들과 교류했습니다. 다른 사람들의 연구와 원래 우리가 가지고 있던 투자 아이디어를 통합해 상당히 효율적인 지표들을 찾아낸 것입니다. 하지만 프린스턴 뉴포트는 이미 리스크 조정을 통해 상당히 좋은 실적을 기록하고 있었기 때문에 통계적 차익거래를 배제하였습니다. 우리가 이미 활용하고 있는 전략에 통계적 차익거래 방식을 추가하면서 기대할 수 있는 수익이 전략 활용에 소요되는 비용보다 더 높은지 분명하지가 않았기 때문입니다.

언제 생각이 바뀌신 건가요?

1985년 〈월스트리트저널〉에 광고를 냈습니다. 믿을 만한 투자 아이디어가 있는 사람을 모집해 더 많은 수익을 창출하기 위해서였지요. 광고를 보고 전화를 걸어온 사람 중 한 명이 모건스탠리의 직원이었던 게리 밤베르거(Gerry Bamberger)였습니다. 제가 기억하기로는 그 친구가 1982년에 전략을 개발했는데, 직속상관이었던 눈지오 타타글리아(Nunzio Tartaglia)에게 밀려났다고 합니다. 이후 타타글리아가 전략을 담당했다더군요. 밤베르거는 결국 모건스탠리를 떠날 수밖에 없었고, 그러던 중 광고를 보았던 겁니다.

그는 뉴포트비치로 와서 면접을 봤습니다. 처음에는 조심스러워하더니 곧 자신의 전략을 자세히 설명하기 시작했습니다. 설명을 듣자마자 저는 우리가 개발했던 통계적 차익거래와 동일한 방법이라는 사실을 알아챘습니다. 다만 밤베르거는 리스크를 크게 줄일 수 있는 방법을 추가했더군요. 우리가 만든 전략과 비교해 혁신적인 점은 투자 종목을 산업별로 묶고, 각 산업에 대해 롱/쇼트 포트폴리오를 구축하는 것이었습니다. 산업별로 중립적인 포지션을 만들어 전략에 대한 리스크를 크게 줄였던 거지요.

설명을 들으셨을 때 '단순한 방법인데 왜 우리는 생각을 못했지?' 하는 생각이 들지는 않으셨나요?

포트폴리오 구조에 관한 밤베르거의 설명을 듣고 "그래요, 아주 분명한 생각이군요"라고 평가했습니다. 하지만 "왜 우리는 생각하지 못했지?"라고 말하지는 않았습니다. 우리는 오래전에 이것을 배제했거든요. 만약 통계적 차익거래를 전략에 포함시키기로 결정했었다면 산업별로 중립적인 접근방법을 개발해냈을 겁니다.

그다음에는 어떻게 되었나요?

함께 합작회사를 설립했고, 밤베르거가 뉴욕에서 운영을 했습니다. 우리가 지원을 하고, 그는 프로그램을 담당했습니다.

궁금한 점이 있습니다. 밤베르거가 설명한 통계적 차익거래 방법에 대해서는 이미 알고 계셨습니다. 따라서 그가 개선시킨 부분을 쉽게 적용할 수 있었을 겁니다. 해당 전략을 미리 배제하지 않으셨다면 개선 방법도 생각해내셨을 거고요. 그런 면에서 밤베르거는 필요가 없다고 생각하는데요. 그런데 왜 그와 수익을 공유하기로 합의하신 겁니까?

일종의 프랜차이즈인 셈입니다. 밤베르거는 매우 똑똑하고 능률적인 사람이었습니다. 자신의 사람들을 모아서 뉴욕지점을 운영할 능력이 있었습니다. 돈을 지불할 만한 충분한 가치가 있었지요. 우리가 자체적으로 전략을 활용했더라도 그와 비슷한 비용이 들었을 겁니다.

그러니까 밤베르거의 아이디어가 아니라 그가 아이디어를 실행하는 대가로 비용을 지급하신 거군요. 교수님께서는 어차피 활용하지 않을 투자 전략이었고, 그는 전략을 분명하게 이해하고 있을 뿐 아니라 실행할 능력도 있었으니까요.

맞아요. 밤베르거와 일을 하면서 관리비용은 거의 들지 않았습니다. 게다가 그 친구는 정직하고 원칙적이었지요.

> 소프는 여러 기사에서 통계적 차익거래에 대한 자신의 경험을 소개했다. 그중에는 밤베르거에 관한 설명도 포함되어 있다.

게리 밤베르거는 호리호리하고 키가 큰 사람이었다. 정통 유대인이었던 그는 IQ가 매우 높았고 금융 문제를 본질적으로 꿰뚫어보고 있었다. 단 괴상한 유머감각을 지니고 있었다. 밤베르거가 뉴포트비치에 몇 주 동안 머물면서 우리와 함께 일을 한 적이 있었다. 며칠 후 나는 그가 점심식사 때마다 갈색 종이봉투에 담긴 참치 샌드위치를 먹는다는 것을 알게 되었다. 나는 그에게 물어보았다. "점심식사로 참치 샌드위치를 얼마나 자주 먹나요?" 그는 대답했다. "지난 6년간 매일 먹었어요."

또 밤베르거는 대단한 골초였다. 하지만 나는 담배연기에 상당히 예민해서, 흡연가는 절대 채용하지 않았고 사무실 흡연도 허용하지 않았다. 그래서 우리가 함께 일을 하기 위해서는 그의 흡연 문제를 논의하지 않을 수 없었다. 우리는 서로를 존중했고 각자의 요구에 맞도록 타협했다. 밤베르거는 담배가 피우고 싶을 때마다 1층 정원에 있는 우리 사무실 밖으로 나가 담배를 피웠다(http://edwardothorp.com/id9.html).

자본은 어떻게 지원되었습니까?

약 2년간 자본을 지원했고, 결과는 상당히 성공적이었습니다. 하지만 이후 수익이 감소하기 시작했습니다. 그때쯤 합작회사를 통해 이미 많은 돈을 번 밤베르거는 은퇴를 결정했습니다. 저는 전략을 다시 한 번 연구해 개선방법을 찾았습니다. 덕분에 수익을 재고할 수 있었습니다. 제가 생각해낸 방법은 전략적 요소들을 중립적으로 유지하는 것이었습니다. 우리는 포트폴리오의 주요 요소를 분석하고 이들을 중립적인 상태로 바꾸려 노력했습니다.

구체적으로 포트폴리오 내에서 어떤 요소들을 중립 상태로 바꾸셨나요?

포트폴리오의 요소를 분석할 때는 2가지의 다른 접근방법이 있습니다. 하나는 제가 경제적 요소(Economic Factor)에 관한 분석이라고 부르는 것인데, 다들 알고 계시는 인덱스 가격, 유가 등입니다. 두 번째 방법은 추상적인 요소(Abstract Factor)들에 관한 분석입니다. 추상적 요소를 분석할 때는 각 증권의 수익만을 고려합니다. 이를 수학적인 모델로 처리해 다양한 추상적인 요소를 알아내는데, 경제적인 요소들과 일치하지 않을 수도 있습니다. 추상적인 요소는 투자자들이 활용하는 역사적 데이터를 가장 잘 설명할 수 있는 방법입니다.

이러한 요소들이 특정한 항목이 아니라 수학적인 구조라면 어디에 속하나요?

추상적인 요소에 관한 분석에 속합니다. 추상적인 요소에 대한 분석방법 중에는 원칙적 요소에 대한 분석도 포함됩니다. 데이터의 양이 상당히 많을 때는 그중에서 원칙적 요소를 찾을 수 있습니다. 이들은 서로 수직적인 데이터 영역에 존재하는 벡터(Vector)입니다. 이것이 데이터를 설명할 수 있는 최적의 방법입니다.

이런 수직성 때문에 다중공선성(설명되는 변수들 사이에 상관관계가 존재하는 것)이 문제가 되지 않나요?[10]

맞습니다. 추상적인 요소를 분석할 때는 문제가 없습니다. 하지만 경제적인 요소를 분석할 때는 각 요소들이 서로 긴밀히 연관되어 있습니다.

경제적인 요소들보다 추상적인 요소들을 활용한다는 면에서 큰 장점이 있는 것 같습니다.

맞습니다. 좋은 방법이라고 생각하고 있습니다. 추상적인 요소들은 경제적인 요소로 확인되기도 하고 혹은 경제적인 요소들의 직선적인 조합으로 확인되기도 합니다. 예를 들어 주식시장은 가장 커다란 추상적인 요소이거나 혹은 원칙적인 요소로 드러나곤 합니다.

하지만 꼭 필요한 정보는 아닙니다. 흥미로운 여담일 뿐이죠. 현실을 전혀 몰라도 추상적 요소 분석은 적용 가능합니다.

맞아요. 각종 요소들에 대한 중립적인 접근방법을 적용하면 수익은 늘리고, 리스크는 줄일 수 있습니다.

언제부터 투자방법을 변경하셨나요?

---

10. 이런 주제가 익숙한 독자들을 위해서는 추가적인 설명이 필요 없을 것이다. 어렵다고 느끼는 독자들을 위해 내용을 설명하려면 그 내용이 너무 길어질 것이다. 뿐만 아니라 인터뷰와 직접적인 연관성도 없기 때문에 여기에서는 생략하도록 하겠다.

연구는 1986년부터 시작했습니다. 밤베르거의 접근방식으로 벌어들이는 수익이 줄어들었기 때문입니다.

그렇다면 소프 교수님께서 새로운 접근방법을 개발하고 있을 때도 밤베르거는 여전히 합작회사에서 근무 중이었나요?

네, 그 친구는 1987년에 은퇴했습니다.

밤베르거는 은퇴 후 전혀 연락을 하지 않았나요?

1990년대 중반에 그 친구의 아내가 연락을 했습니다. 밤베르거가 법대에 입학하려고 한다면서 추천서를 부탁했습니다. 기쁜 마음으로 추천서를 써주었습니다. 이후 법대에 입학해 학위를 받은 것으로 알고 있습니다. 그다음은 모릅니다.

각종 요소를 분석해 통계적 차익거래를 한층 더 발전시키셨군요. 그다음에는 어떻게 되었나요?

밤베르거가 은퇴를 하고 난 후부터 각종 요소들에 관한 분석을 적용하기까지 통계적 차익거래를 잠시 중단했습니다. 1987년 10월 시장이 대폭락했을 때가 바로 트레이딩을 잠깐 쉬고 있을 때였습니다. 그 점이 참 애석합니다. 통계적 차익거래를 활용하기에 매우 좋은 시기였지요. 막대한 수익을 얻을 기회를 놓친 겁니다. 하지만 이후 높은 수익을 기록할 수 있었습니다. 이 전략은 잘 알려진 것처럼 줄리아니 검사가 프린스턴 사무실의 불법행위를 수사하면서 타격을 받은 프린스턴 뉴포트가 문을 닫게 된 1989년까지 지속적으로 20%대의 높은 수익률을 기록해냈습니다.

그 이야기를 잠깐 해주시겠습니까? 프린스턴 사무실을 담당하던 리건과의 파트너 관계는 어땠나요?

1969년 리건을 만났습니다. 당시 그는 주식 중개인이었고, 좀 더 나은 일을 찾고 있었습니다. 어느 순간 헤지 투자를 생각해냈고, 파트너를 찾고 있었습니다. 잠재적으로 파트너 가능성이 있는 후보 네 명을 뽑았는데 그중 하나가 바로 저였답니다. 카소우프와 공동 출판한 『Beat the Market』이 언론으로부터 상당한 관심을 받은 직후였습니다. 저는 비즈니스와 경영업무를 맡아줄 사람을 찾고 있었기 때문에 둘이 잘 맞을 것 같았습니다. 제가 원하지 않는 일은 리건은 하고 있었고, 리건이 할 수 없는 일을 제가 하고 있었으니까요.

프린스턴 사무실이 수사를 받고 있다는 사실을 언제 처음 알게 되셨나요?
프린스턴 사무실의 트레이더 한 명이 저희 사무실로 전화를 걸었습니다. 그가 공무원들이 엘리베이터에서 쏟아져 나와서 모든 문서를 압수하고 있다고 말했을 때 처음 알게 되었습니다. 나중에서야 리건과 프린스턴 사무실의 다른 직원들은 그보다 1년 전부터 눈치를 채고 있었다는 걸 알았습니다.

그러니까 신문에 보도되기 전날에서야 아신 거군요?
그랬지요.

어떤 반응을 보이셨나요?
왜 조사를 받는지도 몰랐을 뿐 아니라, 수사관들이 무엇을 찾고 있는지도 몰랐습니다.

리건은 아무런 언질도 주지 않았나요?
전혀요.

그를 잘못 판단하고 계셨던 건가요?
리건은 시간이 지날수록 변했습니다. 마지막에는 처음 같이 일을 시작했을 때와 완전히 달라져 있었어요. 성공이 그 친구를 조금씩 바꾸어 놓았던 것 같습니다.

그래서 어떻게 대응하셨나요?
기소를 당한 리건과 프린스턴 사무실 직원들의 변호사 비용으로 250만 달러를 지원하겠다고 했습니다. 파트너가 법적으로 책임져야 할 상한선이었어요. 리건 측은 변호사 비용을 모두 지원해달라고 요구했지만 그들이 유죄라면 비용을 지불할 수 없다는 것이 제 입장이었습니다. 그래서 우리는 250만 달러 선에서 합의했습니다. 실제 변호에 소요된 비용은 그보다 훨씬 많은 1,200만 달러였습니다.

그러니까 이 문제만큼은 리건과 전혀 다른 입장이셨군요?
네, 특히 제가 어떤 정보도 듣지 못했으니까요. 그들은 철저하게 모든 것을 비밀에 부쳤습니다.

힘든 상황이었는데, 프린스턴 사무실은 어떻게 운영되었습니까?
매우 힘들었죠. 수사 때문에 사무실이 산만해졌고, 겨우 운영만 하고 있었습니다. 직원들이 기소되고 몇 개월 후 저는 리건을 만나 말했습니다. "여기에서 대체 무슨 일이 벌어지고 있는 건지 모르겠네. 지금부터는 내가 모든 것을 맡아서 하고 싶네. 자네를 비롯해 기소된 사람들은 지금 물러나주게. 이후 무죄가 밝혀졌을 때 모두를 똑같은 조건으로 다시 채용하겠네. 원한다면 순서로 적어주지."
하지만 어떤 대답도 들을 수 없었습니다. 귀머거리에게 이야기하는 것 같았어요. 더 이상은 관계를 유지할 이유가 없다고 생각했습니다. 파트너십을 정리하기 위해 저희는 투자 포지션을 모두 청산했습니다.

혼자서 펀드를 만드실 생각은 안 하셨나요?

헤지펀드를 혼자 꾸려나갈 생각은 없었습니다. 처음부터 경영을 맡아줄 파트너를 구한 것도 같은 이유 때문이었습니다. 뿐만 아니라 잠깐 쉬고 싶었습니다.

프린스턴 뉴포트 파트너스가 문을 닫은 후에는 어떻게 되었나요?

뉴포트비치 사무실의 직원들 몇 명만 남겨놓고 모두 정리했습니다. 그리고 1990년부터 1991년까지 우리는 일본의 신주인수권 거래에 집중했습니다. 딜러들이 스프레드를 크게 확대시키기 전까지는 수익이 상당했습니다. 잠재 수익률이 30%였습니다. 그런데 매매호가 스프레드가 크게 확대되면서 거래비용이 15%나 상승하는 바람에 결국 매매를 포기했지요.

그즈음 통계적 차익거래의 실적이 괜찮다는 이야기를 들었습니다. 이전에 가장 큰 고객이었던 분이 제게 통계적 차익거래를 투자가 가능한 전략으로 되살려보라고 했습니다. 1992년 우리는 그 전략을 활용하기 시작했습니다. 첫해 수익은 겨우 5~6% 정도였습니다. 하지만 변동성의 갑작스러운 변화로 낮은 수익률을 기록했을 뿐 다른 이유는 없었기 때문에 상당히 고무되었습니다.

프린스턴 뉴포트 파트너스가 문을 닫은 후 소프 교수님께서 트레이딩을 그만두시기까지 통계적 차익거래의 실적은 어땠나요?

프린스턴 뉴포트 파트너스가 문을 닫은 건 1989년이었습니다. 그때부터 제가 통계적 차익거래를 다시 시작한 1992년 8월까지는 이 전략을 활용하기에 매우 좋은 시기였습니다. 애석하게도 우리가 전략을 다시 재개했던 시기의 상황은 통계적 차익거래에 적합하지 않았습니다. 하지만 우리는 계속 같은 전략을 유지했고, 그 결과 실적은 지속적으로 나아졌습니다. 약 10년간 프로그램을 유지했는데 수수료를 제외하고 레버리지를 활용한 연평균 수익률은 21%였고, 표준편차는 7%였습니다.

리스크 대비 수익이 훌륭했는데도 불구하고 2002년 프로그램을 그만두신 이유는 무엇입니까?

몇 가지 이유가 있었어요. 가장 큰 이유는 수익률이 감소하는 듯 보였기 때문입니다. 단기적인지 아니면 장기적인 추세인지는 알지 못했습니다. 하지만 같은 전략을 활용하는 펀드가 크게 늘어났기 때문에 앞으로 수익률이 계속 줄어들 것으로 판단했습니다. 프로그램을 혁신적으로 개선시켜 다른 트레이더들보다 나은 실적을 기록할 수도 있었겠지만, 많은 생각과 노력이 필요한 일이었지요. 그때 이렇게 생각했습니다. '인생은 짧아. 이제는 다른 일을 시도해볼 때야.' 또 다른 이유는 주요 직책을 맡고 있는 직원들이 너무 많은 돈을 요구했기 때문입니다. 이런 직원들에게 저는 "그건 너무 많아요. 이제는 우리가 헤어져야 할 때인가 봅니다"라고 말했습니다.

이후 해당 프로그램의 실적을 확인해보신 적이 있나요?

몇 년 전에 한 번 확인했습니다. 연평균 8%의 수익률을 올리고 있었습니다. 요즘 평균 수익률이 2%인 걸 감안하면 나쁘지는 않죠. 하지만 다시 시도해볼 정도는 아닙니다.

상대적으로 남들보다 먼저 통계적 차익거래를 활용했던 데이비드 쇼와는 어떤 관계이신가요? 누가 먼저 전략을 활용하기 시작한 건가요?

1988년 솔로몬 브라더스(Solomon Brothers)를 떠난 데이비드 쇼는 통계적 차익거래를 시작하기 위해 자본을 지원해줄 사람을 찾고 있었습니다. 쇼가 처음 이곳에 왔을 때 저는 그가 원하는 것이 무엇인지 몰랐습니다. 하지만 6시간 동안 이야기를 나눈 후 우리의 전략이 겹친다는 결론을 내렸습니다. 그래서 우호적인 관계로 헤어졌지요.

그러니까 같은 일을 하고 있다는 것을 깨닫기는 했지만 합일점을 찾지는

못하신 거군요.

맞습니다.

2002년 통계적 차익거래를 그만두신 후에는 무엇을 하셨나요?

다른 사람들의 헤지펀드를 통해 투자를 했습니다.

추천할 만한 헤지펀드가 있나요?

아니요, 없습니다. 저는 요즘 헤지펀드들에 대해서는 상당히 조심스러운 입장입니다.

그 이유는 무엇입니까?

20년 전에는 헤지펀드를 운용하고 있었기 때문에 세부적인 사항까지 이해하고 있었습니다. 관계자들이나 투자방법도 많이 알고 있었지요. 어떤 헤지펀드가 장점이 있는지 혹은 덩치만 큰지도 잘 알고 있었습니다. 이후 헤지펀드의 수가 폭발적으로 늘어났습니다. 운용하는 자산도 마찬가지고요. 그러면서 그저 그런 펀드 매니저들도 생겨났습니다. 헤지펀드가 운용하는 자산이 증가하면서 투자된 달러당 수익은 줄어들었습니다. 같은 전략을 활용하는 자본이 늘어났기 때문입니다. 가짓수가 많다 보니 좋은 헤지펀드를 찾기는 더욱 어려워졌습니다. 헤지펀드들은 뛰어난 실력을 갖추기보다는 덩치를 키우는 데 주력하고 있었고, 헤지펀드 수수료는 크게 올랐습니다. 전에는 성과 대비 20%의 수익료를 받았는데, 언제부터인가 1%에 해당하는 운용 수수료를 부과하더니 이제는 그것도 2%로 늘어났습니다. 고객들이 헤지펀드로 돈 벌기가 더 어려워졌습니다.

헤지펀드 산업이 뮤추얼펀드 업계의 전철을 밟고 있다고 생각하시나요? 요즘 뮤추얼펀드는 시장평균 정도의 수익밖에 올리지 못하고 있습니다.

심지어 수수료를 감안하면 시장보다 못하기도 합니다.
헤지펀드의 수익률이 전반적으로 전보다 매력이 떨어졌다고 생각할 뿐입니다.

헤지펀드 업계가 정체기를 겪고 있다고 거시나요?
헤지펀드가 리스크 대비 초과 수익을 기대할 수 없을 때가 정체기라고 생각합니다.

하지만 헤지펀드가 더 큰 변동성을 수용하기만 한다면 언제나 초과적인 수익을 얻을 수 있지 않을까요?
맞는 말이에요.

지금은 어떤가요? 헤지펀드가 다른 투자에 비해 여전히 리스크 대비 높은 수익을 거두고 있나요?
제가 알기로는 그렇습니다. 다만 아주 높지는 않습니다.

여전히 헤지펀드에 투자하고 계십니까?
새로운 헤지펀드 중에서는 좋은 펀드를 찾지 못했습니다. 만약 찾는다면 기쁜 마음으로 투자할 겁니다.

그렇다면 전에 투자하고 있던 헤지펀드에는 여전히 투자를 계속하고 계십니까?
네, 하지만 그 수를 줄이고 있습니다. 처음 생각했던 것만큼 좋지 않은 경우도 있고, 수익이 줄고 있는 경우도 있습니다.

과거 활발하게 헤지펀드에 투자하셨을 때는 어떤 면을 고려하셨습니까?
연평균 표준편차가 15% 이상이거나 연평균 수익률이 12% 미만 혹은 특정 연도이 수익률이 형편없는 펀드는 제외했습니다.

명쾌한 분석력이 아니라 직관력이 뛰어난 투자 매니저를 본 적은 없으신가요?

몇 년 전 브루스 코브너(Bruce Kovner)와 함께 하루를 보낸 적이 있습니다. 그는 시장에 존재하는 모든 종류의 상관관계를 탁월하게 이해하고 있는 것 같았습니다.[11] 만약 코브너처럼 생각할 수 있다면, 그의 투자방법을 그대로 따라 해 성공할 수 있을 겁니다. 우리는 그의 아이디어 중 하나에 공동으로 투자했습니다. 코브너는 투자를 하는 친구 몇 명과 유조선을 사들였습니다. 저도 그 유조선의 20피트 정도를 소유했습니다.

엠프레스 데 머스(Empress Des Mers)라는 이름의 세계에서 가장 크고 낡은 유조선이었습니다. 그 당시 유조선은 공급과잉 상태였고, 엠플스 데 머스는 낡아서 더 이상 사용하지 않았기 때문에 우리는 잔존가치에 투자한 것이었습니다. 저는 잔존가치가 400만 달러라고 생각했지만, 코브너는 600만 달러에 유조선을 매수했습니다. 그리고는 기다렸습니다. 유조선은 원유시장의 옵션과 같습니다. 원유시장에서 거래가 활발해지면서 유조선이 부족해졌고, 우리 유조선도 원유를 실어 나르면서 많은 돈을 벌었습니다. 몇 년 전까지 우리의 유조선은 사용되었지만, 이제는 너무 낡아서 고철가격에 매도했습니다.

워런 버핏은 어떻게 만나게 되셨나요?

UCI에서 신주인수권을 매매할 때 학교 주변에 이름이 알려지기 시작했습니다. 그때 알게 된 지인 중 한 명이 대학원 학장이던 랄프 제라드(Ralph Gerard)였는데, 그는 버핏투자회사(Buffett Partners Limited)의 투자자였습니다. 1968년 주식시장이 미친 듯이 상승했다고 생각한 워런 버핏은 자신이 더 이상 할 수 있는 일이 없다고 생각하고 버핏투자회사의 문을 닫으려고 하였습니다. 제라드는 버핏이 돌려준 돈을 어디에 맡겨야 할지 물색 중이었습니다. 그때 그가 버핏에게 저를 소개해주었습니다. 몇 번인가 제라드의 집에 모여 함께

---

[11]. 브루스 코브너는 세계적으로 가장 성공적인 매크로 펀드 캑스톤 어소시에이츠(Caxton Associates)의 설립자이며, 필자가 쓴 『시장의 마법사들』에도 소개되었다.

브리지 게임을 하면서 시간을 보냈습니다. 그를 처음 만난 건 1968년이었는데 그때도 버핏의 명석함에 감탄을 했습니다. 저는 제 아내에게 버핏이 기업분석 능력이나 수익률, 투자접근방식에 대한 적응력이 굉장히 뛰어나기 때문에 어쩌면 미국 최고의 부자가 될지도 모르겠다고 말했습니다. 몇십 년 후 그는 정말 미국 최고의 부자로 선정되었고, 지금까지도 그 자리를 유지하고 있습니다. 이후로는 친분이 끊겼는데, 1982년의 어느 날 버핏이 버크셔 해서웨이를 뮤추얼펀드로 전환한다는 소식을 들었습니다. 1968년에는 버핏이 버크셔해서웨이 주식을 배분했습니다. 저는 소식을 듣자마자 단박에 그 뜻을 알아차렸습니다. 그래서 당장 주식을 매수했지요. 1964년 12달러이던 버크셔해서웨이 주식은 현재 985달러를 호가합니다.

선물 투자와 관련해 추세추종 전략을 고려해보신 적이 있나요?

샤프 지수가 1.0 혹은 그 이상인 경우도 있는 것으로 알고 있습니다. 하지만 그 역시 낮은 편입니다. 그래서 추세추종 전략은 결국 포기할 가능성이 큽니다.

그렇다면 시장의 추세는 인정하시는군요?

네, 10년 전이었다면 믿지 않았을 겁니다. 몇 년 전 꽤 오랜 시간을 들여 추세추종 전략을 관찰했습니다. 결론은 효과가 있다는 겁니다. 하지만 리스크가 커서 계속 활용하기는 어려울 것 같았습니다.

추세추종 전략을 활용해보신 적이 있나요?

네.

선물에 투자하신 건 언제입니까?

2006년에 연구를 시작했고, 2007년에는 트레이딩 프로그램을 만들었습니다. 당시에는 성공할 것 같았습니다. 그래서 기관 투자자들을 모아 대규모로 투자를 시작하려고 했습니다. 하지만 2010년 초에 아내가 뇌종양 진단을 받으면서 생각이 바뀌었습니다. 인생이 너무 짧다는 생각이 들었습니다. 거창하게 일을 벌이고 싶지 않아서, 조금씩 프로그램을 정리했습니다.

그러니까 소프 교수님의 추세추종 프로그램이 효과는 있었군요?
나쁘지 않았습니다. 프린스턴 뉴포트 때의 전략이나 통계적 차익거래만큼 매력적이지는 않았지만 좋은 상품이 되었을 겁니다. 지금 상당한 자금을 운용하는 추세추종 프로그램들보다는 더 나은 실적을 기록했을 거예요.

해당 프로그램의 샤프 지수는 어느 정도였나요?
연평균 1.0보다 약간 높았습니다.

더 이상 이 전략을 사용하지 않지만, 실제 추세추종 접근방법에 대해 어떻게 개선해나갔는지에 대해서는 설명해주실 수 있으시겠죠? 그리고 다른 추세추종 접근법으로 프로그램을 만든 것에 대해 설명해주시겠습니까?
기술적 정보와 펀더멘털 정보를 결합시켰습니다.

어떤 펀더멘털 정보를 활용하셨습니까?
어떤 펀더멘털 요소를 고려하는지는 시장에 따라 다릅니다. 금속과 농산물 시장에서는 스프레드의 구조가 중요합니다. 현물과 선물의 가격 차이나 선물이 고평가되어 있는지 여부를 살펴야 합니다. 현물의 저장 능력과 저장된 양을 고려해야 하죠. 하지만 통화시장에서는 이런 요소가 별 상관이 없어요.

교수님이 개발하신 추세추종 전략을 긍정적 혹은 부정적인 환경을 결정하는 특정 펀더멘털 요소와 결합된 형태라고 설명하면 정확할까요?
맞습니다.

일반적인 추세추종 접근방법과 비교해 또 다른 점은 없었나요?

리스크를 줄이기 위한 접근방식을 시스템에 적용시켰습니다. 상관관계의 구조를 찾아내 연관된 시장에서는 익스포저 수준을 낮췄습니다. 긴밀하게 연관된 시장에서 기술적인 시스템이 하나는 매수 포지션이고 또 하나는 매도 포지션이라면 괜찮았지만, 2가지 모두 매수 포지션이거나 매도 포지션이라면 양쪽의 포지션을 모두 줄였습니다.

시간의 변화에 따라 시장의 상관관계는 급격하게 변합니다. 시장 상관관계에 대한 재고확인 기간을 어느 정도로 설정하고 계십니까?

60일이 가장 좋은 것으로 나타났습니다. 너무 기간을 짧게 잡으면 시장의 노이즈가 과도하게 포함됩니다. 또 기간을 너무 길게 잡으면 효력이 없는 오래된 정보가 많아집니다.

리스크를 줄이기 위한 또 다른 전략은 없나요?

일반적으로 사용하는 포트폴리오 관리방법과 비슷하게 리스크를 관리했습니다. 만약 5% 손실이 발생하면 그만큼 포지션을 줄입니다. 손실이 몇 퍼센트 더 발생하면 투자 포지션을 더 줄입니다. 손실이 커질수록 점차적으로 투자 포지션을 줄여 결국 빠져나올 방법을 찾습니다. 투자 포지션 축소 기준은 5~10% 사이로 잡았습니다. 이후 1% 하락할 때마다 점진적으로 포지션을 줄이는 방법입니다.

가격이 어느 정도 하락하면 포지션을 완전히 청산하셨나요?

20%입니다.

가장 손실이 컸을 때는 어느 정도였나요?

최대 손실폭은 14~15%였습니다. 당시 우리의 일반적인 매매 규모의 1/3 정도였습니다.

손실이 20%가 된 후에는 어떻게 투자를 재개하십니까?

재개하지 않습니다. 어느 정도 손실이 발생하면 시스템이 효과가 없다는 증거로 받아들이고 투자 포지션을 청산해야 합니다. 그에 관한 기준은 미리 정해야 하고요.

과거의 매매를 돌아보았을 때 손실에 따라 익스포저를 줄이는 방법이 좋은 아이디어라고 생각하십니까?

얼마나 투자에 유리한지에 따라 달라집니다. 정말 자신이 있다면 조급해하지 말고 기다리는 것이 최선입니다. 하지만 자신의 우위에 대해 합리적으로 자신할 수 없다면 손실을 줄이는 안전장치를 만들어놔야 합니다. 제 경우 추세추종 전략으로는 시장에서의 우위를 자신할 수 없다고 생각했고, 그래서 안전장치를 원했습니다. 전환사채를 이용한 차익거래나 다른 전략에서는 우위를 확신했기 때문에 익스포저를 줄일 필요가 없었습니다.

전환사채를 활용하는 전략과 달리 추세추종 전략처럼 확률을 정확하게 예측할 수 없는 전략에서는 베팅 규모를 켈리 기준 대비 몇 퍼센트 정도로 결정하십니까?

추세추종 전략에서는 켈리 기준을 사용하지 않습니다. 베팅 규모가 켈리 기준에 비해 훨씬 작아서 별 차이가 없었습니다. 굳이 계산해보면 1/10이나 1/20 정도입니다.

교수님께서는 메이도프의 사기행위를 단박에 파악하셨습니다. 여기에 대해 말씀해주시겠습니까?

그때가 1991년이었지요. 프린스턴 뉴포트 펀드의 거대 기관 투자자 중 하나가 자신들이 투자하고 있는 연금 펀드들을 좀 봐달라고 부탁했습니다. 며칠 동안 기관 투자자의 사무실에서 헤지펀드 매니저들을 분석했습니다. 그런데 개중 하나가 놀랍게도 매월 1~2%의 수익을 기록하고 있었습니다. 고객은 몇 년이나 이 펀드 매니저에게 투자를 하고 있었고요. 저는 펀드의 자료를 보여달라고 요청했고, 보자마자 사기라는 걸 알았지요.

어떻게 사기라는 결론을 내리셨나요?

먼저 펀드 매니저의 설명에 주목했습니다. 그가 설명한 전략은 이렇습니다. 일단 주식을 매수합니다. 그리고 주가보다 낮은 가격에 풋옵션을 매수하고 그보다 약간 높은 가격에 콜옵션을 매도한다고 하더군요. 콜옵션 프리미엄과 풋옵션 프리미엄이 대략 균형이 잡혀 있었습니다. 하지만 손실을 막기 위해 풋옵션을 매수한다고 해도 매월 수익을 기록할 수는 없습니다. 시장이 상승 중이라고 생각해보세요. 콜옵션 행사가격과 주식을 매입한 가격의 차이 덕분에 수익을 올릴 수 있습니다. 하지만 시장이 크게 하락했다면, 매수했던 풋옵션의 행사가격이 주식 매입가격보다는 낮기 때문에 손실이 나게 됩니다. 메이도프는 모든 종목에 대해 같은 전략을 활용한다고 했기 때문에, 시장이 상승한 달과 하락한 달의 실적이 상쇄될 가능성은 없었습니다. 즉 어떤 달에는 수익률이 매우 좋고, 어떤 달에는 수익률이 매우 나빠야 했습니다. 하지만 결과는 그렇지 않았습니다. 전략과 투자 기록이 일치하지 않았습니다. 저는 그걸 보는 순간 '어째서 다르지?' 하는 의문이 생겼습니다.

기록을 보니 잠재적으로 손실이 나야 하는 달에는 손실을 없애고, 높은 수익을 기록해야 하는 달에는 수익률을 완화시키는 신기한 트레이딩이 주기적으로 진행되었더군요. 방법은 S&P선물을 매수 혹은 매도하는 것이었습니다. 신기하리만큼 필요한 시기에 필요한 양만큼 S&P선물을 매매해 수익률이 완만하게 바뀌어 있지요.

대강 기록을 살펴본 후 고객에게 물었습니다.

"거래내역을 확인할 수 있는 서류는 언제 받으십니까?"

"몇 주에 한 번씩 무더기로 받는답니다."

"회계는 누가 맡고 있나요?"

"메이도프의 친구가 맡고 있어요. 개인 사무실을 가지고 있는 회계사인데 1960년대부터 메이도프와 일했다고 합니다."

뭔가 꺼림칙해서 물었습니다.

"IT는 누가 담당하나요?"

"메이도프의 형인 피터 메이도프요."

저는 메이도프의 사무실에 가서 직접 트레이딩 과정을 보고 싶다고 말했고, 제 고객은 약속을 잡아주었습니다. 버나드 메이도프는 투자자를 모으기 위해 유럽 출장 중이었습니다. 그 형인 피터 메이도프는 저를 보고 "절대 이 사람을 안으로 들일 수 없습니다"라고 하더군요. 왜냐고 묻자 대답하지 않았습니다. 뭔가 확실히 냄새가 났습니다. 저는 고객에게 메이도프의 트레이딩을 자세히 분석하기 위해 매일 그리고 매월의 거래 기록을 상세하게 살펴보겠다고 말했습니다. 그들은 "좋습니다. 분석하고 저희에게 답변해주세요"라고 대답했어요.

저는 메이도프의 거래 기록이 가득 담겨 있는 상자들을 가지고 캘리포니아 사무실로 돌아왔습니다. 그리고 그 속에 담긴 정보를 꼼꼼하게 분석했습니다. 개별 거래 기록을 확인했는데 대부분 매매가 이루어지지도 않았다는 결론을 내렸습니다. 일반적으로 주식거래는 거짓을 밝혀내기가 매우 어렵기 때문에 옵션거래를 중점적으로 분석했습니다. 확인해보니 거래일에 이루어진 옵션거래 중 절반은 거짓말이었습니다. 거래가 아예 없었어요. 나머지의 1/4 정도는 기록된 가격에 거래가 이루어지지 않았더군요. 그 외의 부분에 대해서는 실제 거래가 이루어졌는지조차 파악할 수가 없었습니다.

저는 이들 중 10개를 뽑아 유명 중개업체에 있는 친구에게 메이도프의 거래 상대를 알아봐달라고 부탁했습니다. 친구가 알아보더니 10건 모두 알 수 없다고 했습니다. 저는 고객에게 "메이도프는 거짓 매매 정보를 기록하고 있습니다. 모조리 거짓말입니다. 가능한 조용히 빠져나오시는 편이 좋을 것 같습니다. 메이도프는 거대한 사기행각을 벌이고 있습니다. 그의 사기는 더욱 커질 것이고, 결국 자멸하게 될 것입니다"라고 조언했습니다.

고객은 그 말을 따랐나요?
그랬습니다.

다른 사람들에게 알릴 생각은 없으셨나요?
그 생각도 했습니다. 하지만 저는 이미 줄리아니 검사와 프린스턴 뉴포트 파트너스 일로 지쳐 있었습니다. 뿐만 아니라 그 전에도 작은 규모의 사기행위를 찾아낸 적이 있었습니다. 그때 변호사인 친구가 8년에 걸쳐 증권거래위원회에 금융사기를 고발했지만 시간낭비였다는 이야기를 해주었습니다.

왜 그랬을까요?
증권거래위원회가 별 관심이 없었기 때문입니다.

효율적 시장가설을 어떻게 생각하십니까?
프린스턴 뉴포트 파트너스의 성공적인 실적을 고려했을 때 '시장이 효율적일까?'가 아니라 "시장은 얼마나 효율적일까?" 혹은 "시장의 비효율성을 어떻게 활용할 수 있을까?"라고 해야 적절한 질문인 것 같습니다.
시장이 효율적이라는 주장은 시장에서 유리한 확률을 가지는 것이 불가능하다는 뜻입니다. 속 빈 강정 같은 소리지요. 하지만 부정적인 의견은 증명이 어렵습니다. 다만 시장에서의 우위를 정확하게 설명할 수 있다면 효율적 시장가설을 반박할 수 있을 겁니다. 합리적으로 리스크 대비 높은 수익을 올리는 시장 참여자가 있다면 시장은 비효율적인 것입니다. 전환사채 차익거래가 좋은 예입니다. 수익을 얻을 수 있는 방법과 이유뿐 아니라 정확한 수익을 예측할 수 있기 때문입니다.

시장에 대한 소프 교수님의 철학을 어떻게 요약할 수 있을까요?
시장에서 비효율적인 부분을 찾을 수는 있지만, 매우 어렵다는 생각입니다.

지금은 경쟁이 치열해져서 전보다 더 찾기 어려워졌다고 생각하시나요?
제 경우에는 그랬습니다. 하지만 이제 저는 나이도 들고 시장에 대한 흥미도 떨어졌습니다. 돈은 충분히 가지고 있습니다. 그래서 동기가 부족한 건지도 모르겠습니다.

시장의 도전 과제를 쫓는 사람들에게 들려주고 싶은 조언이 있으신가요?
제가 많은 도움을 받았던 접근방법이 있습니다. 이후 제 사돈께서 책을 출판하면서 이 접근방법을 제목으로 쓰셨습니다. 『원하는 일을 하면 돈이 따라온다(Do What You Love, The Money Will Follow)』라는 제목입니다.

그 외에 하실 말씀은 없으십니까?
자신의 기술을 파악하고 시장에 적용하려고 해야 합니다. 회계에 능하다면 훌륭한 가치투자자가 될 수 있을 겁니다. 컴퓨터와 수학을 잘하는 사람에게는 계량적 접근이 최선일 겁니다.

"

도박과 투자 사이에는 별로 공통점이 없을 것 같다. 하지만 소프는 이 2가지가 상당히 흡사하다고 생각했다. 도박과 투자는 모두 확률에 기반을 둔 게임이기 때문에 우위를 찾아내기만 한다면 분석적인 방법으로 해결할 수 있다고 생각했다.

한편 대다수의 사람들은 해결책이 없다고 믿는다. 소프는 도박과 투자 모두에서 일반적인 예측을 거부하고 대신 과학적인 사고와 수학적 추론을 적용했다. 따라서 그가 도박에 적용했던 원칙과 리스크 관리 방법이 그에게서 얻을 수 있는 트레이딩의 교훈과 긴밀하게 연관되어 있다는 사실은 전혀 놀랍지 않다.

한때 룰렛을 이기는 것은 수학적으로 불가능하다고 여겨졌다. 하지만 소프는 공이 떨어지는 위치를 예측하는 방법으로 44%라는 유리한 확률을 얻어냈다. 여기에서 얻을 수 있는 교훈은 겉으로 불가능한 듯 보이는 일도 전혀 다른 관점에서 접근하면 해결 가능하다는 것이다. 트레이딩에도 같은 조건을 적용할 수 있다. 전통적인 접근방법으로 시장을 이길 수 없다고 해서 비전통적인 방법도 제한을 받는 것은 아니다.

소프는 블랙잭 게임에서 '기본 전략(언제 히트, 스테이, 스플릿, 더블 다운해야 하는지에 대한 정확한 확률을 기반으로 결정한다)'보다 더 나은 결과를 얻기 위해 베팅의 규모를 조절하는 통찰력을 발휘했다. 그는 성공할 확률이 높은 카드를 손에 들었을 때 확률이 작은 카드를 가지고 있을 때보다 더 많이 베팅하는 방법으로 실패 가능성이 큰 상황(심지어 베팅 규모 이외 다른 결정이 내려져 있는 상황)도 유리한 상황으로 바꾸어버렸다. 여기에서 트레이더들은 중요한 교훈을 얻을 수 있다. 투자 포지션의 규모 조절이 진입만큼이나 중요하다는 사실이다. 성공할 확률이 낮은 매매에 대해서 투자 포지션을 줄이거나 아예 투자를 하지 않고, 반대로 확률이 높은 매매의 경우 투자 포지션을 늘리면 실패도 전략적으로 성공으로 바꿀 수 있다(소프는 블랙잭을 하면서 확률이 낮은 카드를 가졌을 때도 베팅을 해야 했지만 트레이더들은 아예 매매 자체를 포기할 수 있다).

물론 트레이딩은 블랙잭과 달리 확률을 정확하게 측정할 수 없다. 하지만 성공할 확률이 높은 매매와 낮은 매매 정도는 구분할 수 있다. 계량적 트레이더들은 다양한 전략의 실적을 분석해서 확률을 추측할 수 있다. 자유재량 트레이더의 경우, 매매에 대한 신뢰도를 바탕으로 추측한다. 신뢰도가 높은 매매에서 높은 실적을 기록하는 트레이더라면, 특히 신뢰도에 따라 포지션 규모를 조절하는 방법이 효과적이다. 따라서 신뢰도가 높은 매매에 대해서는 투자 포지션을 늘리고, 반대로 신뢰할 수 없는 투자에 대해서는 포지션을 줄이거나 매매를 포기한다.

매매에 있어서 신뢰도는 투자 포지션의 규모뿐만 아니라 적절한 리스크 관리에도 활용된다. 소프는 이론적 리스크가 측정 가능한 차익거래에서는 투자 포지션이 시장과 반대로 움직일 때도 익스포저를 줄이지 않았다. 하지만 차익거래보다 방향성이 큰데다가 확률도 불안정한 추세추종 전략에서는 손실이 날 때 익스포저를 줄였다고 한다.

그가 도박판에서 얻은 교훈은 "불안할 정도로 베팅하지 마라. 준비가 될 때까지 기다려라"는 것이다. 소프는 블랙잭 게임을 하면서 최소 1달러에서 최대 10달러로 베팅 금액을 제한함으로써 도박 자금을 대준 사람들을 당황시킨 일도 있었다. 그가 게임에서 상당한 우위를 가지고 있었고, 자본금을 제공한 사람들의 기대는 그보다 훨씬 컸지만 상관없었다. "불안할 정도로 베팅하지 마라"는 소프의 조언은 모든 트레이더에게 도움이 되는 소중한 교훈이다. 트레이딩을 할 때 감정에 휩싸이는 것은 치명적이다. 따라서 감정이 트레이딩 결정에 영향을 미치지 않도록 베팅 규모를 안심할 수 있는 수준으로 유지해야 한다.

상당수의 트레이더들이 하나의 해결책으로 시장의 행동을 규정할 수 있다고 오해한다. 이 해결책만 찾는다면 기계에서 돈을 찍어내듯이 벌 수 있다고 생각하고, 성배와 같은 트레이딩 기법을 끊임없이 찾아 헤맨다. 하지만 모든 시장에 꼭 들어맞는 하나의 해결책은 없다. 혹시 해결책이 존재한다고 해도, 이는 끊임없이 변화할 것이다. 성공적인 트레이더는 변화하는 시장의 상황에 계속해서 적응할 줄 아는 사람이다. 우위를 얻어내는 데 도움이 되는 패턴과 방법을 찾았다고 해도 시장의 가르침에 따라 지속적으로 접근방식을 바꾼다. 시장에서의 성공은 정적인 과정이 아니라 동적인 과정이다.

통계적 차익거래에 대한 소프의 접근방식은 시장에 적응해나가는 일종의 사례 연구였다. 초기 구상은 가장 크게 하락한 주식을 매수하고, 가장 크게 오른 주식을 매도해서 균형을 맞추어 포트폴리오의 순익스포저를 거의 '0'으로 만드는 것이었다. 하지만 이후 리스크 대비 수익이 하락했고, 그는 시장에서 중립을 유지하는 것뿐 아니라 각 분야별로 중립을 유지하기 위해 노력했다. 분야별로 중립을 유지하는 통계적 차익거래의 우위가 감소하자 그다음에는 포트폴리오의 여러 가지 요소를 중립적으로 조절하려고 노력했다. 소프가 세 번째 전략적 변신을 시도할 때 즈음에는 처음의 전략과 상당히 다른 모습이 되어버렸다. 그는 한때 효과가 있었지만 더 이상은 효과적이지 못한 전략을 버리지 않고 적절하게 변경하여 적용하는 방법으로 강력한 리스크 대비 수익을 유지해왔다.

최적의 트레이딩 규모는 어떻게 정할 수 있을까? 여기에 대해 합리적인 답이 있다. 바로 켈리 기준이다. 켈리 기준이 트레이딩의 규모를 결정하는 다른 어떤 전략보다 장기적으로 높은 누적 수익률을 기록한다는 사실은 수학적으로 증명 가능하다. 하지만 여기에는 문제점이 하나 있다. 켈리 기준은 한 번의 성공과 실패에서 얻을 수 있는 수익과 손실을 정확하게 알고 있어야 한다는 것을 가정한다. 도박판에서는 켈리 기준의 가정이 일반적으로 적용 가능하다. 하지만 확률이 정확하지 않은 트레이딩에서는 예측에 불과할 뿐이며, 어떤 때는 상당한 오류가 발생하기도 한다. 켈리 기준으로 트레이딩의 규모를 결정한다면 성공 확률을 과도하게 측정한 결과(혹은 평균적인 실패비율 대비 평균 성공비율을 과도하게 측정한 결과)로 상당한 대가를 치를 수도 있다. 트레이딩 규모를 과대평가했을 때의 부정적 영향은 같은 크기만큼 과소평가했을 때의 부정적 영향보다 2배나 크다. 따라서 정확한 성공 확률을 알 수 없을 때(트레이딩의 경우 대부분 그렇다)는 베팅 규모를 켈리 기준보다 훨씬 줄여야 한다.

뿐만 아니라 켈리 기준에 따라 정확하게 트레이딩 규모를 계산해냈다고 하더라도 시장의 변동성 때문에 투자자들은 불안함을 느낀다. 높은 변동성은 단순히 보기 좋고 싫은 문제가 아니라 트레이딩에 실제적인 영향을 미친다. 주식 흐름의 변동성이 클수록 트레이더들은 자신의 접근방식을 포기할 가능성이 커진다. 소프는 성공 확률(평균 실패 대비 평균 성공 비율)이 합리적으로 추정될 때에도 켈리 기준 그대로 적용하는 것보다는 기준의 절반 정도로 베팅 규모를 줄이는 것이 더 나은 대안이라고 조언한다. 성공 확률에 상당한 오류가 있을 가능성이 있다면 켈리 기준에서 정한 것보다 훨씬 작은 리스크를 감수하도록 한다. 소프는 비슷한 상황에서(추세추종 전략을 활용할 때) 트레이딩 규모를 켈리 기준에 따라 정한 값의 1/10보다도 낮게 정했다고 한다(이는 켈리 기준을 활용하지 않았다고 할 정도로 낮은 비율이다).

그렇다면 우리들은 트레이딩의 규모를 결정하는 과정에서 켈리 기준을 어떻게 활용해야 할까? 그 답은 때에 따라 달라진다. 투자 성공 확률이 높거나, 평균적으로 실패 대비 성공 비율이 높을 때는 켈리 기준이 적절한 매매 규모를 결정하는 데 상당한 도움을 준다. 하지만 이때마저도 켈리 기준에 정확하게 맞춰 활용하기보다는 그 절반 정도로 매매 규모를 잡는 것이 좋다. 만약 투자 성공이 불확실하다면 켈리 기준의 절반 정도의 베팅 규모도 과도하며, 그보다 훨씬 제한적으로 활용해야 한다.

비대칭적인 투자 기회를 찾아라
제이미 메이(Jamie Mai)

내가 제이미 메이를 알게 된 건 마이클 루이스(Michael Lewis)가 쓴 『빅숏(The Big Short)』을 통해서였다. 『빅숏』은 2008년 금융위기를 일으킨 주택저당증권(Mortgage Backed Securities, MBS)의 복잡하고 은밀한 세계를 흥미롭게 풀어낸 책이다. 그런데 아이러니하게도 나는 책의 줄거리보다 뛰어난 트레이딩 기술과 행운으로 커다란 성공을 일구어낸 콘월캐피털(Cornwall Capital, 메이의 투자회사)에 더 큰 인상을 받았다.

루이스의 설명에 따르면 콘월캐피털은 소액의 자본으로 설립된 헤지펀드로 작은 규모의 계좌를 운용하고 있으며, 내부구조에 대해서는 철저하게 비밀에 싸여 있다고 했다. 하지만 사실 그 정도는 아니었다. 콘월캐피털은 세계 10대 바이아웃 펀드(Buyout Fund, 부실기업의 경영권을 인수하여 기업가치를 올린 뒤, 지분을 판매해 수익을 내는 펀드) 중 하나로 평가되며 오랜 역사를 가진 유경 사모펀드 AEA인베스터즈(AEA Investors)를 운영하던 메이의 아버지가 자본을 다변화하기 위해서 만든 패밀리오피스(Family Office, 개인이 아니라 가족들을 상대로 하는 투자회사)였다.

메이가 펀드를 설립한 직후 사모펀드에서 함께 일했던 찰리 레들리(Charlie Ledley)가, 2005년에는 세 번째 주요인물인 벤 호켓(Ben Hockett)이 수석 트레이더로 콘윌캐피털에 합류했다. 이곳의 투자 프로그램은 이 세 사람이 긴밀한 협력을 통해 개발한 결과물이다. 메이와 레들리가 훈련해온 펀더멘털 중심의 바텀업 투자 기법(Bottom-up, 기업의 미래 현금흐름을 분석하고 적절한 할인율을 적용해 현재 기업가치에 비해 저평가된 주식을 발굴하는 방법)에, 호켓이 가지고 있는 파생상품 및 채권 매매에 대한 경험과 전문성을 접목한 것이다. 레들리는 2009년 콘윌캐피털을 떠났고(하지만 여전히 우호적인 관계를 유지하고 있다), 이후 보스턴에 위치하고 있는 거대 헤지펀드로 자리를 옮겼다. 호켓은 콘윌에 남아 수석 리스크 관리자 및 트레이더로 일하고 있다.

콘윌의 전략은 특정한 투자 아이디어로 찾아낸 펀더멘털 트레이딩에서부터 시장에 잘 알려지지 않은 비효율성을 활용하는 투자까지 다양하다. 콘윌의 모든 투자 전략이 가지고 있는 공통점은 수익에 집중된 비대칭적 투자, 즉 손실이 발생할 리스크보다는 잠재적 수익 가능성이 훨씬 크다는 점이다. 서브프라임 모기지에 대해 매도 포지션을 구축했던 사례를 대표적인 예로 들 수 있다. 메이와 레들리, 호켓이 『빅숏』속 주요 등장인물이 된 것도 모두 그 때문이다. 당시의 투자가 이례적으로 높은 수익을 올리기는 했지만(콘윌캐피털은 서브프라임 디폴트 프로텍션을 매수해 옵션 프리미엄의 80배나 되는 수익을 올렸다), 이는 콘윌이 추구하는 거래 형태이다.

2011년 5월, 콘윌캐피털은 조직을 변경하고 외부 투자 고객에게 펀드를 공개했다. 펀드를 공개하기 전 몇 년 동안 메이는 패밀리오피스의 규모를 넘어서는 기회를 잡을 수 있었다. 그중 몇 개는 외부에서 투자자들의 자금을 끌어 모으기 위해 방법을 모색하기도 했지만, 신경 써야 할 부분이 너무 많아서 포기할 수밖에 없었다. 2008년에는 자본금이 부족해 특별한 차익거래 기회를 제대로 활용하지 못했고, 이 사건이 바로 펀드구조를 변경하는 데 촉매로 작용했다.[12]

메이는 투자 자산을 극대화하기보다는 합리적이고 투명하게 아이디어를 공유

---

[12] 2008년에는 금융위기의 여파로 원유가격이 크게 하락했고, 그 결과 원유선물에 대해 이례적인 스프레드 구조가 형성되었다. 원유의 현물가격은 선물에 비해 크게 할인된 가격에 거래되었다. 그래서 현물을 매입하고 훨씬 비싼 가격으로 선물 계약을 체결한 후 선물 계약 만기일에 원유를 공급하면 리스크 없이 수익을 올릴 수 있었다. 가격 스프레드는 같은 기간 동안 유조선을 유지하는 비용보다 훨씬 컸다. 전형적인 차익거래 기회였지만 한 가지 문제가 있었다. 원유 저장을 위해 유조선이 필요하다는 것이었다. 자본금이 적은 콘윌캐피털로서는 유조선 구입이 역부족이었고, 자본을 모으려면 상당한 기간이 소요되었다.

하기 위해서 비슷한 생각을 갖고 있는 소수의 숙련된 투자자들에게만 펀드를 공개하기로 결심했다.

설립 후 9년간 콘월캐피털은 연평균 복리 순수익률 40%(연평균 복리 수익률 2%)를 달성했다.[13] 연간 표준편차는 상대적으로 높은 32%(전체 37%)다. 샤프지수는 1.12(전체1.23)로 리스크 대비 수익이 상당히 높은 편이지만 실제는 그보다 훨씬 더 높다. 콘월캐피털은 샤프지수가 이례적인 수익구조를 가진 투자 매니저들을 평가하는 데는 부적절하다는 사실을 단적으로 보여주는 예다. 샤프지수의 가장 큰 문제점은 변동성을 리스크로 고려한다는 것이다. 비대칭적인 트레이딩을 추구하는 콘월캐피털의 변동성은 대부분 상승 변동성으로 구성되어 있다. 즉 많은 사례에서 콘월캐피털의 높은 변동성은 높은 수익을 의미한다는 것을 알 수 있다. 지금까지 콘월캐피털에 수익을 문제 삼는 투자자를 본 적이 없다. 하지만 샤프지수는 표준편차를 활용해서 리스크를 측정하기 때문에 콘월의 높은 수익을 부정적으로 평가한다. 고통 대비 이익비율(첨부 A 참조) 등의 리스크 대비 수익을 평가하는 방법은 변동성 기준이 아닌 손실 기준이기 때문에 콘월캐피털의 실적을 평가하는 게 훨씬 더 적절하다. 콘월의 고통 대비 이익비율은 4.2로 놀라울 정도로 높다(총수익 기준으로는 5.2).

메이와의 인터뷰는 콘월캐피털의 사무실에서 6개월 동안 3번에 걸쳐 진행되었다. 우리는 트레이딩이 끝난 시간에 인터뷰를 가졌으며 그중 가장 긴 인터뷰는 저녁을 먹으면서 이루어졌다. 그는 매우 친절했고, 자신의 트레이딩 전략에 대해 개방적인 태도로 설명해주었다.

주: 첨부 B에는 옵션에 관한 기본적인 정보가 설명되어 있다. 옵션이 낯선 독자들은 본 장을 읽기 전 첨부 E(596페이지 참고)를 읽어보길 바란다.

---

13. 해당 통계는 2003년 1월부터 2011월 12월까지 집계된 것으로 기준일은 2011년 4월이다. 펀드가 외부 투자자에게 공개된 것은 2011년 5월부터다. 순수익을 계산하기 위해서 새로운 펀드에 부과된 수수료를 원래의 펀드 수익률에서 차감했다. 물론 원래의 펀드는 프롭 계좌로 운용되었고, 수수료는 부과되지 않았다.

마이클 루이스가 쓴 『빅숏』의 주인공이 되는 일이 꺼려지지는 않았나요?

물론 달갑지 않았습니다. 사실 처음에는 전혀 관심이 없었습니다. 2009년 루이스가 콘월캐피털에 처음 연락을 했을 때 레들리와 저는 많은 시간을 할애해서 금융개혁정책에 영향력을 행사하기 위해 노력 중이었습니다. 당시 신용파생상품의 근본적이고 구조적인 허점 때문에 금융위기가 해결되지 않고 있었지만, 아무도 문제를 제기하지 않아서 정말 두려웠습니다.

우리는 신문 및 방송기자들이 금융위기의 원인을 이해하고 논의할 수 있도록 도움을 주었습니다. 루이스가 처음 책에 관한 이야기를 꺼내기 전에도 레들리와 저는 NPR의 〈플래닛머니(Planet Money)〉 프로그램에 다양한 배경 정보를 제공하고 있었습니다. NPR에서 프로그램으로 제작한 〈자이언트 풀 오브 머니(Giant Pool of Money, 거대한 자본연합)〉는 우리들이 사람들을 붙잡고 열심히 해오던 이야기였습니다.[14] 하지만 대부분 우리의 이야기에 귀를 기울이지 않았습니다.

그래서 루이스를 만났을 때, 우리는 허심탄회하게 이야기를 했습니다. 특히 서브프라임 모기지를 증권화하면 왜 손을 쓸 수 없는 상황으로 번지게 되는지에 대해 기술적인 이야기를 들려주었습니다. 루이스가 책에 우리 부자 관계에 대해 중점적으로 쓰겠다고 할 때도 우리는 별로 심각하게 생각하지 않았습니다. 시간이 지난 후 루이스가 다시 연락을 해왔습니다. "이봐, 서브프라임의 메자닌CDO(Mezzaine 자산담보부증권)에 매도 포지션을 취한 투자자들

---

14. 〈자이언트 풀 오브 머니〉는 한 시간가량 방송된 프로그램으로 관련 분야에서 상을 수상하기도 했다. 이라 글래스(Ira Glass) 진행, 퍼블릭 라디오인터내셔널(Public Radio International, PRI) 배급으로 일주일에 한 시간씩 방송되는 라디오 프로그램 디스 아메리칸 라이프(This American Life)를 통해 전파를 탔다. 이 프로그램은 복잡한 주택담보대출 모기지 사건을 놀라울 정도로 명쾌하면서도 재미있게 설명했다. 〈자이언트 풀 오브 머니〉의 성공으로 아담 데이비슨(Adam Davidson)과 알렉스 블룸버그(Alex Blumberg)가 진행하는 NPR의 플래닛머니와 프로그램 구성팀은 상당한 인기를 얻게 되었다. 플래닛머니는 상당히 창조적이면서도 재미있을 뿐 아니라 통찰력이 뛰어난 금융 프로그램이다. 필자는 프로그램이 시작된 후부터 줄곧 팟캐스트를 구독하고 있을 뿐 아니라 다른 이들에게도 강력 추천하고 있다.

을 좀처럼 찾을 수가 없어. 자네들 이야기를 쓸 수밖에 없을 것 같아. 그래야 CDO의 구조에 관해 이야기를 풀어낼 수 있을 거야.[15]" 기본적으로 CDO를 이해하지 않고서는 신용위기가 어떻게 발생했는지를 이해하기 어렵죠. 그래서 우리들은 필명과 각색을 통해 신상이 공개되지 않길 바랐습니다. 하지만 마땅한 대안이 없는데다 루이스가 보채는 바람에 마지못해 동의했습니다.

출판된 책의 내용에 대해서는 만족하십니까?

네, 만족합니다. 금융에 관한 사전지식이 없는 독자들도 서브프라임 모기지 증권화가 신용위기를 불러왔다는 것을 이해할 수 있도록 설명했기 때문입니다. 그래서 일반인들에게도 긍정적인 영향을 주었다고 생각합니다. 그 이후의 상황도 좀 더 설명되었으면 좋았을걸 하는 바람도 있는데, 특히 정부의 지급유예 정책이나 시스템의 리스크와 신용파생상품 간의 풀어낼 수 없는 상관관계 등이 그렇습니다. 하지만 책에 이러한 내용까지 담기를 바랄 수는 없었습니다.

책에서 설명된 메이 씨와 그 파트너들의 모습에 대해서는 어떻게 생각하십니까?

전반적으로 괜찮았습니다. 적어도 작가의 세심함이 묻어난 것 같습니다. 그보다 훨씬 나쁠 수도 있었다고 생각합니다. 루이스는 콘월캐피털의 일면을 그럴듯하게 그려냈습니다. 하지만 일부 독자들이 우리의 투자방식에 대해 정확하지 않은 추론을 할 수도 있을 것 같습니다.

자세하게 어떤 부분이 정확하지 않다고 생각하시나요?

독자들에게 우리가 무모하게 리스크를 감수하는 카우보이처럼 느껴질 것 같

---

15. 여기에서는 루이스의 말을 이해하지 못해도 상관없다. 모기지 채권과 금융위기에서의 역할에 대해서는 이후 콘월의 CDO 대도 포지션 투자를 언급하기 전에 자세하게 설명될 것이다.

습니다. 사실은 정반대입니다.

**네, 책에서는 마치 운이 좋아 대박을 터뜨린 것처럼 설명되었습니다. 여러분들을 가리켜 "그들은 성공 가능성이 낮은 모험적인 투자를 했다"라고 묘사한 부분을 읽으면서 비슷한 인상을 받았습니다. 하나부터 열까지 기계적인 베팅을 했을 뿐인데 운이 좋아 모두 막대한 수익을 올린 것처럼 설명되어 있었습니다. 하지만 제가 각 트레이딩에 관한 설명을 읽었을 때는 '이건 단순한 운이 아니야. 상당히 합리적인 비대칭적 매매의 결과야' 하는 생각이 들더군요. 제가 보기에 콘월캐피털은 가격이 아주 저렴하게 책정된 옵션이나 혹은 그와 비슷한 성격의 투자를 모색하는 한편, 리스크가 제한적이고 합리적으로 높은 수익을 가능하게 하는 투자 기회를 활용하는 것으로 생각됩니다. 책에 나와 있는 내용과는 다른 설명인 것 같습니다.
제가 행간을 읽기로는 그랬습니다. 일반 독자들은 그런 인상을 받지 못했을 겁니다. 하지만 진실은 드러나 있었고, 덕분에 결론을 내릴 수 있었습니다.**
그렇게 생각하셨다니 다행입니다.

콘월캐피털이 자본금의 몇 배나 되는 수익을 올린 방법을 이해하는 건 어렵지 않았습니다. 하지만 책에 설명된 수익의 규모에 대해서는 이해가 되지 않습니다. 책에는 원래 11만 달러였던 자본금을 수천 배나 늘렸다고 설명되어 있는데 그 부분이 믿기지가 않습니다.
맞습니다. 하지만 책에서는 제 가족에 관한 부분을 제외시켜야 했기 때문에 어쩔 수 없는 일이었습니다. 작가의 잘못은 아닙니다. 제 아버지는 미국에서 가장 오래된 바이아웃 펀드를 20년이 넘게 운용하셨습니다. 그 전에는 리먼브라더스에서 투자은행을 운영하셨고요. 콘월캐피털은 2002년에 제가 아버지와 함께 만든 패밀리오피스입니다. 책에서 소개된 대로 우리 세 명의 경영능력이나 예산 면에서 부족했던 것이 맞습니다. 목표도 모호했고요. 하지만 책에는 우리 가족의 신상 보호를 위해 자세한 상황에 대한 언급이 빠져 있었고, 콘월캐피털의 자산 규모나 우리가 향후 어떻게 투자를 이끌어나갈지에 관해 분명한 아이디어를 가지고 있었다는 사실도 제대로 반영되지 않았습니다. 처음 콘월은 혼합된 투자구조에 대해 최종 결정을 내리지 못한 상태였기 때문에 슈왑(Schwab)에 소규모 계좌 여러 개를 만들어 트레이딩을 했습니다. 따라서 11만 달러는 좁은 의미에서 틀린 말은 아닙니다. 하지만 사용 가능한 자본의 규모는 더욱 컸고, 때가 되면 자본을 늘리기 위한 분명한 계획도 있었습니다.

대학에서 역사를 전공하셨습니다. 트레이딩에 관심을 갖기에는 꽤나 이례적인 경력입니다. 원래는 다른 일에 관심이 있으셨나요?

글쎄요. 대학 시절 어떤 일을 하고 싶어 했는지 말씀드릴 수는 없지만, 역사를 전공했다고 금융권에서 일할 가능성이 낮다고 생각할 필요는 없다고 생각합니다. 운이 좋게도 저는 아버지의 도움을 많이 받았습니다. 아버지께선 언제나 저만의 길을 가라고 말씀하셨습니다. 제게는 훌륭한 롤모델이셨습니다. 자신의 분야에서 성공하셨을 뿐 아니라 사리도 밝은 분입니다. 제가 아는 사람 중 가장 판단력이 뛰어나십니다. 제가 아버지에게 물려받은 성격 중 가장 투자에 도움이 되는 것은 모든 일을 단순하면서도 현실적으로 바라보는 능력입니다. 아버지와 저는 모두 분명한 사실을 인식하는 데 능숙합니다. 제가 직업을 결정할 때 아버지께서는 사모펀드의 세계에 들어오는 방법으로 회계를 권하셨습니다. 전통적으로 투자은행이나 경영 컨설팅을 하는 것보다 더 나은 방법이었습니다. 회계는 비즈니스의 언어라는 격언이 있는데, 맞는 말입니다.

회계 분야에서 학위를 받기 위해 학교에 진학하셨습니까?

네, 당시 뉴욕대학교에서는 미국의 6대 회계기업(Big Six)의 지원을 받아 다양한 학부 전공자들을 대상으로 회계학 석사 과정을 제공했습니다. 실제 석사 과정 지원자의 자격 요건 중 하나가 이전에 어떤 회계 수업도 들어본 적이 없는 것이었습니다. 4년에 걸쳐 배워야 할 회계 강의를 여름 동안 집중적으로 공부한 다음, 회계 그룹에서 1년 차 회계 업무 인턴 사원으로 일하게 되었습니다. 저는 언스트앤영 LLP(Ernst & Young LLP)에 채용되어 주로 규모가 큰 투자은행들을 상대로 일했습니다.

학위를 받은 후에는 사모펀드에서 일을 시작하셨나요?
네. 고럽 캐피털(Golub Capital)에서 일을 시작하였는데, 당시만 해도 작은 사모펀드였습니다. 찰리 레들리가 첫 번째 투자 애널리스트였고, 제가 두 번째였습니다. 고럽 캐피털은 1억 달러가 안 되는 자산을 운용하던 작은 기업에서 현재는 수십억 달러를 운용하는 규모로 성장했습니다.

사모펀드에서 일할 때 얻은 경험 중에서 가장 큰 도움이 된 것은 무엇입니까?
사모펀드에서의 경험은 제 펀더멘털 분석방법의 밑거름이 되었습니다. 매수할 대상을 파악하기 위해서는 기업의 데이터를 세부적인 부분까지 분석해야 합니다. 파면 팔수록 복잡해지는 세부적인 사항들을 분석하다 보면 종잡을 수 없게 되기 십상입니다. 그래도 파야 합니다. 이 과정에서 투자를 할 때 생기는 의문들을 풀어주는 정보를 제공하기 때문입니다.
사모펀드에서 일을 할 때 필요한 기술 중 하나는 좋지 않은 거래를 빨리 없애는 능력입니다. 상당한 자원을 들여 꼼꼼하게 분석을 하다 보면 기회비용이 많이 들기 때문입니다. 제 상사이자 멘토로 생각하고 있는 후사토닉 파트너스(Housatonic Partners)의 윌 손다이크(Will Thorndike)에게 배운 기술 중 하나는 먼저 의문점을 찾아내야지만 해답을 쉽게 얻을 수 있다는 것입니다. 올바른 의문을 갖는 것은 상당히 어려운 일입니다. 하지만 일단 찾아내기만 하면 그다음에는 연역적 분석을 통해 내가 세운 가설이 옳은지 여부를 판단하기만 하면 됩니다. 일반적으로 가설이 틀린 경우가 대부분입니다. 그러면

98%의 쓸데없는 다른 가설들과 함께 쓰레기통에 던져버려야 합니다.

사모펀드에서 쌓은 경험을 이후 트레이딩에서 어떻게 활용하셨나요?

처음 저는 특별한 투자 상황에 흥미를 갖게 되었습니다. 제가 배웠던 가설 중심의 분석적 접근방식에 자연스럽게 들어맞는 것처럼 보이는 상황들이었습니다. 그중 기업 혹은 산업에 대해 가격이 이상하게 책정된 경우에 저는 시장이 특별하게 이례적인 리스크를 파악하고 있거나, 그에 따른 불확실성을 인식했기 때문이라고 정의했습니다. 이렇게 특별한 상황에서는 문제점을 파악하는 것은 어렵지 않았습니다. 이미 시장이 문제를 의식하고 있었고, 그만큼 가격을 낮추어놓았기 때문입니다. 우리 콘월캐피털은 낙관적인 시각과 비관적인 시각의 힘겨루기를 좋아합니다. 역동적이면서도 복잡하지만 예측 가능한 사건들이 동반되기 때문입니다. 시장은 불확정 책임(Contingent liability, 앞으로의 일에 따라 발생되는 책임)을 측정하는 데는 뛰어나지만, 그 결과를 측정하는 데는 서툰 경우가 많습니다. 소송, 규제 활동, 지속적으로 유지되는 리스크에 대한 인식 등이 여기에 포함됩니다.

예를 들어 설명해주실 수 있나요?

첫 번째 특별한 상황은 담배회사인 알트리아(Altria)의 사례입니다. 2003년 알트리아의 시가총액은 50% 가까이 감소했습니다. 당시 담배회사들을 상대로 진행 중이던 집단소송의 부정적인 영향을 받아 신용평가기관들이 등급을 하향 조정했기 때문입니다. 담배회사들의 불확정 책임은 상당했습니다. 각 소송당 잠재적인 합의금이 수억 달러에서 수십억 달러로 예측되었고, 재판의 결과가 또 다른 소송으로 이어질 위험도 있었습니다. 담배회사들의 파산 가능성마저 제기되는 상황이었습니다.

한편 우리는 신용평가기관의 판단이 잘못되었다는 일부 현명한 투자자들의 주장을 듣게 되었습니다. 이들은 담배회사들이 구조적 변경 덕분에 어느 정도는 보호를 받을 거라고 생각했습니다. 뿐만 아니라 미국 50개 주에서 소송에 대한 합의가 이루어졌다는 점과 담배 매출로 거두어들이는 세금의 상당수가 연방, 주, 지방정부로 흘러들어가기 때문에 미국 납세자들과 이해관계가 얽혀 있다는 점을 지적했습니다.

우리는 담배회사에 대한 낙관적인 의견이 마음에 들어 좀 더 자세히 살펴보기로 했습니다. 상업적인 소송은 정보가 과도하게 공개되는 경향이 있습니다. 덕분에 법정에서 벌어지고 있는 일과 관련된 중요한 정보를 거의 모두 얻을 수 있었습니다. 또 실제 소송에 참여하지는 않았지만 상황을 자세하게 알고 있는 검사들을 만날 수 있었습니다. 이들이 제공한 정보를 가지고 다양한 결과에 관한 대략적인 가능성을 추측할 수 있었죠. 약 2개월에 걸쳐 담배소송과 관련된 각종 시나리오를 지켜보았고, 그 결과 우리는 주가가 과도하게 하락했다는 결론을 내렸습니다.

일반적으로 시장은 알려진 리스크로 유발될 수 있는 불확실한 상황에 대해 과도하게 낮은 가격을 책정하는 경향이 있습니다. 반대로 잘 드러나지 않은 리스크에 대해서는 가격을 너무 높게 책정합니다. 제 경험에서 보면 시장이 주목하고 우려하는 리스크는 생각보다 심각하지 않은 경우가 많습니다.

시장이 가격을 얼마나 낮게 매겼는지에 대해서는 어떻게 알 수 있습니까?

담배회사 건은 신용등급 하락과 주가 사이에 분명한 연관성이 있었기 때문에 쉬웠습니다. 둘 사이의 인과관계는 확실하지 않았지만, 그래도 어느 정도는 관계가 있는 것처럼 보였습니다. 보완적인 접근방법으로 기업의 청산가치를 계산해보는 방법도 있습니다. 담배를 팔지 않는 사업 분야, 예를 들어 크래프트(Kraft, 담배회사인 필립모리스가 보유하고 있는 식품업체)사의 가치를 측정하는 겁니다. 주가에서 이 가치를 빼면 시장이 담배사업에 책정한 가치를 추정할 수 있습니다. 이 가치와 소송에 의한 불확실성으로 인해 담배사업에 매겨진 시장가격과 소송으로 인해 할인된 가치의 차이를 추정할 수 있게 됩니다.

그래서 어떤 매매를 하셨나요?

곧 상당한 양의 새로운 정보가 공개될 게 분명했습니다. 소송에 관련된 신용평가기관들의 우려가 맞는다면 상당한 매도세가 형성될 것이고, 그 반대라면 주가가 크게 상승하는 상황이 올 것입니다. 어느 쪽이건 거대한 가격 변화가 일어날 가능성이 컸습니다. 우리는 두 가지 상반된 결과가 예측되는 상황에서 옵션시장이 일반적인 추정에 따라 가격을 책정했던 사례를 몇 번이나 경험했습니다. 그래서 가장 먼저 알트리아 옵션에 대해서도 일반적인 추정에 따라 가격이 책정되었는지를 살펴보았습니다. 이번에도 마찬가지였고, 외가격(옵션거래에 있어서 콜옵션의 경우에는 기초 자산의 현재가격이 그 옵션의 행사가격보다 훨씬 낮은 상태 그리고 풋옵션의 경우에는 기초 자산의 현재가격이 그 옵션의 행사가격보다 훨씬 높은 상태를 일컫는다. 이러한 상황하에서 즉각적으로 그 권리를 행사한다고 가정하면 큰 손실을 보게 될 것이다) 옵션이 너무 저렴했습니다. 분석에 따르면 주가가 상승할 가능성이 컸기 때문에 우리는 외가격 콜옵션을 매수했습니다. 담배회사들의 신용등급 하락의 원인인 소송들이 끝이 났고, 콜옵션 가격은 가파르게 상승했습니다. 우리는 원래 투자한 자본금의 2.5배나 되는 수익을 올렸습니다. 짧은 시간 동안 많은 수익을 벌어들였지만, 나중에는 옵션을 너무 빨리 매도했다는 사실을 알게 되었습니다.

특정 사건 때문에 잘못 책정된 옵션가격을 투자 기회로 활용하신 또 다른 예는 없나요?

2002년 캐피털 원(Capital One) 파이낸셜이 서브프라임 부채에 대한 준비금을 크게 늘리고 신용등급 절차를 강화하기로 당국과 합의했다는 내용을 발표한 직후 주가가 하루 동안 50달러에서 30달러로 급락했습니다. 그 전만 해도 캐피털 원은 오랫동안 인상적인 수익을 기록해온 이유가 서브프라임 신용 리스크를 측정할 수 있는 뛰어난 정량적 모델(Quantitative Model)을 가지고 있었기 때문이라고 생각했습니다. 하지만 기업의 인상적인 실적이 훌륭한 리스크 관리 때문이 아니라 부정직한 회계 관행 덕분이라는 의심이 제기되었습니다. 캐피털 원이 사기를 치고 있다는 분석과 기업의 경영이 매우 뛰어날 뿐이라는 분석이 첨예하게 대립했습니다. 2년 후 주가가 30달러에 머물 가능성은 상당히 낮았습니다. 기업의 가치를 인정받든가 아니면 주가가 더욱 하락하든지 둘 중 하나였습니다.

메이 씨께서는 어느 쪽의 가능성이 더 크다고 생각하셨습니까?

우리는 연구를 거듭했습니다. 경영진에 대해서도 알아보았습니다. 경영 윤리와 관련된 정보를 얻기 위해서 CEO와 함께 대학을 다녔던 사람들과도 이야기를 나누었습니다. 우리가 거대 투자자는 아니었지만 끈질기게 경영진과 연락을 취했습니다. 리스크 관리 담당자와도 접촉할 수 있었습니다. 다른 투자자들은 그에게 별 관심이 없었지만 우리에게는 금쪽 같은 사람이었습니다. 우리가 특히 우려했던 부분은 손익계산서의 상당 부분이 '증권화 수익'이라고 뭉뚱그려서 적혀 있는 것이었습니다. 이 항목에 무엇이 포함된 것인지 전혀 알 수가 없었습니다. 회사에 문제가 있다면 바로 이 부분이겠구나 싶었습니다. 시간이 흐르면서 리스크 담당자와 편하게 이야기를 나눌 수 있는 사이가 되고서야 그는 허심탄회하게 답을 해주었습니다. 말을 지어낼 사람같이 보이지는 않았습니다.

그래서 어떤 트레이딩을 하셨나요?

외가격 콜옵션을 매수하는 것이 가장 좋겠다고 생각했습니다. 잠재적으로 2가지의 결과가 예측되었고, 어느 쪽으로도 주가는 크게 요동칠 것 같았습니다. 외가격 콜옵션의 가격이 크게 잘못되어 있을 상황이었고, 그래서 내재된 수익 가능성이 컸습니다. 2005년 1월, 5달러에 거래되던 콜옵션을 40달러에 매수하려고 고려하고 있었습니다. 그런데 아주 중요하지는 않지만 비관적인 뉴스가 보도되자 주가는 27달러로 하락했습니다. 콜옵션 가격은 5달러에서

3.5달러로 하락했습니다. 옵션가격이 크게 하락한 덕분에 성공한다면 더 많은 돈을 벌 수 있는 기회였습니다. 그래서 우리는 콜옵션을 매수했습니다.

캐피털 원에는 얼마나 오래 투자하셨나요?

약 1년간 투자했습니다. 이 기간 동안 캐피털 원의 주가는 완전히 회복되었고, 우리는 6배에 달하는 수익을 얻었습니다.

알트리아나 캐피털 원의 사례는 시장에서 옵션가격 모델의 일반적인 추정이 현실과는 다른 경우군요. 옵션가격이 결정되는 과정에서 발생하는 또 다른 모순도 있나요?

변동성이 낮을 때 옵션의 가격은 가장 저렴하게 책정됩니다. 제 경험상 미래 변동성 증가를 예측하는 최고의 변수는 역사적으로 변동성이 낮을 때였습니다. 시장에서 변동성이 낮을 때 우리는 변동성을 매수하기 위한 방법을 모색하기 시작합니다. 변동성 매수비용이 절대적으로 매우 저렴할 뿐만 아니라, 낮은 변동성이 반영된 시장의 확신과 만족감(시장의 변동성이 낮다는 것을 확신하고 낮은 변동성에 만족할 때)은 미래 변동성이 평균 이상으로 증가할 확률이 높다는 것을 의미하기 때문입니다.

만기가 긴 옵션을 선호하시나요?

옵션의 기간이 길수록 내재변동성이 낮다고 생각되는데, 이것은 말이 안 되는 생각입니다. 우리는 최근 인플레이션을 헤지하기 위해 다우지수의 10년 만기 외가격 콜옵션을 매수했습니다. 인덱스의 내재변동성은 매우 낮습니다. 하지만 다우지수에 포함된 기업들은 주가가 상승할 가능성이 큽니다. 만기가 긴 옵션을 매수할 때는 금리에 베팅을 하지 않을 수 없는데, 지금처럼 금리가 낮을 때는 상당히 흥미롭습니다. 만기가 10년이나 되는 옵션이지만 가격 모델에서 금리 리스크가 거의 없기 때문입니다. 만약 금리가 상승하면 옵션의 가치는 크게 상승할 겁니다.

옵션가격 결정에 나타나는 모순에 관한 또 다른 예가 있나요?

옵션 모델은 일반적으로 선도가격(Forward Price, 선도시장에서의 가격, 선물가격보다 더 포괄적인 개념이다)이 현물의 향후 움직임을 예측한다고 추정됩니다. 그런데 학술적 연구나 일반적인 상식으로 보면 둘 사이에 연관성이 없는 경우가 많습니다. 선도옵션 가격결정 모델은 흥미롭게도 금리시장에서 이자율 기간 구조가 가파르거나 변동성 수준이 낮을 때 제대로 작동하지 않을 수 있습니다.

이 이례적인 거래의 예가 2010년에 우리가 했던 금리거래일 것입니다. 당시 브라질 금리는 약 8%였고, 6개월 선도금리는 12%가 넘었습니다. 6개월 선도옵션가격은 12%가 넘는 선도금리에 맞게 책정되었습니다. 다시 말해 옵션가격은 6개월 선도금리를 기대되는 수준으로 내재적으로 가정한 것입니다. 내재변동성은 당시 약 100베이시스포인트로 정상화됐는데, 이는 앞으로 6개월간 시장에 아무 일도 일어나지 않을 것으로 예상하고 있음을 의미합니다. 즉 금리가 8% 근처에 머물러 있을 것이며, 4표준편차 이상 되는 사건(감수자 주: 평균 +4표준편차 이상의 수익 또는 평균 −4표준편차 이하의 수익이 나타날 전망)은 일어나지 않는다는 의미입니다.[16]

우리는 브라질 금리의 방향이 어디로 갈지(오를지 내릴지) 확신할 수 없었습니다. 하지만 현재 현물금리에 가까운 6개월 현물금리는 가격이 잘못 책정된 옵션가격을 포함해서 가정하면, 4표준편차보다 크다고 생각했습니다. 우리는 옵션의 행사가격이 약 10%선인 거래를 구성했습니다. 선도금리(12% 이상)에 기초하면 외가격 상태(콜옵션의 경우에는 기초 자산의 현재가격이 그 옵션의 행사가격보다 훨씬 낮은 상태)이기 때문에 저렴하다고 생각했습니다. 하지만 현재금

---

16. 메이는 금리시장에 내재된 변동성 정도를 표준편차가 반영된 절대적 베이시스포인트로 설명했다. 특정 자산에 대한 변동성을 나타내는 일반적인 방법은 백분율이다. 백분율로 나타내도 마찬가지이지만, 금리가 낮을 때보다 금리가 높을 때 100베이시스포인트는 더 작은 변동성을 의미한다. 금리가 높으면 이례적인 사례가 더 증폭되는 경향이 있다.

리(8%)에 기초하면 내가격 상태(콜 옵션의 매입·매도 시 기초 자산의 시장가격이 옵션의 행사가격보다 높은 경우)였습니다. 금리가 선도금리와 현물금리 사이의 중간 정도까지 만 상승해준다면 우리는 여전히 수익을 낼 수 있을 것입니다.

시장은 왜 브라질 금리가 크게 상승할 거라고 예측했던 거죠?

여러 가지 이유가 있었습니다. 브라질 경제의 주요 동력은 상품 수출입니다. 당시 상품가격의 상승과 상품의 주요 수입국인 중국의 강한 성장세로 인해 브라질 내 인플레이션이 높아졌습니다. 돈 브라질 중앙은행이 금리를 크게 인상할 거라는 추측이 지배적이었습니다. 시장이 금리 상승을 예측하는 이유는 확실하게 이해가 되었지만, 선도금리가 400베이시스포인트라는 것은 과도하다고 생각했습니다. 시장이 금리의 가파른 상승을 예측한 또 다른 이유는 금리가 평균 회귀적이기 때문입니다. 역사적으로 브라질 금리는 8%였을 때보다는 12%였을 때가 더 많았습니다.

그렇군요. 현물금리와 선도금리의 차이가 벌어지면서 이례적인 옵션가격이 형성된 사례군요. 또 다른 예는 없나요?

과거의 통계를 바탕으로 미래를 예측할 때도 흥미로운 투자 기회가 만들어집니다. 2008년 금융위기 이후 여러 시장에서 분명한 위험감수/위험회피(Risk on/Risk off, 리스크에 따라 달라지는 투자 환경) 패러다임이 만들어졌습니다. 특히 외환시장에서 그랬습니다. 리스크를 감수하는 분위기가 형성되면 모든 투자자들이 호주달러 같은 신흥시장의 상품에 대한 익스포저를 늘립니다. 하지만 리스크를 회피하는 분위기가 형성되면 다들 호주달러에서 빠져나와 스위스의 프랑화 같은 안전자산으로 몰려들 것입니다. 2008년 금융위기 이전 수년 동안 호주달러와 스위스프랑화의 상관관계는 음과 양의 관계를 반복했습니다. 즉 둘 사이에 상관관계는 그다지 크지 않았습니다. 하지만 금융위기 이후에는 위험감수/위험회피의 심리가 시장을 압도하면서 둘 사이에 분명한 역의 상관관계가 나타나고 있습니다. 스위스프랑화가 크게 상승하면 호주달러는 크게 하락하거나 혹은 그 반대가 됩니다.

현재 우리는 유로화에 대해 매도 포지션을 효율적으로 구축하는 방법을 모색하고 있습니다. 유로화의 변동성이 증가하면서 풋옵션의 비용이 상승했습니다. 우리는 최악의 옵션(Worst of Option)으로 익스포저를 고려하여 프리미엄을 상당히 싸게 책정했습니다. 최악의 옵션은 일반 옵션의 가격을 결정하는 요소들뿐 아니라, 시장과의 상관관계를 고려해 가격이 책정되는 특별한 옵션입니다.

최악의 옵션이라는 건 처음 듣습니다. 어떤 옵션인가요?

최악의 옵션은 다양한 옵션의 집합, 즉 바스켓(Basket)에 대해 단일한 프리미엄을 지불합니다. 우리는 바스켓에서 두 개의 크로스통화에 대한 풋옵션을 거래했습니다. 즉 하나는 유로화 대비 호주달러(EUR/AUD)였고, 다른 하나는 유로화 대비 프랑화(EUR/CHF)였습니다. 최악의 옵션은 매수자의 관점에서 실적이 나쁜 옵션을 기준으로 프리미엄이 결정되기 때문에 구조적으로 저렴합니다. 옵션 중 하나가 외가격이 되면 옵션 매수자는 프리미엄 전부를 잃게 됩니다. 따라서 최악의 옵션 바스켓을 구성하고 있는 옵션들의 상관관계가 가격에 영향을 미칩니다.

우리가 매입한 최악의 옵션은 가격이 매우 저렴했습니다. 왜냐하면 유로화 대비 호주달러와 유로화 대비 프랑화는 부정적인 상관관계가 매우 강했기 때문입니다. 이론적으로 옵션 판매자를 보호하는 구조였기 때문에, 한쪽이 하락하면 상관관계에 따라 다른 쪽이 상승할 가능성이 높았습니다. 하지만 우리는 유로화 폭락을 원했습니다. 최근의 위험감수/위험회피 패러다임과 상관없이 유로화의 가치는 호주달러 및 스위스프랑화 대비 모두 하락할 것으로 예측했습니다. 일반적인 옵션으로 유로화 폭락에 베팅하려면 이론적으로 4.5%의 프리미엄을 지불해야 했습니다. 하지만 우리가 취약하다고 생각하는 상관관계의 모순 덕분에 가격이 잘못 책정된 최악의 옵션을 매수하면 1/10 미만의 비용으로 투자를 할 수 있었습니다.

시장은 앞으로의 상관관계에 영향을 미칠 수 있는 사건(예를 들어 부채에 대한 우려가 유로화 매도를 유발할 수 있다는 사실)은 고려하지 않고 현재의 상관관계가 지속된다는 가정을 바탕으로 프리미엄의 가격을 매기는 것 같습니다.

그렇습니다. 만약 상관관계가 -0.60이라고 한다면, 틀러는 -0.50으로 가정하고 옵션가격을 산정해서 우리에게 매도할 것입니다. 그리고 그들은 바가지를 씌워 팔았다는 생각에 서로 하이파이브를 하겠죠.

거래의 결과는 어떻게 되었습니까?

2009년 중반에 유로화가 호주달러 및 스위스프랑화 대비 크게 하락했고, 우리는 투자한 돈의 6배에 달하는 수익을 올렸습니다.

메이 씨가 지금까지 설명해주신 트레이딩에는 한 가지 공통분모가 있습니다. 시장은 언제나 2가지 가능성을 염두에 두고 가격을 결정하는데, 메이 씨께서는 비대칭적인 펀더멘털 때문에 특정 방향으로 움직일 가능성이 더 클 때를 투자 기회로 활용하신다는 것입니다. 마지막에 설명해주신 사례에서는 유럽의 위기로 유로화에 대한 매도세가 강해질 경우, 호주달러와 스위스프랑화 사이에 존재했던 역의 상관관계가 줄어들거나 혹은 그 반대가 될 수도 있다고 생각하셨습니다. 시장은 상황을 대칭적으로 고려하는 반면, 메이 씨는 잠재적으로 비대칭적인 매매를 추구하신 것 같습니다.

그렇습니다. 우리가 하는 트레이딩의 잠재적 수익률은 다양합니다. 하지만 모두 한 가지 공통된 특성을 가지고 있습니다. 즉 추정된 확률이나 성공 가능성에 비해 비용이 저렴하다는 겁니다. 지금 하고 있는 트레이딩도 정말 마음에 듭니다.

혹시 GMO펀드의 제레미 그랜덤(Jeremy Grantham)이 쓴 책을 읽어보셨습니까? 그는 존경받는 가치투자자로 모든 투자 자산을 고려하고, 이와 관련하여 사설과 평론을 쓰고 있습니다. 한동안 그랜덤은 견고한 소비자 중심의 프랜차이즈 업체들, 그중에서도 특히 국제적인 브랜드를 가지고 있는 기업들이 배당금이나 현금흐름에 따른 가치 측면에서 S&P의 여타 기업들에 비해 저평가되었다고 주장했습니다. 저는 그랜덤이 경기 사이클의 맥락에서 기업의 상대가치평가에 대한 주장은 상당히 설득력이 있다고 생각했습니다. 즉 견고하지 못한 기업들은 경기 사이클의 초기에 상승세를 보이고, 그 반대 기업들은 말기에 상승한다는 주장이었습니다. XLP은 프록터앤갬블(Procter & Gamble)이나 코카콜라(Coca-Cola), 존슨앤존슨(Johnson & Johnson) 같은 미국 소비재 기업들을 대표하는 인덱스입니다. 만약 그랜덤의 주장이 맞는다면, 언젠가 XLP 인덱스상에서 주가의 재평가가 이루어질 것입니다.

2009년의 저점부터 시작된 경기 사이클에서 XLP는 S&P보다 상승세가 덜 했겠군요?

S&P에 훨씬 못 미쳤습니다. 처음 우리는 XLP의 옵션을 매수하려고 했습니다. 하지만 호켓이 S&P500에 비해 XLP의 베타값이 0.5 낮다는 점에 착안해서 훨씬 나은 방법을 찾아냈습니다.

> **TIP**
> 베타값은 벤치마크(예 : S&P500)가 변화할 때 예측되는 가격의 변화를 뜻한다. 베타값이 0.5 낮다는 것은 XLP가 0.5%만큼 변화할 때 S&P500은 1%만큼 변화한다는 뜻이다.

우리가 찾아낸 놀라운 사실 중 하나는 XLP의 베타값이 S&P500에 비해 낮지만, 1998년 말에 XLP가 만들어진 후부터 지금까지 두 개 인덱스의 변화를 백분율로 나타내보면 거의 비슷하다는 것입니다. XLP는 불마켓에서 상승폭이 작았지만 베어마켓에서의 하락폭도 작았습니다. 그래서 전체 기간을 살펴보면 순변동액은 같습니다.

두 개의 인덱스가 오랜 기간 동안(인터넷과 신용의 붐과 불황) 거의 같은 순변화를 보였다는 점을 보면, XLP의 베타가 S&P 대비 0.50이라는 것은 좀 더 장기적인 기간을 고려했을 때 어긋나는 것입니다. 게다가 현금흐름과 배당평가를 고려했을 때 XLP가 S&P 대비 25% 재평가 가능성이 있다고 판단했습니다. 그래서 우리는 이색옵션 딜러에게 S&P 대비 XLP 성과를 고려한 초과성과 옵션가격 산정을 요청했습니다. 그렇다면 딜러가 S&P를 능가하는 XLP의 확률가격을 얻기 위해 어떤 측정값을 사용해야 할까요?

베타입니다.

그렇습니다. 그런데 XLP의 베타가 0.5밖에 되지 않기 때문에 시장 대비 옵션의 가격 모델은 매우 저렴합니다. XLP와 S&P가 같은 방향으로 이동하지만 XLP는 S&P의 절반 정도밖에 움직이지 않는다는 뜻이니까요.

하지만 시장이 하락한다면 베타값이 낮은 쪽이 더 높은 실적을 기록할 확률이 높습니다. 다시 말해 XLP가 S&P보다 하락폭이 낮을 가능성이 큽니다.

그 점이 중요합니다. 그래서 옵션을 싸게 매입하기 위해서 당시의 현물가격으로 옵션을 행사하는 것이 합리적이었습니다. 이 트레이딩이 성공하기 위해서는 2가지 조건이 필요합니다. 하나는 XLP가 S&P보다 더 나은 실적을 기록해야 하고, 또 하나는 S&P가 계속 상승해야 한다는 것입니다. 이는 특정 조건에서 베타에 대해 매수 포지션을 구축하는 것입니다. 베타에 대한 매수 포지션은 XLP가 S&P보다 실적이 좋아야 한다는 조건과 함께 시장이 상승해야만 수익이 발생하기 때문입니다.

당시를 트레이딩의 적기라고 생각하신 이유는 무엇입니까?

우리는 시장이 얼마나 상승할지는 확신할 수 없었습니다. 우리는 언제나 베타 익스포저에 대해 매수 포지션을 보유하기를 원했습니다. 하지만 XLP가 S&P보다 높은 성과를 올려야 하는 조건의 옵션이기 때문에, 우리는 매우 저렴하게 시장에서 베타 익스포저를 보유할 수 있었습니다. 옵션을 매수할 때는 시간의 흐름과 싸워야 합니다. 옵션 프리미엄을 낮출 수 있는 방법을 찾아낸다면 이 문제를 어느 정도 해결할 수 있습니다.

지금 말씀하신 트레이딩의 기본 전제는 상대적인 가격 변화를 바탕으로 측정한 베타값이 장기적인 가격 변화의 지표로는 별로 효과가 없다는 거군요.

그렇습니다. XLP와 S&P의 장기 차트를 비교해보면 분명히 알 수 있습니다. 변동성으로는 오랜 기간에 걸쳐 발생하는 잠재적인 가격의 변화를 측정할 수가 없습니다. 매일매일 자산가격이 등락을 거듭한다면 변동성은 제로가 됩니다. 그래서 우리가 활용하고 있는 전략 중 하나는 '칩 시그마(Cheap Sigma)'라는 방법입니다. 시장에서 추세가 발생할 때, 변동성은 잠재적인 가격의 변화를 과소평가한다는 아이디어를 바탕으로 예측하는 방법입니다. 예를 들어 2007년에 찰리 레들리는 10년 만에 처음으로 미달러(USD) 대비 캐나다달러(CAD) 1.0이 깨지면서 캐나다달러가 순조롭게 추세를 형성하는 것을 목격했습니다. 현물 USD/CAD는 1.10 레벨에서 약 0.92까지 내려갔는데, 이것은 매우 큰 가격 움직임이었습니다. 하지만 시장의 변동성은 매우 낮았습니다. 변동성을 기준으로 본다면 불가능한 사건이 일어난 것이었습니다.

과거의 일이군요. 그런 상황에서는 어떻게 매매를 하십니까?

3개월 동안의 내재변동성으로 고려해 표준편차가 3.5라면, 우리는 시장이 반대로 움직일 가능성에 대비해 극외가격 옵션 매수를 고려합니다.

그렇다면 기본적인 개념은 원활하게 추세를 쫓는 시장에서는 옵션가격이 너무 낮게 책정된다는 거군요.

그렇습니다. 옵션의 가격이 잘못 책정되는 유형 중 하나입니다. 전반적인 원칙은 옵션의 가격을 책정하는 과정에서 시장의 추측이 현실과 상당히 다른 경우가 많다는 것입니다. 이런 차이를 찾아내는 노력은 가격이 적정 수준과 달라지기만 기다리면 되기 때문에 상당한 수익으로 이어질 수 있습니다. 옵션의 가격에 대한 투자는 주기가 짧을 때 더욱 효과적입니다. 기간이 길어지면 온갖 변수들이 끼어들면서 옵션가격 모델을 망가뜨립니다.

기간이 길어짐에 따라 왜곡이 발생하는 또 다른 이유는 옵션가격 모델이 시간의 제곱근에 따라 변동성이 증가하는 것으로 추정하기 때문입니다. 이는 1년 혹은 그보다 짧은 기간 동안에는 합리적인 추정치를 제공하지만, 표준편차가 낮고 기간이 길어질 때는 적절하지 않습니다. 예를 들어 1년 동안의 표준편차가 5%라면 9년 동안의 표준편차가 15%로 계산되는데(5%×9년), 이는 너무 과소평가된 수치입니다.

기간이 길어질수록 추세를 형성할 가능성이 높아집니다. 그래서 장기적으로는 가격이 표준편차에 내재된 확률을 초과할 가능성도 커지고요. 그런데 시간의 제곱근만큼 커진다고 추정하기 때문에 문제인 것 같습니다.

그렇습니다.

그렇다면 결국 만기가 긴 옵션의 가격은 무조건 낮게 책정될 가능성이 있다는 뜻인가요?

우리는 만기가 긴 옵션을 좋아합니다.

지금까지 설명해주신 매매 사례는 모두 두 가지의 공통분모를 가지고 있는 것 같습니다. 하나는 가격에 대한 시장의 기본적인 추측이 주어진 환경

과 달라서 제대로 가격이 책정되지 않은 것이고, 또 하나는 수익이 리스크에 비해 비대칭적으로 예측되는 것입니다. 즉 리스크는 낮고 예상되는 수익은 높은 겁니다. 그 외에 또 다른 공통점도 있나요?

우리는 투자에 관한 아이디어를 생각해낸 후 향후 방향에 대해 책상을 주먹으로 내리칠 정도로 확신하기를 바랍니다. 실제 그런 경우는 더할나위 없이 좋습니다. 하지만 불행하게도 매우 드문 일입니다. 거의 언제나 가설 중 하나가 틀린 것으로 밝혀지거나, 리스크 평가가 불가능하거나, 중요한 요소를 간과하는 등의 문제가 발생합니다. 절대로 즐거운 상황은 아닙니다. 그래서 우리는 투자 아이디어마다 50개쯤 되는 모델을 예측한 다음 확신이 들 때에만 매매를 시작합니다.

정도의 차이는 있지만 지금까지 설명한 사례는 모두 결과에 대해서만큼은 그다지 확신하지 못했던 경우입니다. 대신 가격이 제대로 책정되지 않았다는 확률에 대해서만큼은 확신할 수 있었습니다. 그래서 시장의 방향에 대해서 확실한 시각을 갖지 못해도 긍정적인 기대치(Expected Value)를 가질 수 있었습니다.[17]

전통적인 가치투자자들은 손실 가능성이 크지 않다는 확신이 있을 때만 리스크를 감수하는 투자방법으로 자본금을 보호합니다. 이와 마찬가지로 우리는 확률을 통해 리스크를 판단합니다. 콘월캐피털 역시 자본금 보호에 철저합니다. 다만 우리의 안전마진(Margin of Safety, 기업의 내재가치와 시가총액의 차이 혹은 적정 주가와 주식시장에서의 주가와의 차이)은 시장에 의해 제대로 가치가 책정되지 못한 기업의 자산과 현금흐름이 아니라 높은 기대치를 갖는 것입니다. 옵션 프리미엄을 4번 연속으로 잃더라도 같은 투자를 10번 반복해 25배의 수익을 얻을 수 있다는 확신이 든다면 크게 개의치 않습니다.

우리에게 성배와 같은 투자 기회는 확률이 낮다고 생각되는 사건에 대해 확

---

[17] 기대치는 각 결과가 나올 확률을 가치로 곱한 합이다. 단순하게 결과가 두 가지라고 가정해보자(성공할 경우와 실패할 경우). 각 결과의 평균 확률을 구한 다음 '성공할 확률×성공에 따른 평균 수익'에서 '실패할 확률×평균 손실'을 차감하면 기대치를 구할 수 있다. 예를 들어 성공 확률이 20%이고, 평균 수익이 10,000달러, 실패로 인한 평균 손실은 1,000달러라고 가정해보자. 이때 평균 기대치는 1,200달러(0.2×10,000달러−0.8×1,000달러=1,200달러)가 된다.

신을 갖는 것입니다. 서브프라임 신용 디폴트 스왑(CDS)이 그 대표적인 예였습니다. 단 매매 시기가 약간 늦었는데, 매매 이유가 합리적으로 확실해지고 모든 사람이 "그렇게 될 거야"라고 말하는 것 외에는 매매를 그만두어야 할 이유가 하나도 없을 때까지 기다리는 것은 우리에게는 흔히 있는 일입니다. 부동산은 영원하다는 확신이 유동성 거품에 의해 시장이 붕괴시킬 것이라는 확신으로 바뀌기까지는 불과 몇 개월이 걸리지 않았습니다.

"

다음 인터뷰는 콘월캐피털이 모기지 저당 증권에 매도 포지션을 구축했을 때에 관한 것이다. 이 부분을 이해하기 위해서는 약간의 배경 지식이 필요하다.

서브프라임 모기지 채권은 자산유동화증권(Asset-Backed Security, ABS)의 일종으로 개인들의 서브프라임 모기지를 묶어 증권으로 만든 것이다. 투자자들은 모기지 대출에 대한 이자로 수익을 얻는다. 모기지 채권을 묶어서 만들어진 증권은 다양한 트란셰(Tranche, 기업 자금·주식의 분할 발행)로 구성된다. 가장 높은 등급은 AAA로 100% 상환된다는 뜻이며, 그다음 단계에 대해서도 차등적으로 등급이 매겨진다(AA, 기타 등등). 등급이 높을수록 리스크가 작기 때문에 이자율도 낮다. 등급을 매기지 않는 가장 낮은 단계는 에쿼티 트란셰(Equity Tranche, 무등급)라고 부르는데, 가장 먼저 손실을 흡수한다(대개 3~5%의 손실을 감당한다). 손실이 정해진 비율을 넘어서면 에쿼티 트란셰의 가치는 사라진다.

그다음으로 낮은 단계는 등급이 매겨지는 모기지 중에서 가장 낮은 단계로 부채 트란셰(Debt Tranche 혹은 메자닌 트란셰)라고 부른다. 에쿼티 트란셰 다음으로 손실을 흡수하며, 리스크가 큰 만큼 높은 이자를 지급한다. 예를 들어 에쿼티 트란셰가 3%이고 메자닌 트란셰가 4%인 경우, 부채가 상환되지 않는 비율이 3%를 넘을 때부터 메자닌 트란셰 투자자들은 손실을 입기 시작한다. 그리고 부채가 상환되지 않는 비율이 7%를 넘으면 모든 돈을 잃게 된다. 각 상위 트란셰는 손실이 다음으로 낮은 트란셰의 상한기준을 초과할 때까지는 전부 보장받게 된다.

부동산 거품이 한창이던 2000년대 중반, 서브프라임 채권 중 BBB등급의 트란셰의 리스크는 처음부터 상당했을 뿐 아니라 그 이후로도 급격하게 상승했다. 대출 창시자들은 채권 유동성을 위해 모기지 채권을 판매하여 리스크를 줄였지만, 대출의 질을 저하시켰다. 이로 인해 실제로 채권 발행은 크게 늘어났다. 설상가상으로 모기지 대출자에 대한 기준도 낮아졌다. 특히 다음의 특성을 가진 서브프라임 모기지는 발행 조건이 거의 없다고 할 수 있었다.

- 계약금 필요 없음
- 수입, 직업, 자산에 대한 평가 필요 없음
- 변동금리모기지(Adjusted Rate Mortgage, ARM)와 티저금리(Teaser Rates, 모기지 차입자의 일부에게 상환기간 중 첫 2~3년간 적용되는 낮은 금리)는 1년 혹은 2년 후 높은 금리로 대체됨

이처럼 질이 낮은 모기지는 역사적으로 유례를 찾아볼 수 없을 지경이었다. 부실한 모기지로 만들어진 BBB트란셰 채권들이 얼마나 손실에 취약했을지는 짐작하기 어렵지 않다.

하지만 이야기는 여기에서 끝나지 않는다. BBB트란셰 모기지 채권은 판매가 쉽지 않았다. 그래서 월스트리트의 연금술사들은 BBB트란셰를 AAA등급으로 바꾸어버리는 마법과 같은 해결책을 생각해냈다. 그것은 바로 BBB트란셰에 해당하는 다양한 모기지 채권으로 부채담보부증권(Collateralized Debt Obligation, CDO)이라는 새로운 상품을 만든 것이었다.[18] CDO 역시 트란셰 구조로 구성되었다.

18. CDO는 다양한 상품으로 구성된 일반적인 종류의 증권을 뜻하기도 한다. 단, 이 경우는 여기에서 설명된 내용과 관계가 없다.

사실 이들은 모두 BBB트란셰의 채권이었지만 그중 75~80%에 AAA등급이 부과되었다.

CDO의 트란셰 구조는 일반 모기지로 구성된 채권과 유사했지만, 한 가지 매우 중요한 차이점을 가지고 있었다. 일반 모기지의 경우 서로 간의 상관관계가 상당히 제한적이다. 다양한 경제적·지리적 조건을 가진 모기지 대출자들이 동시에 경제적인 어려움을 겪을 가능성은 작았기 때문이다. 한편 CDO의 개별적인 구성원들은 모두 같은 처지였고, 서브프라임 모기지의 가장 낮은 단계에 속했다. 일반 모기지 채권에서 BBB트란셰의 가치가 아예 소멸될 정도의 경제적 상황이 발생하면, 다른 모기지의 BBB트란셰 역시 가치가 소멸되거나 혹은 심각한 손실이 발생할 가능성이 커졌다.[19] CDO의 AAA트란셰는 가장 마지막으로 20~25%만큼의 손실을 감당하기 때문에 안전한 것처럼 생각되지만, 구성원들이 긴밀히 연관되어 있을 때는 이야기가 달라진다. BBB트란셰는 전염성이 강한 독감 바이러스로 오염된 작은 공간에 사람들이 몰려 있는 상황과 비슷하다. 한 사람이 감염되면, 곧 옆에 있는 사람들도 감염될 가능성이 매우 높아진다. 이러한 맥락에서 단 20%의 손실을 흡수할 뿐인 AAA트란셰 역시 마찬가지이다.

그렇다면 BBB트란셰로만 구성된 채권이 어떻게 AAA등급을 받을 수 있었을까? 여기에 대해서는 서로 복잡하게 얽혀 있는 3가지 이유로 설명이 가능하다.

첫째, 모기지 디폴트와 관련해 역사적인 데이터를 기준으로 채권의 가격이 결정되었다. 하지만 이전의 모기지 대출자들에 대해서는 모기지의 상환, 계약금, 자산에 대한 평가 등을 고려한 데 반해, 이후에 만들어진 모기지는 계약금과 자산에 대한 평가 등이 이루어지지 않았다. 따라서 과거의 모기지 디폴트 데이터는 이후에 만들어진 모기지에 대한 디폴트 가능성을 크게 과소평가하고 있었다.

---

19. 경제가 심각한 불황을 겪게 되면 일반 모기지 대출자들의 상관관계 역시 강해진다. 하지만 그 정도가 BBB트란셰만큼 높지는 않다.

둘째, 모기지들 간의 상관관계를 비현실적으로 낮게 추정했다. 다른 채권의 BBB트란셰가 디폴트를 선언할 경우 다른 채권의 BBB트란셰 역시 디폴트 가능성이 크게 증가한다는 사실을 인식하지 못했다.

셋째, 신용평가기관이 이해관계로 얽혀 있었다. 이들은 CDO를 만들어낸 사람들 덕분에 돈을 벌고 있었지만, 채권을 너무 가혹하게 (현실적으로) 평가하면 자신들도 타격을 받을 수 있는 위치였다. 결국 가능한 관대한 평가를 내리도록 강요를 받고 있는 것이다. 그렇다면 신용평가기관들이 일부러 채권에 대한 등급을 왜곡한 것일까? 그렇지는 않다. 다만 잠재적으로 객관적인 평가를 내리지 못할 가능성이 있었다. 개별적인 모기지 중 일부에 AAA트란셰를 부과하는 것은 정당화될 수 있지만, BBB트란셰로만 구성된 CDO를 AAA등급으로 평가하는 것은 말이 되지 않았다. CDO 등급에 관한 한 신용평가기관들은 부도덕하거나 혹은 무능했다.

콘윌캐피털은 부동산 시장의 거품에 대해 매도 포지션을 구축하기 위해서 AA트란셰의 CDO에 대해 신용 디폴트 스왑(Credit Default Swap, CDS)을 매수하는 전략을 선택했다. CDS 매입자들은 디폴트 위험으로부터 보호를 받기 위해 매도자들에게 지속적으로 프리미엄(채권 이자와 같았다)을 지급한다.

66

서브프라임 모기지 투자는 어떻게 시작하게 되셨나요?

2006년 10월, 한 친구로부터 엘리어트 어소시에이션(Elliot Association)의 폴 싱어(Paul Singer)가 만든 프레젠테이션의 요약본을 받아보고 투자 기회라는 사실을 깨달았습니다. 싱어는 은행들이 서브프라임 모기기 증권저당채권(Mortgage-Backed Securitization, MBS) 중 가장 위험성이 높은 트란셰를 (투자자들은 BBB트란셰 매수를 꺼리고 있었습니다) 새로운 CDO로 묶어, 그들 중 상당수를 AA 혹은 그 이상으로 평가하는 꼼수를 부리고 있다는 사실을 지목했습니다.20) 그는 부동산 시장이 하락은커녕 상승세를 멈추기만 해도 CDOs의 AA트란셰가 붕괴될 거라고 예측했습니다 기관 투자자들이 AA등급 이상의 채권이 지불하는 적은 이자를 받기 위해 몇도 안 되는 리스크를 감수하고 있다는 사실이 믿기지 않았습니다. 싱어가 워낙 유명했기에 망정이지 그렇지 않았다면 믿지 않았을 겁니다.

한편 호켓은 그보다 몇 주 전에 비슷한 이야기를 들었다면서, 도이체뱅크(Deutsche Bank)가 프레젠테이션에서 MBS 메자닌 트란셰에 대한 프로텍션 매수를 주장했다고 말했습니다. 이것은 대량의 모기지 증권화풀인 BBB트란셰들입니다. 폴 싱어가 이야기했던 부채담보부증권에 들어가는 트란셰들이죠. 호켓과 레들리는 이미 MBS에 대해 알아보고 있던 중이었습니다.21)

과거 CDO의 가치를 옹호하던 중요한 주장 중 하나는 CDO가 자산 포트폴리오를 다변화시킨다는 것이었습니다. 전에는 CDO의 담보자산이 신용카드 미수금, 비행기 리스, 부동산 대출금 등 다양한 자산으로 구성되어 있었습니다. 하지만 2006년 말 CDO는 대부분 서브프라임 모기지 증권의 가장 낮은 등급의 트란셰로 구성되었습니다. CDO의 구성이 균일해졌기 때문에 모기지 상품 간의 연관관계가 작다는 추정은 완전히 쓸모가 없어져버렸습니다. 덕분에 우리들은 고위험 채권인 CDO에 대한 프로텍션(매도 포지션과 같다)을 우량 회사채에 매도 포지션을 취할 때 소요되는 정도의 저렴한 비용으로 매수할 수 있는 기회를 얻게 된 것이죠.22)

---

20. 주택저당증권(MBS)는 자산유동화증권(Aasset-Backed Securitization, ABS, 재산을 근거로 발생되는 증권)의 한 종류다.

21. 앞에서 설명했듯이 CDO를 이용해 BBB트란셰의 모기지를 묶어서 AAA 혹은 AA트란셰의 증권으로 담들기는 했지만 결국에는 부실 MBS에 불과했다. 서로 다른 증권의 BBB트란셰는 서로 연관되어 있지 않기 때문에 BBB트란셰를 AAA나 AA로 바꾸어도 괜찮다는 논리였다. 하지만 특정 서브프라임 모기지 증권의 BBB트란셰가 손실을 입게 되면 다른 서브프라임 증권의 BBB트란셰 역시 손실을 입을 가능성이 매우 높기 때문에 전혀 논리적이지 않은 생각이었다. CDO 중 최고 트란셰의 등급은 매우 높았고, 덕분에 CDS 프로텍션의 가격은 상당히 저렴했다. 덕분에 CDO는 MBS보다 서브프라임 모기지에 대해 매도 포지션을 취할 수 있는 매력적인 방법을 제공했다.

22. CDO의 최상위 트란셰에 할당된 등급은 (옳지는 않지만) 해당 채권의 디폴트 가능성이 작다는 뜻이었다 따라서 콘월캐피털은 AAA 혹은 AA등급의 채권을 매입할 때 요구되는 적은 프리미엄으로 프로텍션을 매수할 수 있었다. 매도 포지션을 구축하기 위해 감수해야 할 리스크는 디폴트 프로텍션 매수를 위해 지불해야 하는 프리미엄뿐이었다. CDO는 가장 위험한 서브프라임 채권에 대해 가장 작은 리스크로 매도 포지션을 취할 수 있는 방법을 제공했다.

그다음에는 어떻게 하셨습니까?

우리는 MBS 분야에서 바텀업 펀더멘털 분석에 필요한 전문적 지식이 없었습니다. 그래서 당시 블랙록 자산운용을 떠나 헤지펀드 설립을 준비하고 있던 유명한 리서치 애널리스트를 고용했습니다. 그는 주택담보대출비율(Loan To Value, LTV), FICO 점수, 부실여신 등을 기준으로 우리가 관심을 가지고 있던 모든 MBS 담보의 건전성을 평가했습니다. 그다음에는 분석 결과를 기준으로 최악의 ABS 리스트를 만들었습니다. 우리는 애널리스트가 만든 리스트 중에서 CDO와 가장 많이 겹치는 대상을 찾았습니다. 그런데 리스트와 CDO가 상당히 비슷해 놀랐습니다.

오랜 시간이 흐른 후에야 우리가 현명하게 CDO를 선택할 수 있었던 이유가 사이온 캐피털(Scion Capital)의 마이클 베리(Michael Burry) 같은 뛰어난 투자자들의 노력 덕분이라는 걸 알게 되었습니다. 우리가 최악의 서브프라임 MBS로 구성된 CDO를 찾아낼 수 있었던 것은 그보다 몇 개월 전에 베리가 특정 증권에 대한 프로텍션(매도 포지션)을 매입하기 위해 합성채권을 만들어달라고 딜러를 설득한 덕분이었습니다.

콘월캐피털이 투자를 시작한 건 상대적으로 늦은 편이었던 2006년 말이었는데, 딜러들의 탐욕스러움 때문에 의도하지 않게 더 높은 수익을 올릴 수 있었습니다. 이들은 베리를 비롯한 여러 투자자들에게 CDS를 판매한 후 이론적으로 비슷한 합성채권을 만들어냈습니다. 신용파생상품 딜러들이 합성 MBS가 가능하다면 합성 CDO도 만들 수 있다는 생각을 해내는 데는 그리 오랜 시간이 걸리지 않았습니다.[23] 그래서 베리 등의 가치투자자에게 직접 고른 정크 등급의 모기지 채권에 대한 합성 프로텍션을 팔았던 것처럼 비슷한 증권들을 그럴듯하게 포장해 합성 CDO라는 형태로 판매했습니다. 제가 알

---

23. 채권에 대한 CDS 프로텍션 매입자(예: 매도 포지션 매도자)는 채권의 이자만큼 프리미엄을 지급한다. 이 과정에서 효율적으로 합성채권이 만들어진다. 이렇게 만들어진 합성채권은 합성 CDO로 묶을 수 있는데, 이는 물리적으로 같은 채권으로 구성된 CDO와 동일한 수익흐름을 갖는다. 베리 같은 똑똑한 트레이더들은 리스크가 큰 모기지로 구성된 채권에 대한 프로텍션을 매입했고(이들 채권에 대한 매도 포지션), 그 결과 합성 CDO는 매도 포지션에 이상적인 증권들로 이루어지게 되었다.

기로는 우리가 아마 CDO에 대해 처음 매도 포지션을 취한 사람들 중 하나일 겁니다. 부채담보부증권(CDO) 구조에 내재하는 0 상관관계의 가정 때문에 우리는 전부 최악의 품질인 서브프라임 도기지담보부증권(MBS)으로 구성된 AA트란셰의 프로텍션을 단지 리보금리 +50베이시스포인트로 매수할 수 있었습니다. 정말 말도 안 되는 일이었습니다.

매도 포지션은 언제 구축하셨나요(메이는 CDO 트란셰에 대한 CDS 프로텍션을 매입해서 매도 포지션을 구축했다)?

2006년 10월에 시작했습니다. 마지막 포지션은 2007년 5월이었습니다. 시장이 붕괴되기 시작한 건 2007년 2월 1일이었고요. 대부분의 사람들은 베어스턴스가 파산하면서 금융위기가 시작되었다고 생각하지만, 제 생각은 다릅니다. 그보다 1년 전이었던 2007년 2월 1일 ABX(ABX는 20개 서브프라임 모기지 채권을 나타내는 인덱스로, AAA부터 BBB-까지 5개의 트란셰 중 각각의 등급을 나타내는 별도의 지표로 구성된다.)가 하락하기 시작했을 때가 금융위기의 시작이었다는 것이 제 생각입니다. 우리가 매도했던 CDO를 구성하고 있는 채권들은 ABX지수를 구성하는 채권들보다도 더 품질이 낮았기 때문에, ABX지수를 매도하는 것은 우리의 CDO가치를 급격하게 하락시키는 의미였습니다.

한 번에 모든 투자 포지션을 구축하셨나요?

아닙니다. 지속적으로 매도 포지션을 구축해나갔습니다.

왜 생각했던 매도 포지션을 처음부터 모두 취하지 않으셨던 거죠?

우리는 그 거래에 대해 확신을 키워나가고 있었습니다. 그런데 ABX가 휴짓조각이 되고, CDO 가격은 움직이지 않게 되었을 때 우리의 확신 수준은 치솟았습니다.

CDO와 동일한 채권으로 구성된 인덱스가 급격하게 하락했는데도 불구하고 CDO 가격이 하락하지 않은 이유는 뭔가요?

딜러들은 CDO로 전환하기 위해 상당한 양의 MBS를 가지고 있어야 했습니다. 그래서 여기에 기반을 두고 있는 ABX인덱스가 급락했을 때는 충격이 매우 컸습니다. 막대한 양의 고위험 MBS를 떠안고 있었기 때문이죠. 이들은 가능한 많은 양을 CDO로 전환시키기 위해 정신이 없었습니다. 모든 CDO에 대해 시장가격을 적용했더라면 시장이 완전히 죽어버렸을 것이고, 딜러들은 미처 CDO로 바꾸지 못한 MBS 때문에 어쩔 줄을 몰랐겠죠.

딜러들이 고의로 CDO 가격을 조작했다는 뜻인가요?

네, 그렇습니다. CDO 매입자들 중 대다수는 뛰어난 투자자들이 아니었습니다. 사람들은 '사기'라는 말을 꺼려 하지만, 정말 순진하지 않고서야 다른 설명은 불가능합니다. 우리는 리먼브라더스가 CDO를 70베이스포인트의 수익률로 발행했다는 보고서를 보았습니다. 그래서 우리는 리먼브라더스 사무실에 전화를 걸어 CDO에 대한 프로텍션을 70베이시스포인트로 매수할 수 있는지 물었더니 웃더군요. 그래서 300베이시스포인트에 프로텍션을 매수할 수 있는지 물었습니다. 여전히 불가능하다고 했습니다. 우리가 "300베이시스포인트의 리스크를 감수할 수도 없을 만큼 위험한 CDO를 70베이시스포인트에 발행한 겁니까?"라고 묻자, 다시 연락을 주겠다고 하더군요. 물론 연락은 오지 않았습니다. 한편 우리의 거래회사인 베어스턴스는 우리의 CDO 포지션에 대해 원래의 가격을 책정하고 있었습니다. ABX가 30%나 하락했지만 우리의 CDO에 대한 가격은 그대로였습니다.

베어스턴스 쪽에 항의는 하셨나요?

아닙니다. 그보다는 금융 시스템의 진실성이 더 걱정되었습니다. 우리는 베어스턴스가 곧 파산할 거라고 생각했기 때문에 대해 상당한 양의 풋옵션과

CDS를 매수했습니다.

CDO를 구성하고 있던 MBS 가격이 붕괴 직면에 있는데도, CDO 가격이 변동하지 않도록 딜러들 간에 담합이 있었습니까?

딜러들이 어떤 일을 벌이는지 알 수는 없습니다. 하지만 2월 ABX인덱스가 하락했는데도 CDO가 기계적으로 유지도었다는 건 분명 부정직한 행동의 결과였습니다. 우리는 미국증권거래위원회에 자본시장의 건실성에 심각하면서도 구체적인 문제가 있다고 알렸습니다.

구체적으로 어떤 조언을 하셨나요?

증권거래위원회가 CDO뿐만 아니라 신용평가기관들의 평가기준을 주의 깊게 관찰해야 한다고 조언했습니다. 가격이 증권의 실제 가치와 전혀 달랐으니까요. 결국에는 신용평가기관들에 관한 조언이었습니다. 이들은 잉크가 묻어 있는 종이조가리나 다름없는 수천 개의 부실채권들을 미국 국채와 같은 등급으로 평가했습니다. 이런 짓을 저질렀는데도 여전히 신용평가기관이 우량채권이라고 평가하면 시장은 들썩거립니다. 이들에게 조금이라도 신뢰할 만한 구석이 남아 있는지 모르겠습니다. 그보다 더한 실패 사례는 찾아보기 힘들지만, 최근까지도 신용평가기관은 비난의 대상이 되기는커녕 수정헌법 1조인 '표현의 자유'라는 미명하에 모든 책임을 회피하고 있습니다.

대강의 답이 짐작가긴 하지만 그래도 질문 드리겠습니다. 미국증권거래위원회와의 논의 후 어떻게 되었나요?

증권거래위원회는 우리의 조언에 대해 흥미로워했고, 많은 생각을 하기는 했지만 후속 조치를 취한 것 같지는 않습니다.

딜러들이 결국 CDO를 낮추게 된 계기는 뭔가요?

TABX가 만들어졌기 때문입니다. TABX는 ABX의 메자닌 트란셰의 인덱스를 기반으로 합성 CDO트란셰의 인덱스를 만들어냈습니다. 2007년 초 TABX가 만들어졌을 때, ABX 메자닌 트란셰 인덱스는 이미 상당히 하락한 가격에 매매되고 있었습니다. 이러한 채권들로 구성된 CDO의 낮은 등급의 트란셰는 가치가 없음을 암시합니다. 그러므로 TABX는 A등급까지의 메자닌 트란셰와 심지어 CDO를 복제한 지수인 AA등급의 트란셰조차도 이미 가치를 잃었음을 나타내는 주목할 만한 데이터를 처음으로 제공하였습니다. MBS 재고를 회계장부에서 지워버리기 위해 고군분투 중이던 은행들은 여전히 비슷비슷한 액면 가격으로 CDO들을 발행하고 있었습니다. TABX는 이런 은행의 가식적인 행동들을 불가능하게 만들었습니다.

당시 금융시장을 덮친 쓰나미가 어디에서 시작되었는지는 정확하게 기억이 나지 않습니다. 하지만 8월이 되자 리스크를 줄이기 위한 노력이 시작되었고, 우리가 매입해놓은 CDS 프로텍션을 매입하려 했습니다.[24] 2007년 8월 우리는 투자 포지션을 청산했습니다. 금요일 폐장 때 5만 달러였던 투자 포지션이 월요일에 매도할 때는 450만 달러로 상승해 있었습니다.

지금까지 설명해주신 것 외에 또 어떤 투자를 하십니까?

우리는 한계점에 이르렀을 때 투자하기를 좋아합니다. 절대적인 한계 상황에서 매매는 상당히 비대칭적인 형태를 띱니다. 2007년 유럽은행에 대한 CDS 프로텍션을 3베이시스포인트에 매매한 것이나, ABX인덱스에 관한 CDS를 9베이시스포인트에 매매한 예를 들 수 있습니다. CDO 투자는 손실한도에 가까워지는 상태였지만, 상당한 잠재 수익을 확신할 수 있다는 점에서 매우 특별했습니다.

---

24. 2007년 8월에는 단기 금융시장의 유동성이 말라버리는 사건이 일어났다. 당시에 대해서는 콤 오셔의 인터뷰에서 언급되기도 했다.

그 외에 또 다른 것도 있나요?

시장의 가격 자체가 비대칭적인 경우도 선호합니다. 2005년 한국의 주식시장이 좋은 예입니다. 우리는 상당한 연구 끝에 당시 한국 시장 전체에 가격이 잘못 책정되어 있다는 확신을 갖게 되었습니다.

2003년 혹은 2004년에 우리들은 한국 시장이 펀더멘털에 비해 가격이 상당히 저렴하다는 사실에 흥미를 갖게 되었습니다. 다른 아시아 시장은 1997년 외환위기 이후 상당한 회복을 보였지만, 한국 시장은 계속해서 신통치가 않았습니다. 이유도 불분명했습니다. 특히 한국은 위기 이후 다른 이웃 국가에 비해 금융 및 시장 개혁을 훌륭하게 이루어낸 것처럼 보였으니까요. 한국은 IMF 구제금융의 모든 조건을 충실하게 따랐습니다. 긴축재정을 실시했고, 증권 관련법과 규제는 미국 수준으로 개선되었습니다. 한국 문화는 법치주의를 뼛속 깊이 존중했고, 사유재산의 권리를 보호한 선례도 훌륭했습니다.

이처럼 긍정적인 특성에도 불구하고 한국의 주식시장은 다른 아시아 국가들에 비해 상당히 저렴한 가격에 매매되고 있었습니다. 그래서 한국 시장에 나타나고 있는 이례적인 현상에 대한 합리적인 설명을 찾기 위해 오랜 시간 노력했습니다. 우리는 매매를 시작하기 전 언제나 해당 분야의 전문가를 찾습니다. 일종의 안내인을 찾는 겁니다. 그때는 한국에 있는 전자제품 대기업의 재벌가 사람 중 한 명을 알게 되었습니다. 국적은 미국인이었지만 우리가 한국을 이해하는 데 상당한 도움을 주기에는 충분했습니다. 하지만 우리도 나름대로의 노력이 필요했습니다. 그래서 약 18개월 동안 한국을 10번도 넘게 다녀왔을 거예요. 매수자와 매도자, 산업계 전반에 걸쳐 많은 사람을 만났습니다. 한국에서 미국으로 갓 이민을 와서 버클리 대학에 입학한 학생을 고용해 다양한 금융 보고서 번역을 의뢰했습니다.

연구 끝에 한국 주식시장의 가격이 저렴한 이유는 시장의 사이클 때문이라는 결론을 얻게 되었습니다. 한국 시장이 저렴한 이유는 계속 저렴하게 매겨져 왔기 때문이라고 생각한 겁니다. 수년 동안 안정적이고 인상적인 현금흐름을 창출한 한국 기업들의 주가는 계속 하락하고 있었습니다. 투자자들은 합리적으로 이들 기업의 가치를 판단해 주식을 매입했는데도 불구하고 손실을 기록하고 있었고요. 우리가 한국에 대해 연구하고 있을 때 즈음에는 많은 기업이 상당히 부정적인 가치로 매매되고 있었습니다(현금 자산과 부채를 제외했을 때 기업의 가치가 마이너스라는 뜻이다). 부채는 없고 현금만 5억 5,000만 달러를 보유하고 있었고, 다음 해에는 현금 자산이 6억 5,000만 달러로 늘어날 것으로 예측되는 기업의 시가총액이 고작 3억 달러였죠. 상당한 비대칭이었습니다. 주가가 상승하는 것 외에 다른 길이 없었습니다.

어떤 계기로 한국 시장의 가치가 제대로 평가되기 시작했나요?

시간입니다. 기업의 이윤이 크게 늘었지만 오랫동안 무시되었습니다. 하지만 이후 주가 상승을 부추기는 촉매가 되었죠.

앞에서 좋은 투자 아이디어인 줄 알았는데, 깊이 있게 연구를 해보면 그렇지 않은 경우가 많다고 언급하셨습니다. 예를 들어주실 수 있나요?

얼마 전에 중국의 석탄 수입 증가에 따른 비선형적(예측이 어려운) 영향이 투자 기회를 창출할 것이라는 가설을 세웠습니다. 중국의 연료용 석탄 소비 및 생산은 전 세계의 50%를 차지하며 독보적인 1위의 위치에 있습니다. 수십 년 동안 중국 석탄시장의 성장률은 GDP성장률과 비슷한 10%대를 기록했습니다. 대부분의 상품을 수입에 의존해야 하는 중국이지만 석탄만큼은 충분한 매장량을 가지고 있습니다. 그래서 석탄 수요 증가는 생산량을 늘려 충당해왔고, 남은 양은 해외로 수출되었습니다. 이처럼 중국은 연간 30억 톤 규모를 자랑하는 세계 최대의 석탄시장이었지만 기본적으로 폐쇄적인 시스템을 가지고 있었습니다.

그런데 수출/수입 균형에 강력한 추세가 발생하고 있다는 사실을 알게 되었습니다. 중국이 석탄 수출국에서 수입국으로 변화했고, 그 추세 또한 가속화되고 있었습니다. 거의 10년 동안 약 1억 톤의 석탄을 수출하던 수출국이었지만 2008년 말에는 석탄 수출량이 0이었습니다. 이후 단 1년 만에 1억 톤을 수입하는 순수입국이 되었고, 2010년 석탄 수입량은 1억 5,000만 톤을 기록했습니다. 중국의 석탄 생산량이 매년 증가하는 소비량을 맞추는 데 버거운 상태였고, 그래서 중국의 석탄 수입이 더욱 늘어날 것으로 생각했습니다. 중국이 수요량의 10%만 세계 시장에서 충당하더라도 해상으로 운반되는 석탄의 양은 50%가 늘어나게 될 것입니다. 우리의 첫 번째 가설은 중국의 석탄 연료 수입이 세계 시장에 순풍을 제공한다는 것이었습니다.

그다음 단계는 트레이딩을 위한 방법을 찾는 것이었습니다. 우리는 늘어나는 석탄의 운반 양에 대한 투자 포지션을 구축하기 위한 확실한 방법으로 건식 벌크 화물선을 고려했습니다. 초반에는 괜찮은 생각인 것 같았습니다. 2008년 경기 침체 이후 화물의 양과 건식 벌크 선박의 운임이 강한 회복세를 나타내고 있었지만, 운송기업들은 여전히 현금 유동성이 부족한 상태였기 때문입니다. 우리는 건식 벌크 선박에 대한 수요가 빠르게 증가해서 경기침체로 하락한 공급량을 앞지를 것으로 예측했습니다.

하지만 당시 상황은 우리의 예측이 크게 틀렸다는 것을 보여주었습니다. 벌크 화물선의 공급 부족은 이미 몇 년 전부터 나타나고 있던 상황이었습니다. 신흥국가들이 철광석 등의 수입량을 늘렸기 때문이었습니다. 금융위기가 오기 3년 내지 4년 전부터 이미 화물 운임의 상승으로 조선업계의 붐이 조성되어 있었습니다. 2010년에 새로 출항한 케이프사이즈(Capesize, 적재량 7~8만 톤 규모)의 거대 화물의 양은 전 세계에서 운행되고 있는 화물선의 20%에 해당하는 규모였습니다. 2011년에도 비슷한 규모로 늘어났고요. 우리는 중국이 해외 시장으로부터의 수입량을 100% 늘리지 않으면 새로운 건식 벌크선의 수요가 공급을 흡수할 수 없을 것이라는 결론을 내렸습니다.

그러니까 아이러니하게도 잠재적인 매입 대상으로 건식 벌크선을 고려했

는데, 펀더멘털을 고려해보니 실은 매도해야 할 대상이었군요?

네, 맞습니다. 2011년에는 단순히 매도 대상이 아니라 매도 포지션 대상이라고 확신하게 되었습니다.

그래서 건식 벌크선에 대해 매도 포지션을 구축하셨나요?

주식시장의 경우 분명하게 매도 포지션을 구축해야 하는 상황을 판단하기는 어렵습니다. 수익은 제한적이지만, 손실은 제한되지 않으니까요. 판단이 틀렸을 때 익스포저는 증가합니다. 대신 우리는 건식 벌크선 기업에 대한 외가격 풋옵션을 매수했습니다. 변동성의 증가와 함께 프리미엄이 크게 상승했을 때는 시간에 인한 가치 하락을 막기 위해서 내가격 풋옵션으로 전환했습니다.

"

메이의 투자 전략은 크게 다섯 가지의 원칙으로 구성되어 있다.

1. 이론적으로 가격이 잘못 책정된 분야를 찾는다

메이는 가격, 그중에서도 특히 파생상품의 가격이 특정 상황에 대한 부적절한 추정으로 가격이 잘못 책정되었을 때 발생하는 투자 기회를 모색한다. 가격에 대한 시장의 추정이 잘못되면 가격이 잘못 책정되며, 그에 따라 투자 기회가 생겨난다.

2. 긍정적인 결과를 도출할 가능성이 큰 매매를 선택한다

전반적으로 콘윌캐피털은 성공했을 때 벌어들일 수 있는 수익과 성공 확률값을 곱한 값이 실패했을 때 예측되는 손실과 실패 확률값을 곱해서 얻어진 값보다 2배는 높아야 한다고 요구한다. 물론 수익 및 손실 정도와 그 확률은 주관적인 추정에 기반을 둔다. 그럼에도 불구하고 중요한 것은 성공 확률과 잠재적 수익 가능성이 실패 확률과 손실 가능성보다 훨씬 더 높아야 한다는 점이다.

매매의 기준을 엄격하게 세우면 포트폴리오가 집중되는 효과가 있다. 일반적으로 메이는 항상 독립적인 리스크를 15~20 정도로 매우 낮게 유지한다(하나 혹은 그 이상의 개별적인 매매로 구성된 리스크). 하지만 포트폴리오를 집중적으로 구성하는 것과 "모든 계란을 하나의 바구니에 담고 주의 깊게 살펴보라"는 격언과는 구별되어야 한다. 중요한 차이점은 메이의 포트폴리오가 매우 집중적이기는 하지만 비대칭형 구조를 가지고 있어서 잘못된 판단으로 인한 손실을 크게 줄일 수 있다는 것이다.

3. 비대칭적으로 매매한다

메이는 수익은 무한대이지만 손실은 크게 제한하는 포지션을 구축한다. 리스크에 비해 높은 수익을 기대할 수 있는 공통적인 방법이 옵션을 매입하는 것이다(물론 가격이 적절하게 책정되지 않았을 때다).

4. 확신할 수 있는 매매를 기다린다

메이는 자신의 지침에 완벽하게 들어맞는 매매 기회가 올 때까지 아무것도 하지 않고 물러나 기다린다. 인내심을 가지고 높은 수익이 예측되는 매매를 기다리면 개별적인 트레이딩에서 리스크 대비 수익을 크게 높일 수 있다.

5. 포트폴리오 리스크를 조절하기 위해 현금을 활용한다

포트폴리오를 구성하는 매매 대부분이 파생상품일 경우 실제 투자 포지션보다 적은 현금이 소요된다. 그래서 메이는 포트폴리오의 상당 부분(일반적으로 50~80%)을 현금으로 구성한다. 현금의 비율을 줄이거나 늘리면, 포트폴리오 리스크를 원하는 수준으로 조절할 수 있다.

옵션과 같은 파생상품의 가격은 일반적인 추측을 바탕으로 만들어진 가격 모델에 의해 결정된다. 이러한 모델들로도 합리적인 예측을 가능하게 한다. 하지만 펀더멘털이 이례적인 상황에서는 이들 모델들로도 제대로 가격을 책정하지 못하는 경우가 발생한다. 보편적으로 적용되는 옵션가격 모델의 추측이 현실과 다를 때 투자 기회가 만들어진다. 메이는 일반적으로 생각되는 다음 5가지 추측이 맞지 않을 때가 있다고 설명한다.

1. 가격은 일반적인 흐름을 고려한다

옵션의 가격은 일반적인 흐름을 기반으로 결정된다. 이는 선물가격이 현물가격의 수준과 비슷할 가능성이 높으며, 크게 달라질 확률은 매우 낮다는 것이다. 하지만 어떤 상황에서는 일반적인 흐름보다 가격이 더 크게 변화할 가능성이 높다. 캐피털 원 투자 사례에 대한 메이의 설명을 다시 보자. "향후 2년간 주가가 30달러 근처에서 유지될 확률은 매우 낮았습니다. 기업의 가치가 확인되든지 혹은 하락하든지 둘 중 하나였습니다." 이런 상황에서 옵션가격 모델은 부적절한 가격을 책정하게 된다. 특히 외가격 옵션은 너무 저렴한 가격이 책정되며, 그 결과 수익 기회가 창출된다. 만약 캐피털 원의 사례에서와 마찬가지로 가격이 일반적인 수준보다 더 크게 변화할 확률이 높을 때, 일반적인 확률에 의해 가격이 책정된 외가격 옵션이 수익 기회를 제공한다.

뿐만 아니라 일반적인 흐름을 기반으로 결정된 모델은 가격이 X%만큼 하락하면 똑같이 X%만큼 상승한다고 추측한다. 대부분의 경우 그렇지만 가끔은 가격이 하락한 폭보다 더 작게 상승하거나, 그 반대의 상황이 발생하는 경우도 있다. 이처럼 비대칭적인 상황이 발생했던 대표적인 예가 한국의 주식시장이었다. 이때 메이는 한국 주식시장에 대해 매수 포지션을 구축했다. 당시 한국은 다른 아시아 시장에 비해 가치가 과도하게 낮게 책정되어 있었다. 그뿐만이 아니었다. 많은 한국 기업의 시가총액이 순현금 잔고보다도 낮은 수준이었다. 다시 말해 기업의 가치가 0보다도 낮게 책정되어 있었다. 결국 주가가 하락할 가능성보다는 크게 상승할 가능성이 훨씬 높았다.

여기에서 중요한 결론을 하나 얻을 수 있다. 시장의 가격이 언제나 옳다는 대다수 학자들의 주장이 실증적인 증거와 모순된다는 것이다. 시장의 가격이 분명하게 틀렸을 때가 있으며, 이런 상황이 소중한 투자 기회를 제공한다.

2. 선도가격은 미래를 완벽하게 예측한다

이는 옵션의 가격이 선도가격을 중심으로 매겨진다는 뜻이다. 하지만 선도가격과 현재가격의 차이가 벌어질 때는 현재가격이 선도가격만큼 상승 혹은 하락한다는 추측은 합리적이지 않다. 그래서 선도가격보다는 선도가격과 현재가격 사이의 어디쯤으로 추측해야 합리적일 때가 있다. 이때는 외가격 옵션(선도가격이 높을 때는 풋옵션, 낮을 때는 콜옵션)의 가격이 과소평가될 가능성이 있다. 메이가 설명한 브라질 금리에 대한 트레이딩은 이런 상황을 투자 기회로 활용한 대표적인 예다.

3. 변동성은 시간의 제곱근으로 조절된다

단기적으로는 합리적인 추정이다. 하지단 기간이 길어지면 잠재적 변동성을 과소평가하게 된다. 특히 변동성이 낮을 때 과소평가로 이어질 가능성이 커지는데, 그 이유는 다음 2가지 때문이다.

첫째, 시간이 길어질수록 변동성은 현재의 낮은 수준들 사이의 평균값으로 회귀하게 된다.
둘째, 기간이 길어질수록 추세가 추정한 것보다 더욱 큰 가격 변화로 이어질 가능성이 커진다.

4. 변동성 계산에서 추세는 무시될 수 있다

옵션의 가격 모델은 변동성과 시간을 기반으로 가격 변화의 가능성을 측정한다. 하지만 추세는 이 과정에 포함되지 않는다. 매일의 가격 변화 방향이 무작위적이라고 가정하기 때문이다. 그 결과 시장의 추세는 옵션의 가격 모델에서 가능성이 무시된다. 따라서 추세를 예측할 수 있는 합리적인 이유가 있을 때에는 외가격 옵션의 가격이 저렴하게 책정된다. 메이는 이런 전제를 바탕으로 캐나다 달러 옵션을 매매한 적이 있다.

5. 현재의 연관성은 미래의 연관성을 예측할 수 있는 훌륭한 지표다

시장의 상관관계 중 일부는 상당히 일관적이다(예 : 금과 백금은 넓은 시간 스펙트럼에서 긍정적인 상관관계를 갖는다). 하지만 다른 경우 가변적일 가능성이 있다(예 : 메이는 상관관계가 거의 없는 호주달러와 스위스프랑화를 최악의 바스켓으로 지목했다). 시장들의 연관성을 기반으로 한 매매는 미래의 상관관계를 과거 특정 기간의 상관관계와 동등하게 생각하는 경향이 있다. 하지만 상관관계가 가변적인 시장에서는 맞지 않는 방법이다.

일반적인 투자자들이 가지고 있는 오해 중 하나는 리스크와 변동성이 동일하다는 것인데, 이는 다음과 같은 이유에서 잘못된 생각이다.

첫째, 가장 중요한 리스크는 지금까지의 실적에 나타나지 않기 때문에 변동성에 반영되지 않는다. 예를 들어 리스크가 높을 때 비유동적인 포지션으로 구성된 포트폴리오는 변동성을 줄일 수는 있다. 하지만 시장의 분위기가 갑자기 바뀌면 오히려 리스크가 커진다.
둘째, 반대로 갑작스럽고 높은 수익을 쫓을 경우 변동성이 높아지지만, 이론적으로 리스크는 제한된다. 메이의 전략은 변동성은 높지만 리스크는 제한적인 투자의 좋은 예다. 그의 실적은 상당한 변동성을 보이지만 높은 수익을 선호한 결과일 뿐, 투자자들이 생각하는 것처럼 높은 리스크나 적절하지 못한 투자의 결과는 아니다. 변동성이 높기는 하지만, 비대칭적인 매매 구조로 리스크를 철저하게 통제했기 때문이다. 즉 각 매매에서 최대 손실 가능성은 잠재적 수익 가능성보다 훨씬 작다. 메이의 투자 접근방식은 높은 변동성이 반드시 높은 리스크를 의미하지는 않는다는 사실을 잘 보여준다.

유연성은 시장의 마법사들이 가지고 있는 공통적인 특성이다. 메이는 연구 결과에 따라 자신의 시각을 습관적으로 변경한다. 처음에는 매수할 대상이라고 고려하던 기업이라고 하더라도 연구를 통해 잘못된 생각이라는 것이 증명되면 투자 포지션을 완전히 바꾼다. 좋은 트레이더는 자신의 실수를 깨달았을 때 재빨리 포지션을 청산하는 사람이고, 그보다 더 훌륭한 트레이더는 원래의 개념이 완전히 잘못되었다는 사실을 깨달았을 때 정반대의 포지션을 구축하는 사람이다.

과학적이고 강력한 리스크 관리
마이클 플랫(Michael Platt)

마이클 플랫은 "사는 게 전혀 어렵지 않았습니다. 장래희망에 대한 고민이 없었기 때문입니다. 12살 때 트레이더가 되기로 마음먹었고, 13살 때는 트레이딩을 시작했습니다"라면서 아주 어린 나이에 이미 자신의 직업을 결정했다고 말했다. 그는 고등학교와 대학교 재학 시절에도 트레이딩으로 상당한 수익을 올렸지만, 단 한 번 예외가 있었다. 하루 만에 자산이 반 토막이 나는 끔찍한 경험을 했는데, 그때가 바로 1987년 10월 19일 블랙먼데이였다. 플랫이 막대한 손실을 기록했던 건 그때가 처음이자 마지막이었다.

플랫은 1991년 런던대학교 경제학과를 졸업하고 JP모건에 입사해 8년간 다양한 채권파생상품을 거래하면서 놀라운 수익을 올렸다. 이후 승승장구하면서 승진을 거듭했고, 결국에는 런던지사에서 상대가치투자(Relative Value Trading, 채권이나 주식 등 여러 상품을 동시에 거래하면서 가격 차이를 이용해 수익을 올리는 방법)를 담당하는 매니징 디렉터(Managing Director) 자리에 올랐다. 플랫이 블루크레스트(BlueCrest) 설립을 위해 윌리엄 리브스(William Reeves)와 함께 JP모건을 떠난 건 2000년의 일이었다. 블루크레스트는 눈부신 성공을 거두었다. 2012년 초를 기준으로 자산 규모는 290억 달러까지 늘어났고, 직원은 약 400명에 달했다.

블루크레스트의 전략 프로그램은 크게 2가지로 구성된다. 그중 하나는 플랫이 자유재량적인 전략에 따라 담당하는 프로그램이며, 나머지 하나는 2001년에 블루크레스트에 합류한 레다 브라가(Leda Braga)가 시스템 추세추종 전략에 따라 운용하는 프로그램이다.

플랫이 담당하고 있는 자유재량 투자 전략의 연평균 복리 순수익률은 14%에 약간 못 미친다.[25] 하지만 블루크레스트가 기록한 실적의 백미는 높은 수익률이 아니라 놀라운 리스크 관리에 있다. 지금까지 11년간 블루크레스트가 기록한 최대 손실폭은 최고점 대비 단 5%에 불과하다. 여기에는 상당수의 헤지펀드들이 하루 동안에 상당한 손실을 기록하는 일이 비일비재했던 2008년 금융위기도 포함되어 있다는 사실에 주목해야 한다. 플랫의 자유재량 전략은 고통 대비 이익비율이 단 5.6에 불과할 정도로 놀라운 리스크 대비 수익을 자랑한다(고통 대비 이익 비율은 변동성이 아니라 손실을 기반으로 측정한다. 여기에 대한 자세한 설명은 첨부 A(595페이지)를 참고하길 바란다.)

블루크레스트가 오랜 기간 지속적으로 낮은 리스크를 기록해온 건 우연이 아니다. 플랫은 리스크 관리에 철저하며, 이를 자신의 트레이딩 및 전략의 모든 면에 적용하고 있다. 그의 자유재량 전략은 3단계의 과정을 통해 놀라운 수준으로 손실을 제한해왔다. 여기에는 폭넓은 다변화(다양한 전략으로 다양한 분야를 매매하는 7개 팀), 개별 트레이더들의 손실에 대한 극단적인 통제, 7명의 리스크 관리팀의 감독이 속한다. 이처럼 플랫에게 리스크 관리는 매우 중요하다.

우리가 만난 곳은 제네바에 있는 플랫의 사무실이었다. 인터뷰는 오렌지 색깔이 인상적인 회의실에서 진행되었다. 플랫은 페덱스(FedEx) 광고 모델로 나오는 굉장히 말이 빠른 경영자와 뉴요커의 중간 정도 되는 속도로 트레이딩 전략에 대해 설명했다. 네 가지 방식으로 구성된 채권 트레이딩에 관해 설명할 때에는 쫓아가기 버거울 지경이었다.

---

25. 블루크레스트는 특정 관할구역의 사모(Private Placement) 관련법 때문에 실적에 관한 자료를 제공하지 않는다. 책에 언급된 실적 통계는 다른 신뢰할 만한 자료를 참고했다.

"

어떻게 시장에 흥미를 느끼게 되셨습니까?

제가 원래 퍼즐을 좋아해요. 10살 때 아버지께서 루빅스큐브를 사주셨는데, 36시간 후에는 무조건 1분 만에 퍼즐을 맞출 수 있게 되었습니다. 제게는 금융 시장이 일종의 퍼즐 같았습니다. 모든 사람이 맞추려고 노력하고 있고, 맞추면 엄청난 돈이 쌓이게 되니까요. 어떤 퍼즐이건 "내가 확실히 알고 있는 건 무엇일까?" 하는 시각에서 문제를 풀기 시작해야 합니다. 그런데 금융시장의 경우 충격적일 만큼 알고 있는 게 없어요. 제가 확실하게 말씀드릴 수 있는 건 시장에 추세가 있다는 겁니다. 어느 금융시장에서건 어떤 시점에서나 꼭 추세를 확인할 수 있기 때문이죠. 150년 전 면화선물시장을 봐도 그렇습니다. 주식, 채권, 단기 금리 등 모든 것이 마찬가지예요.

시장이 추세를 따른다는 생각은 논리적이지 않은 것처럼 들릴 수 있습니다. 시장은 모든 정보를 고려해서 가격을 결정하고, 그다음에는 정체된 상태를 유지하다가 새로운 정보가 있을 때 가격을 변화시키는 게 맞습니다. 하지만 현실은 그렇지 않아요. 시장이 추세를 따르는 이유는 인간의 사고가 제대로 작동하지 않기 때문입니다. 우리는 과거의 지식을 현재에 적용해 미래를 예측합니다. 과거에 대해서는 중요한 부분만 기억합니다. 지금 우리가 하고 있는 대화도 시간이 흐르면 있는 그대로 기억되지 못할 겁니다. 중요한 부분만 기억되는 거죠. 하지만 현재 일어나고 있는 일은 상세하게 기억합니다. 우리들의 주변에서 즉각적으로 벌어지고 있는 일이니까요.

하지만 과거를 기억할 때는 편집되고 축약된 내용만 기억하기 때문에 여기저기 틈이 생깁니다. 기억의 틈을 메우는 건 벽에 생긴 구멍을 회반죽으로 메우는 것과 비슷해요. 과거 기억의 틈을 메우는 것이 바로 오늘입니다. 오늘 느끼는 감정과 생각, 오늘 벌어지고 있는 일이 과거의 구멍을 메우게 됩니다. 사람들이 과거를 제대로 기억하지 못한다는 것은 사실입니다. 이와 관련된 유명한 실험 사례도 있죠. 실험에서는 200명의 참여자들에게 자동차가 막다른 골목에서 우회전을 한 후 보행자를 들이받는 슬라이드를 보여주었습니다. 참여자를 두 그룹으로 나누어 100명에게는 막다른 골목의 끝에 정지신호가 그려진 표지판이 세워져 있는 슬라이드를 보여주었고, 나머지 100명에게는 정지신호 대신 양보신호가 그려진 표지판이 세워져 있는 슬라이드를 보여주었습니다. 이후 참여자들에게 슬라이드에 관해 몇 가지 질문을 했습니다. 각 그룹의 절반에게는 정지신호와 관련된 질문을, 나머지에게는 양보 신호와 관련된 질문을 했습니다. 이후 모든 참여자들에게 두 개의 슬라이드를 다시 보여주고 둘 중 자신이 보았던 것은 어느 쪽이었는지를 물었습니다. 두 개 슬라이드의 차이점은 아까 말했듯이 길 끝부분에 설치된 표지판뿐이었습니다. 실험 참여자들 중 자신이 보지 않은 슬라이드에 관한 질문을 받은 사람들의 상당수(양보신호를 본 사람에게 정지신호에 대해 질문을 하고, 혹은 그 반대로 질문)가 슬라이드를 잘못 선택했습니다.

요점은 대부분의 사람들이 모순된 정보에 직면했을 때 조금 전에 경험했던 일도 제대로 기억하지 못하거나 100% 확신하지 못하는 경우가 많다는 겁니다. 이때 중요한 사실들 이외의 구멍은 최신의 기억으로 메워집니다.

오늘 시장이 상승했다면 그다음 날도 상승할 가능성이 큽니다. 지금 느끼는 기분이 가장 중요하니까요. 시간이 지나면서 오늘은 과거가 되고, 기억은 잊힙니다. 그래서 오늘 벌어진 일이 제일 중요합니다. 오늘 시장이 상승하면 그다음 날도 상승하고요. 이런 이유로 금융시장은 스스로 추세를 만들어갑니다. 저는 시장의 추세에 관해 다른 견해를 가지고 있습니다. 시장이 추세를 따르는 이유는 펀더멘털상의 변화가 적절하게 반영되어 있지 않거나 혹은 펀더멘털의 변화가 예측될 때라고 믿고 있습니다. 중요한 추세는 반드시 펀더멘털이 촉매로 작용한 결과라고 생각합니다.

처음 시장에 추세가 형성되는 이유는 펀더멘털 때문일 수도 있습니다. 하지만 가격은 터무니없을 정도로 상승해요. 어떤 때는 어제 가격이 상승했다는 이유만으로 오르는 경우도 있습니다.

그렇군요. 시장이 추세를 따른다는 것 이외에 또 무엇을 확신하십니까?
투자 다변화가 효과가 있는 건 아실 겁니다. 시장의 추세와 다변화, 이 2가지가 바로 시스템 추세추종 전략의 기본이죠. 여기에 경제에 관련된 정보는 소용없습니다.

그렇다면 2가지 질문을 드리고 싶습니다. 먼저 플랫 씨께서는 어떻게 가짜신호, 즉 휩소(Whipsaw)에 속지 않으면서 정확하게 추세를 판단하시는지 알고 싶습니다. 두 번째로 지금까지 철저하게 리스크를 관리해오신 비결을 알고 싶습니다.
첫째, 우리는 150개가 넘는 시장에서 시스템 추세추종 전략을 활용하고 있습니다. 둘째, 블루크레스트의 시스템 추세추종팀은 이들 시장이 과거에 어떤 연관성을 가졌는지 연구합니다. 최근 위험회피/위험감수 문화가 자리를 잡으면서 투자 다변화가 상당히 어려워졌습니다. 20년 전 제가 처음 트레이딩을 시작했을 때는 미국과 유럽의 채권시장이 서로 연관되어 있지 않았습니다. 하지만 요즘에는 꼭 함께 움직입니다.

그렇다면 지금처럼 시장들의 상관관계가 극단적일 경우에는 어떻게 투자를 다변화하고 계십니까?
투자 다변화는 상당히 어렵죠. 최근에는 모든 게 효과가 있거나, 혹은 아무것도 효과가 없거나 둘 중 하나거든요. 예를 들어 시스템 추세추종 전략이 어디에나 효과가 있던 시기에는 10억 달러의 수익을 올린 적도 있어요. 실제로는 하나의 트레이딩이나 마찬가지이니까요. 그렇지 않나요?

제가 드리고 싶은 말씀이 바로 그겁니다. 그렇다면 리스크는 어떻게 관리

하십니까? 갑자기 시장의 방향이 전환되어 투자 포지션과 반대로 움직이기 시작할 때는 어떻게 스스로를 보호하시나요?

이 문제를 해결하기 위한 방법은 다양합니다. 하지만 가장 주된 방법은 반응곡선(Response Curve, 스트레스에 따른 가격 변화를 나타낸 곡선)을 활용하는 것입니다. 우리 시스템은 추세가 너무 과도해지면 포지션을 청산합니다. 시장의 추세가 바뀌면 투자 포지션을 회복합니다. 이러한 기본적인 사실은 비밀로 하지 않습니다. 투자자들과 정보도 공유하고 있죠. 하지만 시장의 추세가 과도한지 여부를 판단하는 방법과 그때마다 어떻게 포지션을 청산했다가 회복하는지에 관해서는 비밀입니다. 이와 관련해 많은 양의 수학적 연구를 실시하고 있을 뿐 아니라 공개도 하지 않고 있어요. 블루크레스트의 시스템팀은 지속적으로 시장의 상관관계를 연구하고, 여러 시장을 비교해 모델링을 실시합니다. 생각해낼 수 있는 거의 모든 시각에서 분석을 진행하고 있어요. 블루크레스트의 프로그램은 말 그대로 수백만 개의 데이터로 구성됩니다. 합리적인 상관관계의 시장들을 찾아내기 위한 최선의 방법이죠. 우리 스스로를 보호하는 최고의 방법은 추세가 과도해졌을 때 재빨리 포지션을 청산하는 거예요. 청산 후 추세가 지속된다면 안타깝겠죠. 하지만 지금까지 대부분은 옳은 선택이었습니다. 추세 변화에서 자신을 구할 수 있는 방법입니다.

시스템 추세추종의 아킬레스건은 시장에서 지속적으로 신호가 잘못 발생되는 것입니다(Whipsaw Market).[26] 블루크레스트의 시스템 추세추종 전략은 이런 시장에서 어떻게 손실을 제한하시나요?

우리의 시스템은 추세가 약할 때는 투자 포지션 규모를 작게 유지합니다.

시스템 추세추종 전략을 절대 바꾸지 않으십니까? 아니면 시간의 흐름에

---

26. 상당한 폭으로 갑작스러운 등락을 거듭하는 시장을 뜻한다. 이런 시장에서는 방향이 바뀌기 직전에 신호가 발생되기 때문에 추세추종 시스템이 연속적인 손실을 기록하는 경우가 많다.

따라 변형하십니까?

전략은 언제나 변화합니다. 일종의 연구 전쟁이죠. 브라가는 정말 뛰어난 인재들로 팀을 구성해 지속적으로 전략을 개선시키고 있습니다.

시스템을 개선하지 않고 고정적인 상태로 유지하면 그 효과가 줄어든다고 생각하십니까?

네, (오랫동안 유명세를 유지해온 CTA 한 명을 언급하면서) 이 사람의 시스템이 요즘에는 말도 안 될 만큼 변동성이 크고 수익도 줄었다고 들었어요.

최근 비행기에서 마이클 코벨(Michael Covel)이 쓴 『터틀 트레이딩(Complete Turtle Trader)』을 읽었습니다. 리처드 데니스(Richard Dennis)와 빌 에크하르트(Bill Eckhardt)가 리처드 돈키언(Richard Donchian)이 개발한 간단한 브레이크아웃 시스템(가격이 저점이 돌파하는 시점을 이용해 투자하는 전략)을 변형시킨 전략으로 트레이더들을 훈련시킨 내용이죠.

책에서 코벨은 한때 비공개였던 시스템의 실제적인 규칙을 상세하게 설명했습니다. 저는 브레이크아웃 시스템에 대해 잘 알고 있습니다. 그런데 컴퓨터로 해당 시스템을 테스트해보면 언제나 효과가 좋은 건 아닙니다. 변동성이 클 때는 수익이 완만해지죠. 그래서 터틀 시스템이 그다지 뛰어난 편은 아닌 브레이크아웃 시스템을 어떻게 효과적으로 개선시켰는지가 상당히 궁금했습니다.

책을 읽으면서는 기본적인 브레이크아웃 시스템을 개선시킨 규칙을 모두 받아 적었습니다. 그런데 어떤 방법도 그다지 대단해 보이지 않았습니다. 어떻게 실적이 크게 개선되었다는 건지 잘 이해가 가지 않았습니다. 책 끝부분에 첨부된 부록에서 코벨은 터틀 트레이더들의 실적을 공개했습니다. 저는 책에서 가장 최고의 터틀 트레이더로 꼽혔던 사람의 실적을 찾아봤습니다. 실적은 1980년대 중반부터 공개되어 있었는데, 처음에는 대단한 수익을 올렸더군요. 하지만 마지막 8년간은 대략 계산해보니 연평균 수익률이 미국 재무부 단기 채권 할인율(T-bill Rate)보다 2% 높은 수준에 불과했습니다. 게다가 변동성은 엄청났고요.[27] 대단한 실적은 모두 1990년대 말 전에 기록한 것이었고, 그 이후로는 그저 그런 정도였습니다. 투자자들 대부분은 터틀 트레이더의 놀라운 실적은 대부분 오래 전에 기록된 것이고, 최근 통계는 상당히 다르다는 사실을 모르고 있을 겁니다.

잠깐 이야기가 다른 데로 빠졌군요. 아까 시장에 흥미를 느끼게 된 계기를 물었을 때 플랫 씨께서는 퍼즐에 관심이 많았다고만 대답하시고 정확하게 어떻게 처음 시장에 발을 들여놓게 되었는지는 설명해주지 않으셨습니다.
우리 할머니께서 주식 투자를 하셨어요. 제가 주식 투자를 시작한 건 할머니 덕분이었죠. 할머니는 투자 경력도 오래되셨고, 수익도 꽤 훌륭했습니다. 정말 강한 여성이셨죠. 케이크를 구워주시기보다는 제가 어떤 종목을 사고파는지에 더 흥미가 있으셨어요. 언젠가는 할머니께 신탁은행의 주식이 오를 것 같다고 말씀드렸습니다. "처음 주식을 공개하자마자 가격이 오를 거예요. 가격이 저렴해서 누구나 사려고 들 것 같거든요."
그러자 할머니는 "그래, 그럼 사보자꾸나. 얼마나 매수할 거니?"라고 물으셨죠. "가능한 많이요." 저는 대답했습니다.
"그래, 그럼 돈을 빌려주마." 할머니는 제게 돈을 빌려주셨고, 저는 할머니 이름으로 청약서를 써냈어요. 1주당 50펜스에 매수했죠. 정확하게 기억이 나지 않지만 500파운드인가, 1,000파운드인가를 투자했어요. 주식을 공개했을 때 주가는 99펜스였습니다.

왜 신탁은행 주식을 매입할 생각을 하셨습니까?

---

[27]. 선물의 증거금은 운용하는 자산의 극히 일부분에 불과하기 때문에 CTA는 미국 재무부 단기 채권 할인율과 비슷한 이자 수익을 얻는다. 그러므로 미국 재무부 단기 채권 할인율을 초과한 수익이 CTA가 제공하는 알파 수익이다.

관련 기사를 읽었거든요. 제가 12살이던가, 13살 때 〈인베스터 클로니클(Investor Chronicle)〉이라는 잡지를 보게 되었습니다. 시장, 옵션 투자, 다양한 기업들의 분석 등에 관한 흥미로운 기사가 많았어요. 이후 매주 잡지를 읽었죠. 덕분에 14살이 되었을 때는 모든 기업의 세세한 부분까지 알게 되었습니다. 당시 영국에서는 민영화가 진행되고 있었고, 저는 IPO(주식공개)가 되는 주식은 모두 사들였습니다. 그때 번 돈이 2만에서 3만 파운드 정도 됐을 거예요.

고등학교 때 말씀이신가요?

네, 대학 때는 제 계좌로 트레이딩을 계속했습니다. 그런데 1987년 주식시장의 붕괴로 큰 손실을 입었죠.

그때의 이야기를 듣고 싶습니다.

월요일 아침에 일어나 창문을 바라보았습니다. 런던이 허리케인에 휩쓸렸던 것 같더군요. 여기저기 나무가 쓰러져 있었습니다. 폭탄이라도 맞은 것 같았죠. "끔찍한 아침인걸" 하는 생각을 했습니다. 라디오를 켰더니 주식시장이 폭락했다는 뉴스가 흘러 나왔어요.

전체 자산 중 얼마를 투자하고 계셨습니까?

모두 다요. 그때는 투자 다변화와 자산 운용에 대해 전혀 몰랐습니다. 가격을 확인해봤더니 계좌가 반으로 줄어 있었어요. 중개인은 제게 "팔지 마세요. 팔지 말라고요"라고 말했습니다.

어떻게 하셨나요?

모두 매도하고 손실을 있는 그대로 받아들였습니다.

당시에 포지션 청산은 잘못된 결정이었습니다.

갖고 있던 3만 파운드가 1만 5,000파운드로 줄었더라고요. 하지만 그 정도면 대학에서 남은 몇 년을 지내기에는 충분하다고 생각했죠.

얼마나 오랫동안 그렇게 생각하셨나요?
아주 오래는 아니었습니다. 얼마 지나지 않아 폭락한 주식을 사들였고, 이후 크게 반등했습니다. 그 덕분에 손실을 어느 정도 회복했어요.

지금까지는 추세추종 시스템에 대해 설명해주셨습니다. 블루크레스트의 트레이딩 중 시스템 추세추종은 어느 정도를 차지하고 있나요?
우리는 약 290억 달러를 운용하고 있습니다(2011년 말 기준). 이 돈은 시스템 투자와 자유재량 투자에 거의 동등하게 할당되어 있어요. 흥미롭게도 3년간(2008년 초부터~2010년 말까지, 플랫의 인터뷰는 2011년 5월이 진행되었다.) 2가지 전략으로 거두어들인 수익은 거의 비슷합니다. 다만 자유재량 시스템의 경우 샤프지수가 더 좋습니다.

어떤 시장에서 자유재량 전략을 활용하고 계십니까?
크게 채권, 신용시장, 신흥시장에 활용하고 있습니다.

주식시장은 어떤가요?
우리는 소규모 프로그램 하나를 제외하고는 주식시장에 투자하지 않고 있습니다.

그건 왜죠?
주식시장에서는 질적인 투자(펀더멘털 투자)를 요구하기 때문입니다. 저는 정량적 접근방법(시스템 투자)을 선호합니다.

주식시장도 정량적 접근방식으로 투자할 수 있지 않나요?

우리가 주식시장에서 활용하고 있는 프로그램은 단일한 종목을 매매하는 소규모의 시스템 프로그램입니다. 기본적으로 똑똑한 마켓메이커예요. 모든 주식의 가격을 모델링하고, 이때 다른 종목의 가격을 기준으로 활용합니다. 가격이 괴리를 보이는 종목을 찾는 거죠. 예를 들어 피델리티(Fidelity)가 특정 종목을 청산하기로 했다면, 주식 바스켓 내에서 해당 종목의 가격은 크게 하락합니다. 우리는 바스켓에 있는 다른 종목은 매도하고, 해당 종목을 매수합니다. 다른 경우도 마찬가지고요.

기본적으로 통계적 차익거래 접근방식이군요.

맞습니다. 정량적 접근방식으로 단일한 종목을 선택하기 위해서 막대한 양의 작업을 수행했어요.

막다른 골목에 직면한 적도 많았겠군요.

네, 그렇죠.

한때 블루크레스트는 주식시장에서 다른 전략을 활용한 것으로 알고 있습니다. 그때 활용했던 전략은 어떻게 되었나요?

네, 그랬습니다. 주식시장에서 상대가치를 활용하는 접근방식을 원하는 투자자들을 위해 시장중립 전략(Market Neutral Strategy, 시장의 영향을 받지 않는 투자 포트폴리오를 구성해서 시장의 상승 및 하락과 관계없이 일정한 수익을 올리는 차익거래 방법)을 활용했습니다. 이 전략으로 수익을 올리기는 했지만 펀드 상품 중 상위 25%에 들지는 못했습니다. 저는 블루크레스트의 상품이 중간보다도 못한 하위 50%에 드는 걸 원치 않습니다. 2007년 8월에는 시장중립 전략으로 90억 달러의 익스포저 수준을 유지하고 있었습니다. 그런데 갑자기 리보금리가 10베이시스포인트나 상승하더군요. 그런 건 처음 봤습니다. 상당히 좋지 않다는 생각이 들었을 뿐 아니라 두렵기까지 했어요(콤 오셔는 당시 사건을 지목한 또 다른 트레이더였다).

10베이시스포인트는 그다지 상당한 수준은 아니지 않나요?
그렇죠. 하지만 그럴 만한 이유가 전혀 없다는 게 문제였습니다. 그래서 은행들의 재무상태표를 통해 레버리지 통계를 연구했습니다. 어떤 영국 은행의 레버리지는 60배나 되더군요. 해당 은행의 재무상태표는 전 세계 GDP의 7%, 영국 GDP의 150%나 되는 규모였습니다. 은행들은 익스포저가 너무 커지는 것을 막기 위해서 서로에게 돈을 빌려주려 하지 않았습니다. 뭔가 좋지 않다는 생각이 들었어요.

몇 주 후에는 스위스 루가노(Lugano)에서 열린 투자자 회의에서 강연을 하기로 되어 있었습니다. 저는 세계 시장에 대해 연설을 할 때 미리 준비를 하지 않습니다. 그때에 맞게 즉흥적으로 이야기하거든요. 그날은 사람들 앞에서 신용경색이 시작될 거라고 목소리를 높이고 있는 제 자신을 발견했습니다. "신용시장의 사람들에게 50층 창문에서 뛰어내려 10층을 지나고 있을 때 기분이 어떻겠느냐고 물어보십시오. 지금이야 괜찮지만 곧 끔찍한 일을 겪게 될 겁니다"라고 말했죠. 제 머릿속 생각이 술술 흘러 나왔어요.

미리 계획하신 겁니까?
절대로 아니에요. 하지만 저는 계속해서 신용시장이 어떻게 붕괴하게 될지에 대해 말을 이어나갔습니다. 당시 청중이 200명 정도였는데, 제 말이 끝나자 장내가 쥐 죽은 듯이 조용해졌습니다. 아마 모두들 제가 울컥해서 이성을 잃었다고 생각했을 겁니다.

정확하게 어떤 일이 벌어질 것으로 예측하셨습니까?
심각한 신용경색 때문에 주식시장이 폭락하고, 우량 채권으로 자본이 이동할 거라고 말했습니다.

포트폴리오에는 당시의 예측이 반영된 상태였나요?

아니에요. 연설을 하는 도중 문득 깨닫게 된 사실이었습니다. 사무실로 돌아온 저는 '90억 달러가량의 주식이 신용경색될 거야. 이런 형편없는 상황은 겪고 싶지 않아'라고 생각했습니다. 그리고는 우리 펀드 매니저를 사무실로 불러서 "8월 실적이 별로 신통치가 않아"라고 말했습니다. 시장중립 전략으로 5%의 손실을 기록하고 있었거든요. 그다음에는 이렇게 이야기했습니다. "솔직히 이 전략은 더 이상은 못 믿겠어. 신용경색이 시작될 거고, 그러면 자네가 지금 하고 있는 투자는 위험해질 거야. 시장중립 전략은 포기하자고."

시장중립 전략이었는데도 말인가요?

네, 유동성 부족이 두려웠으니까요.

사실 2007년 8월에는 통계적 차익거래나 시장중립 전략이 모두 끔찍한 실적을 기록했습니다. 손실이 5%라면 그다지 나쁘지 않은 편입니다.

손실은 절대 용납할 수 없어요. 지난 10년간 우리의 자유재량 전략이 기록한 MDD(최대 손실폭)는 5% 미만입니다. 그런데 시장중립 전략으로 1개월 만에 약 5% 손실을 기록했어요. 절대적인 평가로 이야기하던 사람이 상대적인 평가로 이야기하기 시작하면 저는 피가 끓어오릅니다. "남들과의 비교평가는 아무 의미도 없어. 내키는 대로 상대평가했다가, 절대평가했다가 해서는 안 돼. 중요한 건 절대적인 수익이야. 상대적인 잣대를 들이댄다면, 자네와는 더 이상 일하고 싶지 않아"라는 게 제 대답입니다.

어떤 이유로 곧 신용경색이 시작될 거라고 확신하셨습니까?

어느 곳을 보나 레버리지가 과도했습니다. 리보금리가 10베이시스포인트 상승했을 때 첫 번째 균열이 발생했다고 생각했죠.

이후 리보금리의 유동성에 어떤 일이 생겼나요?

리보금리가 즉시 하락했습니다. 리보-OIS(Overnight Index Swap) 스프레드가 벌어지기 시작했어요.

OIS는 무엇입니까?

오버나이트 인덱스 스왑(Overnight Index Swap)입니다. 금융기관들끼리 하루 동안 초단기 자금을 빌려주면서 받는 이자죠. 리보-OIS 스프레드는 유동성 프리미엄을 반영합니다. 만약 90일 동안 현금을 빌려준다면, 당장 돈을 돌려받을 수 없기 때문에 프리미엄을 요구하게 됩니다. 현금을 90일 동안 빌려주는 경우에는 하루 단위로 돈을 빌려줄 때보다 높은 수익을 원합니다. 만약 하루 단위로 90일 동안 돈을 빌려준다면, 언제든지 현금을 회수할 수 있는 옵션을 가지고 있는 겁니다. 하지만 90일 동안 돈을 빌려줄 경우 원할 때 돈을 돌려받을 수 있는 옵션을 포기하는 것이기 때문에 보상을 원하게 되는 거죠. 시장에 자신감이 넘쳤을 때는 옵션을 포기하는 대가로 얻는 보상(즉 리보-OS 스프레드)이 거의 0에 가까웠습니다. 어느 순간 유동성이 말라버렸고, 돈을 돌려받을 수 있는 옵션에 대한 가치는 200베이시스포인트, 이후 300베이시스포인트로 상승했습니다. 결국에는 90일 후 돈을 돌려받지 못하게 돼 어버리는 상황이 되었고요.

어쨌거나 저는 시장에 균열이 생겼기 때문에 주식시장에 대한 익스포저를 전혀 원치 않게 되었습니다. 그래서 이후 6주간 우리는 90억 달러 가치에 달하는 주식시장의 포지션을 모두 청산했습니다. 시장중립 전략은 더 이상 활용하지 않게 되었고, 예탁금을 투자자들에게 돌려주었습니다. 우리는 시장을 매우 예의 깊게 주시했어요. 2008년 초에는 운용하고 있는 자산 중 상당 부분을 2년짜리 미국 국채로 바꾸고, MMF(Money Market Fund, 단기 금융 자산 투자신탁)은 모두 정리했습니다. 트레이더들에게 거래 상대방으로 인한 익스포저를 모두 줄이라고 주문했죠. 모든 은행에 대한 직접적인 익스포저는 모두 줄이고, 채권에 대해 매수 포지션을 극대화했습니다. 시스템 추세추종 전략도 비슷한 포지션으로 구축했습니다. 주식 및 상품에 대한 매수 포지션은 매도 포지션으로 전환되었고, 채권에 대해서는 거대한 매수 포지션을 구축했죠. 다시 말하지만, 결국 모두 같은 트레이딩이었죠. 그렇지 않나요?

2008년 말 시장이 붕괴되었을 때는 이미 만반의 준비를 마친 뒤였겠군요?
2008년 블루크레스트는 그때까지 최고의 수익을 올렸습니다. 상당한 돈을 벌고 있었지만, 현금이 부족한 투자자들은 펀드 환매를 요구했어요. 한 달에 5억 달러를 벌어들였는데, 펀드 환매가 10억 달러에 육박한 달도 많았습니다. 좀 낙담했었죠.

낙담할 상황은 아니었는데요. 모든 사람이 돈을 잃고 있는 상황에서 플랫씨는 돈을 벌고 있었다는 사실이 중요합니다. 돈에 대해서는 걱정할 필요가 없었겠군요. 실적만 좋으면 펀드 예탁금이야 언제고 다시 불어나니까요.
사실 그랬습니다. 블루크레스트가 게이트(Gate)[28] 조항을 적용하지 않는 것도 한 몫 했죠. 투자자들이 다시 헤지펀드로 몰리기 시작했을 때, 우리는 이례적으로 상당한 투자를 유치했어요. 도이체 뱅크(Deutsche Bank)에 따르면 2010년 헤지펀드 순유입액이 550억 달러였다고 합니다. 우리는 그중 1/9을 얻어냈죠.

---

28. 게이트는 헤지펀드 계약서에 공통적으로 포함되는 조항으로 펀드가 운용하고 있는 전체 자산의 특정 수준을 초과하면 예탁금을 환매해줄 수 없다는 내용이다(예 : 분기당 전체 운용 자산의 10%). 만약 투자자의 환매가 정해진 수준을 넘어서면 게이트 규정이 발동되고, 헤지펀드는 각 투자자들에게 해당 기간 동안 할당된 금액에 비례해 환매해줄 수 있게 된다. 부족한 부분은 다음 기간에 똑같이 게이트 규정에 따라 적정 비율로 환매되며, 투자자의 환매 요구가 모두 충족될 때까지 반복된다. 게이트 규정이 발동되면 투자자가 모든 돈을 환매하는 데 1년 혹은 그 이상이 소요되곤 한다. 2008년 말부터 2009년 초반까지의 금융산업이 붕괴했을 때 이례적으로 헤지펀드들의 게이트 규정 발동이 증가했는데, 유동성 부족과 시장의 공포 때문에 투자자들의 환매 요구가 빗발쳤기 때문이다.

2008년뿐 아니라 시장이 강하게 반등했던 2009년에도 놀라운 실적을 기록하셨습니다. 2009년 어떤 트레이딩으로 수익을 벌어들이셨나요?

우리는 시장이 거대한 콜/풋 스큐를 보이는 가운데 거래했습니다. 당시 외가격 옵션의 행사가격이 말도 안 될 만큼 비쌌어요. 그래서 우리는 여러 외가격 옵션에 대해 매도 포지션을 구축하고, 등가격 옵션에 대해서는 매수 포지션으로 상쇄하는 방식으로 리스크를 줄였습니다. 2008년의 상황들은 꼬리를 거대하게 만들었습니다. 외가격 옵션에 대한 매도 포지션은 어이없을 만큼 쉽게 손익분기점을 달성하게 했습니다. 또 다른 금융위기가 벌어지지 않는 한 손실을 기록할 가능성은 없었죠. 저는 2008년 금융위기 후 6개월 동안 또 다른 위기가 일어나지는 않을 거라고 생각했습니다.

전장에서 장군은 마지막 전투로 대미를 장식합니다. 투기자들도 마찬가지입니다. 지금까지 모든 시장에서 놀라운 수준으로 리스크를 제한해오셨는데, 그 방법이 궁금합니다.

제가 매크로 시장의 투자에 대해 많이 언급하는 이유는 흥미로운 이야깃거리가 많기 때문입니다. 하지만 가장 중요한 건 리스크 관리죠. 블루크레스트에서는 트레이더 한 명 한 명까지 성공적으로 리스크를 관리하고 있습니다. 처음부터 올바르게 트레이딩을 구성하고, 투자를 다변화하죠. 예를 들어서 채권에 투자할 때는 여러 전문가를 고용합니다. 블루크레스트에는 스칸디나비아 금리, 쇼트 엔드(Short End, 단기 채권), 변동성 곡면(Volatility Surface) 차익 거래, 장기 유로채권, 인플레이션 등 모든 분야의 전문가들이 일하고 있습니다. 이들 모두에게 자본금을 할당합니다. 이때 예를 들어 10억 달러 규모의 자산 운용을 맡길 생각이라면 15억 달러를 할당해줍니다.

일반적으로 사람들은 한꺼번에 모든 리스크를 감수하지 않거든요. 그래서 평균적으로 자본의 2/3를 활용한다는 게 제 생각입니다. 조건은 트레이더가 3%의 손실을 기록하면 운용하는 자본금의 반을 제게 돌려주고, 또 3%를 잃으면 나머지 반을 돌려주는 겁니다. 그리고 그가 투자한 종목은 경매로 처리됩니다. 다른 트레이더에게 원하는 종목을 가져가도록 한 다음 나머지 부분은 청산하죠.

문제의 트레이더는 어떻게 되나요? 쫓겨나는 건가요?
어떻게 손실이 6%나 발생했는지에 따라 달라집니다. 제가 그렇게나 빡빡한 사람은 아니거든요. "돈을 잃었으니 나가라"고 말하지는 않아요. 누구나 한 번쯤은 폭풍우에 갇혀 오도 가도 못하는 신세가 될 때도 있으니까요. 예를 들어 일본에 대해 합리적인 투자 포지션을 구축했는데 원전사고가 발생해 많은 돈을 잃었다고 생각해보세요. 이런 경우에는 다시 자본금을 할당해줄 수도 있어요. 상황에 따라 달라집니다. 또 직감을 따르기도 해요. '내가 문제의 트레이더를 어떻게 생각하고 있는지'도 중요합니다.

각자 할당받은 금액에서 3% 손실이 기준인가요?
네, 확실하게 기준을 정해놓고 있습니다. 우리가 바라는 건 트레이더들이 무언가를 잘못했을 때는 투자 규모를 축소하고, 반대의 경우에는 규모를 늘리는 거예요. 1억 달러를 할당받은 트레이더가 2,000만 달러를 벌었다면, 거래를 멈추는 기준은 손실이 2,300만 달러가 되었을 때죠.

거래를 종료하는 시점은 변경하시나요?
네, 매년 새로운 기준을 설정합니다.

그럼 매년 1월 1일, 트레이더들은 투자 시작과 함께 3% 손실이 발생했을 때를 투자 중단 기준으로 정하는군요?
그렇습니다. 하지만 손익계산서상의 수익을 활용할 수도 있습니다. 언젠가 트레이더 중 한 명이 5억 달러의 수익을 올렸죠. 그는 상당한 인센티브를 받았어요. 제가 물었습니다. "5억 달러 전부에 대한 인센티브를 받길 원하나? 혹 4억 달러에 대해서만 받고, 나머지 1억 달러는 그냥 남겨놓는 건 어떤가? 그러면 운용할 수 있는 자산이 그만큼 늘어나니까 말이야." 그는 "그거 좋네요. 그렇게 하겠어요"라고 답하더군요. 이 경우는 손실이 1억 달러를 넘어 새로 할당된 자산의 3%까지 하락하면 투자를 그만 두는 겁니다.

수익과는 달리 손실이 연속 3% 이상이 될 경우를 제한해서 실적을 관리하시는 거군요. 손실은 제한하지만 수익은 제한하지 않는 비대칭적인 관리방법인 것 같습니다. 옵션에 투자하실 때처럼 트레이더들을 관리하는 구조를 만드셨군요?
네, 맞습니다.

폭넓은 투자 다변화와 트레이더들의 손실을 3%-3%의 두 단계로 엄격하게 통제하는 것 외에 또 다른 리스크 관리 전략을 가지고 계십니까?
7명으로 구성된 리스크 관리팀이 있습니다.

리스크 관리팀은 어떤 일을 하나요?
가장 중요한 일은 투자 포지션의 상관관계가 사라지지 않는지를 모니터링하는 겁니다.

그 반대인 경우는 어떻게 되나요? 다시 말해 상관관계가 높을수록 리스크도 높아지지 않나요?
아닙니다. 우리 투자 포지션의 대부분은 스프레드이니까요. 그래서 상관관계가 낮을수록 포지션의 리스크가 증가합니다. 스프레드 리스크가 가장 위험해요. 만약 IBM과 델(Dell)의 상관관계가 0.95라고 한다면, 저는 상대적으로 작은 리스크를 가지고 상당한 스프레드 포지션을 구축합니다. 하지만 상관관계가 0.50으로 하락하면 10분 만에 큰 타격을 받을 수도 있습니다. 스프레드 리스크가 불거질 때, 생각보다 훨씬 큰 리스크에 직면하곤 합니다. 상관관계를 통제하는 것이 리스크 관리의 열쇠죠. 그래서 다양한 방법으로 리스크를 분석하고 있어요.

리스크 관리팀은 또 어떤 일을 하나요?

모든 종류의 역사적인 시나리오에서 투자 포지션에 대한 스트레스 테스트(Stress Test, 외부환경에 대한 위기관리 능력을 평가)를 진행합니다. 뿐만 아니라 포트폴리오를 꼼꼼하게 살펴보고 실적에 영향을 줄 수 있는 투자 포지션의 취약점을 모두 찾아냅니다. 트레이더들에게 "1,000만 달러의 손실을 기록한다면 무엇 때문일 것 같아요?"라고 대놓고 물어봐요. 트레이더들은 알고 있거든요. 다들 약간씩은 문제가 있는 포지션을 가지고 있기 때문에 스스로 알고 있는 거죠. 그래서 그냥 트레이더들에게 직접 물어봅니다. 또 투자 포지션에 관한 보고서를 통해 취약점에 관한 정보를 얻는데, 대부분 트레이더가 이미 알고 있는 경우가 많습니다. 다만 리스크 모니터링 시스템으로 그중 95%를 찾아내길 바라는 거예요. 이건 그냥 최종점검 같은 겁니다.

리스크와 관련해 그 외에 또 다른 건 없나요?

변동성에 대한 매수 포지션은 모든 시나리오에 중요한 보호막이 됩니다. 일반적으로 우리는 변동성에 대해서는 중립적인 매수 포지션을 취하고, 외가격 옵션에 대한 매도 포지션은 선호하지 않아요. 앞에서 설명한 2009년은 외가격 옵션이 과도하게 비쌌기 때문에 예외였죠. 당시에도 내가격 투자 포지션으로 리스크를 헤지했습니다. 외가격 옵션이 결국에는 과도한 상승세를 반납할 거라고 생각했고, 실제로 그랬습니다.

지금까지 상당히 많은 트레이더를 고용해오셨습니다. 트레이더를 고용할

때 어떤 면을 보시나요?

제7- 원하는 건 마켓메이커, 즉 시장에서는 어떤 일이 벌어질지 모른다는 사실을 알고 있는 사람입니다. 반대로 한 번도 매매를 해본 적인 없는 애널리스트들은 꺼리고 있어요. 이들은 컴퓨터로 계산을 하고, 시장의 방향을 예측한 다음 막대한 투자 포지션을 구축합니다. 그리고는 그 포지션에 사로잡혀 절대로 그만두려 하지 않아요. 자신이 아니라 언제나 시장이 잘못된 거라고 생각합니다. 마켓메이커는 시장이 늘 옳다고 생각합니다. 이들의 머릿속에는 "손실을 기록했다면 그건 무조건 내 잘못이야"라는 생각이 깊숙이 박혀 있죠. 시장이 스트레스를 받을 때 가치는 무의미해지고, 대신 투자 포지션이 매우 중요해진다는 사실도 알고 있어요. 시장이 투자 포지션과 반대로 움직일 때도 있다는 걸 이해하고 있죠.

마켓메이커들은 이런 이해를 바탕으로 포트폴리오를 구성하고, 자신의 생각에 색깔을 입힙니다. 제가 원하는 건 런던의 일요일 아침 7시, 아이들이 잠에서 깨기 전에 일어나 아직은 토요일 밤인 미국에서 술에 취해 집에 돌아온 사람들과 인터넷 포커를 벌이는 그런 부류죠. 실제 블루크레스트에 그런 트레이더가 있었어요. 그는 토요일마다 아침식사를 하기 전에 술 취한 미국인과의 인터넷 포커로 5,000달러에서 1만 달러를 벌곤 했어요. 상대방의 포커 실력이 나빠서가 아니라 너무 자신감에 빠져 있었기 때문에 게임에서 이기는 거였죠. 제가 원하는 인물은 이처럼 유리한 확률을 알고 있는 사람입니다. 애널리스트들은 자신들이 똑똑하다는 사실 이외에는 아무것도 생각하지 않아요.

하지만 시스템 추세추종 전략의 경우 애널리스트가 필요하지 않나요?

시스템 추세추종은 완전히 다른 세계죠. 좀 전에는 자유재량 투자 전략의 경우를 말씀드린 겁니다. 추세추종 전략에는 다른 종류의 애널리스트, 즉 연구를 하고 이론을 만들어내는 매크로 애널리스트가 필요합니다.

플랫 씨의 설명에 꼭 들어맞는 예를 알고 있습니다.

(나는 개인적으로 알고 있는 펀드 매니저 한 명을 언급했다. 그는 똑똑했고, 매크로 시장의 중요한 테마를 초기에 정확하게 파악하는 능력을 가지고 있었다. 하지만 자신의 생각을 트레이딩으로 옮기는 데는 서툴렀다.)

그런 사람들은 정말 많죠. 다른 사람들이 이들의 아이디어를 활용한 트레이딩으로 당사자보다 훨씬 훌륭한 실적을 얻어내는 일이 비일비재해요. 그래서 저는 여기저기를 기웃거립니다. 투자 정보를 얻기 위한 보물찾기 놀이를 하는 것과 같죠. 많은 사람과 이야기를 나눕니다. 그러다 보면 사람들이 제게 무언가를 이야기해줍니다. 그렇게 얻어 들은 정보를 활용해 이야기를 해준 사람보다 더 많은 돈을 벌어요. 20야드 떨어진 곳에 세워진 와인 잔을 총으로 쏘아 맞히는 것과 자신에게 총이 겨누어진 상태로 와인 잔을 쏘아 맞히는 데는 상당한 차이가 있습니다.

저는 트레이딩을 하면서 동시에 자신의 리스크를 파악하는 사람을 원합니다. 일종의 편집증이 있는 사람들이죠. 마켓메이커들은 애널리스트보다 위기에 강합니다. 언젠가 애널리스트를 고용한 적이 있는데, 정말 똑똑한 사람이었죠. 저라면 그런 아이디어로 50배는 더 많은 돈을 벌었을 겁니다. 또 언젠가는 경제학자를 고용한 적이 있습니다. 정말 끔찍한 실수였죠. 고작 몇 달을 버티고 그만두었는데, 상당히 독선적인 사람이었습니다. 자신이 항상 옳다고 생각했죠. 언제나 자존심이 문제였어요. 애널리스트나 경제학자들은 자존심이 상당히 강합니다. 자신이 틀렸다는 사실을 인정하려 들지 않기 때문에 돈을 버는 데 방해를 받게 되죠.

채용하신 트레이더들 중 몇 퍼센트 정도가 제대로 일을 해내나요?

상당히 높은 비율이에요. 마켓메이커들은 확실히 믿을 만하죠. 좀 전에 언급했던 채권 애널리스트가 이례적인 경우였어요. 제가 채용한 유일한 애널리스트였죠. 정말 마음에 들었고, 그의 아이디어 덕분에 상당한 돈을 벌었습니다. 하지만 정작 자신은 적용하지 못했어요.

블루크레스트에서 투자 아이디어를 제안하면서 계속 일을 할 수도 있지 않았나요?

사실 그가 계속 머물러주기를 바랐습니다. 하지만 당사자가 크게 낙담했죠. 그는 학교 교사로 일하면서 봉사활동을 하며 살고 싶다고 했어요.

그가 실패한 원인은 무엇이었나요? 추세를 제대로 파악하지 못했던 건가요? 아니면 트레이딩을 잘못했던 건가요?

그는 상대가치와 잘못 책정된 가격을 파악하는 데 매우 뛰어났지만 매크로는 이해하지 못했어요. 분석이 아무리 훌륭하더라도 판단을 잘못하면 리스크를 헤지할 수가 없죠. 금리가 상승할 거라고 생각했는데 하락했다면, 어떤 트레이딩을 했건 돈을 잃게 되죠. 똑똑한 방법으로 트레이딩을 했다면 손실을 줄일 수야 있겠지만, 여전히 돈을 잃는다는 사실에는 변함이 없습니다.

그 외에 또 실패한 트레이더들은 어떤 사람인가요?

우리가 고용한 마켓트레이더 중 세 명은 제대로 일하지 못했습니다. 한 명은 수익을 내지 못했습니다. 대담하지 못한 사람이었고, 결국 회사를 떠났습니다. 나머지 두 사람은 돈을 잃었죠.

제대로 일을 하고 있는 상당수의 트레이더들과 일부 실패한 트레이더들의 근본적인 차이점은 무엇입니까?

두 명의 마켓메이커가 실패한 이유는 과도하게 투자를 했기 때문입니다. 자존심 때문이었죠. 두 사람은 틀리기를 싫어해서 자신의 투자 포지션을 고집했습니다.

블루크레스트의 리스크 모니터링 시스템이 제지를 하지는 않았나요?

그게, 두 사람은 정해진 기준까지 돈을 잃고 말았어요. 저는 트레이더들을 간섭하지 않습니다. 블루크레스트의 트레이더들은 독립적으로 매매하거나, 회사를 떠나거나 둘 중 하나예요. 제가 트레이더들의 투자 포지션을 세부적인 부분까지 조정한다면, 그건 제 투자 포지션이 되는 거죠. 그게 아니니까 트레이더들에게 상당한 인센티브도 지급하고 있는 거고요.

플랫 씨께서는 방향성 매매(Directional Trade, 추세를 이용하는 트레이딩 방법)와 상대가치에 따른 매매를 어느 정도의 비율로 구성하십니까?

그때마다 달라집니다. 방향성 매매를 전혀 하지 않을 때도 있고, 반대로 방향성 매매에 집중할 때도 있어요. 기본적으로 저는 싸게 사서, 높은 가격에 팔려고 노력합니다. 매매 방법은 매우 중요하죠. 거시적인 시각으로 투자 대상을 고려하는데, 이를 적용하는 방법은 20가지나 됩니다. 가장 중요한 열쇠는 "어떤 방법이 최고의 리스크 대비 수익률을 가져올까?"입니다. 트레이딩이 순매수 포지션 혹은 순매도 포지션인 경우는 매우 드물죠.

트레이더로서 자신의 성격을 어떻게 생각하십니까?

저는 손실을 절대로 용납하지 않습니다. 돈을 잃는 건 그 어떤 것보다 싫어요. 스스로를 죽이는 일이니까요. 단순히 돈을 잃어서가 아니라 심리적으로 엉망이 되거든요. 총은 있는데 총알이 없는 거예요. 바보 같은 트레이딩으로 단 10분 만에 2,000만 달러를 잃고 포지션을 청산했다면 어떨까요? 바보 같은 짓이었다고 스스로를 자책하면서 어떤 트레이딩도 하고 싶지 않을 겁니다. 그때 코끼리가 눈앞을 지나간다고 생각해보세요. 코끼리를 잡아야 하는데 총알이 없는 거예요. 이런 일은 놀라울 만큼 비일비재해요. 트레이딩의 게임은 훌륭한 기회가 올 때를 잡는 거예요. 80/20의 규칙이죠. 자신이 생각한 아이디어 중 20%로 80%의 수익을 창출한다는 뜻입니다.

어떤 방법으로 손실을 피하고 줄이십니까?

모든 준비가 끝나고 완벽한 시각이 갖추어졌을 때만 트레이딩을 시작해요. 투자 포지션을 구축했는데 찝찝한 구석이 있다면 바로 청산합니다. 매일 모든 포지션을 모니터링하고 스스로에게 "오늘 종가였다고 해도 매수를 시작했을까?"라고 묻습니다. 만약 "아니다"라는 생각이 들면 포지션을 정리합니다. 자체적으로 트레이딩을 정리하는 경우 손실 때문이라기보다는 매도 타이밍 때문인 경우가 많아요. 정말 마음에 들어서 상당한 투자 포지션을 가지고 있더라도 한 달이 지날 때까지 가격의 변화가 없다면 머릿속에서 벨이 울리기 시작합니다. '정말 좋은 아이디어야. 하지만 시장이 아직 시작하고 싶지 않은 것 같아'라고 생각합니다.

트레이딩에 앞서 무엇을 주목하시나요?

시장에서 돈을 벌려면 다음 3가지가 필요합니다.

첫째. 훌륭한 펀더멘털입니다.
둘째. 상승 추세가 지속되어야 합니다.
셋째. 시장이 예측대로 뉴스를 소화해야 합니다. 불마켓은 나쁜 뉴스를 모두 무시하고, 좋은 뉴스가 나오면 랠리를 이어나가죠.

예측과 정반대의 시장 반응이 매매에 영향을 주었던 예를 들어주시겠습니까?

2009년에 2년 만기 채권에 대해 매수 포지션을, 1년 단위로 이자가 지급되는 10년 만기 채권에 대해 매도 포지션을 구축했습니다. 수익률곡선이 벌어지기를 기다렸죠. 그런데 제가 가지고 있는 투자 포지션에 피해가 갈 만한 뉴스가 연이어 보도되었어요. 계속되는 뉴스를 듣다가, 스크린을 보고 생각했죠. '이 포지션으로 끔찍한 대가를 치를 거야.' 하지만 그렇지 않았습니다. 몇 번인가 같은 일이 반복된 다음에는 '어떤 일이 벌어지건 수익률곡선이 완만해지지는 않을 거야'라고 생각했어요. 결국 4배에 달하는 수익을 올렸습니다. 대단한 트레이딩이었어요. 스프레드는 25베이스포인트에서 210베이스포인트까지 상승했습니다. 저는 110베이스포인트에서 매매를 정리했지만요.

시장의 반응이 트레이딩의 촉매가 된 예가 또 있나요?

유럽의 부채위기가 시작되면서 유로화의 가치가 1.45에서 1.19까지 하락했어요. 다들 조심스러웠고, 저도 마찬가지였죠. '지금까지 유로화 관련 투자로 많은 수익을 올렸어. 유로화는 1.00까지 하락할 테니 투자 포지션을 늘려야겠군' 하는 생각이 들었어요. 대부분의 사람들과 마찬가지로 잘못된 판단을 하고 있었던 거죠. 환율 스크린을 보고 있었는데, 갑자기 유로화가 1.20로 상승했어요. 있어서는 안 되는 일이었죠. 그때 제 머릿속에서 마켓메이커의 본능이 깨어났어요. '누구나 트레이딩을 하고 또 믿고 있다. 유로화에 대한 매수 포지션은 모두 정리되었다. 거래량은 넘쳐난다. 이때 갑자기 유로화의 가치가 상승한다면 모든 사람들에게 끔찍한 재난이 아닐까?' 하는 판단이 든 거죠.

유로화의 반등을 촉발시킬 만한 뉴스가 있었나요?

아니요. 사람들의 생각이 비슷해지면서 발생한 변화였고, 저는 다행히 투자 포지션을 정리할 수 있었습니다. 일반적인 의견이 변화할 때는 막대한 수익을 올릴 수 있는 기회이기 때문에, 저는 전반적인 투자자들의 의견에 주의를 기울입니다.

사람들의 전반적인 의견은 어떻게 알 수 있나요?

쉽지는 않죠. 어떤 투자 포지션을 가지고 있는지 물어본다고 순순히 대답을 해주지도 않을 테니까요. 그렇죠? 제가 가장 좋아하는 질문은 "시장에 대해 어떤 의견을 가지고 있나요?"라는 것입니다. 이렇게 물어보면 사람들은 왠지 중요한 대접을 받고 있는 것 같은 기분이 들죠. 만약 제가 어떤 헤지펀드 매니저에게 향후 3개월 동안 30년 만기 채권의 향방을 물었는데 그가 금리를 인상시키는 요인을 설명한다면, 이 헤지펀드 매니저는 채권에 대해 매도 포지션을 가지고 있는 겁니다. 향후 3개월 동안에 대한 예측과 투자 포지션은 100% 연관되어 있으니까요. 의심할 필요가 없죠. 만약 채권에 대해 매수 포지션을 가지고 있는 사람이라면 금리 하락에 관한 설득력 있는 이야기를 늘어놓을 겁니다. 단순히 의견을 묻는 것만으로 사람들의 투자 포지션에 대해 얼마나 많은 정보를 얻을 수 있는지 알게 된다면 아마 놀라실 겁니다.

시장의 방향이 갑작스럽게 변화할 때 추세와 반대되는 상당한 규모의 투자 포지션을 가지고 계셨던 적이 있나요? 만약 그렇다면 어떻게 해결하시겠습니까?

아동급식 프로그램을 만들기 위해 제가 지원하던 ARK라는 자선단체를 방문했을 때였습니다. ARK의 급식 프로그램은 6만 명의 아이들을 지원했고, 상당한 성공을 거두었어요. 당시 저는 유럽의 선물금리시장에서 상당한 매수 포지션을 구축하고 있었습니다. 유럽중앙은행(European Central Bank, ECB)이 기습적으로 금리를 인상했을 때는 제가 남아프리카행 비행기를 타고 있었어요. 타격이 상당했죠. 유럽중앙은행의 정책에 대한 예측이 빗나간 건 그때가 유일합니다. 비행기가 착륙하자마자 보조 트레이더의 전화를 받았습니다. 금리가 인상되었다면서 어떻게 해야 하나고 묻더군요.

"손실이 얼마나 되나?" 제가 물었습니다.

"7,000~8,000만 달러 정도입니다." 그가 말했어요.

"금리인상을 시작했다면 아마도 25베이시스포인트 인상에서 멈추진 않을 거야. 이번 주말까지 손실은 2억 5,000만 달러로 늘어날 것 같네. 모든 포지션을 공격적으로 청산하게. 거래가 되고 있는 가격에 무조건 매도하라고."

잘못된 판단을 내렸을 때, 저는 본능적으로 상황을 벗어나려고 노력합니다. 제가 생각했던 방향이 실수였다면, 저와 마찬가지로 충격을 받은 사람이 있을 겁니다. 그래서 누구보다 먼저 매도하려고 노력하죠. 가격에 개의치 않아요. 올해 손익계산서의 20%를 지켜내는 것도 중요하지만 매년 20%의 수익을 기록하는 것도 중요하니까요. 막대한 손실을 감당할 수는 없습니다.

플랫 씨와 함께 일하는 트레이더들을 포함해 모든 트레이더가 어떤 실수 때문에 손실을 기록한다고 생각하십니까?
가장 큰 실수는 숙제를 충분히 하지 않는 것과 리스크에 대해 대수롭지 않게 생각하는 것입니다.

〞

독자들은 투자 성공에 있어서 리스크 관리가 상당히 중요하다는 소리를 귀가 따갑도록 들었을 것이다. 플랫 역시 리스크 관리가 그 어떤 것보다 중요하다고 말한다. 리스크 관리의 대가인 플랫은 "저는 무엇보다 돈을 잃는 게 싫습니다"라고 딱 잘라 설명한다. 손실에 대한 플랫의 혐오는 그의 트레이딩 방식에서도 고스란히 드러난다. 손실을 최소화해야 한다는 원칙은 플랫의 투자 습관 전반에 배어 있다. 그래서 그는 처음 트레이딩을 시작할 때부터 리스크를 관리한다. 예를 들어 금리 하락에 대한 투자 아이디어를 바탕으로 트레이딩을 시작한다면 동일한 수익 잠재력에 대해 리스크를 최소화할 수 있는 방법을 찾는다. 방향성 매매를 할 때도 전면적으로 매수나 매도 포지션을 구축하지 않는다. 매수 포지션과 관련된 옵션이나 복잡한 스프레드를 활용해 동일한 잠재 수익을 가지고 있으면서도 이론적인 리스크를 제한할 수 있는 방법을 선호한다. 이처럼 플랫은 각 투자 포지션의 손실 가능성을 최대한 줄이는데, 여기에서 끝이 아니다.

그는 자신이 가지고 있는 투자 포지션에 대해 불편한 기분이 든다면 곧바로 포지션을 청산한다. 그가 투자 포지션을 정리하는 경우의 상당 부분은 손절 기준을 지키기 위해서가 아니다. 손절을 할 만큼 손실이 발생하지는 않았지만 합리적인 시간 동안 수익이 나지 않았을 때는 여유를 두지 않고 포지션을 청산한다. 뿐만 아니라 매일 자신의 투자 포지션을 재평가하고 스스로에게 당일 종가에 트레이딩을 시작할 의사가 있는지를 묻는다. 만약 아니라면 역시 투자 포지션을 청산한다.

플랫이 블루크레스트의 자유재량 전략에서 활용하는 가장 강력한 리스크 관리 방법은 트레이더들에게 적용되는 엄격한 자금 회수 기준이다. 트레이더들은 손실이 3%만 되어도 운용 자산의 반을 잃게 되고, 이후 또 3%의 손실을 기록하면 모든 자산을 잃게 된다. 이처럼 엄격한 기준은 트레이더들이 처음 가지고 있던 자본금에서 5% 이상 손실을 기록하지 않도록 막기 위해서다. (3%씩 연속으로 손실을 기록했다면 실제 손실은 전체 자산의 5%보다 작다. 두 번째로 3% 손실을 적용할 때는 처음 가지고 있던 자본금의 50% 대비 3%를 의미하기 때문이다.) 플랫은 스스로에게도 같은 기준을 적용하고 있지만 지금까지 3% 손실을 기록한 적은 한 번도 없었다.

개인 투자자의 경우 플랫처럼 엄격한 기준을 적용해 돈을 벌기는 힘들다고 생각할지 모른다. 고작 3%의 손실을 기록했을 뿐인데 투자금을 반으로 줄인다면 트레이더들은 그에 따라 리스크를 줄일 수밖에 없고, 결국 수익 가능성도 줄어든다고 생각할 것이다. 그런데 어떻게 블루크레스트의 자유재량 전략이 14%에 가까운 연평균 순수익률을 기록할 수 있었을까? 3%-3%의 규칙이 매년 처음 트레이딩을 시작할 때만 적용되기 때문이다. 투자를 시작할 때, 트레이더들은 규칙 때문에 조심스러울 수밖에 없다. 당연히 종목 선별 및 손실 감소를 위해 많은 노력을 기울이게 된다. 하지만 트레이더들이 일단 돈을 벌어들인 후에는 일종의 완충장치를 얻게 된다. 원래의 손실 기준인 3%에 벌어들인 수익만큼이 추가되는 것이다. 덕분에 수익을 기록한 후부터는 더 많은 리스크를 감수할 수 있고, 엄격한 손실 기준에도 불구하고 잠재 수익이 증가한다. 블루크레스트의 자본금 환수 규칙은 기본적으로 원금은 보호하되 이후 더 큰 리스크를 감수하도록 함으로써 잠재 수익을 제한하지 않는 것이다. 매우 효과적이면서도 비대칭형인 리스크 관리 전략이다.

리스크 관리가 중요한 이유는 분명하면서도 다양하다. 여기에는 손실로 계좌가 마비되는 것을 막고 감정적인 고통을 최소화하며 손실이 눈덩이처럼 불어나 트레이딩에 악영향을 미치지 않도록 하는 것도 포함된다(손실이 계속 커지면 손익분기점에 도달하기 위해 벌어들여야 하는 수익도 늘어난다). 하지만 플랫은 손실 관리의 중요성에 대해 다소 불분명한 이유를 들었다. 손실이 트레이더의 생각을 방해하고, 투자 기회를 잃게 만든다는 것이었다. 그는 어리석은 실수로 손실을 기록한 다음에는 "바보가 된 것 같은 기분이 듭니다. 더 이상 아무것도 하고 싶지 않죠. 코끼리가 지나가는 데 총에는 총알이 없는 겁니다"라고 설명했다. 플랫은 80/20의 규칙에 따라 트레이딩을 한다. 즉 트레이더가 벌어들이는 수익의 80%는 20%의 매매에서 얻는다는 것이다. 만약 손실로 인한 심리적인 충격 때문에 20%의 수익 기회를 놓친다면 문제는 심각해진다.

플랫은 시장이 뉴스에 어떻게 반응하는지를 주목한다. 그런데 자신이 가지고 있는 투자 포지션에 불리한 뉴스가 계속해서 보도되었는데도 불구하고 시장이 반응을 하지 않았던 흥미로운 사건이 있었다고 한다. 당시 플랫은 반응이 없는 시장을 보고 자신의 투자 아이디어를 확신했다. 그 결과 투자 포지션의 4배에 달하는 수익을 벌어들였다고 말하면서, 지금까지 그의 경력에서 가장 성공적인 투자 중 하나였다고 회상했다.

블루크레스트의 시스템 추세추종 전략은 리스크 대비 수익 면에서 자유재량 전략에는 못 미치지만, 연평균 복리 순수익률 16%, 최대 손실폭 13%을 기록하면서 추세추종 전략 중에는 최고의 실적을 자랑한다. 시스템 추세추종 전략이 높은 실적을 기록한 비결을 묻자 플랫은 2가지를 꼽았다.

첫째, 추세가 과도하다고 판단되면 전환 신호를 기다리지 않고 투자 포지션을 청산한다.
둘째, 시스템을 재고하기 위해 지속적인 연구와 변화를 추구한다.

시스템 투자는 정적이 아닌 역동적인 과정이다. 변화하지 않는 시스템은 무너질 수밖에 없다는 것이 플랫의 생각이다. 그는 시스템 트레이딩을 '연구전쟁'이라고 묘사했다.

Part 3

시장을 통찰하는
주식 트레이더

효과가 있는 투자방식은 늘리고, 효과가 없는 투자방식은 줄여라
스티브 클락(Steve Clark)

스티브 클락의 옴니 글로벌 펀드(Omni Global Fund)는 놀라울 정도로 한결같은 수익을 달성해왔다. 클락의 펀드는 10년 6개월 전(2001년) 설립된 이후 지금까지 손실을 기록한 해가 단 한 번도 없으며,[1] 2011년에 기록한 0.7%의 수익이 최악의 실적이다. 연평균 복리 수익률은 19.4%로 매우 인상적이지만 옴니 글로벌 펀드의 정말 뛰어난 점은 고점 대비 최대 손실폭이 단 7%에 불과하다는 것이다. 샤프지수는 1.50으로 상당히 높다. 하지만 샤프지수는 변동성의 방향을 구분하지 않기 때문에 수익 측면의 변동성이 큰 옴니 글로벌 펀드의 실적을 제대로 나타낼 수 없다. 월별 실적을 살펴보면 4% 이상의 수익을 기록한 경우가 대부분이고, 그보다 훨씬 높을 때도 많다. 반면 손실을 기록한 적은 단 두 번(두 번 모두 5% 미만)뿐이다. 높은 수익률과 적은 손실 덕분에 옴니 글로벌 펀드의 고통 대비 이익비율은 4.1로 상당히 높다(고통 대비 이익비율에 대해서는 첨부 A(595페이지) 참조). 2008년은 특히 이벤트 드리븐(Event-Driven, 각종 사건, 즉 이벤트로 인한 가격 변동 과

---

1. 옴니 글로벌 펀드라는 이름은 2007년 2월에 붙여졌다. 그 전에는 하트포드 그로스 펀드(Hartford Growth Fund)라는 이름으로 운용되었으며, 외부 투자자에게는 공개되지 않았다.

정에서 수익 기회를 포착하는 전략) 헤지펀드들에게 끔찍한 해였지만(2008년 헤지펀드 리서치(Hedge Fund Research, HFR) 인덱스는 -22%를 기록했다), 옴니 글로벌 펀드의 수익률은 15%에 육박했다. 워런 버핏은 "파도가 밀려간 다음에야 누가 벌거벗고 헤엄을 치고 있는지 알 수 있다"고 말한 적이 있다. 2008년은 옴니 글로벌 펀드가 옷을 몇 겹이나 껴입고 헤엄을 치고 있었다는 사실이 분명하게 드러난 해였다.

스티브 클락은 무서울 정도로 정직한 사람이었다. 아마도 내가 지금까지 인터뷰했던 그 어떤 트레이더보다 솔직했던 것 같다. 그는 거리낌없이 자신의 경험과 감정을 털어놓았다. 몇 번이나 그의 감정을 고스란히 느낄 수 있었다. 덕분에 예상보다 훨씬 더 흥미진진한 인터뷰가 되었다. 클락의 이야기는 그가 학교를 마친 17살 때부터 시작된다.

"

저는 학교 과정을 남들보다 1년 빠른 17살에 끝마쳤습니다. 대학 진학은 생각하지 못했어요. 가족 중에 대학에 다닌 사람이 없었거든요.

노동자 계층 출신이신가요?

3대가 함께 런던 외곽에 있는 공공 임대주택에 살았어요. 아버지에 대해서는 모릅니다. 집에 오신 적이 없어요. 저는 어머니, 동생 그리고 조부모님과 함께 살았습니다. 어머니는 언제나 일을 하셨기 때문에 조부모님이 키워주셨다고 할 수 있습니다.

어느 날 도시에서 일을 하던 고등학교 동창 그랜트가 전화를 했습니다. 돌이켜보면 정말 고마운 전화였어요. 그 친구는 우리 학교에서 그래도 잘 사는 축에 속했습니다. 부모님이 집을 가지고 계셨거든요. 그랜트가 "시티(The City, 런던 중앙에 위치하고 있는 금융 중심가)로 와. 이제 25살인데 5만 파운드씩 버는 사람들도 많아"라고 말하더군요. 저는 그때까지도 제가 무엇을 원하는지 잘 몰랐습니다. 하지만 일단 시티로 가기로 마음을 먹었습니다. 시간이 흘러 어떤 직업을 갖고 싶은지 결정할 때까지 돈을 벌어야겠다고 생각했습니다. 지금도 별다르진 않지만요. 어쨌거나 순진하게 '좋아, 시티에 가서 트레이더가 되어보자'라고 생각했습니다. 트레이더가 뭔지도 모르면서요.

그랜트는 트레이더로 일하고 있었나요?
보조 트레이더로 일하고 있었습니다. 물론, 그게 뭔지 전혀 몰랐습니다.

당시 어떤 일을 하고 계셨나요?
하이파이(Hi-Fi, 원음에 가까운 음으로 재생하는 오디오 장치)를 설치하는 업체에서 일하고 있었습니다. 홈 스테레오 장비 설치와 배송을 했어요. 운전도 하고요.

시티에서 일자리를 구해보셨나요?
여기저기에 이력서를 냈지만 늘 같은 답을 들었습니다. "학위가 없으면 면접을 볼 수 없습니다" 혹은 "경력이 없으면 면접을 볼 수 없습니다"라는 말이었어요.

제가 생각했던 대로군요.
매뉴팩처러스 하노버(Manufacturers Hanover)에서 백오피스(Back-office, 트레이딩을 지원하는 업무)직으로 면접을 보게 되었는데, 정말 엉망이었습니다. 면접관이 원하는 능력은 생각해보지도 않고, 그저 트레이더가 되고 싶다는 말만 했어요. 면접을 통과하지 못한 건 두말할 필요도 없죠. 하지만 배운 게 하나 있었습니다. 일단 경험을 쌓아야겠다고 깨닫게 되었어요. 1986년 당시 투자회사에서는 백오피스 인력이 부족했습니다. 처음에는 임시직 일을 구했습니다. 문서를 정리하는 일을 배우고, 그다음에는 다른 임시직으로 옮겨가면서 조금씩 이력서를 채워갔습니다. 누군가 일자리를 제안하면서 일을 할 수 있겠냐고 물으면 무조건 할 수 있다고 대답했습니다. 일단 일자리를 얻은 후 배우면 된다는 생각이었습니다. 몇 개월 후 정규직 일자리 두 개를 얻어냈습니다. 하나는 게릴린치에서 백오피스 부서를 담당하며 3만 파운드를 받는 자리였고, 또 하나는 워버그 시큐리티즈(Warburg Securities)에서 블루 버튼(Blue Button)이 되는 것이었습니다.

블루 버튼이라는 게 뭔가요?

증권거래소에서는 증권회사의 명칭과 번호가 적힌 배지를 달아야 합니다. 배지의 색깔은 맡은 일에 따라 달라집니다. 파란색은 견습생이에요. 사실 훈련받는 노예나 다름없습니다. 그들은 7,000파운드를 받죠. 저는 3만 파운드를 받느냐, 아니면 7,000파운드를 받고 거래소에서 일을 하느냐를 두고 저울질했습니다. 트레이딩 플로어가 제가 있어야 할 곳이라고 생각했습니다. 그때 봤던 면접이 아직도 잊히지가 않아요. 면접관은 제게 관련 경험이 있냐고 물었습니다. 저는 경험이라고는 전혀 없었죠. 〈파이낸셜타임스(Financial Times)〉를 읽어보지도 않았을뿐더러, 읽는 척도 하지 않았습니다. 도박을 해본 적이 있느냐는 질문에 대해서만 유일하게 똑똑한 대답을 했습니다.

"경마 같은 것 말씀이신가요?" 제가 묻자, "네, 바로 그거예요"라고 면접관이 말했습니다. "확률적으로 불리한 일은 하지 않습니다. 왜 하겠어요?" 그렇게 대답했죠. 옳은 답인지는 몰랐지만 직감적으로 대답했습니다. 그리고 일자리를 얻었습니다.

남아프리카의 금을 매매하는 부서에서 처음 일을 시작했습니다. 제가 맡은 일은 말 그대로 차나 커피, 샌드위치를 가져오는 것과 트레이딩 기록, 전화를 받는 것 등이었습니다. 처음에는 정말 끔찍했습니다. 일이 어떻게 돌아가고 있는지 전혀 몰랐어요. 질문을 해도 어느 누구도 대답해주거나 가르쳐주지 않았습니다. 끔찍한 경험이었어요. 하지만 저는 훌륭한 블루 버튼이었습니다. 손익계산서와 관련된 일을 멋지게 해냈더니 유럽 부서로 발령을 내주었습니다. 그곳 사람들의 태도는 전혀 달랐어요. 기꺼이 저와 대화를 나누고,

적극적으로 가르쳐주었습니다.

언제 트레이딩을 허락받았나요?

그곳에서 1년 정도 시간을 보낸 후 스칸디나비아 시장에 대한 마켓메이커로 트레이딩을 할 수 있는 기회가 주어졌습니다. 담당 트레이더가 휴가를 간 일주일 동안 포트폴리오를 유지하는 일이었죠. 그런 제가 처음 트레이딩을 시작한 첫날부터 1987년 10월의 폭락이 시작되었습니다.

그럼 1987년 10월 19일 블랙먼데이에 트레이딩을 시작하신 건가요?

맞습니다.

지금까지 트레이딩 첫날부터 그만큼 흥미진진한 사건을 겪은 사람은 없을 것입니다. 앞으로도 없을 것 같군요. 아마도 새로운 포지션을 구축하지는 못하셨을 것 같습니다.

아닙니다. 매입할 종목이 있었거든요.

상사에게 연락을 하지 않았나요?

상사는 휴가 중이었습니다. 바로 전 주에 거대 기관 투자자들로부터 매입 주문을 받은 상태였습니다. 상사는 계속 가격이 상승할 거라고 생각하고, 이미 어느 정도 매입을 해놓은 상태였어요. 그래서 저는 월요일 아침에 롱-온니 포지션을 유지했습니다.

일렉트로룩스(Electrolux)의 주식을 주문할 때의 기억이 가장 생생합니다. 저는 일렉트로룩스의 가격을 묻는 전화를 받았는데, 매수호가가 43달러이고 매도호가는 44달러라고 말했습니다. 전화를 건 사람은 43달러에 1만 주를 제안했고, 저는 2,500주를 매수한 후 전화를 끊었습니다. 그리고 나서 매수호가를 42.5달러, 매도호가는 43.5달러로 변경했습니다. 다시 전화벨이 울렸고,

저는 새로운 가격을 제시했습니다. 전화를 건 사람은 1만 주를 제안했고, 저는 42.5달러에 또다시 2,500주를 매수했습니다. 그리고는 만약 1달러가 하락해 매수호가와 매도호가가 각각 41.5달러, 42.5달러가 된다면, 손실을 감수하고라도 주식을 매도해야 한다고 생각했습니다. 이게 바로 블랙먼데이 때 제가 하고 있던 생각입니다. 그래서 가격을 42달러/43달러로 정했습니다. 그러자 또 전화가 걸려왔고, 제가 제시한 매수호가에 주식을 팔겠다고 했습니다. 저는 42달러에 2,500주를 매수했습니다.

그때 옆에 있던 노련한 독일 트레이더에게 조언을 구했습니다. 제가 "지금까지의 트레이딩 기록이에요. 그다음에는 얼마를 제시해야 할까요?"라고 묻자 그 트레이더는 '뭐 이런 바보가 있나' 하는 표정으로 절 쳐다보았습니다. 그때 또 전화가 걸려왔어요. 그가 수화기를 들었습니다. 저는 41.5달러/42.5달러를 생각하고 있었는데, 그는 36달러/37달러를 불렀습니다. 36달러에도 매수할 수 있었던 거예요. 제가 완전히 잘못된 가격을 부르고 있었던 거였죠. 도대체 상황이 어떻게 돌아가고 있는지 전혀 감을 잡지 못하고 있었어요.

하지만 당시의 경험으로 소중한 교훈을 얻었습니다. 거래할 의사가 있는 사람이 단 한 명만 있다면 가격은 상관이 없다는 것입니다. 그때는 일을 배우기 시작한 지 1년밖에 안 된 상태여서 제한된 변동성밖에는 보지 못했어요. 1달러 이상의 가격 변화는 본 적이 없었기 때문에 전체 가격의 15%나 되는 6달러가 하락했을 거라고는 생각도 못하고 있었습니다. 사실 블랙먼데이는 대부분의 사람들에게 처음 겪는 일이었습니다.

시가는 얼마였나요? 클락 씨가 독단적으로 가격을 결정하지는 않았을 텐데요.

제가 가격을 결정하고 있었습니다. 모든 시스템이 제 기능을 못하고 있었어요. 그래서 트레이더들이 전화를 걸어 호가를 물어봤던 겁니다.

해당 종목을 거래하는 다른 마켓메이커들은 없었나요?

있긴 했지만 그들의 가격을 볼 수는 없었습니다.

독일인 트레이더는 시장이 급락하고 있다는 사실을 이해하고 있었군요.
그는 트레이딩 기록을 보고 "자네 포지션이 늘어나고 있군. 더 이상 매수를 해서는 안 돼. 무슨 짓을 해서라도 다음번 트레이딩은 반드시 매도여야 하네"라고 말했습니다. 그는 가격을 6달러나 내리고도 매수했습니다.

당일 아침에 매수한 종목들은 어떻게 되었나요?
그날은 할 수 있는 게 아무것도 없었습니다. 추세를 타고 하락하는 것뿐이었지요.

팔겠다고 전화를 걸던 사람들은 어떻게 되었습니까? 클락 씨는 마켓메이커로서 거래를 활성화해야 하지는 않았나요?
매수가 불가능한 수준까지 호가를 낮추었습니다.

그러니까 처음 잘못된 가격으로 매수한 이후 아무것도 하지 않으셨군요. 단지 더 이상 주문이 들어오지 않도록 가격을 낮추는 것밖에는 대안이 없으셨던 것 같습니다.
그 말이 맞습니다. 일주일간 계좌를 관리했는데 첫날에 잃은 돈만 수백만 파운드였습니다. 앞에서 언급한 독일인 트레이더는 모든 종목에 대해 매도 포지션을 유지했고, 수백만 파운드를 벌었습니다.

똑똑한 사람이네요.
네, 몇 년 후 제가 그 독일인 트레이더를 고용했습니다. 또 스칸디나비아 시장을 담당하고 있던 제 상사도 고용했습니다. 그날 이후 저는 유럽 담당 트레이더들의 휴가 때마다 대신 계좌를 관리하게 되었습니다. 결국에는 사무실어서 가장 수익이 높은 트레이더로 거듭나게 되었습니다.

비결이 뭔가요? 어떻게 높은 수익을 낼 수 있으셨던 건가요?

투자 방향을 적극적으로 선택했습니다. 틀렸을 때는 가차 없이 포지션을 청산했어요. 방어나 물타기는 하지 않았습니다. 무조건 청산, 청산, 청산이었습니다.

적극적인 마켓메이커란 어떤 의미입니까?

저는 투자 포지션 구축에 적극적이었습니다. 뉴스를 중심으로 매매하고, 시장에 맞게 투자 방향을 잡으려 노력했습니다. 투자 종목에 대한 시각을 개발하고 열심히 활용했습니다. 경험이 부족해서 겁도 없었습니다. 오랫동안 투자를 해온 사람들이 공포심 때문에 트레이딩에 방해를 받는 것을 몇 번이고 보았습니다. 경력이 오래되었는데도 리스크를 감수하는 능력을 유지하는 사람들은 매우 소수입니다. 대부분은 하지 않거나 혹은 할 수 없어요. 돌발적인 상황이나 팻 테일 리스크(Fat Tail Lisk, 끔찍한 사건이나 불확실성으로 인한 변동성)로 피해를 입은 경험이 많기 때문입니다.

공포심이 없어야 리스크를 감수할 수 있고, 리스크 관리를 위해서 투자 방향이 틀렸을 때는 과감하게 포지션을 청산해야 한다는 것은 알겠습니다. 하지만 돈을 벌기 위해서는 반드시 시장의 올바른 방향을 알아내야 합니다. 이 부분에서 의문이 생깁니다. 클루 씨께서는 어떤 방법으로 시장의 방향을 판단하셨습니까?

실제 사실에 주목해야 합니다. 먼저 지금 자신이 알고 있는 사실이 무엇인지를 파악합니다. 만약 XYZ라는 종목의 가격이 특정 수준까지 하락하기를 기다리는 매수 대기자들이 있다는 것을 안다면, 한 가지 사실을 알고 있는 겁니다. 그다음에는 무엇을 알아야 할까요? 가격이 해당 수준까지 하락했을 때 어떤 일이 벌어지는지 알아봐야 합니다. 그러자면 차트를 봐야죠. 저는 덧붙여 거래량을 활용합니다. '거래량이 상당하군. 무언가 일어나고 있어. 여기에 대해 어떻게 생각해야 하는 걸까?'라는 사고방식을 가지고 있어요.

트레이딩을 할 때 차트를 얼마나 활용하십니까?

차트는 단순히 지금까지 해왔던 트레이딩의 기록일 뿐입니다. 그게 전부예요. 저는 차트 분석을 맹신하지 않습니다. 확실한 것을 추구하는 인간에게 과거의 데이터를 가지고 미래에 일어날 일을 예측한다는 건 매우 매력적입니다. 하지만 차트는 시작점이 되어서는 안 되고, 다만 자신의 시각에 대한 플러스 혹은 마이너스 요인으로 활용해야 합니다. 과거의 데이터를 가지고 미래를 예측할 수 있다는 것은 말이 안 됩니다. 향후 일어날 수 있는 일의 가능성을 어느 정도 짐작할 수는 있겠지만 그보다 더한 의미를 부여해서는 안 됩니다. 저는 차트와 주문 정보, 시장의 거래량 등 여러 사실들을 결합해 활용합니다.

워버그 시큐리티즈에서 얼마나 오랫동안 마켓메이커로 일하셨나요?

약 2년 반을 일했습니다. 그곳을 떠난 이유는 연봉이 1만 3,000파운드밖에 되지 않았기 때문입니다. 저는 분명히 그 분야에서 최고로 꼽을 수 있는 트레이더였어요. 그때 리먼 브라더스가 제게 연봉 5만 파운드를 제시했습니다. 더 나은 제안을 받은 후 저는 워버그에 사직하겠다고 말했습니다.

워버그에서는 "2만 8,000파운드를 주겠네"라고 말했습니다.

저는 "왜 2만 8,000파운드죠? 5만 파운드는 안 되나요?"라고 물었습니다.

"그게…… 직급 체계가 있지 않은가. 자네는 아직 견습생이야"라는 대답을 들었습니다.

말도 안 된다고 생각했어요. 마음만 먹으면 더 많이 줄 수도 있다고 생각했습니다. 그래서 리먼 브라더스로 자리를 옮겼습니다.

그런데 재미있는 일이 생겼습니다. 워버그는 단연 최고의 금융회사입니다.

최고라고 자랑스러워할 만한 직장이었습니다. 하지만 리먼 브라더스로 옮겨 간 후에는 전혀 수익을 올리지 못했습니다.

그건 어떤 이유 때문이었습니까?
워버그 시큐리티즈에서는 주문 정보를 얻을 수 있었습니다. 다른 곳에서는 어떻게 돈을 벌어야 할지 전혀 몰랐던 거죠.

그럼 앞에서 했던 질문으로 돌아가서, 당시 클락 씨가 시장의 방향을 판단하는 비결은 주문 정보에 대한 지식 덕분이었던 건가요?
워버그에서 일했기 때문에 수익 기회를 얻었던 것은 사실입니다. 하지만 다른 동료들보다 몇 배나 높은 수익을 올릴 수 있었던 이유는 남들보다 나은 장점이 있었기 때문입니다.

다른 사람들보다 주문 정보를 더 훌륭히 활용하셨군요. 하지만 시장의 매수 주문이 어디로 집중되는지 알 수 있다는 것은 큰 도움이 되었을 것 같습니다. 잘못된 매수 포지션을 구축했다고 하더라도 매수세 유입으로 큰 타격을 받지 않았을 테니까요.
맞습니다. 확실히 유리한 입장이었습니다.

하지만 주문 정보를 얻지 못하게 되면서 쉽지 않았을 것 같은데요. 그때 사실을 깨달으신 건가요?
네, 맞습니다. 워버그에서 일할 때는 정말 행복했어요. 일하는 게 즐거웠습니다. 그만두고 싶지 않았지만, 리먼 브라더스로 이직하는 것이 당연하다고 생각했습니다. 저는 언제나 이성적인 판단을 내리려고 노력했습니다. 5만 파운드 대 2만 8,000파운드였기 때문에 리먼 브라더스를 선택해야 한다고 생각했어요. 당연한 결정이었습니다. 그래서 리먼 브라더스로 옮겼는데, 이후 수익을 전혀 내지 못한 겁니다. 자존심에 끔찍한 상처를 입었습니다. 제 능력을 의심하기 시작했어요. 정말 우울한 시간이었지요.

슬럼프는 몇 개월이나 계속되었습니다. 많은 트레이더가 비슷한 경험을 하고, 저 역시 몇 번이나 같은 일을 경험했습니다. 수익은 올리지 못하는 와중에 작은 손실들은 쌓여가는 거예요. 심리적인 충격은 더욱 커지고, 결국 객관적인 시각을 완전히 잃게 됩니다.

그때 사건이 하나 일어났습니다. 아직도 기억이 생생해요. 어느 날 밤 농구를 하고 있는데 뉴욕 사무실로부터 덴마크 기업인 노보(Novo)의 주가에 큰 변동이 있다는 내용의 전화를 받았습니다. 제가 담당하는 기업 중 하나였어요. 유럽 시장이 폐장한 후 주가가 2달러나 올랐다고 했어요. 저는 매수 주문이 들어와 있는지를 물었습니다. 10만 주나 주문이 있다고 하더군요. 본능적으로 10만 주 전부에 대해 매도 포지션을 구축했습니다. 평상시와는 비교도 할 수 없을 정도로 거대한 규모의 투자 포지션이었어요.

투자에서 상당히 조심스러우신 편인데 당시 거대한 투자 포지션을 구축하신 이유는 무엇입니까?

워버그에서의 트레이딩 감각이 되살아났습니다. 머리로 리스크를 계산했고, 바로 매도를 결정했어요.

충분히 감수할 만한 리스크라고 생각하셨나요?

폐장 후 주가가 2달러나 상승했습니다. 별로 움직임이 크지 않은 종목이었기 때문에 매우 이례적인 일이었어요. 본능적인 결정이었습니다. 그다음 날 아침, 저는 주가가 하락했을 때를 틈타 10만 달러로 노보 주식을 다시 사들였습니다. 그때부터 다시 수익을 올리기 시작했습니다.

아마도 자신감을 되찾으셨기 때문인가 봅니다. 하지만 여전히 주문에 관

한 정보는 얻지 못하셨을 텐데요. 다른 방법을 찾으셨나요?

다른 중개인들과 친하게 지낸 덕분에 주문 정보를 얻을 수 있었습니다. 또 새로운 뉴스도 교환했습니다.

새로운 뉴스를 들은 후에는 어떤 기준으로 매수 혹은 매도를 결정하셨습니까?

제가 신뢰하는 중개인들의 전망을 샘플로 삼았습니다. 단기 혹은 중기에 걸쳐 트레이딩을 할 때는 펀더멘털에 의한 전망은 전혀 상관이 없다는 것이 제 생각입니다. "시장이 사건을 어떻게 생각하느냐"를 가늠해야 합니다. 그래서 저는 다른 사람들의 의견을 샘플로 삼았습니다. 새로운 뉴스를 바탕으로 대수세 증가를 예측하는 사람들이 많을 때는 매수 포지션을 구축했습니다. 충분한 분위기가 형성되지 않는다면 포기했고요. 추가 상승의 분위기가 형성될 때는 포지션 규모를 늘렸습니다. 저는 반드시 주가가 상승하기 시작할 때 매수해야 한다고 믿고 있습니다.

그러니까 올바른 시각을 가지고 있을 만한 사람들과 의견을 교환하신 거군요.

네, 중개인들은 제 트레이딩 요소의 하나인 주문 정보를 가지고 있었으니까요. 뿐만 아니라 저는 거래량을 확인하기 시작했습니다. 거래량이나 사건(이벤트)을 찾아내기만 한다면 성공할 수 있을 만큼의 트레이딩 실력은 갖추는 것이라고 생각했습니다.

결과는 대성공이었습니다. 그즈음 『시장의 마법사들』을 읽었어요. 저에게는 매우 중요한 순간이었습니다. 책에 소개된 유명 트레이더들의 이야기를 읽으며, '이 부분은 내가 하는 것과 같군. 이 부분은 내 트레이딩 규칙 중 하나잖아'라는 생각이 들었습니다. 마치 제 트레이딩을 그대로 따라 한 듯 보이기도 했어요. 제 방법을 다른 사람들은 어떻게 알고 있는지가 궁금했습니다. 그때 처음으로 제가 특정한 트레이딩 방식을 가지고 있다는 사실을 깨달았습니다. 그 전까지는 마치 비디오 게임을 하는 기분이었고, 그 대가로 돈을 벌고 있다는 사실을 믿을 수 없었어요. 대가가 전혀 없었더라도 계속했을 만큼 트레이딩은 재미있었습니다. 제가 책을 통해 배운 가장 중요한 교훈은 일단 자신의 방식을 이해한다면 응용도 가능하다는 것이었습니다.

오랜 시간이 흐른 지금 제가 트레이더들에게 들려주는 조언은 단 한 가지입니다. 돈을 버는 방법은 반복하고, 그렇지 않은 건 포기하라는 것입니다. 젊은 트레이더들은 "지금까지 활용했던 포트폴리오입니다. 처음에는 상당히 수익을 올렸는데, 요즘에는 손실만 계속 발생합니다"라고 고충을 토로합니다. 그러면 저는 효과가 없는 방법은 무조건 그만두라고 충고합니다. 손익계산서를 분석해 효과가 있는 부분과 없는 부분으로 나누어야 합니다. 수익이 어디에서 발생하는지를 분석하는 과정은 매우 흥미롭습니다. 트레이더들 스스로가 깨닫지 못하고 있는 경우도 많고요.

책을 통해 얻은 교훈을 어떻게 적용하셨나요?

저를 트레이더라고 생각하기 시작했습니다. '과연 어떤 분야에서 돈을 벌었던 걸까?'에 대해 생각하게 되었습니다. 그때부터 이벤트 드리븐 트레이딩을 시작했습니다.

어디에서 돈을 벌었던가요?

제가 두각을 나타냈던 분야가 몇 개 있었는데, 바로 차익거래였어요. 그래서 차익거래에 좀 더 집중하기 시작했습니다.

차익거래의 실적이 가장 좋았기 때문에 그쪽에 집중하게 되신 거군요. 실적이 좋지 않는 트레이딩 분야는 어디였습니까?

크게 나쁜 분야는 없었지만 차익거래는 지속적으로 높은 수익을 기록했습니다. 큰 손실을 기록한 트레이딩은 단 한 건뿐이었는데, 모두 제 자만심 때문이었습니다. 1912DS라는 이름의 덴마크 배송업체에 투자했는데, 주가가 14만 크로네로 매우 비쌌습니다. 1주에서 5주씩 매매할 수 있었죠. 어떤 이유 때문이었는지 저는 1912DS의 주가가 상승할 것으로 확신하고 상당한 양을 매수했습니다. 그러던 어느 날, 1912DS가 사기라는 기사가 보도되었습니다. 제가 매수한 가격은 14만 크로네였습니다. 기사가 보도된 다음 날 개장과 함께 10만 크로네에 매도를 시도했지만 체결되지 않았습니다. 그날 아침의 끔찍했던 기억이 지금도 생생합니다. 10만 크로네에 매도한다고 해도 손실이 이만저만이 아니었지만, '너무 손실이 큰걸. 당장 오늘 매도할 수는 없을 것 같아'라고 생각했습니다. 그래서 매일매일 조금씩 호가를 낮추면서 매도하기 위해 노력했습니다. 그렇게 3개월을 보냈어요. 그리고 한편으로는 수익을 내기 위해 열심히 트레이딩을 계속했습니다.

그러니까 거래가 체결되지 않았군요?
정말 오랫동안 거래가 체결되지 않았습니다. 매수자가 없었어요.

그래도 어느 정도 수준에서 가격이 결정되지 않았나요?
아니요. 마치 미국 서부시대처럼 살벌했어요. 트레이더들은 방어에 여념이 없었습니다. 누구도 매수를 고려하지 않았어요. 손실을 줄이는 게 최선이었습니다.

그래서 최종 손실은 얼마였습니까?
정확하게는 기억나지는 않지만 10만 크로네보다는 약간 높게 매도했습니다.

그러면 회사에 문제가 있던 건 아니었군요?
네, 그 기사는 완전히 거짓이었습니다. 그때 중요한 "가격은 중요하지 않다. 트레이더를 죽일 수 있는 건 포지션의 크기다"라는 교훈을 얻었습니다. 유동성이 작은 종목에 과도한 투자 포지션을 설정하면 빠져나오지 못할 수도 있습니다. 저 역시도 포지션을 청산하려고 했지만 불가능했습니다. 그때 얻은 또 하나의 교훈은 "수익이 나는 투자에 집중하라"는 것입니다. 1912DS 투자는 일종의 도박이었어요. 상승세가 지속될 것 같아서 매수했을 뿐이니까요. 이후로는 높은 수익을 기록했던 차익거래에 더욱 집중하게 되었습니다.

어떻게 마켓메이커에서 헤지펀드 매니저로 전환하셨나요?

이후 리먼 브라더스를 떠나 냇웨스트(NatWest)로 옮겨갔습니다. 같은 일을 했지만 규모는 훨씬 컸습니다. 냇웨스트에서는 국제 시장을 담당하는 마켓메이커로 일했습니다. 3년이 지나자 지루해졌고, 돈을 더 많이 벌고 싶다는 생각이 들었어요. 그래서 헤지펀드 설립을 위해 사직하겠다고 말했습니다. 정확하게 어떻게 해야 할지는 잘 몰랐지만 알아내기만 한다면 할 수 있을 것 같았습니다.

냇웨스트 측은 사직을 하면 보너스를 지급할 수 없다고 했습니다. 하지만 저는 개의치 않았습니다. 500만 달러를 지원하겠다는 헤지펀드 매니저를 찾았고, 이후 몇 개월 동안 헤지펀드 설립을 준비했습니다. 준비가 거의 끝날 때 즈음, 투자를 하겠다던 헤지펀드 매니저와 통화가 되지 않았습니다. 그는 1994년 채권시장에서 큰 손실을 기록해 가지고 있던 돈을 모두 잃었더군요. 저와 말을 하고 싶지 않은 게 분명했어요. 그래서 자산이 전혀 없는 상태에서 헤지펀드를 설립했습니다.

헤지펀드 설립을 위해 냇웨스트를 떠나기 전에 어떻게 자금을 모아야겠다는 생각은 하지 않으셨나요?

네.

헤지펀드를 만들면 사람들이 돈을 맡길 거라고만 생각하신 건가요?

네, 정말 그렇게 생각했습니다. "시티에서 일하자!"라고 결정했을 때도 정확하게 무슨 뜻인지 알지도 못하면서 일단 가서 부딪혀보자고 마음을 먹었습니다. "힘들어봤자 얼마나 힘이 들겠어?" 하는 생각이었습니다. 아주 어려울 것 같지는 않았고, 실제로도 그랬어요. 헤지펀드를 설립할 때도 마찬가지였습니다. 할 수 있을 것 같았어요. 펀드 예탁금에 관한 생각은 하지도 못했습니다. 레버리지에 대한 개념이 제대로 잡혀 있지 않았기 때문에 돈이 얼마나 필요한지도 몰랐습니다. 레버리지를 10배 얻을 수 있다는 사실만 알고 있었어요. 트레이딩 규모를 5,000만 달러까지 늘리고 싶으면, 500만 달러만 있으면 된다는 식이었습니다. 사람들이 10배의 레버리지를 원하지 않을 거라는 생각은 하지 못했습니다. 전반적으로 순진했어요. 그냥 행동에 옮겼습니다. 결국 돈이 없는 상태로 헤지펀드를 만들었어요. 수중에 있던 30만 달러가 그 작이었습니다.

헤지펀드의 이름은 무엇이었나요?

LS 에셋 매니지먼트(LS Asset Management)였습니다.

LS는 어떤 의미였나요?

재미있는 이야기예요. 당시 여기저기 돈을 뿌리고 다니는 사람들을 래리 섀그(Lairy Shag), 즉 '시끄러운 가마우지 새'라고 불렀습니다.

래리 섀그요?

줏대 없고 경솔한 사람들을 지칭하는 시장 용어였습니다. 돈을 맡기는 투자 고객을 지칭하기에 적절한 표현은 아니지요. 그래도 나름 잘 먹혀들었습니다. 사람들에게는 LS가 롱/쇼트(Long/Short)를 뜻한다고 말했거든요.

가리지 않고 돈을 뿌려대는 사람들을 의미하는 건가요?

네. 여기에도 투자하겠다, 저기에도 투자하겠다 하는 사람들입니다.

갖고 계시던 30만 달러로 펀드를 시작하는 게 가능했나요?
네, 하지만 매번 30만 달러를 모두 투자해야 했습니다. 그보다 매매 규모를 줄일 수는 없었어요. 우리 집 부엌에 헤지펀드 사무실을 차렸습니다. 그러던 중 모건스탠리가 제게 프라임 브로커리지(Prime Brokerage, 헤지펀드 운영에 필요한 시스템이나 서비스를 제공하고 수수료를 받는 것) 계좌를 맡겼습니다. 두고두고 고마운 일이지요. 당시는 제 경력을 통틀어 최고인 동시에 최악의 경험이었습니다.

찰스 디킨스(Charles Dickens)가 쓴 소설 속 이야기처럼 열악한 상황이었던 것 같습니다.
환상적인 학습 경험이었지만 책으로 읽는 편이 훨씬 좋았을 겁니다. 수익을 올려도 심리적으로 안정되지 않았고, 손실이라도 나면 끔찍했습니다.

정확하게 어떤 일이 있었나요?
펀드 설립 첫날에 대해 말씀드리겠습니다.

새로운 일을 시작하는 첫날에 언제나 기억할 만한 일을 겪으시는군요.
첫날, 첫 번째 트레이딩을 시작했습니다. 30만 달러를 가지고 3만 7,000파운드인가 6만 파운드인가를 벌었습니다. 부엌에서 나와서 아내에게 말했습니다. "지금 막 3만 7,000파운드를 벌었어. 크게 성공할 거야. 종자돈은 걱정할 필요가 없을 것 같아. 지금처럼만 한다면 복리로 계산했을 때 정말 많은 돈을 벌 수 있을 거야."
아내는 말했습니다. "정말 잘됐네. 그런데 10분 후면 쓰레기 수거차가 올 테니까 그 전에 쓰레기통을 도로에 내다 놓으세요. 쓰레기차를 놓치면 다음 주까지 정원에 쓰레기가 쌓여 있을 테니까."

그때 제가 했던 대답을 지금도 똑똑하게 기억합니다. "내가 이 세상을 쥐락펴락하고 있다고!"라고 말했었죠.

"응, 그래요. 그런데 8분 안에 쓰레기를 내다 놓아야 혀." 아내는 대답했어요. 저는 정원의 쓰레기통을 내다 놓으면서 혼잣말을 중얼거렸습니다. "정말 세상을 마음대로 쥐락펴락 한다니까! 지금 막 3만 7,000파운드를 벌었다고! 지금은 쓰레기를 내다버리고 있긴 하지만." 헤지펀드 설립 후 처음 맛본 성공이었습니다. 정말 좋았습니다.

그런데 무엇이 문제였습니까?

이후 조금씩 수익과 손실을 기록했습니다. 그다음……. 이런 이야기를 해도 되는지 모르겠군요.

걱정하지 마십시오. 문제가 있는 부분은 편집 과정에서 삭제하겠습니다.

냇웨스트에 있을 때 아주 가깝게 지낸 동료가 한 명 있었습니다. 그에게 뒤통수를 맞았어요. 어떤 종목을 강력 추천하기에 매수했습니다. 그다음 날 그 종목은 크게 하락했습니다. 당연히 그 친구가 전화를 할 줄 알았는데, 감감무소식이었죠. 결국 제가 먼저 전화를 걸었습니다. 추천해준 종목에 무슨 문제가 있는 거냐고 물었어요. 그랬더니 자신은 하루 종일 그 종목을 팔고 있다고 말했습니다. 절 이용했던 거지요. 좋지 않은 기억입니다.

뒤통수를 맞았다는 건 정확하게 무슨 뜻인가요?

제게는 주식을 매수하라고 하고, 제가 매수하자 다음 날 자신은 던져버린 거죠.

그러니까 물량을 떠넘긴 거군요.

네. 친구라고 생각했는데, 친구가 아니었습니다. 몇 년 동안 함께 일했거

제게 도움을 줄 거라고 생각했던 사람들에게 외면을 당할 때가 있습니다. 반대로 그냥 스쳐지나가는 사람이 상당한 도움을 줄 때도 있습니다. 사람의 본성에 대해 많은 것을 배웠습니다. 어떤 사람을 신뢰할 수 있고, 또 신뢰할 수 없는지에 대해서 다시 한 번 생각하게 되었습니다.

전 동료 때문에 얼마나 많은 손실을 기록하셨나요? 첫날 벌어들인 돈만큼 큰 손실이었나요?

그보다 더 많은 돈을 잃었습니다. 몇 개월 동안 펀드를 운용했고, 마지막에는 10%의 손실을 기록했습니다. 감정과 현실이 완전히 괴리된 상태였어요. 10%의 손실을 기록했기 때문에 헤지펀드로서는 끝이라는 생각이 머릿속에서 떠나지 않았습니다. 누구도 제게 돈을 맡길 것 같지 않았어요. 객관적인 시각을 완전히 잃어버린 상태였습니다. 제 어깨에 손을 얹고 "침착해. 돈이 벌리는 방법은 계속하고, 손실이 나는 방법은 그만두면 되는 거야"라고 조언해줄 선배가 없었습니다. 부엌 식탁에 앉아 얼굴을 묻고 절망의 나락에 빠져 있었습니다. 매일 돈을 벌어야 한다는 압박감에 제 자신을 몰아넣었어요. "돈을 벌어야 해. 돈을 벌어야 해. 돈을 벌어야만 해." 하지만 아무리 해도 수익이 나질 않았습니다. 시장 밖으로 내처지고 있는 기분이었어요.

어느 날, 새벽 4시에 잠에서 깼습니다. 침대에 그대로 누워서 토할 것 같은 기분으로 생각했습니다. '오늘은 시장이 내게 무슨 짓을 할까?' 바로 그날, 펀드를 정리했습니다. 정말 힘든 경험이었어요. 제가 객관적으로 생각할 수 있도록 도와주고, "침착하라고. 500%나 되는 수익을 올려야 할 필요는 없어. 절대적인 기준이 아니라 비율을 기준으로 생각해보자"라고 조언해줄 사람만 있었어도 그렇게 힘들지는 않았을 겁니다.

헤지펀드를 정리한 다음에는 어떻게 하셨습니까?

노무라 증권으로 가서 위험차익거래(Lisk Arbitrage, 리스크를 내포한 차익거래로서 보통 기업인수와 관련하여 매수를 시도하는 기업의 주식을 공매하고 동시에 매수 대상 기업의 주식을 매수하는 거래)를 시작했습니다.

위험차익거래는 어떻게 접근하셨나요?

거래 횟수를 줄이고, 규모를 늘렸습니다. 재무상태표에서 규모가 큰 기업의 경우 의결권을 행사할 수 있을 만큼의 충분한 주식을 사들였습니다. 합병 계획을 승인하는 데 필요한 주식의 비율이 8%라면, 15%를 매수했습니다. 합병은 성공할 테니까요. 무조건 투자 포지션 규모를 크게 잡았습니다. 매우 성공적인 접근방법이었어요.

하지만 그만큼의 리스크도 있습니다. 예를 들어 정부가 합병을 승인하지 않을 가능성도 있습니다.

그래서 다른 리스크가 제거된 다음에야 투자 규모를 늘렸습니다. 우리가 우려했던 건 합병 논의가 중간에 출발되는 것뿐이었습니다. 스프레드 마진도 부차적인 문제였어요. 모회사가 자회사를 사들이는 경우는 최고의 트레이딩 기회였습니다. 이런 경우 주의해야 할 일도 없었고, 합병도 기정사실이었기 때문입니다.

하지만 노무라에서는 끝이 좋지 않았습니다. 경영진이 교체되었고, 새로운 상사는 그다지 정직한 사람이 아니었어요. 그는 전환사채를 매매했는데, 하는 일이라고는 유동성이 작은 전환사채를 매입해 매월 말에 가격을 올려버리는 것뿐이었습니다. 그는 상당한 채권을 가지고 있었는데, 채권시장 그 자체였어요. 그래서 채권가격을 상승시키기 위해 매월 몇백 개만 사들이면 되었습니다. 하루는 다른 부서의 트레이더가 장부를 다르게 작성한다는 말을 들었다면서 제게 조언을 구했습니다.

클락 씨의 부하직원이었나요?

다른 펀드 매니저의 부하직원이었습니다.

왜 클락 씨에게 조언을 구했던 거죠?

제가 정직한 사람이라는 소문을 들었다고 했습니다. 저는 그 사람에게 장부를 제대로 작성하라고 했습니다. 나머지는 제가 알아서 하겠다고 했어요. 그리고 경영진에게 가서 장부를 틀리게 작성하라고 압력을 행사하는 일은 옳지 않다고 말했습니다. 부하직원은 직급이 낮은 트레이더였습니다. 일이 알려지면 그는 경력에 큰 오점을 남기게 될 처지였습니다. 저는 장부를 바르게 작성해야 한다고 이야기했고, 상당히 설득력 있게 이야기를 했다고 생각했습니다.

일주일 후, 제가 팀 내에서 불화를 만든다면서 회사를 떠나라고 하더군요. 저는 아무래도 좋지만 제가 받기로 되어 있는 성과급을 먼저 지급해달라고 요구했습니다. 그랬더니 먼저 회사를 그만두면 주겠다고 답하더군요. 저는 "내 이마에 '멍청이'라고 쓰여 있나요?"라고 반문했습니다. 이후 노무라의 경영진과 두 번 정도 회의를 가졌습니다. 그들을 믿을 수가 없어서 몰래 녹음기를 가지고 갔었지요.

결국 저는 해고되었고, 노무라를 상대로 소송을 제기했습니다. 재판까지 3년이 걸렸고, 35만 파운드의 비용이 들었습니다. 만약 소송에서 졌다면, 무일푼이 되고 말았을 겁니다. 하지만 재판에서 이길 수 있었습니다.

몰래 녹음한 자료가 재판에 활용되었나요?

물론입니다. 매우 유용하게 활용되었어요. 우리는 녹음 내용을 글로 적어 노무라 증권에 제공했습니다. 하지만 노무라 측은 준비가 덜 되어 있었습니다. 재판 중에 노무라 측 증인이 당시 대화를 증언하기 위해 출석했습니다. 판사가 "녹음 내용을 적은 자료에서 원고가 한 말을 찾아보세요"라고 말했습니다.

증인은 "자료에 없습니다"라고 대답했죠.

그러자 판사는 "내가 어디에 적혀 있는지 찾아주도록 하죠. 그다음 부분도 판사가 확인해주어야 하나요?"라고 말했습니다.

녹음된 내용은 저의 신뢰성을 확인시켜주었습니다. 저는 진실을 말했고, 그들은 거짓말을 했으니까요. 재판에 이겨서 제가 올린 수익의 15%인 135만 파운드를 받았습니다. 원래는 20%를 받기로 되어 있었습니다. 돌이켜보면 재판에 이기기는 했지만, 소송은 좋은 생각이 아니었습니다.

어째서 그렇게 생각하십니까?

재판 때문에 아무것도 하지 못했기 때문입니다. 합의금으로 받은 135만 파운드의 몇 배를 벌 수도 있었어요. 현명하지 못한 거래였습니다.

그 기간 동안 무엇을 하셨나요?

집을 지었습니다. 제가 직접 기초부터 거의 모든 작업을 했습니다. 제가 하지 못하는 부분만 전문가에게 맡겼습니다.

3년 동안 집을 짓는 것 외에 다른 일을 하지는 않으셨나요?

소송도 있었고, 집도 지었습니다. 그 일만으로도 상당히 벅찼습니다.

이후 무엇을 할지에 대해 계획하고 계셨나요?

무엇을 해야 할지 전혀 몰랐습니다. 다만 시티는 더 이상 가고 싶지 않았습니다. 절대로 돌아가지 않겠다고 마음먹었어요.

그건 왜인가요? 시장에서 상당히 좋은 실적을 올리셨는데요.

사람들에 대해 좋지 않은 기억이 너무 많았습니다. 기업정책이나 사람들의 거짓말 등이요. 상사들에게는 많은 돈을 벌어주었는데, 저는 돈을 많이 벌지 못했어요. 부당한 급여를 받거나, 고용 계약이 제대로 되었더라도 그와는 별개로 뭔가 일이 계속해서 틀어져버렸습니다. 우울한 기억뿐이었습니다.

시장을 사랑하시는 것 같습니다. 심지어 트레이딩이 돈을 받으면서 비디오 게임을 하는 것 같다고도 말씀하셨죠. 그런데 어쩌다가 트레이딩을 그만둘 생각까지 하게 되셨습니까?

흥미로운 질문이네요. 그렇죠? 1986년에는 하고 싶은 일을 찾을 때까지 돈을 벌어보자는 생각으로 시티로 갔습니다. 하지만 그 답은 아직도 찾지 못했습니다.

하지만 결국에는 시장으로 돌아가셨습니다. 무슨 일이 있었나요?

일종의 우연이었습니다. 냇웨스트에서 함께 일했던 친구와 베네수엘라로 낚시 여행을 떠났습니다. 여행 중에 뉴욕에 들렀을 때 만난 나이가 지긋한 중개인이 제게 퍼스트 뉴욕 시큐리티즈(First New York Securities)[2]와 이야기를 해보라고 조언했습니다. 덕분에 퍼스트 뉴욕 시큐리티즈의 설립자 두 명을 만나게 되었어요. 당시 두 사람 모두 60대였습니다. 그들은 제가 벌어들이는 수익의 일정 비율을 지급하겠다면서 설득했습니다.

처음에는 나쁜 기억들 때문에 망설였습니다. 하지만 뉴욕에서 일단 몇 개월이라도 일해보기로 했습니다. 몇 개월이 지나자 담당자가 제게 말했습니다. "우리는 자네에 대해 이런저런 이야기를 나누었네, 자네는 참 모를 사람이더군."

저는 생각했습니다. '또 시작이구나. 무언가 또 안 좋은 일이 생기겠구나.'

그는 말을 이어갔습니다. "지금까지 상당한 수익을 벌어들였는데, 여기에 대해 아무 말도 하지 않으니 말이야."

저는 "계약이 필요하다고 생각했으면 이곳에 오지 않았을 겁니다. 지금이라

---

[2] 정보를 모두 공개하는 취지에서 내 아들이 퍼스트 뉴욕 시큐리티즈 근무하고 있다는 사실을 밝혀둔다. 인터뷰 중 클락과 퍼스트 뉴욕 시큐리티즈의 인연에 매우 놀랐다.

도 계약을 해야 한다고 말씀하시면 저는 일을 그만두겠습니다. 제가 벌어들인 돈을 그냥 가지셔도 좋습니다"라고 말했습니다. 그리고는 농담이랍시고 이렇게 덧붙였습니다. "혹시 제가 버스에 깔려 죽기라도 한다면 제가 번 돈은 우리 아이들에게 주실 거죠?"

같은 날 오후, 퍼스트 뉴욕 시큐리티즈의 파트너 두 명이 각자 제게 와서 안심을 시켜주었습니다. 한 명은 "만약 자네에게 무슨 일이라도 생긴다면, 자네 가족이 꼭 돈을 받을 수 있도록 확실하게 조치해놓겠네"라고 말했습니다(클락은 당시를 회상하면서 가슴 뭉클해했다).

당시 일을 지금까지도 잊지 못하시는 것 같습니다.

제게 그렇게 말을 해준 사람은 처음이었기 때문입니다. 정말 감동적이었습니다.

'참 모를 사람'이라는 건 무슨 뜻인가요?

많은 수익을 벌어들였는데, 제가 받을 돈에 대해서 언급하지 않았기 때문입니다. 그래서 결국 그쪽에서 먼저 말을 꺼냈던 것입니다.

당시 어떤 트레이딩을 하셨나요?

방향성 전략을 활용하는 위험차익거래를 했습니다.

그게 정확하게 어떤 의미인가요?

일종의 위험차익거래이지만, 리스크를 헤지하지 않거나 양방향으로 매수 포지션을 구축하는 것입니다.[3] 상황에 따라 달라져요. 기본적으로는 합병을 진행하고 있는 기업들의 주식을 매대하는 겁니다.

---

3. 일반적인 주식을 통한 합병의 경우, 위험차익거래 매니저들은 합병 대상 기업의 주식을 매수한다. 이때 합병이 불발될 가능성이 있기 때문에 발표된 교환비율에 따라 할인된 가격으로 매수하고 합병 주체인 기업의 주식을 매도하는 방식으로 리스크를 헤지한다. 합병이 성사되면 할인된 가격만큼을 수익으로 벌어들이게 된다. 클락은 합병에 참여하는 기업들의 주식을 전통적인 차익거래 방법이나 일반적인 방법으로 매매했다.

지금의 펀드를 설립하셨을 때, 퍼스트 뉴욕 시큐리티즈와의 관계는 어땠나요?

저는 2001년 영국에 자산관리기업을 설립하고 이벤트 드리븐 펀드를 만들었습니다. 한편으로는 퍼스트 뉴욕 시큐리티즈의 자산을 운용하는 일도 병행했습니다. 지금도 마찬가지입니다. 저는 사실상 퍼스트 뉴욕 시큐리티즈의 자문입니다. 하지만 제 펀드의 규모가 10억 달러를 넘었을 때 더 이상은 무리라고 생각했습니다.

퍼스트 뉴욕 시큐리티즈의 대표 중 한 명을 만나 제 펀드를 운용하느라 바빠서 더 이상 자문 역할을 계속할 수가 없다고 말했습니다. 그리고는 "자문 역할 일부를 넘겨드리겠습니다. 하지만 대표님은 너무 나이가 드셨어요. 그래서 퍼스트 뉴욕 시큐리티즈를 죽이고 있습니다. 이제는 그만 떠나세요"라고 조언했어요. 그는 "자네 말이 옳은 것 같네"라고 하더군요.

왜 대표가 펀드를 죽이고 있다고 생각하셨습니까?

기업의 설립자들이 흔히 그렇듯 그 역시 퍼스트 뉴욕 시큐리티즈를 쥐락펴락했습니다. 두 사람은 25년간 프롭 계좌를 운용했고, 단 한 해도 손실을 기록하지 않았습니다. 실적은 훌륭했지만 자산 운용 면에서 성장의 기회를 놓치고 있었습니다. 헤지펀드가 크게 성장한 시기에도 헤지펀드는 전혀 운용하지 않았어요. 리스크를 감당하기에는 너무 나이가 들었고, 스스로도 인정하고 있었습니다. 결국 저는 퍼스트 뉴욕 시큐리티즈의 경영진 중 한 명이 되기로 동의했습니다. 퍼스트 뉴욕 시큐리티즈는 상당히 비효율적으로 운영되고 있을 뿐 아니라 트레이딩 기술도 없습니다. 효율성을 제고하여 21세기의 요소를 주입해야 합니다. 외부에서 펀드 예탁금도 받고 기업의 가치도 올려야 합니다. 그게 지금의 계획입니다.

클락 씨의 장기적인 목표는 무엇입니까?

저는 여전히 무엇을 하고 싶은지 결정하지 못했습니다. 언젠가는 알게 되겠죠. 어떤 면에서는 상당히 우울한 일입니다.

이해가 가지 않는군요. 지금까지도 상당히 성공하셨는데 말이죠.
하지만 제가 지금까지 이루어놓은 게 뭔가요? 아무것도 없습니다.

무엇으로 성공 여부를 가늠하십니까? 만약 돈으로 판단하신다면, 어느 모로 보나 이보다 더 성공하기도 힘들 겁니다. 경력으로 보아도 정말 훌륭하십니다. 꼭 암을 치료하는 신약을 개발하기라도 해야 성공한 건 아닙니다. 만약 세상에 영향력을 행사하고 싶으시다면 가지고 계신 돈을 기부하시면 될 겁니다.
기부는 하고 있습니다. 하지만 더 잘할 수 있는 일을 아직 찾지 못한 것 같습니다. 무엇을 해야 할지 더 찾아봐야 할 것 같아요.

트레이더가 천직이라고 생각하지 않으십니까?
아닙니다. 약간 자만으로 들릴 수도 있겠지만 마음만 먹으면 무엇이든지 할 수 있다는 것이 제 생각입니다. 시티에서 트레이더로 일했고, 집도 지었습니다. 은행을 상대로 한 소송에서 승소했고요. 헤지펀드드 만들었습니다.

그렇게 생각하신다면, 하고 싶은 일을 무조건 해보면 어떨까요?
그게 문제입니다.

무엇을 하고 싶은지 모르시는 거죠?
네, 펀드 운용이 재미가 없다는 건 아닙니다. 정말 즐기고 있어요. 하지만 이전만큼은 아닙니다.

왜 그런가요?

전보다 훨씬 간단해졌기 때문입니다. 그냥 트레이딩만 하면 됩니다. 그저 펀드를 운용하는 겁니다.

여전히 무언가를 찾고 계시는군요.
네, 여전히 메우지 못한 구멍이 하나 있습니다. 어떻게 해야 제가 만족할 수 있을지 찾고 있어요. 트레이딩에는 문제가 하나 있습니다. 경력이라는 것이 필요 없어요. 마지막 트레이딩의 결과가 좋으면 그뿐입니다. 무언가를 이루는 것이 아니라 단순히 매매를 하는 거예요. 트레이딩을 그만두는 순간 아무것도 남지 않게 됩니다. 평생 하루도 빼놓지 않고 일정 시간 동안 일을 했지만 벌어들인 돈을 제외하고는 아무것도 보여줄 것이 없습니다. 멈추어 서서 돌아보지 않기 위해서 계속 트레이딩을 해야 합니다. 지금까지 해왔기 때문에 그냥 하는 일이라고 할까요? 아무것도 만들어낸 게 없습니다. 이루어놓은 것도 없고요. 어느 날 트레이딩을 멈추고 과거를 돌아보면 '지금까지 내가 이루어놓은 게 뭐지?'라는 생각에 놀랄 겁니다. 허무주의적인 시각일지도 모르겠지만, 제 생각이 그렇습니다. 저는 아직 무엇을 해야 할지 결정하지 못했던 17살 그대로입니다.

처음에는 트레이딩에서 즐거움을 느끼셨는데 이제는 불만족스러우시군요. 왜 생각이 바뀌었는지 알고 계십니까?
확실히는 모르겠습니다. 다만 트레이딩 대신 펀드를 성장시켜야겠다고 결정한 순간부터였던 것 같습니다.

헤지펀드를 설립한 때부터라는 말씀이십니까?
아마 그럴 겁니다. 어느 순간부터 즐겁지가 않았어요. 트레이딩에서 재미를 느꼈다면 언제든지 그만둘 수 있습니다. 하지만 펀드의 경우에는 아무 때나 그만둘 수가 없습니다. 트레이더는 매우 자유로운 반면, 펀드는 어떤 의미에서 감옥과 같아요.

아이러니하게도 퍼스트 뉴욕 시큐리티즈의 경영진에 합류하시면서 더 큰 책임을 맡게 되셨습니다. 왜 그런 결정을 내리셨나요?
합리적으로 해야 할 일이었기 때문입니다.

해야 할 일이란 기업을 바로 잡는 것을 말씀하시는 건가요?
네, 시간을 들여 기업을 바로 잡고 가치를 높이는 일입니다. 매우 합리적인 일이에요. 저는 언제나 합리적으로 행동하려고 노력합니다. 때로는 합리적으로 내린 결정이 전혀 원하지 않는 결과를 낳을 때도 있습니다. 처음 퍼스트 뉴욕 시큐리티즈에 갔을 때만 해도 "나는 경영은 원하지 않아. 트레이딩만 원할 뿐이야"라고 말했지만, 지금은 전혀 다른 결과를 얻게 되었습니다.

정말 아이러니하군요. 경영은 전혀 원하지 않으셨는데, 경영진에 합류하게 되셨으니까요.
그렇습니다. 그래서 언젠가는 밑천이 드러나도, 그 결과 제가 개인적으로 동기를 부여받을 수도 있다는 생각을 늘 하고 있습니다.

'밑천이 드러나다'는 건 무슨 뜻인가요?
지금까지 경력을 쌓아오면서 운이 좋았다고 생각되었던 때가 몇 번 있었습니다. 어쩌면 제가 무엇을 하고 있는지 저 자신도 모르고 있는지 모릅니다. 그저 허풍을 떨고 있었는지도 몰라요. 우연히 몇 번의 트레이딩에 성공했을 뿐, 앞으로 더 이상은 트레이딩으로 성공을 하지 못할지도 모릅니다. 즉 밑천이 드러나는 것이지요.

미리 약속했던 인터뷰 시간이 다 되었고, 클락은 또 다른 회의가 있어 자리를 떠야 했다. 우리는 클락의 뉴욕 출장 때 인터뷰를 마무리하기로 약속했다. 수개월 후 퍼스트 뉴욕 시큐리티즈를 방문했다. 일상적인 대화가 몇 번 오간 후 클락은 내가 미처 질문을 하기도 전에 트레이딩에 관한 이야기를 꺼냈다.

트레이더는 자신에게 솔직해야 합니다. 저는 가격이 하락할 때를 대비해 매수 전략을 세우는 트레이더들을 상당수 만났습니다. "8달러에 매수했는데 가격이 7달러, 6달러, 5달러로 떨어진다면 더 사서 물타기를 하자"라는 식입니다. 하지만 가격이 8달러에서 6달러 이하는커녕 7달러로 하락하는 정도를 버티지 못한다면, 애초에 매수를 하지 말았어야 합니다. 혹 매수하더라도 투자 포지션을 25%로 제한해야 합니다. 심리적으로 감당할 수 있을 만큼 작은 규모로 트레이딩을 하도록 자신을 훈련시킬 필요가 있습니다.

트레이딩을 정말 좋아하고 통 크게 투자하는 트레이더가 있다고 생각해보세요. 그런데 변동성을 감당하지 못한다면 10분 후 시장이 투자 포지션과 반대로 움직이기만 해도 투자를 포기하고 손실을 기록할 거예요. 궁극적으로 많은 수익을 올릴 수 있었다고 해도 소용이 없습니다. 시장에서 흔히 볼 수 있는 트레이더들의 행동이에요. 자신의 포지션을 지킬 수 있는 능력은 가격이 아니라 투자 포지션의 크기에 따라 결정됩니다.

그러니까 트레이더들이 진입 시점을 찾는 데 급급하지만 현실적으로는 진입가격이 아니라 최초 투자 포지션의 규모가 중요하다는 말씀이시군요. 제대로 규모를 결정했다면 수익 잠재력이 큰 투자를 고수할 가능성이 커지니까요.

제가 첫 상사에게 배운 교훈 중 하나는 가격이 아니라 포지션의 크기 조절이 더 중요하다는 것이었습니다. 마찬가지로 유동성도 매우 중요합니다. 합병 협상이 결렬되면 유동성 때문에 곧바로 빠져나와야 합니다. 유동성이 크게 줄었더라도 약간은 남아 있으니까요. 기다리다가 유동성이 말라버린다면 과도한 투자 포지션을 가지고 방향성 매매를 해야 하는 상황이 되어버립니다.

트레이더들이 공통적으로 저지르는 실수의 대표적인 사례군요. 그 외에 트레이더들이 저지르는 전형적인 실수에는 어떤 것이 있습니까?

퍼스트 뉴욕 시큐리티즈에서 흔히 목격한 일 중 하나는 거대 투자은행과 같이 정보가 많은 환경에서 일하던 트레이더들이 다른 곳으로 일자리를 옮긴 후 정보 부족으로 곤혹을 치르는 것입니다. 마치 진공 상태에서 트레이딩을 하는 기분일 겁니다. 오랫동안 상당한 규모로 투자를 해왔던 트레이딩의 귀재들이 이곳에 와서는 전혀 수익을 내지 못하는 경우가 많습니다. 심지어 손실을 기록하기도 합니다. 그러면 악순환이 시작되는 거죠. 트레이딩 규모는 줄어들고, 1달러만 잃어도 심리적으로 크게 위축되기 시작합니다. 그리고 객관적인 시각을 모두 잃어버리게 됩니다. 트레이더 중 상당수는 계획을 세우지 않습니다. 다만 자신을 둘러싸고 있는 주변 환경에 대응할 뿐이에요. 저는 이들에게 과거에 활용했던 정보의 흐름을 되찾을 필요가 있다고 알려줍니다. 정보를 제공해줄 만한 사람을 스무 명 정도 뽑아서 매일 전화를 하라고 조언합니다.

효과가 있나요?

글쎄요. 조언을 잘 듣지 않으려고 해서요.

그 외에 또 어떤 조언을 하십니까?

저 역시 비슷한 상황을 겪었습니다. 집중할 만한 대상을 찾는 게 중요합니다. 프롭 트레이더는 바쁜 게 좋습니다. 트레이딩 화면을 들여다볼 시간이 많지 않으니까요. 특히 한 번에 제한된 포지션을 구축하는 투자방식의 경우라면 더욱 그렇습니다. 투자 포지션을 구축한 다음 시장의 반응을 기다리면서 무슨 일을 해야 할까요? 투자은행의 세계로 돌아가서 회의도 하고, 그 외의 소모적인 일을 하면 됩니다. 시간 낭비라고 불평하는 트레이더도 있겠지만 덕분에 트레이딩 화면을 들여다보면서 포지션을 확인하는 시간은 줄어듭니다. 하루 12시간 화면 앞에 앉아서 시장의 가격을 확인할 필요는 없습니다. 가격을 들여다본다고 달라지는 건 없습니다. 오히려 너무 과도하게 트레이딩(Overtrading)하게 될 뿐입니다.

성공적인 트레이더들을 인터뷰하면서 찾아낸 공통점 중 하나는 인내심이었습니다. 수익 가능성이 큰 포지션을 가지고 충분한 시간 동안 기다릴 줄 아는 것을 중요하게 생각했습니다. 정도의 차이는 있지만 데이 트레이더들도 마찬가지였습니다. 아무래도 화면을 오래 들여다보고 있으면 조바심이 생기겠죠.

인내심도 부족해지고, 조정 중에는 가격이 하락할 때마다 고통을 받게 됩니다. 시장이 반대로 움직일 때마다 실제적인 고통을 느낄 겁니다.

실제 경험에서 우러나오는 이야기 같습니다.

지금까지 몇 번이나 머리를 감싸 쥐면서 "절대 다시는 한 푼도 벌지 못할 거야. 나는 머저리야. 언제나 그랬어. 결국 밑천이 드러날 거야"라고 절망했던 적이 있습니다. 10년 동안 수익을 올린 트레이더라도 언제 겪을지 모르는 슬럼프입니다.

트레이딩 기술을 가지고 있다고 생각했는데, 어느 날 모든 것이 사라져버린 듯이 느껴지는 거죠.

맞습니다. 사실 제가 훌륭해서 성공한 게 아닙니다. 시장 덕분이에요. 하지만 시장은 변합니다. 그럴 때면 어쩔 줄을 모르겠어요. 정말이지 끔찍한 기분이지요.

그처럼 심한 슬럼프에 빠지면 어떻게 극복하십니까?

오랜 경험으로 미루어봤을 때, 그런 일이 있으면 아무것도 하지 않아야 합니다. 2주 혹은 원하는 만큼 오랜 기간 동안 트레이딩이 아닌 다른 일을 하면서 자신을 다스리는 겁니다. 휴식을 갖는 거예요.

효과가 있나요?

그럼요. 단, 휴가를 떠나기 전에 모든 포지션을 정리해야 합니다. 모조리 정리하는 겁니다. 트레이딩을 떠나서 완전히 잊는 거지요. 시간이 좀 필요할 거예요. 처음 며칠간은 고문을 당하는 것 같을 겁니다. '이렇게 했어야 했는데, 저렇게 했어야 했는데' 하는 생각 때문에요. 제 경우 며칠이 지나면 마음의 짐을 덜 수 있었습니다. 그러면서 긴장도 풀게 되고요. 그리고 돌아올 때는 한동안 절대 트레이딩을 하지 않겠다는 규칙을 세워야 합니다.

예를 들어 처음 2주 동안은 참겠다는 식입니다. 매수가 하고 싶어서 좀이 쑤셔도 참아야 합니다. 자신과 시장이 조화를 이루지 못하고 있기 때문입니다. 만약 아니라면, 휴가를 갈 일도 없었을 거예요. 충분히 준비가 되었다고 생각되고, 또 매수하고 싶은 종목이 눈에 띄면 일반적으로 하던 것보다 훨씬 작은 규모로 트레이딩을 시작합니다. 처음 생각대로 트레이딩이 흘러가다가 갑자기 반대로 시장이 움직이는 경우가 50% 이상입니다. 향후 몇 틱에 대해서만 감을 갖는 게 고작이기 때문입니다.

이때 퍼스트 뉴욕 시큐리티즈의 사장이 이곳에서 근무 중인 내 아들을 데리고 회의실로 들어와서 "여기 이 친구예요."라고 소개했다. 나는 인터뷰 약속 시간 직전에 도착한 까닭에 아들의 안부를 물을 시간이 없었다.

우리는 몇 분 동안 함께 이야기를 나누었고, 곧 사장과 아들은 회의실을 나갔다. 클락은 아들에 대해 몇 가지를 물었다. 나는 아들이 처음 트레이딩을 시작할 때 거래량 증가에 주목한다는 사실을 언급했다. 클락의 관심을 끌 만한 트레이딩 방식이었기 때문이다.

정말 흥미롭군요. 제가 리먼 브라더스에서 정보를 얻지 못해 곤란했을 때 했던 일이 바로 유럽 시장에서 이례적으로 거래량이 늘어난 종목을 골라내는 것이었습니다. 그다음에는 이들의 차트를 모두 분석해 흥미로운 저점을 형성한 종목을 가려냈습니다. 그리고 정보를 제공해주던 지인들에게 전화를 걸어 이들 종목에 대해 물었습니다. 이런 방식으로 트레이딩 대상을 찾을 수 있었습니다. 거래량은 매우 중요합니다. 확실히 매우 의미 있는 지표라고 생각합니다.

지금도 거래량에 주목하십니까?
네, 특정 종목이 저점을 빠져나올 때는 갑작스러운 거래량 증가가 나타납니다. 곧 다시 잠잠해질 수도 있기 때문에 이때가 꼭 매수시점은 아닙니다. 하지만 확실히 누군가가 매수를 하기 시작했다는 뜻입니다. 그다음에 찾아낼 신호는 전체 시장이 하락하는 날에도 견고하게 버텨내는지 여부입니다. 지속적인 매수세가 유입되고 있다는 사실을 보여주니까요. 만약 그렇다면 조금씩 투자 포지션을 구축해야 합니다. 가끔 이런 종목들은 갑작스럽게 갭업(Gap Up)하기 때문에 따라잡아야 할 때도 있습니다. 동시에 펀더멘털도 살펴야 합니다. 휴짓조각이 되어버릴 종목을 선택에서는 안 되니까요. 거래량은 잠재적으로 흥미로운 투자 대상을 찾을 수 있는 방법입니다.

사람들에게 전화를 걸어 정보를 얻으라고 조언하셨는데, 실제 남들로부터 유용한 정보를 얻은 사례가 있습니까?
정보를 얻기 위해서 기꺼이 전화를 걸 준비가 되어 있어야 합니다. 또 어떤 질문을 해야 할지도 알아야 하고요. 정말 유용한 정보를 얻을 수 있을지는 알 수 없습니다. 연방통신위원회(Federal Communications Commission)의 승인을 기다리고 있는 합병 건이 하나 있었습니다. 그런데 아무 일도 일어나지 않는 겁니다. 소문은 계속 퍼져만 가고, 투자 포지션에 대한 우려도 커져갔습니다. 그래서 연방통신위원회에 계속 전화를 걸었습니다. 그런데 운 좋게도 위원회 간부의 비서와 통화가 된 겁니다. 비서는 "아, 그거요. 결제만 남았어요. 그런데 담당자가 이번 주 낚시 여행을 가셨습니다"라고 말하더군요.

한 번은 은행관계자로부터 특정 계약에 관한 자금 지원 정보를 얻은 적이 있습니다. 그가 직접적인 대답을 줄 수 없다는 사실을 알고 있었기 때문에 똑같은 내용을 10가지의 다른 방법으로 질문했습니다. 통화를 마친 후 저는 "지금 당장 다 도해"라고 말했습니다. 그 사람은 제게 합리적으로 귀띔을 해줄 수 있는 방법이 여러 가지 있었지만 한마디도 하지 않더군요.

은행관계자가 뭐라고 귀띔해줄 수 있었을까요?

자금이 지원되었는지 아닌지를 말할 수는 없지만, 진행 중이라거나 혹은 긍정적이라거나 하는 식으로 대답해줄 수 있었습니다.

그런데 뭐라고 말했나요?

어떤 질문을 해도 그의 대답은 "그 질문에는 대답할 수 없습니다"라는 것뿐이었습니다. 전화를 걸어 몇 번이고 물어보지 않았더라면 절대 몰랐겠지요.

클락 씨의 트레이딩 과정을 보여주는 사례를 말씀해주시겠습니까?

2003년 피아트(Fiat) 투자가 좋은 예입니다. 우리는 단 한 건의 매매로 한 달 동안 20%의 수익을 올렸어요. 당시 시장은 베어마켓 후 크게 반등하고 있었습니다. 피아트는 대대적으로 주주배정 유상증자(Right Issue)를 실시했어요.[4] 한편 도이체 뱅크는 가지고 있던 자동차산업 관련 주를 일부 처분하기로 했

---

4. 주주배정 유상증자란 기업이 자본을 끌어 모으는 방법 중 하나다. 기존의 주주들을 대상으로 실시되는 유상증자로, 각자 보유하고 있는 주식의 비율에 따라 새로 발행된 주식을 할인된 가격에 특정 기간 동안 매수할 수 있다. 주주들은 추가적으로 주식을 매수하거나 혹은 매수를 원하는 다른 사람에게 양도하는 방법으로 권리를 행사한다. 이때 주식의 시장가격과 권리를 행사하는 가격의 차이만큼의 가치가 발생된다. 주식을 빌려줄 수 있을 때는 유상증자에 관한 권리가 원래의 가격보다 높은 수준에서 매매된다. 그렇지 않으면 권리를 매수하고 주식에 대해 매도 포지션을 구축하는 방식으로 리스크 없는 차익거래를 할 수 있기 때문이다.

는데, 피아트 주식도 그 대상이었습니다. 도이체 뱅크는 권리 행사로 지분을 늘리는 대신 권리를 양도하기로 결정했습니다. 피아트의 주가는 시장의 반등과 함께 상승해야 했지만 도이체 뱅크가 워낙 많은 지분을 내놓는 바람에 오히려 하락하고 있었어요. 도이체 뱅크의 결정은 펀더멘털 때문이 아니라 포트폴리오의 균형을 맞추기 위해서였습니다. 어쨌거나 덕분에 피아트 유상증자에 관한 권리는 매우 저렴한 가격에 거래되고 있었습니다. 그래서 우리는 피아트 주식을 싸게 매수할 수 있었지요. 여러 가지 면에서 합당한 투자였어요. 무엇보다 시장이 상승하고 있었거든요.

둘째로 피아트의 주가가 시장 및 자동차산업 전반에 비해 과소평가되어 있었습니다. 하지만 펀더멘털이 아니라 유상증자와 도이체 뱅크의 매도 등 기술적인 이유 때문이었습니다. 셋째로 유상증자에 대한 권리는 적은 자본으로 거대한 포지션을 구축할 수 있는 방법이었습니다. 넷째로는 도이체 뱅크는 상당한 양의 유상증자 권리를 매도하고 있었고, 주식을 빌리는 건 쉽지 않았습니다. 그래서 피아트 주식에 대한 권리가 실제 가치보다 훨씬 낮은 수준에 매매되었습니다.

트레이더가 되고 싶은 사람들에게 해주고 싶은 조언이 있나요?

먼저 자신의 동기가 무엇인지를 알아야 합니다. 트레이더가 되고 싶다고 말하는 사람 중에는 실제 자신이 원하는 것이 무엇인지를 잘 모르는 사람들이 있습니다. 트레이딩은 거칠고 신비한 일입니다. 사실은 애널리스트에 더 적합하지만 이를 인정하지 않고 트레이더가 되고 싶다고 하는 사람들이 있어요. 애널리스트가 되면 더 많은 돈을 벌 수 있는 사람들이지요. 그쪽에 더 강점을 가지고 있는 것입니다.

지금까지 많은 트레이더를 만나보셨을 텐데요. 성공적인 트레이더의 자질은 무엇이라고 생각하시나요?

성공하는 트레이더는 모두 열심히 일합니다. 퍼스트 뉴욕 시큐리티즈 뉴질랜드 지사에 전 세계 모든 시장의 주식을 매매하는 트레이더가 한 명 있습니다. 물론 그럴 리야 없겠지만, 겉보기에는 하루 24시간 깨어 있는 것처럼 코일 정도입니다. 제가 알고 있는 성공한 트레이더들은 대부분 뛰어난 트레이딩 기술을 하나씩 가지고 있습니다. 단 한 가지 기술에 집중하는 데 정말 잘합니다. 자신의 특기를 버렸다가 오히려 큰 실패를 겪는 경우가 많습니다. 헤지펀드 매니저들 중에는 자신만의 특기로 많은 돈을 번 후 '하나만 하는 건 지루해. 난 정말 뛰어나니까 다른 것도 해보자'라는 생각에 사로운 시도를 하려는 사람들이 많습니다.

매크로 트레이더들 중 상당수는 다전략 펀드로 분야를 넓히고 있어요. 하지만 2008년, 이들은 여기저기에 노출되어 있어서 실적이 좋지 않았습니다. 당시 한 유명 매크로 트레이더는 펀드 투자자들에게 자신은 수익을 올렸지만 다른 전략을 활용하는 펀드 매니저들은 수익을 모두 날려버렸다는 내용의 편지를 써보냈습니다. 하지만 그들을 고용한 것도, 그들에게 돈을 맡긴 것도 자기 자신입니다. 헤지펀드 세계에서 흔히 보게 되는 일이에요. 상당한 돈을 번 후 뭐든지 잘할 수 있다는 생각으로 자신의 능력을 다변화하는 겁니다.

트레이더들이 자신의 뛰어난 기술을 버리고 실패할 가능성이 있는 새로운 분야를 시도하려는 이유가 뭘까요?
마음 속 깊이 자신의 기술은 단 하나뿐이며, 그마저도 곧 사라져버릴 수 있다는 것을 알기 때문입니다.

하지만 성공하는 트레이더들은 자신의 특기가 사라졌을 때 새로운 기술을 배웁니다.
네, 그렇습니다. 하지만 어떤 트레이더들은 자신의 기술이 효과가 있는데도 불구하고 새로운 방식을 시도했다가 가지고 있는 것마저 잃어버리고 맙니다. 하루에 같은 일을 10시간 이상 하는 집착이 필요합니다. 집착이 있는 사람이 훌륭한 트레이더가 됩니다.

그 외에 성공하는 트레이더를 구별하는 특성에는 또 무엇이 있습니까?
정말 훌륭한 트레이더는 순식간에 자신의 마음을 바꿀 줄도 알아야 합니다. 독단적인 의견이 있더라도 곧 바꿀 수 있어야 합니다. "시장은 곧 상승한다. 상승할 수밖에 없다. 아니, 하락세가 확실하다"라는 식이에요. 만약 그렇지 못하면 자신의 투자 포지션에 빠져 큰 손실을 입을 수도 있습니다.

아주 짧은 시간 동안 완전히 마음을 바꾸었던 경험이 있으신가요?
몇 년 전, 유로 디즈니(Euro Disney)가 미국 시장에 상장되었을 때가 여기에 꼭 들어맞는 예입니다. 이미 유럽에서는 상장이 끝난 뒤였지만 미국에서는 블루 스카이법(Blue Sky, 미국의 각 주정부가 독립적으로 유지하는 증권 규제법) 때문에 상장되기까지 시간이 좀 걸렸습니다. 저는 상장과 동시에 매수 수요가 엄청날 것으로 예측하고 상당한 크기의 포지션을 구축했습니다. 일반 투자자들의 매수가 허용된 첫날, 수백만 건의 주문이 쏟아졌습니다. 저 역시 아침부터 상당한 양을 매수했고, 계속 매수 주문을 넣고 있었습니다. 개장과 함께 갭-업한 유로 디즈니의 주가는 계속 상승했습니다. 물량이 너무 적어서 주가는 계속해서 상승하고 있었죠. 저는 그 즉시 포지션을 완전히 바꾸어 가능한 많은 양을 매도했습니다.

왜 생각을 바꾸셨습니까?
시장이 과열되어 있다는 사실을 깨달았기 때문입니다. 가격이 얼마나 상승하든지 무조건 매수하려는 분위기였어요. 시장의 추세가 바뀌기라도 한다면 주가가 급락할 거라고 생각했습니다.

이후 주가가 급락했군요?

당일, 어느 순간 주가가 10% 하락하더니 이후 며칠 동안 하락세가 지속됐습니다. 다들 똑같은 행동을 하고 있었기 때문이죠. 모든 사람들이 매수세 유입을 예측하고 매수 포지션을 구축하고 있었던 겁니다.

갑자기 마음을 바꾸게 만드는 일종의 촉매가 있나요?

어느 순간 문득 깨닫습니다. 제가 원래 흥분을 좀 잘하는 편입니다. 1987년에 시장이 붕괴하기 전, 저는 경험이 많은 트레이더들과 함께 일하고 있었습니다. 그때 런던 앤드 오버시즈 프라이트(London and Overseas Freight)라는 소형주를 꼭 개수해야 한다는 소문이 돌았습니다. 개장 시점에 주가는 10파운드였고, 저는 12파운드에 매수했습니다. 하루 종일 주가는 계속 상승했습니다. 13파운드, 14파운드, 15파운드, 16파운드……. 저와 함께 일하던 능수능란한 트레이더들은 계속 버티다가 나중에야 매수를 시작했습니다. 그 와중에도 주가는 계속 상승했어요. 마침내 매수에 실패한 트레이더 한 명이 플로어에 놓인 스피커에 대고 소리쳤습니다.

"대체 지금 얼마야?"

누군가 대답했습니다.

"22파운드야!"

그때 트레이더가 했던 말을 지금도 똑똑히 기억합니다.

"가격은 상관없어, 무조건 사!"

그가 매수한 가격은 23파운드였습니다. 하지만 그게 최고가였고, 당일 폐장 때 주가는 12파운드로 마감했습니다. 이후 상장폐지되었고요. 주식시장의 과열을 축소판처럼 보여주는 사건이었어요.

수년 후 유로 크즈니가 미국에 상장했을 때 제가 그때처럼 흥분하고 있다는 사실을 깨달았습니다. 저 역시 중개인에게 "일단 주식을 사겠어! 일단 사야 돼!"라고 외쳤습니다. 그러다가 갑자기 정신을 차렸어요. "이런 비슷한 일이 있었는데. 전에 본 적이 있는 일인데"라는 생각이 들었습니다.

대부분의 이벤트 드리븐 전략 펀드와 달리가 상당히 낮은 변동성을 기록하고 있는 이유는 무엇입니까?
포지션의 규모를 줄일 줄 알아야 합니다. 저는 투자 포지션을 줄일 줄 모르는 사람은 절대 용납하지 않습니다.

2007년과 2008년, 변동성이 큰 하락세에서는 어떻게 대처하셨습니까?
2007년에는 방향성 투자 및 장기적인 투자 포지션을 모두 정리하고, 단기 차익거래에 집중했습니다. 제 확신으로 시장의 변동성으로 인해 스프레드가 커진 매매에만 집중했던 겁니다. 이들 기업의 거래 능력은 세계 시장의 상황에 타격을 받지 않습니다. 당시 제가 생각하는 유일한 리스크는 갑작스러운 사건 때문에 중개인들이 증거금 비율을 바꾸어 어쩔 수 없이 투자 포지션을 청산하는 것뿐이었습니다. 이런 일이 발생할 가능성은 시장이 상당한 조정을 받는 것 외에는 없다는 것이 제 생각이었습니다. 혹시 모를 시장조정의 가능성을 헤지하기 위해서는 S&P의 외가격 풋옵션을 매수했습니다. 풋옵션 비용은 외가격 콜옵션을 매도해서 상쇄시켰습니다. 시장이 횡보하거나 상승한다면 우리는 원래의 포트폴리오 덕분에 상당한 수익을 벌어들이게 됩니다. 시장이 갑자기 하락한다고 해도 원래의 포트폴리오를 보호하고, 풋옵션 투자로 증거금을 지켜낼 수 있었을 겁니다.
2008년에는 세상이 변했습니다. 변동성이 4배나 늘어났어요. 저는 원래의 투자 포지션보다 규모를 크게 줄이기로 결정했습니다. 대부분의 사람들은 동일한 규모의 투자 포지션을 유지했고, 결국 큰 손실을 기록했습니다.

익스포저를 줄이기로 결정하신 특별한 이유가 있었나요?
한 달 동안 상당한 수익을 기록했고, 그다음 달에는 더 높은 수익을 올렸습니다. 그다음 달 역시 시작이 매우 좋았습니다. 그런데 단 이틀 만에 그달 벌어들인 수익을 모두 잃었습니다. 어떤 사건이 일어났던 것도 아닌데요. 본능적으로 투자 포지션을 줄여야겠다는 생각이 들었습니다. 그래서 전체 익스포저를 75% 줄였습니다.

그래서 천천히 투자 포지션 규모를 줄이셨나요?

아닙니다. 저는 투자 포지션의 완만한 조절을 믿지 않습니다. "일단 25%를 매도하고 생각해보자"라는 식이지요.

트레이딩에서 감을 중요하게 생각하시나요?

물론입니다. 제 판단을 믿어야 한다고 배웠어요. 순간적인 감각은 중요하고, 감에 의존해 트레이딩을 할 수도 있습니다. 하지만 투자 포지션의 규모 조절 및 손절매와 관련된 규칙을 가지고 있어야 합니다.

어떤 트레이딩 규칙을 가지고 계시나요?

"아침에 잠에서 깨었을 때 투자 포지션이 걱정된다면, 포지션의 규모가 너무 큰 것이다."

"계속 질문하라. 가능한 많은 사람과 이야기를 나누어라. 반대 의견은 모조리 연구하라."

"모든 상황이 맞아 떨어진다면 대담하게 투자하라. 이런 상황이라면 틀리더라도 크게 틀릴 가능성이 작기 때문이다. 하지만 포지션이 이해할 수 없는 방향으로 움직이기 시작한다면 곧바로 규모를 줄여라. 상황을 제대로 이해하지 못하고 있는 것이다. 내가 모르는 것은 시장이 말해줄 것이다."

시장에 대해 어떤 철학을 가지고 계십니까?

시장은 실제 사실과 관련이 없다는 것입니다. 사람들의 의견과 투자 포지션이 관건입니다. 그 결과 시장에서는 어떤 가격도, 어떤 상황도 가능합니다. 이 사실을 이해한다면 자신을 보호하기 위해 그만둘 시점이 필요하다는 것도 깨닫게 될 것입니다.

마지막으로 하고 싶은 말씀은 없으신가요?
트레이더라는 직업은 왼쪽의 바닥에서 시작해 오른쪽으로 우상향하는 선을 만들어내는 것입니다. 그게 전부예요. 선이 너무 오랫동안 과도하게 하락하고 있다면 트레이더가 틀렸다는 뜻입니다. 시장이 틀렸다고 반박해서는 안 됩니다. 시장의 모든 움직임을 예측해야 하기 때문입니다. 2008년 자산의 50%를 잃은 펀드 매니저들도 있었습니다. 심지어 80%를 잃은 사람도 있었어요. 왜였을까요? 자신이 틀렸다는 사실을 받아들이지 않았기 때문입니다. 이들은 끊임없이 수학적 공식을 계산하면서 자신이 옳다고 항변했습니다. 하지만 이들이 간과하고 있던 사실이 하나 있었습니다. 계산이 맞을 수도 있지만 트레이더의 본분은 수학적인 계산을 하는 게 아니라는 점입니다. 트레이더가 할 일은 눈앞의 자산을 트레이딩하는 것입니다. 자신이 맞고 시장이 틀리다고 말을 하는데, 중요한 건 수십억 달러나 되는 포트폴리오를 운용해야 한다는 겁니다. 수십억 달러의 가치를 만들어내는 게 아니라 가치를 상승시켜야 하는 사람들입니다. 트레이더로서 자신의 일을 이해한다면 자신이 만들어내는 선의 방향을 지키도록 노력해야 합니다.

"

클락은 트레이더들에게 "효과가 있는 방법은 더욱 집중하고, 효과가 없는 방법은 그만두라"고 조언한다. 너무나 당연해서 굳이 말할 필요도 없을 것 같지만 놀랍게도 이 당연한 원칙을 지키지 못하는 트레이더들이 너무나 많다. 실제적인 사례도 넘쳐난다. 어떤 트레이더들은 장기적인 투자 포지션을 구축할 때는 신중하고 능숙하면서도 단기적인 투자 포지션을 정할 때는 서툴고 변덕스럽다. 효율적인 시스템을 가지고 있으면서도 시스템 접근방식을 고수하는 데 지루함을 느껴 자유재량에 따라 투자를 하다가 전체 실적을 깎아먹는 트레이더들도 있다. 지루함 때문이건 혹은 한 가지를 잘하면 다른 것도 잘할 수 있을 것이라는 사고방식 때문이건 자신이 가장 잘하는 방식을 포기하는 트레이더들은 수도 없이 많다. 클락은 이들에게 자신의 특기를 정확하게 파악하고, 집중하라고 조언한다.

상당수의 트레이더들은 자신이 어디에서 돈을 벌고, 또 어디에서 돈을 잃었는지 잘 모르는 경우가 많다. 트레이더들이 과거의 실적을 분석하는 데 있어서 유용한 방법 중 하나는 수익 분야와 손실 분야를 구분하는 것이다. 그래야만 자신이 수익을 기록하는 투자 유형과 손실을 기록하는 투자 유형을 알아낼 수 있기 때문이다. 그다음에는 돈이 벌리는 방식에 집중하고, 돈을 잃는 방식은 줄이라는 것이 클락의 조언이다.

같은 맥락에서 그는 무조건 투자방식을 다변화하지 말라고 조언한다. 일부 트레이더의 경우, 투자 성공이 한 가지의 방식에 집중한 결과일 때가 있다. 이때 트레이딩에 성공한 후에 전문적 지식이 없거나 능숙하지 않은 투자방식을 시도해보고 싶은 충동에 사로잡히기도 한다.

트레이더들은 대부분 투자 진입 시기에 전적으로 의존한다. 하지만 현실적으로는 가격이 아니라 투자 포지션의 크기가 더 중요하다. 포지션이 너무 크면 가격이 약간만 하락해도 투자를 포기하게 된다. 그래서 의미 없는 가격 하락이 발생했을 때 좋은 투자 포지션을 포기하게 된다. 투자 포지션이 클수록 판단이나 경험보다는 공포에 사로잡혀 투자 결정을 내릴 위험이 커진다. 클락은 포지션의 크기를 가늠할 수 있는 방법으로 아침에 일어났을 때 투자 포지션 때문에 걱정되는지를 생각해보라고 권한다. 뿐만 아니라 자신이 감수할 수 있는 리스크 정도와 투자방식이 일관되어야 한다. 예를 들어 가격이 1틱만 하락해도 불안해하는 트레이더의 투자방식이 3틱의 변동성을 허용하는 것이라면, 아무리 좋은 포지션이라고 해도 공포에 질려 포기하기 쉽다. 그렇기 때문에 트레이딩 규모를 작게 구축해 공포가 판단을 그르치지 않도록 해야 한다. 클락은 이에 대해 "자신의 심리적 능력 내에서 트레이딩 해야 한다"라고 말한다.

포지션의 규모가 너무 커지는 것은 피해야 하지만 안전하게 수익을 올릴 수 있는 기회가 있을 때는 대담하게 투자해야 한다. 모든 요소가 갖추어졌을 때는 (투자 성공 확률이 합리적으로 매우 높고, 리스크 대비 잠재 수익이 훌륭하며, 포지션을 신뢰할 수 있는 경우 등) 일반적인 경우보다 포지션을 크게 구축한다. 클락은 실제 가치보다 저렴한 가격에 거래되었던 피아트의 유가증권에 투자했던 일을 예로 들어 설명했다.

뿐만 아니라 변화하는 환경에 맞게 투자 포지션을 조절할 필요가 있다. 만약 시장의 변동성이 너무 커졌다면, 트레이더들은 이에 대응하기 위해 익스포저 수준을 낮춰야 한다. 그렇지 않으면 리스크가 매우 커지기 때문이다. 2008년 클락은 시장의 변동성 증가에 따라 익스포저를 75%나 줄였다.

유동성은 성공적인 트레이딩을 위한 기본적인 요소다. 트레이딩을 할 때는 투자 아이디어에 사로잡히지 않고 언제나 투자 포지션을 청산할 준비가 되어 있어야 한다. 클락은 가격의 변화가 자신이 세운 가설과 맞지 않을 경우 순간적으로 마음을 바꿀 줄 알아야 좋은 트레이더라고 말한다. 즉 시장이 상승하다가 한순간에 하락할 수도 있다는 사실을 충분히 인식하고 있어야 한다.

거의 모든 트레이더가 시장과 조화를 이루지 못해 슬럼프를 겪는다. 지속적으로 손실을 기록한 뒤에는 아무리 노력해도 상황을 반전시키기가 쉽지 않다. 트레이딩이 뜻대로 되지 않을 때는 모든 것에서 벗어나 휴가를 떠나라고 클락은 조언한다. 모든 투자 포지션을 청산하면 객관적인 시각을 다시 찾을 수 있다고 한다. 시장에 있을 때는 객관성을 잃기 쉽기 때문에, 이런 물리적인 휴식은 지속적인 손실과 그로 인한 심리적인 타격의 악순환을 끊어줄 수 있다. 이후 트레이딩을 재개할 때는 자신감을 회복할 때까지 작은 규모를 유지하도록 한다.

무조건 장밋빛의 꿈에 젖어서는 안 된다. 과열된 시장에 들떠서 무조건 매수하려는 자신을 발견한다면, 조심하라! 클락은 미국 시장에 유로 디즈니가 상장되었을 때 주가가 급격하게 상승하자 비이성적으로 포지션을 구축하려 했던 자신의 모습을 경고로 받아들였다고 한다. 그리고 자신의 잘못을 깨닫자마자 즉시 매수 주문을 매도 주문으로 바꾸었다. 마침 그 직후부터 주가는 급락하기 시작했다.

그는 하루 종일 트레이딩 화면을 들여다보는 일이 비생산적이라고 생각한다. 가격이 변화하는 순간을 모두 관찰하다 보면, 오히려 좋은 투자 포지션을 서둘러 청산하고 오버트레이딩을 하기 쉽다고 한다. 시간을 집중할 수 있는 일(될 수 있으면 생산적인 일)을 찾고, 투자 포지션을 과도하게 관찰하는 것은 피해야 한다고 클락은 조언한다.

클락은 트레이더가 시장을 관찰하고 통제해야 심각한 손실을 막을 수 있다고 믿는다. 그는 "트레이더의 일은 (주가가 그리는) 선의 방향을 지키는 것이다"라고 말한다.

벌거벗은 임금님
마틴 테일러(Martin Taylor)

대부분의 헤지펀드 매니저들은 운용하고 있는 자산을 늘리려고 노력한다. 하지만 마틴 테일러는 그 반대다. 그는 헤지펀드를 설립 후 10년 만에 2,000만 달러의 자본금을 70억 달러로 불렸고, 12개월 후에는 펀드 폐쇄를 선언했다(펀드 계약서에는 폐쇄 사실을 12개월 전에 투자자들에게 고지하도록 되어 있다). 당시 테일러가 운용하는 헤지펀드의 순자산가치(NAV)는 거의 최대였으며, 실적은 지속적으로 놀라운 수준을 기록하고 있었다. 하지만 그는 수익을 극대화하는 것보다 다른 문제들이 더 중요하다는 판단을 내렸다. 그래서 원래의 펀드는 폐쇄하는 대신에 그보다 1/4 규모로 작은 새로운 펀드를 만들었다. 헤지펀드 매니저가 자발적으로 자산의 75%를 삭감하는 경우는 테일러가 유일한 경우는 아니지만, 상당히 이례적인 것만은 사실이다.

테일러는 신흥시장에 투자하는 트레이더 중에서 최고의 수익률을 자랑한다. 1995년부터 2000년까지는 동유럽 시장에 대해 롱-온니 펀드를 운용했고, 5개월간 휴식을 취한 후인 2000년 10월에 네브스키 펀드(Nevsky Fund)를 설립했다. 펀드의 이름은 13세기 러시아의 영웅이었던 알렉산더 네브스키(Alexander Nevsky)에게서 따온 것이다. 네브스키는 주변의 침략으로부터 러시아를 지켜낸 국가적인 영웅이었으며, 이웃의 동유럽 국가들에게도 상징적인 인물이었다. 처음 네브스키 펀드는 동유럽 국가의 주식시장에 집중되었지만 2003년부터는 대상을 전 세계 신흥시장으로 넓혔다. 지금까지(1995~2011년) 테일러의 연평균 복리 순수익률은 27%로, 같은 기간 신흥시장이 기록한 12%의 상승률보다 2배가 넘는다.[5] 네브스키 펀드는 설립 후 11년간 22%의 연평균 복리 순수익률을 기록했다. 같은 기간 10%를 기록한 HFRI 신흥시장 인덱스(HFRI Emerging Market Index)보다 2배 이상 높은 수익률이다.

테일러는 수익률이 높을 뿐 아니라, 다른 롱-온니 펀드 및 신흥시장을 대상으로 하는 헤지펀드 인덱스들보다 낮은 하락폭을 기록하고 있다. 1998년 롱-온니 전략으로 손실을 기록하지 않은 펀드 매니저는 테일러가 유일하다. 뿐만 아니라 2000년부터 2002년까지의 베어마켓에서도 연평균 27%의 높은 수익률을 달성했다. 지금까지 테일러가 손실을 기록한 해는 2008년이 유일하다. 하지만 그때 역시 롱-온니 인덱스가 기록한 손실의 1/3, 헤지펀드 인덱스가 기록한 손실의 40% 정도밖에 되지 않았다.

테일러와의 인터뷰는 런던 교외에 위치한 그의 집에서 진행되었다. 나는 늦은 4월의 어느 화창한 토요일 아침, 산들바람을 맞으며 기차역과 테일러의 집 사이에 있는 공원을 기분 좋게 걸어갔다. 우리는 거실이 걸려 있는 커다랗고 인상적인 그림 밑에서 이야기를 나누었다. 그림의 제목은 〈추수기의 폭풍(Harvest Storm)〉이었다. 테일러는 간편한 반바지와 티셔츠 차림이었고, 인터뷰가 끝나는 대로 곧바로 주말 휴가를 떠날 예정이었다. 대화가 시작되고 한 시간 정도 지났을 때 즈음 그의 가족들이 먼저 조부모 댁으로 출발했다. 테일러는 고맙게도 인터뷰에 충분한 시간을 할애하기 위해 오후 기차를 타고 가족들을 따라가겠다고 했다. 우리의 대화는 원래 예정했던 3시간을 훌쩍 넘겨 5시간이 지나서야 끝이

---

5. 1995~2002년까지 MSCI 신흥 유럽시장 인덱스(Emerging Europe Index), 2003~2011년까지 MSCI 국제 신흥시장 인덱스(Global Emerging Markets Index)

났다. 여전히 아쉬운 마음이 남았지만 여행 때문에 그쯤에서 마무리할 수밖에 없었다. 테일러는 러시아에 관한 대화 중 일부는 사용할 수 없다면서 "그게, 그 부분은 책에 사용하시면 안 돼요. 러시아는 적으로 만들어서는 안 되는 나라이니까요"라고 설명했다.

"

어떻게 시장에 대해 흥미를 느끼게 되셨나요?

남들보다 좀 늦은 시기였어요. 정말 우연이었죠. 저는 1980년대 경제가 크게 성장하던 시절에 대학을 다녔습니다. 그때는 누구나 시티에서 일하고 싶어 했어요. 돈을 많이 벌 수 있었으니까요. 하지만 저는 그다지 관심이 없었습니다. 집안이 진보적인 편이었거든요. 아버지께서는 35년간 노동 전문 변호사로 일하셨죠. 부모님께는 시티에서 직장을 얻는 게 혐오스러운 일이었습니다. 다른 노동 계층을 이용해먹으면서 사회에 환원도 하지 않는 부유한 자본주의자들의 집단이라고 생각하셨거든요. 저는 영국의 불황이 한창이던 1990년에 대학을 졸업했습니다.

전공은 무엇이었나요?

역사입니다.

어떤 직업을 갖고 싶으셨나요?

심각하게 생각해보지 않았어요. 졸업 후 호주에서 1년쯤 지내면서 운좋게 일자리를 얻을 수 있을지 모른다고 생각했어요. 그때는 잘 몰랐지만, 호주는 더 심한 불경기를 겪고 있는 중이었죠. 6개월 만에 영국으로 돌아와 프라이스워터하우스쿠퍼스(PricewaterhouseCoopers)에서 회계사로 일했어요.

회계에 대한 배경지식이 있으셨나요?

아니요, 전혀 없었습니다.

배경지식이 전혀 없는데도 채용됐다니 놀랍습니다.

제 생각은 달라요. 17살 때부터 회계 학위를 받기 위해 공부한 사람은 다른 지식이나 상상력이 부족합니다. 17살인데 회계사가 되기로 했다면 정말 슬픈 일 아닌가요? 고급 회계는 단순한 지식 이상의 견해를 요구합니다. 그래서 큰 그림은 고려하지 않고 기초적인 사항만 보는 사람은 원치 않습니다. 런던 회계 기업들이 다양한 분야의 전공자를 채용하고 있는 것도 같은 이유인 것 같아요.

회계는 어떻게 공부하셨나요?

영국의 회계 교육방식은 미국과는 좀 다릅니다. 영국에서는 3년간 정규직으로 일하면서 밤에 공부하죠. 매년 말에 시험을 보고, 3년이 지날 때 즈음이면 회계사 자격을 얻게 되죠. 회계학 학위를 얻을 때와 유일하게 다른 점은 첫해 시험이 자동으로 합격하도록 되어 있다는 것뿐이에요.

하지만 회계사가 되고 싶지는 않으셨던 것 같습니다.

제가 회계를 공부했던 이유는 다양한 업계에서 회계감사를 진행하면서 앞으로 무엇을 하고 싶은지 알아보기 위해서였어요. 우연히 저는 투자은행과 중개인, 자산운용사들을 감사하는 일을 맡게 되었습니다. 1979년에는 영국 총리로 선출된 마가렛 대처(Margaret Thatcher)가 금융개혁(Big Bang Reform)을 시작했고, 시티는 그때까지 영국이 이루어온 모든 것의 상징적인 존재였어요. 올 A 학점을 받는 학생들이 가는 곳이었죠. 저는 시티에서 똑똑한 사람들을 모조리 만나게 될 것이라고 생각했습니다. 제가 상대할 기업들은 손꼽히는 금융회사들이었어요. 그런데 저를 매료시킨 동시에 경악시킨 건 단지 이들이 대학을 졸업했을 뿐인데 수십만 파운드를 벌고 있다는 사실이었습니다. 저는 단지 1만 2,000파운드를 받고 있었거든요. 게다가 그들 중 99%는 멍청했습니다. 우둔하면서도 거만했죠. 그래도 상당한 돈을 벌고 있었어요. 순간 '잠깐, 이런 바보들도 엄청난 돈을 버는데, 어려울 리가 있겠어?' 하는 생각이 들었습니다.

회계 교육 과정을 이수 중인 학생이 감사를 위해 인터뷰를 요청하면, 트레이더들은 어려운 전문 용어로 상대방의 혼을 쏙 빼놓으려 합니다. 알파는 어떻고, 델타와 감마가 어쩌고 하면서 말이죠. 10분 만 떠들어도 말을 알아듣지 못해서 도망가겠거니 생각하는 거예요. 하지만 저는 실패를 싫어합니다. 그래서 그들에게 저를 충분히 이해시키도록 요구했죠. 그 과정에서 시장이 어떻게 작동하는지 알게 되었고, 완전히 빠져들었어요. 뿐만 아니라 똑똑한 트레이더 중 1%는 정말 똑똑하다는 사실도 알게 되었죠. 제가 원래 정치학과 경제학을 좋아했는데, 이 2가지가 시장에 미치는 영향을 확인하는 것도 즐거웠어요. 트레이더가 되면 정말 돈을 많이 벌 수 있다는 것도 알게 되었고요. 별로 관심이 없던 주식시장에 완전히 빠져버린 거죠.

저는 언제나 절약을 했고, 열심히 돈을 모았습니다. 그때쯤 집을 얻으려고 보증금을 모아놓은 게 있었어요. 지금 생각하면 저답지 않은 행동이었지만, 모아놓은 돈으로 FTSE의 옵션 트레이딩을 시작했어요.

사전지식이 전혀 없는 상태에서 트레이딩을 시작하신 건가요?

전혀요. 다만 18개월 정도 〈파이낸셜 타임스〉를 읽었죠. 시장과 트레이딩에 관한 책도 읽었는데, 그중에는 『시장의 마법사들』도 포함되어 있었습니다.

책이 도움이 됐나요?

상당히 도움이 되었어요. 요즘에도 읽습니다.

왜 주식이 아니라 FTSE 인덱스 옵션을 선택하셨나요?

거대 회계 기업에서 일을 할 때는 주식을 매매하기가 힘들어요. 함께 일하는 기업들이 모두 거래금지 목록에 포함되기 때문이죠. 그래서 개별 기업의 주식은 매입 대상으로 고려하지 않았어요. 해당 사실을 지키고 있는지 매일 따져보는 것도 싫었고요. 18개월 동안 시장을 꼼꼼하게 관찰한 결과 단기적으로 인덱스 가격을 능숙하게 예측할 수 있게 되었습니다. 그래서 인덱스에 마음이 끌렸어요.

그렇다면 인덱스가 아니라 인덱스의 옵션을 선택하신 이유는 무엇입니까?

옵션을 매입하면 손실은 제한할 수 있고, 수익은 무한대라는 생각 때문이었어요. 괜찮은 투자인 것 같았죠.

어떤 기준으로 투자 결정을 내리셨습니까?

순진한 소리같지만, 기본적으로 시장의 과도한 매수세와 매도세를 기준으로 결정했습니다. 시장의 방향이 전 세계 시장의 거시적인 분위기에 따라 결정된다고 생각했습니다. 물론 그때는 몰랐지만 매크로 시장에 대한 제 지식은 형편없는 수준이었어요.

시장의 과도한 매수세 혹은 매도세는 어떻게 판단하셨나요?

역시 한심한 소리지만, 시장의 과도한 상승과 하락을 기준으로 판단했어요. 제가 말하면서도 믿을 수가 없네요. 예를 들어 "시장이 6일 연속 하락했고, 경제가 좋지 않다는 뉴스 보도가 있었다. 이 정도면 시장에 반영된 것 같아. 지금이 매수할 때야"라고 판단했어요.

그래서 어떻게 하셨나요?

처음에 2,000파운드를 투자했습니다. 당시 제게는 상당히 큰돈이었죠. 6개월 후 계좌는 1만 파운드로 불어났습니다. 제가 천재가 된 것 같았어요. 7만 파운드짜리 집을 살 수도 있는 돈이었죠. 20%만 내면 모기지를 얻을 수 있었으니까요. 점점 자신감이 붙었습니다. 그래서 조금씩 투자 포지션을 늘렸죠. 그러다가 완전히 잘못된 투자를 하게 되었습니다. 계속 버티고, 또 버텼어요. 하지만 결국 버티지 못하고 매도했을 때 계좌는 다시 2,000파운드가 되어 있었습니다. 6개월 동안 벌었던 돈을 단 5일 만에 모두 잃어버렸어요.

처음 투자를 시작할 때 가지고 있던 돈이 정신적인 손절매 기준이었던 셈이군요.

맞아요. 손실은 용납되지 않았죠. 설명하기는 어렵지만 원래 제 돈이 아니었기 때문에 잃어도 그다지 나쁘지 않다는 생각이 들었어요. 하지만 제가 모은 돈을 잃는 건 끔찍했어요.

어느 정도 수준에서 투자를 정리할 수 있었다는 건 다행입니다. 만약 계속 투자를 고집했다면 모든 돈을 잃었을 수도 있었을 겁니다.

그럼요. 이틀만 더 버텼더라도 돈을 모조리 잃었을 거예요. 그때까지 벌어들인 수익을 잃고 포지션을 정리하면서 다음과 같은 결론을 내렸습니다. 첫째, 나는 지금 내가 무엇을 하고 있는지 모른다. 둘째, 내가 어떻게 해야 할지를 꼭 알고 싶다. 뿐만 아니라 거대한 매크로 시장의 움직임을 활용하는 일은 득보다 실이 많다는 생각을 했어요. 개별 기업에 집중하면 시장을 이길 수도 있을 것 같았지만 회계 일을 계속한다면 불가능한 일이었죠. 어차피 능력 있는 회계사가 되면 사직을 하겠다고 생각하고 있었기 때문에 그 즉시 사직서를 냈습니다. 총 3년의 훈련 기간 중 3개월을 채우지 못했어요. 이후 여기저기 이력서를 냈고, 운이 좋게도 베어링스 에셋 매니지먼트(Bearings Asset Management)의 애널리스트로 가게 되었습니다.

베어링스에서는 신흥시장 담당팀에서 초보 애널리스트로 일을 시작했고, 동유럽 국가들을 맡게 되었죠. 당시는 동유럽 시장이 막 걸음마 단계였던 1994년이었어요. 베어링스에 입사했을 때는 이미 시장을 3년 정도 지켜본 뒤였습니다. 그보다 18개월 전에는 트레이딩이 정말 재미있고, 제가 꼭 하고 싶은 일이라는 결론을 내렸습니다. 열의가 넘쳤고, 기업을 분석하는 방법에 대해 공부를 많이 했어요.

베어링스에서 제 직속상관이었던 로리는 IQ가 매우 높은 사람이었습니다. 그에게서 많은 것을 배웠죠. 하지만 너무 똑똑해서 탈이었어요. 시장의 상승을 예측하는 10가지 이유가 있어도 그 중에서 하락할 이유를 9개나 찾아내는 사람이었어요. 결국 주저하다가 매수를 포기했죠. 전형적인 영국인이었습니다. 정말 신중했어요. 하지만 로리의 상사인 낸시는 달랐습니다. 외향적이면서도 정열적인 미국인이었죠. 낸시는 베어링스에서 동유럽 시장 투자 전반을 담당하고 있었습니다.

당시 제 눈앞에는 새로운 시장이 펼쳐져 있었습니다. 직속상관은 신중한 영국인이었고, 그의 상관은 에너지가 넘치는 미국인이었습니다. 낸시는 부하직원들에게 많은 책임과 자유재량을 허용하는 성격이었습니다. 제가 로리에게 약 30분에 걸쳐 어떤 종목을 매수해야겠다고 흥분해서 설명하면, 그는 트레이딩을 하지 말아야 할 이유를 10개쯤 나열했습니다. 이후 제가 말한 종목이 상승하는 일이 많았어요. 어느 날 낸시가 우리의 대화를 듣고 로이에게 말했습니다. "말도 안 돼. 그냥 마음대로 매매하도록 놔둬요!" 몇 개월 후 로리는 제 의견을 반박하는 것을 포기했습니다. 저는 베어링스에 입사한 지 6개월 만에 상당한 규모의 포트폴리오를 운용하게 되었죠.

몇 개월 후, 세계 신흥시장을 담당하는 부서장이 사임을 했고 낸시가 승진을 하여 그 자리에 앉았습니다. 그 결과 로리가 동유럽 펀드를 담당하게 되었죠. 로리는 낸시가 맡고 있던 신흥시장의 벤처 캐피털 펀드를 운용하느라 정신 없이 바빴습니다. 그래서 저는 입사 10개월 만에 동유럽 펀드 포트폴리오 담당 매니저가 되었습니다.

입사 후 1년이 채 되기도 전에 펀드 운용을 담당하는 게 부담스럽지 않으셨나요?

아니요. 제가 포트폴리오를 맡긴 했지만 로리와 함께 펀드를 운용하는 것이었으니까요. 당시 로리의 강인함에 많은 도움을 받았어요. 그는 절대 동요하지 않는 사람이었어요. 갑작스러운 결정을 내리는 것을 꺼리는 로리의 성격은 시장이 공황상태에 빠질 때마다 상당한 도움이 되었습니다. 저는 막 트레이딩을 시작한 초보였죠. 변동성이 커지고 모든 일이 잘못될 때, 로리는 "진정해. 늘 일어나는 일이야"라고 말해주었습니다. 그와 일을 하면서 저점에 팔고 고점에 사는 등의 초보자가 흔히 겪는 실수를 저지르지 않으면서 변동성에 대해 배울 수 있었어요. 로리는 전투지에서도 믿을 수 있는 전우 같은 사람이에요. 옆에서 사람들이 쓰러져갈 때도 머리카락 한 올 흐트러짐이 없죠.

1998년 러시아의 금융위기 때는 어땠습니까?

저는 1998년 8월 금융위기가 시작되기 1년 전부터 러시아 시장에 대해 부정적인 생각을 갖고 있었습니다. 매우 비관적인 시각을 가지고 있었기 때문에 펀드의 40%를 현금화한 상태였어요. 롱-온니 펀드로는 매우 이례적이었죠.

어떤 이유 때문에 시장의 하락을 확신하고 계셨던 거죠?

사실 러시아의 금융위기가 더 일찍 발생하지 않은 건 1997년 금융위기를 겪고 있던 아시아에서 빠져나온 투자 자금이 달리 갈 곳이 없었기 때문이었습니다. 돈이 흘러들어간 동유럽과 라틴아메리카 시장은 광란의 불마켓을 형성했습니다. 하지만 제가 보기에 아시아의 금융위기는 러시아에서 곧 발생할 위기의 원조 격이었어요. 제 생각과 시장의 생각 사이에는 상당한 괴리가 있었습니다. 아시아의 금융위기는 경상수지 적자가 크게 늘면서 발생했습니다. 아시아 국가들은 부채를 늘렸고, 나중에는 이자를 지급하지 못해서 위기가 발생했습니다. 해외 투자자들은 겁을 먹었고, 이들 시장에 새로운 자본이

유입되기는커녕 있던 돈도 빠져나가기 시작했어요.

공식적인 통계에 따르면 러시아는 적어도 경상수지 흑자를 기록하고 있었습니다. 그래서 표면적으로는 아시아와 상당히 달랐죠. 하지만 국제수지를 제대로 측정하기 위해서는 외환 보유고에 주목해야 합니다. 막대한 규모의 경상수지 흑자를 기록했을 뿐 아니라 상당한 자본을 끌어들이고 있던 러시아의 외환 보유고는 상승은커녕 하락하고 있었죠.[6] 러시아는 매년 GDP의 10~11%에 달하는 국제수지 흑자를 기록했지만, 외환 보유고는 여전히 줄어들고 있었어요. 외환 보유고에 관한 통계 자료를 믿을 수 없는 건 아니었습니다. 다른 중앙은행들과 데이터를 비교해야 했기 때문에 러시아 중앙은행이 거짓말을 할 가능성은 없었어요. 그럼 왜 이런 차이가 생겼을까요? 그 이유는 몇 년 동안 지속된 옐친(Boris Yeltsin) 정부의 무능함 때문에 기업 자산이 빈번하게 도난당한 탓이었습니다. 그래서 통계 자료가 맞지 않았던 거죠. 무언가 심각하게 잘못되고 있었어요.

다른 사람들은 러시아 국제수지 자료의 문제점을 지적하지 않았나요?

우리 팀을 제외하고는 아무도 언급하지 않았습니다. 정말 이상했어요.

테일러 씨께서는 어떻게 문제점을 발견하셨습니까?

문제를 발견하는 건 전혀 어렵지 않았어요. 실제적인 자료가 있었으니까요. 제가 할 일은 그때까지 알고 있던 러시아 기업의 행태와 자본 및 무역 자료를 꼼꼼하게 비교해서 확인하는 것뿐이었습니다. 그다음에는 장문의 내부 보고서를 작성했어요. 하지만 동료들마저도 저를 과민하다고 생각했죠.

왜 그런 문제점이 나타났던 건가요?

---

[6] 회계상 경상수지와 자본수지의 합은 외환 보유고의 변화와 일치해야 한다. 따라서 국가의 경상수지 흑자와 자본수지 흑자가 발생하면 그 합만큼 외환 보유고가 늘어나야 한다.

현금을 기준으로 보았을 때 러시아 수출은 상당히 과장되어 있었어요. 수출로 벌어들인 현금 대부분이 러시아가 아닌 스위스 은행의 개인 계좌로 입금되고 있었어요. 예를 들어 1억 달러의 광물을 수출한 러시아 광산업체는 그 절반인 5,000만 달러만 매출로 보고했습니다. 나머지 5,000만 달러는 스위스 계좌에 입금되고요. 게다가 매출로 보고된 5,000만 달러 중 4,000만 달러도 같은 스위스 계좌로 입금되고, 장부에는 미수금으로 기록되는 식이었죠. 물론 미수금은 절대 러시아로 유입되지 않았어요. 이렇게 수출로 벌어들인 돈 중 러시아로 송금되는 현금은 일부에 불과했어요. 러시아가 판매한 1억 달러 가치의 상품과 실제 러시아로 유입된 1,000만 달러의 차이를 뭐라고 부를까요? 자본 도피죠. 그래서 자본수지에 거대한 구멍이 뚫리게 된 것이죠.

그렇다면 기업 소유주들이 매출의 90%를 빼돌리고 있었다는 건가요? 그 정도로 심각했던 겁니까?

네, 러시아 경제 전반에 만연된 문제였어요. 이쯤 되면 "어째서 기업들이 붕괴되지 않았을까?" 하고 궁금하실 겁니다. 기업들이 붕괴되지 않은 이유는 근로자들에게 임금을 지불하지 않았기 때문이죠.

근로자들은 임금을 받지 않고 어떻게 살았나요?

많은 기업이 전표를 활용했어요. 기업 내 상점에서만 쓸 수 있는 전표였죠. 빅토리아 여왕 시절의 영국(Victorian England, 영국에서 산업혁명이 절정에 달했던 시대)과 비슷했죠. 근로자들은 선택의 여지가 없었어요. 각 지역에 일자리를 제공하는 기업이 단 하나밖에 없는 경우가 많았으니까요. 기업이 집과 상점, 심지어 지역 축구팀까지 모든 것을 소유하고 있었어요.

그렇다면 근로자들은 겨우 먹고사는 정도였겠군요.

맞습니다. 인프라가 계속해서 노후해지고 있었지만, 투자할 돈이 없었죠.

처음 기업의 소유주들은 어떻게 결정되었나요?

이들은 바우처 민영화(Voucher Privatization) 제도를 악용해 소유권을 얻어냈습니다. 근로자들은 자신들이 일하는 기업에 대한 지분 혹은 바우처를 지급받았어요. 소련이 붕괴하고 나서 바우처 민영화를 실시할 때까지 2년 동안 기업의 경영진들은 수출로 벌어들인 돈을 가로챘어요. 이 돈으로 근로자들이 가지고 있는 바우처를 사들였죠. 근로자들은 바우처의 가치를 알지 못했습니다. 이해를 돕기 위해 바우처 한 장의 가치가 10달러였다고 가정해보면, 기업 경영진들은 근로자에게 10달러짜리 바우처를 사들이는 대가로 1달러를 지불했어요.[7] 근로자가 100개의 바우처를 가지고 있었다면 가격은 100달러였겠죠. 근로자들은 "정말 바우처 하나에 1달러를 줍니까"라며 기뻐했어요. 잘 알고 계시겠지만, 러시아 근로자들은 극도로 빈곤한 상태였습니다. 소련 정권이 붕괴한 후 복지체계가 완전히 닳아져버렸죠. 100달러는 근로자 연봉의 절반 수준이었어요.

근로자들 중에는 바우처를 계속 가지고 있을 만큼 똑똑한 사람이 없었나요?

그런 사람들도 바우처 판매를 회유당했습니다. 다시 러시아의 상황을 거시적으로 살펴보면, 저는 아시아에서 발생한 위기가 곧 러시아에서도 발생할 거라고 생각했어요. 러시아는 벌어들인 돈보다 더 많은 돈을 쓰면서 살고 있었으니까요. 보고되지 않는 막대한 자본 도피까지 포함하면 경상수지 적자는 엄청났어요. 러시아는 동유럽 인덱스 벤치마크의 40% 정도를 차지하고 있었지만, 저는 롱-온니 전략으로 이례적으로 러시아의 펀드 비중을 0으로 줄였습니다.

언제부터 러시아에 대한 투자를 현금화하셨습니까?

---

7. 당시 러시아에서는 모든 거래의 95%가 미국 달러로 이루어졌다. 하이퍼인플레이션과 루블화의 변동성 및 가치 하락 때문에 일반인들이 루블화의 가치를 인정하지 않았다. 심지어 러시아 증권거래소에서 거래되는 주식도 달러로 가치가 책정되었다. 루블화 사용을 지원하는 정부의 노력에도 불구하고 실제적인 러시아의 통화는 미국달러였다.

1997년 10월부터 러시아에 대한 지분을 매도하기 시작했습니다.

촉매 역할을 한 사건이 있었나요?

아시아에서 빠져나간 자본이 러시아로 흘러 들어가는 바람에 러시아 주식시장은 3배 이상 상승했습니다. 주식 중개인들은 러시아를 '포스트 공산주의가 만들어낸 기적'이라고 추켜세웠죠. 1997년 10월의 어느 날, 옐친 대통령의 건강 악화에 대한 소문이 돌았고, 시장은 단번에 23%나 하락했어요. 저는 러시아의 상황에 대해 충분히 신물이 나 있었지만 그때까지는 계속 투자를 하고 있었어요. 일단 시장이 상승하는 동안은 동참하려고 했죠. 계속해서 러시아의 주식을 사들이는 바보들과 언쟁을 하고 싶지 않았습니다. 제가 빠져나온 뒤로 러시아 시장이 계속 상승한다면 제 경력도 끝이었으니까요. 아까도 언급했지만 당시 러시아는 동유럽 시장 벤치마크의 40%를 차지하고 있었어요.

실제 상황이 매우 심각하다고 판단하고 계셨는데, 혹시 하룻밤 사이 시장이 완전히 붕괴될 가능성에 대한 우려는 하지 않으셨나요?

물론 걱정됐죠. 하지만 벤치마크와 비교해 비중을 줄인 뒤였기 때문에 갑작스럽게 시장이 붕괴한다고 해도 벤치마크보다는 상황이 나았어요. 그런데 옐친 대통령 건강 악화설로 시장이 붕괴하는 걸 보고 완전히 질려버렸죠. 비중을 줄였다고 해봤자 고작 3%였고, 9개월간 제가 확신했던 일이 실제로 일어나고 있었으니까요.

그래서 어떻게 하셨습니까?

다음 날 시장은 개장과 함께 30%나 반등했습니다. 여러 가지 이유로 전날의 하락폭을 모두 회복했죠.

다음 날 시장이 크게 반등한 이유는 무엇이었나요?

러시아 정부가 옐친 대통령의 건강 악화설을 일축했고, 러시아의 불마켓을 활용하지 못한 트레이더들이 전날의 조정을 매수 기회로 활용했기 때문이었어요. 저는 크게 안도했습니다. 그리고 가장 후 10분 동안 제 포트폴리오에 포함된 러시아의 주식을 공격적으로 매도했어요. 그날 시장은 24% 상승으로 다감했습니다. 하지만 제 선택은 옳았어요. 바로 전날의 폭락으로 비이성적인 불마켓의 주문이 깨져버렸기 때문이죠. 시장이 강하게 상승할 때는 나쁜 소식도 전혀 영향을 미치지 못합니다. 하지만 한 번의 하락은 사람들에게 돈을 잃을 수도 있다는 가능성을 주지시키고, 맹목적인 매수세는 사라지죠. 그렇게 되면 투자자들은 펀더멘털에 신경을 쓰기 시작합니다. 저는 당시 러시아의 펀더멘털이 상당히 좋지 않다는 사실을 알고 있었어요.

이후 어떤 일이 벌어졌나요?

시장이 하락하기 시작했어요. 1998년 2월까지 약 50%가 하락했죠. 일반적으로 시장이 50%나 하락하면 쇼트 커버링 혹은 매수를 시작하는 것이 좋습니다. 하지만 저는 러시아 시장의 펀더멘털이 여전히 부정적이라고 생각했고, 매수 포지션도 좋지 않다고 생각했죠. 혹시라도 투자 고객이나 동료들로부터 러시아 시장에 대해 매수 포지션을 구축해야 한다는 압력을 받게 될지도 모른다고 생각했어요. 시장이 그만큼이나 하락했으니까요. 그래서 내부 보고서를 작성해 왜 러시아 시장이 여전히 하락할 가능성이 있다고 생각하는지를 상세하게 설명했어요. 이후 러시아 시장은 또 88%나 하락했죠.

〈벌거벗은 임금님〉이라는 제목의 보고서에서 (이 번 장의 제목은 바로 테일러의 보고서 제목에서 따온 것이다) 테일러는 당시 러시아 시장에 관한 부정적인 의견을 단호하게 피력했다. 이미 러시아 시장이 50%나 하락한 후라는 사실을 감안했을 때 보고서의 결론 부분은 특히 비관적이었다. "루블화가 심한 조정을 거치면서 사람들의 안일한 생각을 완전히 바꾸어놓을 때까지 러시아의 위기는 해결되지 않을 것이다. 따라서 러시아 시장은

> 아직도 크게 하락할 가능성이 있다. 러시아 시장의 비중을 계속해서 낮게 유지해야 한다."

제가 보고서를 작성할 때까지도 수천 개의 핵무기를 가진 러시아는 매우 넓고 위험한 나라였기 때문에 파산하지 않을 거라는 인식이 강했습니다. 그 결과 세계적인 헤지펀드들은 수익률이 40%나 되는 단기 러시아 국채(GKO), 즉 루블화로 표시된 채권에 상당한 매수 포지션을 가지고 있었어요.

단기 금리가 40%라는 것은 러시아의 디폴트 가능성에 대한 실질적 우려가 있었다는 의미일 텐데요.
물론이에요. 분명한 사실이었죠. 당시 인플레이션 증가율은 단지 10% 수준이었습니다. 만약 당신이 30%의 실질 수익률을 받는다는 것은 그 나라가 부도 직전이라는 의미입니다. 수익률이 그렇게 높은 것은 어느 누구도 러시아의 단기 채권(GKO)를 사려고 하지 않았기 때문입니다. 러시아 국민들은 상황을 십분 이해하고 있었고, 돈은 모두 스위스로 송금되고 있었어요. 스마트 머니(Smart Money, 고수익의 단기 차익을 노리는 기관이나 개인 투자자들이 장세 변화를 신속하게 파악하여 투자하는 자금)가 어디로 쏠리는지 살펴볼 필요가 있어요. 신흥시장이라면 스마트 머니는 국제 시장이 아니라 국내 시장에 있어야 해요.

그보다 1년 전에도 수익률이 상당히 높지 않았나요?
맞아요. 계속 상승하고 있었죠.

단기 금리가 하늘 높이 치솟고 있는데도 러시아 증시는 상승한 다음에도 비교적 높은 수준에 머물러 있었다는 말씀이신가요?
네, 러시아 시장이 계속 상승한 이유는 그보다 훨씬 넓은 아시아 시장에 투자되었던 국제 자본이 러시아에 투자되었기 때문이었어요.

러시아 시장을 붕괴시킨 촉매는 무엇이었습니까?

2008년 초여름, 골드만삭스는 250억 달러 규모의 러시아 국채를 유로채권(Euro-Bond)으로 발행해 판매했습니다. 수익률은 낮았고, 만기는 10년이었어요. 러시아 정부가 고수익 단기 국채를 지불할 수 있도록 하기 위해서였죠. 채권은 달러로 표기되었어요. 하지만 발행 첫날부터 유로채권은 하락했고, 이후로도 하락을 거듭했습니다. 투자를 권유받고 채권을 사들인 투자자들은 그 즉시 상당한 손실을 입고 분개했죠. 당시 200억 달러에서 250억 달러 사이였던 러시아의 외환 보유고는 골드만삭스의 유로채권 판매로 2배 이상 증가해야 했습니다. 그러면 러시아의 경제도 안정되고, 투자 대상으로서 유로채권의 매력은 높아졌겠죠. 하지만 외환 보유고는 고작 30억 달러가 늘어났을 뿐이었어요. 뭔가 잘못되었다는 게 불을 보듯 뻔했죠.

그러자 수년간 진실을 거부해왔던 세계 투자자들과 언론이 마침내 러시아 자본수지 자료의 신빙성에 의심을 품게 되었습니다. "대체 현금은 다 어디로 사라진 거야?"라고 생각하기 시작했어요. 고위 관료들이 현금을 나누어 갖고, 그중 상당수는 스위스로 송금되고 있을 가능성이 컸죠. 그제야 시장은 러시아가 '벌거벗은 임금님'이라는 사실을 깨달았어요.

러시아 시장을 완전히 빠져나오셨는데도 불구하고 1998년 8월 손실을 기록하신 이유는 무엇입니까?

포트폴리오 중 40%를 현금화하긴 했지만 고베타의 우량 기업들에는 계속 투자하고 있었기 때문이에요. 제가 보유하고 있던 주식의 베타는 1.5로 높았습니다. 주가가 95% 이상 하락한 러시아의 정크 종목들은 가지고 있지 않았지만, 대다수의 투자자들이 보유하고 있던 우량 종목들은 보유하고 있었어요. 그런데 이들 역시 주가가 70~80%나 하락했습니다. 이들의 차이점은 매년 30% 정도의 이익을 기록해왔다는 것입니다. 즉 주식시장이 안정되면 이들 기업의 주가가 제자리를 되찾는다는 의미였죠. 반대로 러시아의 기업들은 이익을 내지 못했고, 그 결과 주가도 반등하지 않았습니다. 포트폴리오 중 40%를 현금화한 덕분에 8월 주식시장이 붕괴했을 때 매도해야 할 필요는 없었습니다. 대신 9월에 신흥시장의 급락한 후 우량 주들을 매입했습니다. 시장이 반등하자, 제 포트폴리오는 믿기 어려울 정도의 수익을 올렸습니다. 덕분에 1998년 대부분의 인덱스가 30%나 하락하는 와중에도 저는 약간의 수익을 올릴 수 있었습니다.

러시아 시장이 붕괴하면 다른 신흥시장도 따라서 하락하게 됩니다. 시장이 붕괴하기 전에 베타값이 낮은 종목이 아니라 높은 종목을 매수하신 이유는 무엇입니까?

저베타 주식을 매수하는 것은 투자자들이 저지르는 일반적인 실수 중 하나입니다. 왜 지루한 종목을 매수하죠? 거시적인 이유 때문에 시장이 40% 하락할 때 이들 주식은 20% 정도 하락해요. 그렇다면 차라리 현금을 가지고 있는 게 더 낫지 않을까요? 이후 시장이 50% 상승하면, 이들은 10% 상승합니다. 부정적인 비대칭 수익이에요. 저는 이런 경우를 비둘기 대 코끼리의 트레이딩이라고 불러요. 비둘기만큼 먹고 코끼리만큼 싸는 거예요. 지루한 종목으로 포트폴리오를 구성해서 시장평균 정도의 수익을 올리려면 레버리지를 활용하는 수밖에 없어요. 이때 포트폴리오가 신통치 않으면 레버리지 때문에 엄청난 손실을 입게 되죠. 저는 또 신흥시장의 채권에 대해서도 매력을 느끼지 못하고 있습니다. 잘 돼봐야 찔끔 수익을 올리고, 혹시 국가 디폴트라도 선언된다면 모든 돈을 잃으니까요. 왜 그런 투자를 하죠?

테일러 씨께서는 언제나 베타값이 높은 종목에만 투자하시나요?

물론이에요. 대신 현금 혹은 매도 포지션과 균형을 맞춥니다. 제가 롱-온니 전략을 활용하는 매니저이기 때문이죠. 지루한 종목에 투자하면 영업이익 증가로 인한 투자 기회를 기대할 수도 없어요. 저는 기업의 이익 증가를 좋아합니다. 물론 대가는 치르고 싶지 않지만요.

신흥시장의 주가는 거시적인 환경에 크게 좌우되는 것 같습니다. 개별적인 종목 선택은 얼마나 중요한가요?

예측할 수 없는 거시적인 문제는 수도 없이 많아요. 50명쯤 되는 거시경제 전문가들을 한 곳에 불러놓고 물어보면, 55가지 의견을 말해요. 하지만 개별 기업에 대해서는 많은 지식을 쌓았기 때문에, 예측할 수 있어요. 만약 투자자들이 몇 개월에 한 번씩 주기적으로 투자 기업들에 대해 토론을 벌인다면 몇 년 후 각 기업의 상황과 실행 능력에 대해 이해를 높일 수 있을 거예요. 그래서 거시적인 시장에 관한 예측보다는 기업에 관한 예측을 더 신뢰할 수 있어요. 상당한 규모의 투자 포지션을 구축하고 유지할 수 있을 만큼 신뢰하는 투자는 거시적인 이유 때문이 아니라 기업 때문입니다.

하지만 기업에 관한 투자 결정을 내릴 때 거시적인 전망은 아주 중요하죠. 저는 주식을 매수할 때 거시적 상황, 시장의 추세, 기업의 경영 등 3가지 조건을 고려합니다. 제가 1999년부터 2005년까지 투자한 러시아의 이동통신업체가 이 3가지 조건을 모두 만족시킨 예였어요. 우리가 러시아 시장에서 가장 크게 투자한 사례였죠. 당시 거시적인 조건은 매우 훌륭했어요. 1998년 루블화의 가치가 80%나 평가절하되었고, 그해 원유가격은 12달러에서 최저가를 기록한 뒤 크게 반등했어요. 2가지 사건 때문에 러시아의 끔찍한 경상수지 적자가 믿지 못할 정도로 흑자로 전환되었어요.

그 결과 외환 보유고가 크게 늘어나 러시아 경제의 유동성이 풍부해졌고, 채무불이행도 끝났습니다. 사람들은 진짜 돈을 받기 시작했고요. 일반 시민들의 구매력도 크게 상승했습니다. 그래서 시장의 추세가 살아나고 트레이딩도 활발해졌어요. 휴대전화 보급률은 매년 25%의 성장률을 나타냈죠. 마지막으로 기업들도 마음에 들었어요. 경영진들은 기꺼이 정기적으로 주주총회를 열었습니다. 회계 공시와 함께 투명성도 높아졌고요.

베어링즈는 왜 그만두셨나요?

베어링즈는 거대한 마케팅 기계나 다름없습니다. 제가 매년 시장평균보다 15% 이상 높은 수익을 거두자 펀드 예탁금이 걷잡을 수 없이 늘어났습니다. 당시만 해도 20억 달러를 동유럽 국가 같은 작은 시장에 투자하는 건 미친 짓이었죠. 펀드 규모가 늘어나자 자산운용 면에서 부작용이 나타났어요. 제가 훌륭한 투자 아이디어를 생각해내서 포트폴리오 중 25%를 투자하면 그 소문이 퍼져서 주가가 치솟아버렸어요. 끔찍했죠. 덫에 갇힌 기분이었습니다. 펀드를 폐쇄할 수도 없었어요. 뿐만 아니라 매도 포지션을 활용하지 못하는 게 짜증이 났습니다. IT거품이 커지면서 매도 포지션을 구축하고 싶은 기업들이 늘어났지만 롱-온니 펀드를 운용하고 있었기 때문에 아무것도 할 수 없었죠. 급여도 불만족스러웠습니다. 롱-온니 투자 기관들은 대부분 급여가 적습니다. 저는 전체 손익계산서의 30% 정도를 담당했는데도 아주 적은 돈을 받았죠.

불만은 이렇게 3가지였어요. 펀드 규모가 커짐에 따라 나타나는 부작용과 매도 포지션을 구축할 수 없는 것 그리고 제가 벌어들인 수익에 대한 금전적인 혜택을 받지 못한 것이었죠.

1999년 중반이 되면서 헤지펀드를 만들어야겠다는 생각이 들었어요. 하지만 CEO 업무 때문에 시간을 허비하고 싶지는 않았고, CIO가 되고 싶었죠. 그래서 템즈리버(Thames River)로 자리를 옮겼습니다. 다양한 헤지펀드를 지원하는 엄브렐러 기업(Umbrella Company, 각 직원들과 일종의 프리랜서 형식의 계약을 맺고 운영되는 기업)이었죠. 펀드를 만든 건 2000년 9월이었습니다. 그때까지 6년 동안 신흥시장 대상의 롱-온니 트레이더 중 최고의 실적을 자랑했지만, 고객들이 맡긴 펀드 예탁금은 고작 2,000만 달러였어요.

이유가 무엇이라고 생각하십니까?

여러 가지 이유가 있습니다. 첫째는 그때가 베어마켓이었고, 둘째는 제가 롱-온리 트레이더였기 때문이었습니다. 투자자들은 제가 롱/쇼트 전략을 제대로 활용할 수 있을지 반신반의하고 있었어요. 셋째, 제 펀드가 집중 투자되었던 신흥시장은 마치 서부 개척시대처럼 무질서하다고 생각되었어요. 넷째, 법적인 이유 대문에 베어링스에서 제게 돈을 맡겼던 투자 고객들에게 접근할 수 없었어요.

롱-온니 펀드 매니저에서 롱/쇼트 펀드 매니저로 전략을 바꾸신 후는 어땠습니까?

우리는 2000년 9월 말에 펀드를 설립했습니다. 저는 러시아 시장에서 마음에 드는 종목 몇 가지를 찾아냈어요. 전체 포트폴리오 중 40%로 매수 포지션을 구축했는데 첫달에만 시장이 20%나 하락했습니다. 저는 6%의 손실을 기록했고요. 그 즉시 고객에게 전화가 걸려왔죠. "첫달부터 6% 손실이 나면 어떻게 합니까?"라고 묻더군요. 저는 "좋습니다. 마음에 안 드신다면 예탁금을 돌려드리겠습니다"라고 말했습니다. 다음 달에는 신규 예탁금이 10만 달러에 불과했습니다. "처음부터 돈을 맡기지는 못하겠고, 곧 돈을 맡기겠습니다"라고 말했던 사람들은 제가 첫달에 6%의 손실을 기록하자 모두 멀찌감치 달아나버렸습니다. 그래도 저는 투자에 집중했고, 12월에는 8%의 수익을 올렸습니다. 결국 해당 분기를 2% 수익으로 마감할 수 있었어요.

새로운 투자 고객이 돈을 맡길 때마다 저는 "1년 중 몇 번은 손실을 기록할 겁니다. 손실은 언제나 유쾌하지 않은 일이죠"라고 경고합니다. 건전한 경고는 투자자들이 적절한 기대치를 갖도록 하기 때문에 중요해요. 위험한 자산에 투자하지만 손실 가능성은 제한되어 있다고 말하는 사람이 있다면, 그는 정말 뛰어난 천재이든가 (하지만 이런 사람은 지구상에 한두 명 정도입니다) 혹은 거짓말을 하는 겁니다.

연간 변동성이 20~40%라면, 매년 두세 번쯤은 순자산가치(NAV)에 상당한 타격을 받곤 합니다. 그런데 투자 고객이 단 1개월 동안의 손실도 용납하지 않는다면 투자 포지션이 조금만 하락해도 공포에 질려 매도하게 돼요. 그것도 저점에서 매도하게 되는 거죠. 그러면 이 포지션과 관련해 심리적으로 타격을 받게 됩니다. 다시 매수할 수도 없고, 결국 돈을 벌 기회를 놓치게 되는 거죠. 네브스키 펀드도 매년 두 번 정도 6~12% 사이의 손실을 기록하는 과도기를 겪었습니다.

평균 순익스포저 범위는 어느 정도입니까?

순매수 포지션은 20~110% 정도예요. 변동성이 큰 투자 대상을 매매할 때 시장이 하락한다고 해서 완전히 투자 포지션을 청산하면 다시 시장에 진입하기가 어렵다는 게 제 생각입니다. 그래서 저는 시장의 하락을 예측할 때도 어느 정도의 순매수 포지션을 유지합니다. 예를 들어 2009년 1분기 동안 시장에 대해 비관적이었지만 20%의 순매수를 기록했어요. 3월 시장이 반등하기 시작했을 때는 이미 수익이 나기 시작했고요. 덕분에 기꺼이 투자를 늘릴 수 있었습니다. 감정적으로는 순매수 익스포저를 2배인 40%로 늘리는 것은 저에게 쉬운 일이었습니다. 만약 시장이 반등했을 때 순매도 포지션을 구축하고 있었다면 쇼트 커버링을 위해 시장이 다시 하락하기를 기다려야 했을 겁니다. 하지만 시장은 다시 하락하지 않았어요.

하지만 시장이 너무 부정적이어서 순매도 포지션을 구축해야 할 때가 있지 않나요?

시장 상황이 너무 좋지 않아 반드시 순매도 포지션을 취해야 한다고 생각할 때는 이미 가격에 모든 것이 반영된 매수 적기일 때가 많아요. 가장 짜증나는 사람들은 중개인들과 일하는 시장 전략가(Strategist, 효율적인 투자 전략을 세워 투자자나 펀드 매니저 등을 대상으로 투자제안을 하는 전문가)들이에요. 이들은 과도하게 비중을 늘리라거나 순매도를 해야 한다면서, 2년에서 3년 정도 시장과 전혀 맞지 않을 전략을 추천해요. 만약 헤지펀드 매니저였다면 몇 번이나 자본금을 모두 잃었을 겁니다.

저는 고객의 돈을 맡아 투자하기 때문에 절대로 극단적인 투자 포지션을 구축하지 않고, 언제나 정신적인 균형 상태를 유지하려고 노력합니다. 투자는 현실이에요. 말도 안 되는 전략으로 만들어내는 환상의 세계가 아닙니다. 그래서 시장의 상승분 중 70%에서 80%를 활용하려고 노력합니다. 시장이 하락할 때는 전체 시장의 하락폭 중 30%에서 40%로 손실을 제한하려고 하고요. 2008년 뛰어난 실적을 기록한 헤지펀드들 중 상당수가 2009년에는 독단적인 투자 포지션 때문에 큰 손실을 기록했어요. 2008년 내내 매도 포지션을 유지하다가 2009년에 손실이 난 거예요.

(테일러는 특정 헤지펀드 매니저들을 예로 들었다.)

저는 이들이 한 가지 트레이딩밖에 못하는 사람들이라고 생각해요. 좋은 실적을 기록하고 있는 건 알지만 존경하지는 않습니다. 지금까지 잘한 트레이딩이라고는 2008년 매도 포지션을 유지한 것뿐이니까요. 하지만 다음 해 시장이 40~50%나 상승할 때도 여전히 매도 포지션을 유지했고, 2009년 말 즈음에는 결국 펀드 운용을 그만두어야 했죠. 고객의 돈을 가지고 중개인들과 일하는 시장 전략가들처럼 행동한 거예요. 그러면 안 되죠. 시장과 함께 움직일 수 있도록 늘 실용적으로 투자해야 합니다. 언제나 시장의 방향을 올바르게 잡아야 해요.

네브스키 펀드가 설립되었을 때는 베어마켓이 한창이었습니다. 2000년부터 2002년까지 지속된 베어마켓에서 놀라운 실적을 기록한 비결은 무엇입니까? (네브스키 펀드의 연평균 수익률은 설립(2000년 10월) 이후부터 2002년까지

27%를 기록했다. 당시 HFRI 신흥시장 헤지펀드 인덱스의 수익률은 3% 미만이었고, 롱-온니 전략을 활용하는 펀드들의 신흥시장 인덱스는 손실을 기록하고 있었다.)

1999년 저는 시장평균보다 낮은 실적을 기록했습니다. IT주식이나 터키 시장처럼 베타값이 너무 큰 종목이나 시장에는 투자하지 않았기 때문이죠. 저는 이들에게 매겨진 값이 멍청할 정도로 터무니없다고 생각했어요. 물론 제 생각과 달리 시장은 더욱 상승했습니다. 2000년부터 2002년까지 제가 실적이 좋았던 이유 중 하나는 IT주식의 붕괴를 피한 덕분입니다. 대신 저렴한 루블화와 견고한 원유가격에 힘입어 재부상하고 있는 러시아 시장에 집중하고 있었어요.

유일하게 손실을 기록하셨던 2008년에 대해 말씀해주실 수 있나요?

2008년 신흥시장은 54%나 하락했습니다. 저는 17% 손실을 기록했고요. 제가 투자 고객들에게 베어마켓에서는 시장이 하락하는 폭의 30~40%로 손실을 제한하기 위해 노력한다고 말했던 것과 일치하죠. 2007년 말, 저는 상당히 공격적으로 투자하고 있었습니다. 우리는 2008년에 접어들 무렵 고베타 주식에 대해 85%의 순매수 포지션을 보유하고 있었고, 총 익스포저는 200%였습니다. 하지만 신용 스프레드가 점차 커지고 있어서 고민했습니다. 유럽 금융권에 문제가 있는 것처럼 보였고, 2007년 8월이 재현될 것 같았습니다. 그래서 저는 익스포저를 40% 순매수로 낮췄습니다. 1월, 투자 포지션을 공격적으로 매도했던 게 주효했습니다. 그래서 그해 중순에는 4%의 수익을 기록했죠.

잘 이해가 되지 않는군요. 1월 초에 매수 포지션을 축소한 게 어떻게 도움이 되었다는 말씀이시죠? 이후로도 순매수 포지션을 유지하셨고, 결국 전반기에 수익을 기록하셨습니다. 논리적으로 따져보았을 때, 포지션을 줄이지 않았다면 더 큰 수익을 올릴 수 있지 않았을까요?

우리가 1월 초에 매도한 종목들의 주가는 2분기 말까지 상승했어요. 그렇게 생각하면 1월 초의 매도는 멍청한 행동으로 보이죠. 이후로 다시는 80%의 순익스포저 수준을 회복하지 못했으니까요. 하지만 잘못된 생각입니다. 기억하시는지 모르겠지만 1월 말 속젠(SocGen, 소시에테제네랄의 줄임말)의 사기꾼 트레이더가 가지고 있던 투자 포지션이 발견되자 시장은 신저점을 형성했어요.[8] 만약 우리가 1월 초에 매도를 시작하지 않았더라면 (젠장맞을!) 최저점에서 포지션을 청산했을 것이고, 2008년 1월 손실은 5%가 아니라 15%였을 겁니다. 그뿐만 아니라 2월과 3월에 시장이 반등을 시작했을 때는 전혀 포지션을 구축하지 못했을 거예요. 하지만 1월 첫주에 공격적으로 익스포저를 줄인 덕분에 1월 말 시장의 급락을 활용할 수 있었습니다.

저는 속젠에 관한 뉴스가 보도되었을 때 오히려 잘 되었다고 생각했어요. 시장이 크게 하락한 이유를 알게 되었기 때문이죠. 시장의 약세를 노려 마음 놓고 매수를 했어요. 15%의 손실을 기록하고 있었다면 매수 포지션을 구축하는 데 따르는 리스크를 감수할 수 없었을 겁니다. 좋은 기회라고 판단했더라도 혹시 잘못되면 10%의 추가적인 손실을 입을 수 있으니까요. 그러면 1월 손실이 총 25%가 됩니다. 펀드를 아예 정리하게 될 수도 있는 상황이었죠.

2008년 하반기에 손실을 기록한 주된 이유는 무엇이었나요?

2008년 2분기의 손실은 순매수 포지션 때문입니다. 선진국에서는 GDP 증가가 둔화되었을 뿐 아니라 분위기도 좋지 않았습니다. 하지만 신흥시장은 여전히 모든 게 활황이었어요. 네브스키 펀드의 포트폴리오에 포함된 기업들은 모두 영업이익이 크게 상승했고, 기업가치도 매력적이었습니다. 선진국 시장은 펀더멘털 때문에 투자를 고려하고 싶지 않았던 반면에, 신흥시장 기업들의 펀더멘털은 상당한 순매수 포지션을 구축해도 좋을 정도였습니다.

---

8. 2008년 1월 말에 시장이 저점을 기록했을 때, 소시에테제네랄(Société Generale)의 한 부도덕한 트레이더는 유럽 시장의 선물 인덱스에 대한 투자 포지션을 대규모로 청산했다.

신흥시장의 가치는 매력적이었지만 글로벌 시장의 리스크가 컸기 때문에 우리는 40%의 순매수 포지션을 구축하는 정도로 타협했습니다. 하지만 리먼 브라더스의 붕괴로 인한 신용위기 후, 순매수 포지션에 대한 익스포저를 20%로 줄였습니다.

완전히 투자 포지션을 정리하지 않고 20%의 순매수 익스포저를 유지한 덕분에 2008년 말 시장이 급등과 급락을 거듭할 때도 손실이 쌓이는 걸 막을 수 있었습니다. 2008년 4분기에는 시장이 15%에서 20%까지 반등했다가 신저점을 기록하는 일이 세 번이나 있었습니다. 만약 제가 모든 투자 포지션을 청산했더라면 시장이 40%나 하락했다가 15% 혹은 20% 정도 반등할 때마다 "오 이런, 방향이 바뀌는구나"라면서 시장에 뛰어들기를 거듭했겠죠. 며칠 후 시장이 신저점으로 하락할 때는 괜히 시장에 진입했다고 생각하면서 모든 포지션을 청산했을 거예요. 짧은 반등이 이어질 때마다 가짜신호(Whipsaw)에 속아서 같은 일을 반복했겠죠. 따라서 2008년 2분기 우리가 순매수 포지션으로 손실을 기록하긴 했지만, 그게 아니었다면 아이러니하게도 더 큰 손실을 입을 수도 있었어요.

2008년 처음으로 연간 실적이 손실을 기록하셨을 때 투자 고객들의 반응은 어땠나요?

2008년 10월까지는 예탁금을 찾아가는 사례가 한 번도 없었습니다. 하지만 그때는 고객들이 현금인출기에서 돈을 찾듯이 예탁금을 빼갔어요. 시장 폭락과 함께 큰 압박을 받은 대부분의 헤지펀드들이 게이트 규정에 의지한 반면, 유동적인 증권에만 투자하는 우리 펀드는 매월 정해진 기간 동안 원하는 만큼의 예탁금을 찾아갈 수 있도록 했기 때문입니다.[9] 특히 펀드 고객들

---

9. 대부분의 헤지펀드들은 계약서에 게이트 조항을 포함하고 있다. 게이트란 투자자들이 특정 수준 이상으로 펀드 예탁금을 환매하지 못하도록 정해놓는 것이다(예 : 각 분기당 운용하는 자산의 10%). 투자자의 환매 요구가 게이트 기준을 넘으면 게이트 조항이 발동된다. 이에 따라 헤지펀드는 환급 기간 동안 최대 환급 가능한 금액을 투자자의 요구에 비례해서 지급한다. 지급하지 못한 환급금은 다음 환매 기간에 역시 게이트 조항에 따라 지급된다. 2008년 말부터 2009년 초까지 금융시장이 붕괴하면서 유동성 경색과 시장에 만연한 공포로 상당수의 투자자들이 펀드를 환매했고, 이례적으로 많은 헤지펀드가 게이트 조항을 발동했다.

은 자신들의 고객들이 환급을 요청하자 우리에게 맡긴 예탁금을 모두 찾아가 버렸어요. 펀드를 운용한 8년간 돈을 맡긴 고객보다 환매를 해간 고객이 더 많았던 적이 단 한 번도 없었는데, 2008년 10월부터 2009년 3월까지 전체 자산의 반이 사라졌습니다. 하지만 이상하게도 3개월 만에 돈은 모두 되돌아왔어요. 오랫동안 우리를 눈여겨봤지만 펀드를 폐쇄하는 바람에 투자할 수 없었던 투자자들이 시장이 안정되자마자 예탁금을 맡겼기 때문이었죠. 결국 우리는 또 다시 펀드를 폐쇄할 수밖에 없었습니다.

롱-온리 펀드뿐 아니라 헤지펀드도 운용하고 계시는데, 2가지를 비교해 주실 수 있나요?

롱-온리 펀드 운용은 정말 쉬워요. 롱-온리 펀드 매니저들 중 85% 이상이 인덱스보다 낮은 수익을 올리고 있기 때문에 조금만 실적이 높으면 누구에게나 사랑받게 됩니다. 혹 손실이 나더라도 상대적으로 작기만 하면 여전히 사랑받아요. 하지만 헤지펀드 매니저는 달라요. 시장이 상승하면, 시장보다 높은 실적을 내야 합니다. 시장이 하락할 때는 마치 현금을 그대로 가지고 있었던 것처럼 손실을 전혀 기록하지 않길 바라고요.

롱-온리 펀드 중 상당수가 인덱스보다 낮은 실적을 기록하는 이유는 무엇입니까?

이유는 여러 가지죠. 먼저 신흥시장의 거래 수수료가 상대적으로 높기 때문입니다. 일반적으로 100~200베이시스포인트 정도 높습니다. 둘째는 시장의 변동성이 크기 때문에 펀드 매니저들은 편견에 빠져 잘못된 투자 판단을 내리기 쉽습니다. 저점에서 공포에 질려 매도를 한다든가, 추세를 놓칠까봐 천장에서 시장에 뛰어드는 실수를 저지르는 거죠. 셋째로 신흥시장에서는 인덱스를 구성하는 종목들이 자주 바뀝니다. 인덱스에서 제외된 종목을 매도할 때는 잘못된 편견 때문에 전반적으로 매도세가 형성되죠. 마지막으로 가장 중요한 이유는 신흥시장이 다른 시장보다 비이성적으로 움직이는 경향이 있기 때문입니다. 신흥시장에 투자하는 국내 투자자들은 소문이나 음모 이론처럼 비합리적인 기준에 따라 투자 결정을 내릴 때가 많습니다. 이들을 대상으로 여론조사를 해보면 뉴욕 세계무역센터를 공격한 배후가 알카에다가 아닌 CIA라고 생각하는 사람들이 2~3배는 많을 겁니다. 이런 사고방식의 투자자들과 함께 트레이딩을 하면서 펀더멘털만 고려한다면 큰 손실을 입을 수도 있겠죠.

저는 해외 투자자들이 신흥시장에 압도적인 영향력을 행사하고 있다고 생각했습니다.

다수의 해외 투자자들이 막대한 자본을 투자했다가 회수하면서 시장의 사이클을 변화시킬 경우는 그렇습니다. 하지만 장기적으로 가격에 영향을 미치는 요소는 국내 투자자와 소문이에요. 예를 들어 어떤 기업의 펀더멘털이 좋지 않아 매도 포지션을 구축했는데, 대통령의 아들이 이 주식을 매수한다는 소문이 돌면 주가가 급등하죠.

롱-온리 펀드 매니저들 중 다수가 인덱스보다 못한 수익을 올리고 있는데도 불구하고 투자자들이 직접 인덱스에 투자하지 않는 이유는 무엇인가요?

신흥시장을 대상으로 하는 롱-온리 펀드가 끔찍한 실적에도 불구하고 유지되는 데는 몇 가지 이유가 있습니다. 그중 가장 큰 이유는 마케팅입니다. 예를 들어 마크 모비우스(Mark Mobius)가 운용하는 템플턴(Templeton) 신흥시장 펀드를 보세요. 모비우스는 각종 언론에서 신흥시장 투자의 권위자로 비춰지고 있지만, 실은 지난 20년간 시장의 인덱스에 훨씬 못 미치는 수익을 기록해왔습니다. 그래도 모비우스의 펀드는 수백억 달러에 달하는 예탁금을 유치하고 있어요. 그 이유는 그가 신흥시장이나 정부를 방문하여 의견을 피력하는 내용의 신문기사가 자주 보도되고 있기 때문입니다. 투자 전문가들은 언론에 비춰지는 이미지가 중요해요. 그래야만 고객들의 돈을 짜낼 수 있으니까요.

왜 투자자들은 이들 펀드의 상대적 실적이 좋지 않은데도 불구하고 계속해서 돈을 맡기는 걸까요?

고객들이 상대적인 실적을 고려하지 않기 때문입니다. 신흥시장은 같은 기간 훨씬 더 큰 폭으로 상승했어요. 예를 들어 신흥시장이 연평균 10% 상승률을 기록했는데, 모비우스가 6%의 수익률을 기록했다면 투자자들은 자신이 돈을 맡긴 펀드의 수익률만을 봅니다.

투자자들이 시장의 실제 인덱스가 아닌 롱-온니 펀드를 선택하는 이유는 마케팅 이외에 또 무엇이 있나요?

높은 수수료 때문입니다. 인덱스 펀드에 투자를 하더라도 실제 인덱스보다 낮은 수익을 얻기 때문이에요.

그렇다고 굳이 수익률이 별로 좋지도 않은 롱-온니 펀드를 선택하는 이유는 무엇일까요?

마케팅 담당자들이 펀드가 인덱스보다 더 높은 수익을 올릴지도 모른다는 희망을 심어주었기 때문이죠.

최근 펀드 자산의 3/4을 투자자들에게 돌려주기로 결정하신 이유는 무엇입니까?

저는 포트폴리오상의 리스크를 통제하기 위해 중요 투자 포지션을 중심으로 트레이딩을 하고 있습니다. 이 과정은 시간이 많이 소요될 뿐 아니라 늘 가슴을 졸이게 만들죠. 매일 새벽 5시부터 밤 9시까지 일합니다. 아시아 시장의 점심시간부터 미국 시장이 폐장할 때까지 일하는 것이죠. 정말 말도 안 되는 일이죠, 그렇죠? 2000년 9월 2,000만 달러를 가지고 펀드를 만들었는데 2010년 2월에는 자본금이 75억 달러로 늘어났어요. 그중 상당기간 동안 헤지펀드는 아예 폐쇄했습니다. 우리가 운용하고 있는 헤지펀드의 규모는 35억 달러, 롱-온니 펀드는 40억 달러 규모였죠. 펀드를 설립할 때 저를 포함해 3명이던 직원이 35명으로 늘어났고요. 그만큼 규모도 커졌고, 고객도 늘어났습니다. 이러한 결과를 얻기까지 정말 많은 시간을 일했습니다. 계속 이렇게 하다가는 죽겠다 싶더군요. 그래서 우리는 2월(2012년)에 이전 고객 규모의 20% 수준까지 펀드를 줄이기로 결정했어요.

일종의 강제 청산인가요?

고객의 수를 줄일 수 있는 유일한 방법은 원래의 펀드를 폐쇄하고 동시에 새로운 펀드를 개설하는 것뿐이었어요. 실제 그렇게 했고요. 지난해 고객들에게 1년 후 원래의 펀드를 폐쇄한다는 사실을 공지했습니다. 투자방식을 바꿀 수 있을 만큼의 유연성을 갖고 싶었거든요.

투자방식을 어떻게 바꾸신다는 뜻인가요?

원래 제 헤지펀드는 전체 투자의 50% 이상을 신흥시장에 할애하도록 되어 있었습니다. 예를 들어 아시아 시장이 심상치 않아서 익스포저를 줄이고 싶다고 하더라도, 펀드를 제대로 운용하지 않는다는 이유로 고객들이 소송을 걸까봐 두려워 투자를 계속해야 했습니다. 하지만 지금은 아시아 시장이 마음에 들지 않으면 아침에 잠을 좀 더 자요. 아시아 시장에 투자할 필요가 없다고 생각하면 조금 늦게 일어날 수도 있게 됐죠.

지금의 펀드는 어떤 조건에 따라 운용하고 계신가요?

기본적으로 제가 원하는 대로 합니다. 새 펀드 역시 신흥시장에서 상당한 포지션을 유지하고 있습니다. 다만 중요한 건, 꼭 신흥시장에 투자를 하지 않아도 된다는 거예요. 이번에는 헤지펀드의 '압박'을 고쳐보려고 노력 중이에요. 월별 실적을 공개하는 것으로요. 과거 우리의 펀드 고객들 중 상당수는 월별 실적에 많은 영향을 받았어요. 투자자들이 월별 실적을 보고 투자하기 때문이죠. 그 덕에 우리 펀드도 월별 수익률에 집착할 수밖에 없었습니다. 월별 수익률을 높이려고 장기적으로는 형편없는 투자 결정을 내릴 때도 있었어요.

새로운 펀드 역시 월별 실적을 고객들에게 공개하려고 합니다. 하지만 월별 소식지가 아니라 분기별 소식지에 게재할 생각입니다. 저는 고객들의 생각에 개의치 않으려고 노력하고 있어요. 투자방식은 바꾸지 않으면서 좀 더 장기적인 안목으로 투자할 수 있는 유연성을 갖고 싶어요. 예를 들어 지난 두 달간은 투자 실적이 상당히 좋지 않은 편입니다. 시장이 급등한 후 급락했거든요. 하지만 이제는 월별 실적보다는 장기적인 관점에서 투자를 유지할 수 있는 여유를 갖게 되었습니다.

단순한 호기심에서 묻겠습니다. 중요 투자 포지션 중 최근 실적이 좋지 않은 것은 무엇입니까?

현재 우리의 가장 큰 투자 포지션은 애플(Apple)입니다. 애플이 마음에 든 이유는 미국 애널리스트들이 애플의 성장 잠재력을 낮게 평가하고 있기 때문입니다. 애플이 이미 미국 시장에서 상당한 점유율을 가지고 있다는 게 이유예요. 이들이 간과하고 있는 사실은 미국의 인구가 3억 명인데 반해, 전 세계 인구는 67억 명이라는 겁니다. 애플의 선호도가 가장 높은 국가는 중국이에요. 중국은 휴대전화 사용 인구가 9억 명이나 됩니다. 그렇다면 지금까지 얼마나 많은 아이폰(iPhone)이 중국에서 판매되었을까요? 겨우 300만 대예요. 애플은 독특한 운영체계와 뛰어난 하드웨어 덕분에 다른 경쟁업체에 비해 중국 시장으로의 진입이 유리합니다. 저는 애플이 앞으로 4년 동안 미국에서의 성공을 전 세계적으로 재현할 것으로 생각하고 있습니다.

우리는 향후 3~4년 동안 기업의 영업이익이 어떻게 변화할지를 예측합니다.

업종 내에서 저평가된 종목과 향후 예상을 넘어서는 실적을 좋아해요. 또 가치를 실현하기 위해 깜짝 실적을 낼 만한 주식을 찾고 있습니다. 우리는 애플이 향후 3~4년간 예측보다 50~60% 높은 이익을 실현할 것으로 예측하고 있어요. 애플의 주가는 2011년 영업실적 예측치의 16배에 거래되고 있습니다. 하지만 우리가 예측한 2014년 애플의 영업이익과 비교하면 4.8배 수준에 불과합니다. 애플은 뛰어난 경영진의 힘으로 세계에서 가장 빠르게 성장하고 있는 기업 중 하나입니다. 주가는 우리가 예측한 영업이익의 5배도 안 되는데다가 2014년까지 전체 시가총액의 절반이나 되는 1,500억 달러의 현금을 보유할 것으로 생각하고 있습니다. 현재 우리의 포트폴리오 중 20%는 애플에 투자되고 있습니다.

펀더멘털이 훌륭한데도 불구하고 애플의 주가가 더욱 상승하지 않은 이유는 무엇일까요?

지금까지 주가가 크게 상승하여 투자자들이 매수를 꺼리고 있기 때문입니다. 하지만 무엇보다 가장 큰 이유는 미국의 애널리스트들은 차기 아이폰 모델 출시가 늦어지는 데 주목하고 있기 때문입니다. 악재라고 보는 거죠. 하지만 이것은 전혀 나쁜 일이 아닙니다. 애플이 훌륭한 이유 중 하나는 뛰어난 실행 능력입니다. 애플이 예상보다 일찍 신상품을 출시했는데, RIMM(Research in Motion Ltd., 리서치 인 모션)이 블랙베리(Blackberry)를 위한 태블릿 PC라면서 만들어낸 플레이북(PalyBook)처럼 쓰레기 같은 제품이라면 좋을까요? RIMM은 아마 3년 내지 4년 안에 파산할 거예요.

왜 그렇게 생각하시죠?

경쟁력이 없는 상품들을 만들어내고 있기 때문이죠. 예를 들어 RIMM에서 새로 만든 태블릿 PC는 이메일 기능이 없어요. 업무용 시장을 공략하기 위해 만든 상품인데 말이죠! 엔진이나 바퀴가 없는 자동차를 만든 거나 마찬가지예요. 정말 끔찍한 상품입니다. 적어도 1년 이상의 준비기간이 더 필요했어요. RIMM이 준비도 안 된 상품을 서둘러 시장에 내놓은 이유는 애플이 향상된 아이패드 2 모델로 업무용 시장에 진입하고 있기 때문입니다. 이제는 비즈니스 유저(Business User)들도 "블랙베리는 별로야. 아이폰을 쓰고 싶어"라고 말합니다. RIMM은 아이패드 2에 대항할 수 있는 상품을 출시하지 않으면 업무용 시장을 잃게 된다고 우려했어요. 하지만 RIMM의 이러한 행동 때문에 아이폰이 아닌 블랙베리를 고집해왔던 IT전문가들의 마음이 돌아서면서 오히려 역효과가 발생하고 있어요. 칼로 자신의 심장을 도려내고 있는 거나 다 찬가지죠.

테일러와의 인터뷰는 2011년 4월 30일에 진행되었다. 바로 전날, 애플의 주가는 350달러로 마감한데 반해 RIMM의 주가는 49달러를 기록했다. 11개월 후, 필자가 마지막 탈고를 위해 테일러와의 인터뷰 내용을 다시 읽고 있을 때(2012년 3월 19일), 애플의 주가는 601달러를 기록한 데 반해 RIMM의 주가는 15달러로 급락해 있었다.

매도 포지션 대상은 어떻게 선택하십니까?

매도 포지션은 더 까다롭죠. 매수 포지션의 경우에는 전체 업종 중 저평가된 기업이나 향후 몇 년간 깜짝 실적을 공개할 것으로 예측되는 기업을 선호해요. 반대로 각 분야에서 상대적으로 고평가되었거나 향후 몇 년간 실적이 하락할 종목에 대해 매도 포지션을 구축하는 게 이상적이죠. 하지만 이런 기업들은 인수합병의 리스크가 커요. 세계적인 기업들은 신흥시장의 여러 산업 분야에서 노출되기를 원합니다. 하지만 이들이 인수하는 건 결국 비우량 기업이죠. 신흥시장에서 기업을 인수하기 위해서는 기업 및 정부, 규제 당국과 긴밀한 협의가 필요할 뿐만 아니라, 우량 기업의 경우에는 해외 기업들이 인수하는 게 훨씬 어려워요. 정부가 "우량 기업을 해외 투자자에게 팔아넘긴다"라고 비춰질까봐 걱정하거든요. 하지만 비우량 기업일 경우 정부나 규제 당국은 기업 및 일자리를 보호한다는 생각으로 쉽게 허가를 내줍니다. 영업이익의 7배에 거래되는 주식은 매입 대상이고 15배에 거래되는 종목은 매도 포지션 대상으로 좋은데, 일부 멍청한 외국 기업들이 비우량 기업들에 50%나 되는 프리미엄을 지급할 때도 있어요.

테일러 씨께서는 인수합병의 대상이 되기 쉬운 기업들에 대해 매도 포지션을 구축하실 때 어떤 방법으로 리스크를 조절하십니까?
우리가 가지고 있는 매도 포지션 중 3/4은 주가지수선물입니다. 따라서 우리 펀드의 순익스포저는 개별 기업이 아니라 전체 시장에 대한 매도 포지션으로 조절됩니다.

그렇다면 지금 설명하신 것처럼 인수합병으로 인한 딜레마가 존재하는 상황에서 개별 기업에 대한 매도 포지션은 어떻게 관리하고 계십니까?
공기업이나 연기금이 투자하고 있어서 합병이 불가능한 경우에만 매도 포지션을 구축합니다. 연기금이 투자하고 있는 기업들은 절대 매각되지 않습니다. 인수 후 근로자 중 20%가 해고당할지 모른다는 우려 때문이죠.

얼마나 많은 기업이 여기에 속하나요?
신흥시장의 경우 1/3 정도입니다.

리스크는 어떻게 관리하십니까?
우리는 항상 가장 유동성이 큰 종목에만 투자를 하고 있어요. 뭔가 잘못되어도 즉시 투자를 철회할 수 있기 때문이죠. 우리는 투자를 하기 전에 많은 연구를 합니다. 향후 3~4년 동안의 기업의 영업이익뿐 아니라 거시적인 상황에 대해서도 예측을 하고 있습니다.

또한 우리는 거시적 관점을 규칙적으로 수정합니다. 실용적인 시각을 유지하는 게 중요하기 때문이죠. 판단이 틀렸을 때는 그 즉시 빠져나와야 해요. 빗나가는 때가 대부분이지만, 약 60% 정도 옳은 판단을 내리는데, 이때는 많은 수익을 올립니다. 반대로 틀렸을 때는 손실을 재빨리 청산합니다. 그러면 돈을 벌 수 있어요.

리스크 관리를 위한 특별한 규칙이 있나요?
정량적인 리스크 통제 방식은 활용해본 적도 없고, 앞으로도 활용할 생각이 없습니다. 과거의 변동성을 활용하기 때문이죠. 이것은 마치 백미러만 보고 운전을 하는 것과 마찬가지입니다. 변동성을 지침으로 활용하는데, 갑자기 변동성이 증가한다면 어떻게 될까요? "이런! 생각보다 리스크가 훨씬 크구나!"라고 깨닫겠죠. 하지만 이미 손실이 상당할 겁니다. 2008년 많은 펀드 매니저가 겪은 일이죠. 또 우리는 손절매를 하지 않습니다.

그렇다면 어떻게 리스크 관리하십니까?
상식적인 투자를 합니다. 다양한 조건이 충족될 때만 트레이딩을 시작해요. "기업이 마음에 드는가? 저평가되어 있나? 현금흐름이 좋은가? 경영은 믿을 만한가? 나의 예측을 신뢰할 수 있는가? 거시적인 상황은 좋은 편인가?" 하는 등이죠.

기업이 모든 요건을 충족한다면, 그다음은 적절한 투자 포지션의 규모를 결정할 차례입니다. "기업 혹은 국가의 리스크 정도를 보았을 때 적절한 투자 포지션 규모는 어느 정도인가?" 하는 거죠. 리스크가 클 때는 전체 포트폴리오의 1~5%도 많아요. 리스크가 작고 신뢰할 수 있는 투자라면 20%까지 늘리기도 합니다. 요즘 애플이 그런 경우예요. 만약 스티브 잡스(Steve Jobs)에게 무슨 일이 생긴다면 주가는 10%가량 하락할 겁니다. 그러면 제 전체 포트폴리오는 2% 정도 타격을 받겠죠. 그 정도는 감당할 수 있어요. 향후 4년간 주가가 3배 상승한다고 보니까요. 애플에 대해 상당한 투자를 하고 있는 상황에서, 동종 업계의 다른 기업에도 큰 투자 포지션을 구축할 수 있을까요? 그렇게 하지는 않습니다. 부정적인 사건이 발생하면 애플뿐 아니라 산업 전반에 영향이 미치기 때문이죠.

리스크 통제를 위해서는 존중할 만한 의견을 제공해줄 팀 동료가 필요합니다. 제 아이디어를 중단시키거나, 경청하거나 혹은 테스트를 해줄 사람이죠. 그런 점에서 제 파트너인 닉 반스(Nick Barnes)는 정말 중요한 사람입니다.

인터뷰 후 반 년이 채 지나기 전에 스티브 잡스가 사망했다. 당시 애플의 주가는 몇 주간 하락했지만, 곧 그보다 더 큰 폭으로 반등했다.

테일러 씨의 예측이 시장의 의견과 달라지는 주된 이유는 무엇입니까?
저는 상식적인 생각을 하는 반면, 시장은 미래가 아닌 과거에 집착하기 때문이죠. 예를 들어 현재 애플이 인도와 중국에서 괄목할 만한 매출을 기록하지 못하고 있기 때문에 앞으로도 이들 시장에서 매출을 올리지 못할 것이라는 게 일반적인 의견입니다. 어리석은 생각이죠. 지난 4분기(2010년) 애플은 아이패드를 730만 대 팔았어요. 올해는 아이패드 판매량이 2,950만 대를 넘어설 것으로 예측됩니다. 이 예측치는 작년 4분기 판매를 1년 평균으로 계산한 것뿐이에요. 시장이 간과하고 있는 사실은 애플이 지금도 경쟁상대가 없는 상품을 계속해서 혁신시키고 있다는 겁니다. 애플 제품은 이미 다른 어떤 상품보다 뛰어나지만 스티브 잡스는 제품의 가격 경쟁률까지 제고하고 있습니다. 규모의 경제 면에서 앞으로도 애플의 경쟁상대가 나타나기는 힘든 상황입니다. 그래서 우리는 올해(2011년) 아이패드 판매량을 4,000만 대, 내년에는 6,000만 대로 예측하고 있습니다. 시장은 내년 판매량이 4,000만 대에 달할 것으로 예측합니다. 우리가 사용하는 것은 복잡한 과학기술이 아니라 단순한 상식이에요.

지금까지 설명하신 내용은 모두 펀더멘털 분석을 활용한 것입니다. 기술적 분석은 전혀 고려하지 않으십니까?

아니에요. 차트는 정말 중요해요. 기본적인 분석을 통해 매수할 종목을 결정한 다음에는 차트부터 봐요. 그다음 투자 포지션을 결정합니다. 이미 과도하게 매수세가 형성되어 있다고 해도 매수를 포기하지는 않지만, 조정 가능성 때문에 투자 포지션 규모를 작게 구축해요. 상당한 금액을 투자했는데 조정이 시작되면 끔찍하니까요. 정말 기업이 마음에 들면 포트폴리오 중 10%를 투자합니다. 그런데 이미 과도한 매수가 이루어져 있다면 단 1%를 투자해요. 계속 주가가 상승하면, 조금이나마 수익을 올렸다는 사실에 만족하면서 추가 매수를 고려합니다. 포지션의 일부는 저가로 매입했기 때문이죠. 하지만 과도한 매수세 때문에 처음 매입을 포기했다면, 그후로도 절대 매수하지 않습니다. 끔찍한 실수를 저지를 수 있기 때문이죠.

펀더멘털을 기준으로 종목을 선택하고 차트를 분석했는데, 시장에 비해 가격이 크게 저렴할 때도 주목해야 합니다. 이때는 매도의 주체가 누구인지를 확인하죠. 가격이 과도하게 저평가되어 있다면 기업이 거짓말을 하고 있을 가능성도 있기 때문이에요. 투자 포지션을 늘릴 때도 차트를 활용합니다. 향후 상승이 예측되는 종목에 대해 투자 포지션을 구축하는 중에 차트상 브레이크아웃이 나타난다면 재빨리 포지션을 완성합니다. 제가 주목하고 있던 종목을 시장이 보기 시작했다는 뜻이니까요.

그러니까 차트를 보조적인 장치로 활용하시는군요.

네, 중심은 펀더멘털이에요. 하지만 차트만 보고 투자를 시작하는 예외적인 상황도 있습니다. 갑자기 주가가 크게 하락한다면(예를 들어 RSI가 3년 최저점을 기록한다면), 상황을 예의 깊게 주시해야 합니다.[10] 일반적으로 주가가 폭락했

---

10. RSI는 상대강도지수(Relative Strength Index)의 줄임말로, 웰레스 와일더(J. Welles Wilder)가 개발한 유명한 과매수·과매도 지표다

을 때는 이유가 무엇이든지 이미 가격에 반영되었을 가능성이 큽니다. 주식은 아주 긴 시간 동안 과매수 상태를 유지할 수 있기 때문에 RSI가 과매수 지표로 작동되지 않을 수 있습니다. 하지만 과매도는 기껏해야 몇 주 동안 지속되는 극단적인 현상입니다.

그러니까 RSI가 한 가지 방향에서만 유용한 지표라고 말씀하시는 거군요.
그렇습니다. 과매도인 경우에만 유용하죠. RSI의 매도 강도가 심각할 때는 펀더멘털을 봅니다. 이유가 무엇이든 급격한 주가 하락을 유발시킨 원인이 이미 가격에 반영되었는지를 판단하기 위해서죠. 만약 그렇다면 매수합니다.

테일러 씨께서는 전적으로 분석에 따라 트레이딩에 접근하십니까? 아니면 가끔이라도 감에 의존하실 때가 있나요?
감은 정말 중요해요. 가격의 변화가 이상하게 느껴진다면 펀더멘털을 다시 한 번 살펴봐야 한다는 뜻이죠. 저는 최근 스페인 주식시장의 인덱스인 IBEX에 대해 부분적인 매도 포지션을 구축했습니다. 곧 투자 포지션을 크게 늘릴 계획이었죠. 그런데 어제 몇 가지 통계가 발표되었어요. 끔찍한 내용이었지만 시장은 반등했죠. 부랴부랴 생각을 바꾸었어요.

쇼트 커버링을 하신 건가요?
아니오. 알고리즘 펀드(Algorithmic Fund, 알고리즘 공식을 바탕으로 만든 시스템을 활용하는 헤지펀드)가 시장을 통제하고 있기 때문에 포지션을 더 늘리지 않기로 했어요. 시장이 다시 하락세로 돌아서기 전에 큰 손실을 입을지도 모르는데 포지션을 늘리는 건 미친 짓이에요. 공격적으로 매도 포지션을 시작하기 전에 좀 기다려야 할 것 같아요. "뭔가 이상한데" 하는 감이 왔어요. 하지만 펀더멘털상으로 지금의 포지션이 틀리지는 않았다고 생각하기 때문에 일단 유지하려고 합니다.

주식 투자자들에게 해주고 싶은 조언은 없나요?

투자 대상에 대해서는 전문가가 되어야 합니다. 왜 투자를 하는지 이해할 필요가 있어요. 왜 투자를 하는지 이해하지 못하면 언제 매도해야 하는지도 모릅니다. 그냥 가격이 하락하면 팔죠. 가격 하락은 매도의 지표가 아니라 매수 기회입니다.

지금까지 트레이딩 경력 중 최악의 실수는 무엇입니까?

2009년 최악의 실수 혹은 실수의 패턴을 저질렀다고 생각합니다.

하지만 2009년에는 상당한 수익을 기록하지 않으셨나요?

32%의 수익을 기록했죠. 하지만 수익이 적어도 45~50%가 넘어야 했어요. 저는 일반적으로 거대한 베타의 랠리에 편승하는 데 능숙하거든요. 2009년의 실수로 저는 꽤 화가 났었죠.

2009년에는 평상시와 다르게 트레이딩하셨나요?

저는 수익은 계속 증가하도록 놔두고 손실은 제한합니다. 하지만 2009년에는 달랐어요. 2008년 9월부터 2009년 2월까지의 변동성 장세 이후 10~15% 정도의 수익을 내면 무조건 이익을 실현해버리는 이상한 버릇이 생겼어요. 고객들에게 예탁금을 회수하도록 허용한 덕에 펀드의 50%가 줄었을 때였으니까 심리적 부담감이 상당했죠. 제가 투자한 포지션들은 35~40%의 상승률을 보였습니다. 제가 성급한 수익 실현을 반복하는 끔찍한 실수를 저지른 이유는 2008년 때문인 것 같아요. 시장의 하락폭보다 적은 손실을 기록하기는 했지만 어쨌거나 처음 손실을 기록했으니까요. 시장이 또 하락하지 않을까 끊임없이 걱정을 했습니다. 2009년 2분기에는 예탁금을 맡긴 새로운 고객이 많아 더욱 걱정이었죠. 새로운 고객들의 돈은 그때까지 벌어들인 수익이 완충 역할을 할 수 없다는 사실을 뼈저리게 잘 알고 있었습니다. 그래서 새로운 고객들이 손실을 보게 될까봐 걱정이 많았어요. 동시에 시장의 규모도 걱정이 되었습니다. 시장은 위기 전 규모를 회복하지 못했는데 제 펀드는 2009년 7월에 이전 수준으로 회복했습니다. 그래서 필요하다면 재빨리 시장을 빠져나갈 준비를 하고 있었죠. 그래서 2009년 저는 단기 투자에 집중했습니다. 그 점이 큰 차이점이었죠. 원래는 마음에 드는 투자는 오래 유지하는 편이거든요.

2010년 중반이 돼서야 좋지 않은 버릇을 고쳤습니다. 그해 3월, 고객들에게 12개월 후 헤지펀드를 폐쇄하겠다는 공지를 전달한 다음이었죠. 펀드 환매가 지속적으로 이루어졌고, 덕분에 펀드의 규모가 줄어들었습니다. 오래 전부터 돈을 맡겨온 고객이나 새로운 고객 모두 상당한 수익을 올린 후였기 때문에 "내가 도움이 되었구나!" 하는 기분이 들었죠. 이후 저는 긴장을 늦추고 원래의 투자방식을 되찾을 수 있었습니다.

"

테일러는 신흥시장에서 투자할 종목을 선택할 때 다음 3가지 기본적인 특성을 고려한다.

1. 훌륭한 거시적 전망

테일러의 포트폴리오에 영향을 미치는 거시적 요소는 다음 2가지다.

첫째, 테일러는 가장 긍정적인 펀더멘털을 가지고 있는 국가들에 매수 포지션을 집중한다.

둘째, 포트폴리오의 순익스포저는 세계 시장의 거시적 전망에 따라 달라진다. 예를 들어 2008년 말부터 2009년 초까지는 개별 기업의 펀더멘털보다 세계 시장의 전반적인 펀더멘털이 부정적이었기 때문에 순익스포저는 낮았다.

2. 사회적인 추세

테일러는 트레이딩에 도움이 되는 강력한 추세가 형성되는지를 살핀다. 2000년대 초 러시아에서 휴대전화 인구의 증가 추세를 보고 해당 분야의 기업들에 대해 상당한 투자 포지션을 구축해 많은 수익을 올렸다. 또 다른 예로는 인터뷰 당시 테일러가 애플에 대해 상당한 투자 포지션을 구축한 것을 들 수 있다(2011년 4월). 가장 중요한 이유는 향후 애플의 시장점유율이 지속적으로 상승할 것이라는 예측 때문이었다.

3. 좋은 기업

그는 미래가치와 비교했을 때 합리적인 가격이 매겨진 매력적인 기업을 찾는다. 단 가치와 상관없이 '지루한 기업(일반적으로 베타값이 낮은 기업)'은 선호하지 않는다고 한다.

투자자들은 이미 주가가 상당히 상승한 종목은 매입을 꺼리기 때문에 최고의 투자 기회를 놓칠 때가 많다. 중요한 건 주가가 얼마나 상승했는지가 아니라 미래의 가치에 비해 현재에 매겨진 가격이다. 인터뷰 당시 테일러가 가장 큰 포지션을 구축한 종목은 애플이었다. 애플은 상당히 훌륭한 펀더멘털을 자랑하지만 과거에 비해 주가가 크게 상승했기 때문에 많은 투자자가 매수를 꺼리고 있었다. 하지만 테일러는 직전의 주가 상승에 전혀 개의치 않았다. 겉보기에는 주가가 높아 보이지만 향후 애플의 영업이익을 예측해보았을 때는 오히려 저평가되어 있다는 판단이었다.

당신에게 적합한 수준으로 순익스포저를 가져가는 것이 중요하다. 예를 들어 (잠재적인 수익 기회를 포기하고) 시장에서 완전히 빠져나오는 것이 꺼림칙하다면 플랫 포지션(매수 포지션=매도 포지션)이 적당한 매수 포지션을 보유하고 있을 때 보다 실제로는 더 위험할 수 있다. 왜냐하면 당신은 잘못된 시장의 랠리를 추격함으로써 이중으로 손해를 볼 가능성이 크기 때문이다.

테일러는 2008년 말부터 2009년 초까지 높은 변동성 장세에서 매수 익스포저를 보유해서 실제 시장 하락에도 불구하고 오히려 잠재적 손실을 줄일 수 있었다고 믿는다. 만약 그가 적당한 순매수 포지션을 보유하지 않고 시장에서 완전히 빠져나왔었다면 잘못된 랠리에 속아 이중으로 손해를 볼 가능성이 높았다는 판단이다. 그가 주는 교훈은 자신에게 적합한 순익스포저 수준을 알아야 한다는 것이다. 테일러는 자신에게 적합한 순익스포저의 최저 수준을 20% 순매수로 잡고 있다.

이 방법의 또 다른 장점은 혹 시장이 상승할 때, 더 나은 수익을 얻을 수 있다는 것이다. 예를 들어 시장이 결국에는 더 높은 수준으로 상승하기는 했다. 하지만 테일러는 2008년 1월 초에 순매수 익스포저를 급격하게 줄였고, 그후 가격이 급락할 때 매수 익스포저를 증가시켰다. 만약 그가 과도하게 순매수 익스포저를 유지했다면 그는 시장이 급락할 때 리스크를 줄이기 위해 매도해야 하는 압박을 받았을 것이다. 전체 기간을 놓고 봤을 때 약세시장에서는 향후 매도자가 되는 것보다 매수자가 되는 것이 순익스포저를 낮춤으로써 줄어든 수익을 상쇄시킬 수 있는 것이다.

장기 투자자들은 월별 손실을 엄격하게 제한함으로써 신중한 투자 태도를 유지할 수 있다(실제 많은 트레이더에게 효과가 있다). 하지만 월간 손실을 적정한 한계 수준 이하로 낮추는 것은 오히려 해로울 수 있다. 테일러는 월별 실적에 대한 집착이 오히려 장기적인 투자 결정에 좋지 않은 영향을 미친다고 믿는다. 앞으로 높은 수익을 올릴 것으로 확신하는 종목이지만 잠깐 하락세를 나타낼 수도 있는데, 이때 월별 손실을 기록하지 않으려고 매도하는 것은 실수라는 생각이다. 테일러가 고객들에게 예탁금을 돌려주고 펀드의 규모를 줄이기로 결정한 이유 중 하나는 월별 실적에 집착하는 '압박'으로부터 벗어나기 위해서다.

지금까지 내 경험으로 미루어 보았을 때, 펀드 매니저들이 고객의 요구에 맞추어 투자를 결정하거나 과정을 바꾸는 것은 대부분 좋지 않은 결과로 이어졌다. 테일러 역시 같은 생각이었다. 그래서 그는 "고객들의 생각에 개의치 않으려 노력한다"고 말한다.

테일러는 시장이 미처 깨닫지 못한 잠재적인 추세를 인식하는 것이 최고의 투자 기회라고 생각한다. 시장은 미래가 아닌 과거 지향적이기 때문이다. 예를 들어 그는 애플이 세계 시장에서 점유율을 늘려 지금까지의 예측을 뛰어넘는 실적을 올릴 것으로 기대하고 있다. 그래서 애플의 주가가 지금의 영업이익으로 판단하면 적절하지만(인터뷰 당시 P/E 예측치는 16이었다), 테일러가 예측한 3년 후의 예측에 비해서는 상당한 저평가되어 있다는 예측이다(P/E가 5 미만이다).

투자자들은 흔히 단 1년 동안의 실적을 기준으로 펀드 매니저를 평가하는 실수를 저지른다. 뛰어난 펀드 매니저 중에는 시장의 거품에 편승하길 거부하다가 평균보다 낮은 실적을 기록하기도 한다. 실제 시장에 거품이 낄 때는 뛰어난 펀드 매니저가 아니라 무모한 펀드 매니저들이 더 높은 실적을 올리는 경우가 많다. 1999년 테일러 역시 시장평균보다 낮은 실적을 기록했다. IT주식의 가격이 너무 부풀려져 있다는 생각에 매수하지 않았기 때문이다. 하지만 그가 이후 오랫동안 그리고 심지어 시장이 크게 하락하는 기간 동안에도 놀라울 정도로 높은 실적을 기록한 것도 역시 같은 이유 때문이다.

CEO에서 트레이더로
톰 클로거스(Tom Claugus)

톰 클로거스에게는 분명한 계획이 있었다. 일단 경제적인 안정이 중요했던 클로거스는 실용과학을 전공한 후 MBA 학위를 받기로 마음먹었다. 그래야만 성공할 수 있을 것 같았다. 그리고 계획에 따라 행동했다. 그는 화학공학 학위를 받았고, 자신이 선택한 분야에서 2년간 경력을 쌓았다. 이후 하버드 비즈니스 스쿨(Harvard Business School)에서 MBA를 받았으며, 학위를 받은 다음에는 원래의 직장인 롬 앤 하스(Rohm & Haas)로 돌아가서 승진을 거듭했다. 15년 후에는 유럽 경영팀을 담당했고, 차기 CEO로 거론되고 있었다. 클로거스는 원했던 경제적 안정을 얻었다. 계속 승승장구했고, 일과 동료들을 사랑했다. 모든 건 계획대로였다. 다만…….

클로거스에게는 또 다른 열정이 있었다. 그는 어린 시절 처음 주식시장에 매료된 이후 줄곧 열정적인 주식 투자자였다. 언제나 수입의 1/3만을 생활비로 지출하고, 나머지는 주식에 투자하는 원칙을 고수했다고 한다. 투자를 지속적으로 늘렸을 뿐 아니라 수익률이 워낙 좋았기 때문에 클로거스의 계좌는 차근차근 불어났다. 드디어 CEO로 받는 연봉보다 투자로 더 많은 돈을 벌고 있다는 사실을 깨달았다. 결국 그는 성공적인 경력을 뒤로 하고 포트폴리오 매니저가 되기로 결정했다. 이것은 그의 인생에서 가장 어려운 졸정이었다. 클로거스는 잘못된 결정을 내린 건 아닌지 재고하고 번민하느라 극도로 불안했다고 털어놓았다.

지난 19년간 클로거스가 기록한 연평균 복리 순수익률은 17%다. 회계 감사 내용에 따르면 펀드를 설립하기 전 7년 동안 그의 개인 계좌는 33%나 되는 연평균 복리 수익률을 기록했다. 펀드 설립 전과 후를 합해 총 26년 동안의 투자에서 클로거스의 연수익이 마이너스를 기록한 건 다섯 번뿐이며, 그중 두 번은 3% 미만이었다. 나머지 세 번은 1991년의 -12%와 2008년의 -25%, 그리고 펀드 손실이 약 9%에 달했던 2011년이다. 하지만 손실을 기록한 다음 해는 모두 그 2배의 수익을 올렸다(2011년은 예다. 이 책이 쓰인 때는 2011년으로 실적이 확인되기 전이기 때문이다). 예를 들어 2008년 최악의 손실을 기록한 다음 해인 2009년에는 펀드 수익률이 56%로 최고를 기록했다.

클로거스는 청개구리 같은 트레이더다. 남들이 쉽게 돈을 벌 때는 그보다 못한 실적을 올리지만, 남들이 공포에 질릴 때는 높은 수익을 올리는 경우가 많다. 1999년 IT거품의 마지막 해와 그 이후를 증거로 들 수 있다. 1999년 S&P500이 21% 상승했을 때 클로거스는 약간의 손실을 기록했다. 하지만 2000년부터 2002년까지의 베어마켓 동안에는 두 번째로 높은 수익을 올렸다. 그가 베어마켓에서 손실을 기록한 건 2008년 금융위기가 유일하다. 당시 클로거스 역시 대부분의 투자자와 마찬가지로 돈을 잃었다.

클로거스는 불마켓에서 수익을 올릴 때도 선뜻 이해하기 어려운 방법을 활용한다. 예를 들어 1990년대(클로거스의 펀드 설립은 1993년이다) 그가 18%의 연평균 복리 수익률을 기록한 것은 지속적인 주가 상승이 아닌 순매도 포지션 덕분이었다. 클로거스의 펀드는 계속 높은 수익률을 올려왔을 뿐 아니라 주식시장에 투자하는 다른 헤지펀드와 사뭇 다른 익스포저 수준을 가지고 있다. 그래서 여러 투자 고객들을 매료시켜 왔으며, 특히 다양한 펀드에 투자하고 있는 고객들에게 인기를 끌고 있다. 클로거스가 미국 내에서 운용하고 있는 GMT 펀드와 해외에서 운용 중인 베이 리소스(Bay Resource) 펀드의 규모는 총 50억 달러다.

현재 클로거스의 펀드는 미국 애틀랜타에 본사를 두고 있다. 약 10년 전 나는 애틀랜타 지역의 헤지펀드를 대상으로 강연을 하던 클로거스를 만난 적이 있었다. 이번 인터뷰는 그가 회의 참석차 뉴욕을 방문했을 때 진행되었다. 우리는 당일 일정이 끝난 후 텅 빈 회의실에서 조용하게 이야기를 나눌 수 있었다. 처음에는 서로에 대해 물었고, 그다음에는 인터뷰가 언제 끝나는지를 확인하기 위해 간간히 회의실을 기웃거렸던 경비원이 유일한 훼방꾼이었다.

"

주식시장에는 언제 흥미를 느끼셨나요?

아버지께서 주식 투자를 하셨습니다. 어린 시절, 아버지께서 매일 신문 주식란을 확인하시는 걸 보았습니다. 뭘 하고 계시는지 궁금해 물었지요. 처음 주식을 매입한 건 9살 때였던 것으로 기억합니다.

9살짜리가 무슨 돈으로 주식을 산 거죠?

신문배달을 했거든요. 부모님께서 보호자로 계좌를 개설해주셨습니다.

투자 종목을 고를 때 아버지께서 도움을 주셨나요?

아니요. S&P 종목에 관한 참고자료만 주셨습니다. 자료를 훑어보는데 제가 살던 지역에 있던 회사 2개가 눈에 들어왔습니다. 휠링 피츠버그 스틸(Wheeling Pittsburg Steel)과 싸구려 잡화를 파는 맥크로리(McCrory)였습니다. 이 둘을 매수했습니다. 하지만 두 기업은 모두 파산했어요. 휠링 피츠버그 스틸로로 약간의 돈을 벌었지만, 맥크로리는 파산할 때까지 가지고 있었습니다.

제 아버지는 대공황 때 태어나셨습니다. 다시 빈곤해질까 걱정이 많으셨죠. 아버지의 가난에 대한 공포는 저에게도 심어졌습니다. 그래서 저는 어린 시절부터 경제적으로 안정이 되어야 한다는 생각을 해왔습니다. 제게는 정말 중요한 문제였어요. 대학 신입생 시절에 저축 및 투자를 위한 30년 계획을 세울 정도였습니다. 그때 계산으로 임금의 2/3를 저축하고 매년 투자로 10%를 벌면, 53세에 백만장자가 될 수 있겠다고 생각했죠. 화학공학을 전공한 것도 수학과 화학을 잘해서이기도 했지만, 공학 분야가 보수가 좋았기 때문입니다. 정말 단순한 생각이었죠. 목표는 1년에 1만 2,000달러를 버는 것이었습니다. 대학 내내 몇 번은 경영학과로 전공을 바꿀 뻔했습니다.

왜 경영학과로 전과를 하지 않으셨습니까?

집안 내력이죠. 아버지께서는 수의사셨고, 삼촌들은 심장전문의와 엔지니어였습니다. 저도 당연히 과학이나 공학을 전공할 거라고 생각했고요. 경영은 너무 쉽다고 생각되었습니다. 하지만 저는 공학이 맞지 않았죠. 그래도 성적이 좋았던 건 의낙 열심히 했기 때문입니다. 아버지께서는 학교 성적이 좋은 게 얼마나 중요한지 강조하셨어요. 대학에 입학할 때 아버지께서는 "톰, 대학은 감옥과 같단다. 금요일이나 토요일 밤에 나가서 놀 수도 있겠지. 하지만 금요일과 토요일 밤 모두 나가서 놀았다가는 성적이 형편없을 거다"라고 말씀하셨습니다. 아버지의 말씀을 경심했고, 그 시간에 경영학 공부를 했습니다. MBA를 수료할 계획이었습니다. 화학공학과 MBA 학위가 있으면 관련 업체에서 경영자가 될 수 있을 거라고 생각했습니다.

2년 동안 근무한 후 비즈니스 스쿨에 진학하기로 결정했습니다. 하버드 비즈니스 스쿨에 지원해서 합격했죠. 함께 입학한 친구들의 가족은 대부분 크게 기뻐했습니다. 하지만 제 아버지께서는 전혀 기뻐하지 않으셨습니다. 저는 심지어 입학을 포기할 생각까지 했습니다. 그러던 중 직장에 합격 소식이 알려졌고 부사장 중 한 사람이 저를 불러 함께 점심식사를 했습니다. '내 존재를 알지도 못하는 사람이었는데, 내가 하버드 비즈니스 스쿨에 합격했다는 것 때문에 점심식사에 초대를 하다니. 다니는 게 좋겠어'라고 생각했어요.

아버지께서는 대학 교육을 받은 분이셨습니다. 수의사셨죠. 그런데 왜 하버드 입학에 반대하셨던 거죠?

1만 5,800달러를 받는 일을 그만두고 학교에 입학한다고 했기 때문입니다. 제 아버지는 상당히 엄한 분이셨습니다. 20대 중반이 돼서야 대학에 입학하셨는데, 집에서 가장으로 농장일을 하시며 할머니를 돌보셨어요. 아버지께서는 뭐든지 돈으로 가늠하셨습니다. 저도 여름마다 아버지를 도와 농장일을 했습니다. 장작도 패고 여러 가지 일을 했죠. 아버지께서는 저를 숲으로 데려가 나무에 대해서 가르쳐주셨습니다. 숲에서 거대한 크기의 호두나무를 보게 되었는데, 아버지께서는 "멋진 나무지? 3,000달러는 족히 되겠구나"라고 감탄하셨습니다.

어린 시절의 취미로서가 아니라 본격적으로 주식에 투자를 시작하신 건 언제입니까?

저는 단 한 번도 월급만으로 살겠다는 생각을 해본 적이 없습니다. 그래서 출근 첫날부터 투자를 시작했습니다. 처음에는 돈을 아끼기 위해서였습니다. 제 계획은 월급의 1/3을 가지고 생활하고 매월 3%의 투자 수익을 올리는 것이었습니다. 매월 3%를 벌겠다는 생각은 적어도 연수익률이 10%는 되어야 한다는 목표 때문이었습니다. 따라서 모든 건 일단 월급의 1/3을 가지고 생활하는 게 목표였습니다.

롱-온니 전략을 고수하시다가 언제부터 공매도를 투자의 주요 전략으로 활용하게 되신 건가요?

1986년 시장이 너무 고평가된 것 같아 걱정이 되었습니다. 저는 리스크를 즐깁니다. 시장의 과열도 좋아하죠. 아예 시장을 떠날 수 있는 절제력이 제게없다는 것을 알고 있었어요. 모든 주식이 너무 비쌌고, 그래서 공매도를 활용하게 되었습니다.

정혹하게 1986년 중 언제인가요?

1986년 초입니다.

그러니까 1년 반이나 이른 시기에 공매도를 시작하셨군요(시장이 천장을 형성한 건 1987년 8월이었다).

네. 시장이 붕괴하기 전, 비우량 종목들이 몇 번이나 크게 상승했습니다. 1987년 여름, 친구들과 테니스를 치고 있던 기억이 납니다.

(클로거스는 당시의 고통을 떠올리면서 씁쓸하게 웃었다.)

너무 손실이 커서 어머니에게 전화를 걸어 돈을 빌렸죠. 공매도 증거금을 맞추기 위해서였습니다. 전화를 걸 사람은 어머니뿐이었습니다. 아버지는 절대 돈을 빌려주지 않으셨을 테니까요.

시장이 붕괴할 때까지 계속 공매도를 하신 건가요?

네.

그러니까 시장이 투자 포지션과 계속해서 반대로 움직이는데도 불구하고 계속…….

네, 계속 공매도를 했습니다.

후회하지는 않으셨나요?

물론 후회했죠. 친구와 테니스를 치면서 저는 실패자고, 모든 돈을 잃을 거라고 말했습니다.

1987년 10월 19일 블랙먼데이 때에도 공매도를 하고 계셨는데, 그날 기

장 기억에 남는 일은 무엇입니까?

시장의 붕괴를 보면서 순매도 포지션을 줄이고 조금씩 매수를 시작해야겠다고 생각했습니다. 매드 페이퍼(Mead Paper) 주식을 32달러에 매수하려고 마음먹고 있을 때 주가가 27달러까지 떨어졌습니다. 그만큼 시장이 빠르게 하락했습니다.

시장의 급락 중 쇼트 커버링을 하셨나요?

제가 공매도했던 대상들은 대부분 비우량 종목이었습니다. 그래서 쇼트 커버링은 좋지 않다고 생각했죠. 굳이 서두를 필요가 없다고 생각했습니다. 대신 원래 점찍어 놓았던 종목을 매수했습니다.

하지만 공매도를 하고 계셨던 종목 중 일부는 단 하루 만에 30% 이상 떨어졌을 텐데요.

제 공매도 대상은 대부분 일확천금을 꿈꾸는 기업들이었고, 그중 일부는 장부를 조작하고 있었을 겁니다. 제 기억에 1987년 10월 19일 상승한 종목은 단 2개뿐이었을 거예요. 그런데 제가 그중 하나를 공매도하고 있었습니다. 역시 결국에는 급락했죠. 저는 언제나 장기적인 관점에서 매수 혹은 매도 포지션을 구축합니다. 가격과 기업의 대체적인 펀더멘털이 완전히 다르다고 생각되는 상황에서만 투자합니다.

1987년 증거금이 부족할 정도로 손실을 기록하다가 뜻밖에 상당한 수익을 얻으셨습니다. 1987년의 경험이 어떤 영향을 미쳤나요?

1987년은 제가 처음으로 직장에서 받는 돈보다 시장에서 더 많은 수익을 올린 해입니다. 새로운 눈을 뜨는 계기가 되었어요. 그다음부터 저는 연봉보다 투자로 더 많은 돈을 벌었습니다.

화학 엔지니어셨고 회사에서는 유럽 시장의 경영을 담당하셨습니다. 어떤 계기로 포트폴리오 매니저가 되셨나요?

퇴사 1년 전에 제게 롬 앤 하스를 떠나겠냐고 물었다면, 저는 평생 직장에 남아 있겠다고 대답했을 겁니다. 제 목표는 롬 앤 하스의 CEO가 되는 것이었습니다. 그때까지 시장에 투자를 한 이유는 리스크를 즐기는 성격 때문이기도 했지만, 경제적인 여유를 얻기 위해서였습니다. 급여만으로는 경제적 목표를 이룰 수 없다는 걸 알고 있었습니다. 계획은 순항 중이었어요. 투자도 나쁘지 않았죠. 급여보다 더 많은 돈을 벌었으니까요. 순자산만 160만 달러였습니다. '수익이 3%만 되어도 4만 8,000달러구나. 먹고살 만한 돈이네' 하는 생각이 들었습니다. 그러자 갑자기 일을 해야 할 경제적인 필요성이 사라져버렸습니다. 그때까지는 스스로에게 "대체 언제 네가 원하는 일을 할 거야?"라고 제 자신에게 질문을 할 때마다 "나중에"라고 답하곤 했습니다. 제가 롬 언 하스가 위치한 필라델피아에서 살고 싶었냐고요? 딱히 그렇지는 않았습니다. 3년에서 5년 동안의 투자로 기업을 꾸릴 만큼의 경제적 자유를 얻었다는 사실을 깨닫고 세상이 뒤집힌 것 같은 기분이 들었습니다. 1년간은 끔찍하게 혼란스러웠고요.

그래서 원하는 일을 하기로 결정하신 건가요?

네, 제 돈을 운용했듯이 다른 사람들의 돈을 운용하기로 결정했습니다. 그래서 1990년 300만 달러를 가지고 헤지펀드를 설립했습니다. 그중 일부는 제 돈이었고, 나머지는 친구와 가족의 돈이었습니다.

처음 펀드를 운용할 때는 어떤 기분이었나요?

회사에서 유럽 지역을 담당할 때는 모두들 제게 똑똑한 사람이라고 칭찬해 마지않았죠. 그런데 집에서 포트폴리오를 운용하는 처지가 되자, 갑자기 자신감이 모두 사라져버린 기분이었습니다. 9개월쯤 지나자 스스로에게 이렇게 말했습니다. "클로거스, 너는 사람들에 둘러싸여 일해야 하는 사람이구나. 큰 실수를 했어."

왜 큰 실수라고 생각하셨나요?

외로웠습니다. 롬 앤 하스에서 17년을 보냈습니다. 친구들이 그리웠죠.

펀드를 만들고 처음 9개월간의 실적은 어땠나요?

처음 6개월은 수익을 올렸지만 사람들에게 돈을 돌려주기 시작했습니다. 여전히 약간의 수익을 기록하고 있었지만, 펀드를 운용하기로 한 결정에 대해 심각한 의구심이 들기 시작했어요. 제가 무엇을 원하는지 확신이 들지 않게 되면서 계속 펀드를 운용하지 못할지도 모른다는 생각이 들었습니다. 돈을 모두 잃게 될까봐 겁도 났고요. 투자 고객들에게 수익을 남겨주어야 한다는 책임감도 상당했습니다. 고객들에게 변제를 해주게 된다면 14년 동안 모은 돈을 모두 잃을 수도 있다고 생각했습니다.

펀드 운용이 생각과는 다르다는 점을 깨달으신 건가요?

다른 사람들의 돈을 책임진다는 사실이 정말 힘들었습니다. 10년 앞을 내다보고 생각하면 올바른 결정을 내리고 많은 돈을 벌 수 있을 겁니다. 3년을 내다보고 생각해도 괜찮을 겁니다. 하지만 3개월을 기준으로 생각하면 어떤 일이 일어날지 알 수 없었습니다.

왜 3개월 단위로 생각하신 거죠?

일을 계속해야 할지 고민했기 때문입니다.

펀드를 그만두신 건가요?

네, 1년이 채 지나기 전에 폐쇄했습니다.

가장 큰 계기는 무엇이었습니까?

친구들에게 제 기분을 설명했습니다. 그때 롬 앤 하스가 제 사정을 듣더니 일자리를 제안했어요. 저는 다시 직장으로 돌아가기로 결정했고, 펀드를 그만두었습니다.

어떤 일이 있었던 건가요?

정말 깜짝 놀랄 만한 일이 있었습니다. 크리스마스 즈음, 롬 앤 하스에서 일자리를 제안하는 편지를 받았습니다. 편지를 읽으면서 심장이 철렁 내려 앉았습니다. 지금도 그때 기분을 잊을 수 없어요. 롬 앤 하스는 제게 홍콩으로 가서 아시아 지역을 담당해주길 바랐습니다. 하지만 저는 아시아로 갈 생각이 전혀 없었습니다.

제안을 수락하기 전 롬 앤 하스와 일의 성격에 대해 자세하게 논의하지 않으셨나요?

그러지 않았습니다. 롬 앤 하스는 제게 중요한 직책을 맡길 거라고 이야기를 했고, 저는 여전히 CEO의 물망에 올라 있었습니다. 기본적으로 그들은 아시아 지역을 맡아줄 유능한 인재가 필요했습니다. 하지만 유능한 직원 중에는 아시아에 가려는 사람이 없었습니다. 그래서 "클로거스가 돌아오고 싶어 하는구나. 완벽하군. 그렇다면 아시아로 보내면 되겠다. 회사에도 좋은 일이야"라는 태도였습니다. 그들에게는 당연한 일이었죠.

〈집 내놓음〉이라는 푯말을 세우려고 집 앞에 나갔는데, 도저히 할 수가 없었습니다. 우리 아들 중 하나는 훌륭한 체조선수였습니다. 주에서 1등이었죠. "우리 아이들은 어디에서 운동을 하지?" 하고 걱정이 되었습니다. 정말 끔찍한 생각이 들더군요. 그래서 롬 언 하스의 CEO에게 전화를 걸어 홍콩을 한 번 둘러보고 싶다고 했습니다. 그는 "물론 좋네, 다녀오게"라고 대답했죠.

공항에서 비행기를 타기 위해 줄을 서 있을 때도 확신이 서지 않았어요. 그래서 줄을 섰다가 집으로 돌아오려고 했다가를 반복했습니다. 겨우 비행기를 탔습니다.

홍콩에 대한 인상은 어땠습니까?

매우 혼잡한 곳이었습니다. 학교에 트램펄린을 기부하겠다고 했더니 놓을 곳이 없다더군요(클로거스는 그때 생각을 하면서 오랫동안 웃었다).

마음에 들지는 않았지만 일단 홍콩에 가기로 결정했습니다. 좋게 생각하려고 했지만 별로 좋지가 않았습니다. 그래서 홍콩에 다시 한 번 가보기로 했습니다. 하지만 첫 번째 방문 때와 똑같았죠. 5개월간 마음을 다잡았습니다. 많은 스트레스를 받았고, 체중이 45파운드나 줄었습니다.

저런, 정말 홍콩에 가고 싶지 않으셨군요.

살면서 마음속으로 원치 않는 일을 하려고 했던 건 그때가 처음입니다. 몸이 말을 듣지 않았습니다. 깨닫지 못하고 있었지만 홍콩으로 가는 건 불가능했습니다. 롬 앤 하스에는 관리급 직원들이 CEO의 자격을 갖추고 있는지를 판단하는 상담사가 있습니다. 어느 날 상담사가 전화를 걸어 몇 가지 질문을 하더군요. 곧 "클로거스 씨, 제 생각에는 지금 우울증을 겪고 계신 것 같습니다. 당장 정신과의사와 상담을 해보세요. 지금 당장이요"라고 말하더니, 항우울제를 처방해줄 의사를 알려주었습니다. 드디어 저는 롬 앤 하스를 찾아갔습니다. 그때는 체중이 135파운드나 줄어 있었습니다. 완전히 시체 같은 모습으로 찾아가서 홍콩에 가지 않겠다고 말했습니다.

우울증은 언제 사라졌나요?

롬 앤 하스의 제안을 거절하자마자 사라졌습니다.

그렇게나 간단하게요?

항우울제도 들었습니다. 친구 중 한 명이 우울증을 앓았는데, 제가 우울증을 앓고 있다는 걸 알자마자 이렇게 충고했습니다. "이봐 톰, 자네가 할 일을 알려주겠네, 나는 심리치료란 치료는 모두 받았어. 내가 해줄 수 있는 말은 그냥 약을 먹으라는 거야." 2주간 항우울제를 복용하자 구름이 걷히듯이 우울증이 사라졌습니다. 그리고 드디어 현실이 보이기 시작했습니다.

우울증을 겪으신 건 그때 단 한 번뿐인가요?

네, 한 번뿐입니다.

왜 우울증을 겪으셨다고 생각하십니까? 원치 않는 장소에서 근무를 해야 했기 때문인가요?

원치 않던 홍콩에 가야 한다고 저를 채찍질했기 때문입니다. 하지만 왜 홍콩에 가고 싶지 않았는지는 정확하게 모르겠습니다.

이유가 무엇이라고 생각하십니까?

아마도 제 꿈을 포기하려고 했기 때문인 것 같습니다. 마음속으로 제가 하고 싶은 일이 있었지만, 완성하지 못했던 거죠.

당시 경험으로 얻은 교훈이 있나요?

인생의 큰 변화를 가져올 만한 결정을 내릴 때는 감정과 생각이 일치해야 한다는 것을 배웠습니다.

롬 앤 하스의 제안을 거절하신 후에는 무슨 일을 하셨나요?

헤지펀드를 만들려는 원래의 계획이 바로 제가 하고 싶은 일이라는 결정을 내렸습니다.

새로운 헤지펀드를 만드신 건 언제입니까?

1993년 1월입니다.

롬 앤 하스의 제안을 거절하신 후 1년 반이 지난 뒤군요. 왜 그렇게 오래 걸린 거죠?

처음 펀드를 운용하면서 느꼈던 불확실한 감정을 다시 반복하지 않도록 확실히 하고 싶었기 때문입니다.

다른 사람들의 돈을 운용하는 데 대한 우려는 어떻게 해결하셨나요?

100% 헌신해 남의 돈을 운용한다면, 혹시 손실을 기록해도 상대방의 눈을 똑바로 쳐다보며 "난 최선을 다했어요"라고 말할 수 있을 것 같았습니다. 그러자 괜찮을 것 같았습니다. 하지만 100% 열심히 하지 않으려면 펀드를 설립하고 싶지도, 사람들의 돈을 운용하고 싶지도 않았습니다. 일단 확신이 서자 두려움의 80%가 사라졌습니다.

우리 펀드에 게이트 규정이 없는 것도 같은 이유 때문입니다. 그래서 2008년 펀드 예탁금이 크게 줄어들었습니다. 물론 저 역시 투자자의 환매를 줄이고 싶습니다. 2008년 예탁금을 환매하지 않은 고객들이 결국 훨씬 더 높은 수익을 올렸습니다. 사람들은 자신의 이익에 부합하는 일을 하지 않기도 합니다. 제가 최선을 권해도 고객들은 완전히 다른 결정을 내리기도 하죠. 제 입장에서는 만약 고객들이 환매를 원하는데 게이트 조항 때문에 환매하지 못했다가 돈을 잃는 것과 스스로 환매하지 않겠다는 결정을 내린 투자자들의 돈을 잃는 건 전혀 다릅니다.

두 번째 펀드를 운용할 때는 어떠셨습니까?

즐거웠습니다.

무엇이 달라진 거죠?

시간이 해결해준 거죠. 혼자 일하는 것에도 익숙해졌고, 투자하는 게 정말 좋았습니다.

클로거스 씨의 투자 철학은 무엇입니까?

저는 평균회귀를 바탕으로 생각합니다. 극단적인 변화를 알아내기 위해 표준편차를 활용하죠.[11] 예를 들어 1932년부터 지금까지의 S&P 자료를 바탕으로 만든 차트가 있습니다(저는 대공황 직전 및 초기의 자료는 활용하고 싶지 않습니다. 전체 데이터를 왜곡시키기 때문입니다). 95%의 신뢰영역을 활용했을 때 현재 최저치는 895이고, 최고치는 2,522입니다. 밴드 하단에서는 매수 포지션을 최대로 구축하고, 밴드 상단에서는 매도 포지션을 최대로 구축합니다.

하지만 주가가 오랫동안 밴드를 벗어날 때도 있지 않나요?

그때는 돈을 잃습니다. 예를 들어 IT거품 때는 순매도 포지션을 구축했습니다. 하지만 시장은 계속 상승했죠.

극단적인 영역(최고치와 최저치 사이)에 비례해서 시장의 위치에 따라 익스포저는 어떻게 달라지나요?

밴드의 낮은 부분에서는 130%의 매수 포지션, 20%의 매도 포지션을 구축합니다. 중간 정도에서는 매수 포지션을 100%, 매도 포지션을 50%로 구축합니다. 이때 중립이 아니라 순매수 포지션을 50%로 만드는 이유는 주식가격의 장기적인 상승 추세 때문입니다. 밴드 상단에서는 매도 포지션을 90%, 대수 포지션을 20%로 구축하거나 혹은 순수하게 70%의 매도 포지션을 구축합니다. 시장이 하락하면 익스포저가 증가하고, 상승하면 익스포저가 축소됩

---

11. 클로거스는 1932년까지의 데이터를 활용해 모든 가격에 관한 최적의 회귀선(Regression Line)을 찾아낸다. 그다음에는 95%의 신뢰구간(Confident Interval, 통계의 신뢰도를 나타내는 통계용어)을 계산한다. 이때 동일한 간격으로 그려진 두 개의 선은 모든 월별 데이터의 95%를 포괄하는 최적의 회귀선과 평행을 이룬다.

니다. 나스닥과 러셀(Russell) 2000을 활용할 때도 비슷한 계산을 합니다. 그다음에는 현재의 가격과 이 3가지 인덱스의 가격 밴드 간의 관계를 기준으로 익스포저의 목표를 세웁니다.

포트폴리오의 순익스포저를 평균회귀로 조정하는 것 외에 또 어떤 요소를 활용하십니까?

그다음에는 각 분야별로 비슷한 분석을 실시합니다. 저렴한 분야와 비싼 분야를 알아내기 위해서입니다.

저렴한 분야에서는 매수 포지션을 선호하시고, 비싼 분야에서는 매도 포지션을 선호하시겠군요. 예외도 있나요?

언제나 예외는 있습니다. 상대적인 가치를 유일한 척도로 삼고 있습니다. 특정 펀더멘털을 관찰하는 것이 중요합니다. 예를 들어 브라질이 너무 비싼 듯 보여도 펀더멘털이 좋으면 매도 포지션을 설정하지 않습니다.

그다음 분석은 특정 분야나 종목이 과대 혹은 과소평가되어 있는 이유를 알아내고, 변화의 여지가 없는지를 살핍니다. 우리는 여기에 90%의 시간을 할애하고 있습니다. 제가 찾는 건 이례적인 상황입니다. 분기별 영업이익을 점검할 때는 50% 이상 상승 혹은 30% 이상 하락한 기업을 찾습니다. 예를 들어 최근에는 제지업체인 록 텐(Rock Ten)이 막대한 이익을 기록했습니다. 저는 그 이유를 찾기 위해 노력했죠.

어떤 이유 때문이었습니까?

지난 4년에서 5년 동안 록 텐의 주가는 저평가되어 왔습니다. 계속해서 매수의 이유를 찾았지만, 워낙 성장성이 없는 사업이었죠. 투자할 이유가 전혀 없었습니다. 하지만 시간이 흐르면서 2가지가 달라졌습니다. 하나는 산업 분위기가 워낙 좋지 않다 보니 몇 년간 생산 능력을 늘린 제지업체가 전혀 없다는 것입니다. 둘째는 기업 간 합병이 이루어졌습니다 그 결과 변곡점(Inflection Point, 곡선이 오목한 상태에서 볼록한 상태로 혹은 볼록한 상태에서 오목한 상태로 바뀌는 지점)이 생겨났습니다. 가격 결정권(Pricing Power, 상품의 판매가격을 좌우하거나, 판매가격을 결정할 수 있는 힘)이 공급자에게 유리해진 겁니다. 가동률이 60%일 때보다는 90%일 때 거절이 쉽습니다. 장기적으로 제지업체에 투자할 생각은 없었지만 일단 그때만큼은 매수하고 싶었습니다. 이것이 바로 록 텐에 투자한 이유입니다.

이후 록 텐에 대한 투자 포지션은 어떻게 되었나요?
아직도 포지션을 유지하고 있는데, 가격에 따라 약간씩 조정은 하고 있습니다. 현재 우리가 매수한 가격에서 50%가 상승한 상태입니다.

경비원이 회의실을 전보다 더 자주 들여다보았고, 클로거스 역시 하루 일고로 피곤했기 때문에 우리는 다음 날 인터뷰를 계속하기로 했다. 이튿날 점심시간, 우리는 회의가 열리고 있던 장소에서 다시 만났다. 인터뷰 경험이 많은 나는 원치 않았지만 호텔 레스토랑에서 인터뷰를 하고 싶다는 클로거스의 제안에 마지못해 동의했다. 하지만 시간이 흐를수록 레스토랑 안은 점점 더 시끄러워졌다. 녹음된 대화 내용을 알아듣는 건 마치 FBI의 수사 과정을 연상시킬 정도로 어려웠다. 소리를 크게 키우고 몇 번을 반복해서 들어야 겨우 알아들을 수 있었다. 나는 앞으로 두 번 다시 식사 중에 인터뷰를 하는 일은 없을 거라고 다짐했다.

클로거스 씨의 순익스포저를 살펴보았습니다. 그런데 IT거품이 최고조에 달했을 때 완만한 매도 포지션을 구축하신 것을 알고 매우 놀랐습니다. 클로거스 씨의 장기적인 가치 모델로 판단하면 당시가 바로 순매도 포지션

을 구축해야 할 때가 아니었나요? 분명 그때는 가치 범위의 최고조에 근접했을 테니까요.

실은 더 공격적인 매도 포지션을 구축해야 했습니다. 1999년 4분기의 목표는 70%의 순매도 포지션을 유지하는 것이었습니다. 하지만 손실이 너무 빠르게 발생해서 투자 포지션을 줄일 수밖에 없었습니다. 매일 1%씩 손실이 발생했습니다. 결국에는 "내 판단이 맞는 것 같긴 하지만 포트폴리오 규모를 줄여야겠군"이라며 물러설 수밖에 없었어요. 손실이 1% 발생할 때마다 익스포저를 2%씩 축소했습니다. 결국 70%의 매도 포지션 대신 70%의 매도 포지션과 50%의 매수 포지션, 즉 순매도 포지션 20%로 전환하게 되었습니다.

시장이 붕괴되기 시작한 후에 매도 포지션으로 바꿀 수도 있다는 생각은 했지만 그만한 배짱이 없었습니다. 일부에서는 시장이 붕괴한 다음 공매도를 시작해야 한다고 말합니다. 제가 말씀드릴 수 있는 건 심리적으로 80달러에 공매도를 시작하지 못했다면 50달러에도 공매도를 시작하기 어렵다는 겁니다.

특정한 리스크 관리 규칙을 가지고 계신가요?

대부분 리스크 통제는 상황이 틀어졌을 때의 행동 계획을 의미합니다. 저는 애초에 그런 상황을 만들지 않으려 노력합니다. 우리가 생존의 위협을 받는 순간은 월별 손실이 7% 이상 발생했는데 그 이유를 알지 못하는 경우입니다. 우리 펀드가 지금까지 기록한 월별 실적을 살펴보면 90% 이상이 +7%에서 -7% 사이라는 걸 알 수 있습니다. 따라서 월별 손실이 7% 미만일 때는 일단 정상범위 이내입니다. 7%가 넘으면 무언가 잘못되었다는 뜻입니다. 무엇이 잘못되었는지 알아내면 고치면 됩니다. 그러나 무엇이 잘못되었는지 모를 때는 익스포저를 줄여야 합니다.

그렇다면 월 손실이 7% 이상 발생했을 때는 방어적인 투자를 하십니까?

꼭 그렇지는 않습니다. 2008년 9월에는 손실이 상당했습니다. 그래서 익스포저를 줄였지만, 주가가 터무니없는 종목에 대해서는 공매도를 계속했어요. 뭔가 잘못된 것 같아서 그만둔 것뿐입니다. 매수 포지션으로 돈을 잃는 것과 매도 포지션으로 돈을 잃는 건 다르니까요.

매수 포지션의 경우 가격이 얼마나 하락할지 제한되어 있지만, 매도 포지션으로 인한 리스크는 무한대이기 때문인가요?

그뿐만이 아닙니다. 투자 고객의 관점에서도 다릅니다. 1999년 4분기, 시장은 급등했고 저는 순매도 포지션을 가지고 있었습니다. 다른 헤지펀드들은 돈을 긁어모으는 데 저는 손실을 기록했죠. 고객들이 주위를 둘러보면서 남들은 모두 돈을 벌고 있는데 자신만 돈을 잃고 있다는 사실을 깨닫는다면, 펀드를 환매할 가능성이 큽니다. 상승하는 시장에서 매도 포지션을 가지고 있으면 고객과의 관계를 유지하기가 매우 어렵습니다. 2008년에는 우리 펀드뿐 아니라 모두가 돈을 잃고 있었습니다. 이런 시나리오에서는 자본금을 유지하기가 훨씬 쉽습니다.

자유재량에 따라 리스크를 관리하신다는 말씀처럼 들립니다. 평소보다 손실이 커질 때는 클로거스 씨의 판단에 따라 좌우되나요.

맞습니다. 매우 어렵죠. 우리는 애초에 곤란한 상황에 빠지지 않도록 많은 노력을 기울이고 있습니다. 누구나 150제곱피트만 한 파도를 이겨낼 수 있는 포트폴리오를 만들어내고 싶어 합니다. 제가 가장 주의를 기울이는 리스크는 리버리지입니다. 시장이 극단적인 수준에 있을 때 우리의 순익스포저는 일반적인 뮤추얼펀드의 순익스포저보다 작습니다. 2008년 익스포저를 늘리지 않은 이유는 순매수 포지션이 75%밖에 되지 않았기 때문입니다. 당시 뮤추얼펀드들은 모두 100%에 가까운 매수 포지션을 가지고 있었습니다. 조금 줄인다고 뭐가 달라질까요?

1999년을 되돌아보았을 때, 실수였다고 생각되는 일이 있나요?

1999년의 경험 때문에 제 투자방식에 한 가지 변화가 생겼습니다. 전에는 신뢰구간을 90% 활용해 시장이 극단적인지를 판단하고 공격적인 매수 포지션 혹은 매도 포지션을 구축했습니다. 1999년부터는 신뢰구간을 95%로 넓혔습니다. 극단적인 시장에서 감수할 수 있는 리스크 수준을 판단의 요소로 활용하고 있습니다. 시장이 지속적으로 상승할 수 있기 때문입니다. 1999년에 저의 문제점은 너무 일찍 매도 포지션을 극대화한 것입니다.

하지만 종목 선택에 있어서는 잘못한 것이 없다고 생각합니다. 2000년 초, 저는 1999년의 문제점을 파악하기 위해 노력했습니다. 제가 '이블 크니블(Evel Knievel, 세계적인 오토바이 스턴트맨으로 그랜드 캐니언을 뛰어넘는 묘기를 선보였다) 스크린'이라고 부르는 방법이 있습니다. 그랜드 캐니언(Grand Canyon)을 뛰어넘으려고 하지만 절대 해내지 못할 기업들을 골라내는 겁니다. 기준은 다음 2가지입니다.

첫째, 장부가치보다 5배 이상의 가격으로 거래되고 있다.
둘째, 기업이 적자를 기록하고 있다.

저의 일은 그랜드 캐니언을 뛰어넘지 못할 기업을 골라내서 매도 포지션을 구축하는 것입니다. 1999년 당시 인터넷 사업들은 몸집을 불리고 있었습니다. 막대한 손실이 발생해도 개의치 않았습니다. 아니, 손실이 발생했기 때문에 더욱 공격적이었습니다.

이블 크니블 스크린을 활용하면 일반적으로 60개 정도의 기업이 걸려듭니다. 1999년 말에는 180개 기업을 골라냈습니다. 그중 약 2/3의 기업들은 바로 직전 분기 동안 주가가 2배 이상 뛰었습니다. 그래서 "당연해. 이들 기업만큼 좋은 공매도 대상은 없어"라고 생각했습니다. 비슷한 일이 또 일어난다면 역시 공매도 포지션을 구축할 겁니다. 100번 중 99번은 돈을 벌 테니까요.

따라서 1999년의 경험 때문에 접근방식을 변경하는 건 잘못입니다.

그러니까 잘못은 하지 않으셨다는 결론이군요.
그렇습니다. 돈을 벌었다고 무조건 잘한 것도 아니고, 돈을 잃었다고 무조건 잘못한 것도 아닙니다. 투자는 확률입니다. 80%의 성공 가능성에 베팅을 했는데 실패했다고 해도 잘못된 선택은 아닙니다.

전적으로 동감합니다. 투자자들이 저지르는 가장 큰 실수 중 하나가 결과만 가지고 투자 결정이 옳았는지를 판단하는 것입니다. 결과는 상당히 들쭉날쭉합니다. 같은 조건이 전혀 다른 결과로 이어지기도 합니다. 2008년의 조건이 재현된다면, 시장이 더 빨리 바닥을 벗어날 가능성도 있고, 반대로 불황으로 이어질 가능성도 있습니다. 투자 결정이 옳은지 여부는 성공과 실패의 문제가 아니라 같은 조건에서 똑같은 결정을 내릴지 여부로 판단해야 합니다. 합리적인 투자 결정 과정을 활용하고 있다면 말입니다.

2008년은 클로거스 씨가 처음으로 다른 헤지펀드 매니저들과 같은 시기에 손실을 기록하신 해입니다. 2008년은 어떤 점에서 다른가요?
우리 펀드의 손익스포저 지표 때문입니다. 만약 현재의 지표가 하위 4분위를 가리키고 있다면, 가격이 매우 낮게 평가된 것입니다. 그러면 우리는 상당한 규모의 매수 포지션을 구축합니다. 그런데 시장이 하락하면, 우리도 남들과 마찬가지로 손실을 기록합니다. 하지만 지표가 상위 4분위를 가리키고 있을 때 시장이 폭락하면 우리는 남보다 훨씬 뛰어난 실적을 얻을 수 있습니다.

1990년대 말의 불마켓에서 대부분 순매도 포지션을 가지고 계셨는데도 불구하고 상당히 훌륭한 실적을 기록하셨습니다. 급격하게 상승하는 시장에서 순매도 포지션을 유지하면서 높은 수익을 올릴 수 있었던 비결은

무엇입니까?

종목 선정 덕분입니다. 2008년 말과 2009년 초처럼 시장에서 매도세가 강할 때는 유동성이 문제입니다. 유동성과 함께 매도세가 발생할 때는 숨을 곳이 없습니다. 사람들은 원해서가 아니라 달리 방법이 없기 때문에 모든 종목을 매도합니다. 하지만 상승세에서는 좀처럼 그 반대의 상황이 벌어지지 않습니다. 사람들이 모든 종목을 사들이지는 않습니다. 그래서 언제나 하락하는 종목이 생기게 되죠. 흥미로운 점은 매수 대상보다 매도 대상을 찾기가 더 쉽다는 것입니다. 좋은 기업보다 나쁜 기업이 눈에 잘 띕니다. 좋은 경영진보다 나쁜 경영진들을 찾기가 더 쉽습니다.

인터뷰 후 9개월이 지난 2011년 9월, 나는 클로거스에게 전화를 걸어 다음과 같은 추가 질문을 물었다.

현재 85%의 순매수 포지션을 가지고 계십니다. 미국 경제와 유럽연합의 부채에 대한 우려가 지속되는 가운데 상대적으로 매수 포지션 비율이 높은 것 같습니다. 향후 시장 상황을 낙관하는 이유가 무엇입니까?

순매수 포지션을 가지고 있는 이유는 평균회귀 모델 때문입니다. 하지만 경제가 언론의 보도만큼 나쁘지는 않다는 것이 제 생각입니다. 우리는 실질경제를 가늠하기 위해 다양한 지표를 연구했습니다. 예를 들어 올해 철도 교통량은 2%, 트럭 교통량은 4% 늘었습니다. 지표상으로 보았을 때 경기가 수축하고 있다고 볼 수 없습니다. 항공기 이용률도 좋은 편입니다. 호텔의 RevPAR(가용객실당 수입)은 7% 상승했습니다. 기본 지표를 보면 경제가 아주 나쁜 편은 아니라는 뜻입니다. 앞으로 주택가격의 거품으로 인한 문제를 해결해야 하겠지만 건축 및 주택산업이 지금보다 크게 하락할 것 같지는 않습니다. 이미 충분히 하락했기 때문에 이제는 상승할 수밖에 없습니다.

지금까지 제가 들어본 예측 중에서 미국 경제에 관한 가장 낙관적인 예측입니다.

낙관적이라는 말씀은 드리고 싶지 않습니다. 통계적으로 미국의 경제가 최악은 아니라는 의미입니다. 하지만 재정 및 무역적자와 정부의 지출은 통제가 불가능한 상황입니다. 확실히 정부 지출을 줄여야 합니다. 그런데 지출을 줄이면 경기가 둔화될 겁니다. 신용카드에 의존해 생활하는 가정들은 부채 줄이기에 나서야 합니다.

그렇다면 현재 경제 여건이 아주 나쁘지는 않아도 곧 둔화될 거라고 생각하시군요.. 지금의 투자 포지션과는 정반대 아닌가요?

맞습니다. 그 점을 말씀드리고 싶어서 이야기를 꺼낸 겁니다. 현재 저는 상당한 규모의 매수 포지션을 가지고 있습니다. 그런데 어깨 너머로 엄청난 폭풍 구름이 몰려오고 있습니다. 언제 폭풍우가 몰아칠지는 모르는 상황이에요. 6개월 후가 될 수도 있고, 6년 후가 될 수도 있습니다. 유럽에서는 시장 상황 때문에 정부의 역할이 제한되기 시작했습니다. 적절한 조치를 취하지 않으면 미국에서도 같은 일이 벌어질 겁니다. 지금까지 정치인들은 부채 증가 가능성 때문에 비용을 줄이거나 세수를 올리는 역량을 보여주지 못했습니다. 정치인들은 시장이나 은행 등 비난의 화살을 돌릴 만한 대상이 있을 때만 위기에 대응하기 위해 행동을 시작합니다. 현재 서구의 국가들은 막대한 부채를 제대로 해결하지 못하고 있습니다.

그렇다면 어떤 결정을 내리실 건가요? 경제지표로 판단했을 때 대부분 사람들의 생각만큼 상황이 나쁘지는 않지만, 한편으로는 시장에 먹구름이 몰려오고 있습니다. 곧 불어닥칠 폭풍우는 적어도 초기에는 시장을 크게 하락시킬 겁니다.

우리는 경제 여건에 흔들리지 않을 만한 산업과 기업에 집중하려고 노력 중입니다. 또 앞으로도 견고할 것으로 예측되는 국가를 주목하고 있습니다.

어떤 기업이 경기위축의 악영향을 견뎌낼까요?

문제에 대한 해결책을 제시하는 기업입니다. 화학제품업체인 셀라니스(Celanese)를 예로 들 수 있습니다. 셀라니스는 현재 저렴한 비용으로 천연가스를 에탄올로 바꾸는 공정을 연구 중입니다. 가격이 저렴한 천연가스를 에탄올로 바꿀 수 있다면 에탄올뿐 아니라 휘발유가격도 하락할 겁니다. 셀라니스는 경제 여건과 상관없이 연료시장에서의 점유율을 크게 늘릴 수 있겠죠.

장기적인 전망이 밝은 국가는 어디입니까?

일단은 중국입니다. 하지만 중앙집권경제 시스템이 단점입니다. 우리는 인도네시아를 마음에 두고 있습니다. 15년 전만 해도 엉망이었지만 지금은 다릅니다. 정부 예산도 견고하고, 수출도 증가하고 있습니다. 지난 몇 년간 경제가 지속적으로 개선되어 왔습니다. 브라질이나 싱가포르, 콜롬비아도 좋아 보입니다.

콜롬비아라고요? 전혀 예측밖이군요.

10년 전만 해도 콜롬비아에서는 석유 시추를 위한 유정을 만들 수 없었습니다. 잘못하다가 총에 맞을 수도 있었기 때문입니다. 콜롬비아무장혁명군인 FARC를 어디에서나 볼 수 있었습니다. 그런데 지금은 유정작업을 하면 정부가 군인들을 파견합니다. 푸투마요 평원(Putumayo Basin)은 지난 4~5년간 사람들이 들어갈 수 없는 금단의 땅이었습니다. 하지만 이곳에서 지난 3년간 콜롬비아의 일일 원유 생산량은 60만 배럴에서 95만 배럴로 증가했고, 앞으로도 크게 늘어날 것으로 보입니다. 농업 등 다른 산업의 사정도 마찬가지입니다. 치안이 개선된 덕에 콜롬비아 경제가 재탄생하고 있습니다.

선진국과 비교해 전체 포트폴리오 중 어느 정도를 신흥시장에 투자하고 계십니까?

현재는 약 30% 정도이고, 계속 늘리고 있습니다. 과거 어느 때보다 높은 비중입니다.

종목은 어떻게 선택하십니까? 클로거스 씨의 종목 선정하는 과정을 보여주는 예를 들어주실 수 있나요?

지금 제가 구축하고 있는 가장 큰 투자 포지션 중 하나인 유나이티드 항공(United Airlines)의 예를 들어보겠습니다. 상식적으로 항공사는 별로 좋은 투자 대상이 아닙니다. 절대 투자해서는 안 되는 종목 중 하나죠. 워런 버핏은 자신이 항공사 주식을 매수하지 못하도록 감시하는 직원을 따로 두고 있다고 말하기도 했습니다.

제 아들도 비슷한 소리를 했습니다. "백만장자가 되려면 어떻게 해야 할까?"라는 질문에 "10억 달러를 가지고 항공사 주식을 사면 된다"라고 하더군요.

항공사가 형편없는 투자 대상이라고 생각되는 이유는 여러 가지입니다. 항공사들은 많은 자본과 인력이 요구됩니다. 경영도 어렵고, 정부의 비효율적인 관제 시스템에 의존해야 하고요. 게다가 조금이라도 수익을 남기기 시작하면 노조에서 임금인상을 요구합니다. 그래서 수익을 남기기 어렵죠.

항공사들에 대해 매우 비관적이시군요. 그런데 왜 유나이티드 항공에 대해 막대한 매수 포지션을 구축하신 거죠?

논란이 많은 투자 포지션입니다. 그래서 올바른 판단을 내리면 상당한 돈을 벌 수 있습니다. 저는 항공사의 수익성 악화가 정부의 규제를 받던 시절부터 시작되었다고 생각합니다. 정부 규제는 가격 보호로 이어졌고, 그 결과 항공사들이 우후죽순으로 생겨났습니다. 그래서 원가구조(Cost Structure)가 비싸졌어요. 규제가 사라진 후 비싼 원가구조를 가진 거대 항공사들은 사우스웨스트 항공(Southwest Airlines) 등의 신규 항공사와 경쟁해야 했습니다. 신규 항공사들은 비효율적인 경영의 원인인 가격우산(Pricing Umbrella, 이윤을 늘리기 위해 점유율 감소도 감수하는 경영방법)에 노출되지 않은 덕분에 원가구조를 낮출 수 있었습니다.

하지만 2가지 변화로 항공사들의 업황이 달라졌습니다. 첫째는 유나이티드 항공을 제외하고 미국 내 유명 항공사들이 모두 파산했다는 겁니다. 덕분에 원가구조가 달라졌습니다. 둘째는 항공사들의 인수합병으로 이제는 유나이티드 항공, 델타 항공(Delta Airlines), 아메리칸 항공(American Anilines)만 남았습니다. 그중에서 유나이티드 항공의 노선이 가장 좋습니다. 자회사들을 모두 포함하면 미국에서 아시아를 운행하는 전체 노선 중 약 50%를, 유럽까지의 노선 중 40%를 가지고 있습니다. 저는 유나이티드 항공의 영업이익이 10% 정도 상승할 것으로 예측하고 있습니다. 매우 뛰어나지는 않지만 항공사로서는 놀라운 실적입니다. 그렇게만 된다면 유나이티드 항공사의 주당 어닝파워(Earning Power, 장기적인 수익성)는 6달러가 됩니다. 현재 주가가 20달러 정도이므로, 주가이익비율(P/E Ratio, PER)은 겨우 3.3이 될 겁니다. 유나이티드 항공이 수익을 몇 배로 불리지는 못하겠지만, 주가이익비율이 8~10배만 상승해도 2~3배 정도의 수익을 올릴 수 있습니다.

공짜 옵션에 대한 투자의 예를 더 들어주실 수 있나요?

정유기업 중에서 지속적인 탐사 덕분에 향후 원유 생산량을 늘릴 가능성이 크지만, 주가에는 현재의 생산량만 반영되어 있는 기업들도 주목하고 있습니다. 공짜 옵션 같은 겁니다. 예를 들어 콜롬비아 소재의 원유 및 가스회사인 페트로미네랄(Petrominerales)을 들 수 있습니다. 현재 이 기업의 일일 원유 생산량은 약 4만 배럴입니다. 페트로미네랄은 보유하고 있는 유정 근처의 땅을 60만 에이커나 빌려서 새로운 유정을 시추하는 중입니다. 하지만 시장은 추가 생산 가능성에 대해 전혀 가격을 매기지 않고 있어요. 이런 종목에 투자할 때는 실망매물이 쏟아질 때가 최적의 진입시기입니다. 페트로미네랄은 페루에도 자산을 가지고 있는데, 최근 경쟁업체 중 하나가 건공(Dry Hole, 원유나 가스 산출이 없는 마른 우물)을 파는 바람에 해당 지역에 있는 정유업체들의 주가가 모두 급락했습니다. 우리는 이때를 매수 기회로 활용했습니다.

또 다른 좋은 예는 캐나다 CNR(Canadian Natural Resources)입니다. 우리는 캐나다 CNR이 오일샌드(Oil Sand, 캐나다에 있는 원유가 포함된 모래를 뜻한다. 여기에서 원유를 추출할 수 있다) 프로젝트를 발표했을 때 대규모의 투자 포지션을 설정했습니다. 10억 달러에 달하는 현금흐름을 만들어낼지도 모르지만, 시장은 전혀 가치를 책정하지 않고 있습니다. 펀더멘털 투자자들은 현금흐름 등의 통계만 고려하기 때문에 이런 종목에 투자하지 않습니다. 잠재적인 수익은 통계자료에 나타나지 않으니까요.

지금 설명하신 투자 아이디어가 정유기업에만 국한되는지 혹은 다른 분야에도 적용되는지 궁금합니다.

전반적인 아이디어는 현재 수익이 창출되지 않더라도 앞으로의 잠재력을 투자 기회로 활용해야 한다는 것입니다. 따라서 다른 경우에도 적용하고 있습니다. 애플을 예로 들어보겠습니다. 최근 몇 년 동안 애플은 계속해서 혁신적인 상품을 만들어왔습니다. 하지만 주가는 신상품의 잠재적인 수익은 무시한 채 시장에 소개된 제품만을 고려해 결정되었습니다.

때때로 투자 기회는 현금흐름의 개선이 아니라 자산가치와 연관되기도 합니다. 예를 들어 우리는 최근 파라마운트 리소스(Paramount Resources)라는 캐나다 회사에 투자했습니다. 이 기업은 원유 및 가스 탐사 가능성이 있는 땅을 매입합니다. 지질학적 특성을 살펴 땅을 빌리고, 기다리는 겁니다. 이후 근처에서 유정이 발견되면 그때 정유업체에 매입해놓은 땅을 팝니다. 파라-

마운트 리소스의 통계자료를 보면 주가가 상당히 고평가된 듯 보입니다. 자원을 획득하지만 실제로 개발하지는 않기 때문입니다. 그래서 실제가치가 통계자료에 드러나지 않습니다. 이 경우에는 어떤 땅을 가지고 있는지 살피고, 현금흐름이 아니라 자산가치를 기준으로 평가해야 합니다.

비슷한 예를 더 들어주실 수 있나요?

앞에서 말씀드렸던 셀라니스가 있습니다. 현재까지 주가는 이익의 10~11배 정도이지만, 새로운 에탄올 공정 방법이 개발되면 크게 달라질 겁니다. 시장은 셀라니스의 잠재력에 큰 가치를 부여하고 있지 않는 것 같습니다. 아직 생산단계가 아니기 때문이죠. 첫 번째 공장이 내년 말에 설립될 예정입니다. 시장은 1년 이후에 실현될 생산 잠재력에 대해서는 전혀 관심을 보이지 않을 때가 많습니다.

지난 5년 동안 신흥시장의 이동통신업체에 상당한 규모의 매수 포지션을 구축했던 것도 비슷한 예입니다. 일부 선진국에서는 휴대전화 보급률이 100%를 넘어섭니다(1대 이상의 휴대전화를 가지고 있는 사람도 있습니다). 신흥시장에서도 휴대전화 사용률이 매우 높기 때문에 곧 선진국의 보급률 수준까지 상승할 것이라는 단순한 생각으로 투자했습니다. 당시 신흥시장의 휴대전화 보급률은 약 60% 정도였습니다.

전반적인 원칙은 앞으로의 잠재 수익이 합리적으로 예측되지만 주가에는 반영되지 않은 경우를 찾는 것입니다. 우리가 종목을 선택할 때 가장 중요한 원칙이라고 할 수 있습니다.

99

클로거스는 주식시장의 특성에 부합할 뿐 아니라 누구에게나 도움이 되는 중요한 조언을 들려주었다. 투자 기회에 따라 익스포저를 조절하라는 것이다. 그는 지금까지 시장이 기록해온 모든 가격의 95%를 포함하는 밴드 내에서 현재 주가 수준을 파악한다. 이를 기준으로 익스포저 수준을 최고 70%의 순매도 포지션과 110%의 순매수 포지션 사이에서 결정한다. 주가가 정해진 범위 내에서 최저치에 가까울 때는 매수 포지션을, 최고치에 가까울 때는 매도 포지션을 극대화한다. 시장의 기회에 따라 익스포저를 조절하면 그 반대의 경우보다 더 큰 수익을 기대할 수 있다.

클로거스가 개별적인 종목을 선별하는 기준은 향후 성장 잠재력이 상당하지만 현재 시장의 주가에는 반영이 되지 않은 경우다. 성장 가능성은 생산을 위한 새로운 재료, 신기술, 자산가치의 증대 등 다양한 형태를 가진다. 클로거스에 다르면 수익 개선에 1년 이상의 기간이 걸릴 때, 시장은 제대로 가치를 부여하지 않는 경우가 많다고 한다. 그는 이런 경우를 공짜 옵션 같은 투자라고 평가한다. 지금까지의 통계를 기준으로 보면 가즈이 적절하지만 기업의 잠재력이 실현되면(예를 들어 생산을 위한 새로운 재료) 비용을 들이지 않고 수익을 얻을 수 있기 때문이다. 통계에는 잠재적 성장 가능성이 반영되지 않기 때문에 펀더멘털만 고려했을 때는 이들 종목을 간과하게 된다.

트레이더들이 공통적으로 흔히 저지르는 잘못은 결과에 따라 옳고 그름을 판단하는 것이다. 동전을 던졌을 때 앞면 혹은 뒷면이 나올 확률은 모두 1/2이다. 만약 여기에 베팅을 하고 돈을 잃는다고 해도, 틀린 베팅은 아니다. 같은 방법으로 베팅을 계속하면 수익을 얻을 수 있기 때문이다. 마찬가지로 투자로 돈을 잃었다고 해서 잘못된 투자는 아니다. 클로거스는 1999년 말 '이블 크니블 스크린'이라고 부르는 방법으로 종목을 선택하여 공매도를 했다가 손실을 기록했다. 하지만 올바른 전략에 따라 기업을 선택했기 때문에 잘못된 투자는 아니었다. 어떤 투자가 성공할지 미리 알 수는 없다. 트레이더들은 올바른 투자라도 일부는 손실로 이어진다는 사실을 받아들여야 한다. 수익성이 높은 전략을 활용했다면 혹 손실이 발생하더라도 잘못된 투자는 아닌 것이다.

마찬가지로 잘못된 투자로 수익을 올릴 때도 있다. 예를 들어 2000년 1월 초부터 2000년 2월 말까지 IT 종목에 대해 매수 포지션을 유지했다고 가정해보자. 결과만 놓고 보면 정말 뛰어난 투자다. 하지만 비슷한 조건에서 같은 투자 결정을 계속 반복하다가는 끔찍한 결과를 초래할 수도 있다. 당시 시장이 3월 초에 천장을 형성한 것은 우연이었다. 3월 초가 아닌 1월 초에 천장을 형성했을지도 모를 일이다. 한때는 수익을 올렸던 트레이딩이라고 할지라도, 비슷한 상황에서 똑같은 방법으로 트레이딩을 해도 손실을 기록하는 일은 흔히 일어난다.

    트레이딩은 확률이다. 아무리 효율적인 전략이라도 투자가 틀어질 가능성이 있다. 트레이더들은 투자의 성패를 좋고 나쁨으로 혼동하곤 한다. 좋은 투자도 손실로 이어질 수 있고, 나쁜 투자도 수익으로 이어질 수 있다. 좋은 투자란 수익을 발생시키는 절차를 따르는 것이다(이때 합리적인 리스크를 감수해야 한다). 그래서 가끔 손실이 나더라도 계속 반복하면 수익으로 이어지는 투자다. 나쁜 투자란 손실이 나는 과정을 따르는 투자다. 어쩌다 한 번 수익을 낼 수도 있지만, 계속 반복했을 때는 손실이 쌓이게 된다. 슬롯머신을 나쁜 투자의 예로 들 수 있다. 우연히 돈을 딸 수는 있지만, 반복하다 보면 돈을 잃을 확률이 커지기 때문이다.

손실을 수확한다
조 비디크(Joe Vidich)

지금까지 인터뷰는 주로 개인적으로 안면이 있거나 인맥을 통해 알아낸 투자 매니저들을 대상으로 이루어졌다. 하지만 조 비디크는 예외다. 그는 헤지펀드 자료 중에서 뛰어난 리스크 대비 수익을 기록한 펀드를 찾다가 우연히 발견한 인물이다. 그가 운용하는 머낼러펀 펀드(Manalapan Fund)는 2001년 5월 설립 후부터 인상적인 실적을 자랑하고 있었다. 하지만 나는 머낼러펀 펀드도, 조 비디크라는 이름도 들어본 적이 없었다.

설립 후 10년간 머낼러펀 펀드가 기록한 연평균 복리 순수익률은 18%(연평균 복리 수익률은 24%)이며, 최대 하락폭(MDD)은 단 8%였다. 2001년부터 2011년까지 혹독한 베어마켓이 두 번이나 있었던 점을 고려한다면 고작 8%밖에 되지 않는 하락폭은 헤지펀드로서는 놀라울 정도로 낮은 수준이다. 비디크의 실적은 헤지펀드 세계에서 단연 뛰어나다. 같은 기간 HFR 인덱스의 연수익은 4%, 최대 하락폭은 -29%였다. 머낼러펀 펀드와 비교했을 때 수익은 1/4밖에 되지 않으면서도 손실은 4배나 많다. 게다가 인덱스의 하락폭은 투자 다변화로 인해 과소평가된다. 머낼러펀 펀드는 높은 수익과 적은 손실 덕분에 2.4의 높은 고통 대비 이익 비율을 기록했다(고통 대비 이익비율에 대해서는 부록 A(595페이지)참조).

나는 비디크에 앞서 머낼러펀 펀드의 경영을 담당하고 있는 닉 데이비지(Nick Davidge)를 만날 수 있었다. 그가 우리집이 있던 마서즈 빈야드(Martha's Vineyard)에서 가까운 케이프 코드(Cape Code)를 방문했기 때문이다. 어느 화창한 여름날, 나는 배를 타고 케이프 코드로 건너가 바닷가에서 데이비지와 점심식사를 했다. 그는 머낼러펀 펀드에서 경영을 맡게 된 사연을 들려주었다. 원래 데이비지는 마켓메이커들이 거래 주문을 전송할 때 사용하는 소프트웨어를 제작했다고 한다. 비디크는 그의 고객 중 한 명이었다. 데이비지는 "처음 비디크를 만났을 때 가장 먼저 든 생각은 그가 매우 지적인 트레이더라는 것이었습니다"라고 회상했다. 이후 데이비지는 비디크의 트레이딩 기술에 대해 알게 되었다. 그는 장기적인 투자 아이디어와 함께 특정 기업에 대한 '심리'를 활용하는 데 특히 능숙했다. 몇 년 후 비디크는 펀드를 설립했고, 데이비지는 비디크의 펀드에 가장 먼저 돈을 맡긴 사람 중 하나였다. 얼마 후 데이비지는 자신의 기업을 다른 사람에게 넘기고, 머낼러펀 펀드의 파트너로 합류했다.

비디크는 장기적인 투자와 단기적인 트레이딩을 혼합해서 상당한 수익을 실현하고 있다. 그는 포트폴리오를 구성하기 전에 먼저 경제와 주식시장에 관한 큰 그림을 그린다고 한다. 그다음은 각 분야와 하부 분야를 분석하여 투자 아이디어를 찾는다. 마지막으로는 펀더멘털을 분석하고 거래 동향을 관찰한 후, 타깃으로 삼은 분야 중에서 최적의 종목을 선택한다. 이들 포지션에 대한 진입과 청산 타이밍은 비디크가 '심리에 대한 평가'라고 부르는 과정에 의해 결정된다. 이 과정은 시장의 사건들에 대한 주가의 움직임을 관찰하는 것이다. 비디크와 그의 애널리스트들은 한 분기당 약 300건 이상의 컨퍼런스 콜(Conference Call, 상장사가 기관투자자와 증권사 애널리스트 등을 대상으로 갖는 회의)을 듣는다. 컨퍼런스 콜이 끝난 후 시장의 움직임은 그에게 중요한 실마리를 제공한다. 예를 들어 특정 기업이 낙관적인 내용을 보고한 다음 날 시장이 상승했음에도 불구하고 해당 종목은 하락했다면, 비디크는 이를 비관적인 지표로 고려한다.

펀드 설립 전 그는 10년이 넘게 다양한 소규모 중개업체에서 마켓메이커 및 프롭 트레이더도 일했다. 비디크에 따르면 일반 투자자들의 주문 흐름이 대부분 매수 포지션에 집중되어 있기 때문에 마켓메이커는 매도 포지션 편향의 트레이더가 될 수밖에 없다고 한다. 비디크 역시 마켓메이커로서 매수 주문에 대응하기 위해 늘 매도 포지션을 구축해야 했다. 그는 오랜 기간의 마켓메이커로서의 경험 때문에 자신의 트레이딩 기술이 매도 포지션을 중심으로 개발되었다고 생각한다. 장기적인 투자 아이디어와 포지션이 비디크의 투자방식에서 중심을 차지하고 있지만, 그는 매우 역동적인 트레이더다. 머낼러펀 펀드의 투자 회전율은 200번을 약간 넘으며, 그중 매도 포지션은 150번을 조금 넘는다. 익스포저는 80%의 순매수 포지션부터 37%의 순매도 포지션까지 큰 편차를 보인다.

비디크가 운용하는 머낼러펀 오라클 캐피털 매니지먼트(Manalapan Oracle Capital Management) 펀드는 뉴저지 중심부의 작은 소도시에 위치하고 있다. 아마추어 화가이기도 한 비디크의 사무실에는 벽마다 그림이 걸려 있어서 마치 갤러리에 와 있는 것 같은 착각을 불러일으켰다. 그림의 절반 정도는 후기 인상주의 화풍을 따르고 있었고, 나머지 절반 정도는 추상화였다. 그는 기술적으로 능숙하지는 않다고 했지만(실제로 그림 속 동물들은 단순하게 그려져 있었다), 색채 감각은 매우 뛰어났다. 고갱과 반 고흐의 영향이 분명하게 느껴졌다(관심이 있는 독자들은 www.easthurley.com에서 비디크의 그림을 확인해보길 바란다). 비디크는 오래 전부터 긴장을 늦추기 위한 방법으로 그림을 그려왔다고 한다. 그래서 스트레스가 쌓일수록 더 많은 그림을 그린다. 부인과 이혼한 해에는 특히 많은 그림을 그렸다고 설명했다.

비디크는 무엇을 하든 기꺼이 즐길 줄 아는 사람이었다. 트레이딩도 마찬가지였지만, 인터뷰 역시 유쾌하게 응해주었다. 대화를 하면서 그는 호탕하게 웃음을 짓곤 했다. 분명 과거의 기억이 즐거운 듯했다.

"

비디크는 이야기를 시작하기에 앞서 왜 자신을 인터뷰 대상으로 선택했는지를 물었다.

왜냐고요? 이유는 간단하죠. 지난 10년간 비디크 씨의 리스크 대비 수익이 상위 1%에 속하기 때문입니다. 비디크 씨야말로 제가 찾던 사람입니다. 어떤 계기로 주식 투자를 시작하게 되셨나요?

주식 중개인이던 제 형의 친구가 인도로 정신적 지도자를 만나기 위해 1개월간 여행을 떠나면서 자신을 대신해 전화를 받아줄 사람을 구했습니다. 당시 저는 대학을 졸업하고 직장을 구하지 않은 상태였어요. 그래서 일을 하겠다고 했습니다.

고객이 주문전화가 오면 어떻게 대응하셨나요?

제 옆에 있는 직원에게 알려주었습니다. 저는 등록된 중개인이 아니어서 아무것도 할 수 없었습니다. 하지만 결국에는 같은 회사에서 중개인으로 등록되었습니다.

전공은 무엇입니까?

콜롬비아 대학 국제학과에서 국제 비즈니스 석사학위를 받았습니다. 동기들은 대부분 당시 채용을 늘렸던 국제은행이나 외교와 관련된 직업을 얻었습니다. 하지만 저는 기업에서 일할 생각이 없었습니다.

석사학위를 받은 후 실제 일자리를 구해본 적은 있으십니까?

아이들은 제게 "아빠는 한 번도 일자리를 구해본 적이 없네요"라고 말합니다. 어느 정도는 맞는 말이에요. 졸업 후 국제은행에서 면접을 몇 번 보긴 했지만, 제게 맞지 않다는 것을 알고 있었습니다. 그래서 별로 흥미를 느낄 수 없었습니다.

주식 중개인의 어떤 점에 마음이 끌리셨나요?
역동적인 직업이라고 생각했습니다.

주식 중개인으로 등록되기 전 주식 투자에 대한 지식을 가지고 계셨나요?
어렸을 때부터 트레이딩을 해온 친구가 하나 있었습니다. 제가 중개인이 된 후 그 친구가 "조, 너는 아무것도 모르잖아?"라고 말하더군요. 저는 열정이 넘쳤지만 그 친구 말이 맞았어요. 고객들을 위험에 빠뜨릴 수도 있었습니다. 당시 저는 회사에서 만든 보고서를 보고 그대로 일했습니다. 만약 회사의 투자 아이디어 자체가 옳지 않았다면 결과는 좋지 않았겠죠.

언제 트레이딩을 시작하셨습니까?
저는 영업을 하지 않습니다. 고객에게 전화를 걸어 투자를 권유하지 않아요. 천생 세일즈맨은 아니에요. 과거에도 그랬고, 앞으로도 마찬가지일 겁니다. 그와는 정반대의 성격입니다. 그래서 중가 수수료로 많은 돈을 벌지 못하고 있었습니다. 당시 3개 통장에 넣어둔 예금이 각자 다른 이유로 모두 사라져 버렸습니다. 오랫동안 트레이더로 일해온 동료가 상사에게 가서 트레이딩을 할 수 있도록 허락을 구해보라고 했습니다. 저는 그의 충고에 따라 상사에게 "다른 수익이라고는 없는데, 트레이딩 계좌를 만들어도 될까요?"라고 물어보았어요.

(비디크는 그때를 떠올리며 그 어느 때보다 더 크그 호탕하게 웃었다.)

제 상사는 오버나이트 포지션(폐장 후 하룻밤 동안 투자 포지션을 유지할 수 있는 권리)을 3만 달러까지 유치할 수 있는 계좌를 만들어주었습니다. 제 돈 2,000달러로 투자를 시작했습니다. 수익은 모두 제가 갖고, 회사는 수수료를 받는 조건이었죠. 나쁘지 않은 것 같아 그러겠다고 했습니다. 실적은 괜찮았어요. 한 달 만에 계좌는 약 4,000달러 정도로 불어났습니다.

그때 했던 트레이딩 중 기억에 남는 게 있나요?

우리 사무실의 중개인 중 한 명이 계속 ERLY 산업을 추천하기에 매수했습니다. 당시 7.5달러에 입찰했고, 호가는 7.75달러였습니다. 이 종목이 1달러 스프레드로 거래되는 일이 잦다는 걸 알지 못했죠.

(그는 또 한 번 크게 웃었다.)

제가 7.75달러에 매수를 하고 얼마 지나지 않아 입찰가격이 6.75달러로 하락했습니다. 계좌에 고작 2,000달러밖에 없었는데 2,000주를 매수한 상태였습니다. 포지션을 청산하면 모든 돈을 잃게 되는 상황이었죠. 2주간 옴짝달싹 못했습니다. 드디어 입찰가격이 7.5달러가 되었을 때, 저는 즉시 손실을 감수하고 매도했습니다. 거래량이 없는 종목이어서 빠져나온 것만으로도 기뻤습니다.

처음 트레이딩을 하면서 무엇을 배우셨습니까?

스스로 노력해서 정보를 얻어야 한다는 것을 배웠습니다. 그래야만 자신의 투자를 더욱 신뢰할 수 있으니까요. 누군가의 말을 믿고 매수했는데 일이 틀어진다면, 빠져나올 때도 그 사람의 말을 들어야 합니다. 저는 전화를 걸어 트레이딩 아이디어를 늘어놓는 외부 애널리스트들에 대해 적대감을 가지고 있습니다. 이들의 조언을 따랐다가는 포지션을 청산할 때도 이들의 조언을 들어야 합니다. 상황은 바뀌기 마련입니다. 이들이 다시 전화를 걸기 전에 가격이 10% 혹은 15%나 하락할 수도 있습니다.

또 무엇을 배우셨나요?

가격이 싼 종목은 끔찍할 수도 있고, 좋을 수도 있다는 것을 배웠습니다. 기업의 가치를 꼼꼼하게 살펴볼 필요가 있습니다. 한때 크라이슬러(Chrysler)는 동전주였습니다. 1달러에 거래되던 글로컬 마린(Global Marine)은 90달러까지 상승했습니다. 몇 년 전에는 미국 최고 우량 종목들의 주가가 단 몇 달러로 하락했죠. 당시 다우 케미컬(Dow Chemical)은 5달러에 거래되었는데, 지금은 38달러입니다. 그렇다면 전에는 왜 주가가 5달러까지 하락했을까요? 모두가 공포에 질려 있었기 때문입니다. 하루가 다르게 돈이 사라지는 걸 목격한 고객들은 뮤추얼펀드와 헤지펀드를 환매하기 시작했습니다. 이로 인해 뮤추얼펀드와 헤지펀드는 가격에 상관없이 포지션을 청산해야 했습니다. 악순환은 큰 변화가 일어나기 전까지 계속되었습니다. 하지만 변화가 시작되자 일부 종목들은 놀라운 상승세를 타기 시작했습니다. 공포가 시장을 지배할 때가 있는데, 이때가 매수 적기입니다. 절호의 투자 기회예요.

또 다른 건 없나요?

가격이 너무 비싸다고 팔고, 저평가된 가치주라고 무조건 매수하면 위험하다는 것도 배웠습니다. 가격이 비싼 주식은 대부분 30% 정도 고평가되어 있습니다. 사람들이 그 정도는 기꺼이 감수하기 때문입니다. 성장주는 언제나 고평가되어 있고, 비우량 종목은 늘 저평가되어 있습니다. 그래서 가치주의 매수가 위험합니다. 시장이 사업 모델의 가치를 인식하면서 전환기가 마련되기 전까지 이들은 줄곧 저평가된 상태를 유지합니다. 만약 30%가 고평가되어 있다는 이유만으로 성장주에 대해 매도 포지션을 구축한다고 가정해보세요. 아마 향후 5년쯤은 30% 고평가된 채 계속해서 성장할 겁니다. 그리고 주가가 하락할 때는 이미 포지션을 청산했을 겁니다.

지금까지 높은 실적을 기록한 이유가 무엇 때문이라고 생각하십니까?

한 가지 이유는 시장의 정보 흐름이 개선된 덕분입니다. 2000년 미국증권거래위원회(SEC)가 공정한 정보공개를 적용시켰습니다. 덕분에 기업 내 컨퍼런스 콜이 모든 사람에게 공개되었습니다. 정보가 더 이상 거대 중개업체에 의해 통제되지 않고 일반인들에게 제공되기 시작한 겁니다. 저는 모든 분야에 정통한 전문가가 아닙니다. 기업의 컨퍼런스 콜을 듣다 보면 저보다 훨씬 많은 것을 알고 있는 애널리스트들의 질문도 듣게 됩니다. 이들이 주목하는 대상이 중요합니다.

컨퍼런스 콜에서 얻은 정보를 이용해 직접 트레이딩으로 이어진 사례가 있나요?

2008년 시티그룹(Citigroup)의 주가가 48달러를 기록했을 때, 우리는 매도 포지션을 구축했습니다. 이후 주가가 붕괴했죠. 왜 매도 포지션을 취했냐고요? 시티그룹의 영업실적이 발표되자마자 주가가 2달러 하락했습니다. 시티그룹으로서는 상당한 주가 변동이었습니다. 그래서 컨퍼런스 콜을 들어보았습니다. 저는 은행의 기본적인 업무에 대해 이해하고 있습니다. 그런데 컨퍼런스 콜에서 부채담보증권(CDO) 및 주택저당증권(MBS)과 관련된 대화 내용을 전혀 알아듣지 못하겠더군요. 문제는 애널리스트 중에서도 제대로 이해하고 있는 사람이 단 한 명도 없다는 것이었습니다. 애널리스트들의 질문을 들어보면, 이들 역시 무슨 일이 벌어지고 있는지 모르고 있는 게 분명했습니다. 혼란은 기회였습니다. 그래서 매도 포지션을 구축한 거죠.

또 다른 예도 있나요?

몇 년 전, 다양한 석탄 관련 주식에 대해 매수 포지션을 구축했을 때였습니다. 컨퍼런스 콜을 듣는데 이들 기업 중 하나가 석탄을 운반할 차량이 부족하다면서 더 주문을 해야겠다고 하더군요. 저는 그 즉시 석탄 운반 차량을 생산하는 기업들의 주가를 확인했습니다. 이들 모두 주가에 큰 변동은 없는 상황이었습니다. 석탄 제조업체 중 하나 이상이 운반 차량을 대규모로 매입한다는 사실을 알고 있었지만, 주가에는 전혀 반영되지 않았습니다. 그래서 석탄 차량 제조업체 중 하나인 트리니티 인더스트리스(Trinity Industries)에 대해 매수 포지션을 구축했습니다. 만약 이 기업의 주가가 크게 상승해 있었다면, 이미 차량에 대한 수요 증가가 주가에 반영된 후였겠죠. 하지만 주가는 거의 변동이 없었고, 따라서 가격에 반영되지 않았다는 걸 알 수 있었습니다. 2007년과 2008년에도 비슷한 예가 있었습니다. 석탄, 정유, 천연가스 기업들의 컨퍼런스 콜을 듣고 있는데, 곧 자본 지출을 연기하겠다고 말하더군요. 이럴 때는 무엇을 해야 할까요? 이들 기업에 장비를 제공하는 업체들을 찾는 것입니다. 주문이 줄어들 테니 적절한 매도 기회인 거죠.

2008년에는 대부분의 롱/쇼트 전략 펀드들이 상당한 손실을 기록한 반면, 비디크 씨께서는 훌륭한 실적을 기록하셨습니다. 어떻게 이런 결과를 얻으신 겁니까?

모기지업체를 비롯해 다양한 은행의 주식을 매도한 덕분입니다. 저는 매분기 컨트리와이드(Countrywide, 미국의 거대 모기지업체)의 컨퍼런스 콜을 들었습니다. CEO인 모질라(Mozilla)는 월스트리트가 모기지 사업에 집중한 탓에 스프레드가 계속 줄어들어 더 큰 리스크를 감수하게 되었다고 말하더군요. 동시에 디폴트 비율은 높아지기 시작했습니다. 주택시장의 거품이 더 이상 지속될 수 없는 게 분명했고, 컨트리와이드나 워싱턴뮤추얼(Washington Mutual) 같은 기업들에 대해 매도 포지션을 구축해야 할 적기라는 것을 알게 되었습니다. 그때만 해도 이들 종목이 그렇게나 크게 하락할지 몰랐습니다. 다만 더 이상 상승할 가능성이 없다고만 생각했어요. 복잡한 모기지 증권에 대해서 알 필요는 없었습니다. 하지만 은행들이 모기지에 상당한 레버리지를 얻은 상태라는 것만 알고 있었습니다. 게다가 정치인들마저 일부 은행들이 파산하는 게 당연하다고 선언했습니다. 이런 상황에서 누가 은행주에 투자하겠습니까? 전에도 비슷한 일을 경험한 적이 있습니다. 저축대부조합(S&L)의 위기가 불거졌을 때 수많은 은행이 파산했었죠. 이들은 거대한 추세에 발목이 잡혀 있다는 사실을 알지 못했습니다.

2008년, 은행 및 모기지업체에 대해 공매도를 시작하기 전에는 어떤 트레이딩을 하셨나요?

2008년 우리가 상당한 수익을 올린 투자는 에너지주였습니다. 상반기 동안에는 매수 포지션으로 상당한 수익을 벌었고, 주가가 비이성적이라고 생각될 만큼 치솟았을 때는 포지션을 축소했습니다. 주가가 더욱 상승한 다음에는 순매도 포지션을 구축했습니다. 이후 원유가격의 하락으로 에너지 주식이 하락하기 시작했습니다. 원유가격이 90달러까지 떨어졌을 때 우리는 다시 매수 포지션으로 전환했습니다. 하지만 너무 성급했어요. 이후에도 상황은 나빠졌습니다. 그래서 우리는 손실을 감수하고 포지션을 청산했습니다. 대신 다시 매도 포지션을 구축하고 지속적인 가격 하락의 추세를 활용했습니다.

또 당시에는 전강후약이 나타나는 날이 많았습니다. 트레이딩을 하면서 알게 된 사실 중 하나가 시장(다우지수)이 아침에 400포인트 이상 상승하면 당일 더 상승할 가능성이 거의 없다는 것입니다. 아침에 상승세가 크게 나타날 때마다 매도 포지션을 구축했습니다. 매도세에서는 쇼트 커버링을 했고요.

인터뷰를 위해 함께 자리에 앉아 있던 데이비지가 끼어들었다.

데이비지 : 2008년 하반기에는 회전률이 230번 이상이었고, 매도 포지션은 210번 이상이었습니다.

2008년 말, 정확하게 언제쯤 비관적인 투자에서 낙관적인 투자 포지션으

로 전환하셨나요?

오바마 대통령이 당선된 후 매수 포지션을 구축했습니다. 당시 부시 행정부에 대해 실망이 이만저만이 아니었습니다. 산업계 전반을 비롯해 여러 분야에서 부시 행정부에 대한 신뢰도가 매우 낮았습니다. 오바마 대통령은 경제를 살리기 위한 정책에 대해 이야기하고 있었습니다. 정부 지출을 크게 늘릴 생각이었어요. 적자에 허덕이고 있는 주 정부도 구제하겠다고 했죠. 개인적으로 어떤 판단을 내리든지 간에 일단 정부 지출의 증대는 희망적이었습니다. 2009년 초 우리는 매수에 적절한 사업 모델과 재무 건전성을 가진 기업을 찾기 시작했습니다. 우리가 찾는 건 금융 리스크가 작은 종목이었습니다. 빚을 돌려막지 않고 있고 오랜 불황을 벗어날 수 있는 기업들이요. 빚이 없고 현금도 많지만, 주가가 크게 하락한 소대업종들에 대해 매수 포지션을 구축했습니다. 그중 하나가 갭(Gap)이었습니다. 당시 갭의 주가는 11달러였습니다. 하지만 주당 현금흐름은 5달러, 순이익은 1달러가 넘었습니다. 캐나다 통신업체인 쇼(Shaw)도 매수했습니다. 주당 현금흐름은 12달러였지만, 주가는 18달러로 하락한 상태였죠.

트레이딩을 하면서 실수를 통해 어떤 교훈을 얻으셨나요?

주식을 매매하면서 공매도에 관한 교훈을 일찍 배웠습니다. 개념주(Concept Stock, 실제 이익을 창출하지는 못하고 있지만 성장 잠재력이 높은 주식)는 고가라는 게 없습니다. 따라서 공매도 시점을 잡아내기보다는 주가가 크게 상승하기 전에 매수 포지션을 구축하는 것이 좋습니다.

개념주의 예를 들어주시겠습니까?

1990년대의 인터넷주와 1990년대 말과 2000년대 초반의 바이오주를 들 수 있습니다.

요즘에는 어떤 종목을 개념주로 볼 수 있나요?

클라우드 컴퓨팅(Cloud Computing) 주식을 들 수 있습니다. 주가 수익률이 50, 60 혹은 70배가 되면 개념주의 영역이라고 할 수 있습니다.

포지션 트레이딩(Position Trading, 리스크 헤지를 목적으로 행해지는 거래)과 단기 트레이딩을 모두 하고 계시는 것으로 알고 있습니다. 장중 가격의 변화가 단기 트레이딩에 도움이 되기도 하나요?

네, 불마켓에서는 어떤 일이 일어나는지 아시나요? 전약후강입니다. 반면 베어마켓에서는 주가가 전강후약의 성격을 띠죠. 불마켓 말기에는 장 초반에 가격이 높아집니다. 개장 직후 30분 동안에는 멍청이들과 (비디크는 잠시 말을 멈추었다) 아주 똑똑한 사람들만 트레이딩을 하기 때문입니다.

위험한 조합 같군요. 왜 장 초반에는 전반적인 추세와 다른 가격 변화가 나타나는 건가요?

폐장할 때 장이 고점을 기록하면, 고점 가까이에서 매도하려는 사람들이 생겨납니다. 이들은 다음 날 개장과 동시에 주식을 매도합니다.

또 다른 유용한 단기 패턴이 있나요?

개장 전 시장에 비관적인 소식이 있었는데도 불구하고 개장 직후 한 시간 동안 주가가 크게 하락하지 않았다면, 스마트 머니가 매도를 하지 않고 있다는 뜻입니다. 이때는 가격이 약간 하락했을 때가 좋은 투자 기회입니다.

심리지표를 트레이딩에 활용하시기도 하나요?

CNBC를 심리지표로 활용합니다(그는 매우 크게 웃었다). 심리를 나타내는 최고의 지표죠. 공짜이기도 하고요.

심리지표를 어떻게 활용하십니까?

주가의 움직임을 기반으로 활용합니다. CNBC의 보도 때문에 모두가 비관적이라면, 그건 투자자들의 심리입니다. 하지만 컨퍼런스 콜 이후 주가가 갭 상승한다면 그건 시장의 심리입니다. 중요한 건 투자자들의 심리가 아니라 시장의 심리입니다. 저는 투자자들의 심리를 대부분 무시합니다. 한쪽으로 심각하게 편향되어 있지만 않으면요.

그건 어떻게 알 수 있나요?

CBNC를 보세요.

역지정가주문(Stop Order)에 대해서는 어떻게 생각하십니까?

바보 같은 행동이라고 생각합니다.

자세히 설명해주시겠습니까?

오히려 매도 기준은 거래일의 저가에 매수를 하고 싶을 때 활용하는 게 좋습니다. 사람들은 대부분 같은 가격대, 그러니까 신저점에 매도 주문을 걸어놓습니다. 지난 1년간의 저점이 30달러였다면, 바로 그 밑에 많은 매도 주문이 걸려 있게 됩니다. 주가가 저점까지 하락하면 매수 주문은 실종되고 가격은 갭 하락합니다. 우리는 정말 마음에 드는 종목의 경우 매도 기준이라고 생각되는 가격보다 1.5포인트 밑에 매수 주문을 걸어놓습니다.

역지정가주문을 활용하면 특정 가격이 결과를 좌우하게 됩니다. 좋지 않은 개념이죠. 다만 정신적인 기준을 정할 수는 있습니다. 이때는 가치평가가 기반이 됩니다. 예를 들어 주가가 15% 빠졌다면 하락의 원인을 평가하지만 꼭 매도를 하는 건 아닙니다. 역지정가주문은 일반 투자자들에게는 나쁘지 않지만, 전문 투자자들에게는 좋지 않은 방법입니다. 너무 서툰 리스크 관리방법이죠.

그렇다면 올바른 리스크 관리방법은 무엇입니까?

올바른 방법은 자신의 포지션을 꼼꼼하게 모니터하고, 정신적 기준을 활용해 투자 포지션을 재평가하는 것입니다. 종목에 따라 정신적인 기준은 달라지겠죠. 각 종목은 각각 다른 리스크 형태를 가지고 있습니다. 어떤 종목은 50%나 하락해도 별 의미가 없지만 코카콜라 같은 종목은 5%만 하락해도 가치를 재평가해야 합니다.

절대 자신이 옳다고 생각해서는 안 됩니다. 하락세에서의 매도는 정말 어렵습니다. 자신이 옳다거나, 혹은 나중에라도 옳다고 밝혀질 거라고 믿으면 심리적으로 매도가 어려워집니다. 제가 찾아낸 최고의 방법은 포지션의 20%를 매도하는 겁니다. 그 정도면 별로 힘들지 않습니다. 주가가 반등한다면, 자신의 판단이 옳았다고 말하면 됩니다. 반대로 주가가 하락하면, 적어도 20%는 고가에 매도했던 게 옳았다고 볼 수 있고요.

비디크 씨께서도 같은 방법으로 포지션을 축소하십니까?

네. 포지션을 축소할 때도 있고, 늘릴 때도 있습니다. 중요한 건 100% 옳은 결정을 내리기 위해 노력하지 말라는 겁니다.

그러니까 하시고 싶은 말씀은 약간의 손실을 감수하면 막대한 손실을 보게 될 일이 없다는 거군요.

완전히 틀릴 가능성이 없고, 시장이 하락하면 상황을 재평가할 수 있는 방법입니다. 포트폴리오가 자산을 갉아먹지 않도록 막는 겁니다. 하지만 가끔은 포지션을 모두 청산해버리는 게 최선일 수도 있습니다. 손실을 수확하는 거죠. 그렇게 하면 트레이딩을 다시 살펴볼 수도 있으니까요. 트레이딩을 하고 있는 중에는 방어를 하느라 여념이 없기 때문입니다. 포지션을 청산하면 다른 투자 기회와 비교할 수 있게 됩니다. 이미 매도했기 때문이죠. 스스로에게 정말 다시 매수하고 싶은지, 아니면 더 좋아 보이는 다른 아이디어에 투자하고 싶은지를 물어보세요.

비디크는 시장상황을 확인하기 위해서 잠시 인터뷰를 중단했다. 그동안 나는 옆자리에 앉아 있던 데이비지와 이야기를 나누었다. 그는 아마도 비디크의 접근방식을 어떤 누구보다 잘 알고 있는 사람일 것이다. 데이비지는 비디크의 투자방식을 자신의 관점에서 설명하기 시작했다.

데이비지 : 조의 투자방식이 가지고 있는 가장 중요한 특징 중 하나는 손실을 완만하게 감수하려는 의지와 능력입니다. 조가 설명한 방법을 활용하면 심리적으로 도움이 됩니다. 그러면 어떻게 포트폴리오의 익스포저를 관리할지에 대한 통찰력도 생깁니다.

제가 비디크 씨의 이야기를 들으면서 가장 혼란스러웠던 부분은 심리에 관한 것입니다.
데이비지 : 심리에는 2가지가 있습니다. 미디어에 곧잘 보도되는 투자자들의 심리와 시장의 심리입니다. 조가 이야기하는 심리는 극단적인 사건에 대한 반응을 말합니다. "뉴스는 무엇이지? 가격의 움직임은 어떻지?" 하는 겁니다. 그렇게 해서 시장에 대한 조의 시각이 만들어집니다. 기업의 실적이 좋았는데 주가가 하락했다면, 부정적인 심리가 형성되어 있는 겁니다. 조가 생각하는 심리는 그렇습니다.

제가 혼란스러운 건 '심리'라는 단어가 주로 일반 투자자들의 생각을 가리키는 데 활용되기 때문입니다. 가끔은 일반 투자자들이 지나치게 낙관적인 경우 오히려 비관적인 신호로 보기도 합니다. 비디크 씨께서는 시장이 예측을 넘어서 긍정적으로 반응할 때를 낙관적인 심리라고 표현하셨습니다. 긍정적인 의미로 사용하신 거죠.

데이비지 : 심리에 관한 상반된 표현을 듣다 보니 재미있는 일이 하나 생각납니다. 1999년 제 오랜 친구 중 하나가 뉴욕 사무실을 방문했습니다. 똑똑한 친구였죠. 하버드 대학을 졸업했고, 펜실베이니아 대학에서 박사학위를 받았어요. 그는 시맨틱 웹(Semantic, 인터넷과 같은 분산 환경에서 리소스(웹 문서, 각종 파일, 서비스 등)를 기계가 처리할 수 있도록 하는 프레임워크)과 인공지능, 컴퓨터 언어에 관련된 일을 하고 있었습니다.

제가 그에게 물었습니다. "이봐 빌, 요즘 투자는 어때?" 그는 대답했습니다. "IT 종목에 100% 투자하고 있어." 저는 물었습니다. "그래? IT산업이 그 정도로 믿을 만해?" 그는 대답했습니다. "그게 뭐, 돈 쓸 데가 많으니까 많이 벌어야지." 그때 생각했습니다. "사람들이 저렇게 생각하고 행동하는 건 정말 좋지 않은데. 끝이 좋지 않을 것 같아." 그는 똑똑한 친구이긴 했지만 주식 투자는 젬병이었어요. 저는 친구의 생각을 상반된 지표로 활용했습니다.

20분 후 비디크가 돌아왔고, 우리는 인터뷰를 계속했다.

긍정적 혹은 부정적인 심리를 반영하는 시장의 반응에는 어떤 것이 있을까요?

최근 로크웰 오토메이션(Rockwell Automation, ROK)이 올해 실적에 대한 예측을 상향 수정했습니다. 하지만 주가는 9달러 하락했어요. 무슨 의미일까요? 똑똑한 투자자들은 (저보다 똑똑한 사람은 정말 많습니다.) 로크웰 오토메이션의 영업이익이 증가하고는 있지만 향후 몇 개월 안에 중요한 변곡점을 보일 것으로 생각한다는 뜻입니다.

데이비지 씨께서 작년 머낼러펀 펀드에 새로운 포트폴리오 매니저가 채용된 적이 있다고 말씀해주셨습니다. 당시 비디크 씨의 경험을 듣고 싶습니다.

그가 필요 없다는 걸 알게 되었습니다(비디크는 또 한 번 호탕하게 웃었다). 사람들은 모두 다른 시각을 가지고 있습니다. 우리가 채용한 포트폴리오 매니저는 저와는 완전히 다른 투자방식을 가지고 있었습니다. 그의 접근방식은 마치 학교에서 배운 것 같았어요. 훌륭한 비즈니스 모델과 우량 기업을 찾는 것까지는 좋았는데, 투자 포지션으로 적용시키는 데는 배짱이 부족했습니다. 게다가 저와는 다른 종목을 선호했습니다. 머낼러펀 펀드에서 제 역할은 수석 포트폴리오 매니저일 뿐만 아니라 리스크를 관리하고, 모든 포지션에 대한 모니터링을 포함합니다. 그를 고용한 이유는 제가 하는 일을 덜기 위해서였습니다. 하지만 그가 들어온 이후 저와는 맞지 않는 포지션이 늘어나는 바람에 더 많은 시간이 소요되었습니다. 다른 사람이 시장에 대해 저처럼 생각하게 만드는 것, 즉 같은 의식의 흐름을 갖도록 훈련시키는 건 매우 어렵습니다. 비즈니스 스쿨에서 배운 것과는 완전히 다르니까요.

어떤 트레이딩 규칙을 준수하고 계십니까?

손실이나 수익에 대해 감정적으로 집착하지 않는 것이 매우 중요합니다. 어떤 투자 포지션이건 크기를 제한해야 합니다. 그래야만 인간의 본능인 공포가 판단력을 압도하지 않게 됩니다. 사람마다 기준은 모두 다릅니다. 어떤 종목인지에 따라서 기준이 달라지고요. 대형주의 경우 10%도 괜찮지만, 고공행진을 거듭하는 소형주는 3% 정도가 좋습니다. 30%씩 등락을 거듭하는 일이 많아 위험하기 때문이에요.

왜 사람들은 트레이딩에 실패할까요?

시장에서 성공하기 위해서는 자신의 의견을 기꺼이 바꿀 의지가 있어야 합니다. 대부분의 사람들은 자신의 의견을 고집합니다. 자신의 아이디어에 대해 겸손해야 합니다.

사람들이 저지르는 또 다른 실수는 무엇입니까?

대부분이 돈을 잃는 것보다 버는 것을 두려워합니다.

어떤 의미인가요?

주가가 20% 상승했다고 매도를 해야 할 이유는 없다는 겁니다.

주가가 20% 상승했다고 매도할 때는 돈을 벌어서 두려운 것이 아니라 번 돈을 잃을까봐 두렵기 때문입니다.

그렇겠죠. 돈을 잃을까 두려운 거겠죠. 하지만 이들은 벌어들인 수익이 사라지는 것만 걱정합니다. 반대로 -20%의 손실이 발생했을 때는 매도하지 않습니다. 사람들이 정말 두려워하는 건 자신이 옳지 않다는 사실이 밝혀지는 겁니다. 그래서 가격이 20%나 하락해도 팔지 않는 겁니다. 자신의 잘못을 확정짓는 것이니까요.

최근 텍사스에 있는 제 애널리스트에게 전화를 걸었습니다. 뛰어난 애널리스트죠. 통화 도중 제가 수익이 좀 났다는 이야기를 했습니다. 그러자 그는 "그럼 일부를 팔아야겠군요"라고 말했습니다.

"왜?" 제가 물었죠.

"그래야 수익을 보전할 수 있으니까요."

"왜?" 저는 또 물었습니다.

그는 딱히 이유를 대지 못했습니다. 그는 자신의 아이디어를 정당화하고, 장점만을 보려고 했습니다. 하지만 이것은 자신의 세계에 빠져 있는 행동입니다. 실제 주가의 방향과는 관련이 없죠.

우리가 가지고 있던 또 다른 투자 포지션 역시 수익이 발생하고 있었습니다. 하지만 실적 발표 3일 전 애널리스트들이 기업에 대한 평가를 낮추는 바람에 갑자기 급락하기 시작했죠. 저는 애널리스트들이 무언가 부정적인 사실을 알고 있다고 판단하고 매도를 원했습니다. 제 애널리스트는 왜 미리 이익 실현을 하지 않았는지 이해하지 못했습니다. 제가 포지션 청산을 결정한 이유는 주가 하락이 예측되었기 때문입니다. 실제로도 하락했고요. 언제 주식을 매입했는지, 혹은 지금의 가격이 얼마인지와는 상관이 없습니다.

비디크 씨의 성격 중 어떤 면이 트레이딩 성공에 도움이 되었다고 생각하십니까?

기꺼이 손실을 감수하겠다는 의지와 제가 옳지 않을지도 모른다는 것을 인정하는 겁니다.

트레이딩을 하실 때 목표 주가를 정해놓으시나요?

어느 정도 가격이 오르면 재평가를 합니다. 하지만 유동적인 목표죠. 주가가 상승하는 과정에서는 매도하지 않습니다. 하락하는 중에는 매도합니다.

그렇다면 어떤 종목이 80달러까지 상승할 거라고 예측하고 40달러에 매수하셨다면……,

상승하면서 80달러를 기록했을 때가 아니라 75달러로 하락했을 때 매도합니다. 주가가 하락할 때 매도하면 수익이 약간 차이가 날 뿐이지만, 상승 중에 매도하면 상당한 수익을 포기할 수도 있기 때문입니다.

나는 4개월 후 녹음된 인터뷰 내용을 듣다가 중요한 질문을 상당수 빠뜨렸거나 만족스러운 답을 얻지 못했다는 생각을 하게 되었다. 그래서 전화로 추가 인터뷰를 진행하였다. 그에게 전화를 걸었을 때(2011년 7월 29일), 비디크는 낙관적인 시각을 비관적인 시각으로 전환한 후였다. 이후 주식 시장은 정말 폭락했는데, 일주일 동안의 낙폭이 2008년 금융위기 이후 최대치를 기록했다.

몇 개월 전에는 상당히 낙관적이셨는데, 이제는 비관적으로 시장을 예측하고 계시는군요. 어떤 변화가 있었나요?

여러 이유가 있겠지만 그중 하나는 부채한도(Debt Ceiling)에 대한 논의가 교착 상태에 빠졌기 때문입니다. 미국 정부가 재정 적자를 줄이기 위해 세금

인상 없이 재정 지출을 줄일지도 모릅니다.[12] 정부가 지출을 줄이면 중산층 및 저소득층이 타격을 받습니다. 고소득층의 세금을 인상하는 것보다 경제에 더 큰 부담이 되죠. 강경 보수 정치인들의 모임인 티파티(Tea Party)는 오바마 대통령을 궁지로 몰아넣기 위해 경제를 살리기 위해 필요한 경기부양책을 실시하지 못하도록 막고 있습니다.

그 외에 또 다른 이유는 없습니까?

일부 기업들의 영업이익은 줄어들고, 소비자들에게 전담시킬 수 없는 비용은 증가하고 있습니다.

혹시 또 다른 이유도 있나요?

컨퍼런스 콜을 들어보면 경영인들이 대부분 현재의 경제 상황에 대해 우려하고 있다는 것을 알 수 있습니다. 이는 곧 기업에도 영향을 미치게 됩니다.

그러니까 비디크 씨께서 판단하시기에 지금의 심리는 희망적이 아니라 절망적이군요.

심리에는 다양한 차이가 존재합니다. CEO의 심리도 있고, 투자자들의 심리도 있죠. 하지만 투자자들의 심리는 장기적으로 틀린 경우가 많습니다.

투자자의 심리는 어떻게 판단하십니까?

우리에게 예탁금을 맡긴 고객들의 의견을 듣습니다. 많은 고객이 비슷한 이야기를 할 때는 사람들의 생각이 반영되어 있는 것입니다.

예를 하나 들어주시겠습니까?

---

12. 2011년 여름, 미국 공화당은 정부가 지출을 줄이지 않으면 부채한도 인상을 위한 투표를 하지 않겠다고 거부했다. 오바마 대통령은 세금인상을 포함한 포괄적인 방안을 제안했지만 정부 비용 지출 기한이 다가오자 더 이상 버티지 못하고 재정 지출 감축에 합의했다. 공화당의 티파티 조직은 재정 지출을 기꺼이 반겼을 뿐 아니라 일부는 열렬히 환호했다.

작년 소매주식이 연일 하락할 때, 고객들은 제게 "왜 소매주식은 매수하지 않느요?"라고 물었습니다. 그때가 소매주식 매수의 적기였습니다. 바닥이었거든요.

순매수 포지션에서 순매도 포지션으로 전환하셨는데, 다시 매수 포지션을 취할 생각이십니까?
매수입니다. 나쁜 소식이 있더라도 시장이 하락을 멈추면 긍정적인 신호입니다.

1999년 훌륭한 실적을 기록하셨습니다. 2000년 실적은 더욱 좋았고요. (비디크는 머낼러펀 펀드 전 아주 작은 규모의 펀드를 운용하고 있었다. 1999년 10월에 설립된 이 펀드는 같은 해 4분기에는 87%의 수익을, 2000년에는 147%의 수익을 기록했다.) 1999년에는 매우 낙관적인 투자 포지션을 유지하셨고, 2000년에는 상당히 비관적인 투자 포지션으로 전환하셨습니다. 어떤 방법으로 최적의 시기에 포지션을 전환할 수 있었나요?
낙관적인 포지션에서 비관적인 포지션으로 전환한 것이 아닙니다. 주가가 크게 상승했기 때문에 가지고 있던 포지션을 헤지한 것 뿐입니다. 헤지를 통해 벌어들인 수익을 보호하려 했는데, 언제부터인가 매도 포지션으로 상당한 수익을 올리고 있다는 사실을 깨달았습니다. 더 많은 정보를 접한 후에 매수 포지션을 모두 청산하고 매도 포지션만 유지해야 한다는 사실을 알게 되었습니다.

차트를 활용하십니까?
차트는 매우 중요합니다. 가장 최선의 패턴은 주가가 횡보하다가 갑자기 상승하면서 거래량이 크게 증가하는 것입니다. 이는 누군가가 매입을 하고 있다는 신호입니다. 반드시 주목해야 하는 신호죠. 또 어떤 종목에서 무슨 일인가 벌어지고 있다면, 동일 업종의 종목도 영향을 받게 됩니다. 매우 중요한 단서입니다.

특히 고통스러웠던 트레이딩이 있나요?
투자를 다변화하면 고통스러운 트레이딩은 없습니다. 리스크 통제를 위해서 투자를 다변화해야 합니다. 또 시장의 움직임과 자신의 잘못을 이해하지 못할 때는 익스포저를 줄이고요.

최근에 비슷한 일이 있었나요?
얼마 전 구글(Google)을 매수했습니다. 평단가는 550달러였죠. 그런데 주가가 계속 하락했고, 저는 이유를 알 수 없었습니다. 결국 주가가 505달러까지 하락했을 때 포지션을 청산했습니다. 이후 구글은 480달러까지 떨어지더니 단 몇 주 만에 600달러로 반등했습니다. 심리적으로 상당히 고통스러웠습니다. 하지만 기꺼이 해야 할 일이었습니다. 주가가 다시 반등하기를 기다리는 것보다는 포트폴리오를 깨끗하게 유지하는 것이 중요합니다. 그렇지 않으면 손실이 더욱 늘어날 수도 있으니까요. 어떤 종목들은 하락 후 반등하기 때문에, 이때를 노려 매도하면 됩니다. 하지만 다시 상승하지 않는다면 손실은 걷잡을 수 없게 커집니다. 반등 전에 포지션을 청산하는 것은 손실을 통제하기 위해 지불해야 할 비용입니다.

"

시장이 투자 포지션과 반대로 움직일 때, 모든 트레이더는 똑같은 딜레마에 빠진다. 통제하지 못한 손실의 위험은 너무나 잘 알고 있고 투자 포지션에 대한 믿음도 여전하지만, 추세가 바뀌기 전에 포기하게 될까봐 두려운 것이다. 딜레마에 빠진 트레이더들은 결정을 내리지 못하고 어쩔 줄을 몰라 한다. 이럴 때 비디크가 제안하는 사고방식이 해결책을 찾는 데 도움이 될 것이다. 그는 "100% 올바른 선택을 내리려고 노력하지 마라"고 말한다. 투자 포지션이 손실을 기록하고 있을 때, 비디크는 '모 아니면 도'라는 식으로 결정하는 대신 포지션의 일부를 청산한다. 약간의 손실을 감수하는 편이 전체 포지션을 청산하는 것보다 훨씬 쉽다. 그러면 트레이더들은 질질 끌려다니지 않고 결단을 내릴 여유가 생긴다. 계속 시장이 투자 포지션과 반대로 움직이면, 비디크는 좀 더 포지션을 축소한다. 이런 방법으로 손실이 발생하는 투자 포지션은 점차 작아지고(계속 가격이 반등하지 않으면 포지션을 완전히 청산한다), 손실은 줄어든다. 포지션을 완전히 청산해야 할지 아니면 이를 악물고 끝까지 버텨야 할지 양단간의 결정을 내려야 할 상황이 된다면 세 번째 대안, 즉 포지션의 일부만 청산하는 방법을 떠올려보길 바란다.

트레이더들이 가장 흔히 저지르는 실수 중 하나는 탐욕 때문에 불편할 정도로 과도한 투자 포지션을 구축하는 것이다. 투자 포지션을 10%로 구축하면 2배의 수익을 기대할 수 있는데 굳이 5%로 제한해야 하는 이유는 무엇일까? 포지션이 커질수록 제대로 된 판단이나 경험이 아니라 공포에 질려 투자 결정을 내릴 가능성이 크기 때문이다. 비디크는 "공포가 판단을 압도하지 않을 정도로 투자 포지션의 규모를 제한해야 한다"고 강조한다.

뛰어난 트레이더들의 필요조건 중 하나는 유연성이다. 비디크는 오랫동안 에너지시장에서 공격적인 투자를 해왔다. 하지만 그 때문에 투자 판단을 그르치지 않도록 노력했다. 2008년 에너지 종목의 주가가 크게 상승했고, 그는 순매수 포지션을 조금씩 순매도 포지션으로 전환했다 이후 원유가격이 90달러까지 하락했을 때는 매수 포지션을 구축하기 시작했다. 하지만 펀더멘털 변화와 시장의 심리 때문에 가격이 더욱 하락할 것이라는 사실을 깨닫고 곧바로 매도 포지션을 구축했다. 이후 원유 및 에너지 종목은 폭락했다. 비디크는 유연성 덕분에 막대한 손실 가능성을 수익으로 바꿀 수 있었다.

트레이딩과 관련해서 자신이 매수(혹은 매도)한 가격을 기준으로 결정을 내려서는 안 된다. 시장은 투자자가 포지션을 구축한 가격 따위는 신경 쓰지 않는다.

비디크는 매입가격이 아니라 주가가 더욱 하락할 가능성이 있을 때 포지션을 청산하며, 진입 시점이 트레이딩 결정에 영향을 미치지 않도록 막는다.

손실을 통제하기 위해서 시장의 추세가 바뀌기 전에 포지션을 청산해야 할 때가 있다. 여기에 익숙해져야 한다. 힘들지만 효율적인 리스크 관리를 위해서 피할 수 없는 일이다. 비디크는 '손실을 수확'하는 데 익숙하다. 덕분에 그는 두 번의 끔찍한 베어마켓을 포함해 지난 10년 동안 최대 하락폭을 한 자릿대로 제한해왔다. 손실을 기록하던 포지션이 놀라운 반등을 시작할지도 모르지만, 리스크 관리를 위해 철저하게 미리 포지션을 청산한 결과다. 대표적인 예로 그의 구글 투자를 들 수 있다.

워런 버핏이 대체 누구야?
케빈 달리(Kevin Daly)

"워런 버핏이 대체 누구야?" 1983년 구직 면접에서 워런 버핏에 관한 질문을 받은 달리는 이렇게 생각했다. 그에 대한 답을 얻는 과정은 이후 달리의 투자 기법으로 발전하였다. 달리는 버핏의 투자 철학과 마찬가지로 실제보다 훨씬 낮은 가치에 거래되고 있는 기업들을 찾아 투자해왔고, 상당한 성공을 거두었다.

달리는 15년간 주식시장의 연구를 담당하는 애널리스트로 일하면서 개인 계좌로 지속적인 수익을 올렸다. 펀드 설립 전, 그가 손실을 기록한 해는 1994년 단 한 번뿐이다. 1999년 펀드 설립 후 12년간 달리의 연평균 복리 순수익률은 20.8%(연평균 복리 수익률은 16.4%)다. 가끔 매도 포지션이 활용되고 있지만 전체 자산의 10% 미만으로 작은 역할을 담당한다고 한다. 이처럼 달리의 투자접근방식은 대체적으로 롱/쇼트라기보다는 롱-온니에 가깝다(단 주기적으로 상당한 자산을 현금으로 보유하기도 한다). 달리의 펀드는 설립 후 지금까지 872%의 놀라운 총누적수익을 자랑한다(운영 및 인센티브 수수료를 제외하면 514%). 같은 기간 러셀2000 인덱스의 총수익은 68%에 불과하며(러셀2000 인덱스는 달리의 소형주 중심의 투자방식과 가장 적절한 비교 대상이다), S&P는 -9%를 기록했다.

시장이 장기간에 걸쳐 횡보하는 상황에서 단기적인 롱-온니 전략으로 뛰어난 수익을 창출하는 능력은 달리의 여러 장점 중 하나에 불과하다. 무엇보다 인상적인 것은 뛰어난 손실 관리다. 그는 시장에서 인덱스가 반 토막이 나는 베어마켓을 두 번이나 겪었지만, 지금까지의 최대 하락폭(MDD)이 고작 10.3%에 불과하다. 더욱 놀라운 것은 리스크 관리방법이다. 2000년 11월에 이례적으로 6%의 손실을 기록한 경우를 제외하고는 달리의 월별 손실은 언제나 4% 미만이었다. 그래서 순수익을 기준으로 고통 대비 이익비율은 3.2나 된다(고통 대비 이익비율에 대해서는 첨부 A(595페이지)를 참고하길 바란다).

달리는 버클리 대학에서 토목공학을 전공했다. 하지만 졸업 후 전공을 살려 일하고 싶은 생각은 전혀 없었다. 기계적인 토목공학 과정이 달갑지 않았기 때문이다. 모든 문제에 대한 답은 정해져 있었다. 공식만 알면, 수치를 대입하고 답을 얻은 후 다음 문제를 푸는 식이었다. 똑같은 과정이라는 생각에 그는 전혀 흥미를 느끼지 못했다. 그래서 졸업 후 샌프란시스코 대학의 MBA 과정에 지원했다. 경영학이 그가 원하는 다양성을 제공해줄 것이라고 생각했다.

달리의 첫 직장은 부티크 중개업체(특정 산업에 전문적인 지식을 가지고 있으면서 소수의 고객만을 상대하는 작은 규모의 중개업체)이면서 동시에 투자은행인 회퍼 앤 아네트(Hoefer & Arnett)였다(이곳은 달리가 펀드를 설립하기 전에 유일하게 근무한 직장이다). 원래 그는 중개인으로 고용되었으나 곧 리서치를 담당하게 되었다. 처음 회퍼 앤 아네트의 리서치 애널리스트는 달리가 유일했다. 하지만 이후 기업의 규모가 커지면서 다른 애널리스트들이 고용되었고, 달리는 수석 애널리스트로 승진했다. 달리가 운용하고 있는 파이브 코너스 파트너스(Five Corners Partners)는 원래 회퍼 앤 아네트 내에서 설립된 펀드다.

달리는 헤지펀드 매니저라기보다는 개인 투자자라는 표현이 더 정확하다. 파이브 코너스는 그가 다른 투자자들과 함께 개인계좌를 만들어 운용하는 구조다. 달리는 펀드가 처음 설립되었을 때부터 지금까지 전체 계좌의 1/3을 소유하고 있다. 펀드 운용은 집에 마련한 사무실에서 달리가 단독으로 담당한다. 그는 파이브 코너스의 단순한 펀드 구조에 상당히 만족하고 있으며, 혼자서 감당할 수 없을 정도로 규모를 키우는 데 있어서는 대놓고 난색을 표했다. 지금의 구조가 완벽하기 때문에 절대로 더 복잡하게 만들고 싶지는 않다는 생각이다. 달리는 일과 취미가 같은 사람이다. 나는 그의 삶이 은퇴 후에도 전혀 달라지지 않을 거라고 믿는다. 지금처럼 계좌를 관리하고, 지금과 똑같은 연구와 투자를 하면서 하루를 보낼 것이 틀림없다.

달리는 키가 컸고, 균형 잡힌 체격을 가지고 있었다. 그는 집 뒤편에 있는 가파른 언덕에서 정기적으로 산악자전거를 탄다고 한다(투자를 제외한 유일한 취미다). 자전거 도로의 고차로 중 하나는 그의 펀드에서 이름을 따서 파이브 코너스라고 불리고 있다. 인터뷰는 샌프란시스코 교외에 있는 달리의 집 거실에서 진행되었다. 그곳은 상당히 편안한 장소였다. 달리의 성격은 느긋하면서도 절제되어 있었다. 시장이 공포에 질렸을 때도 절대 동요하지 않고, 흔들리지 않는 그의 모습을 상상할 수 있었다.

"

어떻게 금융권에서 일을 하게 되셨습니까?

비즈니스 스쿨을 졸업하고 지역의 작은 투자은행에서 처음 구직 면접을 봤습니다. 당시 면접관이 은행 파트너 중 한 명인 알란 회퍼(Alan Hoefer)였습니다. 인터뷰 중 그가 제게 워런 버핏을 아느냐고 물었습니다. 저는 "아니요"라고 대답했습니다. 그는 "대체 요즘 비즈니스 스쿨에서는 뭘 가르치나?"라고 반문했어요. 아주 긴 면접이었고, 저는 면접을 잘 치르지 못했습니다. 면접 후 워런 버핏이라는 사람이 누구인지 알아보았습니다. 버핏이 매년 주주들에게 보내는 편지도 읽어보았는데, 면접관이 말했던 기업들이 언급되어 있더군요. 몇 주가 지나도 합격통보는 날라오지 않았습니다. 그래서 면접에서 떨어진 줄 알았습니다.

왜 면접을 잘 보지 못했다고 생각하셨나요?

글쎄요. 버핏이 누구인지도 몰랐으니까요.

이야기를 듣고 보니 제가 대학원을 졸업하고 처음 본 면접이 기억납니다. 저는 경제학 학위를 가지고 있었지만 시장에 대해서는 전혀 배우지 못했었죠. 제가 본 면접은 상품시장과 관련해 리서치를 진행할 애널리스트를 뽑는 자리였습니다. 면접관이 제게 상품시장에 대해 아느냐고 물었죠. 저는 "잘은 모르지만, 금 같은 거죠"라고 대답했습니다. 워낙 엉망으로 대답을 해서 몇 년이 지난 지금도 기억이 납니다. 다행이 에세이를 잘 써서 면접에는 합격했습니다. 달리 씨의 경험과 비슷하다는 생각이 드네요. 좋은 교육을 받았지만 시장에 대해서는 아무것도 몰랐고, 단순한 질문도 대답하지 못했던 거죠.

맞습니다. 제가 정말 그랬습니다. 학교를 졸업하고 면접을 보기 전 여름 동안 유럽을 여행했습니다. 여행 중에 버클리 때부터 알고 지내던 친구를 만났어요. 그 친구는 서든 캘리포니아 대학의 비즈니스 스쿨을 갔고, 저는 샌프란시스코 비즈니스 스쿨을 다녔어요. 여행에서 돌아온 우리는 서로 만나 구직에 관한 이야기를 나누었습니다. 우연히 같은 회사에 면접을 보았다는 걸 알게 되었습니다. 친구는 버클리 졸업생 중 누군가 면접에 합격했다고 알려주었어요. 우리 두 사람은 아니었습니다.

회사에서 면접 결과를 알려주지 않았나요?

아니요. 어쨌거나 합격했다는 사람은 저와 응시한 분야가 달랐습니다. 저는 회퍼에게 전화를 걸어 회사가 있는 벌링게임(Burlingame)에 갈 일이 있다면서 "한 번 찾아가도 될까요?"라고 물었습니다. 물론 거짓말이었어요. 회퍼는 찾아와도 좋다고 했습니다.

회사에 갔는데, 어쩌다 보니 또 다른 파트너인 밥 아네트(Bob Arnett)와 함께 점심을 먹게 되었습니다. 식사를 하면서 버핏을 비롯해 회퍼 앤 아네트가 투자를 하고 있는 기업들에 대해 많은 이야기를 나누었습니다. 그때는 주제에 대해 충분히 알고 있었습니다. 대화 중 아네트가 저를 보며 말했습니다. "지금 이야기하는 건 자네가 흥미가 있어서인가, 아니면 내가 듣고 싶은 이야기일 거라고 생각해서인가?"

"2가지 모두입니다." 저는 대답했습니다.

그리고 다음 주 중개인으로 출근하라는 연락을 받았습니다.

영업을 하는 일이 걱정되지는 않으셨나요?

개의치 않았습니다. 일단 취직만 하면 된다는 생각이었습니다. 회퍼 앤 아네트는 상당히 작은 회사였습니다. 일단 들어가기만 하면 중개인에서 끝나지는 않을 거라고 생각했어요. 실제 제가 중개인으로 일한 건 단 2개월뿐입니다.

일단 그 이야기부터 해볼까요? 회퍼 앤 아네트에서 중개인으로 정확하게 무슨 일을 하셨나요?

투자자들에게 전화를 걸어 영업을 했습니다.

어려웠나요?

네, 매우 힘들었습니다. 그리고 저에게 준 리스트의 고객 중 일부는 이미 사망한 경우가 많았습니다.

혹시 관리할 계좌는 받으셨나요?

아니요. 전혀 받지 못했습니다.

실망하셨나요?

네, 전혀 만족스럽지 않았어요. 2개월 후에는 혼자서 연구 보고서를 쓰기 시작했습니다. 저 보고서의 주제는 월스트리트에서 잘 알려져 있지 않은 기업들이었습니다. 덕분에 거대 뮤추얼펀드 기업의 펀드 매니저들과 인맥을 쌓을 수 있었습니다. 무엇보다 기업의 가치를 중심으로 보고서를 작성했습니다. 회퍼와 아네트는 제게 합리적인 경영인들이 당장 오늘 돈을 지불할 만한 보고서를 쓰도록 가르쳤습니다. 흥미로운 점은 다른 중개인들이 애널리스트와 고객들을 연결해주는 거대 중개업체와 달리 우리는 보고서를 써서 직접 판매했다는 것입니다. 덕분에 저는 우리 고객이던 존 템플턴(John Templeton), 척 로이스(Chuck Royce), 밥 로드리게스(Bob Rodriguez) 등의 유명 뮤추얼펀드 매니저들과 만날 수 있는 기회를 얻었습니다.

보고서를 제공하면서 펀드에 대해 배우셨군요.
맞습니다.

정확하게 무엇을 배우셨나요?
1987년 시장이 붕괴했을 때, 우연히 뉴욕에 있었습니다. 여러 고객사를 방문했는데, 전혀 다른 3가지의 시장대응방법을 목격했습니다. 한 사무실에 가보니 어떤 사람들은 완전히 경악한 채 아무것도 하지 못하고 있었습니다. 화면을 들여다보면서 눈앞에서 돈이 사라지는 걸 쳐다만 보고 있었어요. 사지도, 팔지도 못했습니다. 저와 회의를 할 수 없다면서 사과를 했고, 저는 십분 이해했습니다. 또 다른 고객들은 공포에 질려 정신없이 매도를 하고 있었습니다. 마지막으로 척 로이스를 만났습니다. 그는 아무 일도 없다는 듯이 저와 회의를 했어요. 로이스가 앉아 있는 곳과 그의 트레이딩 데스크 사이에는 유리로 된 칸막이가 처져 있었습니다. 제가 이야기를 끝낼 때마다 그는 칸막이를 젖히고 트레이더 중 한 명에게 5만 주를 매수하라고 지시했습니다. 전혀 두렵지 않은 것 같았어요. 로이스를 보면서 기업의 가치에 집중하고 표면적인 위기를 직시할 수 있어야 한다는 교훈을 얻었습니다.

주가는 실제 가치보다 크게 하락합니다. 지금 당장은 시장의 공포를 이기면서 매수하는 것이 고통스럽겠지만, 장기적으로 보면 실제 가치보다 훨씬 싼 가격에 매수했기 때문에 반드시 그 대가를 얻게 됩니다.

어떤 계기로 헤지펀드를 시작하게 되셨습니까?

15년간 시장을 연구했고, 꽤 잘한다 싶었습니다. 고객들에게 추천한 투자 아이디어로 저 역시도 투자를 하고 있었습니다. 펀드 설립은 제가 하던 일이 자연스럽게 확장된 결과였습니다. 게다가 제가 근무하던 회퍼 앤 아네트 내에서 펀드를 설립할 수 있었습니다. 펀드는 1999년에 300만 달러로 설립되었는데 그중 1/3은 제 돈이었고, 나머지는 로이스와 그 친구 및 가족들의 돈이었습니다. 제가 펀드를 만들 때에는 IT거품이 한창이었는데, 저는 IT 종목 중 우량 기업들을 찾아냈어요.

어떻게 1999년에 우량 기업을 찾아낼 수 있었죠?

저는 광섬유 사업 부서를 가진 대기업들을 찾아냈습니다. 이들 중 일부는 P/E의 11배 내지 12배 정도에서 매수할 수 있었습니다. 광섬유 사업은 주가에 반영되어 있지 않았지만, 이들 기업에 투자하면 비용을 들이지 않고 광섬유 사업에 투자하는 셈이었습니다. 반도체 산업에서 사용되는 실험 및 특정 장비를 만드는 기업으로 알려져 있던 뉴포트 코퍼레이션(Newport Corporation)을 예로 들 수 있습니다. 제가 1999년 이 종목을 매수했을 때는 액면분할 전 가격으로 14달러였습니다. 그다음 해 실적 예측치의 11배 정도 되는 가격이었습니다. 재무구조도 건실했고, 경영도 훌륭했습니다. 하지만 투자자들은 뉴포트 코퍼레이션의 매출 중 1/4이 광섬유의 부품을 판매해서 벌어들이고 있다는 사실을 몰랐습니다. 다시 말해 뉴포트 코퍼레이션은 'IT 세계의 고속도로'를 건설하고 있었습니다. 광섬유가 건설될 때마다 뉴포트 코퍼레이션의 작은 부서 하나가 큰돈을 벌어들이고 있었습니다.

2000년 뉴포트 코퍼레이션의 매출은 80%나 증가했고, 주가는 크게 상승했습니다. 당시 저는 30달러 선에서 수익을 실현하기 시작했습니다. 그 정도면 실제 가치와 비슷하다고 판단했어요. 마지막으로 가지고 있는 주식을 모두 매도했을 때 주가는 100달러 정도였습니다. 그때는 너무 고평가되었다고 판단했습니다. 수익은 말할 것도 없고 매출도 거의 올리지 못하는 IT기업들의 '종업원 한 명당 매출' 같은 기준으로 주가가 천문학적으로 치솟는 상황에서 뉴포트 코퍼레이션처럼 '진짜 기업'이 얼마나 크게 상승할지 짐작도 할 수 없다는 사실을 몰랐습니다. 그해 말 뉴포트 코퍼레이션의 주가가 천장을 형성했을 때 주가는 자그마치 570달러였습니다!

제가 펀드를 운용하면서 지향해온 투자가 바로 이런 것입니다. 겉으로는 잘 드러나지 않아서 월스트리트에도 알려져 있지 않은 기업이나 혹은 틈새 사업을 가진 기업을 찾는 겁니다. 펀드의 규모가 작아서 더 유리합니다. 거대한 펀드는 신경 쓰지 않을 만한 중소형주에 집중할 수 있기 때문입니다.

정확하게 어느 정도 규모의 기업에 투자를 집중하십니까?

저는 자본의 규모에 관해서는 일종의 무신론자입니다. 자본은 많을 수도 있고, 적을 수도 있습니다. 제 흥미를 자극하는 건 가치입니다. 실제 가치에 비해 훨씬 저렴한 기업에 집중합니다. 기업의 가치를 측정하는 방법은 업종에 따라 다양합니다. 하지만 시가총액은 고려하지 않습니다.

시가총액을 고려하지 않는다면 투자 대상이 정말 많을 것 같습니다.

약 1만 개 정도입니다.

어떻게 그 많은 대상 중에서 종목을 선별하십니까?

컴퓨스태트(Compustat) 기업 재무자료와 잭스(Zacks) 투자 보고서를 활용해 미국과 캐나다 시장에 상장된 종목들을 추려냅니다.

어떤 기준을 활용해서 종목을 추려내십니까?

금융주와 비금융주의 회계방식은 전혀 다릅니다. 그래서 저는 각자 다른 방법으로 이들을 선별합니다. 먼저 비금융주의 경우 다음 방법을 활용합니다.

- **기업의 총가치**(Enterprise Value/EBITDA) : 기업의 총가치(EV)는 시가총액(주식수×주가)에 장기 부채(부채, 미지급 우선주, 부족한 연금)를 합한 뒤 현금을 뺀 값입니다. EV는 전체 기업을 인수할 때 드는 금액이라고 할 수 있죠. EBITDA는 법인세 이자 감가상각비 차감 전 영업이익으로 매년 기업이 생산하는 현금흐름의 양입니다. 이 비율은 소요되는 비용에 비해 얼마나 값은 돈을 벌어들이는지를 나타냅니다. 저는 EBITDA 대비 낮은 비율에 거래되는 종목을 찾습니다.
- **잉여현금흐름에 대한 값** : 잉여현금흐름이란 기업이 모든 비용을 지불하고 투자를 한 다음 남는 현금을 말합니다. 배당금 지급이나 자사주 매입, 합병 등에 활용할 수 있는 돈이죠. 잉여현금흐름에 대해 낮은 비율로 거래되는 종목도 관심 대상입니다.
- **주가이익비율**(P/E Ratio, PER) : 현재의 주가를 미래의 이익으로 나눈 값입니다. 낮을수록 좋습니다.
- **EV/EBIT**(자본환원율 : 미래추정이익을 현재가치로 전환하기 위해 적용하는 할인율, Cap Rate) : EV/EBITDA의 변형입니다. EBITDA 대신 EBIT, 즉 이자 및 법인세 차감 전 순이익을 사용합니다. 회퍼 앤 아네트에서는 EV/EBIT를 자본환원율이라고 불렀습니다. 부동산의 가치를 측정할 때 사용하는 것과 비슷하죠. 우리는 자본환원율이 20%인 메이시스 백화점(Macy's) 같은 종목에 투자하지 않고, 고작 6%인 부동산이나 7%인 채권에 투자하는 이유를 모르겠다면서 농담을 하곤 했습니다.

금융주에 대해서는 다음 방법을 사용합니다.

- **주가/유형 장부가치(Tangible Book Value, TBV)** : 유형 장부가치(TBV)는 장부가치에서 특허나 영업권 등 무형의 자산을 뺀 것입니다. 은행의 재무상태표에 기재된 부채에 대해 적절한 회계감사가 이루어졌다는 가정하에 (지난 몇 년간 있었던 금융권의 부실을 생각하면 상당히 위험한 가정이긴 합니다.) TBV와 비슷하게 주가가 거래되고 있다면, 이는 은행의 이론적인 청산가치를 나타내는 것입니다. 따라서 주당 TBV는 은행의 가치를 나타내는 근거입니다.
- **주가이익비율**
- **유형의 보통주/총자산** : 은행 자본이 적절한지를 판단하는 기준이 됩니다. 유형의 보통주가 많다면 레버리지가 작은 것이고, 따라서 안전한 은행이라고 볼 수 있습니다.

이를 기준으로 보통 몇 개의 종목을 추려내시나요?

약 200개입니다. 자료를 읽고, 업계에서 일하고 있는 친구들의 이야기를 듣고 기업을 고를 때도 있습니다.

주로 어떤 자료가 도움이 되나요?

저는 〈월스트리트저널〉과 〈바론즈(Barron's)〉를 읽습니다. 뉴스레터도 구독하고 있습니다. 〈월스트리트 트랜스크립트(Wall Street Transcript)〉, 〈딕 데이비스 인베스트먼트 다이제스트(Dick Davis Investment Digest)〉, 〈그랜츠 인터레스트 레이트 옵저버(Grant's Interest Rate Observer)〉, 〈밸류 인베스터 인사이드(Value Investor Inside)〉, 〈산탄겔스 리뷰(Santangel's Review)〉, 〈폼4오라클(Form4Oracle)〉 등입니다. 뉴스레터는 회원들에게만 자료를 판매하고 있습니다. 단 두 명의 회원들이 투자 아이디어를 교환할 수 있는 밸류 인베스터스 클럽(Value Investors Club, 밸류 인베스터스 클럽에 대해서는 15장에 자세히 설명되어 있다)이나 섬제로(SumZero) 등의 웹사이트도 이용합니다. 그 외에 비커스 스톡 리서치(Vickers Stock Research)와 톰슨 로이터(Tompson Reuters)도 유용한 웹사이트입니다. 전자(밸류 인베스터스 클럽, 섬제로)는 기관 투자자들의 매수 상황을 알려주고, 후자(비커스 스톡 리서치, 톰슨 로이터)는 중개업체의 보고서와 기업의 회의 자료 및 분기별 보고서를 제공합니다. 톰슨 로이터의 자료는 특히 유용합니다. 낙관적이거나 비관적인 언급은 없는지, 투자자들이 시장을 회피하는 신호가 나타나고 있지는 않은지를 알아내기 위해 몇 번이고 다시 읽고 있습니다. 미국증권거래위원회 파일(SEC Filings, 10K, 10Q, 프록시 스테이트먼트(Proxy Statement) 등의 보고서)과 예금보험공사의 뱅크 콜 보고서(FDIC Bank Call Reports)도 참고합니다.

흥미가 있을 만한 종목을 추려내기 위해, 다양한 자료와 네트워크의 도움을 받으시는군요. 이들 중 실제 투자 대상은 어떻게 선정하십니까?

진짜 작업은 이때부터 시작인데, 저는 정성적 평가(Qualitative Assessment)를 하고 있습니다.

정성적 평가를 할 때는 어떤 점에 주목하시나요?

먼저 사업 내용이 이해하기 쉬운지를 살펴봅니다. 저는 친숙한 기업들에 집중합니다. 워런 버핏이 '능력 범위(Circle of Competence)'라고 부르는 것과 마찬가지입니다. 상품의 수명이 짧거나 예측 불가능해서 이해하기 어려운 산업은 피합니다. 바이오기술이나 첨단기술 종목이 여기에 속합니다.

제가 찾는 건 좋은 사업입니다. 좋은 사업이란 필요한 재화나 상품을 제공하면서도 어려운 시기를 이겨나갈 수 있는 견고한 재무제표와 현금흐름을 가지고 있는 것을 말합니다. 시장점유율과 지적재산권, 물류 네트워크, 혹은 부동산 가치가 훌륭해서 다른 기업이 탐낼 만한 기업도 주목합니다.

연구해볼 만한 기업을 찾은 다음에는 월스트리트 보고서를 찾아 읽기 시작합니다. 특히 애널리스트들이 특정 기업에 대해 처음 쓰는 보고서인 최초 보고서(Initiation Report)에 주목합니다. 약간 오래된 것도 상관없습니다. 기업에 관한 전반적인 배경뿐 아니라 동종 업계의 상황까지 훌륭하게 설명되어 있기 때문입니다. 이들 보고서는 경쟁기업의 전반적인 개요를 설명하고, 해당 기업과 경쟁기업의 수익성을 비교하는 표가 삽입되어 있을 때도 많습니다.

몇 년 전, 이런 방법으로 인슈어런스 오토 옥션(Insurance Auto Auctions, IAAI)을 찾아냈습니다. 코퍼트(Copart, CPRT)에 관한 연구 보고서를 읽다가, 그 경쟁업체인 IAAI에 대해 알게 되었습니다. 보고서 마지막 부분에서 CPRT와 IAAI의 영업이익을 비교하는 표를 하나 찾았습니다. 이들 둘 사이에는 큰 차이점이 있었습니다. 두 기업은 모두 망가진 차를 보험회사에서 구입해 비축해놓았다가 오프라인 혹은 온라인 경매를 통해 구매자들에게 판매하는 기업이었고, 이들의 주요 고객은 정비소나 폐차장이었습니다. 같은 사업을 하고 있었지만 IAAI의 영업이익은 훨씬 낮았습니다. 경영진을 만나보기도 하고 다양하게 연구도 해보았지만, IAAI의 영업이익이 CPRT의 수준에 훨씬 못 미치는 이유를 알아낼 수 없었습니다. 게다가 주가는 EBITDA 예측치의 5배 정도에 불과했고, 잉여현금흐름의 10%보다 약간 높은 수준이었습니다. 저는 IAAI의 주식을 15달러에서 22달러까지 분할 매수했습니다. 1년이 채 지나지 않았을 때, 인수합병 전문회사인 켈소(Kelso Inc.)가 주당 28달러 25센트에 IAAI를 인수했습니다.

기본적인 원칙은 비슷한 기업 사이에서 큰 차이가 존재할 때 인수합병이나 시장에 의해 잠재적 수익이 실현될 수도 있다는 것입니다. 그러면 주가는 합리적인 수준으로 상승합니다. 그때 매도하고 다음 투자로 이동합니다.

좋은 투자 아이디어는 자주 떠오르지 않습니다. 하지만 읽고 추려내고 다른 사람과 이야기하면서 그물을 가능한 촘촘하고 넓게 쳐놓고 있으면, 좋은 아이디어를 낚을 가능성이 높아집니다.

투자가 생각대로 되지 않아서 교훈을 얻은 적도 있으십니까?

2006년 말이었습니다. 존스 특별법(Jones Act)의 승인을 받아서 하와이, 알래

스카, 푸에르토리코, 미국 본토에서 선박을 운행하던 호리즌 라인즈(Horizon Lines)의 주식을 매입했습니다. 존스 특별법은 미국 내에서 건조되고 등록된 선박에, 선원 중 미국인이 절대 다수여야 할 뿐 아니라 미국 시민이 지분 중 75% 이상을 가진 기업의 선박만 미국 내의 항구에서 화물을 운반할 수 있도록 제한했습니다. 짐작하시겠지만 해운업계에 커다란 진입장벽이 생기게 된 것입니다. 그 결과 호리즌 라인즈는 압도적인 시장점유율을 갖게 되었습니다. 하지만 이 기업은 단점이 많았습니다. 부채도 상당했고, 소유하고 있는 선박이 대부분 노후하여 교체가 필요했습니다. 저는 호리즌 라인즈가 대단한 특혜를 받았기 때문에 많은 잉여현금흐름을 만들어낼 것이고, 곧 부채도 정리할 수 있을 거라고 생각했습니다.

제가 주식을 매수하기 시작한 건 2007년이었습니다. 당시 주가는 20달러 중반이었고, 이후 30달러 중반까지 상승했습니다. 하지만 그때부터 호리즌 라인즈의 운송량은 줄어들었습니다. 시장은 과연 호리즌 라인즈가 낡은 선박을 교체할 여력이 있는지 우려했고, 이는 주가 하락으로 이어졌습니다. 저는 호리즌 라인즈가 잉여현금흐름을 창출할 능력이 있는지 걱정이 되었습니다. 그렇지 않다면 부채로 가라앉게 될 테니까요. 다행히 평단가보다 높은 수준에서 포지션을 청산할 수 있었습니다. 하지만 그 과정에서 빚이 많은 기업에 대한 투자가 얼마나 위험한지를 배웠습니다. 현재 호리즌 라인즈의 주가는 고작 24센트입니다!

제 생각에는 최악의 베어마켓에서 최선의 가치투자 기회를 찾을 수 있을 것 같습니다. 달리 씨께서는 베어마켓 환경에서 매수 기회를 발견하셨을 때 어떻게 진입 타이밍을 결정하십니까?

언제 시장의 환경이 나아질지는 아무도 모릅니다. 2008년 말부터 시작된 경기 하락이 계속되고 있을 때, 자동센서 생산업체인 메저먼트 스페셜리스트(Measurement Specialists)의 CFO와 나눈 이야기를 절대 잊지 못할 것 같습니다. 이 기업은 자동차 OEM 제품 판매가 매출의 대부분을 차지하고 있었습니다. 경기 하락으로 미국 및 전 세계 자동차 판매가 급감하자 메저먼트의 고객사들은 부품을 새로 주문하는 대신 재고를 소진하기로 결정했습니다. 그 결과 한 달 동안 전화벨이 울린 적이 없다고 하더군요. 부품 주문이 완전히 끊겼다는 뜻이었습니다. 저는 언젠가 사람들이 다시 자동차를 구입할 것이고, 따라서 상황이 반전될 거라고 생각했습니다. 2007년 메저먼트 스페셜리스트의 주당순이익은 1달러 20센트였습니다. 2009년 4월, 저는 3달러 79센트에 메저먼트 스페셜리스트 주식을 매수하기 시작했고, 가격이 7달러가 될 때까지 계속 매수했습니다. 2010년 초, 주가가 14달러대를 기록했을 때는 대부분의 주식을 매도한 상태였습니다. 제 평단가의 3배 정도 되는 가격이었습니다. 하지만 너무 이른 선택이었습니다. 메저먼트 스페셜리스트의 주가는 2011년 중반에 38달러 98센트로 천장을 형성했습니다.

아주 오랜 기간 저평가된 채로 머물러 있는 종목은 매우 많습니다. 어떤 방법으로 가치함정(Value Trap, 주식이 저평가되었는데도 불구하고 오르지 않는 상황)을 피하고 계십니까?

'가격이 싼' 주식은 많습니다. 저는 가치함정을 쉽게 피할 수 있다고 생각합니다. 현금흐름과 실질가치가 개선되지 않는 종목을 피하는 것입니다. 그래서 저는 신문이나 전화번호부, 비디오 대여, 그 외에 성장성이 없는 '녹고 있는 얼음' 같은 종목은 아무리 싸도 매입하지 않습니다. 반대로 가치가 상당한 종목을 아주 저렴한 가격에 매수했다면 인내심을 가지고 기다려야 합니다. 버핏은 "시간은 나쁜 투자의 적이고, 좋은 투자의 친구다"라고 말했습니다.

주식을 오래 보유하시나요?

주식의 가치에 따라 달라집니다. 주가가 실질가치보다 크게 앞서가지만 않는다면 포지션을 유지합니다.

평균적으로 투자 포지션 익스포저는 어떻게 조절하십니까?

대부분 매수 포지션입니다. 30~90%가 매수 포지션입니다. 매도 포지션은 10% 미만입니다.

펀드 설립 후 심각한 베어마켓을 두 번이나 겪으시면서 매수 포지션 중심의 익스포저로 어떻게 손실을 제한하실 수 있었던 거죠?

저는 다양한 경기지표를 주목합니다. 그중에는 한 주 동안의 철도물동량처럼 남들은 잘 모르는 자료도 포함되어 있습니다. 지표가 경기위축을 나타낼 때는 익스포저를 줄입니다. 그래도 걱정이 되면 포지션의 거의 대부분을 현금화합니다. 덕분에 2002년과 2008년의 베어마켓을 견뎌내기가 쉬웠습니다. 하지만 2010년에는 조심스러운 접근방법이 오히려 수익 감소로 이어졌습니다. 경제 상황이 좋지 않다고 판단해서 상당한 주식을 매도했는데 연방준비위원회가 Q2(2차 양적완화)를 실시했고, 주가는 급등했습니다 2010년 13.3%의 순수익을 올렸지만, 경제에 대한 우려 때문에 포지션을 청산하지 않았더라면 더 높은 수익을 올렸을 겁니다. 하지만 후회하지 않습니다. 돈을 잃는 것보다는 기회를 놓치는 편이 낫기 때문입니다.

2000년부터 2002년까지 계속된 베어마켓에서 계속 익스포저를 낮게 유지하셨나요?

네, 매우 낮게 유지했습니다. 제가 인내심이 좀 많습니다.

얼마나 낮게 유지하셨습니까?

90%를 현금화했습니다.

베어마켓 내내요?

네, 거의 대부분이요.

언제 익스포저를 크게 줄이셨나요?

2000년 1분기였습니다.

정확하게 베어마켓이 시작되었을 때군요. 어떻게 타이밍을 맞추신 거죠?

시장이 너무 고평가되었기 때문이었습니다.

언제 다시 투자를 시작하셨습니까?

2000년 말이었습니다. 시장이 충분히 하락했다는 생각이 들었습니다. 시장의 가치도 매력적이었고요. 하지만 2000년 11월, 저는 최악의 월별 손실을 기록했습니다. -6%를 기록했고, 다시 포지션을 현금화했습니다.

단지 월별 손실이 컸기 때문에 다시 시장에서 발을 빼신 건가요?

네, 그랬습니다. 저는 돈을 잃는 게 정말 싫거든요.

언제까지 돈을 대부분 현금화하고 계셨습니까?

2003년 초까지였던 것 같습니다.

이제는 투자를 해도 괜찮을 것 같다는 신호는 무엇이었나요?

시장의 가치가 계속 매력적이었고, 경제가 개선되고 있다는 신호가 보였습니다. 여러 기업에서 상황이 나아지고 있다는 이야기가 들려왔습니다.

2008년 베어마켓의 경험은 어떻습니까?

익스포저를 크게 줄였지만 2000년만큼은 아니었습니다. 당시 60~70% 정도를 현금으로 유지했습니다.

시장의 붕괴에 대해 감정적으로 대응하신 적이 있나요?

저는 감정을 통제하려 노력합니다. 감정적인 투자는 결대 좋지 않습니다.

심적으로 불편하지 않은 투자를 하고 계시는 것 같습니다.
저는 연구를 계속하고 제가 알고 있는 것, 그러니까 기업의 가치에 집중할 뿐입니다. 특히 재무상태가 건실한 기업을 원합니다.

지금까지 손실을 훌륭하게 통제해오셨습니다. 불확실한 상황에서 포트폴리오를 현금화하는 것 외에 또 다른 비결이 있나요?
재무 건전성이 높고 현금흐름이 견고한 기업만 매수하는 덕분이기도 합니다. 언제나 1달러 가치의 자산을 50센트에 매입하려고 노력한 덕분에 손실을 제한할 수 있었습니다.

투자 포지션 청산 시기는 어떻게 결정하십니까?
가치에 따라 결정합니다. 적절한 가치가 매겨질 때까지 기다립니다.

달리 씨께서 생각하시는 적절한 가치를 초과해서 수익이 지속적으로 발생하고 있는 투자 포지션을 유지한 적이 있으신가요?
없습니다. 저는 몇 년 동안 실수가 많았습니다. 예를 들어 세금 때문에 1년 동안 투자 포지션을 유지했다가 벌어들인 수익을 모두 잃었던 적도 있었습니다. 투자 과정에 대해서는 진실해야 합니다. 저는 주식을 매수할 때, 제가 생각하는 가치와 주가의 차이를 확인합니다. 그 격차가 좁아지면 포지션의 일부 혹은 모두를 매도하고(가끔은 소량만 남겨둡니다), 다음 투자로 옮겨갑니다. 하나의 투자에 1년이 걸릴 때도 있고, 한 달이 걸릴 때도 있습니다.

본인의 어떤 성격이 성공적인 투자에 도움이 되었다고 생각하십니까?
시장이 저와 반대로 움직일 때, 될 수 있는 한 감정을 배제하려 노력합니다.

주식 투자자들에게 해주고 싶은 조언이 있으신가요?

주식은 기업에 대한 소유권의 일부라는 사실을 명심해야 합니다. 올바르게 가치를 평가하고 주식을 매수했더라도 주가가 하락할 수도 있습니다. 이때 기업 혹은 기업에 대한 예측이 변화가 없다면, 계속 포지션을 유지하거나 혹은 더 많이 매수해야 합니다. 역으로 주가가 상승했다고 포지션을 미리 청산할 필요는 없습니다. 매도를 할 때도 동일한 가치평가방법에 따라 결정을 내려야 합니다. 주식이 적절한 가치에 도달했다고 생각된다면 이익을 실현하고 다음 투자를 시작합니다.

베어마켓 동안에는 포지션을 늘리는 것은 물론이고 유지하는 것도 위험하지 않을까요?

그건 다릅니다. 하나의 종목에서 발생하는 주가의 등락에 대해 말씀드린 겁니다. 저는 기업에 대해 분석하는 법은 알고 있지만 경제에 대해 분석하는 방법은 모릅니다.

다른 헤지펀드 매니저들에 비해 뛰어난 리스크 대비 수익을 자랑하시는데 아직도 펀드 규모는 작은 이유가 무엇입니까?

대답하기 쉬운 질문이군요. 저는 영업이 정말 서툽니다. 한 번도 제 펀드를 공격적으로 마케팅해본 적이 없습니다. 새로운 투자 고객을 찾기보다는 좋은 투자 종목을 찾는 것을 선호합니다. 게다가 지금의 규모라면 거대 펀드들이 가지고 있는 골치 아픈 일을 겪지 않으면서도 만족스러운 삶을 누릴 수 있습니다. 매도 포지션과 관련해 애널리스트를 고용하고 감독한 적이 있었는데, 투자 대상 기업을 고를 때보다 즐겁지 않았습니다.

> "

"음악은 음표 사이의 공간이다." 클로드 드뷔시(Claude Debussy)의 말이다. 마찬가지로 투자 사이의 공간, 즉 시장에서 한 발짝 물러나 있는 시간은 성공적인 투자를 위해 매우 중요하다. 달리는 순매수 포지션 투자자이면서도 지난 12년 동안 정체된 주식시장에서 800%가 넘는 수익을 올렸다. 과연 그의 비결은 무엇일까? 뛰어난 종목 선정 덕분이긴 하지만 그것만이 유일한 답은 아니다. 달리의 비결 중 하나는 시장 환경이 좋지 않을 때 투자를 중단(즉 대부분을 현금화하고)하는 것이다. 그는 안 좋은 시기에 시장에 참여하지 않기 때문에 두 번의 심각한 베어마켓에서 손실을 피하고, 눈부신 성공을 이룰 수 있었다. 가끔은 시장에서 발을 빼는 것이 수익을 올리는 것만큼이나 중요하다. 기회가 없는 시장에 뛰어들어서는 안 된다는 교훈은 달리와 같은 가치투자자뿐 아니라 다른 투자방식을 활용하는 트레이더들에게도 매우 중요하다.

시장에서 벗어나는 능력은 인내심이 있어야만 가능하다. 시장 환경이 자신의 접근방식에 맞지 않거나, 투자 기회가 부족하거나 적절하지 않을 때 투자를 중단하기 위해서는 상당한 인내심이 필요하다. 달리가 2000년에서 2002년까지 지속된 베어마켓에서 줄곧 포트폴리오의 대부분을 현금화하고 기다리는 데 얼마나 많은 인내심이 요구되었을지 생각해보자.

그의 투자 기법 및 철학은 다음과 같이 정리할 수 있다.

- 이해할 수 있는 사업에만 집중한다.
- 적절한 계산법으로 비교했거나 혹은 비슷한 경쟁기업에 비해 저평가된 기업을 찾는다.
- 주가가 정당한 가치 수준으로 상승하면 수익을 실현한다.
- 시장이라는 바다가 크게 출렁거릴 때는 현금이라는 항구로 항해한다.
- 기본적인 과정은 꼭 지킨다. 절대로 쉬운 방법은 없다.

- 투자는 도박이 아니라 사업이다.

   달리는 한 가지 유리한 강점을 가지고 있다. 이 책을 읽는 대부분의 독자들 역시 그의 강점을 공유하고 있다. 그것은 바로 자본의 규모가 작다는 것이다. 그는 펀드 매니저라고 하기에는 규모가 작은 5,000만 달러를 운용하고 있다. 덕분에 수십억 달러 규모의 펀드는 물론 수억 달러 규모의 펀드 매니저라면 거들떠 보지 않을 만한 중소형주까지 다양한 투자 대상을 고려한다. 때때로 중소형주는 최고의 투자 기회를 제공한다. 달리는 이 점을 십분 이해하고 있기 때문에 펀드의 규모를 늘리려고 하지 않는다. 개인 투자자들은 거대한 규모의 펀드 매니저들에 비해 불리한 입장이라고 생각하지만, 사실 한 가지 중요한 장점이 있다. 덩치가 작은 덕분에 유동성이 작은 주식을 거래할 때도 시장에 전혀 영향을 미치지 않는다는 것이다.

   자산이 늘면 포지션 구축 및 청산에 막대한 비용을 지불해야 한다. 뿐만 아니라 투자 기회도 줄어든다. 거대 헤지펀드 매니저들은 많은 시장 및 종목을 거래 대상에서 제외시킨다. 시장의 크기나 유동성이 너무 작으면 거래가 불가능하기 때문에 고려하지 않는 것이다. 자산의 규모가 늘어나도 실적을 그대로 유지하는 펀드 매니저들도 있다. 하지만 자신의 기법에 맞는 규모 이상으로 자본금이 늘어나면 실적이 하락하는 펀드 매니저들도 많다. 펀드의 규모가 실적에 방해가 된다고 생각될 때는 추가적인 예탁금을 거절하는 것도 펀드 매니저들이 장기적으로 성공을 거두는 데 있어서 중요한 요소다.

달리는 화물열차의 앞을 막아서기
지미 발로디마스(Jimmy Balodimas)

지미 발로디마스는 모든 투자 규칙을 거스른다. 시장이 상승하면 매도하고 하락하면 매수한다. 손실을 기록하고 있는 포지션은 늘리고 수익이 나는 포지션은 축소한다. 시장이 상승을 기록하는 날이 많아지면 그의 포트폴리오는 매도 포지션에 집중된다.[13] 어느 잣대로 보나 발로디마스는 성공은커녕 시장에서 살아남지도 못할 것 같다. 하지만 그는 15년째 몸담고 있는 프롭 트레이딩 기업 퍼스트 뉴욕 시큐리티즈(First New York Securities)에서 가장 성공적인 트레이더 중 한 명이며, 지금까지 손실을 기록한 해는 단 한 번도 없다.

발로디마스의 첫 번째 인터뷰가 있던 2011년 2월 22일, 주식시장은 리비아 사태의 여파로 크게 하락했다. 유가 상승으로 원유 수급에 차질이 빚어질 수 있다는 우려 때문이었다. 한 달 전 튀니지에서 독재자가 축출되면서 시작된 중동의 민주화 바람이 도미노처럼 리비아와 주변국가로 번져나가고 있었다. 하지만 바로 전 3개월 동안은 주식시장이 상승세를 지속했다. S&P500과 나스닥 인덱스는

---

[13]. 발로디마스는 단기 매매를 하는 주식 트레이더다. 1990년대와 2000년대(그가 트레이딩한 기간), S&P500을 기준으로 시장이 상승한 날은 전체 거래일 중 53%다. 자료 제공: 크레스트몬트 리서치(Crestmont Research) (www.CrestmontResearch.com)

2년 전부터 시작된 불마켓 덕분에 5일마다 새로운 신고가를 경신하고 있었다. 1월은 특히 매도 포지션 투자자들에게 끔찍한 시기였다. 시장은 거의 매일 신고가를 경신했고, 아무리 더뎌도 3일 이상이 걸리지 않았다. 발로디마스는 이 기간 동안 줄곧 순매도 포지션을 가지고 있었다. 그는 매일 시장을 관찰하면서 옆에 있던 보조 트레이더에게 "마치 IT거품을 보는 것 같아. 다만 진짜 주식들이 상승하고 있다는 것만 빼면 말이야"라고 언급했다.

그 보조 트레이더는 다름 아닌 내 아들 재커리였다. 나는 아들을 통해 발로디마스와 그의 이례적인 트레이딩 기술을 알게 되었다. 재커리는 상승장에서 매도 포지션으로 수익을 얻어내는, 아니 더 정확하게 말하면 매수 포지션을 가지고 있는 트레이더들보다 더 많은 수익을 얻어내는 발로디마스에게 놀라고 있었다. 재커라는 그에 대해 이렇게 평가했다. "발로디마스는 공포라는 걸 모르는 사람 같아요. 작은 투자 포지션을 가지고 있을 때는 시장의 방향에 따라 투자하고 있거나 혹은 시장이 포지션과 반대로 움직이지 않고 있기 때문이에요. 게다가 돈을 버는 날이나 잃는 날 모두 반응이 똑같아요."

인터뷰가 있던 날 발로디마스는 그달의 누적 손실을 모두 메우고 남을 만큼의 수익을 올리고 있었다. 하지만 그가 매도 포지션을 가지고 있다는 것을 몰랐더라면 심적으로 평온한 상태라는 것을 전혀 몰랐을 것이다. 갑작스러운 시장의 추세 전환으로 수익을 올린 트레이더들에게 흔히 볼 수 있는 흥분이나 행복감은 찾아볼 수 없었다. 월별 손실이 최악을 기록했던 하루 전날 만났더라도 똑같은 모습이었을 게 분명했다.

나는 폐장 25분 전에 그의 사무실에 도착했다. 한쪽 구석에서 트레이딩을 조용히 지켜볼 생각이었다. 그 전날 이메일로 장이 끝나기 전에 사무실을 방문하겠다고 약속을 잡아놓았고, 폐장 후에야 인터뷰를 시작할 계획이었다. 그가 활발한 트레이더라는 사실을 알고 있었기 때문에 방해할 생각은 전혀 없었다. 하지만 발로디마스는 내가 도착하자마자 말을 시작했다. 미처 깨닫기도 전에 인터뷰는 시작되고 있었다. 사실 그는 이미 트레이딩을 모두 끝낸 후였다. 나는 그날 할 일이 모두 끝나서 한가한가보다고 짐작했지만 이후 재커리를 통해 인터뷰 때문에 트레이딩을 중단했다는 사실을 알게 되었다. 몇 달 만에 장이 가장 크게 하락한 날이었기 때문에 당연히 바쁜 하루였다. 재커리는 "아버지가 오시기 전에 500건 정도의 매대를 했어요. 아마 인터뷰가 없었다면 훨씬 더 많았을 거예요. 발로디마스 씨가 그런 사람이에요. 누군가 옆에 있을 때는 시장이 아니라 그에게 집중해요." 이 또한 일반적인 트레이딩 규칙과는 달랐다.

인터뷰는 그의 트레이딩 데스크에서 진행되었다. 책상 위에는 6개의 컴퓨터 모니터가 놓여 있었는데 모두 빨간 불이 깜빡거렸다. 사무실 내부는 꽤나 따뜻했지만, 그는 두터운 스웨터를 입고 있었다.

"

지금까지 매도 포지션을 유지하고 계셨나요?
곧 시장의 하락세가 시작될 것 같았습니다. 하지만 지금까지 상승세가 강했기 때문에 약간의 기술이 필요했어요. 매일 순매도 포지션을 구축했지만 이 달까지 500만 달러에서 1,000만 달러로 포지션을 제한했습니다. 그 정도던 시장이 매일 1% 내지 2%의 상승률을 보여도 크게 타격을 받지 않기 때문이에요.

지금은 매도 포지션 규모가 더 큰가요?
네, 1,500만 달러의 매수 포지션과 4,100만 달러의 매도 포지션을 가지고 있어요. 금요일 오후 포지션을 늘렸거든요.

**대부분의 트레이더들에게는 이해하기 힘든 포지션이군요. 지난 금요일까지 시장은 거의 조정을 겪지 않으면서 매일 상승했습니다. 금요일에는 그 주뿐 아니라 1개월 최고가를 기록했고요. 사실 최근 몇 년간 가장 높은 지

수를 기록했습니다.

지난 주의 상승은 그 이전과는 다른 점이 있었습니다. 시장이 조금씩 상승하기는 했지만, 너무 쉽게 상승했습니다. 그래서 전과는 다르다고 생각했어요. 목요일에는 오전에 약세를 보이다가 갑자기 크게 상승했습니다. 금요일에도 장이 마감할 때 급상승했는데, 물량은 거의 공급되지 않았습니다. 지난 4개월간 지속된 상승세의 최고조인 것 같았어요. "지금 시장이 더 강해지고 있는 걸까? 지금?" 하는 생각이 들었습니다(발로디마스는 '지금'이라는 단어를 강조해 가격에 대한 강한 불신을 나타냈다. 말은 하지 않았지만 터무니없다는 뉘앙스였다).

시장의 움직임이 거품처럼 느껴졌어요. 저는 제 감을 믿어요. 그래서 매도 포지션을 늘리는 게 합리적이라고 판단했죠. 저는 시장이 하는 이야기를 듣고 아이디어를 얻으려고 노력합니다. 심리는 시장에서 벌어지고 있는 일을 짐작할 수 있게 해주는 중요한 실마리 중 하나입니다.

어떻게 심리를 판단하십니까?

다양한 방법이 있습니다. TV도 보고, 신문도 읽습니다. 회사에서 사람들이 하는 이야기도 듣고요. 사람들은 매도 포지션을 두려워해요. 지난 주 "이제 매도 포지션은 갖고 있지 않겠어. 지금까지 너무 많은 돈을 잃었어"라는 말을 들었습니다. 저는 전처럼 빠르지 않습니다. 전에는 저격수처럼 빨랐어요. 번개 같았고, 끊임없이 움직였습니다. 하지만 이제는 많이 느려졌어요. 그 대신 달라진 점이 있는데, 전보다 더 발전한 셈입니다. 가끔 약간 이른 시기에 포지션을 구축할 때가 있어요. 이때는 제가 옳다는 판단만으로 포지션을 키우지는 않습니다. 정말 많은 부분이 바뀌었어요. 저는 올해 시장이 계속 상승할 때도 여전히 남들보다 높은 수익을 기록했습니다. 우리 회사에서 매수 포지션만 가지고 있는 트레이더들보다 더 많은 수익을 벌어들였죠.

시장의 방향과 반대의 포지션을 가지고 있는 상황에서 어떻게 남보다 더

많은 수익을 올리십니까?

정확하게 설명하기는 어렵지만 일종의 기술이 있습니다. 모두가 긴장할 만한 상황이 느긋하게 느껴지기 때문인지도 모르겠어요. 저는 시장이 저의 생각대로 움직일 때 돈을 조금 떼어놓습니다. 수익 중 일부를 실현하는 거죠. 많든 적든 상관없습니다. 시장이 10% 정도 하락할 것으로 예측되지만 아직 0.5% 내지 1%밖에 하락하지 않았다고 하더라도 돈을 떼어놓습니다. 그래서 시장이 반등해도 포지션이 작아 많은 돈을 잃지 않게 됩니다. 처음부터 들인 습관입니다. 저 생각대로 시장이 움직일 때 꼭 돈을 따로 떼어놓습니다. 언제나, 언제나요.

하지만 지난 달 시장은 거의 하락하지 않았습니다.

제한적으로는 하락했습니다. 이번 달 들어 제 평균 매도 포지션 규모는 1,500만 달러에서 2,500만 달러였습니다. 매일 아침 개장 후 30분 정도는 시장이 하락했고, 저는 포지션 중 20%를 떼어놓았습니다. 수익이 나면 신호의 종류에 개의치 않고 또 포지션을 떼어놓었어요. 50센트 하락했건 1달러가 하락했건 상관없습니다. 기계적으로 하는 일입니다. 뉴스와 상관없이, 제 몸에 배인 프로그램 같은 거죠. 시장이 상승하기 시작하면 쇼트 커버링을 기준으로 3%쯤 높은 가격에 그중 20% 정도를 다시 공매도합니다. 결국 제 공매도 평단가는 조금씩 높아집니다. 하지만 손이 많이 가는 일이죠. 저는 시장의 방향을 쫓아서 투자하는 건 이해가 안 가요. 그래도 존중은 합니다. 저는 지금까지 손실을 기록한 해가 한 번도 없습니다. 제 시스템은 흠이 많죠. 언제나 규율을 지키는 것도 아니고 제 자신에게 너무 많은 여지를 줍니다. 하지만 제게는 잘 맞아요.

트레이딩 방식은 어떻게 개발하셨나요?

회사에서는 제가 경계를 넘나들면서 자유롭게 트레이딩을 할 수 있게 놔두었어요. 불편하긴 했지만, 두려워하지 않고 돈을 벌고 잃는 법을 배울 수 있었습니다. 저는 언제나 트레이딩을 통해 배웠습니다. 우리 회사에서 저보다 더 트레이딩을 많이 한 사람은 없었습니다. 덕분에 주식에 대한 감을 익힐 수 있었어요. 그냥 느껴져요. '어, 뭔가 변했는데. 뭔지는 모르겠지만 여하간 변했어' 하고 느껴져요. 저는 제 느낌을 믿습니다. 초보 시절에는 무언가 일어날 것만 같은 느낌이 꼭 맞아떨어져서 놀라는 일이 많았어요. 화면을 보고 있으면 감이 와요. 그냥 눈에 보입니다. 마치 주식이 제게 변화를 알려주는 것 같아요.

어떻게 느끼신다는 거죠?
제가 익힌 감인 거죠. 그래서 저는 제 감각을 신뢰하는 법을 배웠습니다. 트레이딩 화면 앞에서 그 누구보다 더 많은 시간을 보냈기 때문인 것 같습니다. 15년간 똑같은 트레이딩 화면을 들여다보니 일종의 생명체처럼 느껴져요.

독자들의 이해를 돕기 위해 예를 들어주실 수 있나요?
꼭 맞는 예가 있어요. 원래 월스트리트가 가장 사랑하던 종목 중 하나였던 타이코(Tyco, 미국의 보안업체)는 어느 순간 가장 끔찍한 종목 중 하나가 되어버렸습니다. 제가 매수를 시작한 가격이 34달러였는데, 단 며칠 만에 주가는 18달러로 하락했죠. 제 평단가는 23달러였습니다. 75만 주에 대해 매수 포지션을 가지고 있었고 손실은 500만 달러가 넘었어요. 상사가 제 책상으로 오더니 물었습니다. "지미, 뭐하는 거야?" 저는 대답했습니다. "제가 책임질 거예요. 제게도 생각이 있어요." 모두 제 포지션의 규모를 알고 있었기 때문에 아무 말도 하지 않았습니다. 저는 타이코에만 집중했습니다.

주가는 급락했지만 "이건 기회다!" 하는 믿음이 있었어요. 지금은 정확하게 기억나지 않지만 주가가 어느 선 밑으로까지 하락하면 포지션을 청산하겠다고 제 자신에게 말했습니다. 주가는 제가 정한 손절매 수준 근처까지 떨어지고 나서야 하락세를 멈췄어요. 그 순간 저는 무언가 변했다는 걸 알았어요. 같은 날 타이코는 제 평단가에서 1달러 50센트만큼 높은 수준까지 상승했습니다. 그때까지 단 한 주도 팔지 않고 있던 저는 전체 포지션의 1/3을 매도했어요. 다음 날 3달러에서 4달러 더 상승했을 때는 모든 포지션을 청산했죠. 이후 주가는 다시 급락했습니다. 그때 최고의 월별 수익을 기록했어요.

이처럼 언제나 주식이 제게 알려줍니다. 특히 포지션이 크고 제가 집중할수록 더욱 그렇습니다. 지금까지 투자를 하면서 깨달은 사실은 제가 변화를 알아낼 수 있기 때문에 굳이 서두를 필요는 없다는 것입니다. 규율을 정확하게 지키는 편은 아니어서 포지션을 늦게 구축할 때도 있어요. 변화를 느끼지 못할 때는 남보다 빠르게 움직이고 싶죠. 하지만 그런 적은 없었습니다. 느낌이고, 감이에요. '왜 빨라야 하지? 내게는 신호가 느껴지는데'하는 생각이 듭니다. 모든 종목이 그런 건 아니지만 꽤 자주 일어나는 일입니다.

타이코는 결국 더 크게 하락했습니다. 어떤 이유로 매수를 자신하셨나요?
그냥 감이었습니다.

심리와 연관이 있나요?
아주 깊은 관련이 있었습니다. 제 흥미를 자극한 건 하락 속도였어요. 타이크의 주가는 약 2시간 만에 27달러에서 18달러로 하락했죠. 그래서 저는 더 매수했습니다. 사람들은 공포에 질려 투매를 하고 있었고, 저는 기회라고 생각했습니다.

만약 정해놓으신 가격 이하로 하락했더라면 포지션을 줄이거나 청산하셨을까요?
지금까지 제가 틀렸다거나 혹은 포지션을 청산해야겠다는 생각에 매매를 한 적은 한 번도 없습니다. 지금까지 단 한 번도요. 포지션을 조절하고 추세가 반전되면 다시 포지션을 구축합니다. 언제나 제가 옳다고 생각하니까요.

포기하고 싶은 포지션은 한 번도 없었나요?
정말 많았죠. 하지만 저는 절대 굴복하지 않습니다.

재커리 : 발로디마스 씨는 절대 당황하지 않습니다. 시장이 끔찍하게 폭락했을 때, "데이터에 무슨 문제가 있나?"라고 물었습니다. 그리고 가격이 크게 하락했다는 사실을 깨닫고 난 다음에는 즉시 매수를 시작했습니다.

(발로디마스가 말을 이었다.)

제 자신이 당황하도록 내버려두지 않습니다. 무슨 일이 벌어지고 있는지 알지 못하면 매도하지 않습니다. 이유를 알아내는 과정에서 손실이 5% 늘어날 수도 있죠. 하지만 다른 사람들이 이성을 잃었다고, 저 역시 무조건 결정을 내리지는 않습니다. 그런 사람이 되고 싶지는 않아요. 하지만 한 번의 예외가 있었습니다. 한 주택건설업체에 대해 매도 포지션을 구축했을 때는 결국 항복하고 말았죠.

매도 포지션을 정리한 것이 올바른 선택이었나요?
네, 너무 일렀어요.

지금의 시장에 대해 비관적인 포지션을 구축하신 건 언제입니까?
9월(2010년) 재커리에게 "시장이 더 상승할 것 같으니까 매수를 하긴 해야겠어"라고 말했던 기억이 납니다. 이후 10월에는 순매도 포지션을 구축하기 시작했습니다. 그런데 10월 말, 시장이 크게 반등했어요. 11월에는 포지션을 조절해야 한다는 사실을 깨달았습니다. 쇼트 커버링을 하는 대신에 가치주를 매수했죠. 11월과 12월 내내 이들 종목이 상승한 덕분에 많은 도움을 받았습니다. 10월과 11월에 기록한 손실을 12월에 대부분 회복했어요.

하지만 아직도 순매도 포지션을 보유하고 계시죠?

네, 9월부터 순매수 포지션을 가진 적이 한 번도 없습니다.

시장이 더 상승할지도 모른다고 생각하셨는데 매도 포지션을 유지하신 이유는 무엇인가요?

시장의 상승이 이해되지 않았어요. 그래서 일부 종목을 매수해 매도 포지션에 대한 익스포저를 줄였어요. 제 시각에서 보면 시장이 상승할수록 매도 포지션이 더 합리적이었죠. 똑똑한 사람들은 시장이 상승할수록 더 많은 돈을 떼어놓습니다. 시장이 상승할 때 매도하는 거죠. 그렇게 해서 돈을 벌어요. 제가 옳고, 시장이 멍청하다는 것을 증명해 보이려는 건 아니에요. 다만 저는 돈을 버는 게 좋아요. 지금까지 트레이딩을 하면서 남이 한다고 무조건 따라 하는 사람을 많이 보았습니다. 그건 실패하는 방식이에요. 제가 남들만큼은 시장에 대한 감이 있다고 생각해요. 또 제 감을 믿고요. 그게 제게는 도움이 되었어요.

처음부터 시장에 대한 감각을 가지고 계셨나요?

네, 처음부터 가지고 있었습니다.

본성이라는 말씀이신가요?

네, 어느 정도는 그래요. 의심할 여지가 없죠. 제 목표는 정확한 타이밍이 느껴질 때만 매매하는 것입니다. 미리 투자를 시작하는 게 아니라 확실한 감이 올 때까지 기다리는 거예요. 언제나 느껴지니까요.

그렇다면 감이 오기 전에 미리 투자를 시작하시는 이유가 무엇입니까? 추세 변화를 미리 예측하시는 것보다 지금이 바로 정확한 타이밍이라는 확신이 들 때까지 기다리는 게 낫지 않나요?

100% 맞는 말입니다. 맞는 말이에요. 저는 트레이딩을 하면서 어른처럼 성숙하게 행동할 때도 있지만 아이가 되어버릴 때도 있습니다. 아이처럼 천방지축일 때는 무조건 시장에 뛰어들고 싶습니다. 저는 컴퓨터처럼 완벽하지 않아요. 어떤 때는 투자가 하고 싶어서 "아, 저기구나"라는 느낌이 올 때까지 기다리지 못하고 시장에 뛰어듭니다. 지금까지 일을 하면서 제 자신을 절제하지 못해서 애를 먹었어요. 좋은 실적을 기록해왔지만 여전히 제 투자 과정은 신뢰하지 않습니다. 지금도 이른 시기에 포지션을 구축하려고 할 때가 많습니다.

그러니까 시장에서 변화를 감지해내는 능력이 뛰어나지만 트레이딩 기술은 부족한 것 같다는 말씀이시군요. 맞나요?

그래서 제 자신을 절제하려고 노력해왔습니다. 너무 이른 시기에 투자를 시작하게 되면 포지션을 늘리지 않으려고 했어요. 제가 옳다는 생각이 들어도 가격이 오른다는 이유만으로 매도 포지션 규모를 늘리지 않습니다. 어릴 때는 가격이 상승하면 무조건 포지션을 늘렸습니다. 지금은 시장이 움직일 준비가 되었다는 느낌이 들 때까지 기다립니다.

어떻게 처음 주식시장에 흥미를 갖게 되셨나요?

아마 고등학교 때 영화 〈월스트리트(Wall Street)〉를 보고 처음 영향을 받았던 것 같아요. 고등학교 졸업반 때는 주식중개업체의 지점에서 중개인이면서 관리자로 일하시던 분 밑에서 아르바이트를 했습니다. 윌리엄스 칼리지(Williams College)에서는 한 달 동안 트레이딩과 자본시장에 관한 사이먼 롱(Simon Long, 경제잡지인 이코노미스트의 칼럼니스트)의 강의를 들었습니다. 당시 사이먼 롱은 베어스턴스의 트레이더였어요. 집에도 트레이딩 사무실을 꾸며

놓았는데, 제가 매일 놀러갔죠. 롱은 정말 똑똑하지만 약간 괴팍한 사람이었습니다. 시장에 대해서 말하는 걸 너무 좋아했죠. 덕분에 시장을 알게 되었어요. 또 돈도 벌고 싶었습니다.

영화 〈월스트리트〉를 보면서 돈에 매력을 느끼신 건가요?
돈보다는 등장인물들의 행동에 매료되었습니다. 저는 에너지가 넘쳐요. 트레이딩이 제 성격에 꼭 맞는다고 생각했죠. 돈을 벌고 싶다는 욕심은 미국에 이민을 와서 너무 힘들게 일하신 부모님의 영향입니다. 그 영향을 많이 받았어요. 대학 졸업 후 제 친구들을 모두 은행에 취직했지만, 저는 트레이더가 되고 싶었습니다. 트레이딩에 대해 정확하게 알지는 못했지만 그래도 되고 싶었습니다. UBS와 소시에테 제너럴 같은 거대 펀드회사에서 면접을 보았는데, 친구 중 하나가 퍼스트 뉴욕 시큐리티즈라는 작은 회사가 있다고 가르쳐 주었어요. 면접을 봤고, 돈 에렌버그(Don Ehrenberg)가 저를 채용했습니다.

왜 채용이 되셨는지 알고 계십니까?
잘은 모릅니다. 단 취직을 하고 몇 년 후 제 어머니와 에렌버그가 만난 적이 있습니다. 두 사람은 앉아서 대화를 나누었죠. 에렌버그는 어머니께 "아드님을 어떻게 키우셨는지는 모르지만 지금까지 아드님만큼 열심히 일하는 사람은 본 적이 없습니다"라고 말했어요. 저는 남들보다 뛰어나고 싶습니다. 하려고 마음만 먹으면 못 할 게 없다고 생각합니다. 학교도 그랬고, 운동을 할 때도 그랬습니다.

퍼스트 뉴욕 시큐리티즈에서 트레이딩에 대해 무엇을 배우셨습니까?
1년간은 보조 트레이더였습니다. 지금의 체커리처럼요. 포지션과 매일의 손익계산서를 보는 방법을 배웠습니다. 점차 주식시장의 원리와 돈을 버는 방법에 완전히 매료되었어요.

누구를 보고 트레이딩을 배우셨나요?

에렌버그의 투자방식이 저와 비슷합니다. 사람들의 눈밖에 난 종목을 매수하고, 사랑받는 종목은 매도하는 겁니다.

처음부터 남들과 반대로 생각하신 것 같습니다.

처음부터 고수해온 트레이딩 방식이고, 합리적이라는 시각이라고 생각했습니다. 피델리티 등 규모가 큰 펀드들은 일반 투자자들이 맡긴 막대한 자금을 상승하는 종목에만 투자합니다. 애플이나 엑슨모빌(Exxon Mobile)의 주가가 하락할 때는 절대 투자하지 않죠. 그때 저는 꼭 매도합니다. 똑똑한 사람은 반대로 행동하죠. 그게 바로 월스트리트에서 벌어지고 있는 게임이에요. 저는 불평하지 않습니다.

처음 회사에서 발로디마스 씨에게 자본금을 얼마나 맡겼나요?

잘 기억나지 않습니다. 다만 첫해에 35만 달러를 벌었습니다. 2년째는 80만 달러를, 3년째는 100만 달러를 벌었어요. 저는 과거에 연연하지 않습니다.

펀더멘털을 활용하십니까?

아니요. 3년 정도 펀더멘털 애널리스트들을 고용해서 함께 일했습니다. 하지만 이들의 시각과 제 타이밍을 맞추기가 너무 어려웠어요. 저는 제 자신을 더 신뢰했죠. 애널리스트들이 오히려 방해가 되었습니다. 펀더멘털보다는 저 자신을 훈련시키는 데 더 많은 시간을 할애하고 싶어요. 심리적으로 저를 완벽하게 통제해서 정확한 판단을 내리는 데 집중하고 싶습니다. 그쪽에 더 호기심을 느낍니다. 트레이딩은 저를 비추는 거대한 거울과 같습니다. 돈을 벌거나 잃는다고 달라지는 건 없습니다. 돈에 따라 행복해하거나 슬퍼하지 않을 겁니다.

어떻게 처음부터 투자에 성공하셨던 건가요?

트레이딩에만 집중했기 때문입니다. 다른 어떤 것도 중요하지 않았습니다. 건강이나 인간관계는 신경 쓰지 않았어요.

처음 큰 손실을 기록하신 건 언제인가요?

부동산 시장이 상승 중일 때 건설업체들에 대해 매도 포지션을 구축했습니다. 무언가 잘못되었다는 기분이 들었거든요. 무엇인지는 몰랐습니다. 이후 모멘텀 헤지펀드(Momentum Hedge Fund, 시장의 추세를 쫓아 투자하는 펀드)들의 매수세가 시장을 상승시키고 있다는 사실을 분명하게 알게 되었습니다. 그때 처음 제 트레이딩에 대해 의구심이 생겼어요. 한 달 만에 700만 달러를 잃었죠. 짧은 기간 동안 어마어마한 돈을 잃고 나자, 제 인생에 대해 온갖 의문점을 갖게 되었어요. 그때부터 건강에 신경을 쓰기 시작했습니다. "손실을 만회하는 데 1년이 넘게 걸릴 거야"라고 생각했던 기억이 납니다. 하지만 2개월인가 3개월 만에 손실을 모두 회복했습니다. 방법은 기억나지 않습니다.

무엇 때문에 주택건설업체들에 대해 비관적인 예측을 갖게 되셨나요?

뚝딱뚝딱 집을 만들어냈고, 그 즉시 돈을 벌더군요. 굉장히 비현실적으로 느껴졌습니다. 그때 업계 사람들은 새로운 패러다임이라고 입을 모았어요. 제가 생각해내는 투자 아이디어는 옳을 때가 많습니다. 다만 가끔 너무 일러요.

1999년의 닷컴붐에 대해서도 부정적으로 판단했겠군요?

네, 저는 언제나 시장에서 벌어지는 일의 성격을 보고 투자 아이디어를 얻습니다. 1999년에는 짧은 시간 동안 변화가 너무 커서 이해할 수 없었습니다. 바로 직전까지 시장은 굉장히 부정적이었습니다. 하지만 갑자기 모든 사람이 새로운 시각으로 세상을 보기 시작했죠. 직감적으로 뭔가 옳지 않다고 생각했습니다. 저는 저의 직감을 존중합니다.

당시 IT 종목들은 10배 이상 폭등하는 일이 흔했습니다. 발로디마스 씨께서는 천장을 예측하고 매도 포지션을 구축하시는데, 어떻게 손실을 피할 수 있었는지 궁금합니다.

저는 인터넷업종보다는 기술 종목에 매도 포지션을 구축했습니다. 하지만 이들 역시 미친 듯이 상승했었죠.

매도 포지션을 일찍 구축하셨나요?

물론입니다. 하지만 주가가 크게 상승하더라도 갑자기 4달러쯤 하락했다가 급등하는 일이 잦았기 때문에 빠져나갈 구멍이 있었습니다. 주가가 하락할 때 약간의 돈을 빼놓을 수 있는 여유가 있었거든요. 마른 화약을 비축할 수 있었던 거죠. 지난 5년에서 8년 동안 헤지펀드들이 만들어놓은 시장은 다릅니다. 크게 하락하는 법이 거의 없어요. 너무 일찍 포지션을 구축하면 피해가 상당합니다. 지난 2년간(2009년 4월부터 2011년 3월까지)은 IT거품 때를 포함해 지금까지 매도 포지션이 가장 힘든 시기였습니다.

투자방식을 바꿔야겠다고 생각하지는 않으셨습니까?

물론 바꿔야겠다고 생각했습니다. 그래서 변화를 짚어내는 데 더욱 집중하게 되었습니다. 너무 일찍 포지션을 구축하지 않도록 노력하는 거죠.

2000년 3월, 시장이 천장을 형성했을 때는 어떤 포지션을 가지고 계셨나요?

공매도를 하고 있었습니다. 하지만 계속 유지하지는 않았습니다. 시장의 하락과 함께 쇼트 커버링을 시작했습니다.

시장이 하락하는 동안 돈을 조금씩 수익 실현을 하셨군요.

네, 하지만 초반 랠리 동안은 매도 포지션을 유지하고 있었어요.

이후 2년 반 동안 계속된 IT주의 하락 추세를 이용하지 않으셨나요?

시장이 하락세라고 해서 가만히 손을 놓고 있지는 않았습니다. 성격에 맞지 않거든요. 저는 언제나 '다음은 어디에 투자할까?' 하고 생각합니다. 훌륭한 투자 대상이 끊이지 않아요. 시장은 언제나 작은 거품들을 만듭니다. 실패 가능성이 없는 투자 기회가 너무 많죠. 남보다 빨리 투자하지 않아도 됩니다. 다만 저는 늘 내면의 싸움을 겪습니다. 제가 옳다는 생각 때문에 고집을 부릴 때가 있어요. 필요 이상으로 고집을 꺾지 않습니다. 저는 뛰어난 트레이더라고 생각합니다. 하지만 강한 믿음 때문에 방해를 받을 때도 있습니다. 그래서 믿음은 조금 버리고, 트레이딩에 집중하려고 노력합니다.

하지만 확신이 있기 때문에 시장의 방향을 올바르게 판단해오셨다고 생각합니다.

확신 때문에 돈을 벌어왔고, 단기적으로 신뢰할 수 없는 시장의 움직임에 속지 않았습니다. 시장은 누가 제일 바보인지를 골라내는 게임이에요. 게임에서 질 수는 없죠. 자존심이 걸린 문제예요.

확신이 들지 않을 때 모멘텀 트레이딩을 피하신다는 말씀은 이해할 수 있습니다. 하지만 최적의 타이밍이라는 감이 올 때까지 기다리지 못하는 이유는 여전히 잘 모르겠습니다.

재커리 : 발로디마스 씨의 트레이딩은 정말 놀라워요. 시장이 5달러 혹은 10달러 상승한 날도 1,000만 달러의 매도 포지션을 가지고 수익을 올릴 수 있어요. 아무것도 하지 않는다면 15만 달러의 손실을 기록할 겁니다. 하지만 발로디마스 씨는 계속 매수와 매도를 반복해 3만 달러의 수익을 기록합니다. 오늘 우리는 520번 주문을 넣었습니다. 그래서 시장이 상승해도 발로디마스 씨는 손실을 기록하지 않아요.

(발로디마스가 말을 이었다.)

이 점이 중요해요. 시장이 곧 붕괴할 거라는 믿음과 상관없이 1% 혹은 2%만 하락해도 조금씩 포지션을 줄이는 겁니다. 이런 방법으로 저는 계속해서 수익을 올려왔어요. 시장의 방향에 맞게 트레이딩을 하는 게 아니라 매일매일 시장이 돈을 벌어줄 때 수익을 실현하는 방법으로 돈을 벌었어요.

그렇다면 시장이 하락한 첫날인 오늘도 수익을 실현하셨나요?

전체 포지션을 절반으로 줄였습니다. 시장이 반등한다면 그때는 매도 포지션을 늘릴 거예요.

내일 시장이 반등하면 아까 말씀하신 것처럼 쇼트 커버링한 부분만큼 다시 매도 포지션을 구축하실 겁니다. 만약 하락하면 어떻게 하실 건가요?

시장이 더욱 하락하면 쇼트 커버링을 계속합니다. 시장 하락으로 인한 투자 기회를 놓쳤다고 생각하지는 않습니다. 언제든지 또 시장은 하락할 것이고, 저는 옳다고 생각하는 순간에 다시 진입하면 됩니다. 투자 기회를 놓치는 건 두렵지 않습니다. 시장은 언제나 기회를 제공하니까요.

그러니까 포지션을 청산했을 때보다 더 나쁜 가격에 다시 진입해도 개의치 않으시는 군요.

저는 돈을 버는 것만 생각합니다. 꼭 옳아야 할 필요는 없죠.

(재커리가 발로디마스에게 말했다.)

재커리 : 언젠가 제게 하셨던 말씀이 맞는 것 같아요. "내가 실패한 종목으로 돈을 벌 필요는 없어"라고 하셨죠.

(발로디마스가 글을 이었다.)

처음 일을 시작했을 때는 종목에 연연했습니다. 지금은 돈을 벌 수만 있다면 상관하지 않습니다. 피의 복수는 (그는 잠깐 말을 끊었다.) 더 이상 하지 않습니다.

(그는 크게 웃었다.)

과거에는 다르셨나요?
네, 그럼요.

어떤 계기로 변하신 건가요?
그냥 싸우는 게 피곤해졌어요. 주택건설회사들을 상대로 공매도를 했다가 상당한 손실을 입었던 게 오히려 전화위복이 되었습니다. 인생을 다른 시각에서 보게 되었거든요. "왜 이렇게 인생이 힘들까? 더 쉽게 살 수도 있을 텐데. 불편한 건 뭔가 잘못된 거야" 하는 생각이죠. 전에는 이를 악물고 버텼지만 이제는 그렇게 살고 싶지 않아요. 요즘에는 트레이딩이 고통스러우면 익스포저를 줄입니다. 제 감정에 대해 좀 더 민감해졌고, 신경을 쓰기 시작했어요. 포지션이 옳지 않다는 기분이 들면, 변경합니다. 더 이상은 불편한 감정을 버텨내지 않아요.

최근 무언가 옳지 않다는 느낌을 받으셨던 예가 있나요?
10월이었어요(2010년). 시장의 상승 속도가 빨라졌습니다. 저는 많은 돈을 잃고 있었어요. 시장은 이미 1년 반이나 상승한 후였지만 더 빠르게 상승했죠. 시장의 분위기가 마음에 들지 않았어요.

매도 포지션이 천성에 맞으시는 것 같습니다.

네, 시장이 과열되면 매수 포지션을 부추기는 마케팅이 형성돼요. 부자연스럽죠. 그래서 매도 포지션이 마음에 맞아요. 계속 유지될 수 없는 에너지예요.

시장이 상승할 때 매도하고 하락할 때는 매수하는 벨로디마스 씨의 전략으로 트레이딩에 성공하기는 쉽지 않을 것 같습니다. 오히려 손실을 입기 쉬운 방법이라고 생각됩니다. 그래서 뭔가 다른 비결을 가지고 계실 것 같습니다. 혹시 투자방식을 좀 더 자세하게 설명해주실 수 있나요? 어떤 종목을 어떻게 투자하는지 설명해주시겠습니까? 종목 선별과 타이밍에 관련해서 예를 들어주실 수 있나요?

저는 종목을 매도하고 싶은 부류와 매수하고 싶은 부류로 나눕니다. 그다음에는 이들의 가격이 단기간에 빠르게 변화할 가능성이 있을 때를 찾아냅니다.

어떻게 찾아내시죠?

뭔가 달라집니다. 차트가 달라질 수도 있고요. 업종 전반에 걸쳐서 변화가 나타나기도 합니다. 변화는 언제나 존재하고, 타이밍에 관한 실마리를 제공합니다. 예를 들어 굳이어(Goodyear) 타이어는 제가 매수 대상으로 점찍어 놓은 종목 중 하나였습니다. 다른 자동차 관련 주들은 계속 상승했지만 굳이어는 그렇지 못했습니다. 우리는 오랫동안 굳이어를 주목했습니다. 약 2주 전, 실적 발표 하루 전날에 거래량이 크게 늘고 가격이 상승하기 시작했습니다. 제가 말했죠. "지금이야. 굳이어가 준비된 것 같아." 제가 굳이어에 주목한 건 6개월 전부터였습니다. 계속 투자 포지션을 작게 유지하면서 관심을 가지고 지켜보았죠. 다른 자동차 관련 주들은 상승폭이 상당했거든요. 곧 굳이어도 이들을 따라잡을 거라는 생각이었습니다. 변화가 있었고, 저는 드디어 준비가 되었다고 생각한 거죠.

변화라면 거래량을 말씀하시는 겁니까?

당일 거래량이 놀라울 정도로 늘었어요. 어떤 변화든, 그게 신호라고 생각하고 있었죠. 그때는 거래량이 신호였습니다. 제 감을 믿고 굳이어를 매수했습니다.

또 다른 예가 있나요?

(그는 트레이딩 자료를 훑어보다가 스크린에 차트 하나를 띄웠다.)

여기 있습니다. 달러 제너럴(Dollar General, 24시간 편의점 체인업체)의 차트입니다. 우리는 여기에서 매수했습니다(그가 지목한 곳은 가격이 장기적인 저점까지 급락한 지점이었다).

어떤 근거로 매수하셨나요?

소매업종이 상승하고 있었습니다. 우리는 그중 우량주를 찾고 있었죠. 달러 제너럴은 한 달 반 동안 7포인트가 하락했습니다.

여기 보이는 갭 상승은 무엇입니까?

(발로디마스가 주식을 매수하고 일주일쯤 후 가격이 크게 상승한 지점이 있었다.)

인수합병입니다.

인수합병이 발표된 후에는 포지션을 청산하셨습니까?

물론입니다. 주가가 15% 상승했죠.

(그는 계속 새로운 차트를 보여주었다.)

반도체 제조기업인 MU(마이크론 테크놀로지, Micron Technology)예요. 원래 MU

에 대해서는 상당한 매수 포지션을 보유하고 있었습니다. 하지만 주가가 크게 상승하고 밴드를 돌파한 지점에서 포지션을 더욱 늘렸습니다. 하지만 몇 년 동안 유지된 트레이딩 밴드를 벗어나지는 않았어요(MU는 몇 달 간의 트레이딩 밴드(Trading Band, 가격 변화의 상한선과 하한선을 그려서 만든 밴드(띠)로, 가격의 정상적인 분포로 볼 수 있다)를 벗어났지만 장기적인 트레이딩 밴드 내에 위치하고 있었다). 그래서 주가를 확인하지도 않았어요. 편안하게 관망하고 있었죠.

제가 불편하게 생각하는 트레이딩은 이런 겁니다(그는 클라우딩 컴퓨팅 기업인 FFIV의 차트를 보여주었다). 이런 주식은 절대 매수하지 않습니다(FFIV의 차트는 오랫동안 지속적인 상승을 보이다가 고점 가까이에서 크게 갭 하락한 후 하락폭의 2/3 정도 반등하고 있었다). 이런 종목은 공매도 대상이죠. 내일 시장이 상승한다면 저는 매도 포지션을 구축할 겁니다.

이 차트를 특히 부정적으로 생각하시는 이유가 무엇입니까?

망가진 차트예요. 거래량이 크게 늘었고 인덱스가 신고점을 기록하고 있는데, 이 종목은 50일 이동평균선을 넘지 못하고 있습니다. 얼마 전까지는 상승했죠. 클라우딩 컴퓨팅이 요즘 화제거리이긴 하지만 주가가 너무 올랐어요. 현재의 주가를 보면 향후 몇 년간의 성장 가능성을 크게 벗어났습니다. 애널리스트들이 2015년 예측을 내놓고 있지만, 말도 안 돼요. 4년 후의 일은 아무도 모릅니다. 다음 분기를 예측하는 것도 어려운 걸요. 말만 무성한 종목들 사이에서 흔히 나타나는 패턴이죠.

여기 또 다른 예가 있습니다. 아마존(Amazon)인데, 여기에서 주가가 무너지기 시작했습니다. 저는 이날 매도 포지션을 구축했습니다(아마존 차트는 역시 한동안 상승 추세를 보이다가 고점 약간 밑에서 크게 갭 하락한 모습이었다. 발로디미스는 부분적인 반등 지점을 가리키며 말했다).

왜 아마존에 대해 부정적인 시각을 가지고 계시나요? 차트 때문이죠. 1년 만에 주가는 2배 상승했습니다. 주가가 하락한 날에 거래량이 크게 늘었기 때문에 실제 하락이 시작된 것 같았어요. 하지만 당일 시장이 20달러 하락했기 때문에 매도 포지션을 구축하지는 않았습니다. 저는 시장이 50일 이동평균선을 넘어설 때까지 기다렸어요. 이후 아마존은 12달러 상승했고, 저는 고점에서 포지션을 2배로 늘렸습니다(차트를 보면 아마존은 직전의 고점 근처까지 반등했다). 제 판단이 옳다고 생각했기 때문이죠. 결과도 괜찮았고요.

이건 치폴레(Chipotle)라는 멕시칸 패스트푸드 레스토랑 체인의 차트입니다. 상당히 과격한 종목이죠(이번 차트 역시 크게 상승하고 있었다).

차트를 보면 상당한 상승 추세가 형성되었군요. 아마 매도 포지션을 언급하실 것 같습니다.

맞습니다. 저는 지금 여기에 갇혀 있어요(발로디마스는 마지막 부분의 빠른 상승 추세를 가리켰다).

계속 매도 포지션을 유지하고 계셨나요?

네, 계속이요. 여기에서는 포지션을 2배로 늘렸습니다(발로디마스는 차트상의 고점 근처 부분을 가리켰다). 덕분에 평단가는 더욱 높아졌죠.

포지션을 2배로 늘리셨으면 손실이 크겠군요?

네, 그렇습니다. 하지만 이건 치폴레입니다. 타코를 파는 음식점이라고요! 최첨단 기술을 만들어내는 기업과는 달라요. 그래서 걱정하지 않고 있습니다. 치폴레 타코가 얼마나 맛있는지는 모르겠지만 주가는 단 3개월 만에 140달러에서 270달러로 상승했습니다. 믿어지세요? 타코 맛 따위는 개의치 않습니다. 이 부분에서 쇼트 커버링을 했습니다(그는 차트상 잠깐 동안 가격이 하락한 지점을 가리켰다). 그때 손실의 3/4을 복구했어요.

주로 상승 추세에서 공매도를 하시는군요.

네, 가격이 잠깐 하락할 때는 꼭 쇼트 커버링을 합니다. 운이 좋으면 하락폭이 클 때도 있어요. 면화에 투자했을 때가 그랬습니다. 면화 ETF에 대해 공매도를 하고 있었죠. 마지막 이틀 동안 20만 달러를 잃었습니다.

(그는 지속적으로 상승세를 나타낸 또 다른 차트를 보여주었다. 상승의 마지막 이틀 동안 가격은 거의 수직 상승하고 있었다.)

7,500주를 공매도하다가 이날 2만 2,000주를 추가했습니다(그는 가격이 크게 상승한 날의 거래량을 가리켰다). 여기에서 거래량이 크게 늘어났어요. 저는 "과도해. 이집트에서 무슨 일이 일어나고 있건 상관없어. 하지만 가격이 2배나 상승했다고. 여기에서 매도 포지션을 구축해야겠어"라고 말했습니다. 운이라고 해서도 좋고, 뭐라고 해서도 상관없습니다. 다음 날 가격은 12% 하락했습니다. 수익이 10만 달러였어요. 환상적인 투자였죠. 하지만 그날 ETF가 10달러 상승했을지도 모릅니다. 그래서 대범해야 돼요. 아무도 원치 않을 때가 투자 기회입니다.

오늘처럼 시장이 하락하는 날은 계속 돈이 들어오겠죠. 하지만 발로디마스 씨의 투자방식은 좌불안석인 날이 대부분일 것 같습니다.

맞습니다. 시장은 하락하는 날보다 상승하는 날이 더 많으니까요. 지금까지 제 트레이딩 중 75%는 아마 공매도일 겁니다. 하지만 좌불안석이라고 말하고 싶진 않아요. 제 일상이니까요.

시장의 추세와 반대로 베팅을 하실 때, 포지션과 추세가 일치되는 경우는 시장의 방향이 바뀔 때밖에 없을 것 같습니다.

저는 추세의 시작을 잡아내는 데 능숙합니다. 그리고 추세의 중간을 더 잘

잡아내려고 노력 중입니다. 무조건 성공한다고 볼 수 있는 마지막 부분, 그러니까 야구경기로 표현하면 9회말 2아웃에 등장한 적은 없습니다.

세 시간 동안 계속된 인터뷰로 발로디마스는 꽤나 지친 듯 보였다. 나는 다시 인터뷰를 하는 것이 좋겠다고 제안했고, 그는 기꺼이 동의했다. 3개월 후(2011년 5월 24일) 우리는 두 번째 인터뷰를 가졌다. 나는 발로디마스의 전략 중 이해가 되지 않는 부분에 대한 질문으로 인터뷰를 시작했다.

포지션 조절에 상당히 능숙하신 것 같습니다. 시장의 장기적인 추세가 발로디마스 씨의 투자 포지션과 정반대일 때도 수익을 기록하실 정도니까요. 시장이 상승할 때는 마치 빨리 계단을 오르는 것처럼 그리고 시장이 하락할 때는 에스컬레이터를 타고 있는 것처럼 수익을 올리십니다. 그렇다면 계속 에스컬레이터를 탄 것처럼 수익을 올리는 게 낫지 않을까요? 다시 말해 시장의 추세와 반대되는 포지션을 가지고 있는 것보다 시장의 추세를 따르면서 포지션을 조절하는 편이 더 나은 실적을 기록하지 않을까요?

저는 추세를 따르는 투자방식을 전혀 신뢰하지 않아요. 그 이유를 단적으로 보여주는 예가 있습니다. 최근 은가격이 유례없이 고공행진을 했습니다. 저는 6개월 동안 은을 주목했죠. 기술적으로 완벽한 불마켓 패턴이었습니다. 트레이더들은 다른 투자 대상보다 상품에 투자할 때 특히 추세를 따릅니다. 하지만 저는 공매도를 했습니다. 6개월간 시장을 지켜본 후 "이제는 팔 때야"라는 결론을 내렸기 때문이죠.

당일 무슨 일이 있었나요?

추세가 반전되었어요. 하지만 그 이전 상황이 더 중요합니다. 은가격은 1년간 3배나 상승했습니다. 텍사스 대학이 10억 달러어치의 금을 사재기하면서 금속시장이 들썩거렸어요. TV에서는 연일 인플레이션에 대한 보도가 흘러나왔고요. 저는 시장이 너무 과열되었다고 생각했어요. 누구나 은을 사들였거든요. 제가 찾던 투자 기회였죠. 그래서 은 ETF를 공매도하기 시작했습니다. 은가격은 계속 크게 상승하고 있었고, 마지막에는 거의 수직 상승했습니다. 정말 많은 돈이 은시장으로 흘러들어오고 있었어요. 가격이 최고조에 달했던 4일 동안의 거래량을 보면 분명 일반 투자자뿐 아니라 기관들도 투자를 하고 있다는 사실을 확인할 수 있었습니다. 엄청난 거래량은 시장에 돈이 풀리고 있다는 의미였죠.

저는 포지션을 2배로 늘렸어요. 시장은 신고가를 기록했고, 저는 단 3일 만에 400만 달러를 잃었습니다. 랠리가 시작되기 전에도 이미 은가격이 미친 듯이 오른 상태였기 때문에 최고의 공매도 대상이었습니다. 하지만 제게는 더이상 총알이 없었어요. 게다가 저 역시 1년 내내 은에만 베팅하고 싶지는 않았습니다. 바로 직전처럼 가격이 계속 수직 상승한다면 800만 달러를 메워야 한다는 생각도 들었고요. 그것만은 피하고 싶었는데 갑자기 매도세가 형성되었고, 가격은 제가 생각하는 평균 수준으로 하락했습니다. 저는 쇼트 커버링을 했어요. 대강 본전은 건졌죠. 49달러 근처에서 고점을 형성했던 가격은 32달러로 하락했습니다.

하지만 이미 모든 포지션을 청산하신 후였군요.

네, 너무 피곤했거든요. 며칠 먼저 포지션이 과도하게 늘어난 탓에 전혀 수익을 올리지 못했습니다. 하지만 제가 강조하고 싶은 건 제가 세상을 보는 시각이 옳다는 겁니다. 당시 전문가란 전문가는 모두 은의 가치를 강조했습니다. 하지만 가격은 49달러에서 32달러로 하락했죠. 30년 만에 가장 큰 하락폭을 기록했어요. 저는 시장이 천장을 형성하기 4일 전 매도 포지션을 최대로 늘렸습니다. 그래서 시장에 대한 제 감을 믿는 거예요. 제게 투자방식을 바꿀 생각이 없느냐고 물으신다면, 좀 더 유연해져야 하겠다고 말씀드릴 겁니다. 하지만 추세에 맞는 트레이딩보다는 제 본능을 더 믿습니다.

은이 30달러 혹은 35달러였을 때 왜 매수하지 않으셨는지를 묻는 게 아닙니다. 그 이유는 충분히 이해하고 있습니다. 그랬더라면 결과는 좋지 않았을 겁니다. 빌로디마스 씨가 믿고 계시는 모든 것에 반대되니까요. 제 질문은 좀 다른 겁니다. 발로디마스 씨께서는 처음부터 은시장이 공매도의 기회를 제공할 것으로 판단하셨지만, 지속적인 상승을 예측하고 그냥 보고만 계셨습니다. 이때 매수 포지션을 구축하고 공매도 시기라는 판단이 들 때까지 유지했다면 더 높은 수익을 기대할 수 있지 않았을까요? 시장이 수직 상승이 아닌 상당한 상승세를 시작하기 전을 말씀드리는 것입니다.

저는 능숙하게 시장의 전환점을 잡아내지만 과열된 시장에서 버티는 데는 서툴러요. 언지나 남보다 빨리 추세를 알아냅니다. 애널리스트나 월스트리트에서 돈을 주무르는 사람들이 잔뜩 움츠리고 있을 때죠. 이들은 지속적인 추세를 원하거든요. 추세의 정점이라고 할 수 있는 중심부를 잡으려 노력하는 겁니다. 하지만 저는 추세의 시작을 짚어냅니다. 가장 잡아내기 어려운 부분이죠. 시장의 추세를 판단하는 능력이 전보다 나아지고 있기는 하지만 여전히 활용하지는 못하고 있습니다.

제기 이해하기 힘든 부분은 또 있습니다. 발로디마스 씨의 표현을 빌리면 시장이 미친 듯이 상승한다고 하셨습니다. 그렇다면 일단 시장의 붕괴가 시작된 후에는 그만큼 오래 하락세가 지속됩니다. 6개월에서 1년 이상 하락이 계속되는데도 불구하고 매도 포지션을 단 몇 주간도 유지하지 않는 이유는 무엇입니까? 왜 최고점에서 가격 하락이 시작됐을 때만 트레이딩을 하시는 건가요? 포지션을 청산하신 후에는 시장이 반등할 때마다 다시 포지션을 구축하지 않으시는 이유는 무엇입니까? 매도 포지션을 중심으로 투자하는 이유는 일단 시장이 하락하면 하락세가 크고 또 오래 지속되기 때문입니다. 만약 발로디마스 씨께서 지금까지의 매도 포지션을 최대로 구축했던 시점을 모두 확인하신다면, 이후 가격이 계속 하락했다는 사실을 확인하실

수 있을 겁니다.

100% 맞는 말입니다. 저도 알고 있어요. 제가 인내심이 부족해서 매일 같은 포지션을 유지하고 싶지가 않은 것뿐이죠. 그리고 그다음 하락은 완전히 믿을 수가 없어요.

하지만 가격 하락이 시작되기 전에 매도 포지션을 최대로 구축하시는 이유는 시장의 지속적인 하락을 확신하시기 때문일 겁니다. 차트상의 지표가 아니라 발로디마스 씨의 마음속 지표가 잠재적인 시장의 변환점을 인식하기 때문이겠죠. 뿐만 아니라 발로디마스 씨께서는 포지션을 조절하는 기술도 뛰어나십니다. 이 2가지를 함께 병행하면 좋지 않을까요? 2008년 상품에 대한 투자를 예로 들어보겠습니다. 천장을 예측하셨고, 마지막 랠리에서는 공매도를 시작하셨습니다. 하지만 고점이 깨지자마자 포지션을 청산하셨어요. "시장이 과도해. 하락세는 한동안 계속될 거야. 반등할 때는 다시 매도 포지션을 구축하자"라고 판단할 수도 있었습니다. 이 방법이라면, 원래의 예측과 시장의 추세를 모두 이용할 수 있습니다. 만약 시장의 방향에 관한 예측 능력과 포지션 조절 기술을 통합한다면, 추가적인 수익을 기대할 수 있을 겁니다. 제게는 너무나 당연하게 느껴지는 것인데요. 발로디마스 씨의 트레이딩 기술에 꼭 맞는 투자 기회 아닐까요? 지금은 마치 두 손을 등 뒤로 묶고 트레이딩을 하시는 것 같습니다. 시장의 추세가 포지션과 정반대일 때는 뛰어난 투자 아이디어로 훌륭하게 트레이딩을 하시면서, 시장의 방향이 생각대로 바뀌면 다른 투자를 시작하시니까요.

그게, 저 역시 바라는 일이긴 합니다. 제게는 가능하니까요. 왜 제 사고방식에서 지금 언급하신 트레이딩은 배제되어 있느냐고요? 저도 모릅니다. 편한 트레이딩이 좋고, 추세에 따라 트레이딩을 하는 건 무조건 불편해요. 다른 사람들, 심지어 제 상사까지 기겁을 할 만한 가격의 움직임이 저는 편합니다. 시장이 공포에 휩싸일 때 저는 편안함을 느낍니다. "됐어! 사람들이 완전히 함정에 빠졌어!" 하는 생각이 들기 때문이죠.

편하게 느껴지신다니 정말 아이러니합니다. 시장이 수직으로 반등할 때의 공매도 포지션은 대부분 불편하게 생각될 텐데요.
그 부분이 재미있는 것 같아요. 하지만 저는 수익의 대부분을 단기적인 포지션 조절로 얻고 있습니다.

그게 바로 제 요점입니다! 왜 2가지를 결합시키지 않으시는 겁니까? 시장이 날로디마스 씨의 시장 예측과 일치할 때 포지션 조절 기술을 활용하지 않는 이유가 무엇입니까? 지금 하고 계신 트레이딩을 포기하라는 게 아닙니다. 다만 가지고 계신 장점을 모두 활용해보라는 겁니다. 시장 하락을 확신하셨고 정말 시장이 붕괴했다면, 하락세는 지속될 가능성이 큽니다.
지금까지 일을 해오면서 늘 그랬습니다. 5,000만 달러짜리 수익 기회를 얻은 적도 있었는데 고작 300만 달러짜리 트레이딩에 온갖 위험을 감수하곤 합니다. 몇 주만 참았으면 수익은 1,000만 달러로, 몇 달만 참았으면 2,500만 달러로 늘어날 만한 상황도 많았고요. 언젠가는 그렇게 되겠죠. 기회가 올 거라고 생각합니다.

종목에 대한 예측이 상향 혹은 하향 조정될 때 트레이딩에 영향을 받으시나요?
일반적으로 제가 매도 포지션을 보유하고 있는 종목은 상향 조정되고, 매수 포지션을 보유하고 있는 종목은 하향 조정되곤 합니다. 원래 월스트리트가 그런 곳이에요. 상승하고 있는 건 부추기고, 하락하는 건 매도하거든요. 그래서 저는 예측에 영향을 받지 않습니다.

10년 후에도 트레이딩을 하실 건가요?

언제나 할 겁니다. 아침부터 저녁까지 하루 종일 매달리지는 않겠지만요.

하지만 발로디마스 씨의 포지션 조절방법은 하루 종일 컴퓨터 모니터 앞에 앉아 있어야 하는 방법입니다.

지금까지는 그렇습니다. 하지만 최근 2년 동안에는 모니터를 보는 대신 회의를 할 때도 있었습니다. 재커리에게 물어보시면 알 겁니다. 제가 트레이딩을 쉬면서 현실 세계로 돌아오는 방법이라고 할까요?

발로디마스 씨의 목표는 무엇입니까?

계속 배우고 싶습니다. 뛰어난 사업가가 되고 싶어요. 지금도 트레이딩 이외에 다양한 사업을 하고 있습니다.

어떤 사업인가요?

비디오 게임, 친환경 기술, 영화 편집, 보건 등입니다.

향후 발로디마스 씨의 트레이딩이 어떻게 달라질 거라고 생각하십니까?

계속 모니터 앞에 앉아 있지는 않을 겁니다.

포지션 조절에 뛰어나신데, 포기하기 힘들지는 않을까요?

지금도 조금씩 달라지고 있습니다. 4년 전부터는 다른 것도 하고 있고요. 기술이 능숙해지면서 트레이딩 속도는 느려졌습니다. 상대적으로 쉬워지기도 했고요. 다른 흥미가 생기면 모니터 앞에 붙어 있는 시간도 줄게 되겠죠. 트레이딩은 제 첫 직업입니다. 이제는 좀 벗어나고 싶어요. 더 많은 경험을 쌓고 싶고, 하고 싶은 일도 많습니다. 그러자면 일단 모니터에서 좀 떨어져야 겠죠.

> 　

　이번 장에는 TV에서 위험한 장면이 나올 때처럼 "따라 하지 마세요"라는 경고 문구라도 붙여야 할 것 같은 기분이다. 발로디마스의 트레이딩은 너무나 개인적이고, 자신의 재능에 전적으로 의존한다. 그래서 그의 투자방식은 대부분의 트레이더들에게 맞지 않는다. 오히려 그와 반대로 해야 더 나은 결과를 기대할 수 있는 경우도 있다. 지금까지 『시장의 마법사들』 시리즈를 쓰면서 많은 트레이더를 만나보았지만, 발로디마스처럼 일반 트레이더들에게 롤모델이 되기 힘든 사람은 없었다. 하지만 끔찍한 역효과를 불러올 가능성이 있는 부분을 제외시키면 다음 3가지 교훈을 얻을 수 있다.

1. 변화에 적응하라

　인간의 본성 때문에 시장의 추세는 한동안 일관된 방향을 유지하지만 언젠가는 변화한다. 성공하는 트레이더는 변화에 적응한다. 발로디마스는 헤지펀드의 증가 때문에 투자 종목들이 크게 하락하지 않으면서 완만한 가격 변화를 나타낸다는 사실을 알게 되었다. 특히 장중에 두드러지는 현상이다. 시장의 구조적인 변화 때문에 너무 일찍 투자를 시작했을 경우 포지션 조절로 손실을 상쇄하기가 어려워졌다. 그래서 너무 일찍 포지션을 구축하지 않는 것이 중요하다. 현재 발로디마스는 추세의 변화가 임박했다는 신호가 감지되기 전까지 포지션을 작게 유지하는 방법으로 새로운 변화에 대응하고 있다. 그의 트레이딩 전략을 활용할 수 있는 트레이더는 매우 드물지만, 시장의 변화에 따라 트레이딩 기술을 수정해야 한다는 생각은 모든 트레이더에게 적용할 수 있는 중요한 개념이다.

2. 포지션을 조절하라

　발로디마스의 성공 비결 중 하나는 시장의 등락에 따라 포지션을 조절하는 것이다. 예를 들면 공매도 중이라면 가격 하락과 함께 포지션을 축소하고, 반등에서는 포지션은 늘린다. 그는 포지션 조절에 매우 능숙해서 자신의 포지션과 시장이 반대로 움직일 때도 수익을 창출해낸다. 물론 발로디마스의 포지션 조절 타이밍은 개인적인 기술이기 때문에 설명하기가 매우 어려울 뿐 아니라, 똑같이 따라 할 수 있는 트레이더도 거의 없다. 하지만 실적을 개선하고 성공 가능성이 큰 포지션을 유지하는 데 있어서는 누구에게나 도움이 될 것이다. 간단한 예로 어떤 종목을 50달러에 매수했다고 가정해보자. 목표 주가는 76달러이고, 단기 저항은 62달러 근처로 예상된다. 그렇다면 주가가 61달러에서 63달러 사이가 되었을 때 포지션을 줄였다가 하락 시에 다시 구축하는 방법이 있다. 주가가 하락했을 때 전체 포지션을 모두 회복하지 못하더라도 일부 포지션에 대한 수익은 실현했기 때문에 실적이 개선된다. 더 나은 가격에 전체 포지션을 모두 회복한다면 수익을 올릴 뿐 아니라 포지션도 유지할 수 있게 된다. 포지션 조절의 성패는 트레이더 개인의 역량에 달려 있다. 모든 트레이더들에게 꼭 맞는 방법이라고 할 수는 없지만 일부에게는 유용한 접근방법이다.

3. 행복한 상상에 빠져서는 안 된다

발로디마스가 오랫동안 성공적으로 활용해온 투자방식이기는 하지만 시장이 비이성적인 랠리를 하는 상황에서 공매도 포지션을 구축하라는 조언은 하고 싶지 않다. 귀신같이 타이밍을 잡아내는 능력과 시장의 스트레스를 버텨낼 수 있는 심리적인 강인함을 가진 트레이더는 많지 않다. 게다가 틀렸을 경우, 막대한 비용을 치르게 된다. 매수 포지션 투자자라면 갑작스럽고 끔찍한 하락을 기다리는 것보다는 시장이 크게 상승할 때 조금씩 포지션을 줄이거나 수익을 모두 실현하는 편이 낫다. 즉 하락세가 두려운 매수 포지션 투자자들은 포지션을 줄이거나 아예 청산하는 것이 좋다는 의미이다.

"발로디마스는 운이 좋았을 뿐이야. 그의 투자방식은 불가능해. 발로디마스도 언젠가는 지뢰를 밟고 말거야"라고 생각하는 독자가 있을지도 모르겠다. 실제 발로디마스도 지뢰를 밟은 적이 있다. 아니, 수도 없이 많다고 한다. 하지만 그의 장기적인 수익률은 크게 영향을 받지 않았다. 이렇게 생각해보자. 발로디마스는 지난 15년 동안 몇 번이나 불마켓과 베어마켓을 겪으면서 하루 평균 수백 번의 트레이딩을 반복했다. 단순하게 운으로 이렇게 수많은 트레이딩에서 지속적으로 뛰어난 수익을 기록할 확률은 얼마나 될까? 통계적으로 불가능한 일이다.

나는 발로디마스가 성공하기는 했지만 잠재력을 충분히 발휘하지 못하고 있다고 생각한다. 특히 시장이 천장 혹은 바닥을 지난 다음 같은 추세를 지속한다는 점에서 그렇다. 그는 시장의 특성과 추세 전환을 정확하게 짚어내는 뛰어난 기술에도 불구하고 계속되는 추세의 일부만을 활용해왔다. 나는 발로디마스가 계속 추세를 활용한다면 더 나은 실적을 얻을 수 있다고 확신했고, 발로디마스 역시 내 의견에 동의했다. 이처럼 최고의 트레이더들도 자신의 전략을 최선의 방식으로 실행하지 못하는 경우가 있다. 발로디마스처럼 시장에서 우위를 가지고 있는 트레이더들은 자신의 기술을 충분히 발휘할 수 있는 최선의 트레이딩 방식을 고려해야 한다.

많은 사람이 내게 시장의 마법사가 되기 위해서는 타고난 재능이 필요한지, 아니면 노력만으로도 가능한지를 묻는다. 이때마다 나는 마라톤을 예로 들어 설명해왔다. 운동신경이 부족한 사람도 충분한 훈련과 노력만 있다면 마라톤을 완주할 수 있다. 하지만 아무리 노력을 해도 2시간 15분(남자) 혹은 2시간 20분(여자) 벽을 무너뜨릴 수 있는 사람은 뛰어난 신체 능력을 가진 소수뿐이다. 트레이딩도 마찬가지다. 노력으로 누구나 좋은 성과를 얻을 수는 있지만 아주 뛰어난 수준에 도달하기 위해서는 타고난 재능이 필요하다 발로디마스가 바로 그런 예다. 물론 그 역시 트레이더로서의 성공을 위해 오랜 시간 많은 노력을 기울여왔다. 하지만 그의 성공은 시장에 대한 타고난 감각 덕분이다. 아무리 노력하고 많은 시간을 들여도 대부분의 사람들에게는 불가능한 영역이다.

트레이딩에 성공하는 방법은 여러 가지다. 마찬가지로 시장의 마법사들이 활용하는 트레이딩 기술은 매우 다양하다. 단순히 다를 뿐 아니라 발로디마스의 예에서 볼 수 있듯이 다른 트레이더들과 비슷한 구석이라고는 조금도 찾아볼 수 없을 때도 있다. 트레이더가 되고 싶다면 성공의 비밀로 이어지는 한 가지 접근방식이 아니라 자신에게 맞는 접근방식을 찾아야 한다. 지미 발로디마스는 독립적이면서도 경쟁을 즐기고, 남들과는 다른 방식을 추구하며 리스크를 편안하게 받아들인다. 그리고 자신의 성격에 꼭 맞는 투자방법을 찾아냈다. 하지만 그의 방법은 다른 트레이더들에게는 재앙을 불러올 수도 있다. 지난 몇 년 동안 나는 다음과 같은 내용의 편지를 수도 없이 받았다.

> 친애하는 슈웨거 씨에게
> 혹시 유명 트레이더 중 조수를 구하는 사람이 없을까요?
> 시장의 마법사들 중 한 명에게 배울 수 있다면
> 보수를 받지 않고도 기꺼이 오랫동안 일하겠습니다.

크게 잘못된 생각이다. 남을 똑같이 따라 해서는 성공할 수 없다. 자신의 성격과 맞지 않는 트레이딩 방법으로는 성공할 확률은 낮다. 답은 다른 사람에게서가 아니라 자신에게서 찾아야 한다.

마법의 공식
조엘 그린블라트(Joel Greenblate)

조엘 그린블라트는 평소 알고 지내던 헤지펀드 매니저들에게 『헤지펀드 시장의 마법사들』에 꼭 포함되어야 할 인물을 추천해달라고 부탁할 때마다 들었던 이름이다. 그중 한 명은 "『주식시장의 영원한 고수익 테마들(You Can Be a Stock Market Genius)』의 저자예요."라고 말해주었다. 내가 못마땅하다는 듯이 끙끙대자 그는 "알아요, 제목이 좀 그렇죠. 하지만 정말 좋은 책이에요. 헤지펀드 매니저들에 대해서도 잘 설명되어 있고요."라고 설명했다. 실제 책을 읽어보니 잘 알려지지 않았던 특수한 상황(기업분할, 합병, 구조조정, 신주발행, 껍데기 주식, 신주인수원 투자 등)에서의 트레이딩이 놀라울 정도로 정확하고 분명하게 묘사되어 있었다. 게다가 꽤나 유머러스하기까지 했다.

마지막 첨부 부분에는 그린블라트가 운용했던 고담 캐피털(Gotham Capital) 펀드의 실적이 수록되어 있었다. 그는 1985년부터 갑작스럽게 펀드 운용을 중단한 1994년까지 연평균 복리 수익률 50%(수수료 차감 전)를 기록했고, 수익도 놀랄 만큼 지속적이었다. 펀드를 운용했던 10년을 통틀어 수익률이 가장 낮은 해의 기록은 +28.5%였다. 지금까지 내가 만났던 트레이더들 중 최고였다. 이렇게 뛰어난 수익을 기록한 사람이 왜 펀드를 폐쇄했는지가 궁금해졌다. 책의 내용으로 미루어봤을 때 분명히 그린블라트는 활발하게 트레이딩을 계속하고 있었고, 펀드만 폐쇄한 그럴 듯한 이유를 전혀 짐작할 수 없었다.

그 답은 매우 합리적이면서도 당연했다(일단 알면 그렇다). 펀드가 너무 성공했기 때문이었다. 펀드의 자산이 수익 창출에 방해가 될 정도로 증가했기 때문에 예탁금을 모두 고객들에게 돌려주기로 했던 것이다. 그린블라트와 1989년부터 그의 파트너로 함께 일해온 롭 골드스타인(Rob Goldstein)은 이후 10년 동안 프롭 트레이딩을 계속했다. 포트폴리오는 고담 캐피털 펀드를 운용할 때와 마찬가지로 특수한 상황에서의 포지션으로 구성되었다(포트폴리오 구성에 대해서는 『주식시장의 영원한 고수익 테마들』에 상세하게 소개되어 있다). 프롭 계좌의 실적은 비공개다. 단 그린블라트가 내게 살짝 귀띔해준 평균 수익률은 과거 펀드의 실적에는 못 미치지만 다른 헤지펀드보다 훨씬 높은 수준이었다.

그린블라트의 두 번째 저서 『주식시장을 이기는 작은 책(The Little Book That Beats the Market)』(그린블라트는 분명히 자극적인 책 제목을 선호하는 듯 보인다)은 그가 진행한 연구의 결과물이다. 그린블라트는 2003년 컴퓨터 프로그래머를 고용해 자신이 종목 선별에 활용하고 있는 대표적인 두 개의 기준(싼 종목과 좋은 종목을 골라내는 기준)의 실제적인 성과를 분석했다. 그는 싼 종목을 찾을 때는 수익률(Earning Yield)을, 좋은 종목을 알아낼 때는 자본이익률(Return On Capital)을 활용한다(그가 사용한 용어는 일반적인 기준과 약간 다른데, 여기에 대해서는 차후에 설명하겠다). 분석 결과 이 2가지 기준을 통합해 종목들의 순위를 매겼을 때 두 사람이 생각했던 것보다 훨씬 더 훌륭한 결과를 도출하는 것으로 밝혀졌다. 그린블라트는 이렇게 만들어진 순위를 '마법의 공식'이라고 부른다. 시장지표를 과도하게 강조하는 관행에 빗대어 지어진 이름이지만, 실제 놀라울 정도로 효율적인 것도 사실이다(실험적으로 입증되었다). 그린블라트와 골드스타인 역시 마법의 공식에 깊은 인상을 받았고, 주식시장에서의 포트폴리오 관리 기준으로 활용하기 위해서 같은 이름의 웹사이트를 개설했다.

초기 연구 성과에 고무된 그린블라트는 수천만 달러를 투자해 더 나은 평가지표를 개발 및 적용하기 위해 본격적인 연구를 진행했다. 이렇게 개발된 독립적인 시장지표는 마법의 공식과 비슷하지만 훨씬 복잡하고 더 나은 기준을 제공했다. 연구 결과가 매우 성공적이었기 때문에 두 사람은 특수한 상황에만 집중했던 트레이딩을 시스템 기반의 다변화된 가치투자로 전환했다. 덕분에 트레이딩의 효율성이 개선되었을 뿐 아니라, 고담 캐피털 펀드를 폐쇄할 수밖에 없었던 문제도 해결되었다.

2009년 고담 캐피털은 투자 운용 세계에 다시 한 번 소개되었다. 새로운 펀드는 롱-쇼트 펀드 2개, 대형주 중심 펀드 1개 그리고 중소형주 펀드 1개로 구성되었다. 투자 고객들에게 예탁금을 돌려주고 펀드의 세계에 다시는 발을 들이지 않을 줄 알았던 조엘 그린블라트는 15년 만에 파트너인 골드스타인을 비롯해 10년 동안 함께 일해온 애널리스트 팀과 협력해 동일한 원칙을 바탕으로 또 한 번 펀드 운용을 시작하였다. 이번에는 가치주 및 특수한 상황에서의 포지션에 의존하던 원래의 접근방식과 달리 시스템을 기반으로 한 다변화된 트레이딩을 추구하고 있다.

그린블라트와 고담 캐피털 펀드 팀은 가치 중심의 인덱스를 만들고, 여기에 시스템 투자방식을 적용해서 현존하는 그 어떤 것보다 훨씬 뛰어난 실적을 자랑하는 인덱스를 만들어냈다. 이렇게 만들어진 차세대 인덱스를 바탕으로 고담 캐피털은 미국 및 전 세계 주식시장에서 규모에 맞게 세분화된 펀드와 통합관리형 계좌를 운용하고 있다. 이들이 만든 새로운 인덱스는 뮤추얼펀드 및 기관의 인덱스 투자자들에게 훌륭한 대안을 제시한다. 이것이 바로 그린블라트의 세 번째 책, 『주식시장을 이기는 큰 비밀(The Big Secret for the Small Investor)』에 소개된 성공 투자의 비밀이다. 그는 다른 뮤추얼펀드들이 고담 캐피털의 혁신적인 접근방법을 따라 하는 건 시간문제지만, 뛰어난 연구 및 트레이딩 덕분에 다른 경쟁자보다 계속해서 뛰어난 실적을 기록할 것으로 믿고 있다.

"

처음부터 트레이더가 되고 싶으셨습니까?

꼭 그렇다고는 할 수 없습니다. 그보다 하기 싫은 일이 있었습니다. MBA를 수료한 다음 로스쿨에 들어간 이유는 일주일에 90시간에서 100시간이나 일해야 하는 투자은행에서 일하고 싶지 않아서였습니다. 하지만 1년 만에 로스쿨을 그만두었습니다. 변호사에 흥미가 없다는 걸 깨달았어요.

언제 주식시장에 흥미를 갖게 되셨나요?

대학 3학년 때였습니다. 〈포브스(Forbes)〉를 보다가 벤저민 그레이엄(Benjamin Graham)에 대한 기사를 읽게 되었습니다. 전구에 불이 들어온 것 같은 기분이었어요. 이후 그레이엄에 대한 자료를 모두 찾아 읽었습니다. 대학에서 효율적 시장가설에 대해 배웠는데, 별 흥미가 없었습니다. 제가 시장에서 목격하고 있는 상황과 논리적으로 맞지 않았기 때문이에요. 1년 내내 주가가 2배로 뛰거나 반 토막이 나는 종목이 너무 많았습니다. 주가가 고점과 저점 사이에서 언제나 효율적으로 결정된다는 논리는 설득력이 없게 느껴졌습니다. 그레이엄의 글을 읽고 '아주 논리적이군. 주가는 합리적인 가치를 중심으로 변동하는 거야'라고 생각했습니다.

그 전에는 시장에 대해 흥미가 없으셨나요?

주식시장보다는 경마나 개 경주에 더 관심이 많았습니다.

트랙에 가본 적이 있나요?

주로 개 경주가 열리는 곳에 갔습니다. 몰래 숨어 들어가도 뭐라고 하지 않았거든요.

베팅 기술은 있으셨나요?

애석하게도 없었습니다. 처음으로 크게 베팅을 했을 때의 기억을 절대 잊을 수 없습니다. 사촌과 트랙에 갔는데 다른 개들보다 12초나 빨리 뛰는 개를 한 마리 보았습니다. 무슨 이유에서인지 그 개에 걸린 베팅은 1/99이었습니다. 기회라고 생각했어요. 왜 다른 사람들이 멍청하게 다른 개들에 베팅을 하는지 이유를 몰랐습니다. 그런데 그 개는 경주에서 끌찌로 들어왔습니다. 그제야 알았죠. 제가 베팅한 개가 단거리에서는 다른 개들보다 12초나 빨리 뛸 수 있었지만 장거리는 처음이라는걸요. 짧은 순간이었지만 연구의 중요성을 배웠습니다.

처음 주식에 투자하신 건 언제였나요?

그레이엄에 대한 기사를 읽은 후였고, 로스쿨에 들어가기는 전이었습니다. 펀드를 만들고 그레이엄이 순가치(Net-Net)라고 이름붙인 종목들을 매수했습니다. 청산가치 이하로 거래되는 주식을 뜻하죠. 저는 순가치 종목에 관해 연구했고, 이후 이것으로 석사학위 논문을 썼습니다. 비즈니스 스쿨 친구들인 리처드 프제나(Richard Pzena)와 브루스 뉴버그(Bruce Newberg)가 함께 작업을 했어요. 데이터베이스를 활용할 돈이 없어서 대학 도서관에 보관된 10년 치 S&P 자료를 수작업으로 수집했습니다. 그 작업은 너무 힘들어서 전체 주식의 15%밖에 연구하지 못했어요.

당시 펜실베이니아 대학에는 DEC10 컴퓨터가 갖추어져 있었습니다. 크기는 이 방의 4배 정도였지만 전산 능력은 요즘의 스마트폰보다도 못했습니다. 리처드는 컴퓨터에 능숙했어요. 우리는 모든 데이터를 컴퓨터에 입력했고, 그레이엄의 공식이 수년 전에 개발되었지만 여전히 효과가 있다는 사실을 알게 되었습니다. 우리가 그레이엄의 원칙을 활용해 만든 포트폴리오는 인덱스보다 더 높은 수익을 기록했습니다. 연구 결과는 1981년 여름에 〈저널 오브 포트폴리오 매니지먼트(Journal of Portfolio Management)〉에 게재됐습니다.

그리고 로스쿨에 입학하기 전에 아버지의 친구들이 맡긴 25만 달러를 가지고 펀드를 만들어 청산가치 이하의 저가주에 투자했어요.

얼마나 오래 펀드를 운용하셨습니까?

2년에서 3년 정도였습니다. 취직을 했을 때 펀드 운용이 불가능하다는 걸 알고 그만두었습니다.

운용 결과는 어땠나요?

44%의 수익을 기록했습니다.

처음 펀드부터 상당한 수익을 올리셨는데, 취직보다 돈을 운용할 생각은 하지 않으셨나요?

더 배워야 한다고 생각했습니다. 펀드 운용은 좋은 경험이었어요. 다른 사람의 돈을 맡아서 운용하는 기분이 어떤 건지를 배웠습니다.

트레이딩과 관련해서 처음 얻은 직업은 무엇이었나요?

로스쿨에서 처음이자 마지막 1년을 보낸 후, 여름에 아르바이트로 베어스턴스에서 옵션을 트레이딩했습니다.

옵션에 대해 잘 알고 계셨나요?

아니요, 저는 결국에 가서는 무위험차익거래인 포워드 컨버전에 투자하고 있었습니다.[14] 컨버전 거래를 통해 연평균 18~19%를 벌 생각이었습니다.

당시 옵션시장이 그 정도로 비효율적이었나요?

---

14. 포워드 컨버전은 주식에 대해 매수 포지션을 구축하고 합성 매도 포지션(행사가격과 만기가 동일한 콜옵션 매도/풋옵션 매수)으로 리스크를 헤지하는 방법이다. 만약 프리미엄만으로 합성 포지션을 실행할 수 있다면 리스크 없이 수익만 벌어들일 수 있다.

아니요. 금리가 그만큼 높았습니다. 차익거래로 리스크는 없애고, 추가적으로 5~6%의 수익을 기대할 수 있을 것 같았습니다. 사실은 기계적인 트레이딩이었어요. 당시에는 옵션가격을 나타내는 스크린이 없었습니다. 그래서 주식과 관련해 매력적인 옵션을 알아내기 위해 플로어 맞은편까지 달려가서 옵션가격이 적힌 종이를 가져와야 했습니다. 그다음에는 트레이딩을 위해 다시 책상으로 달려왔어요. 재미있는 경험이었지만, 여름이 끝날 때 즈음 옵션 트레이딩을 하면서 살고 싶지는 않다고 생각했습니다.

그다음에는 어떤 일을 하셨습니까?

할사이온 인베스트먼트(Halcyon Investment)라는 새로 만들어진 작은 위험차익거래 회사에서 애널리스트로 일했습니다. 파트너는 고작 세 명이었고, 저는 유일한 애널리스트였습니다. 연봉은 당시 MBA 학비의 반 정도인 2만 2,000달러를 받았습니다. 저는 신생 투자업체의 유일한 애널리스트가 된다는 이야기를 듣고 반색했습니다. 많이 배울 수 있을 거라는 생각 때문이었죠.

위험차익거래 경험이 전혀 없으셨는데, 애널리스트 일자리를 얻기 어렵지는 않으셨나요?

글쎄요. 연봉이 고작 2만 2,000달러였으니까요. 회사에서는 비용을 많이 감당하려 하지도 않았고, 경험이 많은 애널리스트를 원하지도 않았습니다. 저는 회사가 잠재력이 있는 사람을 찾고 있기를 바랐습니다.

그때가 언제였나요?

1981년 12월이었습니다.

아이러니하네요. 주식시장이 바닥을 치기 직전에 일을 시작하셨군요.

재미있는 기억이죠. 당시 월스트리트에서 일을 하려는 사람은 그리 많지 않았습니다. 시장이 13년 동안 상승하지 않았거든요.

첫 직장에서의 경험은 어땠습니까?

당시 위험차익거래는 서부 개척시대처럼 무법천지였습니다. 비효율적인 부분이 너무 많고 기회는 널려 있었죠. 그래서 일반적으로 연수익이 60~80%에 달했습니다.

단순 위험차익거래가 그 정도로 높은 수익을 올렸나요?

우리는 단순 위험차익거래를 했고, 스프레드가 상당했어요. 하지만 저는 위험차익거래의 리스크 대비 수익에 전혀 매력을 느끼지 못했습니다. 그레이엄의 접근방식을 활용하면 투자 대상을 저렴하게 매수해서 비대칭적인 수익을 올릴 수 있습니다. 잃을 게 거의 없으니까요. 하지만 위험차익거래는 정반대였습니다. 합병을 성사시키면 1달러에서 2달러를 벌지만 결렬되었을 때는 10달러에서 20달러의 손실이 발생했어요. 본능적으로 확률이 마음에 들지 않았습니다. 하지만 합병이 결렬되는 일이 좀처럼 없어서 수익이 높았던 겁니다. 저는 언제나 이례적인 위험차익거래에 관심이 많았습니다. 다른 입찰자가 나타나 적대적 합병을 하거나, 현금 대신 다른 흥미로운 대가를 지불하는 경우였어요.

아르바이트로 베어스턴스에서 옵션을 거래했던 경험이 상당한 도움이 되었습니다. 위험차익거래에서는 타이밍이 매우 중요합니다. "언제 협상이 타결될까?"에 대한 답을 알고 있다면, 특정 시점에 만료되는 옵션을 활용할 수 있습니다. 또 어느 정도의 가격에 협상이 타결될지 알고 있다면 가격 의존도가 높거나 합병 때문에 가격이 왜곡된 옵션을 기회로 활용할 수 있습니다. 또 옵션으로 협상 결렬에 대한 리스크도 헤지할 수도 있어요. 흥미로운 조합이 많습니다.

그 외에 또 다른 이벤트 드리븐 트레이딩에도 참여하신 적이 있나요?

할사이온 인베스트먼트에서도 몇 번 경험하긴 했지만 제가 펀드를 설립한 후에는 일반적인 규칙이 적용될 수 없는 특수한 상황에서의 트레이딩에 완전히 매료되었습니다. 기업분할일 수도 있고, 단순히 신문기사 하나 때문일 수도 있습니다. 유상증자도 그중 하나죠. 2단계 공개 매수(Two-Tiered Tender Offer, 공개 매수 방법의 하나로서 최대 한도의 주식수에 대해서는 일정한 가격으로 공개 매수하고, 잔여 주식은 지배권을 획득한 후 합병 시보다 낮은 가격으로 공개 매수하는 방법) 역시 일반적인 월스트리트의 애널리스트들이 평가할 수 없는 이례적인 사건입니다. 저는 복잡한 상황을 좋아합니다. 400페이지짜리 문서를 읽어야 하는 거래라면 당장 분석을 시작합니다. 다른 사람들은 읽지 않으려 하니까요.

할사이온에서 애널리스트로 일을 하시다가 어떤 계기로 펀드를 설립하게 되셨습니까?

〈저널 오브 포트폴리오 매니지먼트〉에 함께 논문을 발표했던 뉴버그가 마이클 밀켄에서 일하고 있었습니다. 제가 할사이온에서 일을 시작한 지 3년째 되는 해였습니다. 그와 전화를 하다가 우연히 700만 달러만 있으면 독립적인 펀드를 설립하겠다는 말이 나왔어요. 그다음 날 뉴버그가 전화를 걸어 "마이클 밀켄에서 돈을 대준대"라고 말했습니다. 원래 마이클 밀켄은 제가 생각했던 금액의 2배를 투자하려고 했지만 저는 700만 달러만 원했습니다. 할사이온에서 일할 때도 제 계좌로 트레이딩을 하고 있었는데, 연수익이 100%가 넘었습니다. 하지만 제 개인계좌를 트레이딩했던 것처럼 펀드를 운용할 수 있는지 확실히 확인하고 싶었습니다. 처음부터 너무 많은 자본금으로 펀드를 시작하고 싶지는 않았어요.

첫 번째 펀드를 운용하면서 진행했던 특수한 상황에서의 트레이딩과 관련된 예를 들어주실 수 있나요?

메리어트(Marriott) 기업분할을 예로 들 수 있습니다. 매리어트는 1990년대 초 부동산 하락으로 고전하고 있었습니다. 주 사업은 호텔경영이었지만 알려지지 않은 작은 숙박업체도 상당히 많았습니다. 매리어트는 이들을 매도하려고 했습니다. 그래서 이 작은 호텔들과 그에 딸린 부채를 묶어서 호스트 매리어트(Host Marriott)로 분할하고, 우량 사업은 매리어트 인터내셔널(Marriott International)이 맡기로 했습니다. 원래 매리어트의 주 사업부서인 호텔경영은 버핏 스타일로 운영되고 있었고, 부채 문제도 거의 해결된 상태였습니다. 따라서 굉장히 똑똑한 선택이었죠. 하지만 저의 관심을 끈 부분은 독성 폐기물이나 다름없는 호스트 매리어트였습니다. 매력도 없고 빚도 많아서 아무도 원치 않았죠.

왜 호스트 매리어트에 매료되셨나요?
무엇보다 신문이나 재무상태표를 한 번이라도 본 사람이라면 호스트 매리어트를 절대 원치 않을 거라는 생각에 마음이 끌렸습니다. 아무도 주목하지 않을 만큼 상황이 좋지 않았어요. 하지만 제게는 앞으로 탐험을 해야 할 비옥한 땅처럼 느껴졌습니다. 게다가 기업분할 때 기관들이 주식을 매도할 가능성이 컸습니다. 원래 호스트 매리어트는 모기업의 10~15%밖에 차지하지 않고 있었기 때문에 기관 투자자들에게는 너무 작은 소형주였습니다. 뿐만 아니라 기업분할은 사업부서를 나누는 과정이었습니다. 대부분 모회사이자 경영부서인 매리어트 인터내셔널에만 관심이 있었고, 호스트 매리어트의 소유권은 포기한 상태였어요. 그래서 호스트 매리어트는 매수 대상으로 주목받기는 고사하고 매도 대상이었습니다. 따라서 가치가 저평가될 가능성이 매우 컸죠. 살펴볼 만한 충분한 이유가 있었습니다.

그 결과 무엇을 알게 되셨나요?
내부관계자들이 기업분할 과정에서 상당한 몫을 차지하고 있다는 걸 알게 되었습니다. 쿨할을 지휘하는 사람이 '독성 폐기물'이던 호스트 매리어트를 경영할 예정이었어요. 언론의 보도에 따르면 상황이 정말 나빴는데, 그가 호스트 매리어트를 맡는다는 게 이해되지 않았죠. 게다가 매리어트 가족은 호스트 매리어트의 지분 중 25%를 가지고 있었습니다.

그뿐만이 아니었어요. 호스트 매리어트가 상당한 레버리지를 제공한다는 것도 알게 되었습니다. 주가는 3달러에서 5달러로 예측되었는데, 주당 부채는 20달러에서 25달러 정도였습니다. 쉽게 설명하기 위해서 한 주당 가격이 5달러라고 가정해보겠습니다. 한 주당 부채가 25달러면 새 기업의 자산은 주당 30달러가 되죠. 기업의 가치에 비해 주가가 상당히 저평가되었기 때문에 자산가치가 15% 정도 상승해야 했습니다. 즉 주가가 2배 상승한다는 뜻이었죠. 물론 레버리지는 정반대의 결과로 이어질 수도 있습니다. 하지만 잠재적 수익이 리스크에 비해 높았습니다. 주가가 마이너스가 될 수는 없으니까요. 게다가 내부관계자들의 지분이 많은 걸로 봐서는 호스트 매리어트를 퇴출하기 위한 분할은 아니라고 판단했어요. 뿐만 아니라 기업분할을 위해서 '우량기업'으로 알려진 매리어트 인터내셔널이 호스트 매리어트에 6억 달러를 출자하기로 되어 있었습니다.

결국 어떻게 되었나요?

생각했던 대로 기관 투자자들은 호스트 매리어트의 주식을 저가에 투매했습니다 이후 4개월 만에 주가는 약 3배 상승했습니다.

그린블라트 씨의 접근방식을 보여주는 또 다른 특수한 트레이딩 사례가 있을까요?

오랫동안 안정적으로 은행 수수료로 수익을 내왔던 웰스 파고(Wells Fargo)는 1990년대 초 갑자기 수세에 몰렸습니다. 캘리포니아의 상업부동산에 과도하게 부채를 빌려준 결과였어요. 캘리포니아는 부동산 침체로 인한 위기를 겪고 있었습니다. 가능성이 희박하기는 했지만 수수료 수익을 충분히 벌어들이기 전에 웰스 파고의 자본이 잠식될 가능성이 있었어요. 하지만 은행이 살아남는다면 시장의 우려 때문에 80달러까지 하락했던 주가가 크게 상승할 것이 분명했습니다. 저는 리스크 대비 수익에 주목했습니다. 웰스 파고가 파산하면 주가는 80달러 이하로 떨어질 것이고, 그렇지 않다면 상승하겠죠. 확률은 반반이었습니다. 만약 주식이 아니라 만기가 2년 이상인 장기주식예상증권(LEAPS, 만기가 1년 이상인 옵션)을 매수하면 1:1의 리스크 대비 수익을 1:5로 개선시킬 수 있었습니다. 은행이 살아남으면 주가는 2배 정도 상승할 것으로 보였고, 그러면 저는 옵션에 투자한 금액의 5배를 벌 수 있었죠. 은행이 파산하면 옵션비용을 잃고요. 확률이 반반이 아니었다면 아마 주식을 매수했을 겁니다. 하지만 리스크 대비 수익을 고려했을 때 옵션이 더 나았어요. 결국 옵션 만기 전 주가는 2배 상승했습니다.

1995년 투자자들에게 예탁금을 돌려주신 후 얼마나 오랫동안 같은 전략으로 투자하셨나요?

10년간 같은 전략을 활용했습니다. 그다음에는 조금씩 시스템을 기반으로 하는 가치접근방식으로 전환했습니다.

왜 투자방법을 바꾸셨습니까?

투자원칙에 변화가 있었던 건 아닙니다. 저는 언제나 가치투자자였습니다. 고담 캐피털 펀드를 운용할 때도 그리고 이후에도 일반적인 가치 포지션과 특별한 가치 포지션을 모두 구축했습니다. 즉 분명하게 촉매로 작용할 만한 사건이 없는 가치투자와 확실한 사건이 있는 가치투자를 모두 지향했던 거죠. 투자방법을 바꾼 건 제가 학생들에게 가르쳤고, 스스로 활용해왔던 원칙을 테스트하면서부터입니다. 2003년 골드스타인과 저는 숙련된 컴퓨터 프로그래머를 고용했습니다. 그리고 그때까지 기업평가에 활용해왔던 기준에 대해 백테스트를 실시했어요. 첫 번째로 싼 종목을 매입하라는 그레이엄의 원칙을 기반으로 만들어진 기준을 테스트했습니다.

싼 종목은 어떻게 정의하십니까?

가격이 '싼' 종목을 측정하는 방법은 다양합니다. 우리는 수익률(Earning Yield)을 활용했습니다. 수익률은 법인세 차감 전 순이익(EBIT)을 기업의 총가치로 나눈 비율로 정의됩니다.

『주식시장을 이기는 작은 책(The Little Book That Beats the Market)』에서 그린블라트는 수익률에 대해 다음과 같이 설명했다.

수익률은 법인세 차감 전 순이익(EBIT)을 기업의 총가치(자기자본의 시장가치+순이자 발생 부채)로 나눈 값이다. 다양한 이유 때문에 P/E(주가/이익) 비율이나 E/P(이익/주가) 비율을 수익률로 활용하는 사례가 많다. 수익률의 기본 개념은 기업의 주식을 매입하는 데 드는 비용에 비해 기업이 얼마나 많은 이익을 창출하고 있는지를 가늠하는 것이다. 단순한 자기자본의 가치(예 : 시가총액, 발행주식수×주가) 대신 기업의 총가치를 활용하는 이유는 주식을 모두 사들이는 데 필요한 금액뿐 아니라 기업이 이익을 창출하는 데 필요한 부채도 고려하기 위해서다. EBIT(법인세를 차감하기 전 실제 기업이 벌어들인 이익)을 활용하고 이 수치를 기업의 총가치와 비교하면 기업을 구매하는 데 드는 총 금액 대비 세금을 차감하기 전 이익(예 : 세전 이익의 비율을 주식의 가격과 부채의 합에 비교)의 비율을 계산할 수 있다. 이런 방법으로 다양한 부채 및 세금 수준을 가진 기업들의 수익을 동등한 조건에서 비교할 수 있다.

예를 들어 모기지 80만 달러와 자산 20만 달러를 가지고 100만 달러짜리 건물을 구매했을 경우 자기자본의 값은 20만 달러, 기업의 총가치는 100만 달러가 된다. 만약 건물이 10만 달러의 EBIT(법인세 차감 전 순이익)를 창출한다면 EBIT/EV, 즉 세전 수익률은 10%가 된다(10만 달러/100만 달러). 하지만 부채를 고려하면 단순히 자산의 가치만을 고려했을 때와 전혀 다른 결과를 얻을 수 있다. 예를 들어 80만 달러 모기지에 대한 금리가 6%, 법인세가 40%라고 가정해보자. 20만 달러의 자기자본에 대한 세전 수익률은 26%가 된다. 부채 수준이나 자기자본에 대한 세전 수익률은 달라질 수 있지만 100만 달러의 건물 취득비용과 건물이 창출한 10만 달러의 EBIT은 달라지지 않는다. 즉 P/E와 E/P는 부채 및 세금 수준에 따라 크게 달라지지만 EBIT/EV는 불변한다.[15)]

우리는 미국 내 2,500개 대기업을 분석했습니다. 첫 번째 테스트에서는 EBIT/EV 비율을 기반으로 종목의 순위를 정했습니다. 이때 과거 특정 일자의 실제 데이터로 구성된 컴퓨스태트의 포인트 인 타임(Point-In-Time) 데이터베이스를 이용했기 때문에 예측 불가능한 미래는 제외되었습니다. 데이터베이스는 1988년의 데이터부터 포함하고 있었고, 우리는 그때부터 테스트를 실시했습니다.

워런 버핏이 그레이엄의 투자방식을 응용하는 방법은 싼 기업을 사면 좋겠지만 우량 기업을 싸게 사면 더욱 좋다는 것이었습니다. 버핏이 우량 기업인지를 판단하기 위해 활용하는 방법은 '고형자산의 수익률(Return on Tangible Capital)'입니다. 책에서 저는 '제이슨의 껌 가게'라는 예를 들어 설명했습니다. 이 가게는 재고, 가게 외장 및 기타 비용으로 40만 달러를 지출했고 매년 수익으로 전체 자본의 반인 20만 달러를 벌어들이고 있었습니다. 그 비교 대상인 '브로콜리 가게'는 역시 40만 달러의 비용을 지출했지만 매년 자본의 2.5%에 불과한 1만 달러를 수익으로 올립니다. 당연히 소요 자본에 비해 50%의 수익을 올리는 가게가 2.5%의 수익을 올리는 가게보다 훨씬 좋죠. 또 고려할 사항은 "얼마나 효율적으로 고정자산과 운전자본을 수익으로 변환시키고 있는가?"입니다.

---

15. 그린블라트가 집필한 『시장을 이기는 작은 책』에서 발췌(Johns Wiley & Sons, 2006), 이후 존스 앤 와일리 허가 하에 2쇄 발행

『주식시장을 이기는 작은 책(The Little Book That Beats the Market)』에서 그린블라트는 자본수익률에 대해 다음과 같이 설명했다.

자본수익률은 법인세 차감 전 순이익(EBIT)을 소요된 고정자본(순운전자본 + 순고정자산)으로 나눈 비율이다. 일반적으로 활용되는 자기자본이익률(Return On Equity, ROE, 이익/자기자본) 혹은 총자본이익률(Return On Assets, ROA, 이익/자산)이 아닌 자본수익률을 활용하는 이유는 다양하다.

수익 자료 대신 EBIT(법인세 차감 전 순이익)를 활용하는 이유는 기업들이 다양한 부채 및 세금 수준을 가지고 있기 때문이다. 법인세 차감 전 순이익, 즉 EBIT를 활용하면 서로 다른 세금 및 부채의 차이로 인한 왜곡 없이 기업의 영업이익을 비교할 수 있다. 그다음에는 각 기업에서 법인세 차감 전 순이익(EBIT)을 이익 창출에 사용된 자산비용(소요된 고정자본)과 비교 가능하다.

순운전자본+순고정자산(혹은 소요된 고정자본)은 총자산(ROA 계산에 활용) 혹은 자기자본(ROE 계산에 활용) 대신 사용된다. 기업의 사업을 수행하는 데 실제 얼마의 자본이 소요되었는지를 계산하기 위해서다. 순운전자본이 활용되는 이유는 기업이 대손충당금과 재고를 위한 돈이 필요하기 때문이다(사업에 필요하지 않은 잉여 현금은 계산에서 제외). 하지만 미지급금은 이자가 없는 부채이기 때문에 고려하지 않는다(이자를 지불해야 하는 단기 부채는 제외). 기업은 운전자본뿐 아니라 부동산, 공장, 설비 등 기업에 필요한 고정자산을 위한 비용을 비축해야 한다. 그다음에는 순운전자본에 고정자산의 감가상각된 순원가를 더해 소요된 고정자본을 계산한다.

우리는 동일한 2,500개의 기업을 가지고 자본수익률을 기준으로 다시 순위를 매겼습니다. 그다음에는 두 개의 순위(수익률을 기반으로 정해진 순위와 자본수익률을 기반으로 정해진 순위)를 결합시켰습니다. 두 개의 순위를 결합시켜서 효율적으로 두 개의 측정치를 반영한 것입니다. 이는 싼 주식과 좋은 주식을 적절하게 조화시키는 방법입니다. 만약 수익률을 기반으로 매겨진 순위에서

1위를 기록한 기업이 자본수익률 순위에서 250위를 했다면, 혼합된 순위는 251위가 됩니다. 가장 싼 기업을 찾는 것도, 가장 좋은 기업을 찾는 것도 아닙니다. 우리가 찾는 건 가장 싸면서도 좋은 기업입니다. 책에서 저는 이 두 가지를 혼합해 얻어낸 순위에 '마법의 공식'이라는 이름을 붙였습니다.

23년간의 데이터에 대해 백테스트를 실시했더니, 마법의 공식은 1,000개의 대기업 중에서 가장 좋은 30개 기업을 찾아냈습니다. 이들로 포트폴리오를 구성하자 S&P500의 수익률보다 약 2배가 높은 실적을 올릴 수 있었습니다 (19.7% 대 9.5%. 만약 2,500개 기업을 대상으로 포트폴리오를 구성했다면 더 훌륭한 수익을 올렸을 것이다). 2000년대 초부터 10년 동안의 결과는 특히 흥미로웠습니다. 2000년부터 2009년까지 마법의 공식이 연평균 13.5%의 수익을 올린데 반해, S&P500은 연간 1%의 손실을 기록했습니다.

가치투자의 힘은 학계에서 알려주는 그 어떤 것보다 중요합니다. 주식의 가격은 결국 가치에 의해 결정됩니다. 다만 인내심이 필요합니다. 시장이 가치를 중심으로 안정되기까지는 어느 정도 시간이 걸리기 때문입니다.

우리는 마법의 공식으로 얻어낸 순위를 10분위로 나누었습니다. 각 10분위에는 250개의 종목이 포함되었습니다. 이후 1년 동안 각 10분위의 실적을 분석했습니다. 매월 같은 과정을 반복했습니다. 그때마다 새로운 순위를 만들었고, 이후 1년간 각각의 포트폴리오(각각의 10분위)에 투자했다고 가정했습니다. 뿐만 아니라 컴퓨스태트의 포인트 인 타임 데이터베이스에 저장된 23년 치의 데이터를 월별로 적용해서 같은 과정을 반복했습니다. 그 결과 10분위 중 1번이 2번보다 나은 실적, 2번은 3번보다 나은 실적, 3번은 4번보다 나은 실적을 기록한다는 것을 알게 되었습니다. 마지막 10번 10분위까지요. 마지막 10분위에는 비싸고 나쁜 종목들이 포함되었습니다. 1번 10분위부터 10번 10분위 사이에 커다란 스프레드가 존재했습니다. 1번은 연간 15%의 수익을 기록했지만 10번은 0.2%의 손실을 기록했죠.

각 10분위들의 상대실적이 지속적이라면, 1번 10분위만 매수하는 것보다 1번은 매수하고 10번은 매도한다면 더 나은 리스크 대비 전략이 되지 않을까요?

제 학생들을 비롯해 수백 명의 사람들이 이메일로 제게 같은 질문을 했습니다. 대부분 "저게 좋은 생각이 있어요. 간단하게 1번 10분위는 매수하고 10번은 공매도하면 어떨까요? 1년에 15%의 수익을 벌면서도 리스크는 전혀 감수하지 않아도 될 거예요"라는 내용이었습니다. 여기에 문제가 하나 있습니다. 2000년처럼 주식시장에 거품이 낄 때는 매도 포지션으로 인한 손실이 매수 포지션의 수익보다 더 커졌을 겁니다. 그래서 아마 돈을 100% 잃었을 겁니다.

여기에 주목할 필요가 있습니다. 만약 제가 매월 혹은 매년 효과가 있었던 전략에 대해 책을 쓴다면 누구나 한 번은 시도해볼 겁니다. 그러면 이 전략은 더 이상 효과가 없겠죠. 가치투자는 언제나 효과가 있는 게 아닙니다. 시장이 투자자의 생각에 동의하지 않을 수도 있습니다. 물론 시간이 지나면서 가치는 시장이 부여하는 값과 대략 비슷해집니다. 하지만 단기적으로는 그렇지 않을 수도 있습니다. 그런데 단기란 2년 내지 3년을 의미하기도 합니다. 하지만 이건 좋은 겁니다. 특정 기간 동안 우리들의 가치중심 접근방법이 효과가 없었다면 장기적으로는 효과가 있을 것이기 때문이거든요.

우리가 만든 마법의 공식을 활용하면 다른 투자자들이 선호하지 않는 종목을 매수하게 됩니다. 신문을 읽은 사람이라면 당연히 매수를 꺼릴 만한 종목이죠. 이런 종목들로 구성된 포트폴리오는 2년 혹은 3년간 시장보다 낮은 실적을 기록할 수도 있습니다. 대부분의 사람들은 이런 전략을 고수하지 못합니다. 1년에서 2년 만 시장보다 낮은 실적을 기록해도 해당 전략을 버리고 최근에 더 효과가 있었던 다른 전략으로 전환합니다.

가치투자는 충분한 신뢰가 있어야 가능합니다. 저는 책을 쓰거나 강의를 하면서 평균 이상의 가치가 있는 기업을 평균 이하의 가격에 매수하라고 사람들을 설득하는 데 가장 많은 시간을 할애하고 있습니다. 이런 접근방법이 합리적이라고 생각된다면, 전략이 효과가 없는 것 같아도 장기적으로 고수할 수 있을 만큼 신뢰하게 됩니다. 어느 정도 기회를 주는 거죠. 효과가 없는 것 같은 무언가를 고수할 수 있는 유일한 방법은 이해를 하는 것입니다.

우리가 완벽한 10분위 순서를 나타내는 결과를 얻었을 때, 저와 파트너인 골드스타인은 마주보며 "이거 정말 흥미로운데"라고 말했습니다. 한눈에 봐도 결과가 훌륭했으니까요. 조금 더 개선하면 시스템을 기반으로 하는 가치투자로 돈을 운용할 수 있겠다는 생각이 들었습니다. 우리 펀드에서는 10명의 애널리스트들이 전 세계 모든 기업의 손익계산서 및 재무상태표, 현금흐름표 등을 검토하고 있습니다. 또 우리만의 분석방법에 따라 진짜 현금흐름과 실질자산 및 부채에 대해서도 알아내고 있습니다. 지금까지 4,000개 미국 및 해외 기업에 관한 데이터베이스를 만들어냈습니다.

예측 자료인가요?

아니오. 우리는 과거의 데이터를 분석하였습니다.

지금 말씀하신 복잡한 분석법은 책에서 소개하신 마법의 공식과 비교해 어느 정도나 개선된 건가요?

20개 혹은 30개 종목으로 다변화된 그룹도 상당히 효과가 있었어요. 그런데 우리가 연구하고 있는 종목을 모두 활용해 다변화된 포트폴리오를 구축한다면 정말 많은 도움이 되겠죠.

시스템 기반의 가치접근방식도 훌륭하지만 과거 특수한 상황의 트레이딩에 집중되었던 고담 캐피털 펀드와 그 이후 그린블라트 씨가 같은 방법으로 개인계좌를 운용했을 때보다는 실적이 못 미칩니다.

사실입니다. 하지만 중요한 포지션이 6개에서 8개밖에 되지 않을 때는 한두 개만 효과가 없어도 문제가 생깁니다. 지금 우리가 활용하는 시스템 가치투자방식은 롱/쇼트 포트폴리오로 구성되며 매수 포지션만 수백 개, 매도 포지션만 수백 개입니다. 이렇게 해서 15~20%의 연수익률을 기록하고 있습니다. 복리로 하면 상당히 괜찮은 수익입니다. 6개에서 8개의 포지션으로 구성된 포트폴리오보다 변동성도 작습니다. 처음 그때로 돌아간다면 똑같은 방법으로 투자할 겁니다. 하지만 지금은 운용하는 자금의 규모가 훨씬 커졌습니다. 돈이 소수의 포지션에 집중되면서 변동성이 커지는 것보다는 약간의 수익을 포기하더라도 안정적으로 상당한 수익을 올리는 편이 낫습니다. 이런 점에서 시스템 가치접근방식은 아주 매력적입니다. 2가지 중 어떤 쪽이 낫다고는 말씀드리기 힘듭니다. 전혀 다른 방법입니다. 변화되었다기보다는 상황에 맞게 개선된 것뿐입니다. 우리에게 효과가 있던 원칙들을 시스템에 맞춘 결과입니다. 결국 똑같아요. 좀 더 다변화하고, 체계적인 방법일 뿐이죠. 애널리스트들의 도움도 받고 있고요.

현재의 방법으로 훨씬 더 많은 돈을 운용할 수 있겠군요.

맞습니다. 원래의 목적은 아니었지만요. 가장 중요한 목표는 변동성을 줄이는 것이었습니다. 사람들은 돈을 잃지 않는 게 얼마나 중요한지 잘 모릅니다. 손실은 회복이 어렵습니다. 50%의 돈을 잃은 다음에는 100% 수익을 올려야 원금을 회복할 수 있습니다. 변동성이 클 때는 손실 가능성도 크고 회복도 어렵습니다. 하지만 다변화된 롱/쇼트 포트폴리오라면 변동성이 완만해집니다. 수익 기회도 나쁘지 않고요.

처음 연구를 시작했을 때는 어디에나 적용할 수 있는 투자 전략을 얻을 거라곤 생각지 못했습니다. 연구 결과는 예상보다 좋았습니다. 수백 개의 포지션으로 구성된 포트폴리오에도 적용 가능했고요. 그 결과 몇 가나 되는 롱/쇼트 펀드를 만들었고, 인덱스처럼 다변화된 펀드도 만들게 되었습니다.

아까 가장 나쁜 10분위에 대해 매도 포지션을 구축하고 가장 상위 10분위에 대해 매수 포지션을 구축하면 아마 큰 손실을 기록했을 거라고 말씀하셨습니다. 그렇다면 롱/쇼트 펀드는 어떤 방식으로 같은 함정을 피하고 계십니까?

롭과 제가 직접 리스크를 관리합니다. 그 외에 아주 똑똑한 여섯 명(저보다 모두 똑똑하죠)으로 구성된 기술팀이 도움을 주고 있는데, 이들은 금융 지식이 없는 사람들입니다. 롭과 제가 포트폴리오 관리를 맡기 위해서 일부러 금융 배경이 없는 사람들을 뽑았습니다. 우리는 여러 제약 조건에 적용 가능한 최고의 롱/쇼트 포트폴리오를 만들고 싶었습니다. 매수 포지션과 매도 포지션 모두에서 베타를 관리하고, 특정 업종에 집중되거나 종목에 노출되지 않기를 원했습니다. 현재 우리의 포트폴리오는 매우 다변화되어 있습니다. 중소형주 포트폴리오의 경우 가장 큰 포지션이 전체 자산의 0.6%를 차지하고, 매도 포지션에서 가장 큰 포지션도 그보다 더 작습니다.

그린블라트 씨의 롱-온니 인덱스는 기존의 인덱스와 어떻게 다른가요?

대부분의 투자자들은 좋지 않은 선택을 합니다. 뮤추얼펀드 중 70%는 수수료 때문에 S&P500으로 측정된 시장의 평균보다 낮은 실적을 기록합니다. 상위 30%의 펀드 매니저를 찾으면 된다고 생각할 수도 있습니다. 하지만 과거 3년, 5년, 10년간 잘한 것과 앞으로 잘하는 건 전혀 다른 문제입니다.

시장보다 높은 실적을 기록하는 30%의 펀드 매니저들을 예측하기 어렵기 때문에 투자자들은 인덱스를 선택합니다. 게다가 인덱스는 비용도 낮고 세금 면에서도 유리합니다. 합리적이죠. 하지만 S&P500이나 러셀 인덱스 같은 인기 있는 인덱스는 시가총액에 가중치를 부여하기 때문에 비효율적입니다. 시가총액에 가중치를 부여한 인덱스는 주가가 높을수록 더 많이 매수합니다. 그래서 자동적으로 비싼 주식을 너무 많이 보유하고, 저렴한 종목은 포함시키지 않습니다. 물론 동등한 가중치를 부여하는 인덱스 역시 가치평가 면에서 다양한 오류를 포함하게 됩니다. 하지만 시가총액에 가중치를 둔 인덱스가 구조적으로 오류를 가지고 있는 것과 달리 무작위적인 오류를 내포하고 있습니다.

시가총액에 가중치를 부여한 인덱스가 투자자들에게 어느 정도의 비용을 요구하는지를 가늠하려면 동등한 가중치를 부여한 인덱스와 비교하면 됩니다. 지난 40년 동안의 동등한 가중치를 부여한 인덱스는 그 반대보다 연간 2%의 초과 수익을 올려왔습니다. 동등한 가중치를 부여하는 인덱스의 문제점 중 하나는 500번째로 포함된 종목이 첫 번째로 포함된 종목보다 시가총액이 훨씬 작은 소형주이기 때문에 너무 많은 사람이 인덱스를 매입할 경우 소형주의 가격이 왜곡될 가능성이 있다는 겁니다. 가격은 늘 변하기 때문에 거래비용이 많이 든다는 것도 단점입니다. 이런 문제 때문에 롭 아노트(Rob Arnott)는 시가총액이 아니라 매출, 장부가치, 현금흐름, 배당금 등을 기반으로 구성된 펀더멘털 중심의 인덱스(RAFI FTSE Index)를 개발했습니다. 시가총액과 관련이 있는 요소들에 가중치를 두었기 때문에 대형주가 인덱스의 상당 부분을 차지하지만, 시가총액 자체는 고려하지 않았기 때문에 오류가 무작위적입니다. 동등한 가중치를 두는 인덱스와 비슷하죠. 역시 시가총액에 가중치를 두는 인덱스보다 2% 높은 실적을 기록하고 있습니다.

그러니까 펀더멘털 중심의 인덱스도 동등한 가중치를 둔 인덱스와 비슷하지만 더 많은 돈을 운용할 수 있겠군요.

바로 그겁니다. 우리는 저렴한 종목에 더 많은 돈을 할애하는 인덱스를 만들면 실적이 더욱 개선될 거라고 생각했습니다. 러셀가치지수(Russell Value Index)를 포함해 지금의 모든 가치주 인덱스는 시가총액에 가중치를 둡니다. 예를 들어 가장 낮은 주가순자산비율(Price-to-Book Ratio, 주가를 주당순자산가치로 나눈 값)을 갖고 있는 러셀1000(보통 650종도으로 구성) 기업의 부분집합인 러셀1000 가치지수(Russell 1000 Value Index)는 기업의 가치뿐 아니라 시가총액도 고려합니다. 반대로 우리는 저렴한 기업에 집중하고 있기 때문에 상당히 다릅니다. 이런 방법으로 만들어낸 인덱스는 지난 20년간 S&P500과 같은 베타 값 및 변동성을 나타내면서도 매년 7%나 높은 수익을 기록했습니다.

인덱스뿐 아니라 가격이 저렴한 100개의 종목으로 구성된 펀드도 있습니다. 흥미로운 점은 올해 상반기 미국 시장에 투자하는 우리의 밸류 셀렉트 펀드(Value Select Fund)가 같은 카테고리의 1,300개 펀드 중 최고 수익을 기록한 반면, 우리의 셀렉트 인터내셔널 펀드(Select International Fund)는 같은 카테고리의 400개 펀드 중 최악의 실적을 기록했다는 점입니다. 같은 전략으로 다른 시장에서 최고와 최악의 실적을 기록했다는 사실이 정말 흥미롭습니다.

그러면 어떻게 해야 할까요?

최고로 뽑힌 밸류 셀렉트 펀드는 시장보다 5% 높은 실적을 기록했고, 최악으로 뽑힌 셀렉트 인터내셔널 펀드는 시장보다 5% 낮은 실적을 기록했습니다. 다시 말해 큰 차이는 없었습니다. 5% 높다고 1,300개 중 최고가 되고, 5% 낮다고 400개 중 최악이 된다는 것은 인덱스가 모두에게 얼마나 훌륭한 투자 대상인지를 보여주는 겁니다.

그린블라트 씨께서는 대형주와 소형주 펀드를 모두 운용하십니다. 소형주에 더 많은 기회가 있다고 생각하시는 건가요?

러셀3000 같은 유명 인덱스에 가격이 잘못 책정된 소형주(Small Cap Anomaly, 그래서 소형주가 대형주보다 더 큰 수익을 올린다는 뜻)가 포함되어 있지는 않겠지만, 그래도 소형주를 고려해야 합니다. 매수자가 적은 기업은 잘못된 가치를 갖게 될 가능성이 크기 때문입니다. 여기에는 저평가와 고평가가 모두 포함되기 때문에 어느 방향으로든 움직일 수 있습니다. 하지만 매입자가 적은 만큼 저평가된 종목일 가능성이 높습니다.

그린블라트 씨께서 만드신 밸류 인베스터스 클럽(Value Investors Club)에

대해 이야기해주시겠습니까?

1999년 우리는 최고의 투자 아이디어를 하나 가지고 있었습니다. 우리만 알고 있는 투자 기회라고 생각했습니다. 그런데 파트너 중 한 명인 존 페트리(John Petry)가 야후의 주가화면에서 우리가 생각했던 상황에 대한 정확한 분석을 찾아냈습니다. 흥미로운 부분으로 이루어진 복잡한 자본구조에 관한 내용이었고, 만약 정확하게 분석해낸다면 주가가 기업가치의 절반밖에 되지 않는 좋은 기업을 찾을 수 있었습니다. 하지만 찾아내기가 쉽지 않았어요. 그런데 야후 주가화면에 누군가 정확하게 분석을 해놓았더군요. 존과 저는 "그래, 참 똑똑한 사람이로군" 하고 감탄했습니다. 분석을 해놓은 사람들과 그룹을 만들고 아이디어를 교환하면 좋겠다고 생각했어요.

그룹에 가입하기 전에 예비자격 요건을 주어도 좋을 것 같았습니다. 저는 꽤 오래 콜롬비아 대학에서 강의를 하고 있었는데, 기업에 관한 투자 보고서를 제출하고 A+를 맞는 학생만 클럽에 가입할 수 있도록 했습니다. 강의를 듣는 학생 중 A+를 맞는 사람은 1년에 몇 명뿐입니다. 정말 똑똑한 사람들이죠. 우리는 클럽 회원 자격을 정말 높게 적용했습니다.

처음 제출한 보고서에 대해서는 누가 판단하나요?

그때는 함께 클럽을 만든 저와 파트너 존 페트리였습니다.

현재 클럽 회원은 몇 명입니까?

250명으로 제한하고 있습니다.

클럽 가입을 원하는 사람들의 보고서가 끊이지 않을 것 같습니다.

그렇습니다. 다들 훌륭하지만 그중에서도 최고만을 가려내고 있습니다.

보고서를 다 읽어볼 시간이 있으신가요?

처음에는 저도 도왔지만 이제는 존과 관리하는 사람 몇 명이 알아서 하고 있습니다. 관리하는 사람들은 비밀입니다. 우리만 알고 있습니다.

투자 아이디어를 얻는 데 클럽이 도움이 되었나요?

물론입니다. 정기적으로 똑똑한 사람들을 만나기 때문에 도움이 됩니다. 이들 중 일부는 펀드를 만들었습니다. 이름은 알려지지는 않았지만 투자에 열정적인 사람들입니다. 펀드의 규모를 키우기보다는 적은 투자금으로 높은 수익을 내기 위해 노력하고 있습니다.

회원 중 상당수가 헤지펀드 매니저입니까?

원래는 개인회원을 원했습니다. 야후 주가화면에 복잡한 트레이딩에 관한 분석으로 처음 클럽에 관한 영감을 주었던 사람은 슈퍼마켓 직원이었어요. 정말 똑똑한 사람으로, 지금은 애널리스트로 일하고 있습니다. 클럽의 회원들은 다양한 배경을 가지고 있습니다. 일반인 회원을 원했지만 곧 비슷한 생각을 가진 펀드 매니저들의 관심을 받게 되었습니다. 현재 250명의 회원 중 절반은 펀드 매니저입니다.

클럽에 가입한 다음에도 웹사이트에 새로운 아이디어를 올리나요? 그리고 글을 올리면 어떤 인센티브가 주어지나요?

우리는 연회비를 받지 않습니다. 하지만 각 회원은 1년에 2번 투자 아이디어에 관한 글을 쓰고, 남들이 내놓은 투자 아이디어 20개에 등급을 매겨야 합니다. 아이디어를 남들과 공유해야만 회원자격을 유지할 수 있습니다. 아니면 탈퇴해야 합니다.

웹사이트는 회원만 볼 수 있나요?

정보를 제공하고 똑똑한 사람을 모집하기 위해 비회원의 경우 90일 동안, 등록한 사람은 45일 동안 웹사이트를 볼 수 있도록 허용하고 있습니다. 가치투자 중심의 아이디어들이 게재되어 있기 때문에 90일이 지난 다음에도 도움이 될 겁니다.

투자자들이 가장 흔히 저지르는 3가지 실수는 무엇입니까?

첫째는 감정에 굴복하는 것입니다. 이런 투자자들은 가격의 변화나 신문 기사, 남에게 들은 이야기 등에 감정적으로 반응해 투자 결정을 내리는 경향이 있습니다. 둘째는 아무 지식 없이 투자하는 것입니다. 기업의 가치를 제대로 평가하지 않으면 투자의 기준을 세울 수가 없습니다. 기업에 대한 가치평가는 상당히 어렵습니다. 아마 투자자 중 제대로 기업을 평가할 수 있는 사람은 1~2%밖에 되지 않을 겁니다. 처음부터 기업의 가치를 제대로 알지 못하면 저렴한 가격에 매수할 수 없습니다. 셋째는 펀드 매니저의 최근 실적에 좌우되는 것입니다.

우리는 의도치 않게 투자자들의 실수를 분명하게 보여주는 일종의 실험을 한 적이 있습니다. 『주식시장을 이기는 작은 책』이 출판된 후 magicformulainvesting.com이라는 웹사이트를 개설했습니다. 당시에는 고객들에게 예착금을 받을 생각이 없었지만 책을 읽은 많은 투자자가 투자 전략과 관련된 도움을 요청했습니다. 저는 중개업체에서 가치주를 골라 투자자들에게 선택하도록 하는 아이디어를 구상하두고 있었습니다. 그래서 DLJ다이렉트(DLJ Direct)를 설립한 블레이크 달시(Blake Darcy)와 함께 중개업체를 만들었습니다. 투자자들에게는 일부 종목에 포트폴리오가 집중되지 않도록 20개에서 30개 종목 이상을 선택할 것을 권유했습니다. 달시는 선택 란에 우리에게 종목 선별을 일임하는 것도 추가하자고 제안했습니다. 전체 투자자 중 스스로 종목을 선택하고 운용한 투자자는 10%에도 못 미쳤습니다. 나머지 90%는 우리에게 종목 선별을 맡겼어요.

우리는 스스로 종목을 선택한 투자자들과 우리에게 모든 것을 맡긴 투자자들의 실적을 비교했습니다. 처음 2년 동안 스스로 포트폴리오를 관리한 쪽이 우리가 전문적으로 운용한 계좌에 비해 25% 낮은 실적을 기록했습니다. 일종의 대조군을 활용한 실험이었죠. 한쪽은 투자자들이 스스로 종목을 선택하여 운용했고, 다른 한쪽은 우리에게 모든 것을 맡긴 투자자들이었습니다. 같은 원칙으로 같은 종목들에 투자했는데, 투자자들이 스스로 결정했을 때는 수익이 크게 줄었습니다.

투자자들의 수익이 낮았던 이유는 무엇입니까?

개인 투자자들에게는 다양한 공통점이 있습니다. 이들은 시장이 하락할 때 익스포저를 줄입니다. 실적이 나쁘면 개별 종목이나 전체 포트폴리오를 매도하는 경향도 있습니다. 종목을 선택할 때도 과거의 투자 실패 경험이나 좋은 종목을 몰라서 무작위로 선택한 것보다 못한 결과를 얻을 때도 있었습니다.

지금까지 그린블라트 씨가 저지른 최악의 실수는 무엇입니까?

우리는 키3미디어(Key3Media)라는 투하자본수익률(Return on Tangible Capital Employed)과 영업레버리지(Operating Leverage, 고정자산 등을 보유함으로써 고정 영업비용을 부담하는 것)가 훌륭한 기업을 하나 찾았습니다. 최대 규모의 기술 무역 박람회인 컴덱스(COMDEX)를 주최하는 전문 행사 기업이었습니다. 박람회를 위해 라스베이거스에 제곱피트당 2달러를 주고 땅을 빌린 다음 참가 업체들에게 62달러를 받고 빌려주는 식이었습니다. 키3미디어는 지프-데이비스(Ziff-Davis)와 분할을 앞두고 있었습니다. 특별한 상황이었기 때문에 우리는 기업분할 전부터 주당 3달러의 저렴한 가격에 매수 포지션을 구축했습니다. 이 포지션은 전체 포트폴리오의 10%를 차지했습니다. 7개월 후 IPO가 실시되었고 주가는 주당 6달러였습니다. 우리는 덕분에 2배의 수익을 올렸습니다. 몇 개월 후 주가는 IPO 때의 2배 수준으로 상승했습니다. 결국 수익은 4배로 불어났고, 이 포지션은 전체 포트폴리오의 40%를 차지하게 되었습니다. 이후 키3미디어의 사업이 휘청거리기 시작했는데, 가장 막대한 손실은 9·11 테러 이틀 전에 빌린 땅 때문이었습니다. 테러 후 사람들은 여행을 자제했습니다. 제곱피트당 2달러씩 주고 땅을 빌렸는데, 62달러에 땅을 빌릴 기업이 없었어요. 키3미디어의 수익은 절반으로 줄었고, 영업이익도 크게 감소했습니다. 게다가 땅을 빌릴 때 상당한 레버리지를 얻은 상태였습니다. 우리가 포지션을 청산했을 때는 벌어들인 투자 수익을 모두 잃었을 뿐 아니라 약간의 손실을 기록했습니다.

당시 경험으로 어떤 교훈을 얻으셨습니까?

시장에서는 어떤 일이 벌어질지 모른다는 걸 배웠습니다. 투자 포지션과 사랑에 빠져서는 안 됩니다. 자본이 충분할 때도 안전마진을 꼭 지켜야 한다는 것도 알게 되었습니다. 9·11 테러 전, 저는 키3미디어의 주가가 여전히 저렴하다고 생각했지만 이미 4배나 상승했기 때문에 전보다는 덜 매력적이었습니다. 이때 조금이라도 이익을 실현해야 했습니다. 또 영업레버리지는 양날의 검과 같습니다. 하워드 막스(Howard Marks)의 말을 빌려서 표현해보면 "경험은 원하던 것을 얻지 못했을 때 얻게 됩니다."

리스크는 어떻게 측정하십니까?

가치투자자인 저는 리스크를 장기적인 손실로 인식합니다. 안전마진을 고려했을 때 향후 2년 혹은 3년간 이 종목을 보유한다면 가능한 손실이 어느 정도일까를 고려합니다. 직전 3개월 동안의 변동성은 고려하지 않습니다. 제게는 의미가 없기 때문입니다. 변동성이 리스크를 측정하는 기준으로 활용되는 이유는 자본의 손실 가능성을 측정하는 방법이기 때문이 아니라, 쉬운 방법이기 때문이라고 생각합니다. 하락 측면의 변동성은 리스크에 있어서 중요한 요소이긴 하지만, 가장 중요한 건 아닙니다. 한편 상승 변동성은 공매도를 하고 있는 게 아니라면 리스크가 아닙니다.

대학에서 어떤 강의를 하고 계십니까?

콜롬비아 비즈니스 스쿨에서 강의를 하고 있습니다. 처음 4년간은 〈증권시장의 분석〉이라는 수업을 강의했습니다. 지난 12년간은 〈가치와 특별한 상황에서의 투자〉를 강의했습니다. 내용이 크게 다르지는 않습니다.

학생들에게 무엇을 가르치십니까?

버핏이 비즈니스 스쿨에서 강의를 했다면 2가지를 가르쳤을 겁니다. 바로 기업의 가치를 측정하는 방법과 주가에 대해 생각하는 법입니다. 제 강의가 그렇습니다. 첫 시간에는 수업에 들어온 학생들에게 비즈니스 스쿨에는 똑똑한 학생들이 넘쳐나지만, MBA 학위 취득자들 대부분 시장에서 실패한다는 사실을 지적합니다. 시장에서 성공하는 이유는 지능과 별개라는 점을 강조하기 위해서입니다. 제 생각에 성공하는 투자자와 실패하는 투자자의 차이는 시장에 대한 관점입니다. 누구나 가격 변화, 거시적인 사건, 다양한 정보 등으로 매일 융단폭격을 맞습니다. 이들 정보를 꿰뚫어보고 본질을 파악할 수 있는 방법이 필요합니다. 그 방법은 역시 시장에 대한 그레이엄의 시각에서 찾을 수 있습니다. 단기적으로 가격은 심리에 따라 달라집니다. 하지만 장기적으로는 가치에 따라 결정됩니다. 가치투자는 기업의 가치를 파악하고 훨씬 싼 가격에 매수하는 것입니다.

저는 학생들에게 가치평가를 제대로 해낸다면 시장의 합의를 얻어낼 수 있다고 강조합니다. 다만 그게 언제가 될지는 이야기하지 않습니다. 몇 주 후가 될 수도 있고, 몇 달 후가 될 수도 있습니다. 몇 년이 걸릴지도 모릅니다. 하지만 가치평가가 정확하다면 2년 혹은 3년 내에 시장에서 98%의 합의를 얻어낼 것입니다. 매우 강력한 개념입니다. 인내심을 갖도록 도와주기도 하고요. 물론 가치평가에 서툴다면 곤란합니다. 제대로 이해하고 적절하게 가치를 평가한 후 충분한 안전마진을 확보하기만 한다면 좋은 결과를 얻을 수 있습니다.

하지만 기업의 향후 성장률과 영업이익을 예측하기는 매우 어렵습니다. 학생들은 제게 "경쟁적인 산업에 속해 있거나 기술로 상당한 변화를 일으키고 있는 기업, 혹은 신상품이나 다른 특별한 상황 때문에 기업이 미래에 벌어들일 이익을 측정하기 어려울 때는 어떻게 하세요?"라고 묻습니다. 저는 이런 기업은 빼놓고 분석 가능한 기업을 찾으라고 말합니다. 지금 알지 못하는 것을 알아내는 게 중요합니다. 버핏은 "월스트리트에는 스트라이크 아웃이 없다"고 말했습니다. 가능한 많은 공을 보고, 마음에 드는 공이 날아올 때 방망이를 휘둘러야 합니다.

학생들에게 강조하는 또 다른 하나는 바로 눈앞에 있는 투자 기회만 봐서는 안 된다는 것입니다. 현재의 투자 때문에 앞으로의 투자 기회를 놓쳐서는 안 된다는 점을 명심해야 합니다. 지금의 기회가 썩 좋지 않다면 완벽한 투자 포지션을 구축하지 말고 6개월에서 12개월 정도를 기다릴 줄 알아야 합니다. 만약 모든 자본을 투자하면 이후 더 나은 기회가 생겼을 때 투자를 포기해야 하거나 낮은 가격에 지금의 투자 포지션을 청산해 여윳돈을 만들어내야 합니다. 그래서 저는 지금처럼 금리가 0에 가까울 때도 6% 수익을 기준으로 삼습니다. 리스크를 전혀 감수하지 않을 때의 수익이 6%라고 생각하기 때문에 목표는 그보다 높은 수익을 기록하는 것입니다. 만약 8%의 수익을 기대할 수 있다고 해도, 그보다 더 많은 수익을 확신할 수 없다면 달갑지 않습니다. 그레이엄의 말을 빌려서 설명해보면 '안전마진'이 필요합니다. 지금의 수익 가능성이 6%, 즉 리스크를 감수하지 않을 때의 수익 기준보다 높은지 비교합니다. 그래서 저는 지금뿐 아니라 가까운 미래의 기회도 고려합니다.

고객들과의 관계는 어떻습니까?

고담 캐피털을 설립하고 몇 년 후인 1988년에는 가장 역사가 오랜 펀드 중 하나가 우리의 투자 고객이 되었습니다. 당시는 우리가 고객들에게 분기별 보고서를 보낼 때였습니다. 이 펀드회사는 돈을 맡긴 고객에게 더 자주 운용

상황을 보고해야 하니 월별 실적을 보내달라고 요청했습니다. 그래서 월별 실적을 보내주었습니다. 첫달에는 1.1%의 수익을 올렸습니다. 저는 꽤 괜찮은 실적이라고 생각했습니다. 그런데 펀드 운영진이 전화를 걸어 "우리는 무수히 많은 펀드에 투자를 하고 있습니다. 지난달 평균 수익은 1.2%였습니다. 남들보다 못한 수익을 올린 이유가 무엇인가요?"라고 물었습니다.

저는 수십억 달러 규모를 가진 몇 개의 투자이사회에 참여하고 있습니다. 이를 통해 4분기 내지 5분기에 걸쳐 어떤 투자 매니저가 높은 수익을 내고, 어떤 투자 매니저가 낮은 수익을 내는지 잘 알고 있습니다. 제 대답은 "자신이 무엇을 하고 있는지 아는 사람도 있고, 그렇지 못한 사람도 있습니다"라는 것이었습니다. 제가 속한 이사회를 들먹일 필요도 없이 통계를 보면 돈이 실적을 따라다닌다는 것을 알 수 있습니다. 투자자들의 자본을 할당하는 기관 고객들은 대부분 최근의 실적이 훌륭한 펀드에 투자합니다. 데이터가 모두 공개되고 투자자들의 돈을 제대로 운용해야 하기 때문에 당연히 최근의 수익이 높은 펀드에 투자하고 싶은 유혹을 받습니다. 지난 25년 동안 투자 기관들이 크게 늘어났습니다. 기관들은 통계와 단기 실적을 당연하게 여깁니다. 그래서 투자의 주기도 단축되었습니다.

이런 변화가 어떤 영향을 미치고 있나요?

투자의 주기가 짧아졌기 때문에 장기 투자의 장점은 더욱 늘었습니다. 요즘에는 다양한 데이터베이스가 활용되고 있고, 컴퓨터의 성능은 나날이 좋아집니다. 인터넷은 어디에서나 이용 가능합니다. 수학에 해박한 사람들이 금융시장에서 일을 합니다. 그래서 지난 20년 동안 효과가 상당했던 요소들이 이제는 별 효용가치가 없겠거니 생각될 겁니다. 하지만 장기적인 시각과 인내심을 요구하는 우리의 가치평가 잣대는 오히려 더욱 강해졌습니다. 그 이유는 시장에 기관이 많아지면서 투자 주기가 짧아졌기 때문입니다. 그 결과 장기간에 걸쳐 실적을 내는 투자 매니저들의 기회가 줄고 있습니다. 대부분의 펀드 매니저들이 2년 이상을 기다리지 못합니다. 당장 수익을 내야 하기 때문입니다. 기관 고객이나 일반 투자 고객 모두 당장의 성과를 기다리기 때문입니다. 과거와 달리 향후 2년간 실적이 좋지 않을 것으로 예측되는 기업이나 단기적으로 불확실한 기업들의 주가가 계속 과소평가되는 이유도 바로 이 때문입니다. 투자 매니저들은 장기적인 안목을 가져야 한다는 사실을 알고 있으면서도 투자자들의 압력 때문에 단기적으로 성과를 도출해내느라 정신이 없습니다.

통계자료를 보면 당장 작년의 실적이 좋은 펀드에 투자금이 몰리고, 그 반대의 경우에는 돈이 빠져나갑니다. 하지만 한해 실적이 좋은 펀드 매니저는 그 다음 해 좋지 않은 실적을 기록합니다. 지난 3년, 5년 그리고 10년 동안 투자 매니저들이 기록한 실적을 보면 한해 동안 수익률과 3년, 5년, 혹은 10년 동안 수익률이 별 관계가 없다는 것을 알 수 있습니다. 하지만 자본을 할당하는 기관들은 수익을 보고 결정을 내립니다. 이들은 자본을 할당하는 역할을 맡고 있기는 하지만, 투자 결정을 위한 과정은 잘 모릅니다. 이들이 주목하는 것은 실적뿐입니다. 과거의 실적은 향후의 실적을 오해하게 만들기 때문에 문제가 있습니다.

과거의 실적과 미래의 실적 사이에 상관관계가 부족한 이유 중 하나는 실적이 좋은 투자 매니저들의 자본이 늘어나 더 많은 돈을 운용해야 하기 때문입니다. 버핏은 '두둑한 지갑은 투자의 적'이라고 설명했습니다. 좋은 투자 아이디어를 계속 생각해내기는 매우 힘듭니다. 고객들의 예탁금이 쌓이면 투자 매니저들은 운용할 돈이 적었을 때와는 다른 일을 하도록 강요받습니다.

최근 2000년부터 2009년까지 투자 매니저들의 실적을 고려한 흥미로운 연구가 발표되었습니다. 이 연구에 따르면 10년간 가장 높은 실적을 기록한 펀드 매니저들 1/4 중 97%가 3년 이상 가장 실적이 낮은 1/4 중 한 명이었다는 것입니다. 또 그중 절반은 가장 하위 1/10의 실적을 3년 이상 기록한 것으로 밝혀졌습니다. 투자 고객들은 실적이 하위 1/10인 펀드 매니저뿐만 아니라 하위 1/4에도 투자하지 않으려 합니다. 하지만 장기적으로는 이들이 가장 높은 실적을 기록했습니다.

흥미로운 통계자료는 또 있습니다. 지난 10년간 가장 높은 실적을 기록한 뮤추얼펀드는 연평균 18%의 수익률을 기록했습니다. 이때 시장은 평균적으로 거의 상승하지 못했습니다. 하지만 이 펀드에 투자한 고객들은 8%의 손실을 기록했습니다. 그 이유는 펀드 실적이 좋을 때마다 예탁금이 몰려왔다가 실적이 나빠지면 환매되기 때문입니다. 그 타이밍이 좋지 않아 연수익 18%를 기록하는 펀드가 졸지에 나쁜 펀드가 되어버린 겁니다.

자본을 할당하는 기관들은 과정에 주목해야 합니다. 펀드 매니저들이 어떤 종목을 선택하고 어떻게 포트폴리오를 운용하는지를 알아야 합니다. 수익은 예측의 가치를 통해 알 수 없습니다. 절차에 주목해야만 미래에 높은 실적을 기록할 가능성이 있는 투자 매니저를 선택할 수 있습니다. 좋은 매니저를 선택하는 것은 좋은 투자 종목을 선택하는 것만큼 힘듭니다.

롱-온니 전략이 주기적으로 좋지 않은 실적을 기록하는 이유는 장기적으로 높은 성과를 낼 수밖에 없는 특성 때문이라고 생각하십니까?

재미있는 질문이네요. 제가 말씀드리고 싶은 건 시장을 이기기 위해서는 시장과 다르게 행동해야 한다는 것입니다. 그리고 다르게 행동할 때, 가끔은 남들보다 못한 실적을 거둘 수도 있습니다. 예를 들어 가치투자자들의 접근 방식이 제대로 대응하지 못하는 감정이나 모멘텀 등에 대해 시장이 반응을 하는 시기가 있습니다.

교육개혁에는 어떻게 참여하시게 되었나요?

저는 자본주의자입니다. 자본주의를 공평하게 만드는 시스템은 누구나 공평한 기회를 얻는 것입니다. 하지만 불우한 환경의 아동들은 좋은 교육의 기회를 얻지 못합니다. 자선활동의 효과를 높이기 위해서는, 즉 같은 돈으로 최고의 성과를 도출하기 위해서는 교육이 최선입니다.

저는 원래 롱아일랜드(Long Island)의 빈곤층 아이들 중에서 중학교 1학년 학생들을 지원했습니다. 롱아일랜드를 몇 번 방문해보니 4학년과 5학년의 읽기 및 수학 능력이 떨어진다는 사실을 알게 되었습니다. 제가 활동하던 자선 단체는 대부분 방과 후 활동에 집중되어 있었고, 아침 프로그램을 몇 가지 제공했습니다. 하지만 아이들은 학습 능력이 부족해 학교 수업을 따라가지 못했어요. 몇 년 동안 활동을 하다가 지원 프로그램의 간사인 게리 하우스 박사(Dr. Gerry House)를 만나 유치원 및 1학년을 위한 활동을 시작하고 싶다고 밝혔습니다. 그때는 아이들의 학습 능력이 뒤처지기 전이었기 때문입니다. 하우스 박사도 좋은 생각이라면서 반겼습니다. 하지만 하우스 박사가 담당하는 프로그램은 중학교와 초등학교 아이들 중심이었습니다.

그래서 하우스 박사는 당시 최고의 교육연구가로 손꼽히던 존스 홉킨스 대학의 로버트 슬라빈 박사(Dr. Robert Slavin)를 추천해주었습니다. 슬라빈 박사는 유치원과 1학년 아이들을 위한 읽기 및 수학 프로그램을 진행하고 있었습니다. 통계를 확인해보니, 프로그램이 상당한 성과를 거두기는 했지만 전체 아동 중에서 자신의 학년에 맞는 학습 수준을 가진 아이는 50%에서 60%밖에 되지 않았습니다. 프로그램의 이름은 "모두에게 성공을(Success for All)!"이었습니다. 저는 슬라빈 박사에게 "어떻게 하면 모두가 성공할 수 있을까요? 돈이 더 있으면 도움이 될까요?"라고 물었습니다. 박사는 "물론 돈이 올바로 쓰이면 도움이 됩니다"라고 대답했습니다.

저는 제가 지원하고 있는 학교의 교장에게 "초등학교도 지원하게 해주시죠. 아이들이 읽을 수 있을 때까지 지원하겠습니다"라고 말했습니다. 하지만 그는 거절했습니다. 몇 번이고 거절을 당한 다음 퀸즈(Queens)에 있는 학교를 찾아냈습니다. 이 학교에서 유치원부터 5학년 학생들을 대상으로 프로그램을 시작했습니다. 2년 후 이 학교는 주에서 가장 학습 능력이 개선된 학교로 선정되었습니다.

아이들 한 명당 얼마의 비용이 소요되었습니까?

1,000달러입니다.

그게 다라니 믿을 수 없군요! 프로그램에 대해서 간략하게 설명해주시겠습니까?

우리는 수학과 영어 수업을 제공했습니다. "모두에게 성공을!" 프로그램 교사들이 우리 프로그램에도 참여해주었습니다. 전문가가 동원해 도움이 필요한 아이들을 찾아냈습니다. 관료주의 때문에 공립학교의 교사들을 고용할 수는 없었습니다. 결국 자원봉사자들이 교사로 일하는 것 외에는 방법이 없었습니다. 공립학교의 시스템이 너무 관료적이어서 고생하던 중에 조엘 클레인(Joel Klein, 혁신적 성향의 뉴욕시티 교육청 부청장)을 만났습니다. 그는 제게 공적 자금을 받는 차터스쿨(Charter School)을 설립하면 더 많은 교사를 고용할 수 있다고 알려주었습니다.

2006년 페트리와 저는 차터스쿨을 설립하였습니다. 일종의 시범학교로, 여기에서 성공하면 다른 학교에도 같은 프로그램을 적용할 수 있었습니다. 처음부터 다른 학교에도 적용할 수 있는 프로그램을 만들고 에바 모스코위츠(Eva Mos kowitz)를 고용해 프로그램을 담당하도록 했습니다. 에바는 정말 놀라운 사람입니다. 지금까지 9개의 차터스쿨을 열었고, 내년에 또 4개가 설립될 예정입니다.

지금까지의 결과는 어떻습니까?

뉴욕 주에서 정해놓은 교육 관련 법 때문에 처음에는 차터스쿨의 규모를 키울 수가 없었습니다. 그래서 유치원부터 1학년을 대상으로 설립했고, 매년 한 학년씩을 추가했습니다. 관련 법에 의하면 규모가 크면 즉시 노조를 만들어야 했습니다. 노조는 학교의 성장에 방해가 됩니다. 학습 능력 평가의 대상은 3학년부터 중학교 1학년까지입니다. 우리의 차터스쿨 중 평가 대상은 단

4곳뿐입니다. 지난해 평가에서 이 4개 학교는 스카스데일(Scarsdale), 그레이트 넥(Great Neck) 등의 구역에서 가장 좋은 학교보다 더 높은 점수를 기록했습니다.

4개 차터스쿨은 어디에 위치하고 있나요?

모두 할렘(Harlem)에 있습니다.

상당한 성공인데, 덕분에 차터스쿨의 입학경쟁이 치열해지지는 않았나요?

입학은 무조건 추첨입니다. 현재 경쟁률은 1:9입니다.

교육 다큐멘터리인 〈슈퍼맨을 기다리며(Waiting for Superman)〉를 보고 어떤 생각을 하셨습니까?

다큐멘터리에 소개된 할렘 석세스(Harlem Success)는 우리 차터스쿨 중 하나입니다. 이 학교에 대해서는 〈로터리(The Lottery)〉라는 제목의 다큐멘터리도 제작되었습니다.

그린블라트 씨의 프로그램이 공교육 체계를 변화시키는 데 도움이 될 거라고 생각하십니까?

결국에는 그럴 겁니다. 미국의 유치원, 초등학교, 중학교 교육은 6,000억 달러 규모의 사업입니다. 자선활동은 해답이 되지 못합니다. 저는 그저 전시 효과를 보여줄 뿐입니다. 차터스쿨은 공립학교지만 독립적으로 운영됩니다. 에바가 이끄는 팀은 아이들이 문제가 아니라는 것을 보여주었습니다. 우리 학교의 아이들도 공립학교와 똑같은 아이들입니다. 추첨으로 뽑았으니까요. 부모들이 관심이 없는 것도 아닙니다. 부모들의 관심도 상당합니다. 돈이 없어서도 아닙니다. 사실 우리 학교에서 학생 한 명당 지출하는 비용은 다른 학교보다 적습니다. 따라서 아이들도 똑같고, 부모도 똑같지만, 더 적은 비용을 들이고 있습니다. 만약 차터스쿨이 계속 성공적인 결과를 도출한다면 여타 공립학교의 실패에 대한 변명거리가 줄어들 겁니다. 쉬울 거라고 생각하지는 않습니다. 정말 어려운 일이라고 생각합니다. 하지만 지금의 시스템은 옳지 않습니다. 장애물이 너무 많아요. 우리에게 효과가 있었던 방식을 다른 공립학교들이 수용할 수 있도록 인센티브를 제공하는 것이 우리의 목표입니다.

그린블라트 씨의 차터스쿨이 정치적으로 영향을 주고 있나요?
많은 교육자와 관련 당국에서 우리 학교들을 방문하면 깜짝 놀랍니다. 이제 시작인 것 같습니다. 앞으로도 계속 성공하면, 많은 영향을 주게 될 것 같습니다. 우리 프로그램을 공유하는 것이 목표니까요.

현재 미국의 교육 실태는 형편이 없습니다. 그린블라트 씨나 비슷한 생각을 갖고 있는 다른 분들의 노력으로 향후 10년 안에 교육 시스템이 상당히 개선될 거라고 낙관하십니까?
그게 우리의 목표입니다. 반드시 그렇게 될 거라고 믿습니다. 우리는 전체 중 소수에 불과하고, 많은 사람이 비슷한 모델을 추구하고 있습니다. 우리는 지금까지 찾아낸 효율적인 방법을 공유하고, 한편으로는 남들이 찾아낸 최선의 모델을 배우고 있습니다. 단순히 일반 차터스쿨이 성공적이라는 데만 집중하지 말고 왜 그중 일부가 뛰어난지를 알아내야 합니다. 최고의 모델을 찾아내 규모를 키워야 합니다. 자본주의가 그렇습니다. 가장 뛰어난 경우를 찾아내 재생산하는 겁니다.

논리나 결과가 일부 이해관계자들의 정치적 장애물을 극복할 수 있다고 생각하십니까?
불행하게도 지금은 우리가 학교를 세우려고 할 때마다 교사 노조에서 항의를 합니다. 이들은 경쟁을 원하지 않습니다. 작은 칼로 천 번쯤 찔러서 사람을 죽일 수 있듯이, 교사 노조는 우리가 하는 일마다 사사건건 반대하고 있습니다. 우리가 이들의 공격을 견뎌내면서 10년 후에도 존재한다면 그 효과는 상당할 겁니다. 만약 에바가 지금의 성공을 30개 혹은 40개 학교에서 실현한다면 논의는 바뀔 겁니다. 지금도 상당한 변화가 있습니다.

정치인 중에서 그린블라트 씨의 노력을 수용하는 사람들이 있나요?
저는 민주당인 오바마 대통령의 경제정책 중 마음에 들지 않는 부분이 많습니다. 하지만 교육에 대해서만은 칭찬해주고 싶습니다. 민주당은 교사 노조의 손바닥 안에서 놀아나는 경향이 있습니다. 그런데 오바마 대통령은 민주당의 분위기와 달리 개혁을 수용했습니다. 여기에 상당히 높은 점수를 주고 싶습니다. 정부의 '레이스 투 더 톱(Race to the Top)' 프로그램은 혁신적인 정책을 도입하는 뉴욕 주 차터스쿨에 인센티브를 지원하는 정책으로 많은 도움을 주었습니다.

〞

인터뷰 1주일 후, 나는 콜롬비아 비즈니스 스쿨에서 그의 강의를 청강했다. 이날 강의에서 그린블라트는 특별강사를 초청하였고, 강의 전반부 동안 학생들의 질문을 받고 있었다. Q&A는 학생들이 질문하고 그린블라트가 대답하는 형식이었다. 그는 버핏이 강의를 한다면 같은 방식일 거라고 생각했다. 그린블라트의 투자 철학은 버핏과 상당히 유사하다. 그래서 학생들은 질문에 대한 답을 그린블라트에서서 듣고 있는지 아니면 버핏에게서 듣고 있는지 혼란스러웠을 것이다. 강의 중 그린블라트가 언급했던 내용을 간략하게 소개하면 다음과 같다.

- 대학 4학년인 나의 장남은 성악을 전공하고 있습니다. 약 6개월 전 "아빠, 전 아마 앞으로 5년에서 6년 정도는 돈이 없어서 쩔쩔 맬 거예요. 그래서 말

인데 투자를 좀 배워야겠어요"라고 말했습니다. 그래서 저는 6월부터 아들을 가르쳤습니다. 이후 시장은 미친 듯이 날뛰었습니다. 아들은 단 5개월 만에 제게 배운 모든 것을 경험했다고 했습니다. 어떤 종목을 16달러에 매입했는데 9달러로 하락했다가 18달러로 상승하더니 다시 16달러가 되었다고 합니다. 기업 자체에는 전혀 변화가 없었지만 주가의 변화는 급격했습니다. 다들 "요즘 주식시장에 사람이 너무 많아서 기회가 없어"라고 말하지만 기회는 상당히 많습니다.

- 투자 고객들을 즐겁게 하려고 자신이 원하는 것과 다르게 투자하면 실패를 위한 함정을 파는 겁니다.
- 계좌를 운용해보십시오. 실제 돈을 잃어보고, 성공과 실패에 대한 자신의 감정을 확인하고 배우는 것보다 더 좋은 건 없습니다.
- 버핏은 "시간은 나쁜 투자의 적이고, 좋은 투자의 친구"라고 했습니다.
- ROE(자기자본이익률)가 중요한 이유는 가치의 함정에 빠지지 않도록 도와주기 때문입니다.
- 프제나가 컴퓨터 어소시에이츠(Computer Associates)사에 관한 이야기를 해주었습니다. 12명의 고객에게 전화를 걸어 컴퓨터 어소시에이츠가 어떤지 물었다고 합니다. 12명 모두 맘에 안 든다고 했답니다. 상품도 마음에 안 들고, 서비스도 형편없다고 입을 모았습니다. 모든 게 엉망이라고 평가했습니다. 그래서 혹시 컴퓨터 어소시에이츠의 경쟁사가 무료로 소프트웨어와 서비스를 제공한다면 바꾸겠느냐고 물었답니다. 그러나 12명 모두 같은 반응을 보였습니다. "미쳤어요? 경쟁사 제품으로 바꿀 수는 없어요. 며칠 동안 업무가 마비된다고요." 이것이 바로 기업의 강점입니다.

그린블라트는 가치투자에 관해 3가지 중요한 교훈을 들려주었다.

첫째, 가치투자는 효과가 있다.

둘째, 하지만 항상 효과가 있는 건 아니다.

셋째, 2번은 1번의 명제가 진실인 이유 중 하나다.

우량 기업을 저렴한 가격에 매입하는 투자방식(그린블라트의 방식은 버핏의 방식을 모델로 걷어낸 것이다)은 오랫동안 시장평균보다 높은 실적을 기록해왔다. 가치투자는 꽤 오랜 기간(몇 년간) 상당한 수준으로 시장의 평균보다 낮은 실적을 기록하기도 한다. 그래서 투자자들이 계속 가치투자를 고수하기 어렵지만, 그렇다고 가치투자의 장점이 사라지는 건 아니다. 일부 펀드 매니저들은 가치투자를 인정하면서도 고객들이 남들보다 못한 수익을 참아내는 기간이 짧아진 탓에 다른 방법을 선택한다. 기관들은 펀드 매니저가 2년은 고사하고 단 1년이라도 시장의 평균보다 낮은 실적을 기록하면 펀드를 환매한다. 그래서 가치투자를 활용하는 펀드 매니저들은 예탁금이 줄어드는 위험을 감수해야 한다. 장기적인 안목으로 투자할 수 없는 투자자나 투자 매니저들이 늘면서 시간차익거래(Time Arbitrage, 장기간 투자로 우위를 얻을 수 있는 거래)의 기회가 만들어진다.

그린블라트는 효율적 시장가설이 시장의 작용에 관한 불확실한 모델이라고 믿는다. 시장이 언젠가는 정당한 가치에 따라 거래되고 효율적으로 작동하겠지만 심지어 몇 년에 걸쳐 가치에 비해 상당히 다른 가격이 책정되기도 한다는 생각이다. 그린블라트에 의하면 적절한 모델은 결국 가치를 중심으로 가격이 정해지지만 투자자들의 심리에 따라 큰 편차를 나타낸다. 그는 『주식시장을 이기는 작은 책』에서 그레이엄의 유명한 비유 '미스터 마켓(Mr. Market)'으로 시장을 설명한다. 미스터 마켓이란 가상의 비즈니스 파트너로, 투자자로부터 그날그날의 감정에 따라 주식을 매수 혹은 매도하게 한다.

> 미스터 마켓은 가끔 기분이 좋아지면 기업에 대해 실제 가치보다 훨씬 높은 값을 매긴다. 그럴 때면 미스터 마켓에게 주식을 파는 편이 낫다. 하지만 미스터 마켓이 기분이 나빠서 낮은 가격을 매기는 날도 있다. 이때는 말도 안 되는 저렴한 가격에 주식을 매

도하는 그의 비이성적인 행동에 맞추어 매수하도록 한다.

하지만 꼭 트레이딩을 해야 하는 건 아니다. 그린블라트는 투자자들에게 좋은 투자 기회가 생길 때까지 기다릴 줄 알아야 한다고 조언한다. "월스트리트에는 스트라이크 아웃이 없다"는 버핏의 말을 인용하며 "가능한 많은 공을 보고, 마음에 드는 공이 날아올 때 방망이를 휘둘러야 한다"고 충고한다.

그는 투자자들이 가장 흔히 저지르는 실수가 과거의 실적을 보고 투자 매니저를 결정하는 것이라고 생각한다. 그래서 과거의 실적과 미래의 실적에는 연관성이 없다는 사실을 실제적인 예로 설명하며, 실적이 아니라 투자 과정을 보고 선택하라고 조언했다.

과거의 실적에는 예측가치가 없기 때문에 일반적으로 뮤추얼펀드보다 수수료나 세금이 저렴한 인덱스가 더 나은 투자 선택이라는 게 그린블라트의 생각이다. 하지만 인덱스에는 결함이 있다. S&P500부터 러셀 인덱스까지 모든 유명한 인덱스는 시가총액에 가중치를 부여한다. 그래서 저평가된 종목보다는 고평가된 종목에 집중되는 경향이 있다. 바람직한 배분과는 정반대의 상황이다. 동등하게 가중치를 부여한 인덱스는 이런 단점을 피하고, 시가총액에 가중치를 부여한 인덱스보다 연평균 2% 높은 수익률을 기록한다. 그린블라트는 가치에 가중치를 부여한 인덱스(시가총액에 가중치를 부여한 인덱스와 혼동하지 않도록 한다)가 수익을 크게 개선시킬 뿐 아니라 가장 매력적인 롱-온니 투자 대안이라고 믿는다.

웰스 파고 은행의 투자 사례는 2가지 결과가 예측되는 상황에서(7장에서도 같은 사례가 상세하게 소개되었다) 펀더멘털이 일반적인 경우보다 더 큰 수익 혹은 손실 가능성을 나타낼 때 옵션의 가격이 얼마나 저평가될 수 있는지를 보여준다. 당시 웰스 파고 은행은 캘리포니아 부동산시장의 급락으로 인한 파장을 이겨내지 못할 수 있다는 불확실성에 직면해 있었다. 하지만 은행의 수수료 수익을 고려하면 주가는 상당히 저렴했다. 2가지 상반된 결과가 예측되는 상황에서 장기적으로 옵션에 매수 포지션을 구축하여 높은 수익을 기대하면서도 손실을 제한할 수 있었다. 매우 매력적인 트레이딩이었다. 여기에서 얻을 수 있는 교훈은 옵션가격이 수학적으로 결정되며, 펀더멘털은 고려하지 않는다는 것이다. 따라서 펀더멘털을 통해 상방과 하방 중 높은 가능성을 알아낸다면 옵션은 매우 매력적인 리스크 대비 수익을 제공한다.

마지막으로 "자산의 규모가 통제 불능으로 늘어나지 않도록 경계해야 한다"는 교훈은 일반 투자자들에게는 별 상관이 없겠지만 펀드 매니저들에게는 매우 중요하다. 고담 캐피털이 10년간 뛰어난 수익을 올린 덕분에 그린블라트는 펀드 규모를 몇 배나 늘릴 수 있었고, 수수료 수익도 상당했다. 하지만 그는 투자자들에게 모든 예탁금을 돌려주고 적은 돈(자신과 파트너의 돈)만 운용하기로 결정했다. 자산의 규모 때문에 자신의 전략이나 실적에 방해를 받고 싶지 않았기 때문이었다.

헤지펀드 시장의 마법사들이 들려주는 40가지 투자 비결

1. 트레이딩의 성배는 없다

많은 트레이더가 하나의 해결책으로 시장의 움직임을 알아낼 수 있다고 착각한다. 하지만 시장에 유일무이한 해결책은 없다. 혹시 있다고 하더라도, 이들은 끊임없이 변화하고 있을 것이다. 이 책에 소개된 트레이더들의 투자방법은 서로 다를 뿐 아니라 심지어 정반대인 경우도 있다. 그래서 성공 투자를 위한 접근방법이 얼마나 다양한지를 증명해준다. 시장에서 성공할 수 있는 방법은 다양하다. 다만 찾고 얻어내기 힘들 뿐이다.

2. 자신의 성격에 맞는 트레이딩 방법을 찾아라

트레이더들은 자신의 신념과 재능에 맞는 방법을 찾아야 한다. 어떤 트레이더에게 꼭 맞는 방법이 다른 트레이더에게는 독이 될 수도 있다. 투자 기술을 배울 수 있느냐는 질문에 대한 오셔의 답도 같은 개념이다.

"제가 누군가에게 트레이딩을 가르쳐준다고 해도, 아무런 소용이 없습니다. 저와는 다른 사람이니까요. 저와 함께 시간을 보내고 제 투자방식을 관찰하면서 좋은 점을 배울 수는 있습니다. 하지만 의구심이 생기는 부분이 한두 개가 아닐 겁니다. 제 절친 중 한 명은 몇 년간이나 저를 지켜보았고, 이제는 상당한 규모의 헤지펀드를 성공적으로 운용하고 있습니다. 하지만 저와 투자방식은 다릅니다. 그 친구가 배운 건 제가 되는 법은 아니었으니까요. 친구는 저와 다른 트레이더가 되었습니다. 자신만의 모습을 갖게 된 겁니다."

3. 불안할 만큼 많은 돈을 베팅하지 마라

투자 포지션이 너무 커지면 주가가 조금만 조정을 받아도 투자의 기회를 날려버리기 쉽다. 공포에 질려 올바른 결정을 내리지 못하기 때문이다. 클락은 "심리적으로 감당할 수 있을 만큼의 작은 규모로 트레이딩을 해야 한다"고 조언한다. 마찬가지로 비디크도 "어떤 투자 포지션이건 크기를 제한해야 한다. 그래야만 공포에 질려 본능이 판단력을 압도하지 않게 된다"고 경고한다.

시장이 결국 자신의 포지션과 같은 방향으로 움직이기만 한다면 순익스포저가 작은 편이 더 나은 수익을 올릴 수 있는 것도 이 때문이다. 예를 들어 테일러는 리스크가 증가하는 2008년의 시장에서 베타값이 높은 종목에 대해 상당한 규모의 순매수 포지션을 가지고 있었다. 하지만 포지션 크기에 불안감을 느꼈던 그는 1월 초 투자 포지션을 크게 축소했다. 덕분에 다음 달 시장이 급락했을 때 오히려 대수 포지션을 쉽게 늘릴 수 있었다. 만약 계속해서 상당한 규모의 매수 포지션을 유지했더라면 시장이 취약해졌을 때 미도했을 것이고, 이후 반등에서 투자 기회를 놓치고 말았을 것이다.

4. 유연성은 투자 성공을 위한 기본적인 요소다

숙련된 트레이더는 실수를 저질렀을 때 단순히 포지션 청산에서 그치는 것이 아니라 정반대의 포지션을 구축하기도 한다. 2009년 4월, 오셔는 시장을 비관적으로 예측하고 있었다. 하지만 시장의 움직임은 그가 틀렸다는 사실을 알려주었다. 오셔는 가격의 변화에 맞는 또 다른 가설을 세웠다. 아시아가 경제 회복을 이끌기 시작했다는 것이었다. 이후 주식 및 상품시장 모두 몇 년간이나 랠리를 지속했다. 아마 그가 같은 포지션을 유지했다면 상당한 비용을 감내해야 했을 것이다.

메이가 2011년 최고의 투자로 소개한 사례도 마찬가지였다. 그는 벌크 수송선이 대한 공매도로 큰 성공을 거두었는데 원래는 이들 기업에 매수 포지션을 구축할 생각이었다. 하지만 연구 끝에 자신의 판단이 틀렸다는 사실을 깨닫고 원래의 계획을 변경했다. 클락은 즉시 마음을 고쳐먹을 줄 알아야 좋은 트레이더라고 강조한다. 시장이 상승하다가도 한순간 하락한다는 걸 알고 있기 때문이다.

5. 변화에 적응한다

언제든지 같은 트레이딩 기법을 활용해 투자에 성공할 수 있다면 정말 좋을 것이다. 불행하게도 현실에서는 어려운 일이다. 시장은 변한다. 그래서 효과가 있는 전략도 곧 별 소용이 없게 된다. 훌륭한 트레이더는 믿었던 전략이 시장의 변화 때문에 언젠가는 효과를 잃고 심지어 실패하는 전략으로 바뀔 수 있다는 것을 알고 있다. 그래서 소프는 통계적 차익거래 방법을 지속적으로 수정해 지속적으로 높은 리스크 대비 수익을 올릴 수 있도록 노력해왔다.

세 번째로 전략을 수정했을 즈음에는 처음과는 사뭇 다른 모습이었다. 자유재량과 시스템 추세추종을 모두 활용하는 블루크레스트의 플랫은 시스템을 계속 변경하지 않으면 결국 효과를 잃게 된다고 믿는다. 그는 이 과정을 '연구 전쟁'이라는 말로 표현했다. 발로디마스는 헤지펀드의 증가가 시장의 추세를 더 완만하고 길게 만들었다고 판단하고 추세에 역행하는 포지션을 구축할 때는 전보다는 덜 공격적인 방식을 활용하고 있다. 만약 시장의 변화에 적응하지 않았다면 그의 접근방식은 손실로 이어졌을 것이다.

6. 승패와 좋고 나쁜 트레이딩은 다르다

좋은 투자로 돈을 잃을 수도 있고, 나쁜 투자도 돈을 벌 수도 있다. 최고의 트레이딩도 일부는 손실을 기록한다. 어떤 투자로 돈을 벌게 될지 미리 알 수는 없다. 긍정적인 우위를 가지고 있다면, 승패와 상관없이 좋은 투자다. 같은 방법을 반복했을 때 결과를 개선할 수 있기 때문이다. 반대로 승패와 상관없이 도박은 나쁜 투자다. 계속했을 때 손실의 가능성이 커지기 때문이다.

7. 효과가 있는 투자방식은 늘리고, 효과가 없는 투자방식은 줄여라

클락의 조언은 당연하게 들리지만, 현실에서 많은 트레이더가 지키지 못하는 원칙이다. 특정 투자에 능한 트레이더가 지루함 때문이건 혹은 합리적인 이유 때문이건 간에 서툴게 다른 방식을 시도했다가 실적을 떨어뜨리는 경우가 많다. 클락은 트레이더들에게 자신이 가장 잘하는 방법을 찾아 집중하라고 충고한다.

8. 시장과 맞지 않을 때는 열심히 해도 소용이 없다
트레이딩이 마음대로 되지 않을 때, 노력이 오히려 상황을 악화시키기도 한다. 연일 손실만 기록하고 있다면 시장에서 잠깐 물러나라. 클락은 실패를 거듭할 때는 모든 것을 청산하고 휴가를 떠나라고 충고한다. 휴가는 악순환의 고리를 끊어주고, 실패로 인해 잃었던 자신감을 되찾게 해준다. 트레이딩을 다시 시작할 때는 포지션을 작게 유지하다가 자신감이 생겼을 때 포지션을 늘리라고 충고한다.

9. 성공은 실수에서 시작된다
달리오는 실수를 통한 배움이 성공을 위한 필수요소라고 믿는다. 실수를 제대로 인식하고 그에 따라 행동한다면 트레이딩 방법을 개선할 수 있다. 자신의 실수와 여기에서 얻은 교훈, 개선방법을 적어보면 어떤 트레이더든 도움을 얻을 수 있을 것이다. 몇 번이나 숙지해 다시는 실수를 저지르지 않도록 한다. 투자에서 실수를 피할 수는 없다. 하지만 같은 실수의 반복은 승패를 결정할 수도 있다.

10. 확신이 높은 거래를 기다려라
인내심을 가지고 확신할 수 있을 때만 투자하면 리스크 대비 수익을 크게 높일 수 있다. 예를 들어 메이는 자신의 기준에 맞는 기회가 올 때까지 물러나 아무것도 하지 않는다. 그린블라트는 장기 투자자들이 섣부른 투자에 자본금을 묶어놓을 때가 있다고 설명했다. 그래서 결국 매력적인 투자 기회를 놓치거나 손실이 발생한 시점에서 청산을 하게 된다.

11. 돈 벌기 위해서가 아니라, 기회가 있을 때 투자하라

2010년 말이 되면서 베네딕트는 수익 목표를 달성하기 위해 평상시와 다른 투자를 시작했다. 이 투자는 손실로 이어졌다. 베네딕트는 원래의 수익 목표와 더욱 멀어지게 되었다. 돈을 벌려는 목적으로 무조건 투자해서는 안 된다. 자신의 전략에 맞는 기회라고 판단될 때만 투자한다.

12. 아무것도 하지 않는 것의 중요성!

환경이 좋지 않거나 기회가 없을 때는 인내심을 갖고 기다리면서 아무것도 하지 않아야만 투자에 성공할 수 있다. 예를 들어 언제나 매도 포지션을 최소화하는 달리오는 지난 12년 동안 시장이 거의 상승하지 않았는데도 불구하고 800%의 총누적 수익률을 기록했다. 비결은 부정적인 환경에서 투자를 현금화하는 것이었다. 덕분에 끔찍한 두 번의 베어마켓을 손실 없이 이겨낼 수 있었다. 여기에서 얻을 수 있는 교훈은 조건이나 리스크 대비 수익이 좋지 않을 때 아무것도 하지 말라는 것이다. 조바심 때문에 시작하는 미심쩍은 투자를 경계해야 한다.

13. 트레이딩 자체보다 방법이 중요하다

2000년 4월, 시장이 하락한 후 거품이 꺼졌다는 생각으로 트레이딩을 시작했던 오셔를 예로 들 수 있다. 그는 베어마켓에서 반등의 위험 때문에 매도 포지션을 구축하지 않았다. 대신 채권에 대해 매수 포지션을 구축해 자신의 투자 아이디어를 실행했다. 주식시장의 베어마켓이 자산의 거품을 줄여 경제를 둔화시키고 금리를 인하시킬 거라는 생각 때문이었다. 결국 주식시장이 하락했다. 하지만 중요한 건 오셔가 주식시장의 인덱스에 대해 공매도를 했더라면 2000년 여름 나스닥이 40% 반등했을 때 뼈아픈 손실을 기록할 수도 있었다는 것이다.

반대로 채권에 대한 매수 포지션은 지속적인 상승세를 기록했다. 오셔의 투자가 성공한 이유는 투자 아이디어가 옳았기 때문이라기보다는 트레이딩 방법 덕분이다. 만약 그가 같은 투자 아이디어로 인덱스에 대해 공매도를 했더라면, 베어마켓이 반등했을 때 돈을 잃었을 가능성이 크다.

14. 포지션 조절로 도움을 받을 수 있다

대부분의 트레이더들이 투자를 진입과 청산의 2단계로 생각한다. 하지만 트레이딩은 진입과 청산으로 이루어진 정적인 과정이 아니라 역동적인 과정으로 봐야 한다.

기본 아이디어는 원래 생각했던 방향대로 트레이딩하면서 포지션 비중을 조금씩 줄이는 것이다. 움직임이 커지고 시장이 목표가에 가까워지면 포지션을 더 크게 축소하고, 시장이 조정을 겪으면 포지션을 다시 구축한다. 이런 방법이라면 시장이 조정을 겪을 때도 수익을 올릴 수 있다. 시장이 등락을 거듭할수록 더 많은 수익을 올리게 된다. 이처럼 유리한 방향에서는 포지션을 줄이고, 조정에서 포지션을 다시 구축하면 시장이 생각과 다르게 움직여도 돈을 벌 수 있다. 뿐만 아니라 조정이 있을 때도 원래의 포지션을 유지하기가 쉬워진다. 이미 포지션을 축소했기 때문에 조정의 악영향을 줄일 수 있고, 심지어 더욱 유리한 조건으로 포지션을 다시 구축할 수도 있기 때문이다.

가장 좋지 않은 경우는 가격이 한 번도 조정을 겪지 않으면서 트레이더가 생각한 방향으로 움직일 때다. 하지만 전체 수익이 그 반대의 경우에 비해 줄어든다는 것일 뿐, 원래의 트레이딩 방향에 따라 역시 수익을 올릴 수 있다. 한마디로 포지션 조절은 추가 수익을 벌어주고 좋은 투자 포지션을 유지할 수 있도록 도움을 준다. 다만 수익의 일부를 비용으로 지출할 뿐이다. 발로디마스에게는 포지션 조절이 장기적인 성공의 중요한 요소였다. 덕분에 그는 잘못된 방향을 선택했을 때도 수익을 올린 적이 있었다.

15. 포지션의 크기가 진입시점보다 더 중요할 수도 있다

진입가격에만 신경을 쓰고 포지션의 크기는 간과하는 트레이더들이 너무 많다. 포지션이 너무 크면 공포 때문에 투자를 포기할 수도 있다. 하지만 시장의 마법사들은 리스크보다 잠재 수익이 클 때 평상시보다 더 큰 투자 포지션을 구축해 뛰어난 실력을 기록한다. 가능성이 작은 투자는 작은 포지션으로 투자를 시작하거나 아예 투자를 하지 않는다. 이런 방법으로 실패하는 투자도 성공하는 투자로 바꿀 수 있다. 소프는 이런 방법으로 불리하다고 알려진 블랙잭 게임마저도 유리하게 바꾸었다. 트레이딩 시스템에도 적용시킬 수 있는 그의 원칙은 성공 확률이 높은 투자와 낮은 투자를 구분하는 것이다.

16. 트레이딩 규모를 결정하라

최적의 트레이딩 규모는 얼마일까? 여기에 대해서 수학적으로 정확한 답을 제시할 수 있다. 켈리 기준은 어떤 전략을 활용하든지 장기적으로 더 나은 수익을 약속할 수 있다. 하지만 문제는 켈리 기준이 성공 확률과 수익 및 손실의 규모를 정확하게 알고 있다고 가정하는 것이다. 도박에서는 성공 확률을 알 수 있지만 트레이딩에서는 기껏해야 추측이 고작이다.

성공과 실패 확률을 합리적으로 계산할 수 있다면 켈리 기준은 트레이딩 규모를 결정하는 시작점이 될 수 있다. 소프는 (성공과 실패 확률을 알고 있다는 가정하에) 켈리 기준의 절반만큼만 적용하라고 조언한다. 투자 규모를 과도하게 평가했을 경우 끔찍한 결과로 이어질 수 있는데다가 켈리 기준의 변동성이 투자자가 안심할 수 있는 수준 이상이기 때문이다. 하지만 성공과 실패의 확률을 전혀 모른다면, 켈리 기준은 적용하지 않는다.

17. 기회에 따라 익스포저를 조절한다

익스포저 수준뿐만 아니라 익스포저의 방향도 기회와 상대적 가치평가에 따라 달라져야 한다. 예를 들어 클로거스는 주가가 과대 혹은 과소평가되어 있는지에 따라 순익스포저를 110%에서 70% 사이로 조절한다. 기회에 따른 익스포저 조절은 실적을 크게 개선시킬 수 있다.

18. 비대칭적 수익/리스크

메이는 비대칭적 트레이딩(최대 손실은 제한되고 최대 수익은 무한대)을 찾아낸다. 이처럼 뛰어난 리스크 대비 수익을 약속하는 트레이딩을 찾는 공통적인 방법은 선택적인 옵션을 매수하는 것이다. 다시 말해 평균 이상의 가격 변동이 예측될 때 옵션을 매수하는 방법이다. 오셔 역시 비대칭의 트레이딩을 추구한다. 그는 리스크 대비 높은 수익을 얻기 위해 옵션뿐 아니라 CDS 프로텍션과 TED 스프레드를 매입했다. 이 3가지는 모두 최대 손실을 제한할 수 있는 방법이다. 플랫은 포트폴리오의 리스크 관리를 통해 비대칭적 트레이딩을 실현한다. 그는 블루크레스트 펀드를 운용하는 트레이더들이 매년 첫 번째 투자에서 손실을 기록하지 않도록 엄격하게 제한하지만 수익을 내기 시작하면 리스크를 제한하지 않는다. 덕분에 포트폴리오의 최대 손실은 제한되지만 수익은 무한대가 된다.

19. 장밋빛 환상을 조심하라

시장의 과열에 사로잡혀 충동적인 매매를 해서는 안 된다. 시장에서 과도한 낙관주의가 넘쳐날 때는 잠재적인 하락의 신호로 볼 수 있다.

20. 환상과 공포 속에서는 포지션을 줄여라

상향이건 하향이건 포물선의 움직임은 갑작스럽고 가파르다. 다행히 수직적인 시장의 변화와 같은 방향의 포지션을 가지고 있다면 추세가 바뀌기 전 포지션 축소를 고려한다. 반대방향의 포지션 때문에 끔찍한 손실을 기록하고 있을 때도 역시 포지션을 줄인다.

21. 하루종일 모니터만 들여다보다가 뼈아픈 대가를 치를 수도 있다

클락은 가격의 움직임을 하나하나 주목하다가는 오버트레이딩을 하거나 좋은 포지션을 청산하는 실수를 저지를 수 있다고 생각한다. 그는 시장에 너무 집착하기보다는 시간을 좀 더 생산적으로 사용하라고 조언한다.

22. 작은 칼에 1,000번 찔려 죽을 수도 있다. 그래서 리스크 관리가 중요하다

인터뷰에 응했던 트레이더들은 대부분 돈을 버는 것보다 손실을 막는 데 더 많은 힘을 쏟고 있었다. 그래서 다음과 같은 리스크 관리 방법을 활용한다.

- 개별적인 트레이딩에서의 리스크를 제한한다 : 대부분의 트레이더들은 한 번의 트레이딩에서 전체 자산의 극히 일부에 해당하는 리스크를 할당하고 있었다. 예를 들어 램지는 한 번의 트레이딩에 0.1%의 리스크를 감수한다. 너무 가혹한 방식이지만(이 정도는 권하지 않는다), 처음 포지션을 구축할 때는 엄격하게 리스크를 통제하고 이후 수익이 나면 기준을 완화하는 개념은 모든 투자자에게 유용한 리스크 관리방법이다.

- 익스포저 감소를 위한 기준을 만든다 : 블루크레스트는 수백억 달러의 자산을 운용하면서 두 자릿대의 수익을 올리고 있다. 자유재량 투자 전략으로 변동성이 큰 시장을 거치면서 최대 손실을 5% 미만으로 제한해왔다. 뛰어난 리스크 관리의 열쇠는 익스포저에 관한 규칙이다. CEO인 마이클 플랫은 자신을 비롯해 펀드를 운용하는 모든 자유재량 트레이더들이 손실을 3%(처음 운용을 시작할 때의 자산을 기준)로 제한하도록 정해놓았다. 3%가 초과되면 투자금을 반으로 줄인다. 이처럼 엄격한 기준은 처음 트레이딩에서 손실을 최소화시킬 수 있도록 도움을 준다. 트레이더들은 매년 초 매우 보수적으로 리스크를 제한할 수밖에 없다. 하지만 1년 내내 익스포저 기준에는 변화가 없기 때문에 수익이 나기 시작하면 더 많은 리스크를 감수할 수 있다. 이런 방법으로 수익 잠재력은 무한대로 유지하는 한편, 손실 가능성은 제한된다. 단 하루 만에 막대한 손실이 발생하는 것을 막아야 한다. 그러면 원래의 자본은 지키면서 누적 수익을 줄이는 효과를 얻을 수 있다. 베네딕트 역시 비슷한 리스크 관리 철학을 가지고 있다. 그는 한 달 손실이 2.5%가 되면 순익스포저를 크게 줄인다. 그리고 손실을 회복할 때까지 작은 포지션을 유지한다. 이런 방법

으로 베네딕트는 월별 손실을 극도로 제한한다.

- 변동성에 따라 포지션 크기를 조절한다 : 2008년 우드리프와 클락은 변동성이 크게 증가하자 익스포저를 약 1/4로 줄였다.

- 트레이딩에 따라 리스크를 통제한다 : 어떤 트레이드는 내재적으로 리스크가 적다. 하지만 리스크가 상당히 큰 트레이딩도 있다. 이런 차이 때문에 일률적인 리스크 통제는 적절하지 않다. 소프는 최대 리스크가 제한되어 있는 차익거래에서 포지션이 자신과 반대로 움직인다고 하더라도 익스포저를 줄이지 않았다. 반대로 추세추종 투자를 할 때는 시장의 방향에 따라 리스크가 상당하기 때문에 손실이 발생할 때마다 익스포저를 줄이는 방법을 활용했다.

23. 100% 옳을 수는 없다
거의 모든 트레이더가 겪는 경험 중 하나는 자신의 선택이 옳다고 믿는 와중에 잠재적 손실이 발생하는 것이다. 계속 포지션을 유지하려고 하면 불편할 정도로 손실이 쌓이고 청산한다면 가장 저점에서 투자를 포기하는 결과가 될 수도 있다. 이때는 모든 포지션을 청산하기보다는 일부 손실을 확정하도록 한다. 시장이 반등하면 손실을 회복하는 것도 가능하다.

24. 손절은 트레이딩 분석과 일관되어야 한다
오셔는 너무 많은 트레이더가 투자원칙이 아니라 자신이 감당할 수 있는 고통의 수준을 기준으로 손절매한다고 설명한다. 손실이 발생하면 고통스럽기 때문에 손절매 시점을 매우 엄격하게 적용한다. 대신 자신의 아이디어가 틀리지 않았다고 믿는다. 그 결과 손절매 후 같은 투자를 반복하는 경향이 있다. 덕분에 손실은 계속 늘어난다. 오히려 관대한 손절매 기준을 활용해 한 번에 큰 손실을 기록하는 것보다 더 좋지 않은 결과를 낳기도 한다. 오셔는 자신의 생각이 틀렸다고 인정할 수 있는 가격을 손절매 기준으로 잡으라고 조언한다. 손절 기준이 불편할 정도로 많은 손실을 의미한다면 자신의 투자 아이디어가 틀렸다고 인정한다.

25. 월별 손실 제한은 트레이딩 전략과 일관될 때만 효과가 있다

트레이더에게 월별 손실 제한은 신중한 리스크 관리방법이지만 일반 투자자에게는 오히려 역효과를 불러올 수도 있다. 예를 들어 테일러는 장기적으로 주가가 상승할 거라는 확신이 있는데도 불구하고 시장이 약세를 보일 때마다 익스포저를 줄이는 것은 실수라고 믿는다.

마찬가지로 그린블라트는 펀더멘털이 변하지 않았다면 과도기에 발생하는 손실에 개의치 않고 장기적인 안목을 유지해야 한다고 주장한다. 장기 투자자인 테일러와 그린블라트의 경우 월별 손실 제한은 투자 전략과 상충한다.

26. 다변화의 힘

달리오는 다변화를 '투자의 성배'라고 부른다. 그는 자산이 서로 연관되어 있지 않을 때 리스크 대비 수익률을 5배나 개선할 수 있다고 지적한다.

27. 상관관계를 오해해서는 안 된다

다양한 시장의 연관성을 알면 과도한 리스크를 피하는 데 도움이 된다. 하지만 상관관계가 과거의 가격을 측정한다는 사실을 반드시 이해해야 한다. 과거 가격의 연관성이 미래의 가격이 갖는 연관성을 반영한다는 합리적인 이유가 있을 때만 효과가 있다. 일부 시장들은 안정적인 관계를 형성한다.

하지만 다른 경우 시장들의 관계는 크게 달라지기도 하고 심지어 정반대로 변하기도 한다. 예를 들어 주식과 채권시장은 같은 방향으로 움직이기도 하고 다른 방향으로 움직일 때도 있다. 만약 변화를 제대로 파악하지 못하고 활용한다면 미래의 가격들이 형성하는 관계와 리스크 면에서 잘못된 결론을 내릴 수 있다. 차라리 아무런 정보도 없는 편이 낫다.

28. 연관된 시장에서의 가격 변화는 간혹 중요한 실마리를 제공한다
베네딕트와 램지 등의 트레이더들은 투자 결정을 내릴 때 연관된 시장에서의 가격 변화를 중요한 정보로 활용한다. 단 시장의 가격 변화가 중요하기는 하지만 해석방법에는 일정한 규칙이 없다. 하나의 시장이 다른 시장을 이끌어가기도 하고, 두 개의 시장이 함께 움직이기도 한다. 두 개의 시장이 독립적으로 움직일 때도 있다. 이런 변화가 시장의 방향에 대한 실마리를 제공한다.
예를 들어 2011년 9월 초 주식시장이 반등했을 때, 상품시장은 하락했다. 램지는 상품시장이 주식시장의 상승에 제대로 반응하지 못하는 것을 곧 다가올 하락의 신호로 보았다. 9월 하반기, 상품가격과 관련해서 통화는 폭락했다

29. 다양한 환경에서 시장은 다르게 움직인다
경제적 변수와 시장의 가격을 정적인 관계로 추측하면, 기본적 분석은 실패한다. 다른 환경에서 시장의 움직임은 다르게 나타나기 때문이다. 달리오는 불황과 디레버리징에서 동일한 펀더멘털 조건과 정부의 정책이 다른 가격 변화를 일으킨다고 설명했다.

30. 시장이 뉴스에 어떻게 반응하는지 확인하라
뉴스 자체보다는 시장이 뉴스에 대해 의외의 반응을 보일 때가 더 중요하다. 플랫은 시장에 나쁜 소식이 끊이지 않았을 때를 기억한다. 그는 손실을 보게 될 거라고 예측했지만 시장은 계속 상승했다. 플랫은 뉴스에 대해 시장이 반응을 하지 않는 건 자신의 투자 아이디어가 옳다는 증거라고 확신했다. 곧 포지션을 4배로 늘렸고, 그때가 가장 성공적인 투자 중 하나였다고 한다.

31. 펀더멘털에 영향을 미치는 중요한 사건 후 그와 반대되는 가격 움직임이 나타날 수도 있다

달리오는 지금까지의 트레이딩 경험 중 2가지의 중요한 사건을 기억한다. 하나는 1971년 미국이 금본위 제도를 포기한 다음 시장이 크게 반응한 것이고, 또 하나는 1982년 멕시코 디폴트 후 시장이 반응한 것이다. 이렇게 시장의 가격이 역설적인 변화를 보인 이유는 다음 2가지 때문이다.

첫째, 중요한 사건이지만 이미 충분히 예측되었다. 따라서 악재 소멸로 볼 수 있다.
둘째, 비관적인 펀더멘털 변화는 정부의 정책으로 이어진다. 이 정책들이 사건보다 더 큰 영향을 미칠 수 있다.

32. 잠재적으로 2가지의 결과가 예측되는 상황은 옵션 투자의 기회를 제공한다

옵션가격을 결정하는 모델은 거대한 가격의 변화를 고려하지 않는다. 옵션의 가격은 펀더멘털이 상당한 가격 상승 혹은 하락 중 하나로 이어질 만한 상황을 제대로 반영하지 못한다. 그린블라트의 웰스 파고 은행 투자나 메이의 캐피털 원 투자를 떠올려보자.

33. 지금까지 크게 상승한 종목도 추가 상승의 여력이 있다

가격이 크게 상승한 시장이나 종목에 대해 투자를 꺼리는 경우가 있다. 하지만 이 때문에 투자 기회를 놓치는 경우가 매우 많다. 중요한 건 지금까지 가격이 얼마나 상승했는지가 아니다. 다만 미래의 예측에 맞게 가격이 책정되어야 한다. 테일러는 인터뷰를 진행할 때 애플에 대해 상당한 투자 포지션을 가지고 있었다. 투자자들은 애플은 이미 주가가 크게 상승한 후라고 판단해 펀더멘털과 상관없이 매수를 꺼리고 있었다. 하지만 테일러는 주가가 얼마나 상승했는지가 아니라 애플의 전망에 비해 주가가 저렴하다는 사실이 중요하다고 설명했다.

34. 매입가격을 바탕으로 결정해서는 안 된다
시장은 투자자의 매입가격 따위는 신경 쓰지 않는다. 비디크는 주가가 자신의 매입가격까지 떨어졌을 때가 아니라 지속적인 하락이 예측될 때 포지션을 정리했다. 그는 매입가격이 투자에 영향을 미치도록 허용하지 않았다.

35. 1년 후의 잠재적 매출 증가는 현재의 주가에 반영되어 있지 않을 수도 있다
클로거스는 향후 1년 혹은 2년 동안 새로운 수입원을 얻어낼 잠재력이 있는 기업들을 찾는다. 미래의 잠재 수익은 시장에 제대로 반영되어 있지 않거나 혹은 아예 무시되기 때문이다.

36. 가치투자는 효과가 있다
그린블라트의 실적은 가치투자의 효과를 입증한다. 그는 오랫동안 가치투자의 기본 원칙뿐 아니라 컴퓨터를 기반으로 한 연구를 활용해 가치투자를 해왔다. 문제는 가치투자가 장기적으로 뛰어난 성과를 나타내는 데 반해, 단기적으로는 효과가 없을 수도 있다는 것이다.
하지만 그린블라트는 이것이 바로 가치투자의 훌륭한 점이라고 설명한다. 계속 효과가 좋다면 가치투자자들이 크게 늘어나 효과가 사라질 수도 있기 때문이다. 장기적인 특성을 가진 가치투자를 활용하기 위해 트레이더들은 그에 맞는 장기적인 시각을 갖추어야 한다. 그래야만 트레이딩 기법과 결정이 상충되지 않는다.

37. 효율적 시장가설은 분명하지 않은 모델이다
가격이 언제나 정확한 가치를 반영하는 건 아니다. 간혹 특정 정보 때문에 너무 높게 혹은 너무 낮게 책정되기도 한다. 그린블라트는 그레이엄의 표현을 빌려 시장을 변덕스러운 비즈니스 파트너라고 설명한다. 그래서 시장은 가끔 주식을 너무 낮은 가격에 매도하고 가끔은 너무 비싼 가격에 매수한다. 트레이더들은 시장의 이런 변덕스러운 기분을 충분히 활용해야 한다. 물론 가치투자자라면 시장이 행복감에 빠져 거듭 상승할 때 매도하고, 시장이 공포에 빠져 있을 때 매수한다. 펀더멘털을 기반으로 적절한 가치를 평가하고 포지션을 구축하기 위해서는 장기적인 안목이 필요하다.

38. 펀드 매니저는 고객의 요구 때문에 투자 결정을 바꾸어선 안 된다
그린블라트는 학생들에게 "고객들을 즐겁게 하려고 자신이 원하는 것과 다르게 투자하면 실패를 위한 함정을 파는 것이다"라고 설명한다. 테일러 역시 "고객의 생각에 개의치 않으려 한다"고 말한다.

39. 변동성은 리스크가 아니다
변동성이 낮다고 리스크가 낮은 건 아니다. 반대로 변동성이 높다고 리스크가 높은 것도 아니다. 정기적으로 상당한 리스크를 감수하는 투자자라도 아주 최근에 큰 일만 없었다면 낮은 변동성을 기록한다. 예를 들어 외가격 옵션 매도 전략은 낮은 변동성을 나타낸다. 하지만 갑작스러운 손실 가능성 때문에 가파른 매도세가 형성될 때는 이야기는 달라진다.
한편 메이와 같은 트레이더는 비대칭적인 매매로 손실을 엄격하게 제한하지만 주기적으로 막대한 수익을 거두기 때문에 변동성이 높은 편이다(수익을 리스크와 연관시키는 투자는 없을 것이다). 옵션 매도처럼 일부 전략은 변동성이 낮으면서도 리스크는 상당한 반면, 메이의 전략처럼 리스크는 작고 변동성만 큰 경우도 있다.

40. 과거의 실적을 보고 펀드 매니저를 고르는 것은 잘못이다
그린블라트는 다양한 연구 결과를 통해 펀드 매니저들의 과거 실적이 미래의 예측가치는 없다고 설명한다. 따라서 대부분의 투자자들이 펀드를 고를 때 기준으로 삼는 펀드 매니저들의 과거 실적은 실은 별로 믿을 만한 잣대가 아니다. 그린블라트는 실적이 아니라 투자방식을 보고 펀드 매니저를 선택하라고 조언한다.

마찬가지로 투자자들은 펀드 매니저의 연간 실적을 트레이딩 기술과 동일시하는 실수를 저지른다. 때로는 능숙한 트레이더들 중에 시장의 거품에 동참하기를 꺼려해 평균보다 못한 실적을 올리는 경우가 있다. 사실 시장에 거품이 형성될 때 가장 높은 실적을 기록하는 트레이더는 노련한 트레이더가 아니라 경솔한 트레이더들이다.

테일러는 1999년 IT 종목들의 주가가 터무니없다고 판단했다. 그래서 이들을 매수하지 않았고, 그 결과 시장의 평균보다 낮은 실적을 기록했다. 하지만 이후 IT 종목들이 길고 오랜 하락세를 겪는 동안 남들보다 훨씬 뛰어난 실적을 기록했다. 이런 점에서 과거의 실적은 투자자들이 생각하는 것과 반대의 지표일 수도 있다.

마치며

간혹 독자들은 내게 트레이딩을 하면서 『시장의 마법사들』 속 인터뷰의 영향을 받는지를 묻는다. 인터뷰를 진행하고 책을 집필하다 보면 내 머릿속에는 중요한 트레이딩 원칙이 더 확실히 각인된다. 그래서 가끔은 더욱 분명한 영향력을 발휘하기도 한다. 지난 여름이 그랬다. 당시 주식시장은 장기적인 매매 범위의 상단을 향해 상승 중이었다. 나는 여러 가지 이유로 시장의 랠리가 계속되지 않을 거라고 판단하고 인덱스 선물에 대한 매도 포지션을 구축했다. 이후 정부는 상당히 비관적인 보고서를 발표했다. 파장을 상쇄하기 위해 부정적인 보고서에 늘 따라붙는 낙관적인 전망도 포함되어 있지 않았다. 그에 반응해 시장은 급락하기 시작했다. '됐어!' 나는 생각했다. 하지만 장이 끝날 때 즈음에는 장 초반의 하락폭을 거의 회복했고, 금요일에는 바로 직전의 신고점 수준까지 상승했다. 공매도를 하고 있던 내게는 끔찍한 상황이었다. '큰일 났다'는 생각이 들었다.

일요일 밤 개장 때는 쇼트 커버링을 할 수밖에 없다는 생각을 하고 있었는데, 어쩐 일인지 시장이 상당한 하락세로 출발했다. 그 즉시 첫 번째 『시장의 마법사』 시리즈 중에서 마티 슈와츠(Marty Schwartz)가 해준 조언이 떠올랐다. "오버나이트 포지션, 그중에서도 특히 주말이 걱정이 될 때가 있습니다. 하지만 지금보다는 좀 더 나은 가격으로 빠져나올 수 있을 것 같다면 포지션을 유지하는 편이 더 나은 선택입니다." 나는 그의 말을 따랐다. 이후 몇 주간 시장은 크게 하락했고, 슈와츠의 통찰력 덕분에 큰 손실을 막을 수 있었다.

책 속 인터뷰에서 자신에게 맞는 통찰력을 찾아내는 건 각자의 몫이다. 트레이딩 방식마다 중요한 통찰력은 달라진다. 하지만 트레이딩 방식에 상관없이 누구나 시장의 마법사들의 조언과 설명 속에서 중요한 교훈을 얻어낼 수 있다고 믿는다. 어떤 인터뷰 혹은 조언에서 도움을 받게 될지는 독자마다 다르다. 개인적인 예를 하나 들어보겠다. 지미 발로디마스는 남들과는 전혀 다른 접근방식을 가지고 있었다. 그중에서 내게 적합하면서도 가장 큰 영향을 주었던 건 포지션 조절, 즉 정적이 아니라 역동적으로 트레이딩을 하는 방법이었다. "시장이 나의 생각대로 움직일 때 약간의 돈을 떼어놓는다"는 그의 설명은 나의 트레이딩에 긍정적인 효과를 미쳤고, 결국 순수익의 창출로 이어졌다.

지난 몇 년 동안 『시장의 마법사들』 덕분에 경력과 삶이 바뀌었다고 말하는 많은 독자를 만날 수 있었다. 전문 트레이더들뿐 아니라 회의에서 만난 사람들도 같은 말을 해주었다. 인생을 바꿀 만한 영향이 좋은 것인지는 모르겠다. 언젠가 내가 쓴 책을 읽은 뒤 의사를 그만두고 트레이더가 되었다는 사람의 이야기를 들었을 때는 죄의식이 느껴졌다. 이 세상에 꼭 필요한 의사 한 명을 트레이더로 바꾸어버렸다는 생각 때문이었다. 아이러니하게도 『시장의 마법사들』이 인생을 바꾸어놓은 사람 중 한 명은 내 아들 재커리다. 아들에게 약이 되었는지 독이 되었는지는 모르겠다. 또 아들이 트레이더가 되지 않고 다른 일을 선택했다면 지금 어떤 모습일지에 대해서는 영원히 알지 못하게 되었다. 그래서 트레이딩의 세계를 발견하고, 이 세계에 발을 들여놓기 시작한 모든 독자를 위해 『시장의 마법사들』 시리즈를 읽고 내 아들이 느낀 생각과 메시지를 소개하며 이 책을 끝맺으려 한다.

- 잭 슈웨거

"

『시장의 마법사들』은 생각했던 것 이상으로 내 인생을 크게 바꾸어놓았다.

내가 8살 때였다. 아버지의 사무실에 아이들이 함께 출근하는 날이 되었다. 나는 아버지의 사무실이 정말 좋았다. 절대 만져서는 안 되는 것들이 가득했고, 사탕이 가득 담긴 그릇을 앞에 놓고 있는 비서는 내가 당뇨병에 걸릴 가능성 따위는 별로 개의치 않았다. 아버지는 사무실 한구석에서 커피머신을 분해하면서 놀고 있는 나를 불러 같이 게임을 하자고 하셨다. 규칙이 간단한 게임이었다. 쭉 이어져 있는 차트를 보고 차트가 위로 향할지 혹은 아래로 향할지를 맞추는 것이었다. 오랜 시간이 흐른 후에야 내가 하던 놀이가 단순한 게임이 아니라는 것을 알게 되었다. 내가 했던 건 실험이었다. 아버지께서는 그때나 지금이나 천부적인 트레이더는 가격 패턴을 예측할 수 있는 본능이 있다고 믿고 계신다. 5개의 차트를 짚어보았고, 내가 본능적으로 차트를 볼 줄 아는 아이라고 결론을 내리셨다. 그다음 내가 차트를 본 건 그로부터 몇 년이 지난 후였다.

고등학교 3학년 때, 내가 처음 만난 시장의 마법사는 존 벤더(John Bender)였다. 나는 아버지께 대학에 들어가기 전 여행을 가자고 말씀드렸다. 아버지는 언제나 모험을 좋아하셨다. 몇 년 전에는 캐나다 로키 산맥에 있는 템플 산(Mount Temple)에서 하이킹 중 사라지기도 하셨다. 12시간 만에 동상에 걸린 채 나타나서 하시는 말씀이 단순히 하이킹을 하기보다는 정상을 정복하고 싶으셨단다. 그때의 경험으로 무조건 따뜻한 곳으로 가야겠다는 생각뿐이었다. 벤더는 은퇴 후 그때까지 번 돈으로 코스타리카에 있는 수천 에이커의 숲을 사들여 집을 짓고 살고 있었다. 그는 우리를 숲 속 게스트하우스에 초대해 머무를 수 있게 해주었다.

산호세에서 SUV 자동차로 몇 시간이나 여행을 한 후에야 벤더가 살고 있는 곳에 도착할 수 있었다. 차는 구불구불한 1차선 흙길을 달려갔고, 그 끝에는 각종 무기로 무장한 두 명의 남자가 서 있었다. 밀렵을 막기 위해 벤더의 사유지를 순찰하는 경호원들이었다. 그곳에는 건물이 세 개 있었는데, 그중 하나에 벤더와 그의 아내 앤이 살고 있었다. 고원의 끝에 세워져 있는 벤더의 집은 360도가 개방되어 빼어난 경관을 자랑하고 있었다. 우리는 세 번째 건물인 게스트하우스에 짐을 풀고 벤더와 맥주를 한 잔 마시기로 했다.

벤더는 숲을 굽어보고 있는 멋진 테라스에 앉아 맥주를 마시고 있었다. 우리는 숲 가장자리로 뉘엿뉘엿 저물고 있는 태양을 보면서 몇 시간이나 이야기를 나누었다. 이야기의 대부분은 벤더가 이끌어갔다. 그는 에너지가 넘쳤다. 적당한 대화 상대만 있다면 몇 시간 동안 말을 할 수 있을 것 같았다. 대화의 주제는 양자물리학 실험에서 나타나는 모순에서부터 그가 혐오하는 펀드 매니저까지 다양했다. 벤더는 유명 펀드 매니저 한 명이 사기를 치고 있다면서 혐오감을 표시했는데, 9년 후 나는 금융사기 행각을 폭로하는 뉴스에서 같은 이름을 들을 수 있었다. 벤더가 말한 대로 버나드 매도프는 사기꾼이었다.

대학 입학이 가까워졌다. 나는 아버지의 사무실로 가서 전공 선택에 대한 조언을 구했다. 부끄럽지만 그때까지도 『시장의 마법사들』을 읽지 않고 있었다. 나는 시장에 관심이 없었고, 아버지께서는 남에게 강요를 하지 않으시는 분이었다. 다만 의사가 되고 싶다는 내 말에 분명하게 "별로 맞지 않는 것 같은데"라고 말씀하실 뿐이었다. 아버지께서는 늘 진실만을 말씀하신다. 자신의 솔직한 대답이 상대방이 원하는 것과 다를 때는 불편한 기색을 감추기 위해 어색한 미소를 지으셨다. 그때만 해도 나는 아버지의 충고를 받아들이지 않았다. 하지만 대학 입학 1년 후 아버지가 옳다는 것을 알게 되었다. 내게는 창의력이 필요한 직업이 어울렸고, 의사는 잘 맞지 않았다. 그래서 뉴욕에 있는 영화학교로 진로를 바꾸었다.

아버지께서는 내가 시장에 흥미를 느낄 수 있도록 500달러가 든 아메리트레이드(Ameritrade) 계좌를 개설해주셨다. 나는 인터넷에서 정보를 얻어서 3개 종목을 매수했다. 그중 두 개는 계속 상승했고, 나머지 하나인 CSX는 30달러에서 40달러 사이를 횡보하고 있었다. 나는 아버지께 깊은 인상을 남겨드릴 요량으로 전화를 걸었다. 내가 CSX를 40달러에 매도하고 30달러에 다시 매수하겠다고 말씀드리자 아버지께선 별 감흥이 없으셨다. 다만 웃으며 "그래, 사람들이 그렇게 하지"라고 대답하셨다. 2년 후 계좌는 2,000달러로 늘어났다. 시장에 대해 전혀 아는 게 없었지만 운이 좋았던 것 같다. 나는 포트폴리오를 청산하고 그 돈으로 필름 카메라를 구입했다.

그러던 중 아버지께서 트레이딩 엑스포 연설을 위해 뉴욕을 방문하셨다. 나는 아버지의 초대를 머뭇거리면서 받아들였다. 서랍 구석에 박혀 있던 하나밖에 없는 셔츠를 꺼내 입고 타임 스퀘어 광장에 있는 힐튼 호텔로 향했다. 하나같이 정장을 차려입은 참석자들을 보자 불편한 기분이 들었다. 아버지께서 늘 최고의 투자였다고 말씀하시는 우리 어머니는 이미 자리에 앉아계셨다. 나는 어머니 옆자리로 가서 자리에 앉았고, 어머니는 늘 그렇듯이 "우리 잘생긴 아들 왔구나. 그런데 옷을 그렇게 입으면 네가 잘생긴지 아무도 모를 거다"라는 말로 맞아주셨다. 사람들이 빼곡히 들어 차자 아버지께서 연단에 오르셨다. 사람들은 모두 아버지의 연설을 상당히 기다리고 있는 듯 보였다. 나는 자리에 앉아서 연설 내용을 이해하고 아버지께 무언가 그럴듯한 말을 해드리면 좋겠다고 생각하고 있었다. 이 순간이 내 삶을 송두리째 바꾸어놓을 거라고는 상상도 하지 못했다.

아버지께서 말씀을 시작하셨다. 내용이 너무 어려워 알아듣지 못할 거라는 내 생각은 크게 빗나갔다. 아인슈타인(Einstein)은 "똑똑한 바보는 일을 크고 복잡하고 난폭하게 만든다. 천재는 용기를 내어 그 반대로 일을 이끌어간다"고 말했다. 아버지는 복잡한 아이디어를 단순하게 풀어내는 능력을 가지고 계셨다. 연설은 최고의 트레이더들을 인터뷰하면서 얻어낸 3가지 중요한 교훈을 주제로 하고 있었다. 이 3가지 교훈은 내게 큰 감동을 주었고, 트레이딩에 대한 나의 선입견을 바꿔놓았다.

1. 트레이딩은 천재의 영역이 아니다. 아버지께서 인터뷰를 해온 트레이더들은 다양한 배경을 가지고 있었다. 투자 성공은 학벌이나 그 이전의 직업과는 상관이 없었다. 트레이더들이 공통적으로 가지고 있는 특성은 부단한 노력과 굳센 의지

그리고 시장이라는 퍼즐을 풀어보려는 열정이었다. 이들은 공통적으로 시장에서의 성공을 막는 심리적 장애물들을 피하려고 노력했다.
2. 트레이딩은 과학이 아니다. 예술이다. 전형적인 시스템 트레이더들 역시 창의적인 사고를 가지고 있다. 성공적인 트레이더들 중 공식이 적힌 종이쪽지를 내미는 사람은 없다. 이들의 성공은 다른 사람들이 간과한 것을 찾아내는 것에서부터 시작한다.
3. 돈을 버는 방법은 하나가 아니다. 성공한 트레이더들은 자신에게 맞는 방법을 찾은 사람들이다. 남의 방법을 흉내 내려는 사람은 실패한다. 성공적인 트레이더들은 모두 자신에게 합리적이고 편안한 자신만의 투자방법을 가지고 있다.

아버지의 연설은 Q&A로 끝이 났다. 업계 전문가라는 사람들이 내가 생각했던 것과 비슷한 질문을 하는 것을 보고 깜짝 놀랐다. 나와 크게 다르지 않는 사람들이라는 기분이 들었다. 아버지를 비롯해 우리 모두는 더 많이 알고 싶고, 더 많이 이해하고 싶은 사람들에 불과했다. 아버지께서 몇 년 동안이나 시장의 마법사들을 인터뷰해 오신 것도 같은 이유였다.

이번 책에서 나는 작은 역할을 담당하게 되었다. 그다지 대단한 일은 아니었다. 각 장이 완성되면 내용을 읽고 내 의견을 말하는 것이었다. 한편 아버지께서는 이번 책을 집필하기 위해 정말 놀라울 정도로 많은 작업을 하셨다. 녹음된 인터뷰 내용을 책으로 써내는 데는 정말 많은 시간이 소요되어 깜짝 놀랐다. 사람들은 아버지가 뛰어난 인터뷰 진행자라고 말한다. 하지만 아버지께서는 "나의 인터뷰는 서툴기 그지없어요. 다만 편집에 능할 뿐입니다"라고 대답하신다. 반 정도만 사실이라고 생각한다. 아버지께서는 누구에게서나 최선의 대답을 얻어내는 능력을 가지고 계신다. 누구나 궁금해할 만한 질문을 하시고, 그다음에는 일부의 사람들이 궁금해할 만한 질문을 하신다. 트레이딩 엑스포를 다녀온 후 나는 영화 학교를 그만두고 금융 분야에서 학사 학위를 받았다. 현재는 퍼스트 뉴욕 시큐리티즈에서 주니어 트레이더로 일하고 있다.

앞으로 내 미래가 어떻게 될지는 모르겠다. 장기적으로 성공적인 트레이더가 될지도 알 수 없다. 다만 책을 통해 얻은 경험이 내 미래에 상당한 영향을 미칠 것이라는 사실은 알고 있다.

  몇 개월 전 식당의 해피 아우어(Happy Hour) 할인시간대에 맞추어 동료들과 어울린 적이 있었다. 그중 한 명이 물었다. "트레이더로 아버지의 기대가 높지는 않아?" 나는 이렇게 대답했다. "아버지의 인간적인 면을 따라잡는 것보다는 트레이더로서 아버지만큼 성공하는 게 더 쉬울 거야. 아버지는 내가 만난 사람 중 가장 친절하고 겸손하실 뿐 아니라 관대한 분이셔. 아버지만큼 훌륭한 트레이더가 되기보다는 그만큼 훌륭한 사람이 되고 싶은 게 내 바람이야."

- 재커리 슈웨거

고통 대비 이익비율

대부분의 사람들은 수익에만 집중하는 경향이 있다. 하지만 투자 실적은 리스크 대비 수익을 측정해야 제대로 파악할 수 있다. 레버리지를 얻으면 수익을 늘릴 수 있지만 그렇다고 무조건 실적이 좋아지는 건 아니다. 그래서 내가 특히 선호하는 평가방법은 고통 대비 이익비율, 즉 GPR이다. 월별 수익의 합을 월별 손실 합의 절댓값으로 나누면 고통 대비 이익비율을 구할 수 있다.

고통 대비 이익비율은 총손실과 순수익의 합을 비교해 실적을 평가하는 것이다. 예를 들어 GFR이 1.0이라면 평균적으로 순수익의 합과 동일한 월별 손실을 겪는다는 뜻이다. 연평균 수익이 12%라면(단리 계산), 1년 동안 기록한 월별 손실의 평균 역시 12%다. GPR은 수익을 고려하기 때문에 손실에 대해서는 부정적으로 평가하지만 수익 측면의 변동성에 대해서는 긍정적으로 평가한다. 반대로 일반적으로 실적 평가에 활용되는 샤프지수는 수익 측면의 변동성까지 부정적으로 평가한다. 대체적으로 유동적인 전략의 GPR이 1.0 이상이면 좋은 편이고, 1.5 이상이라면 훌륭한 경우로 볼 수 있다.

*고통 대비 이익비율(GPR)은 내가 수년 동안 활용해온 실적 평가방법이다. 이전에 활용 예가 있는지는 확실치 않다. 다만 리스크 대비 수익이나 손실 대비 수익을 가리키는 용어로는 사용되어 왔다. GPR은 트레이딩 시스템 평가에 일반적으로 활용되는 손익요인(Profit Factor)과 유사한 개념이다. 손익요인은 트레이딩으로 벌어들인 수익의 합을 트레이딩으로 기록한 총손실의 절댓값으로 나누어 구한다. 손익요인은 트레이딩에 적용되고 GPR은 구간별로 적용된다(예: 월별). 대수학으로 계산했을 때, 손익요인은 월별 수익에 적용할 수 있으며, GPR+1과 같다. 따라서 GPR과 같은 실적 평가가 가능하다. 오메가 함수를 활용한 양적인 수학 개념이 더 친근한 독자들의 경우 0으로 측정된 오메가 함수가 GPR+1과 같다고 생각하면 된다.

-1989년에 출판된 『시장의 마법사들』에 포함된 내용과 동일하다.

옵션의 기본

옵션은 기본적으로 풋옵션과 콜옵션으로 나눈다. 콜옵션을 매입하면 만기일 및 그 이전까지 특정 가격에 옵션을 행사, 즉 주식을 매수할 수 있는 권리(의무는 아니다)를 구매한 것이다. 풋옵션은 만기일을 포함해 아무 때나 특정가격에 매도할 수 있는 권리(의무는 아니다)를 매수한 것이다. 여기에서 풋옵션은 시장의 하락을 예측하고 매입하고 콜옵션은 시장의 상승을 예측하고 매입한다는 데 주목해야 한다. 옵션의 가격은 프리미엄(Premium)이라고 부른다. 예를 들어 4월 만기 130달러짜리 IBM 콜옵션은 만기 전 130달러에 IBM 주식 100주를 매입할 수 있는 권리를 뜻한다.

콜옵션 매수자는 주가 상승을 예측하고 특정가격에 권리를 행사해 수익을 올리려는 사람이다. 이때 최대 손실은 옵션에 지급한 프리미엄이 된다. 만기일까지 옵션을 보유했는데 행사가격이 시장가격보다 높다면 프리미엄을 모두 잃게 된다. 예를 들어 130달러짜리 IBM 옵션을 매입했는데 만기일 주가가 125달러라면 옵션은 가치가 없다. 반대로 시장가격이 행사가격보다 높으면 수익을 낼 수 있다. 하지만 시장가격과 행사가격의 차이가 프리미엄으로 지급한 금액보다 적다면 결과는 결국 손실이 된다. 콜옵션으로 돈을 벌기 위해서는 만기일 시장가격이 행사가격보다 프리미엄으로 지급한 금액 이상으로 높아야 한다(수수료도 감안해야 한다). 시장의 가격이 높을수록 수익은 높아진다.

풋옵션은 가격 하락을 예측하고 매입한다. 콜옵션 매입자와 마찬가지로 최대 손실은 옵션의 프리미엄 가격이다. 풋옵션을 만기일까지 보유했을 때, 행사가격이 시장가격을 프리미엄에 지급한 금액보다 더 크게 초과하면(수수료 감안) 수익을 얻을 수 있다.

콜옵션 및 풋옵션 매입자의 경우 리스크는 제한되고 잠재적인 수익은 무한하다면 옵션 매도인은 그 반대다. 옵션을 매도하는 사람(대부분 발행자(writer)라고 부른다)은 프리미엄을 받고 옵션이 행사되었을 때 행사가격의 반대 포지션을 의미하는 행사의무를 이행해야 한다. 예를 들어 콜옵션 행사에서 옵션 매도인은 행사가격에 대해 매도 포지션을 구축하는 것이다(매입자는 가격에 매수 포지션을 구축한다).

콜옵션 매도인은 시장이 횡보하면서 완만하게 하락하는 장세를 선호한다. 이 경우의 프리미엄이 가장 매력적인 투자 기회를 제공하기 때문이다. 하지만 급격한 가격 하락이 예측된다면 시장에서 매도 포지션을 구축하거나 풋옵션을 매수하는 쪽이 더 낫다. 이때는 수익 잠재력이 무한대다. 비슷하게 풋옵션 매도인은 시장의 완만한 상승세를 선호한다.

초보자들은 트레이더들이 잠재력은 무한하지만 리스크는 제한된 옵션 매수(콜옵션 및 풋옵션 모두)를 선호하지 않는 이유를 이해하지 못하곤 한다. 그 이유는 확률을 고려하지 않기 때문이다. 옵션 매도자들이 이론적으로 무한한 리스크를 감수하기는 하지만 주가의 가격 수준(옵션거래가 이루어질 때의 시장가격 근처) 때문에 순수익을 올릴 확률이 높다. 즉 옵션 매입자들은 큰 수익을 올릴 수 있는 낮은 확률을 포기하고, 그 대가로 작은 손실을 기록할 수 있는 높은 확률을 얻게 된다. 반대로 옵션 매도자들은 많은 손실을 기록할 수 있는 작은 확률을 받아들이고 작은 수익을 기록할 수 있는 높은 확률을 포기한다. 효율적인 시장에서는 옵션 매입자 및 매도자 누구도 큰 수익을 올릴 수 없다.

옵션 프리미엄은 두 가지로 구성된다. 하나는 내재가치(Intrinsic value)고 또 하나는 시간가치(Time Value)다. 콜옵션의 내재가치는 행사가격을 초과한 시장가격의 차액만큼이다(풋옵션의 내재가치는 행사가격에서 현재의 시장가격을 뺀 금액이다). 내재가치는 프리미엄 중 일부로, 옵션을 시장가격으로 행사했을 때 얻을 수 있는 수익이다. 내재가치는 옵션의 최저 가격이 된다. 그 이유는 프리미엄이 내재가치보다 낮다면, 트레이더는 옵션을 매입 및 행사해 그 즉시 수익을 얻을 수 있기 때문이다(단 거래비용을 메울 수 있다고 가정한다).

내재가치를 가진 옵션(예 : 행사가격이 시장가격 이하의 콜옵션과 행사가격이 시장가격 이상인 풋옵션)은 내가격(In the Money) 옵션이라고 부른다. 내재가치가 없는 옵션은 외가격(Out of the Money) 옵션이라고 부른다. 시장가격과 행사가격이 동일한 옵션은 등가격(At the Money) 옵션이라고 부른다. 외가격 옵션은 내재가치가 0에 가깝지만 옵션 만료 전 시장가격이 행사가격 이상으로 높아지면 수익을 얻을 수 있다. 내가격 옵션은 내재가치 이상의 가치를 가진다. 이미 시장에서 유리한 포지션이기 때문이다. 그 이유는 옵션과 시장의 포지션이 동등한 수익을 얻을 가능성이 있지만 반대로 최대 손실은 제한되기 때문이다. 내재가치를 초과하는 프리미엄은 시간가치라고 부른다.

옵션의 시간가치에 영향을 주는 중요한 요소는 다음 3가지다.

1. 행사가격과 시장가격의 관계 : 극외가격 옵션은 시간가치가 낮다. 시장가격이 만기 전 행사가격 혹은 그 이상으로 상승할 가능성이 작기 때문이다. 극내가격 옵션 역시 시간가치가 낮다. 시장과 비슷한 포지션을 제공하기 때문이다. 2가지 모두 급격한 가격의 움직임이 없을 때는 수익과 손실이 거의 비슷해진다. 즉 극내가격 옵션의 경우 행사가격이 시장가격과 크게 차이가 나기 때문에 제한된 리스크의 가치가 낮다.
2. 만기까지 남아 있는 시간 : 만기까지 시간이 많이 남아 있을수록 옵션의 가치는 증가한다. 옵션의 수명이 길어질수록 내재가치가 만기 전에 증가할 확률이 증가하기 때문이다.
3. 변동성 : 시간가치는 옵션의 수명 동안 시장의 변동성(가격 변동성의 정도)에 따라 달라진다. 변동성이 크면 만기 전 내재가치가 특정 가격만큼 높아질 확률이 높아진다. 다시 말해 변동성이 크면 시장의 가격 범위가 커진다.

변동성은 옵션의 프리미엄 가치를 결정하는 매우 중요한 요소다. 하지만 미래의 변동성은 정확하게 알 수 없다(반대로 특정 시점에 만기까지 남은 시간이나 현재의 시장가격과 행사가격 간의 관계는 정확하게 측정할 수 있다). 따라서 변동성은 과거의 변동성 데이터로 측정해야 한다. 미래의 변동성은 시장의 가격을 고려해야 하며(예 : 옵션 프리미엄), 역사적인 변동성보다 높을 수도, 혹은 낮을 수도 있다. 이를 내재 변동성(Implied Volatility)이라고 부른다.

저자 소개

잭 D. 슈웨거는 선물 및 헤지펀드 전문가로 유명 금융 서적을 다수 펴낸 베스트셀러 작가다. 현재는 선물과 FX마진거래 투자회사인 ADM 인베스터 서비스 다변화 전략 펀드에서 공동 포트폴리오 매니저로 일하면서 인도를 거점으로 하는 계량 분석 투자기업 마크토퍼 시큐리티즈의 자문을 겸임하고 있다. 이곳에서는 글로벌 시장의 다양한 선물 포트폴리오에 트레이딩 기술을 적용한다.

과거 런던 소재의 헤지펀드 기업 포춘 그룹에서 파트너로 일한 적이 있는데, 포춘 그룹은 클로즈 브라더스 그룹(Close Brothers Group)에 합병되었다. 슈웨거는 22년간 월스트리트에서 최고로 손꼽히는 다수의 투자회사에서 선물에 관한 연구를 담당했고, 10년 동안 공동으로 CTA를 운용했다.

슈웨거는 지금까지 다양한 금융 서적을 집필하면서 여러 금융 분야의 뛰어난 트레이더들을 소개해왔다. 그중에서도 지난 20년에 걸쳐 뛰어난 헤지펀드 매니저들을 인터뷰하고 엮어낸 『시장의 마법사들』 시리즈가 가장 유명하다. 지금까지 출판된 『시장의 마법사들』 시리즈로는 『시장의 마법사들』(1989년, 개정판 2012년), 『타이밍의 승부사(The New Market Wizards)』(1992년), 『주식시장의 마법사들(Stock Market Wizards)』(2001년)이 있다. 슈웨거의 처녀작인 『선물시장을 위한 완벽 가이드(A Complete Guide to the Futures Market)』(1984년)는 선물 분야의 고전으로 손꼽힌다. 그는 이후 같은 책을 3권으로 구성된 『잭 슈웨거의 선물 투자 비법(Schwager on Futures)』 시리즈로 개정해 출판했다. 여기에는 『기본적 분석(Fundamental Analysis)』(1995년), 『기술적 분석(Technical Analysis)』(1996년), 『투자관리(Managed Trading)』(1999년)가 포함된다. 그는 또 존스 앤 와일리 출판사의 유명 투자 시리즈 중 하나인 『기술적 분석 못하면 절대 주식 투자하지 마라(Getting Started in Technical Analysis)』를 출판하기도 했다.

슈웨거는 뛰어난 트레이더들의 특성, 투자의 허구, 헤지펀드 포트폴리오, 계좌 관리, 기술 분석, 트레이딩 시스템 평가 등에 관해 활발하게 강연을 해왔다. 그는 브룩클린 대학교에서 경제학 학사(1970년)를 수료했으며, 브라운 대학에서 경제학 석사학위를 이수했다(1971년).

이레미디어 주식투자 추천도서

시장의 마법사들
잭 슈웨거 지음 | 임기홍 옮김

모든 투자의 길은『시장의 마법사들』로 통한다!
- 시장의 마법사들이 전하는 생생한 경험과 놀라운 매매기법들

"매매하는 방법을 고안해내는 것은 무척 어려운 일이다. 게다가 고안한 방법이 자신에게 말하는 것을 믿기까지는 경험이 요구된다. 그러나 가장 어려운 일은 분석을 가지고 돈을 만드는 일이다. 나의 말이 믿기지 않는다면 시험해보라. 이 책에 나오는 사람들은 이 모두를 갖추고 있다. 하나의 기법, 자신의 방법에 대한 믿음 그리고 혼란과 스트레스에도 굴하지 않고 확고하고 지속적으로 행동하는 인내심. 이들은 월스트리트의 영웅들이고 잭 슈웨거의『시장의 마법사들(Market Wizards)』은 이 영웅들의 특징을 생생하게 묘사하고 있다."

─로버트 프렉터

당신도 시장의 마법사가 될 수 있다!

이 책에 등장하는 짐 로저스, 에드 세이코타, 리처드 데니스, 윌리엄 오닐. 폴 튜더 존스, 토니 살리바 등등 17명의 시장의 마법사들이 구사하는 매매기법은 다양하다. 월스트리트를 뒤흔든 전설적인 투자자들을 직접 인터뷰하여 그들이 어떻게 항상 시장에서 높은 수익을 올릴 수 있었는지에 대한 생생한 경험담과 그들만의 비법, 시장을 보는 관점 등을 가감 없이 독자들에게 전달하고 있어 시장 참여자들에게는 그야말로 교본과 같은 책이다. 이들은 인터뷰를 통해 매매기법과 시장을 분석하고 공부하는 일도 매우 중요하지만, 더불어 각자의 독특한 개성과 자신에게 맞는 매매기법을 바탕으로 시장을 파악하고 대응하는 자기만의 마음자세, 관점을 지니는 일이 더욱 중요하다고 강조한다. 투자자로서 이보다 더 값진 조언자를 구하기는 어려울 것이다.

헤지펀드
시장의 마법사들

초판 1쇄 발행 2013년 12월 10일
초판 6쇄 발행 2023년 8월 31일

지은이 Jack D. Schwager
옮긴이 박준형
감수 김영재

펴낸곳 ㈜이레미디어
전화 031-908-8516
팩스 0303-0515-8907
주소 경기도 파주시 문예로 21, 2층
홈페이지 www.iremedia.co.kr
이메일 mango@mangou.co.kr
등록 제396-2004-35호

책임편집 정은아, 정내현
마케팅 김하경
디자인 사이몬

저작권자ⓒJack D. Schwager
이 책의 저작권은 저작권자에게 있습니다. 서면에 의한 허락 없이 내용의 전부 혹은 일부를 인용하거나 발췌하는 것을 금합니다.

ISBN 978-89-91998-85-8 13320

책값은 뒤표지에 있습니다.
파본된 책은 구매하신 서점에서 교환해드립니다.

이 도서의 국립중앙도서관 출판시도서목록(CIP)은 서지정보유통지원시스템 홈페이지(http://seoji.nl.go.kr)와 국가자료공동목록시스템(http://www.nl.go.kr/kolisnet)에서 이용하실 수 있습니다.
(CIP제어번호: CIP2013022228)